NIKOLAUS VON KUES

PHILOSOPHISCH-THEOLOGISCHE
SCHRIFTEN

NIKOLAUS VON KUES

PHILOSOPHISCH-THEOLOGISCHE SCHRIFTEN

Herausgegeben und eingeführt von
Leo Gabriel
Übersetzt und kommentiert von
Dietlind und Wilhelm Dupré

LATEINISCH-DEUTSCH

BAND II

Lizenzausgabe für die Wissenschaftliche Buchgesellschaft, Darmstadt
Copyright ©Herder Verlag, Freiburg 2014

Die Deutsche Nationalbibliothek verzeichnet diese Publikation in der
Deutschen Nationalbibliografie; detaillierte bibliografische Daten sind im Internet
über http://dnb.d-nb.de abrufbar.

Das Werk ist in allen seinen Teilen urheberrechtlich geschützt.
Jede Verwertung ist ohne Zustimmung des Verlags unzulässig.
Das gilt insbesondere für Vervielfältigungen, Übersetzungen,
Mikroverfilmungen und die Einspeicherung in und Verarbeitung
durch elektronische Systeme.

Sonderausgabe 2014
Die Herausgabe des Werkes wurde durch die Vereinsmitglieder der WBG ermöglicht.
Einbandabbildung: Nikolaus von Kues © akg / Bildarchiv Steffens
Einbandgestaltung: Peter Lohse, Heppenheim
Gedruckt auf säurefreiem und alterungsbeständigem Papier
Printed in Germany

Besuchen Sie uns im Internet: www.wbg-wissenverbindet.de

ISBN 978-3-534-25754-6

INHALT

Vorwort (von Leo Gabriel) VII

Vorbemerkungen zu den Schriften des II. Bandes . . XIII

De coniecturis
Die Mut-Maßungen 1

De principio
Der Ursprung 211

Trialogus de possest
Das Können-Ist 267

De apice theoriae
Der Gipfel der Schau 361

Dialogus de Genesi
Dialog über die Genesis 387

De non-aliud
Das Nicht-Andere 443

De quaerendo Deum
Das Gott-Suchen 567

De filiatione Dei
Die Gotteskindschaft 609

De dato patris luminum
Die Gabe vom Vater des Lichtes 645

Compendium
Kompendium 683

VORWORT

Die bedeutendste Erfahrung, die Kongresse und Veranstaltungen anläßlich der fünfhundertsten Wiederkehr des Todestages des Kardinals von Kues im vergangenen Jahr zeitigten, war ohne Zweifel die, daß wir erst im Anfang und am Beginn eines Gesprächs in der echten Begegnung mit diesem Denker stehen. Mehr denn je kommt es deshalb darauf an, das Werk selbst in seiner Gesamtheit und für einen breiten Leserkreis sprechen zu lassen, wie dies die Wiener Studien- und Jubiläumsausgabe beabsichtigt.
Die schöpferische Auseinandersetzung mit der Tradition, der sich echtes Philosophieren nie wird entschlagen können, muß auf die originalen Texte zurückgehen und in einem philologisch gesicherten philosophischen Verständnis dieser Texte fundiert sein. Dazu möchte diese Übersetzung und Ausgabe eine grundlegende Möglichkeit bieten.
Mit dem vorliegenden zweiten Band ist nun ein weiterer Schritt auf dieses Ziel hin getan; dies kommt rein äußerlich schon durch die in diesem Band enthaltenen Schriften zum Ausdruck: so gibt es von der umfangreichsten Arbeit dieses Teiles, von „De coniecturis" I und II, weder eine moderne lateinische Ausgabe noch eine vollständige deutsche Übersetzung. Das im Sinne einer Zusammenfassung gebrachte „Compendium" wird erstmals in deutscher Übersetzung vorgelegt; dasselbe gilt von der Schrift „De dato patris luminum". Die Traktate „De principio", „De possest", „De apice theoriae" werden zum ersten Mal im lateinischen Wortlaut gegeben und die in theologischer wie philosophischer Hinsicht überaus bedeutsame Schrift „De genesi" wird erstmals vollständig übersetzt.
Es besteht kein Zweifel, daß die Denkleistung des Nikolaus von Kues darin bestanden hat und besteht, daß er den Ursprung des menschlichen Erkennens stets mit seinen Leistungen und seinem Vollzug in eins sah und daß er die darin waltende Spannung und Differenz grundsätzlich zu entfalten versuchte. Er blieb dabei weder bei der ontologisch-inhaltlich bestimmten Wesensmetaphysik der Scholastik stehen, noch überließ er sich der rein gnoseologisch-formalen Betrachtungsweise des neuzeitlichen Transzenden-

talismus einerseits wie des logischen Positivismus andererseits.
Sein Anliegen war vielmehr die Wirklichkeit in ihrer Gesamtheit, wie sie sich im Menschen als Mikrokosmos des Makrokosmos und Makrokosmos des Mikrokosmos im Bild darstellt (vgl. „De coniecturis" II, cap. XV, p. 163ff.). Wenn er auch den Weg zu dieser Wirklichkeit in gnoseologisch-transzendentaler Orientierung ging, wie kaum jemand vor ihm, so hinderte ihn dies dennoch keineswegs daran, die Probleme der antiken und mittelalterlichen Metaphysik in echter Weise zu bedenken und durchzudenken (vgl. „De nun aliud", cap. XV, p. 514ff.). Aus der Mächtigkeit der Sache, die allein dem hörenden Philosophen Maßstab und Maß für das Denken gibt, kam er gar nicht in die Versuchung, diese Probleme, die uns heute erst wieder die Existenzphilosophie zu sehen gelehrt hat, zu vernachlässigen. Trotzdem wäre es verfehlt, in ihm, wie dies auch heute immer noch zu geschehen pflegt, nur einen Vorläufer neuzeitlichen Philosophierens und in seiner Philosophie nur einen Übergang sehen zu wollen; es sei denn, man versteht den Übergang selbst als geschichtliches Ereignis, in dem das Gewesene sowohl als auch das Zukünftige in seiner fundamentalen Dimension zum Vorschein kommt. Wenn das jedoch der Fall ist, dann gehört ein derart in der Krise stehendes Denken in der Tat zu den dankbarsten Gaben, die uns die Geschichte anzubieten vermag.
Wie Cusanus selbst zeigte (vgl. „De venatione sapientiae", cap. XI, Schriften I, p. 48ff.), versteht er die verschiedenen Phasen seines Philosophierens und seiner Gedanken nicht als in sich geschlossene Intuitionen, von denen es — gleich erratischen Blöcken — keinen Übergang und Zugang zueinander gibt. Sie sind vielmehr notwendige Momente der Relativierung, der das Endliche im Angesichte des Absoluten grundsätzlich ausgesetzt ist. Denn nur so ist es möglich, das Absolute in seiner Absolutheit zu wahren und überhaupt zu gewahren und das Endliche nach seiner Herkunft hin in seiner ihm zukommenden Wahrheit aufzuschließen (vgl. dazu besonders „De principio" und „De possest", p. 212ff. und 268ff.).
Wiewohl nun die einzelnen Felder des Philosophierens (in

diesem Band sind es die Felder des „Können-Ist", des „Nicht-Andern" und des „Lichtes") in ihrer Inhaltlichkeit verschieden sind — den Zugang zum Grund bildet der endlich verschränkte Inhalt einer je konkreten, damit aber auch unterschiedlichen Erfahrung —, so gleichen sie sich doch in den Strukturen, in denen sich das Denken und seine ihm eigentümliche Logik und Methode bzw. Metalogik zeigen.

Die Struktur- und Gestaltproblematik — in Verbindung mit der Translationsproblematik als Grundmotiv einer „integralen Logik" —, die uns zur äußeren Erscheinung des Systems als solchem führt, war in den Schriften des ersten Bandes schon angedeutet. In „De venatione sapientiae" (cap. XI, p. 48ff.) z. B wurde von den drei Ebenen gesprochen, auf denen die Weisheitssuche in jeweils eigener Gestalt zum Gesuchten vordringt. In „De docta ignorantia" stellte sich die Translationsproblematik im zweiten Teil des ersten Buches (cap. XIff., p. 228ff.) als ein wesentliches Moment der systematischen Entfaltung des Gedankens dar.

Die „Apologia doctae ignorantiae" schließlich begründete die Differenz zwischen den Gedanken der „Docta ignorantia" mit der Logik (secundum doctam ignorantiam), die hier maßgebend geworden ist.

Die bei der Niederschrift der „Docta ignorantia" mehrmals angekündigte Schrift „De coniecturis" versucht diese Problematik eigens und ausführlich zur Darstellung zu bringen. Als keinem der Felder angehörig — sie alle betreffend —, steht sie gleichsam als Cusanische Einleitung (analog zu „De venatione sapientiae" im ersten Band) dem zweiten Band voran und wird so zum logisch-methodologischen Wegweiser in das Verständnis der Texte und Gedanken, die, wie schon gesagt, je für sich selbst sprechen.

Allerdings, so könnte man nach dem von Cusanus gern gebrachten Vergleich hinzufügen, nur dann, wenn der Betrachter auf sie achtet. Um aber auf sie achten zu können, bedarf es der Zurüstung, die in dieser Anleitung des Denkens (vgl. auch die Propositionen zu „De apice theoriae" und „De non aliud", p. 362ff. u. 556ff.) gegeben wird. De coniecturis will, wie die Einleitung sagt (vgl. I, cap. II,

p. 3ff.), eine Anleitung zum Denken der Wahrheit bieten. Diese Anleitung geht nun grundsätzlich davon aus, daß die Wahrheit nicht nur dem Moment der formalen Richtigkeit nach in Betracht zu ziehen ist, sondern daß die Wahrheit das eigentlich Bestimmende des Denkens selbst — wie immer dies und wie immer sie selbst auch sein mag — zu sein hat. Wir können auch sagen: die Wahrheit wird grundsätzlich als das metalogische Fundament des logischen Fortschritts der Erkenntnis verstanden.

Sofern sich nun jedoch das Denken stets in seiner Rückführung auf den geistigen Ursprung des Denkenden selbst erfährt, wird dieser selbst zum ontologischen Quellgrund der Wahrheit überhaupt, dessen Vermittlung im gedachtwirklichen Symbol und Geist-Begriff — als Objekt und Subjekt — gefunden wird. In einer Zeit, in der sowohl formalistisch bestimmter Positivismus und material ausgerichteter Existentialismus wie auch subjektivistisch orientierter und materialistisch geprägter Realismus keinen Zugang mehr zueinander finden (da das Endliche verabsolutiert und das System totalisiert wird), wird das Denken des Cusanus daher maßgebend für das Gespräch aus der Wahrheit des Ganzen.

Die Erfahrung der Wahrheit, die den Menschen ursprünglich zu dem macht, was er ist und sein kann, vollzieht sich im Raume des Denkens, das in der Spannung des Objektiv-Gegenständlichen und Intuitiv-Gründlichen nur dann seinen Weg finden kann, wenn diese Differenz selbst in den Begriff, in den Satz und in die Sprache bzw. das Sprechen eingeht. Das kann jedoch nur dann geschehen, wenn Begriff und Sprache — um diese Wirklichkeit in einer Abbreviation zu nennen — aus ihrem Ursprung, aus dem Menschen gedacht werden (vgl. „De coniecturis" II, cap. XVII, „De sui cognitione", p. 195ff.) und in ihrer immer schon vorhandenen Möglichkeit und Eigentlichkeit gesehen werden.

Diese Eigentlichkeit ist der Symbol- und Geistbegriff, den Cusanus als coniectura, als dem Wirklichen im Entwurf der geistigen Wirklichkeit zugeordneten Gedanken, versteht. Seiner Herkunft entsprechend entfaltet er sich dreifach wie die ihm verbundene Erkenntnis.

Es werden folgende Stufen zum letzten Ziel der Er-

kenntnis sinnvoll unterschieden: die unterste Stufe bildet die *sensatio* (sinnliche Erfahrung), die von der ratio (Verstand) so überhöht wird, daß sie in Rückwendung zur sinnlichen Erfahrung — regressiv und reflexiv — die Unterscheidung bestimmter Gegenstände in der Erfahrung ermöglicht.

Für die *ratio* (Verstand) wird eine rationale Logik der klaren Unterscheidung auf der Basis der Identität und Nichtidentität als Begriffs- und Gegenstandslogik in Anspruch genommen, die der traditionellen formalen Logik entspricht.

Der Verstand wird wieder durch den *intellectus* (Vernunft) überhöht, der in Rückwendung zur ratio (Verstand) die dialektische Beziehung und Verbindung der Begriffe zum System der Logik entfaltet. Dem intellectus entspricht eine „intellektuale" Logik, die als Grundlogik und Logik des Ganzen die metalogische Basis des formalen Systems der Logik darstellt.

Über der Vernunft (intellectus) und der ihr eigenen Koinzidenz der Gegensätze steht die *visio* als Fundament und maßgebendes Inhaltsmoment der Theorie. Diese bildet das eigentliche und letzte Ziel des Erkenntnisweges und der Erkenntnisbewegung, die sich in den angeführten Stufen vollzieht. Das Denken ist damit als Bewegung zum Ganzen, als Ziel und Bewegung aus dem Grund als Ursprung gekennzeichnet. Erkenntnis ist Vollzug dieser Bewegung aus Grundwissen zu gegenständlich entfalteter Wissenschaft im Horizont des Ganzen.

Wie wesentlich diese transzendierende Grundbewegung zum Ganzen ist, mag daraus ersehen werden, daß die deformativen Theorieformen der Erkenntnis in der späteren Entwicklung innerhalb der neuzeitlichen Philosophie durch die Fixierung der Teilstufen entstehen. So entsteht durch Fixierung der sinnlichen Erfahrung (der sensatio) der Empirismus und Sensualismus, durch die Festlegung auf die ratio der Rationalismus, durch die Fixierung des intellectus einerseits die formale Negation der Dialektik und der Wissensmöglichkeit in den skeptischen Positionen (eine deformierte docta ignorantia) wie im Hinblick auf die visio in ihrer Fixierung der Intuitionismus.

Diese Stufen (sensatio, ratio, intellectus) sind in Wahrheit

Ebenen, die aufsteigend so gedacht sind, daß die höhere Ebene die tiefere in Rückwendung reflektierend in sich aufnimmt und in ihre Struktur übersetzt. Die Ebenen sind Translationsstufen des Ganzen, das sich in ihnen ausgliedert (complicatio — explicatio) in einer fortschreitenden Erkenntnisentfaltung der die unteren Stufen aufnehmenden und erhöhenden Reflexionsbewegung. Es sind Stufen einer Bewegung, die in regressivem Fortschreiten und Überschreiten (transcendere) der Grenze des Denkens zum höchsten Ziel, zur Schau (visio) des Absoluten emporführen. Wir kennen diese Denkbewegung vom Neuplatonismus her (als πρόοδος in der ἐπιστροφή) und von Augustinus her als Aufgehen der Erkenntnis in der Innerlichkeit aus der Selbstreflexion, als jene via interior, in der sich das In-sich-Gehen („ini in te ipsum") zu einem Über-sich-Hinausgehen („transcende te ipsum") als Bewegung zum Absoluten und des Absoluten entfaltet, worin das Absolute im Vollzug dieser geistigen Bewegung (als desiderium und amor) gegenwärtig wird im eigenen Selbst, wie sich andererseits das Ich, der Mensch — im persönlichen Bezug der Liebe zur absoluten Du-Person Gottes — als persönliches Selbst dialogisch verwirklicht. Die Erkenntnisbewegung ist auf diese Weise zugleich auch existentielle Bewegung der Selbsterkenntnis und Selbstverwirklichung des Menschen.

Ob und inwieweit es Cusanus gelungen ist, die formalen Momente dieser Bewegung darzustellen, ob die vor allem in „De coniecturis" angewandte Zahlenspekulation tragend sein kann (vgl. I, cap. IVff., p. 9ff.), ob die Methode der resolutio (vgl. I, cap. VII u. a.) der modernen logischen Analyse vergleichbar ist oder doch wesentlich mehr bedeutet, dies alles sind Fragen, die die philosophische Forschung im Gespräch der Gegenwart zu erörtern und zu klären hat.

Wien, im November 1965 *Leo Gabriel*

VORBEMERKUNGEN ZU DEN SCHRIFTEN DES II. BANDES

Entsprechend dem in De venatione sapientiae gewonnenen Einteilungs- und Ordnungsprinzip des Cusanischen Philosophierens (vgl. Schriften, Bd. I., p. XXVf) führen die Schriften des II. Bandes in die der „Wissenden Unwissenheit" folgenden Felder des Können-Ist, des Nicht-Andern und des Lichtes ein. Diesen sind, wie schon im ersten Band erläutert, De coniecturis und das Kompendium im Sinne einer allgemeinen Einleitung voran bzw. nachgestellt. Bezüglich Textgrundlage und Erstellung des kritischen Textes (im Sinne einer editio minor und Studienausgabe) und Übersetzung gelten die selben Grundsätze, wie sie im ersten Band (p. XXVIff) skizziert wurden[1]. Lediglich für De coniecturis, De principio und De non aliud wurden zum Cod. Cus. andere Codices zum Vergleich herangezogen, bzw. mußte der Text im Anschluß an Codex Vaticanus (Lat. 1245) und an Cod. Clm. 24848 der Münchener Staatsbibliothek erstellt werden, da diese Schriften in den beiden Kueser Handschriften nicht enthalten sind. Die Tatsache, daß einige Schriften ganz, andere zum Teil in Kleindruck gesetzt sind, schließt nicht unbedingt eine Bewertung des Textes ein. Der Kleindruck war vielmehr notwendig, wenn der zweite Band der Ausgabe nicht übermäßig (mehr als 900 Seiten) anschwellen bzw. die ursprünglich geplante Dreiteilung der Schriften nicht hinfällig werden sollte.

DE CONIECTURIS

Ihrem impliziten Gehalt nach vielleicht die bedeutsamste, zumindest aber die problematischste aller Schriften des Nikolaus von Kues ist sein Werk über die „Mut-Maßun-

---

[1] Es sei gestattet, Anmerkung 3 (Band I, p. XXVII) zu wiederholen: „Abweichungen vom Text des Cod. Cus. sind, außer es handelt sich um abweichende Schreibweise bzw. Schreibfehler, als solche in den Anmerkungen gekennzeichnet. Wo es für den Sinnzusammenhang erforderlich schien, sind Worte in eckigen Klammern, wenn nicht anders vermerkt, nach dem Pariser Druck ergänzt. Die Schreibweise wurde einheitlich

gen". Diese Problematik fängt in gewisser Weise schon mit der Textüberlieferung an, die durch die Unsicherheit, die wir bezüglich der Entstehungszeit und endgültigen Fertigstellung haben, keineswegs verkleinert wird[2].
Nach J. Koch[3] besitzen wir von De coniecturis 13 vollendete und zwei unvollendete Kopien. Unter diesen zeichnen sich sowohl Cod. Cus. 218, fol. 52^r—81^v als auch die Trierer Handschrift (Stadtbibliothek 1927/26) dadurch aus, daß beide vom Autor eigenhändig korrigiert sind. Dabei nimmt die Trierer Handschrift insofern eine Sonderstellung ein, als sie sehr bald nach der Abfassungszeit von De coniecturis (wohl zwischen 1441—44) entstanden ist[4]. Abgesehen von verschiedenen Schreibfehlern weist die Kueser Handschrift der Trierer gegenüber in einem Punkt eine wesentliche Änderung auf, nämlich in der Frage nach der Quadratur des Kreises (vgl. p. 82 und 88). Offenbar hatte sich deren Verständnis in den Jahren nach der Abfassung gewandelt, so daß Cusanus an den diesbezüglichen Stellen das ursprünglich Intendierte in anderen Worten sagen mußte[5]. Ferner ist in der Kueser Handschrift das Wort

---

der bei der Edition klassischer Texte üblichen, angeglichen." Bezüglich der eckigen Klammern in De non aliud vgl. Anm. 30.

[2] Zum Problem der Abfassungszeit vgl. J. Koch, Nikolaus von Kues und seine Umwelt, Untersuchungen zu Cusanus-Texten, IV. Briefe, Sitzungsberichte der Heidelberger Akademie der Wissenschaften, phil.-hist. Klasse, 1944/48, 2. Abh., p. 35 und 47; Rudolf Haubst, Die Thomas- und Proklos-Exzerpte des „Nicolaus Treverensis", in Codicillus Straßburg 84, Mitteilungen und Forschungsbeiträge der Cusanus-Gesellschaft (MFCG) 1961, p. 49.

[3] Josef Koch, Über eine aus der nächsten Umgebung des Nikolaus von Kues stammende Handschrift der Trierer Stadtbibliothek (1927/26), in „Aus Mittelalter und Neuzeit", hsg. J. Engel und H. M. Klinkenberg, Bonn 1957, p. 121.

[4] Vgl. J. Koch, ibid. p. 121.

[5] Cusanus geht es, wie er es auch in De possest ausführt (p. 317), darum, daß kein zahlenmäßiges Verhältnis von Durchmesser und Kreis gegeben werden kann, da das verständig Konzipierte (als ens rationis) notwendig dem Identitätssatz folgt. Das gilt für die Quadratur des Kreises jedoch nur solange, als sie auf dieser Ebene zu lösen versucht wird. Wird sie im Bereich der Sinnlichkeit oder Vernünftigkeit durchgeführt, so kann sie nicht mehr als Beispiel für verstandesmäßige Unvereinbarkeit

coniecturari, das Cusanus der Neuheit seines coniectura-Gedankens entsprechend wohl eigens gebildet hatte, und das in dieser Edition aus dem selben Grunde heraus beibehalten wird, im allgemeinen durch das übliche coniectare ersetzt[6].
Daß eine solche Textsituation es notwendig machte, beide Codices zu gebrauchen, liegt auf der Hand. Im Unterschied zu den übrigen Texten der Ausgabe sind also beide Handschriften (Cod. Cus. und Cod. Tr. I.) gleichwertig gebraucht, d. h. alle Varianten sind angegeben. Mitbenutzt wurde außerdem noch die Handschrift der Trierer Stadtbibliothek 1927/1427 (als Tr. II. abgekürzt). Diese Handschrift nimmt eine Mittelstellung zwischen Cod. Tr. I. und Cod. Cus. Sie wurde hauptsächlich dort herangezogen, wo im Text dem Trierer Codex der Vorzug gegeben wurde.
Die oben erwähnte Problematik von De coniecturis wird fortgeführt in der Frage nach den Quellen und dem Verhältnis zu den übrigen Schriften des Autors (hauptsächlich zu De docta ignorantia). Im Unterschied zu dieser Schrift werden in De coniecturis keine Autoren zitiert — offenbar ein Zeichen für die Konzentration des Gedankens und seiner Entfaltung. Dennoch konnte R. Haubst sowohl inhaltlich als auch textgeschichtlich einen unmittelbaren Einfluß von Proklos auf diese Schrift nachweisen[7]. Neuere Überlegungen verweisen außerdem auf die Beziehung zwischen der mathematischen Tradition von Byzanz und den Cusanischen Zahlenspekulationen, wie sie vor allem in dieser Schrift zur Anwendung kommen[8]. Auch dürften die Gedanken von De divisione naturae (Scotus Eriugena), besonders der der Rückkehr, von wesentlichem Einfluß auf dieses Werk gewesen sein[9]. Gleichwohl zeigt sich gerade hier die letzten

---

verwendet werden. Vgl. dazu: P. Wilpert, Kontinuum oder Quantensprung bei Nikolaus von Kues, in „Wissenschaft und Weltbild", Wien 1963, p. 102—112.
[6] „Reste" des früheren coniecturari sind auch noch in Cod. Cus. vorhanden. Vgl. dazu p. 60, Anm. 1 und p. 114, Anm. 1.
[7] R. Haubst, a. a. O. p. 26ff.
[8] Nikolaus Stuloff, Mathematische Tradition in Byzanz und ihr Fortleben bei Nikolaus von Kues, in MFCG 1964, p. 420—436.
[9] Das wird deutlich, wenn man die Randbemerkungen des Nikolaus von Kues in Cod. Addit. 11035 zu De divisione

Endes unlösbare Problematik von ursprünglichem Gebundensein in der Tradition und geschichtlicher Neuschöpfung und Andersheit im philosophischen Entwurf, die uns bei jedem schöpferischen Denken begegnet. Darin scheint sich mir auch ein Zugang zu dem offenbar unterschiedlichen Verständnis der Einheit in De docta ignorantia (De d. ign. II, 6; Schr. I, p. 350ff) und in De coniecturis (p. 14ff) zu ergeben[10]. Indem Cusanus die ontische Dimension der Einheit, wie sie in dem angeführten Kapitel der Hauptschrift zur Darstellung kommt, verläßt und in den begrifflich-transzendentalen Bereich vorstößt — ohne damit auf den realen Gehalt als solchen zu verzichten —, ändert sich notwendigerweise die Problemsituation. Erst die ontische Rückinterpretation des transzendentalen Verstehens führt zum Gesamt als der Vermittlung alles Seienden (vgl. den circulus universorum, p. 74) und damit zu der Problematik der Prädikamente, welche in De docta ignorantia zwar angedeutet und zur ausführlicheren Behandlung für De coniecturis in Aussicht gestellt wurde, daselbst jedoch nicht behandelt worden ist. Warum das allerdings nicht geschehen ist, kann wohl erst durch eine zureichende Interpretation von De coniecturis und dem übrigen Schrifttum beantwortet werden. Sah Cusanus vielleicht, daß die in De coniecturis transzendental thematisierte Einheit von intellectus, ratio und sensus zu einem (der Schule gegenüber) völlig neuen Verständnis der Prädikamente und anderer wesentlicher Begriffe der traditionellen Metaphysik führen mußte — eine Aufgabe, der er sich selbst noch nicht gewachsen fühlte[11]?

---

naturae betrachtet; vgl. dazu: Kritisches Verzeichnis der Londoner Handschriften aus dem Besitz des Nikolaus von Kues, in MFCG 1963, p. 86ff. Ferner: Josef Koch, Nikolaus von Kues und Meister Eckhart, in MFCG 1964, p. 164ff. Koch weist hier außerdem noch auf die Einflüsse von Meister Eckhart, Wilhelm von Auvergne und Thierry von Chartres hin.

[10] Vgl. J. Koch, Die Ars coniecturalis des Nikolaus von Kues, Köln-Opladen 1956, p. 10, 31ff u. a.

[11] Es ist in diesem Zusammenhang nicht uninteressant zu sehen, daß das Problem der Kategorien fast in jeder der Schriften wiederkehrt, ohne daß Cusanus jedoch einen endgültigen Versuch zur Lösung des Problems unternimmt.

Mit dieser Frage jedoch sind wir zum eigentlichen Problem von De coniecturis gelangt: der geschichtlich-systematischen Interpretation dieser Schrift.
Wir können versuchen, sie auf die Vergangenheit hin zu sehen und sie vor allem im Vergleich mit Augustins transzendentalem Bilddenken interpretieren. Man kann sie aber auch auf die Schultradition beziehen und etwa mit Summa Theologica I. I. 12,2 oder 12,12 und 13 vergleichen, wo Thomas die Analogie und die Frage der Gotteserkenntnis, damit aber auch das Problem menschlicher Erkenntnismöglichkeit erörtert. Verglichen mit De coniecturis I, cap. VII (besonders p. 20ff) und II, cap. XVII (besonders p. 182, Anm. 1) kann man bei Cusanus ohne Zweifel von einer Fortführung und wohl auch Vollendung sprechen[12].
Deutlicher zeigt sich die Problematik, wenn wir die Gedanken von De coniecturis auf Neuzeit und Gegenwart hin interpretieren[13]. Es lassen sich nämlich fast zu allen modernen Denkern inhaltliche Beziehungen zu bestimmenden Gedanken ihres Philosophierens bilden. Dies beginnt mit der cusanischen resolutiven Methode (p. 99, vgl. Galileis metodo risolutivo und constitutivo); führt über die Problematik des Syllogismus (p. 85, vgl. Descartes Kritik an der Scholastik); der Dialektik[14] (p. 38, 93; vgl. Hegel, Enc. § 10, 81 u. a.); des spekulativen Wissens (p. 203, vgl. Hegels Lehre vom „spekulativen Satz"); der Fruchtbarkeit des Gedankens (p. 181, vgl. Goethes Satz „was fruchtbar ist, allein ist wahr"); bis hin zu den Gedanken der Stadien (S. Kierkegaard; vgl. p. 165); der Typologie (p. 131, 163; vgl. dazu W. Diltheys Typologie der Weltanschauungen); der Polarität (p. 125; vgl. Schellings „Lehre vom Gegensatz"); des Horizontes (Husserl; vgl. p. 67, 79, 95); des logischen Sichzeigens (p. 5ff; vgl. Wittgensteins Tractatus 4.1212);

---

[12] Vgl. dazu: R. Haubst, Thomas von Aquin in der Sicht des Nikolaus von Kues, in „Trierer theologische Zeitschrift" 1965, p. 193—212.
[13] Vgl. dazu: J. Stallmach, Ansätze neuzeitlichen Philosophierens bei Cusanus, in MFCG 1964, p. 339—356 (mit Verarbeitung der bisherigen Literatur zu dieser Frage). Ferner vgl. dazu die Bemerkung im Vorwort dieses Bandes.
[14] Vgl. dazu: J. Stallmach, Das Absolute und die Dialektik bei Cusanus im Vergleich zu Hegel, in Scholastik 1964, p. 495—509.

und der teleologisch-immanenten Dynamik des Weltgeschehens (p. 119, 141; vgl. P. Teilhard's Entwurf der Weltentwicklung)[15]. Vor allem aber lassen sich zu I. Kant die verschiedensten Verbindungen herstellen.
Es ist nicht nur die Unterscheidung von ratio und intellectus, auf die immer wieder hingewiesen wird. Ebenso bedeutsam ist das Ringen beider um das Verstehen der Zahl und zahlenmäßigen Einheit (p. 11, 41, 81 u. a.) als ursprünglicher Synthesis des (menschlichen) Geistes (vgl. Kants Prolegomena § 2 u. a.); das Verstehen der Körperlichkeit als einer Art letzten Horizontes (vgl. Kant's ignotum x und Cusanus' Begriff der confusio, p. 17 u. a.); die Stellung und Bedeutung des negativen Wissens (p. 55; dazu Kant's „Versuch über die negativen Größen" von 1763). Ganz besonders aber ist es das Bemühen beider um die Freiheit und schöpferische Tat des Geistes (vgl. p. 7, 161, 183 u. a.), das sie aneinander rückt.
Dennoch wäre es völlig verfehlt, wollte man auf Grund solcher Hinweise[16] die spätere Entwicklung der Philosophie in Nikolaus von Kues hineintragen. Cusanus ist zur selben Zeit weniger und mehr. Gewiß trägt seine Unterscheidung von sensus, ratio und intellectus kantische Züge. Bedenken wir jedoch die grundsätzlich ontisch orientierte Bedeutung derartigen transzendentalphilosophischen Sprechens (vgl. etwa p. 189)[17], so wird der fundamentale Unterschied offenbar.

---

[15] Im Hinblick auf die Idee einer christlichen Philosophie werden sich gerade die in diese Richtung weisenden Gedanken für die kommende Interpretation bedeutsam erweisen — inwieweit impliziert christliche Philosophie die „Idee" des Gott-Menschen (Punkt Omega) als Ort aller Vermittlung und zukünftigen Horizont des Weltgeschehens und des Weltverständnisses? Dazu Verf.: Nikolaus von Kues und die Idee einer christlichen Philosophie, in „Jahrbuch der Görresgesellschaft", Oktober 1965. Zum Verhältnis von Cusanus und Teilhard de Chardin: Rudolf Haubst, Nikolaus von Kues und der Evolutionsgedanke, in „Scholastik" 1964, p. 481—494.

[16] Diese können durch das übrige Schrifttum beliebig vermehrt bzw. intensiviert werden.

[17] Dies wird auch darin sichtbar, daß sensus, ratio und intellectus stets sowohl subjektive als auch objektive Bedeutung haben. Es sind Strukturen des „Seins" und des „Erkennens". In

Der Begriff oder besser die Idee der con-iectura[18] als Symbolgestalt des einen und einheitlichen Geistes ist transzendentalphilosophisch konzipiert[19]. Sofern jedoch die Möglichkeiten dieses Geistes erst auf Grund seiner Voraussetzungen, die nicht zuletzt auch in der Welt als solcher liegen, gewonnen werden können, schließt der Cusanische Ansatz (vgl. auch p. 7) die Welt als menschliche, d. h. als dinglich-biologische und soziologisch-personale in sich ein. Oder anders ausgedrückt: Gott ist keine bloß regulative Idee reiner Vernunft, sondern Ursprung, in dem sich diese als welthafte allererst entdeckt und versteht (p. 189)[20].
Darin jedoch weist die cusanische Philosophie als personaler Transzendentalismus[21], der das Reale in seiner Gestalthaftigkeit gleichermaßen wie das Ideale berücksichtigt und in menschliches Verstehen übersetzt, über die Systeme der Neuzeit hinaus; sie weist, so möchte es scheinen, einen Weg für die Zukunft, der nicht damit erkauft zu werden braucht, daß wir die Einsichten von Descartes bis zur Gegenwart vergessen, bzw. diesen Einsichten gegenüber die Anliegen des Existierens und der religiösen Erlösung dem Irrationalen oder gar Antirationalen überantworten müßten.

---

bezug auf die ratio, wo dieses Problem vielleicht am offenkundigsten wird, wurde versucht, dem auch in der Übersetzung in etwa gerecht zu werden: ratio ist Verstand und Verstandessinn zugleich, der im allgemeinen Wesenssinn der Welt und jedes Einzelnen begründet ist.

[18] Die Übersetzung „Mut-Maßung" möchte in diesem Zusammenhang stets als „Geist"-„Maß" (Maßgabe) verstanden werden (Mut in seiner ursprünglichen Bedeutung genommen).

[19] Vgl. auch De non-aliud, p. 533, wo Cusanus ausdrücklich von „Geistphilosophie" spricht (dazu die Vorbemerkungen zum Feld des Nicht-Andern).

[20] Der Mensch als similitudo Dei (p. 204 u. a.) gewinnt seine Vollendung in der Liebe, die sich verwirklicht in der Einheit und Ordnung des Gesamt (p. 207), das als solches jedoch nur als Schöpfung begriffen werden kann, soll seine Relevanz zum Menschen gesehen werden. Der Gedanke der Schöpfung bleibt für solches Philosophieren kein mythisches oder bestenfalls religiöses Epitheton, sondern wird zum allumfassenden Gedanken von Begründung und Gegründetheit (Ding an sich) überhaupt.

[21] Vgl. dazu Verf.: Die Idee einer neuen Logik bei Nikolaus von Kues, in MFCG 1964, p. 357—374, bes. Anm. 43, p. 371.

POSSEST

Mit der im Symbol des Geistes erschlossenen und, sofern dieses Erschlossensein in der menschlichen Gesamtwirklichkeit gesehen wird, zugleich begründeten „ersten Philosophie" haben sich nach De coniecturis nun auch in methodischer Hinsicht Weg und Ort gezeigt, in denen sich philosophisches Denken entfalten muß. Es ist die Dimension von Sinn und Wahrheit, in die der (menschliche) Geist gelangt, sofern er um das Problem der Voraussetzung seiner selbst und die uneinholbare Transzendenz und Jenseitigkeit dieser Voraussetzung kreist. Im Feld des Können-Ist wird dieses Problem im Horizont menschlichen Vermögens aufgegriffen und als Frage nach dem Ursprung thematisiert. Dies geschieht in drei zeitlich sehr nahe beieinander stehenden Schriften: De principio (1459), De possest (140) und De apice theoriae (1464).

Der Traktat De principio, als theologisch-spekulative Deutung von Jh. 8,25 zu verstehen[22], beschäftigt sich zunächst mit der Frage nach dem Ursprung[23] im Zusammenhang mit der Person Jesu. Durch die Verknüpfung mit der neuplatonischen Frage nach dem Einen und der Einheit (Proklos) wird Cusanus jedoch alsbald in die allgemeine philosophische Problematik der Ursprungserkenntnis (als Erkenntnis des Ursprungs und Ursprung der Erkenntnis) geführt.

---

[22] Der Traktat wurde am 9. Juni 1459 vollendet (vgl. p. 264). In den Kueser Handschriften nicht enthalten, befindet er sich in der Vatikanischen Predigtsammlung des Kardinals (Cod. Vat. lat. 1245, fol. 252ra—256va). Dieser Text wurde der Edition zugrunde gelegt. Die Pariser Ausgabe bringt diese Schrift im II. Band, fol. 7r—11v. Zur näheren Beschreibung dieser Schrift siehe: Maria Feigl, Nikolaus von Cues, Über den Ursprung (Vorwort und Erläuterungen von J. Koch), Heidelberg 1949; R. Haubst, Die Thomas- und Proklos-Exzerpte . . . a. a. O.; R. Klibansky, Ein Proklos-Fund und seine Bedeutung, Heidelberg 1929; ders.: The Continuity of the Platonic Tradition during the Middle Ages, London 1939.
[23] Der Titel „De principio" für diese Schrift ist von M. Feigl eingeführt und — da er den Sinn bestens trifft — hier übernommen.

Einheit, Mächtigkeit, Durch-sich-selbst-Sein auf der einen Seite, Sagen des Unsagbaren, Ähnlichkeit, Geist und Wort auf der andern Seite sind Momente, um deren Klärung und Verständnis Cusanus bemüht ist.

Eben dieselben Fragen greift auch der Trialog über das Können-Ist (Cod. Cus. 219, fol. 170ʳ—180ʳ) auf, der wahrscheinlich während der Expedition gegen Sigismus in Andraz (Februar 1460) geschrieben wurde[24] und wohl die Widergabe eines Gesprächs darstellt, das in ähnlicher Weise zwischen den genannten Personen (Nikolaus, Johannes Andreas Bussi de Vigevano, Sekretär des Kardinals, und Bernhard von Krayburg, seinem Salzburger Freund) stattgefunden hat.

An Röm. 1,19 anknüpfend findet Cusanus in dem Namen possest (Können-Ist) einen Ausdruck, der sowohl das formale Moment des Transzendierens als auch die inhaltliche Bestimmung von Voraussetzung und Grund inbegreift. Obwohl in der coincidentia oppositorum schon vorgedacht (vgl. auch p. 303 und 359), stellt der Entwurf des possest dennoch eine Weiterführung dar, da die konkreten Momente der Erfahrung (Bewegung, Denken als Tätigkeit, Wissen als höchstes Glück und Streben, vgl. p. 281, 313, 331 u. a.) in stärkerer Weise im Horizont des Vollkommenen (vgl. p. 325) gesehen werden.

Tatsächlich kann dieser Aspekt des Vollständigen und Vollkommenen, ohne den der transzendentale Ansatz des Kardinals nicht zu denken ist, als die äußerste Grenze eben dieses Ansatzes verstanden werden. Dies kommt nicht nur in der immer wiederkehrenden (Anselmschen) Rede vom „quo maius cogitari nequit" zum Ausdruck, sondern wird auch in unerhörter Kürze und Prägnanz in De apice theoriae, und daran anschließend, im Memoriale über das posse ipsum vor Augen geführt.

---

[24] E. Vansteenberghe, Le Cardinal Nicolas de Cues, Paris 1920, p. 273. Dazu: E. Bohnenstädt, Vom Können-Sein (De possest), Vom Gipfel der Betrachtung, Leipzig 1947, Phil. Bibl. 229; H. Rupprich, Nikolaus von Cues, Gespräch über das Seinkönnen, Stuttgart 1963, Reclam 8855.

De apice theoriae (Cod. Cus. fol. 107ʳ—111ʳ), wohl kurz nach Ostern 1464 niedergeschrieben[25], geht das Voraussetzungsproblem sowohl von der Frage her an (vgl. p. 363) — jede Frage impliziert in gewisser Weise ihre Antwort, vor allem dann, wenn es sich um die letzte und äußerste aller Fragen handelt — als auch vom Sprechenden her, d. h. vom Können des Geistes (p. 373 u. a.). Obwohl es auf den ersten Blick scheinen möchte, daß sich Cusanus hier der Gefahr des Subjektivismus transzendentalen Philosophierens am meisten aussetzt, ist gerade diese Möglichkeit grundsätzlich abgewehrt. Es wird nicht gefragt: was kann nicht mehr bezweifelt werden? (Descartes), sondern: was setzt jedes Zweifeln und jeder Zweifel voraus? Mit andern Worten: der Gedanke des Vollständigen und Vollkommenen duldet keine eingeengte Fundierung, wie er auch jeder rationalistischen Begriffs- und Subsumtionslogik fremd ist. Es ist der Schritt zum Ganzen, der immer wieder vollzogen wird und der in diesem Vollzug in höchster Einfachheit — weil größter Nähe — die Gegenwart des Grundes selbst als Können widerstrahlt[26].

NON ALIUD

Obwohl es sich um die selbe philosophische Problematik wie im vorhergehenden Feld handelt, bringt die Fragestellung des Nicht-Andern dennoch einen neuen Aspekt: es ist der der Selbigkeit, der uns in inhaltlicher Gestalt in der Frage nach der Schöpfung bzw. der Differenz zur Wirklichkeit, in transzendental-logischer in der Frage nach dem absoluten Wissen (absolute Definition, absoluter Begriff) entgegentritt.

In De genesi[27] (Cod. Cus. 218, fol. 99ʳ—105ʳ), abgefaßt am 2. März 1447 in Lüttich (p. 440), entwickelt Cusanus diesen

---

[25] E. Vansteenberghe, a. a. O. p. 276. Dazu: Opera omnia XI, 3, Compendium, ed. B. Decker, C. Bormann, Hamburg 1964, p. IX.
[26] Bezüglich der latenten Polemik gegenüber De possest vgl. Schriften I, p. XXV, Anm. 1.
[27] Vgl. dazu: Opera omnia IV, Opuscula I, ed. P. Wilpert, Hamburg 1959, p. 103—129 und die Vorbemerkungen; ferner: M. Reding, Die Aktualität des Nikolaus Cusanus in seinen Grundgedanken, Berlin 1964.

Gedanken der Selbigkeit im Zusammenhang mit der alttestamentlichen Überlieferung über den Anfang der Welt[28]. Die dialektische Ausweglosigkeit der Teilhabe als Partizipation am Unpartizipierbaren, die zwar im Sprechen als korrektives Prinzip beibehalten werden muß (vgl. auch De coniecturis p. 109), wird im Verständnis der Struktur von Sinn und Sprache überhaupt überwunden. Alles Sagen impliziert das Selbe nicht weniger als das Unsagbare (vgl. p. 395). Und ebenso verhält es sich mit der Vernunft, deren Erkennen als Verähnlichung (vgl. p. 399) zu verstehen ist. Damit wird nun die Differenz selbst als schöpferische (vgl. p. 403) konstitutiv für das Relationsgefüge von Welt und Sinn erfahren, wobei die Welt — wie dies schon in der Docta ignorantia aufgezeigt wurde — in ihrer ursprünglichen Vernunfthaftigkeit die universale Vermittlung darstellt (vgl. p. 407, 421, 423, 439)[29]. Der Weg dorthin wird im menschlich-transzendentalen Selbstverständnis von Verähnlichung und Handeln (p. 399, 413), von Tun (vgl. das Beispiel des Glasbläsers, p. 415) und Reden (vgl. die Betrachtung vom Lehren und vom Wort, p. 417) erschlossen, sofern der Suchende „aufmerksam auf alles achtet" (p. 391, 421, u. a.). Diese Bemerkung bedeutet allerdings insofern eine Einschränkung, als sie deutlich macht, daß sich hier nichts erzwingen läßt. Vielmehr ist es notwendig, in der Demut des Gehorchend-hinhorchenden (p. 427) die Freiheit für das Ganze und im Ganzen zu finden, um auf diese Weise dessen Strukturen als Maßstab für vernünftiges Denken überhaupt zu gewinnen.

---

[28] Die in diesem Zusammenhang entwickelte Idee der „genera litteraria" (p. 409 u. a.) mutet sehr modern an: tatsächlich entspringt sie der Konsequenz der in De coniecturis entwickelten Anschauung über die Stufung des menschlichen Sprechens und Verstehens; ein Hinweis allerdings für die geschichtliche Significanz solchen Philosophierens.

[29] Vgl. auch De coniecturis. Es zeigt sich hier die schon dort angedeutete Vermittlung von der Problemstellung der Docta ignorantia und von De coniecturis, so daß die Differenz zwischen diesen beiden Werken nur eine scheinbare bzw. eine Differenz des Aspekts darstellt und nicht von grundsätzlicher Bedeutung ist.

Deutlicher wird dies in De non-aliud[30], wo Cusanus im „Nicht-Andern" des Wissens den systematischen Weg zu Grund und Begründung findet.
Ausgehend von der Definition als der Vermittlung menschlichen Wissens, erweist sich das Selbige als universale Präsenz in dieser Definition, was in der sprachlichen Struktur der sich selbst und alles definierenden Definition — das Nicht-Andere ist nichts anderes als das Nicht-Andere — seinen formalen Ausdruck findet.
Obwohl aus dem Denken des Denkens gewonnen (p. 557) erschöpft sich das Nicht-Andere nicht in der soeben genannten Formalität. Es führt vielmehr zur inhaltlichen Erschlossenheit, wenn wir es als universalen Weg verstehen.
Dieser Weg — der Gedanke trägt die ganze Schrift, weshalb Cusanus auch von einer directio speculantis, Wegweisung für den Philosophierenden sprechen konnte[31] — ist jedoch ein Weg der Transzendenz, der nur im „Nicht",

---

[30] Diese Schrift ist im Pariser Druck nicht enthalten, da der Herausgeber (Faber Stapulensis) sie nirgends finden konnte. Sie blieb auch unbekannt, bis sie Joh. Übinger in der Münchener Staatsbibliothek (Clm. fol. 131^v—184^v) entdeckte und sie als Anhang in seinem Werk „Die Gotteslehre des Nikolaus Cusanus", Münster und Paderborn 1888, veröffentlichte. Konjekturen, die von ihm übernommen sind, erscheinen in einfachen, eckigen Klammern, die ansonsten dem Pariser Druck vorbehalten sind. Die Entstehungszeit von De non aliud kann nach De venatione sapientiae, cap. XIV, Schriften I, p. 66, auf Winter oder Frühjahr 1462 verlegt werden. Ob „Directio speculantis" (vgl. p. 344, Überschrift) und „De non aliud" als zwei getrennte Schriften zu betrachten sind, wobei dann vielleicht die erstere mit den Propositiones (p. 556—565) identisch wäre, ist schwer zu entscheiden. Dafür würde vielleicht die Tatsache sprechen, daß die Propositiones 1500 von K. Celtis bei Johann Winterburger in Wien veröffentlicht wurden (vgl. K. Celtis, Briefwechsel, ed. H. Rupprich, p. 422). Diese und ähnliche Gründe legen es jedenfalls nahe, daß sich Cusanus selbst noch nicht ganz schlüssig war über die Vollständigkeit dieses Werkes. Vgl. dazu: Nikolaus von Kues, Vom Nichtandern, übersetzt und mit einer Einführung und Anmerkungen versehen von P. Wilpert, Hamburg 1952 (Phil. Bibl. 232) und die kritische Ausgabe, die sich auch nur auf den Münchener Text stützen konnte, Opera omnia XIII/1, Directio speculantis seu De non aliud, ed. L. Bauer et P. Wilpert, Lipsiae 1944 - Hamburg 1950.

[31] Vgl. p. 451, 459, 515, 525, 539, 551, 555, 559.

im „Vor" und „Über" allen gegenständlichen Sagens verstanden werden kann. Dieses Nicht, von Dionysius Areopagita in aller Eindrücklichkeit vor Augen geführt (vgl. die Anthologie von Dionysius-Zitaten in cap. XIV, p. 500ff), darf jedoch nicht nur als dialektisch-rationale Negation verstanden werden, sondern muß auch — im Anschluß an die Ausführungen von p. 471 und 561 — als transzendentale Position gedeutet werden; d. h. im Sich-selbst-Setzen des denkend-wollenden Geistes (vgl. p. 555) auf die (unendliche) Grenze hin, erfährt sich dieser als von jenseits der Grenze her Gesetzter, besser: als Geschaffener[32].

Obwohl auch damit der Name des Nicht-Andern ein Name menschlichen Begreifens bleibt (p. 543), weist er jetzt über jede subjektivistisch-nominalistische Willkür und Formalität hinaus in die von Zeit und Ewigkeit (p. 519f) bestimmte Inhaltlichkeit transzendenter Wahrheit[33]. Der Ursprung von Sein und Erkennen wird und ist präsent in der Seele (p. 479), der Welt (p. 477) und der Selbsterkenntnis (p. 535). Das Nicht-Andere selbst wird zur verknüpfenden Transzendenz aller Transzendentalien (p. 457ff.) und zum Bild der inneren Herrlichkeit Gottes (als Geheimnis der Dreifaltigkeit, p. 463), das gleichermaßen auch Bild des schöpferischen Geistes ist (p. 555); allerdings nur in der Vermittlung

---

[32] Mit Recht ist darum auch das von K. Celtis bessere Exemplar der Propositiones mit dem Hinweis auf Exodus 3,14 versehen worden, als dessen Interpretation die Lehre vom Nicht-Andern verstanden werden kann. Vgl. Celtis, Briefwechsel, a. a. O. p. 422.

[33] Um wiederum auf Kant hinzuweisen: Verglichen etwa mit Kr. d. r. V. B 620ff (bes. B 622: „Gerade ebenso ist es mit dem Begriffe eines absolutnotwendigen Wesens bewandt") zeigt sich die ganze Differenz zwischen beiden Denkern: Für Kant ist der ontologische Gottesbeweis unbrauchbar, da er ihn auf Begriffe reduziert versteht. Für Cusanus stellt er ebenso wie für Anselm den zentralsten Gedanken des Philosophierens dar, da er nicht in begrifflicher Beschränkung und damit folgerichtig in rationaler Sophisterei entwickelt wird, sondern in der durchaus im Begriff geschehenden, jedoch transzendental-transzendenten Entschränkung, die das Ganze des Denkens — damit aber auch die Existenz — begründen inbegreift.

schöpferischer Distanz, die nunmehr auch als Gnade[34] gedeutet werden kann (vgl. p. 541).
In solcher Entfaltung erweist sich das Nicht-Andere als fruchtbares Prinzip des Denkens, das in dieser Prinzipienhaftigkeit sowohl die Möglichkeit des Denkens selbst als auch die Möglichkeit des Seins bzw. dessen Verstehens begründet. Die Philosophie des Geistes (mentalis philosophia) wird zur ersten Philosophie (prima philosophia, p. 533), die das stets gesuchte und nie erlangte Wesen des Seienden (Aristoteles, vgl. cap. XVIII und XIX, p. 524ff) eben darin findet, daß sie in die Voraussetzung des Denkens selbst als Prinzip des Suchens und dessen Wirklichkeit vordringt und so diese Voraussetzung aus dem Blick der Transzendenz in ihrer Totalität (Gott als essentia essentiarum) erblickt. Das bedeutet aber, daß damit die Geistphilosophie auch einen Zugang zur Natur (vgl. p. 477ff, 489ff u. a.) bekommt, ohne diese in ihrer Konkretheit und Andersheit — in subjektiv-transzendentaler Deduktion — vergewaltigen zu müssen. Die Non-aliud-Lehre des Cusanus weist damit über die Entwicklung des neuzeitlichen Idealismus hinaus und vermag auch die Anliegen existentiellen Philosophierens als ursprüngliche Momente ihrer Entfaltung in sich einzuschließen.

LUX

Das Licht, das allen Dingen ihr Aussehen verleiht, selbst jedoch unsichtbar bleibt, ist vielleicht die ganzheitlichste Erfahrung, die das Sinnliche uns gewährt, um das Nicht-Sinnliche zu verstehen. Nicht umsonst stoßen wir darum seit den Anfängen des Philosophierens und auch in den verschiedensten Ausdrucksformen des Religiösen auf das Bild des Lichtes, in dessen Symbolgehalt sich ein Weg zeigt, das Unaussprechliche zu sagen. Für Cusanus umschreibt das Wort „Licht" ein eigenes und neues Feld philosophischen Existierens.

---

[34] Zum Problem der Gnade bei Cusanus vgl.: Ignaz Backes, Die Gnadenlehre bei Nicolaus Cusanus, Eine Skizze, Trierer Theol. Zeitschrift 1964, p. 211—220.

Mit der Schrift De quaerendo Deum (Cod. Cus. 218, fol. 82r—87r)[35], die Cusanus wahrscheinlich im Januar 1445, jedenfalls noch vor dem 27. Juli dieses Jahres, der Abfassung von De filiatione Dei, niederschrieb[36], setzt der Autor eine Problematik fort, die er in dem der Docta ignorantia nahestehenden Traktat über den verborgenen Gott einleitete[37]. Es ist die ständige Frage nach dem Verhältnis von Mensch und Gott, die jedoch hier auf das Problem der Gotteskindschaft hin (vgl. De filiatione Dei) als dem konkreten Ziel des Lebens und der Erlösung verstanden wird.

In der Etymologie des Gottesnamens[38] (vgl. p. 569) findet Cusanus einen Hinweis; als Wesen der Sehnsucht kommt es dem Menschen zu, auf das Ziel seines Sehnens hinzueilen, um in dieser Bewegung das zu entdecken, was sich dem begrenzenden Stehenbleiben entzieht.

Was damit gemeint ist, zeigt einerseits die Betrachtung des sinnlichen Sehens, das selbst nichts von dem ist, was es sieht (p. 573ff), andererseits die des Lichtes, das als Licht der Gnade die Bewegung des staunenden Anfangs (p. 597ff) begründet, trägt und beschließt. Das Licht ist Ursprung, Mitte und Ziel allen Sehens, Denkens und Wollens (vgl. p. 589). Es ist das Feuer, das im Denken lodert (p. 601) und das läutert oder zerstört, je nachdem ob dieses Feuer in seiner Gnadenhaftigkeit erkannt und anerkannt (geliebt wird),

---

[35] Vgl. Opera omnia IV, Opuscula I, a. a. O. p. 13—35 und die Vorbemerkungen des Herausgebers. Ferner: Die Schriften vom verborgenen Gott, übersetzt und mit Anmerkungen versehen von E. Bohnenstädt, Hamburg 1958³, Phil. Bibl. 218. Ferner: J. Peters, Nicolaus von Cues, Vom verborgenen Gott, Vom Gottessuchen, Von der Gotteskindschaft, Freiburg 1956.

[36] Vgl. R. Haubst, Nikolaus von Kues, Über die Gotteskindschaft, in: Nicolò da Cusa, Pubblicazione della Facoltà di Magistero dell' Università di Padova IV, ed. G. C. Sansoni, Firenze 1962, p. 5 und 12.

[37] Die behandelten Probleme im Traktat „De Deo abscondito", in „De quaerendo Deum" und „De filiatione Dei" legen es nahe, hier von einer Trilogie zu sprechen (vgl. Haubst, a. a. O. p. 14). Im Falle dieser Ausgabe ist jedoch darauf keine Rücksicht genommen worden, da sich die Felder überschneiden würden.

[38] Ob dabei diese Etymologie zu recht besteht oder nicht, spielt wohl kaum eine Rolle. Entscheidend ist der Gedanke, der damit ausgedrückt wird.

oder aber als verschlossene „Mächtigkeit" menschlicher Selbstgefälligkeit mißverstanden wird. Cusanus spricht von den Philosophen, welche Gott nicht ehrten und die darum in ihrer Eitelkeit zugrunde gingen (p. 593).
In solcher Weise vom Licht geleitet, erweisen sich dann sowohl die (dynamische) Betrachtung der Natur (vgl. das wachsende Senfkorn, p. 601) als auch die Selbstreflexion (p. 603ff) als Weg zum gegebenen Ziel.

Die nähere Kennzeichnung dieses Zieles ist das Thema von De filiatione Dei[39] (Cod. Cus. 218, fol. 87ᵛ—93ʳ). Gotteskindschaft als Ähnlichkeit und Verähnlichung mit Gott (p. 611) vollzieht sich im Glauben und im Wort, jedoch nicht ohne das Maß dieser Welt (p. 613). Es bleibt somit die Distanz, die jetzt aber um so problematischer wird, als Gott nur in absoluter Jenseitigkeit wahrhaft gesehen werden kann (vgl. auch De coniecturis p. 109 u. a.).
Im Spiegelgleichnis (p. 623ff), das den Logos (p. 625) als Gottesebenbild enthüllt, wird das Problem insofern weitergeführt, als jetzt die dynamische Modalität aller Teilhabe ihre Vermittlung im transzendentalen Einen erfährt, in dessen Transzendenz Gottes absolute Jenseitigkeit anwesend und transparent wird[40]. Als Weg des Verständnisses erweist sich dabei — wie schon in De coniecturis — die schola resolutoria (p. 629), sofern sie sich im Verständnis des menschlichen Wortes bzw. der menschlichen Vernunft überhaupt darstellt. Der Zusammenhang mit den übrigen Schriften ist damit offenbar. Dennoch sind die bleibenden Fragen nicht zu übersehen. Sie gewinnen einen neuen Aspekt in einer Exegese von Jak. 1,17, die Cusanus in De dato patris luminum durchführt.

---

[39] Vgl. dazu: Opera omnia IV, a. a. O. p. 39—64 und die Vorbemerkungen.

[40] Vgl. dazu Haubst, a. a. O., der in der genannten Schrift den Zusammenhang von De filiatione Dei mit Predigt 34 und dem Problem der „drei Geburten des Sohnes Gottes" (p. 6ff) herausgearbeitet hat: „Hier läßt sich Nikolaus von Meister Eckhart und seinen älteren neuplatonischen Quellen nahezu bis auf den Gipfel ihrer Vergottungsmystik hinaufführen. Doch er setzt dieser in dialektischen Gegenzügen auch klare Grenzen" (p. 16).

De dato patris luminum (Cod. Cus. 218, fol. 93ʳ—97ᵛ)[41] als Essay in Brieform zwischen 1445 und 1446 verfaßt, greift zunächst das Problem der Gotteskindschaft auf, die als Erfüllung des sehnenden Geistes im theophanischen Licht der Gnade verwirklicht wird (p. 651). Gott wird dabei — und hierin kommt Cusanus in der Problematik der Gotteskindschaft einen Schritt weiter — als Geber und Gabe (p. 653) bzw. das Geschöpf als geschenkter Gott verstanden (vgl. auch De coniecturis, p. 159). Der Mensch ist sich selbst geschenkt als Ähnlichkeit Gottes.

Wie der Gedanke der Ähnlichkeit die Antinomien des Weltverständnisses (Ewigkeit oder Zeitlichkeit der Welt) abweist (p. 665), so gibt er andererseits im Sich-Zeigen des Lichtes eine Begründung dafür, daß wir in der Wahrheit gezeugt sind (p. 671). Welt und Schöpfung sind Gabe, in der die schöpferische Einheit von Vater, Wort und Geist (p. 673) als je sich schenkendes Licht in Abstieg und Aufstieg der Geschöpfe — darin die Transzendenz der Teilhabe verwirklichend — gegenwärtig ist.

Der Glaube, im Licht der Vernunft geschenkt, und die Vernunft, in der Kraft des Glaubens lichthaft geworden (p. 679) finden ihre Vermittlung im Wort, dem Licht allen Lichtes, das in seiner fleischgewordenen Existenz das ergänzend erfüllt, was als brennendes Sehnen nie endende Frage bleibt (p. 681). In diesem Sinn führt das Feld des Lichtes zum konkreten Ereignis menschlicher Geschichte — zum Faktum des Wortes überhaupt und zur Gestalt Christi im besonderen —, ohne welches jeder transzendentale Versuch nur subjektivistisches Stückwerk bleiben kann.

COMPENDIUM

Obwohl die mit Compendium betitelte und wahrscheinlich im ersten Drittel des Jahres 1464 verfaßte Schrift (Cod. Cus. 219, fol. 163ʳ—169ᵛ)[42] in vielerlei Hinsicht die Ge-

---

[41] Vgl. dazu: Opera omnia IV, a. a. O. p. 68—87 und die Vorbemerkungen.
[42] Vgl. dazu: Opera omnia XI/3, ed. B. Decker, C. Bormann, Hamburg 1964.

danken des Lichtes aufgreift und zusammenfaßt, muß sie der Gesamtanlage nach doch als das gelten gelassen werden, als was sie intendiert wurde; nämlich als allgemeine Einführung, die als solche keinem der Felder in besonderer Weise angehört. In der „Zusammenfassung" (p. 729) sagt Cusanus ausdrücklich, daß dem Empfänger, den G. v. Bredow mit guten Gründen für den jungen Herzog Wolfgang von Bayern hält[43], nach Lesung dieses Kompendiums eine ausführlichere Darstellung der hier gebrachten Gedanken im übrigen Schrifttum des Kardinals zur Verfügung steht. Tatsächlich hat uns Cusanus in diesem Kompendium eine äußerst gedrängte systematische Darstellung seines Philosophierens hinterlassen.

An der Grenze menschlichen Wissens erweist sich der Modus des Seins als jene Voraussetzung, die stets gegenwärtig ist, selbst jedoch nicht mehr wissenschaftlich bewältigt werden kann (p. 685). Es gibt keine Wissenschaft der Voraussetzung, obwohl alles begründende Denken jeweils um sie kreisen und sich auf sie hin denken muß.

Dies geschieht zunächst in der Betrachtung von Ding (Sinnlichkeit), Zeichen und Überlieferung (Sprache als Überlieferung, p. 687ff), wobei diese Momente im Horizont der Vollständigkeit und Vollendung gesehen werden. Es wird, von diesem Horizont ausgehend, den wir auch als Horizont des Personalen interpretieren können, im Sichselbst-Denken des Geistes (p. 707) in die transzendentale Problematik weitergeführt, wie wir sie schon von De docta ignorantia und besonders von De coniecturis her kennen: Der Mensch wird in seiner schöpferischen Wirklichkeit (p. 709) zum Ort der Transzendenz, die sich ursprünglich im Wort (p. 705) darstellt. Dieses Wort ist einerseits Zeichen der geistig-schöpferischen Kraft des Denkenden (vgl. p. 707) und seiner Geschichte (vgl. das Problem der signa ex institutione, p. 686ff), andererseits aber auch — als göttliches Wort — unüberschreitbare Maßgabe und Grenze allen Denkens und alles Gedachten.

---

[43] Gerda Freiin von Bredow, Der Gedanke der Singularitas in der Altersphilosophie des Nikolaus von Kues, MFCG 1964, p. 383.

Zeigt sich der erstere Aspekt im Verhältnis von formare und informare und in der Kategorienbildung überhaupt (p. 701 und 721), so der zweite in der Uneinholbarkeit der Ursprungserkenntnis, die in den Kategorien von Können, Gleichheit und Einheit, bzw. in der Kategorie der Ähnlichkeit transparent gemacht wird (p. 719ff).

Obwohl personale Ganzheit und Mächtigkeit, erfährt der Mensch gerade im höchsten Tun der geistigen Schau (p. 729), daß diese Ganzheit stets nur empfangene (Gabe) ist und daß Gott stets das bleibt, dem gegenüber es nichts Mächtigeres geben kann, ohne das er jedoch weder sich selbst noch die Welt zu verstehen vermag. Oder anders gewendet: Weil sich der Mensch in Grenze und Beschränkung sehen kann und damit alles von Gott erhoffen kann, wird er frei, um in dieser Freiheit transzendierend sich selbst als Person zu verstehen und zu begreifen, „daß sich alles auf solche Weise verhält, weil das Können, über das hinaus es nichts Mächtigeres gibt, gesehen werden will" (p. 731)[44].

---

[44] Die große Ähnlichkeit dieser Schrift mit De coniecturis ist wohl darin begründet, daß beide Schriften den methodischen Gang sehr stark betonen und zur Darstellung bringen. Wenn dies auch hier weit einfacher und teilweise auch klarer geschieht, so unterstreicht das dennoch nicht weniger den inneren Zusammenhang des Gedankens, den das opus philosophicum des Kardinals darstellt.

DE CONIECTURIS
DIE MUT-MASSUNGEN

PARS PRIMA

DEO AMABILI REVERENDISSIMO PATRI DOMINO IULIANO SANCTAE APOSTOLICAE SEDIS DIGNISSIMO CARDINALI PRAECEPTORI SUO METUENDO N. C.

I.

Data nunc qualicumque opportunitate de coniecturis conceptum pandam. Quem quamvis communi humanarum adinventionum vitio atque specialioribus faeculentiis obtusioris ingenii adumbratum sciam, tibi tamen, patri optimo atque omnium litterarum eruditissimo confidenter explicavi, ut paene divino lumine admirabilis resplendentiae probatissimi tui intellectus possibilem purgationem accipere queat. Scio enim hanc [novarum][1] indagandarum artium formulam in ruditate sua occumbere non posse, si vir omnium clarissimus eam acceptatione dignam correctionis lima facere dignabitur. Praebe igitur tua ornatissima auctoritate intrantibus animum ad brevem, planissimamque viam altissima quaeque petendi.

II.

Quoniam autem in prioribus doctae ignorantiae libellis multo quidem altius limpidiusque quam ego ipse nisu meo praecisionem veritatis inattingibilem intuitus es, consequens est omnem humanam veri positivam assertionem esse coniecturam; non enim exhauribilis est adauctio apprehensionis veri. Hinc ipsam maximam humanitus inattingibilem scien-

---

[1] Cod. Tr I.

ERSTER TEIL

DEM GOTTGELIEBTEN VEREHRUNGSWÜRDIGSTEN VATER, HERRN JULIANUS, DES APOSTOLISCHEN STUHLES WÜRDIGEM KARDINAL, SEINEM HOCHGESCHÄTZTEN MEISTER,
N. C.

I.

Da ich zur Zeit einige Muße habe, möchte ich die Grundgedanken meiner Lehre von den Mut-Maßungen darlegen. Obwohl ich weiß, daß diese infolge der Unzulänglichkeit menschlicher Erfindungen im allgemeinen und durch die Umständlichkeit eines langsamen Geistes im besonderen umschattet sind, habe ich sie dir, bester und in allen Wissenschaften wohlbewanderter Vater, dennoch vertrauensvoll dargelegt, damit sie durch das schier göttliche Licht, das dein bewährter Geist wunderbar widerstrahlt, ihre mögliche Reinigung erlangen können. Ich weiß nämlich, daß die Formulierung dieser neuen, noch zu erforschenden Kunst und Wissenschaft nicht weiterhin unausgebildet darniederliegen kann, wenn ein Mann, welcher allen andern gegenüber hervorragt, sie durch ihre Annahme der ausbessernden Feile würdig macht. Mache also denen mit deiner angesehenen Autorität Mut, die sich dazu anschicken, auf diesem kurzen und geraden Weg das Höchste zu erstreben.

II.

Da du in den vorhergehenden Büchern über die wissende Unwissenheit um vieles tiefer und klarer, als ich selbst es vermochte, eingesehen hast, daß die letzte Genauigkeit der Wahrheit unerreichbar ist, ergibt sich in der Folge für dich, daß jede menschliche Behauptung über das Wahre, die positiv ist, eine Mut-Maßung darstellt. Denn nicht ausschöpfbar

tiam dum actualis nostra nulla proportione respectet, infirmae apprehensionis incertus casus a veritatis puritate positiones nostras veri subinfert coniecturas.

Cognoscitur igitur inattingibilis veritatis unitas alteritate coniecturali atque ipsa alteritatis coniectura in simplicissima veritatis unitate clarius post haec huius notitiam intuebimur. Quoniam autem creata intelligentia finitae actualitatis in alio non nisi aliter existit, ita ut omnium coniecturantium differentia remaneat, non poterit nisi certissimum manere diversorum diversas eiusdem inapprehensibilis veri graduales, improportionabiles tamen ad invicem esse coniecturas, ita quidem, ut unius sensum, quamvis unus forte alio propinquius, nullus unquam indefectibiliter concipiat. Quapropter has ipsas, quas hic subinfero, adinventiones ex possibilitate ingenioli mei non parva meditatione elicitas, meas accipito coniecturas fortassis maioribus intellectualibus fulgoribus longe impares, quas etsi ego ob ineptitudinem traditionis a multis spernendas formidem, tamen ipsas quasi cibum non penitus incongruum ad transsubstantiandum in clariores intellectualitates altioribus mentibus administro. Qui enim hic aliquid spiritualis alimoniae diligentiore masticatione atque crebra ruminatione elicere studuerit, acquiret consolatoriam refectionem, etiamsi primo ista cruda atque novitate sua offensiva potius videantur.

Oportet autem quadam manuali inductione iuniores quosque experimentali luce carentes ad latentium ostensionem allicere, ut gradatim ad ignotiora erigantur. Hinc ego coniecturarum mearum secretum commodosius elucidando primo quadam rationali, omnibus notissima progressione conceptui

ist die Ausweitung der Erfassung des Wahren. Daher steht das tatsächliche Wissen in keinem Verhältnisbezug zum größten auf menschliche Weise nicht erreichbaren Wissen. Das bringt es mit sich, daß das unsichere Abweichen unseres kraftlosen Begreifens von der Reinheit der Wahrheit unsere Sätze vom Wahren zu Mut-Maßungen macht.

Es wird also die Einheit der unerreichbaren Wahrheit vermittels mut-maßlicher Andersheit erkannt. Und durch die Mut-Maßung der Andersheit werden wir danach in der einfachsten Einheit der Wahrheit einen deutlicheren Begriff von dieser gewinnen. Da aber die geschaffene Einsicht, die von begrenzter Wirklichkeit ist, im Anderen nur nach Art des Anderen besteht und infolgedessen eine Differenz bleibt zwischen allen, die Mut-Maßungen anstellen, kann es nur die dauernde und endgültige Gewißheit geben, daß die verschiedenen Mut-Maßungen der verschiedenen Menschen über ein und dasselbe unbegreifliche Wahre gestuft, aber dennoch gegenseitig unvergleichbar sind, und zwar so, daß keiner den Sinn des einen, obwohl dieser dem andern vielleicht sehr nahe ist, jemals ohne Fehl begreift. Aus diesem Grund nimm meine hier vorgebrachten Entdeckungen an, die ich nach langen Betrachtungen meinen geringen Fähigkeiten gemäß gemacht habe. Vielleicht sind sie dem Glanz größeren Geistes bei weitem unterlegen; und wenn ich auch fürchte, daß viele sie wegen der Unzulänglichkeit meiner Darstellung ablehnen und verachten müssen, so möchte ich sie dennoch als eine Nahrung, die nicht ganz ungeeignet ist, in klarere Geistigkeiten umgewandelt zu werden, Menschen mit tieferdringendem Denken anbieten. Wer nämlich durch eifriges Kauen und häufiges Wiederkauen dieser geistigen Nahrung hier etwas zu finden hofft, der gewinnt Trost und Kraft, mag ihm auch zuerst alles roh erscheinen und in seiner Neuheit eher Ärgernis erregen.

Es wird gut sein, gerade die Jüngeren, denen das Licht der Erfahrung noch fehlt, durch eine gewisse Handleitung dahin zu locken, wo das Verborgene sich zeigt, auf daß sie sich schrittweise zu noch Unbekannterem erheben. Von da aus werde ich das Geheimnis meiner Mut-Maßungen in

apodigmatica exemplaria configurabo, quibus noster discursus pergere queat ad generalem coniecturandi artem. Secundo loco floridas quasdam annotationes eliciam [et] fructuosam applicatoriam praxim in gratissimis quibusdam resolutionibus adiiciens veri famelicas animas reficere curabo.

III.

Unde coniecturarum origo

Coniecturas a mente nostra uti realis mundus a divina infinita ratione prodire oportet. Dum enim humana mens, alta Dei similitudo, fecunditatem creatricis naturae, ut potest, participat, ex se ipsa ut imagine omnipotentis formae in realium entium similitudine rationalia exserit. Coniecturalis itaque mundi humana mens forma existit, uti realis divina. Quapropter, ut absoluta illa divina entitas est omne id, quod est in quolibet, quod est, ita et mentis humanae unitas est coniecturarum suarum entitas.

Deus autem omnia propter seipsum operatur, ut intellectuale sit principium pariter et finis omnium, ita quidem rationalis mundi explicatio a nostra complicante mente progrediens propter ipsam est fabricatricem. Quanto enim ipsa se in explicato a se mundo subtilius contemplatur, tanto intra se ipsam uberius fecundatur, cum finis ipsius ratio sit infinita, in qua tantum se, uti est, intuebitur, quae sola est omnibus rationis mensura. Ad cuius assimilationem tanto propinquius erigimur, quanto magis mentem nostram profundaverimus, cuius ipsa unicum vitale centrum existit. Ob hanc causam naturali desiderio ad perficientes scientias aspiramus.

einfacher Weise erläutern und zunächst in einem allgemein bekannten, verstandesmäßigen Vorgehen einige Modellvorstellungen für unser Begriffsvermögen bilden, mit deren Hilfe wir in methodischem Vorgehen zu einer allgemeinen Kunst des Mut-Maßens gelangen können. An zweiter Stelle werde ich einige anschauliche Bemerkungen daraus ableiten und mich bemühen, indem ich die ertragreiche praktische Anwendung in einigen hochwillkommenen Lösungen hinzufüge, die Seelen, die nach Wahrheit hungern, zu erquicken.

III.

Der Ursprungsort der Mut-Maßungen

Wie die wirkliche Welt aus dem unendlichen göttlichen Wesenssinn, so müssen die Mut-Maßungen aus unserem Geist hervorgehen. Da nämlich der menschliche Geist, das erhabene Abbild Gottes, an der Fruchtbarkeit der schöpferischen Natur, soweit es ihm möglich ist, teilhat, bringt er aus sich selbst, dem Abbild der allmächtigen Gestalt, in der Ähnlichkeit des Seienden Vernunftgebilde hervor. So ist der menschliche Geist die Gestalt der mut-maßlichen Welt, so wie der göttliche die der wirklichen ist. Aus diesem Grund ist die Einheit des menschlichen Geistes die Seiendheit seiner Mut-Maßungen, so wie jene absolute göttliche Seiendheit alles ist, was in jedem, das ist, ist.

Wie aber Gott alles um seiner selbst willen bewirkt, auf daß er zugleich der vernünftige Anfang und das Ende von allem sei, so geschieht auch die Ausfaltung der verständigen Welt, die von unserem einfaltenden Geist ausgeht, um seiner schöpferischen Kraft willen. Je gründlicher er sich in der von ihm selbst entfalteten Welt betrachtet, um so reichlicher wird er in sich selbst befruchtet; sein Ziel ist ja der unendliche Wesenssinn, in dem allein er sich so erblickt, wie er ist, da er allein das Wesensmaß für alle darstellt. Zur Verähnlichung mit ihm erheben wir uns um so mehr, je weiter wir unseren Geist, dessen einzige lebendige Mitte jener ist, vertiefen. Das ist der Grund, warum wir in natürlicher Sehnsucht nach dem uns vervollkommnenden Wissen streben.

Ut autem ad apprehensionem intenti inducaris et mentem coniecturarum principium recipias, advertas, quoniam ut primum omnium rerum atque nostrae mentis principium unitrinum ostensum est, ut multitudinis, inaequalitatis atque divisionis rerum unum sit principium, a cuius unitate absoluta multitudo, ab aequalitate inaequalitas et a connexione divisio effluat. Ita mens nostra, quae non nisi intellectualem naturam creatricem concipit, se unitrinum facit principium rationalis suae fabricae.

Sola enim ratio multitudinis, magnitudinis ac compositionis mensura est, ita ut ipsa sublata nihil horum subsistat; sicut entitate infinita negata omnium rerum entitates pariter constat esse negatas. Quapropter unitas mentis in se omnem complicat multitudinem eiusque aequalitas omnem magnitudinem sicut et connexio compositionem. Mens igitur unitrinum principium primo ex vi complicativae unitatis multitudinem explicat, multitudo vero inaequalitatis atque magnitudinis generativa est. Quapropter in ipsa primordiali multitudine ut in primo exemplari magnitudines seu perfectiones integritatum varias et inaequales venatur. Deinde ex utrisque ad compositionem progreditur. Est igitur mens nostra distinctivum, proportionativum atque compositivum principium.

IV.

Symbolicum exemplar rerum numerum esse

Rationalis fabricae naturale quoddam pullulans principium numerus est; mente enim carentes uti bruta non numerant. Nec est aliud numerus quam ratio explicata. Adeo enim numerus principium eorum, quae ratione attinguntur, esse probatur, quod eo sublato nihil omnium remansisse ratione convincitur. Nec est aliud rationem numerum explicare et illo in constituendis coniecturis uti quam rationem se ipsa uti ac in sui naturali suprema similitudine cuncta fingere, uti Deus, mens infinita in verbo coaeterno rebus esse

Damit du aber dahin kommst, das Erstrebte zu erlangen und den Geist als Ursprung der Mut-Maßungen begreifst, mußt du darauf achten, daß es, da sich der erste Anfang aller Dinge und unseres Geistes als ein dreieiniger darstellt, für Vielheit, Ungleichheit und Teilung der Dinge nur einen Ursprung gibt, von dessen absoluter Einheit die Vielheit, von dessen Gleichheit die Ungleichheit und von dessen Verknüpfung die Trennung entspringt. So macht sich auch unser Geist, der allein die geistige Natur als schöpferische versteht, zu einem dreieinigen Ursprung seiner verstandesmäßigen Kunst.

Denn der Verstandessinn allein ist das Maß der Menge, Größe und Zusammensetzung, so daß ohne ihn nichts davon vorhanden ist; genauso, wie man notwendigerweise die Seiendheit aller Dinge leugnet, sobald man die unendliche Seiendheit leugnet. Darum schließt die Einheit des Geistes in sich alle Vielheit ein, seine Gleichheit alle Größe, sowie seine Verknüpfung alle Zusammensetzung. Der Geist als der dreieinige Ursprung entfaltet zuerst aus der Kraft der einfaltenden Einheit die Vielheit, die Vielheit aber zeugt die Ungleichheit und die Größe. Darum spürt er in dieser ersten anfänglichen Vielheit wie in einem ersten Urbild die Größen oder Vollkommenheiten, die verschieden und ungleich sind, als stets Geeinte auf. Danach gelangt er aus beiden zur Zusammensetzung. Daher ist unser Geist der unterscheidende, verhältnissetzende und zusammenfügende Ursprung.

IV.

Das symbolische Urbild der Dinge ist die Zahl

Der natürlich keimende Ursprung der Verstandestätigkeit ist die Zahl; Wesen, denen der Geist fehlt — wie den Tieren —, zählen nicht. Die Zahl ist nichts anderes als der entfaltete Verstand. Damit ist zugleich bewiesen, daß die Zahl der Ursprung der Dinge ist, die durch den Verstand erfaßt werden. Daß bei Aufhebung der Zahl nichts von allem bestehen bleibt, wird durch den Verstand bewiesen. Daß der Verstand die Zahl entfaltet und sie, wenn er Mut-Maßungen anstellt, verwendet, bedeutet nichts anderes, als

communicat. Nec quidquam numero prius esse potest; cuncta enim alia ab ipso ipsum necessario fuisse affirmant.

Omnia enim simplicissimam unitatem exeuntia composita suo sunt modo. Nulla vero compositio absque numero intelligi potest; nam partium pluralitas atque earum diversitas simul et proportio componibilitatis ex ipso sunt. Neque alia res substantia, alia quantitas, alia albedo, alia nigredo et ita de omnibus absque alietate esset; quae est, numero est. Sed numerus ex se ipso compositus est; ternarius enim ex tribus combinatis compositus concipi debet. Alioquin ternarius non magis esset, quam si seorsum parietem, seorsum tectum fundamentumque domus fingeres et formam domus concipere velles. Oportet igitur non seorsum, sed composite simul ipsum imaginari; nec tunc aliud erit trium combinatio quam ternarius. Ex se ipso igitur compositus est.

Oportet etiam primam oppositionem contractam ex se ipsa contractam esse; quod extra numerum impossibile est. Omnis igitur numerus compositus ex oppositis differentibus atque ad invicem proportionabiliter se habentibus taliter existit, quod illa sunt ipse. Par numerus impari opponitur. Atque omnis numerus sive par sive impar ex pari et impari, hoc est ex se ipso existit. Quaternarius ex ternario impari et quaternario pari compositus est. Quod autem ex duobus binariis combinatus videtur, non ad quaternarii essentiam sed quantitatem referri debet. Quomodo autem concipi quicquam posset menti similius numero? Nonne unitas ternarii ternaria est? Aequalitas ternarii ternaria est. Sic et ternarii connexio ternaria existit.

daß er sich selbst verwendet und in seiner höchsten, natürlichen Ähnlichkeit alles bildet, so wie Gott, der unendliche Geist, der durch das ihm gleich-ewige Wort den Dingen das Sein mitteilt. Nichts kann früher sein als die Zahl; denn alles Andere bezeugt, daß es als solches notwendigerweise von ihr stammt.

Alles, was aus der einfachsten Einheit hervorgeht, ist in seiner Weise zusammengesetzt; aber keine Zusammensetzung kann ohne die Zahl eingesehen werden. Aus ihr stammt die Vielheit der Teile und zugleich kommt auch deren Verschiedenheit und das Verhältnis der Zusammensetzbarkeit aus ihr. Auch wären Substanz, Quantität, Weiße, Schwärze usw. nicht verschiedene Dinge ohne die Andersheit; diese ist, was sie ist, durch die Zahl. Die Zahl aber ist aus sich selbst zusammengesetzt. Der Dreier muß als Zusammensetzung aus drei zusammengefügten Einheiten verstanden werden. Sonst wäre er nicht mehr, als wenn man sich Wand, Dach und Grundmauern eines Hauses getrennt vorstellen und so die Gestalt des Hauses verstehen wollte. Man darf ihn sich darum nicht getrennt, sondern nur als zugleich verbunden vorstellen, und dann ist die Verbindung von drei Einheiten nichts anderes als der Dreier, der aus sich selbst besteht.

Es muß also die erste verschränkte Gegensätzlichkeit aus sich selbst verschränkt sein; das ist außerhalb der Zahl unmöglich. Jede Zahl ist aus Gegensätzen, die sich voneinander unterscheiden und zueinander in einem Verhältnis stehen, so zusammengesetzt, daß diese die Zahl selbst sind. Die gerade Zahl steht zur ungeraden im Gegensatz, und jede Zahl, ob gerade oder ungerade, besteht aus gerader und ungerader Zahl, das heißt aus sich selbst. Der Vierer ist aus dem ungeraden Dreier und dem geraden Vierer zusammengesetzt. Daß er aus zwei mal zwei zu bestehen scheint, ist nicht auf die Wesenheit, sondern auf die Quantität des Vierers zurückzuführen. Was ließe sich finden, das dem Geist ähnlicher wäre als die Zahl? Ist nicht die Einheit des Dreiers die Dreiheit, die Gleichheit des Dreiers die Dreiheit? Und ebenso stellt die Verknüpfung des Dreiers die Dreiheit dar.

Numeri igitur essentia primum mentis exemplar est. In ipso etenim trinitas seu unitrinitas contracta in pluralitate prioriter reperitur impressa. Symbolice etenim de rationalibus numeris nostrae mentis ad reales ineffabiles divinae mentis coniecturantes dicimus, in animo conditoris primum rerum exemplar ipsum numerum, uti similitudinarii mundi numerus a nostra ratione exurgens.

V.

De naturali progressione

Tanto te acutius numeri expedit contemplari naturam, quanto in eius similitudine cetera profundius indagare conaris. Primum autem progressioni eius incumbe, et quaternario eam expleri probabis. Unum enim, duo, tria et quatuor simul iuncta denarium efficient, qui unitatis simplicis naturalem explicat virtutem. De ipso equidem denario, qui altera unitas est, pari quaternario progressu radicis quadrata attingitur explicatio: 10, 20, 30 et 40 simul iuncta centum sunt. Qui denariae radicis extat quadratura. Centenaria ididem unitas pari motu millenarium exserit: 100, 200, 300 et 400 simul iuncta mille sunt, nec amplius hac via, quasi quid restet, proceditur.

Quamvis tam post denarium — ut in undenario, ubi post ipsum denarium ad unitatem fit regressio —, quam post millenarium pariformiter repetitio non negetur; non sunt igitur naturali influxu plures quam decem numeri, qui quaterna progressione arcentur; nec ultra solidum denariae radicis, millenarium, fit repetitionis variatio, cum hic progressione quaternaria triniter repetita denario exsurgat ordine. Habes quaternarium, unitatis explicationem, universi numeri continere potentiam. Unitas enim generalis quattuor unitatibus distinguitur, quae ordine congruo figurantur: prima simplicissime; secunda habet ordinis tantum nihili figuram adiectam, ut alterae congruit unitati; tertia huius naturae duas adiicit; quarta tres, ut 1, 10, 100, 1000, quae omnia, quamvis indubia cunctis, ad ocularem redegi formulam proposito nostro congruentem.

Die Wesenheit der Zahl ist das erste Urbild des Geistes. In diesem nämlich findet sich die Dreiheit oder die in Vielheit verschränkte Einig-Dreiheit vorgängig eingeprägt. Indem wir in symbolischer Weise von den verstandesmäßigen Zahlen unseres Geistes in Hinblick auf die wirklichen, unsagbaren Zahlen des göttlichen Geistes Mut-Maßungen anstellen, sagen wir, daß im Geist des Schöpfers das erste Urbild der Dinge die Zahl sei, so wie die aus unserem Verstand entspringende Zahl das Urbild der abbildhaften Welt ist.

V.

Das natürliche Fortschreiten

Die Natur der Zahl zu betrachten, ist dir um so nützlicher, je gründlicher du dich bemühst, in ihrer Ähnlichkeit das Übrige zu erforschen. Beschäftige dich zuerst mit ihrem Fortschreiten; du wirst finden, daß es sich im Vierer erschöpft. 1 nämlich, 2, 3 und 4 miteinander verbunden, bilden den Zehner, der das natürliche Vermögen der einfachen Einheit entfaltet. Von ebendemselben Zehner, der die zweite Einheit ist, kommen wir in gleichem vierfachen Fortschritt zur quadratischen Entfaltung der Wurzel; 10, 20, 30 und 40 zusammen sind 100, das Quadrat von 10. Diese Einheit von 100 wird auf gleichem Weg zum Tausender. 100, 200, 300 und 400 sind zusammen 1000. Auf diesem Weg kann man nicht so weiter fortschreiten, als ob noch etwas übrigbliebe.

Dennoch wird, sowohl nach dem Zehner (wie bei dem Elfer, bei dem nach dem Zehner die Rückkehr zur Einheit vollzogen ist) als auch in ähnlicher Weise nach dem Tausender, die Wiederholung nicht geleugnet. Also gibt es in der natürlichen Reihenfolge nicht mehr als 10 Zahlen, die in vierfachem Fortschritt zusammengehalten sind. Und die Verschiedenheit der Wiederholung erfolgt nicht weiter als bis zum Tausender, dem Kubus-Ganzen der Zehnerwurzel, weil diese sich in der Zehner-Ordnung durch den dreimal wiederholten, vierfachen Fortschritt auftut. Halte also fest, daß der Vierer als die Ausfaltung der Einheit die Möglichkeit der Gesamt-Zahl enthält. Die allgemeine Einheit nämlich wird durch vier Einheiten unterschieden, die sich in angemessener Ordnung darstellen lassen. Die erste Einheit ist am einfachsten; die zweite hat dem Nichts nur die Figur der Ordnung hinzugefügt, wie es der zweiten Einheit entspricht; die dritte bringt

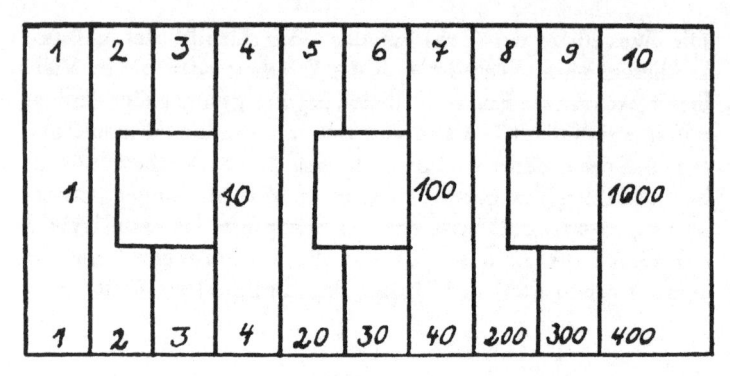

Fig. 1

VI.

De quattuor unitatibus

Mens ipsa omnia se ambire omniaque lustrare comprehendereque supponens, se in omnibus atque omnia in ipsa esse taliter concludit, ut extra ipsam, ac quod eius obtutum aufugiat, nihil esse posse affirmet. Contemplatur itaque in numerabili similitudine sua a se ipsa elicita ut in imagine naturali et propria sui ipsius unitatem, quae est eius entitas.

Hanc ex numero quaternariam venatur; nam est simplicissima, est alia radicabilis, est tertia quadrata, est quarta solida. Ita quidem in initio numeri simplicissimam intuetur unitatem, posthaec denariam, quae radix est aliarum, deinde centenariam, denariae quadratam, ultimo millenariam cubicam. Inter enim diversas atque oppositas unitates simplicem et solidam, unicum praecisum medium cadere nequit; sed ad minimum duo necessaria esse constat, quorum alterum ad simplex ut radicalis, alterum ad solidum ut quadrata unitates inclinantur.

von dieser Art zwei Figuren hinzu; die vierte drei, so daß ich 1, 10, 100, 1000, welche ohne Zweifel alles und jedes umfassen, auf die sichtbare Formel, die unserem Vorhaben entspricht, zurückgeführt habe.

VI.

Die vier Einheiten

Der Geist setzt von sich voraus, daß er alles umfassen, erforschen und begreifen kann. Daraus schließt er, er sei in allem und alles auf solche Weise in ihm, daß es zugleich außer ihm sei, und er behauptet, daß nichts sein könne, das seinem Blick entzogen wäre. Darum betrachtet er in seiner zählbaren, aus ihm selbst gewonnenen Ähnlichkeit wie in einem natürlichen, ihm eigenen Bild seiner selbst die Einheit, die seine Seiendheit ist.

Diese gewinnt er als vierfache aus der Zahl; denn sie ist als erste die einfachste, als zweite die wurzelhafte, als dritte die quadrierte und als vierte die kubische Gesamt-Einheit. So schaut er am Anfang der Zahl die einfache Einheit, darauf die Zehner-Einheit, welche die Wurzel der anderen ist, dann die Hunderter-Einheit, das Quadrat der Zehner-Einheit und zuletzt die Tausender-Einheit, ihre Kubikzahl. Zwischen den verschiedenen, einander entgegengesetzten Einheiten, der einfachen und gänzlichen, kann es kein einziges genau abgegrenztes Mittleres geben. Zumindest sind Zwei notwendig, von denen sich das eine wie die Wurzeleinheit zur einfachen, das andere wie die Quadrateinheit zur Gesamteinheit hinneigt.

Nam impossibile est connexionem simplicem esse inaequalium. Sola etenim infinitae unitatis et aequalitatis connexio simplex esse potest. Contemplatur itaque mens ipsa universam suam entitatem in his quaterne distinctis unitatibus, ut aliam videat simplicissimam mentem prioriter ad cuncta ut creator se habentem, aliam egressam proxime ab illa aliarum radicem, aliam ab hac radice egressam ad quartam inclinari, quae sua grossiori soliditate ulterius proficisci non sinit.

Has mentales unitates vocalibus signis figurat: primam quidem altissimam simplicissimamque mentem Deum nominat; aliam radicalem nullam priorem sui habens radicem intelligentiam appellat; tertiam, quadratam intelligentiae contractionem animam vocat; finalem autem, soliditatem grossam explicatam, non amplius complicantem corpus esse coniectat. Omnia autem in Deo Deus, in intelligentia intellectus, in anima anima, in corpore corpus, quod aliud non est quam mentem omnia complecti vel divine, vel intellectualiter, vel animaliter, vel corporaliter. Divine quidem hoc est, prout res est veritas; intellectualiter hoc est, ut res non est veritas ipsa, sed vere; animaliter hoc est, ut res est verisimiliter; corporaliter vero etiam verisimilitudinem exit et confusionem subintrat.

Prima unitas penitus existit absoluta; ultima vero, quantum possibile est, omnem absolutionem exiens contracta est; secunda multum absoluta, parum contracta; tertia parum absoluta, multumque contracta. Quapropter, sicut intelligentia non est penitus divina seu absoluta, ita nec rationalis anima penitus divinitatis exit participationem, ut admiranda in invicem progressione divina atque absoluta unitate gradatim in intelligentia et ratione descendente et contracta sensibili per rationem in intelligentiam ascendente mens omnia distinguat pariterque connectet.

Denn es ist unmöglich, daß es eine einfache Verbindung von Ungleichen gebe. Nur die Verbindung zwischen unendlicher Einheit und Gleichheit kann eine einfache sein. Also betrachtet der Geist seine gesamte Seiendheit in diesen vierfach unterschiedenen Einheiten, damit er sieht, daß ein anderer, höchst einfacher Geist vorgängig sich zu allem als Schöpfer verhält, ein zweiter direkt von diesem ausgeht als die Wurzel der anderen und ein weiterer von dieser ausgehend, zum vierten sich hinneigt, der durch seine relativ festeste Gänze kein weiteres Fortschreiten ermöglicht.

Diese geistigen Einheiten drückt er in Wortzeichen aus: die erste, den höchsten und einfachsten Geist, nennt er Gott; die zweite, die Wurzel, die keine frühere Wurzel hat, Vernunft-Einsicht; die dritte, die quadratische Verschränkung der Einsicht, bezeichnet er als Seele; von der letzten Gänze, die fest, entfaltet und nicht weiter einfaltend ist, mutmaßt er, daß sie Körper sei. Alles aber ist in Gott Gott, in der Einsicht Einsicht, in der Seele Seele und im Körper Körper; und das bedeutet nichts anderes, als daß der Geist alles umfaßt, sei es göttlich, vernünftig, seelisch oder körperlich. Auf göttliche Weise gilt das, soweit die Sache Wahrheit ist; auf vernünftige, soweit sie nicht die Wahrheit selbst, wohl aber wahr ist; seelisch, soweit sie wahr-ähnlich ist; körperlich, wenn sie auch die Wahr-Ähnlichkeit verläßt und sich der Verwirrung überläßt.

Die erste Einheit besteht völlig losgelöst und unabhängig, die letzte hingegen, die, soweit das möglich ist, jede Unabhängigkeit verlassen hat, ist verschränkt. Die zweite Einheit ist weitgehend unabhängig, aber auch ein wenig verschränkt, die dritte wiederum weitgehend verschränkt und nur wenig unabhängig. Wie darum weder die Einsicht vollkommen göttlich und unabhängig ist, so entbehrt auch die verständige Seele nicht aller Teilhabe an der Gottheit; in wunderbarem, wechselseitigem Fortschreiten steigt die göttliche, absolute Einheit stufenweise in Vernunft-Einsicht und Verstandessinn herab, während die sinnliche und verschränkte Einheit mittels des Verstandessinnes zur Vernunft-Einsicht hinaufsteigt, und der Geist trennt und verbindet alles in gleicher Weise.

VII.

De prima unitate

Amplius te attentiorem faciat dicendorum utilitas; magna enim atque occulta in lucem ducere tentabo. Primo illa divina unitas, si numerus rerum fingitur exemplar, omnia praevenire complicareque videtur. Ipsa enim omnem praeveniens multidudinem, omnem etiam antevenit diversitatem, alietatem, oppositionem, inaequalitatem, divisionem atque alia omnia, quae multitudinem concomitantur. Unitas quidem nec binarius nec ternarius est atque ita deinceps, quamvis omnia ea sit, quae sunt ternarius, quaternarius et reliqui numeri. Si species rerum ut numeri distinguuntur, ipsa absoluta unitas nullius speciei est, nullius nominis nulliusque figurae, quamvis omnia sit in omnibus. Ipsa est unitas omnis pluralitatis. Unitas quidem pluralitatis generum, specierum, substantiarum, accidentium universarumque creaturarum, mensura una omnium mensurarum; aequalitas una omnium aequalium et inaequalium, connexio omnium unitorum et segregatorum, quemadmodum unitas omnem tam parem quam imparem numeros simplicitate sua complicat, explicat atque connectit.

Intuere mente profunda unitatis infinitam potentiam; maior enim est per infinitum omni dabili numero. Nullus enim est numerus quantumcumque magnus, in quo unitatis potentia quiescat. Cum itaque omni dabili numero per unitatis unitatem maior absque statu haberi possit, per solius unius potentiam inexhauribilem constat omnipotentem eam esse. Multa de hoc in iam antedictis audisti multaque dici semper posse ex his vides. Ea etenim, quae dici possent, numeri quidem sunt inexplicabilis unitatis numeralesve figurae invariabilis veritatis, quae tanto clarius intuebitur, quanto absolutius atque unitius concipitur. Qui enim absolutam et ipsam tantum concipit unitatem, ineffabilem eam videt; cuius enim respectu potius unum quam aliud sortiretur nomen. Si cuncta alia separasti et ipsam solam inspicis, si aliud numquam aut fuisse, aut esse, aut fieri posse intelligis, si pluralitatem omnem abiicis atque respectum et ipsam simplicissimam tantum unitatem subintras, ita ut eam non potius simplicem quam non simplicem, non potius unam quam non unam comprobes, arcana omnia penetrasti, nulla ibi dubietas, nullum impedimentum.

VII.

Die erste Einheit

Achte darauf, welchen Nutzen du aus den Dingen haben kannst, die ich nun darlegen werde; denn Großes und Verborgenes werde ich versuchen, ans Licht zu bringen. Wenn man die Zahl als Urbild der Dinge betrachtet, so scheint es, daß jene göttliche Einheit allem vorangeht und alles in sich einschließt. Sie geht jeder Vielheit voraus, steht vor aller Verschiedenheit, Andersheit, Gegensätzlichkeit, Ungleichheit, Trennung und allem anderen, das die Vielheit begleitet. Die Einheit ist nicht Zweier oder Dreier usw., obwohl sie alles ist, was der Dreier, der Vierer und die übrigen Zahlen sind. Wenn man die Eigengestalt der Dinge so wie die Zahlen unterscheidet, dann gehört die absolute Einheit keiner Eigengestalt, keinem Namen und keiner Form an, obwohl sie alles in allem ist. Sie ist die Einheit jeder Vielheit; die Einheit der Vielheit von Gattungen, Eigengestalten, Substanzen, Akzidenzien und aller Geschöpfe; das eine Maß aller Maße! Sie ist die eine Gleichheit alles Gleichen und Ungleichen, die Verknüpfung alles Geeinten und Getrennten; ebenso wie sie auch sowohl jede gerade wie ungerade Zahl in ihrer Einfachheit einfaltet, ausfaltet und verbindet.

Mit tief schürfendem Geist betrachte die unendliche Macht der Einheit. Sie ist unendlich größer als jede mögliche Zahl. Keine Zahl, wie groß sie auch immer sein mag, erschöpft die Möglichkeit der Einheit. Da zu jeder möglichen Zahl vermittels der Einheit ohne Aufhören eine größere gebildet werden kann, so steht auf Grund der unerschöpflichen Möglichkeit des einzigen Einen ihre Allmächtigkeit fest. Du hast darüber im vorher Gesagten schon viel gehört und siehst nun, daß man noch immer viel darüber aussagen kann. Dasjenige, das genannt werden kann, sind Zahlen der unentfaltbaren Einheit und zahlenmäßige Figuren der unwandelbaren Wahrheit, die wir um so klarer erschauen können, je absoluter und einziger sie begriffen wird. Wer sie absolut und für sich allein begreift, der erkennt, daß sie unaussprechlich ist und aus diesem Grund ebensogut den einen wie den anderen Namen trägt. Wenn man alles andere abtrennt und sie allein betrachtet, wenn man versteht, daß sie niemals etwas anderes war, ist oder werden kann, wenn du alle Vielheit und Bezugnahme abtust und zu der einfachsten Einsicht selbst vordringst, so daß du feststellst, daß sie nicht eher einfach als nicht einfach, nicht mehr eine als nicht eine ist, dann wirst du alle Geheimnisse durchdringen und alle Zweifel und Hindernisse hinter dir lassen.

Contemplare igitur mentis tuae unitatem per hanc absolutionem ab omni pluralitate, et videbis non esse eius vitam corruptibilem in sua unitate absoluta, in qua est omnia. Huius autem absolutae unitatis praecisissima est certitudo, etiam, ut mens omnia in ipsa atque per ipsam agat. Omnis mens inquisitiva atque investigativa non nisi in eius lumine requirit, nullaque esse potest quaestio, quae eam non supponat. Quaestio an sit nonne entitatem, quid sit quidditatem, quare causam, propter quid finem praesupponit? Id igitur, quod in omni dubio supponitur, certissimum esse necesse est. Unitas igitur absoluta, quia est entitas omnium entium, quidditas omnium quidditatum, causa omnium causarum, finis omnium finium in dubium trahi nequit, sed post ipsam dubiorum est pluralitas.

Adverte igitur, Iuliane pater, quam clara atque brevis est theologia sermone inexplicabilis, quoniam ad omnem de Deo formabilem quaestionem primum posse responderi: vides quaestionem omnem de ipso ineptam. Omnis enim quaestio de quaesito oppositorum alterum tantum verificari posse admittit, aut quid aliud de illo quaesito quam de aliis affirmandum negandumve existat. Haec quidem de absoluta unitate credere absurdissimum est.

De qua nec alterum oppositorum aut potius unum quodcumque quam aliud affirmantur. Si vero affirmative quaesito satisfacere optas, absolutum praesuppositum repetas, ut, cum dicitur an sit, respondeatur entitatem, quae praesupponitur ipsum esse. Ita quidem in quaestione quid sit, quidditatem respondeas et ita deinceps. In quaestione an Deus sit homo, entitas atque humanitas praesupponuntur, quare dici poterit ipsum entitatem eam esse, per quam est humanitas. Ita in quaestione an angelus sit, eum entitatem absolutam angelitatis asseratur et ita de singulis.

Quoniam autem omnis affirmatio negationi adversari creditur, haec iam dicta responsa praecisissima esse non posse; ex hoc advertis, quod primum per infinitum omnem praeit oppositionem, cui nihil convenire potest non ipsum. Non est igitur coniectura de ipso verissima, quae admittit affirmationem, cui opponitur negatio, aut quae negationem quasi veriorem affirmationi praefert. Quamvis verius videatur Deum nihil omnium,

Mittels dieser Befreiung von aller Vielheit betrachte also die Einheit deines Geistes; du wirst sehen, daß sein Leben in seiner absoluten Einheit, in der alles ist, unvergänglich ist. Dieser absoluten Einheit ist genaueste Gewißheit eigen, so daß der Geist in ihr und durch sie alles tut. Jeder Geist untersucht und forscht allein in ihrem Licht und es kann keine Frage geben, die sie nicht voraussetzt. Setzt nicht die Frage, „ob etwas sei", die Seiendheit voraus; die Frage „was es sei" die Washeit; die Frage „warum" den Grund; und die Frage „wofür" den Zweck? Das, was bei jedem Zweifel vorausgesetzt wird, muß völlig sicher sein. Da die absolute Einheit die Seiendheit alles Seienden, die Washeit aller Washeiten, die Ursache aller Ursachen und das Ziel aller Ziele ist, kann sie nicht in Zweifel gezogen werden. Vielmehr steht die Vielzahl der Zweifel hinter ihr.

Merke, Vater Julianus, wie klar und kurz die Theologie sein kann, auch wenn sie durch Worte nicht erklärbar ist, da auf jede Frage nach Gott, die zu stellen möglich ist, zuerst geantwortet werden kann: du siehst, daß jede Frage in bezug auf ihn nichtig ist. Jede Frage setzt vom Gefragten voraus, daß nur eine von zwei gegenteiligen Annahmen richtig sein kann oder daß von diesem Gefragten etwas anderes zu bejahen und zu verneinen ist als von jenem. Dasselbe von der absoluten Einheit zu glauben, ist aber unsinnig.

Für sie trifft weder eines von zwei gegensätzlichen Urteilen, noch überhaupt ein Urteil besser als ein anderes zu. Wenn du aber in affirmativer Weise das Gefragte zu beantworten wünschst, dann wiederholst du das absolut Vorausgesetzte und Zugrundeliegende, so daß, wenn gefragt wird, „ob etwas sei", die Seiendheit als Antwort gegeben wird, die als das Sein selbst vorausgesetzt wird. So antwortest du auf die Frage, „was etwas sei", die Washeit, usw. In der Frage „ob Gott Mensch" sei, werden die Seiendheit und die Menschheit vorausgesetzt, und dadurch läßt sich sagen, daß er jene Seiendheit ist, durch die die Menschheit ist. Ebenso wird in der Frage, „ob Gott ein Engel sei", versichert, daß er die absolute Seiendheit der Engelheit ist, usw.

Da aber jede Affirmation einer Negation gegenübersteht, glaubt man, daß diese Antwort nicht ganz genau sein könne. Daraus ersiehst du, daß das Erste jedem Gegensatz unendlich weit vorausgeht, weil ihm nichts zukommen kann, was es nicht selbst ist. Also ist eine Mut-Maßung über es nicht völlig richtig, wenn sie eine Affirmation zuläßt, der eine Negation entgegengestellt wird, oder eine Negation vorzieht, weil sie gewissermaßen wahrer ist

quae aut concipi aut dici possunt, existere quam aliquid eorum, non tamen praecisionem attingit negatio, cui obviat affirmatio.

Absolutior igitur veritatis extitit conceptus, qui ambo abiicit opposita, disiunctive simul et copulative. Non poterit enim infinitius responderi an Deus sit, quam quod ipse nec est nec non est atque quod ipse nec est et non est. Haec est una ad omnem quaestionem altior, simplicior, absolutior conformiorque responsio ad primam ipsam simplicissimam, ineffabilem entitatem. Haec quidem subtilissima coniecturalis responsio est ad omnia quaesita aequa. Coniecturalis autem est, cum praecisissima ineffabilis inattingibilisque tam ratione maneat quam intellectu.

VIII.

De secunda unitate

Intellectualis est haec unitas. Cum autem omne non primum ab ipso absolutissimo descendens, aliter quam versus alteritatem pergere intelligi nequeat, non erit haec unitas simplicissima ut prima, sed intellectualiter composita. Compositio vero ab uno et altero, hoc est ex oppositis esse ratio dicit. Nec tamen haec unitas aliter ex oppositis est, quam simplicem convenit esse radicem. Non igitur ipsam opposita praeveniunt, ut sit ex ipsis, quae praecesserunt, sed simul cum ipsa exoriuntur, sicut intellectualiter numerum componi necesse est.

Copulantur igitur in eius simplicitate radicali opposita ipsa indivise atque irresolubiliter. Denaria enim unitas absque radice est, nam eam praeter primam nulla praecedit unitas, cuius multiplicatione exsurgat. Ex sola prima ortum capit, quam omnis sequitur oppositio; eius itaque initium nullis diversitatibus est involutum. Quapropter quidquid in subsequentibus in divisionem progreditur, in ipsa illa unitate radicali non disiungitur, uti differentiae divisive oppositae in speciebus divisae in generali complicantur specierum radice; connexio autem omne disiunctione simplicior est atque prior.

als eine Affirmation. Obwohl Gott eher etwas als nichts von allem, das sich begreifen läßt, zu sein scheint, erreicht die Negation, der eine Affirmation gegenübersteht, nicht die völlige Genauigkeit.

Also ist ein Begriff der Wahrheit, der zugleich trennend und verbindend auf beide Gegensätze verzichtet, absoluter. Es läßt sich auf die Frage, „ob Gott sei", keine weitere Antwort geben, als daß er weder ist, noch nicht ist, aber auch nicht zugleich ist und nicht ist. Dies ist eine Antwort auf das einfachste, unsagbare Sein, die jeder Frage gegenüber höher, einfacher, absoluter und zutreffender ist. Diese überaus feine mut-maßliche Antwort lautet auf alle Fragen gleich. Da sie aber sowohl hinsichtlich des Verstandes wie der Vernunft-Einsicht die in völliger Genauigkeit unaussagbare und unerreichbare bleibt, ist sie eben eine mut-maßliche.

VIII.

Die zweite Einheit

Diese Einheit ist die vernunfthaft-geistige. Da alles, das nicht das Erste ist, vom vollkommen Absoluten herabsteigt und nur so verstanden werden kann, daß es sich der Andersheit zuwendet, wird diese Einheit nicht die einfachste sein wie die erste, sondern vernunfthaft zusammengesetzt. Die Zusammensetzung besteht aus dem Einen und Anderen; d.h. daß sie, wie der Verstand sagt, aus Gegensätzen besteht. Aber diese Einheit besteht nur so aus Gegensätzen, daß es ihr zukommt, einfache Wurzel zu sein. Die Gegensätze gehen ihr nicht voran, so daß sie aus dem ihr Vorangehenden bestünde, sondern entstehen zugleich mit ihr, wie es notwendig ist, wenn eine Zahl vernunfthaft zusammengesetzt werden soll.

In ihrer wurzelhaften Einfachheit verbinden sich die Gegensätze ungeteilt und unlösbar. Die Zehner-Einheit hat keine Wurzel, weil ihr außer der ersten Einheit, durch deren Vervielfachung sie entsteht, keine andere vorangeht. Aus dieser allein, der alle Gegensätzlichkeit folgt, nimmt sie ihren Anfang. Ihre Herkunft ist daher in keine Verschiedenheit verwickelt. Daher ist alles, was immer es auch sei, das in der Folge in Unterteilung übergeht, in eben derselben wurzelhaften Einheit nicht geschieden, so wie die unterschiedlich entgegengesetzten Unterschiede, die in den Eigengestalten getrennt sind, in der allgemeinen Wurzel der Eigengestalten indes zusammengefaßt sind; die Verbindung aber ist einfacher und früher als jede Trennung.

Quapropter quaestiones, alterum oppositorum de ipsa entitate negabile supponentes atque alterum tantum affirmabile, improprie moveri vides; omne enim de intelligentia qualitercumque affirmabile incompatibile non habet oppositum. Altius enim atque simplicius est intellectuale esse eo essendi modo, quod cum non esse est incompatibile. Unde intellectualis illa unitas radix quaedam complicativa oppositorum in eius explicatione incompatibilium existit. Ea enim opposita, quae in explicata eius rationalis unitatis quadratura incompatibilia sunt, in ipsa complicantur. Motus enim rationabiliter quieti incompatibiliter opponitur; sed sicut infinitus motus coincidit cum quiete in primo, ita et in proxima eius similitudine non se exterminant, sed compatiuntur; nam motui intelligentiae non ita opponitur quies, quod, dum movetur, pariter non quiescat; simplicior enim est hic motus intellectualis, quam ratio mensurare queat, similiter et de quiete et ceteris omnibus.

Acute igitur, quantum vales, haec concipe! Nam in ante expositis de Docta Ignorantia memor sum de Deo me intellectualiter saepe locutum per contradictoriorum copulationem in unitate simplici; iam autem in proxime praemissis divinaliter intentum explicavi. Improportiona[bi]¹liter simplicior est negatio oppositorum disiunctive ac copulative quam eorum copulatio. Aliter autem divine secundum primae absolutae unitatis conceptum de Deo, aliter secundum hanc intellectualem unitatem dicendum, multoque adhuc bassius secundum rationem. Unitas autem ista ad primam improportionabilis oppositorum compositionem penitus non evadit, sed in ea opposita compatibilem concordantiam nondum exierunt.

Unde cum quaestiones omnes a ratione investigativa progredientes ab intelligentia omne id sint, quod sunt, non potest quaestio de intelligentia formari, in qua ipsa praesuppositive non resplendeat. Ratio enim de intelligentia investigans, quam nullo sensibili signo comprehendit, quomodo hanc inchoaret inquisitionem sine incitativo lumine intelligentiae ipsam irra-

---

¹ Codd. Tr I und Tr II.

Aus diesem Grund erkennst du, daß die Fragen, die unter der Voraussetzung gestellt werden, daß sich von gegensätzlichen Aussagen über die Seiendheit die einen verneinen, die anderen bejahen ließen, unangemessen sind. Was immer sich über die Vernunft aussagen läßt, besitzt keinen vollkommen unverträglichen Gegensatz. Das vernunfthaft-geistige Sein steht höher und ist einfacher als diejenige Seinsweise, die mit dem Nichtsein unverträglich ist. Darum stellt jene geistige Einheit die einfaltende Wurzel dar, welche die in ihrer Ausfaltung unverträglichen Gegensätze umschließt. Jene Gegensätze, die in der entfalteten Quadratur ihrer verstandesmäßigen Einheit unverträglich sind, sind in ihr zusammengefaltet. Mit dem Verstand gesehen steht die Bewegung in einem unvereinbaren Gegensatz zur Ruhe. Aber wie die unendliche Bewegung im ersten Sein mit der Ruhe koinzidiert, so schließen beide auch in seiner nächsten Ähnlichkeit einander nicht aus, sondern gehen miteinander; der Bewegung des Geistes ist die Ruhe nicht so entgegengesetzt, daß er, während er sich bewegt, nicht zugleich auch ruhte. Diese geistige Bewegung ist nämlich einfacher, als der Verstand ermessen kann; ebenso verhält es sich mit der Ruhe und allem übrigen.

Begreife dies so genau, wie du nur kannst. Ich erinnere mich, daß ich in den vorher dargelegten Ausführungen über die wissende Unwissenheit oft nach der Weise des vernünftigen Denkens von Gott gesprochen habe, indem ich die Gegensätze in der einfachen Einheit verband; in dem soeben Gesagten aber habe ich meine Absicht vom Göttlichen aus gesehen erklärt. Unverhältnismäßig einfacher ist die Negation der Gegensätze in Trennung und Verbindung als deren Verbindung. Anders muß man aus der Sicht Gottes, dem Begriff der ersten absoluten Einheit entsprechend, von Gott reden; anders muß man der zweiten, geistigen Einheit und noch viel unangemessener dem Verstandessinn entsprechend von Gott reden. Jene Einheit aber, die zur ersten in keinem Verhältnis steht, bleibt von der Zusammensetzung der Gegensätze nicht völlig frei, sondern in ihr haben die Gegensätze die verträgliche Übereinstimmung noch nicht verlassen.

Da alle vom forschenden Verstand ausgehenden Fragen auf Grund der Herkunft von der Vernunft-Einsicht alles das sind, was sie sind, ist es unmöglich, eine Frage über die Vernunft zu bilden, in der sie nicht schon vorausgesetzt wird und widerstrahlt. Wie sollte der Verstand die Vernunft erforschen, die er durch keine Sinneszeichen zu begreifen vermag? Wie sollte er diese

diantis? Habet se igitur intelligentia ad rationem, quasi Deus ipse ad intelligentiam. Si igitur coniecturaliter respondere ad motas de ipsa cupis quaestiones ad praesuppositum adverte atque [id]¹ ipsum responde. Dic igitur in quaestione an sit intelligentia ipsam esse entitatem per rationem investigantem praesuppositam, a qua ratio ut a radice sua entitatem sumit. In quaestione quid sit pariformiter dic eam praesuppositam intellectualem quidditatem esse, a qua rationis quidditas dependet, ita de ceteris.

Certa est igitur unitas radicalis, quamvis non sit ipsa certitudo, uti prima est, atque in omni ratione ut in quadrata radix existit et praesupponitur. Quod si ad intellectualem veritatem inquisitionem dirigere instituis, necesse est, ut intellectualibus fruaris terminis, qui nullum incompatibile habent oppositum, cum incompatibilitas de natura illius intellectualis unitatis esse nequeat. Unde usuales termini, qui rationis sunt entia, intelligentiam non attingunt. Intelligentia enim neque stat neque movetur, neque quiescit neque in loco est, immo neque forma est neque substantia aut accidens eo modo, quo termini illi per rationem impositi significant.

Sicut enim intellectus radix est rationis, ita quidem termini intellectuales radices sunt rationalium. Unde verbum intellectuale ratio est, in quo ut in imagine relucet. Radix igitur vocalium terminorum sermo est intellectualis. Constat tibi autem unitatem rationis simplicis complicare rationem motus et quietis, curvi et recti atque ceterorum oppositorum. Si igitur rationes oppositorum se in simplicitate absolutioris unitatis rationis compatiuntur, et si ratio sermo est intelligentiae, manifestum tibi erit non in usualibus rationis terminis, sed in ipsamet rationis unitate complicationem oppositorum intellectualis unitatis relucere.

---

[1] Cod. Tr I; Cod. Cus.: ad.

Untersuchung beginnen, ohne daß das Licht der Vernunft ihn anregt und erleuchtet? Die Vernunft verhält sich zum Verstand wie Gott zur Vernunft. Wenn du also auf dem Wege der Mut-Maßung die vom Verstand aufgeworfenen Fragen beantworten willst, dann merke auf das Vorausgesetzt-zu-Grunde-Liegende und gib es selbst zur Antwort. Auf die Frage, „ob es Vernunft-Einsicht gibt", antworte, daß sie die Seiendheit sei, die von dem forschenden Verstand vorausgesetzt wird und von der dieser wie von einer Wurzel seine eigene Seiendheit empfängt. Auf die Frage, „was sie sei", sollst du gleicherweise erwidern, daß sie die vorausgesetzte vernunfthafte Washeit ist, von welcher die Washeit des Verstandes abhängt, usw.

Sie ist also sicher die wurzelhafte Einheit, obwohl sie nicht die Gewißheit selbst ist, wie es jene erste Einheit ist; in jedem Verstand ist sie so enthalten und vorausgesetzt wie in einer quadrierten Einheit die Wurzel. Wenn du die Untersuchung auf die die Vernunft betreffende Wahrheit richtest, ist es notwendig, daß du dich der die Vernunft betreffenden Termini bedienst. Diese besitzen keinen unvereinbaren Gegensatz; denn das Unvereinbare kann nicht von der Natur jener vernunfthaften Einheit sein. Deshalb vermögen die Gebrauchsbegriffe, welche Verstandesdinge sind, die Vernunft-Einsicht nicht zu erreichen. Diese nämlich steht und bewegt sich nicht, ruht nicht und befindet sich nicht an einer Stelle, sie ist weder Form, noch Substanz, noch Akzidenz in jener Weise, wie diese vom Verstand eingesetzten Termini es bedeuten.

So wie das vernünftige Denken die Wurzel des Verstandes ist, sind die vernunfthaften Termini die Wurzeln der verstandesmäßigen. Daher ist das vernunfthafte Wort, in dem die Vernunft wie in einem Bild widerstrahlt, der Wesenssinn. Die Wurzel der lautlichen Begriffe ist die vernunfthafte Rede. Es steht für dich fest, daß die Einheit des einfachen Verstandessinnes den Wesenssinn der Bewegung und der Ruhe, der Krümmung und des Geraden und aller übrigen Gegensätze enthält. Wenn die Wesensbestimmungen der Gegensätze in der Einfachheit des absoluteren Wesenssinnes der Einheit miteinander vereinbar sind, und wenn der Verstand das Sprechen der Vernunft-Einsicht ist, muß dir deutlich werden, daß die Einfaltung der Gegensätze der vernunfthaften Einheit nicht in den Gebrauchsbegriffen des Verstandes, sondern in der Einheit des Wesenssinnes selbst widerstrahlt.

Quapropter si quaeritur an intelligentia sit quanta, propinqua coniectura poterit responderi per rationem dicendo ipsam non aliter quantam, quam ratio quanti ostendit (non enim hic terminus quantum intellectualis est, sed quanti ratio), ita [quod][1] ad quaestionem an in loco [sit dicendum, eam in loco esse, ut loci ratio ostendit. Locus enim][2] intelligentiae [est][3] ratio loci. Quemadmodum quadratum radicis continentia existit, ita equidem ipsa est ratio substantia, hoc est, quia de ipsa ratio substantiae effluit et ita de reliquis. Intelligentia igitur nihil horum est, quae dici aut nominari possunt; sed est principium rationis omnium, sicut Deus intelligentiae.

In istis meditare diligenti assiduitate, et dum profunda mente intraveris difficilia apud plures tibi manifestabuntur cum dulcore intellectualis dulcedinis omnem sensibilem amoenitatem incomparabiliter excellentis.

IX.

De tertia unitate

Anima numerus intelligentiae, quam quadrate explicat, non incongrue concipitur. Sicut ipsa intelligentia numerus est unitatis supersimplicis, unitas enim intelligentiae numeratur in anima, dum multipliciter contrahitur. Quoniam autem in ipsa anima unitas intelligentiae explicatur, in anima resplendet ipsa ut in propria imagine. Deus lumen est intelligentiae, quia eius est unitas; ita quidem intelligentia animae lumen, quia eius unitas.

---

[1] Cod. Tr I; Cod. Cus.: quidem.

[2] Codd. Tr I und Tr II; fehlt in Cod. Cus.

[3] Cod. Cus.: sit; der Trierer Codex hat hier offenbar den ursprünglicheren Text, der in Cod. Cus. auf Grund eines Schreibfehlers verstümmelt und nach dem Sinnzusammenhang verbessert wurde (sit statt est). Vgl. auch Cod. Tr II.

Wenn darum danach gefragt wird, ob die Vernunft-Einsicht ausgedehnt sei, kann man in einer nahekommenden Mut-Maßung antworten, indem man sagt: sie ist in keiner anderen Weise Ausdehnung, als es der Wesenssinn des Ausgedehnten zeigt. Denn nicht dieser Terminus „Quantität" ist vernunfthaft, sondern der Wesenssinn der Quantität. Ebenso verlangt die Frage, ob die Vernunft-Einsicht sich an einem Ort befinde, die Antwort, daß sie so an einem Ort ist, wie es der Wesenssinn des Ortes zeigt. Der Ort der Vernunft-Einsicht ist nämlich der Wesenssinn des Ortes. Genauso wie das Quadrat der Wurzel als Beständigkeit besteht, ist auch der Wesenssinn selbst Grundbestand, das heißt, daß aus ihr der Wesenssinn des Grundbestandes entspringt, usw. Die Vernunft-Einsicht ist nicht von der Art dessen, das ausgesprochen oder benannt werden kann; so wie Gott ihr Ursprung ist, ist sie der Ursprung des Wesenssinnes von allem.

Denke mit beharrlicher Sorgfalt über diese Dinge nach, und wenn du dich tief hineinversenkst, wird dir das, was für viele schwierig ist, offenbar werden mit der Wonne geistigen Glückempfindens, das allen sinnlichen Liebreiz unsagbar weit übersteigt.

IX.

Die dritte Einheit

Die Seele wird nicht unangemessen begriffen, wenn man sie als die Zahl der Vernunft-Einsicht, welche sie in der Weise des Quadrates ausfaltet, versteht. Denn so wie die Vernunft-Einsicht selbst die Zahl der mehr als einfachen Einheit ist, wird die Einheit der Vernunft-Einsicht in der Seele gezählt, wenn sie vielfältig verschränkt wird. Weil sich die Einheit der Vernunft-Einsicht in der Seele entfaltet, widerstrahlt sie in ihr als in ihrem eigenen Abbild. Gott ist das Licht der Vernunft-Einsicht, weil er ihre Einheit ist, und dementsprechend ist diese das Licht der Seele, weil sie deren Einheit ist.

Hoc attentius animadverte, quoniam sic et corporalis forma unitatis animae numerus existit. Animae virtutem seu unitatem non in se, sed eius corporali explicatione sensibiliter intuemur. Sic et intelligentiam non in se, sed in anima, nec primam, simplicissimam absolutissimamque unitatem in se, uti est, sed in ipsa intuemur intelligentia ut in numero et signaculo. Deus igitur forma est intelligentiae, intelligentia animae, anima corporis. Omnia igitur corpora numerus cum sint animae, merito unitatis potentia eius tibi magna occurrit.

Considera igitur rationem ipsam non ut cubici corporis radicem, sed [ut] medium, per quod intellectualis radix in corpus descendit, nam est instrumentum intellectus atque ita principium seu radix instrumentalis corporalium. Centenaria unitas animam figurat, millenaria corpus. Exsurgit autem mille ex ductu denarii in centenarium, hoc est ex multiplicatione intelligentiae per animam. In omnibus igitur corporalibus cum anima ut radix reluceat instrumentalis, non erit tibi difficile ipsam in omnibus venari sensibilibus signis eius, quoniam in ipsis est forma ut sigilli in cera per intelligentiam impressa[1].

Omne igitur, quod auditu percipitur, eius gestat characterem. Quaestiones igitur omnes, quae de ipsa moveri audis, ab ipsa signatas concipias. Unde omnes animae rationem supponunt, quaestio enim an sit rationis est, ita et ceterae omnes. Non potest igitur dubitari an sit, cum sine ea dubia moveri non possint. Si quis quaesierit an anima sit quanta, dices eam non quantam corporaliter, sed quantam ut numerus est intelligentiae, nam cum sit unitas sensibilium omne diversum sensibiliter in ipsa est unum. Sensibilis igitur seu corporalis quantitas seu qualitas et ita de singulis sensibilibus ita quidem se habent, quod eorum omnium unitas ratio animae existit, a cuius unitate progrediuntur. Diversa igitur alia atque opposita sensibiliter unam habent rationem, quae varie contracta varietatem sensibilium efficit.

---

[1] Cod. Tr I: impressa reperitur.

Beachte das besonders genau, weil in eben dieser Weise auch die körperliche Form als Zahl der Einheit der Seele besteht. Wir schauen die Kraft oder Einheit der Seele nicht in ihr selbst, sondern in sinnlicher Weise in ihrer körperlichen Ausfaltung. Genauso erfassen wir auch die Vernunft-Einsicht nicht in ihr selbst, sondern in der Seele, und die erste einfachste und absoluteste Einheit nicht so, wie sie ist, in ihr selbst, sondern in der Vernunft-Einsicht wie in einer Zahl und in einem Zeichen. Gott ist also die Gestalt der Vernunft-Einsicht, diese die der Seele, die Seele die des Körpers. Da alle Körper Zahl der Seele sind, erscheint dir die Macht ihrer Einheit mit Recht groß.

Betrachte darum den Verstandessinn nicht als Wurzel des Kubik-Körpers, sondern als Mittel, durch das die vernunfthafte Wurzel in den Körper herabsteigt; der Verstandessinn ist nämlich ein Werkzeug der Vernunft und darum der Ursprung oder die werkzeugliche Wurzel der Körper-Dinge. Die Hunderter-Einheit stellt die Seele vor, die Tausender-Einheit den Körper. Tausend entsteht aus der Überführung des Zehner in den Hunderter, das heißt aus der Multiplikation der Vernunft-Einsicht mit der Seele. Da die Seele wie eine werkzeughafte Wurzel in allen körperlichen Dingen widerstrahlt, wird es dir nicht schwerfallen, sie in allen ihren sinnlichen Zeichen aufzuspüren, da sie gleich dem Siegel, das dem Wachs eingedrückt ist, die vermittels der Vernunft den Körpern eingeprägte Gestalt ist.

Alles, was das Ohr wahrnimmt, trägt ihre Züge. Du erkennst, daß alle Fragen, die über sie gestellt werden, von ihr geprägt sind. Daher setzen sie alle den Wesenssinn der Seele voraus. Die Frage, ob es sie gibt, betrifft ebenso wie alle übrigen den Wesenssinn. Also kann nicht daran gezweifelt werden, ob es sie gibt, da ohne sie kein Zweifel entstehen könnte. Wenn jemand fragte, ob die Seele Quantität sei, solltest du ihm antworten, daß ihre Quantität keine körperliche ist, sondern eine solche wie die Zahl der Vernunft-Einsicht; denn da sie die Einheit der sinnlichen Dinge ist, ist alles sinnlich Getrennte in ihr eins. Sinnliche oder körperliche Quantität oder Qualität und ebenso die übrigen sinnlichen Eigenschaften verhalten sich so, daß ihrer aller Einheit der Wesenssinn der Seele ist, aus deren Einheit sie hervorgehen. Die Verschiedenheiten und Gegensätzlichkeiten der sinnlichen Dinge haben einen einzigen Wesenssinn, und dessen verschiedene Verschränkung bewirkt die Unterschiedlichkeit des Sinnlichen.

Iudicia igitur animae sunt ut numeri, quorum alter par est, alter impar et numquam simul idem, par et impar. Quapropter non iudicat anima in sua ratione opposita compatibilia, cum eius iudicium numerus sit eius; et si acutius consideraveris, omnis unitatis numerus ad suam se habet unitatem modo conformi. Nam unitatis omnis numerus denario perficitur; simplicissimae unitatis numerus [simplici][1] numero in denarium pergit. Quae igitur sunt in prima unitate ipsa unitas simplicissima, in eius explicatione numerali reperiuntur diversa atque differenter alia. Ita quidem intelligentiae, quae sunt numerus simplicissimae atque absolutae unitatis, intellectualiter quidem numeri naturam in ordine ad primum participant. Reperitur igitur intellectualis differentia, oppositio, alietas, et si quid aliud numero convenit, sed haec unitas sunt in absoluta. Ita quidem quadratae diversitates, alietates, oppositiones in ratione sunt unitas intellectualis; atque cubicae oppositiones et alietates sensibiles et corporales sunt unitas in ratione. Hac via progredere in inquisitionibus, si ad veriores volueris pertingere coniecturas.

X.

De ultima unitate

Sensibilis corporalisve unitas est illa, quae millenario figuratur. Ipsa enim eapropter ultima existit, quoniam est unitatum explicatio. Neque ipsa intra se complicans est, ut in numerum pergat, sicut nec prima numerum sequitur, quae tota complicans est. Solida atque compositissima est haec sensibilis unitas, uti ipse millenarius.

Et ut harum unitatum conceptum subintres, eas concipe differentes, [quasi][2] prima sit unitas simplicissimi puncti, secunda simplicis lineae, tertia simplicis superficiei, quarta simplicis corporis. Scies post haec clarius unitatem puncti simplicissimi omne id esse, quod in lineali, superficiali atque corporali exstat unitate. Sed unitas lineae est id omne, quod in superficiali et

---

[1] Codd. Tr I und Tr II; Cod. Cus.: simplicissimo.
[2] Cod. Tr I; Cod. Cus.: quia.

Die Urteile der Seele verhalten sich wie die Zahlen, von denen die einen gerade, die anderen ungerade, niemals jedoch zugleich gerade und ungerade sind. Aus diesem Grund beurteilt die Seele die Gegensätze nicht als im Wesenssinn miteinander vereinbar. Denn ihr Urteil ist ihre Zahl. Und wenn du genauer überlegst, erkennst du, daß sich die Zahl jeder Einheit zu ihrer Einheit in gleicher Weise verhält. Die Zahl jeder Einheit wird im Zehner vollendet; die Zahl der einfachsten Einheit gelangt durch die einfachste Zahl zum Zehner. Was in der ersten Einheit diese einfachste Einheit selbst ist, findet sich in ihrer zahlenmäßigen Ausfaltung als verschieden und unterschiedlich Anderes. Ebenso nehmen die Vernunft-Einsichten, welche die Zahl der ganz einfachen und absoluten Einheit sind, in vernunfthafter Weise an der Natur der Zahl in Hinordnung auf das Erste teil. Man findet also eine vernunfthafte Unterschiedenheit, Gegensätzlichkeit, Andersheit und was sonst immer der Zahl entspricht; diese sind jedoch Einheit in der absoluten Einheit. So sind auch die Unterschiede, Andersheiten und Gegensätze, die der Stufe des Quadrates angehören, im Wesenssinn vernunfthafte Einheit; und die der Stufe des Kubus angehörenden sinnlichen und körperhaften Gegensätze und Andersheiten sind Einheit im Wesenssinn. Auf diesem Weg setze deine Untersuchung fort, wenn du zu relativ wahrsten Mut-Maßungen gelangen willst.

X.

Die letzte Einheit

Die sinnliche und körperliche Einheit ist jene, die im Tausender dargestellt wird. Diese Einheit ist deshalb die letzte, weil sie die Ausfaltung der Einheiten ist. Sie faltet nichts mehr in sich ein, so daß sie zur Zahl gelangte, so wie auch die erste Einheit, die ganz einfaltend ist, der Zahl nicht folgt. Gänzlich und völlig zusammengefügt ist diese sinnliche Einheit wie der Tausender selbst.

Um zu einem Verständnis dieses Begriffes von den vier Einheiten zu gelangen, begreife sie als verschiedene, so als wäre die erste die Einheit des ganz einfachen Punktes, die zweite die der einfachen Linie, die dritte die der einfachen Oberfläche und die vierte die des einfachen Körpers. Du wirst dann deutlicher erkennen, daß die Einheit des einfachen Punktes alles das ist, was in der Ein-

corporali est; atque superficialis pariformiter est id omne, quod in corporali. Non sunt sensibiles et discreta[bi][1] les tres priores unitates nisi per mentem ipsam, quae sola punctum, seorsum lineam et superficiem concipit; sensus vero corporeum tantum attingit. Plane nunc ineptitudinem nostram valebis examinare, quando per sensibilia mensurare nitimur mentalia, quando cum corporali grossitie superficialem molimur effingere trinitatem. Inepte quidem agimus, si lineae simplicitatem per corpus figurare nitimur. Ineptissime autem, dum indivisibilem, absolutissimum punctum corporea forma vestimus. Quapropter per has corporales, sensibiles formas qualescumque aut per has sensibiles litteratorias traditiones non nisi inepte adumbramus subtiles theologicas atque intelligentiales formas.

Sensus animae sentit sensibile, et non est sensibile unitate sensus non existente. Sed haec sensatio est confusa atque grossa, ab omni semota discretione. Sensus enim sentit et non discernit. Omnis enim discretio a ratione est, nam ratio est unitas numeri sensibilis. Si igitur per sensum discernitur album a nigro, calidum a frigido, acutum ab obtuso, hoc sensibile ab illo, ex rationali hoc proprietate descendit. Quapropter sensus ut sic non negat; negare enim discretionis est; tantum enim affirmat sensibile esse, sed non hoc aut illud. Ratio ergo sensu ut instrumento ad discernendum sensibilia utitur, sed ipsa est, quae in sensu sensibile discernit.

Adverte itaque, Iuliane pater, quomodo ab hac ipsa sensibilium regione omnis alienata est negatio, atque non esse; a regione vero supremae unitatis omnis affirmatio procul est eliminata. In regionibus unitatum mediarum ambo permittuntur: complicative in ipsa secunda, explicative in tertia. In hac infima unitate verba tantum praesentis sunt temporis, in prima suprema nullius sunt temporis, in secunda vero complicative praesentis et non praesentis, in tertia autem explicative praesentis vel non praesentis.

---

[1] Codd. Tr I und Tr II.

heit der Linie, der Fläche und des Körpers besteht; daß die Einheit der Linie hingegen alles das ist, was in Oberfläche und Körper ist und daß die Einheit der Oberfläche gleichermaßen alles das ist, was im Körper besteht. Die drei ersten Einheiten sind nur mit Hilfe des Geistes sinnlich erfaßbar und unterscheidbar; er allein begreift Punkt, Linie und Fläche getrennt; der Sinn dagegen erreicht nur das Körperhafte. Aus dem Gesagten vermagst du deutlich zu überprüfen, wie töricht wir sind, wenn wir uns bemühen, mit dem Sinnlichen das Geistige zu erfassen; wenn wir versuchen, mit der groben Körperwelt die Dreiheit der Oberfläche festzustellen oder wenn wir ebenso ungeschickt die Einfachheit der Linie mittels des Körpers darzustellen versuchen; völlig töricht aber ist das Bemühen, den unsichtbaren absoluten Punkt mit einer körperlichen Form zu bekleiden. Darum verdunkeln wir durch alle diese körperlichen und sinnlichen Formen oder durch diese sinnlichen, am Buchstaben haftenden Traditionen nur in törichter Weise die feinsinnigen, theologischen und vernunfthaften Gestalten.

Der Sinn der Seele empfindet das Sinnliche. Und es gibt nichts Sinnliches, ohne daß die Einheit des Sinnes existiert. Diese Empfindung ist allerdings verwirrt und grob, von jedem Unterschiedensein weit entfernt; der Sinn empfindet und unterscheidet ja nicht. Jede Unterscheidung geht vom Verstandessinn aus, denn dieser ist die Einheit der sinnlichen Zahl. Wenn durch das Sinnesvermögen weiß von schwarz, warm von kalt, spitz von rund, dieses sinnliche Ding von jenem unterschieden wird, so beruht dies auf verstandesmäßiger Eigentümlichkeit. Der Sinn als solcher verneint darum auch nicht. Das Verneinen gehört nämlich zur Unterscheidung. Der Sinn stellt nur fest, daß etwas Sinnliches ist, aber nicht, daß es das oder jenes ist. Der Verstand verwendet also den Sinn als Instrument zur Unterscheidung des Sinnlichen, aber er selbst ist es, der im Sinn das Sinnliche unterscheidet.

Beachte, Vater Julianus, daß dieser Region der Sinnesdinge jede Verneinung fremd ist und Nicht-Sein bedeutet, daß aber ebenso in der Region der höchsten Einheit jede Affirmation sehr weit entfernt ist. Im Bereich der mittleren Einheiten sind beide möglich, in der zweiten in eingeschlossener Weise, in der dritten in entfalteter Weise. In der untersten Einheit sind alle Worte nur gegenwärtige Zeit, in der höchsten gehören sie gar keiner Zeit an; in der zweiten kommen sie einschließend der Gegenwart und der Nicht-Gegenwart, in der dritten entfaltend entweder der Gegenwart oder der Nicht-Gegenwart zu.

Si igitur terminos unitatibus, de quibus tibi inquirendi propositum est, adaptaveris, veriores coniecturas efficies. Cum enim de Deo quaereretur an heri [fuisset][1] per hoc, quod verba a tempore sunt absoluta in divinis, facile quid respondendum concipis: quando enim fuisse ambit esse et fieri et nullius est temporis, aeternitati convenit. Si autem de intelligentia haec quaestio formaretur, si fuisse praesens et non praesens complicat aeterno ab aeterniate proxime cadente et progrediente convenire poterit, ita de reliquis. Sic, etiamsi de unitate una quasi de alia loqueris, adaptare ad hoc dicendi modum, ut, cum de Deo nos homines rationales loquimur, regulis rationis Deum subiicimus, ut alia de Deo affirmemus, alia negemus et opposita contradictoria disiunctive applicemus. Et haec est paene omnium theologorum modernorum via, qui de Deo rationa[bi][2]liter loquuntur. Multa enim hac via admittimus in schola rationis, quae scimus secundum regionem simplicis unitatis neganda.

Ratio enim omnia in multitudinem magnitudinemque resolvit; multitudinis autem principium est unitas, magnitudinis trinitas ut in figuris polygoniis trigonus. Via igitur rationis principium omnium est unum et trinum; non ut unitas et trinitas sunt plura, cum pluralitatis principium sit unitas, sed ut sunt unitas, quae trinitas. Intelligentia autem vocabulorum rationalium ineptitudinem advertens, hos abiicit terminos. Deum supra eorum significata quasi eorum complicans concipit principium. Et quia in ipso divinitatis radio videt suum conceptum deficere, affirmat ipsam super omnem complicationem et explicationem intelligi debere ipsumque, uti est, concipi non posse. Ita pariformiter de intelligentia agimus, dum de ipsa ratiocinando disputamus.

Hac via dum sensibile ad rationem elevamus aut intelligentiam sive primam absolutissimam unitatem, de eo secundum illius regionis regulas loqui necesse est; dum enim unitatem [lapidis][3]

---

[1] Codd. Tr I und Tr II; Cod. Cus.: fuerit.
[2] Cod. Tr I.
[3] Codd. Tr I und Tr II.

Wenn du einen Begriff den Einheiten, welche du untersuchen willst, anpaßt, wirst du zu den relativ wahrsten Mut-Maßungen gelangen. Wenn man dir die Frage stellte, ob Gott auch gestern gewesen ist, gewinnst du daraus, daß im Göttlichen die Worte von der Zeit losgelöst sind, leicht die Antwort: da „Gewesensein" Sein und Werden umschließt und keiner Zeit angehört, entspricht es der Ewigkeit. Wenn diese Frage aber hinsichtlich der Vernunft-Erkenntnis gebildet würde, wenn das „Gewesensein" Gegenwart und Nicht-Gegenwart einschließt, dann könnte es dem Ewigen, das der Ewigkeit am nächsten kommt und von ihr ausgeht, entsprechen, usw. Ob du über die eine oder die andere Einheit sprichst, du mußt sie ebenso der Aussageweise angleichen, so daß wir, wenn wir als verständige Menschen über Gott sprechen, ihn den Regeln des Verstandes unterwerfen; einiges bejahen wir, einiges verneinen wir, und die kontradiktorischen Gegensätze verwenden wir getrennt. Das ist der Weg fast aller neuzeitlichen Theologien, die über Gott auf der Ebene des Verstandes sprechen. Vieles nämlich lassen wir auf diesem Wege nach der Methode des Verstandes zu, von dem wir wissen, daß es gemäß der Region der einfachen Einheit zu verneinen ist.

Der Verstand löst alles in Zahl und Größe auf. Der Ursprung der Vielzahl aber ist die Einheit, der der Größe die Dreiheit, so wie in den Vielecken das Dreieck; auf dem Wege des Verstandes ist der Ursprung von allem das Eine und Drei, nicht als ob die Einheit und die Dreiheit viele wären, sie sind vielmehr, da die Einheit der Ursprung der Dreiheit ist, eine Einheit, die Dreiheit ist. Die Vernunft aber, welche die Torheit der verstandesmäßigen Worte erkennt, weist diese Begriffe von sich. Sie begreift Gott als den über ihrem Bedeutungsgehalt stehenden gleichsam sie einfaltenden Ursprung. Weil sie sieht, daß im Strahl der Gottheit ihr Begriff vergeht, gibt sie zu, daß Gott über aller Einfaltung und Ausfaltung verstanden werden muß und daß er so, wie er ist, nicht begriffen werden kann. In gleicher Weise wollen wir hinsichtlich der Vernunft-Einsicht vorgehen, wenn wir verstandesmäßig über sie diskutieren.

Da wir auf diesem Weg das Sinnliche zum Wesenssinn oder zur Vernunft-Einsicht oder zur ersten absoluten Einheit erheben, ist es nötig, den Regeln dieser Region gemäß darüber zu sprechen.

ab omni sensibili, rationali aut intellectuali pluralitate absolverimus et in simplicitatem infinitam redegerimus, non est amplius aliquid de eo affirmabile, neque enim tunc potius est lapis quam non lapis, sed est omnia, ita de reliquis.

Et hoc absque scrupulositate intelliges, si advertis absolutam unitatem lapidis non esse plus lapidis quam non lapidis, quodque omnium una est absoluta unitas, quae est Deus. Unde sicut absoluta unitas lapidis istius sensibilis et rationalis est Deus, sic eius intellectualis unitas est intelligentia. Quare patet quibus regulis tunc de eo coniecturandum existat.

Ego te etiam unum notare rogo: quomodo ipsa sensibilis unitas, cui non patet progrediendi ulterior via, in sursum regreditur, nam descendente ratione in sensum sensus redit in rationem. Et in hoc regressionis progressiones advertito. Redit enim sensus in rationem, ratio in intelligentiam, intelligentia in Deum, ubi est initium et consummatio, in perfecta circulatione. Numerus igitur sensibilis redit in suum unitatis initium, ut per ipsum in intelligentiam et per intelligentiam in Deum finem finium pertingere queat; finis sensibilium anima seu ratio. Deviat igitur sensibilis vita a via reditionis et finis, dum se ab unitate rationis alienat; ita ratio deviat ab unitate intelligentiae longius abiens, sic ipsa intelligentia, si ab unitate absoluta, quae veritas est, aliorsum declinaverit. Haec sic dicta sint ad praesens.

XI.

De unitate et alteritate

Quantum ruditas dedit ingenioli, fundamenta quaedam coniecturarum mearum explicavi ex numerorum ordine. Nunc unum, semper menti incorporandum eadem radice contentum adiiciam.

Omnem constat numerum ex unitate et alteritate constitui, unitate in alteritatem progrediente atque alteritate in uni-

Wenn wir die Einheit des Steines von aller sinnlichen, verstandesmäßigen oder vernunfthaften Vielheit ablösen und zur unendlichen Einfachheit zurückführen, dann kann nicht weiterhin etwas von ihm bejaht werden; auch ist er dann nicht eher Stein als Nicht-Stein, sondern er ist alles; und so steht es mit allen Dingen.

Das verstehst du ohne weitere Mühe, wenn du beachtest, daß die absolute Einheit des Steines nicht mehr die des Steines ist als die des Nicht-Steines und daß es von allem nur eine einzige absolute Einheit gibt, Gott. Wie die absolute Einheit dieses sinnlichen und verstandhaften Steines Gott ist, so ist seine vernunfthafte Einheit die Vernunft-Einsicht. Daraus erhellt, welchen Regeln die Mut-Maßungen darüber folgen müssen.

Ich bitte dich, eines festzuhalten: daß die sinnliche Einheit, der kein Weg zu weiterem Fortschritt offensteht, nach oben zurückkehrt. Denn wenn der Verstandessinn in die Sinnlichkeit herabsteigt, kehrt diese in jenen zurück. Und auf diese rückkehrenden Fortschritte habe acht! Es kehrt nämlich die Sinnlichkeit zum Verstandessinn zurück, dieser zur Vernunft, die Vernunft zu Gott, wo Anfang und Vollendung in vollkommenem Kreislauf sind. Die sinnliche Zahl kehrt in den Ursprung ihrer Einheit zurück, um durch ihn in die Vernunft und durch die Vernunft in Gott, das Ziel der Ziele, gelangen zu können. Das Ziel des Sinnlichen ist die Seele oder der Verstandessinn. Es weicht also das sinnliche Leben vom Weg der Rückkehr und des Zieles ab, wenn es sich der Einheit des Verstandessinnes entfremdet; dasselbe tut der Verstand, der von der Einheit der Vernunft-Einsicht sich zu weit entfernt. Ebenso weicht die Vernunft ab, wenn sie von der absoluten Einheit, der Wahrheit, zu anderem abschweift. Das möge für den Augenblick genügen.

XI.

Einheit und Andersheit

Soweit ich mit meiner geringen Begabung dazu fähig war, habe ich einige Grundlagen meiner Mut-Maßungen aus der Ordnung der Zahlen entwickelt. Nun möchte ich noch etwas hinzufügen, das, aus derselben Wurzel gewonnen, stets dem Geist einzuprägen ist.

Es steht fest, daß jede Zahl aus Einheit und Andersheit gebildet ist, und zwar insofern, als die Einheit in die

tatem regrediente, ut ex mutuo in invicem progressu finitetur atque actu, uti est, subsistat. Neque potest esse, quod unitas unius numeri cum unitate alterius omnem teneat aequalitatem, cum praecisio aequalitatis impossibilis sit in omni finito. Variabitur igitur in omni numero unitas atque alteritas. Plus enim impar numerus de unitate quam par habere videtur propter indivisibilitatem unius in paria et possibilitatem alterius. Quapropter, cum quisque numerus sit unus ex unitate et alteritate, erunt numeri, in quibus vincit unitas alteritatem, et in quibus alteritas unitatem absorbere videtur.

Radicales autem numeros simpliciores nemo dubitat quadratis atque solidis. Radicales enim simplices, ex nulla praeambulari radice alia quam simplici unitate progredientes, multum unitatis parumque alteritatis habere constat; in illis enim alteritas nulla apparet aliorum omnium respectu, quorum radices existunt. Quod si quae alteritas in ipsis ob egressionem eorum a prima simplicissima unitate existit, ista in respectu infinitae simplicitatis primi tantum esse recte concipitur. In ipsis vero quadratis plus alteritatis esse necesse est, cum ex multiplicatione radicis exurgant. Multiplicatio autem ab unitatis simplicitate est excessio, sed adhuc illos multum unitatis tenere vides propter complicationem cubici numeri ex ipsis prodeuntis. Cubus vero parum simplicis unitatis atque multum alietatis, divisibilitatis et multiplicitatis habet.

Hac exemplari traditione ipsum universum et cunctos mundos et quae in ipsis sunt, ex unitate et alteritate in invicem progredientibus constitui [coniectura][1], varie quidem atque diverse. Nam unitatis atque alteritatis supremi

---

[1] Cod. Cus.: coniecta; Cusanus bildet dieses Verbum in Cod. Tr I meistens als Deponens. Den Imperativ jedoch konstruiert er in der Aktivform.

Andersheit fortschreitet und die Andersheit in die Einheit zurückkehrt, so daß sie in diesem wechselseitigen Fortschritt immer wieder begrenzt wird und tatsächlich, so wie sie ist, besteht. Er kann auch nicht geschehen, daß die Einheit einer Zahl der Einheit einer anderen Zahl vollkommen gleich ist, da die Genauigkeit der Gleichheit in jedem Begrenzten unmöglich ist. Also sind Gleichheit und Andersheit in jeder Zahl verschieden. Die ungerade Zahl scheint mehr Anteil an der Einheit zu haben als die gerade, und zwar wegen der Unteilbarkeit jener in gleiche Zahlen und der Möglichkeit dieser dazu. Da also jede Zahl aus Einheit und Andersheit eine eine ist, wird es deshalb Zahlen geben, in denen die Einheit die Andersheit besiegt und solche, in denen die Andersheit die Einheit aufzuzehren scheint.

Niemand zweifelt, daß die Wurzelzahlen einfacher sind als die Quadrat- und Kubikzahlen. Die einfachen Wurzelzahlen gehen aus keiner anderen vorgängigen Wurzel als der einfachen Einheit hervor und haben viel von der Einheit und wenig von der Andersheit. In ihnen erscheint nämlich in Hinsicht auf alle anderen, deren Wurzeln sie darstellen, keine Andersheit. Wenn in ihnen wegen ihres Ausgehens aus der ersten, einfachsten Einheit Andersheit besteht, so begreift man sie richtig, wenn man versteht, daß es sie nur in Hinblick auf die unendliche Einfachheit des Ersten gibt. In den Quadratzahlen muß die Andersheit größer sein, da jene aus der Vervielfältigung der Wurzel entstehen. Die Vervielfältigung aber ist das Überschreiten der Einfachheit der Einheit. Doch erkennst du, daß sie deshalb noch viel von der Einheit behalten, weil sie die aus ihnen hervorgehende Kubikzahl in sich einschließen. Der Kubus hingegen hat wenig von der einfachen Einheit und viel von der Andersheit, Teilbarkeit und Vielheit.

Auf Grund dieser beispielhaften Ausführung mut-maße, daß das Gesamt, sämtliche Welten und alles, was in ihnen ist, aus der ineinander übergehenden Einheit und Andersheit besteht, allerdings in verschiedener und unterschied-

caeli simpliciores atque intellectuales et radicales esse audisti, medii vero mediocriter, infimi sensibiliter atque solide. Intellectuales enim numeri simplices sunt, et sunt simplices essentiae numerorum rationalium atque sensibilium. Ex his rationales exoriuntur, qui proportionales existunt; sola enim ratio proportionum naturam attingit; deinde sensibilis, solidior numerus.

Unitas autem numeri intellectualis, uti est trinitas, indivisibilis atque immultiplicabilis est. Non enim potest esse plus quam una trinitas; rationes autem tripli plurificari et sensibili contractione multiplicari posse manifestissime constat. Trinitatem autem multo amplius complicativam quam tripli proportionem manifestum est. Complicat enim omne trinum ac triniter intelligibile aut numerabile, sine quo tripla proportio esse nequit. Cum igitur ad essentiam eius non concurrat tripla proportio, sed potius e converso, ambiat enim omne trinum, sive triplum fuerit sive non, eius complicatio maxima est. Triplum etiam complicat numeros multos triplos et omne qualitercumque triplicabile, sed tres nihil complicat. Cum enim a b c numero, et tres dico, numerum explico. In hac quidem aut alia, tibi acceptiori similitudine aptiores terminos atque figuras fingito pro intrando hos diversorum mundorum diversos numeros, quos tamen in superiori mundo, cum scias intellectuales sensibiliter ineffabiles, cognoscis.

Cum ergo nunc ad hoc perveneris, ut omnia ex unitate et alteritate coniectando videas, unitatem lucem quandam formalem atque primae unitatis similitudinem, alteritatem vero umbram atque recessum a primo simplicissimo atque grossitiem materialem concipito. Facque pyramidem lucis in tenebras et tenebrae pyramidem in lucem progredi, et omne

licher Art. Du hast nämlich gehört, daß die Zahlen der Einheit und Andersheit des höchsten Himmels einfacher, geistig und wurzelhaft sind; daß die des mittleren Himmels aber eine Zwischenstellung haben und daß die des untersten sinnlich und gänzlich sind. Die geistigen Zahlen sind einfach; sie sind die einfachen Wesenheiten der verstandhaften und sinnlichen Zahlen. Aus ihnen entstehen die verstandhaften, die verhältnishaft sind. Denn nur der Verstandessinn erreicht die Natur der Verhältnisbeziehungen. Zuletzt folgt die sinnlich-gänzliche Zahl.

Die Einheit der vernunfthaft-geistigen Zahl, wie es die Dreiheit ist, ist unteilbar und unvermehrbar. Es kann nämlich nicht mehr als eine Dreiheit geben. Aber es steht fest, daß die Wesensbestimmungen dreimal vermehrt und in sinnlicher Verschränkung vervielfacht werden können. Indes ist es offenbar, daß die Dreiheit bei weitem einfaltender ist als der Verhältnisbezug des Dreifachen. Denn die Dreiheit faltet alles Dreifache und in der Weise der Dreiheit Erkennbare oder Zählbare, ohne das ein dreifaches Verhältnis nicht bestehen kann, zusammen. Da also das dreifache Verhältnis nicht zu ihrer Wesenheit dazukommt, sondern eher umgekehrt — sie umfaßt ja auch alles dreiheitliche, ob es dreifach war oder nicht —, ist ihre Einfaltung die größte. Das Dreifache nämlich schließt viele dreifache Zahlen und alles wie auch immer dreifach vermehrbare zusammen, die Drei jedoch faltet nichts ein. Wenn ich a, b, c zähle und drei sage, dann entfalte ich die Zahl. Nach diesem oder einem anderen, dir angenehmeren Beispiel bilde dir geeignetere Termini und Figuren, um zu den verschiedenen Zahlen dieser verschiedenen Welten vorzudringen, die du aber dennoch in der höheren Welt erkennst, wenn du weißt, daß die vernunfthaften Zahlen in der Weise des Sinnlichen unaussprechlich sind.

Da du nun fähig geworden bist, durch Mut-Maßungen zu ersehen, daß alles aus Einheit und Andersheit besteht, sollst du die Einheit als gestaltendes Licht, als Abbild der ersten Einheit, die Andersheit aber als Schatten, als Abweichen vom einfachsten Anfang und als stoffliche Dichtigkeit begreifen. Laß eine Pyramide des Lichtes in Dunkelheit vor-

inquisibile in figuram redigito, ut sensibili manuductione ad arcana coniecturam convertere possis, ut in exemplo alleveris universum in eam figuram hic subtus conspice redactum (vide fig. 2 [P], p. 44).

Adverte quoniam Deus, qui est unitas, est quasi basis lucis. Basis vero tenebrae est ut nihil. Inter Deum autem et nihil coniect[ur][1]amur omnem cadere creaturam. Unde supremus mundus in luce abundat, uti oculariter conspicis; non est tamen expers tenebrae, quamvis illa ob sui simplicitatem in luce censeatur absorberi. In infimo vero mundo tenebra regnat, quamvis non sit in ea nihil luminis; illud tamen in tenebra latitare potius quam eminere figura declarat. In medio vero mundo habitudo etiam existit media. Quod si ordinum atque chororum interstitia quaeris, per subdivisiones hoc age.

Admonitum te semper esse volo eorum saepe dictorum, ne hoc figurali signo ad phantasmata falsa ducaris, quoniam nec lux nec tenebra ut in mundo vides [sensibili], in aliis debet [coniecturari][2]. Hoc retento utere figura hac in omnibus inquirendis, quam P, quia paradigmatica est, in sequentibus nominabo.

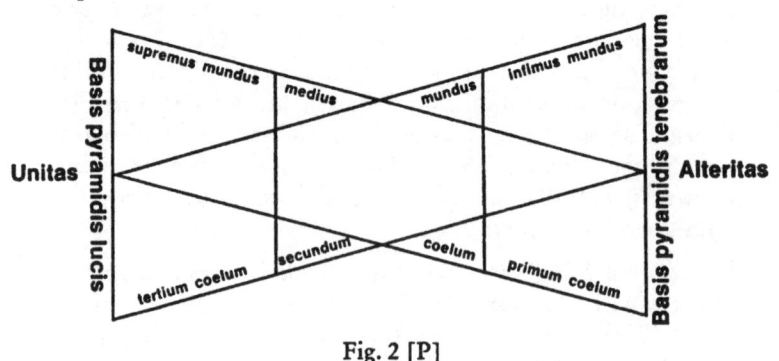

Fig. 2 [P]

---

[1] Cod. Tr I.
[2] Cod. Tr I; Cod. Cus.: coniectare.

dringen und eine Pyramide der Finsternis in das Licht und führe alles, das sich erforschen läßt, auf diese Figur zurück, so daß du durch eine sichtbare Handleitung deine Mut-Maßungen den Geheimnissen zuwenden kannst, damit du, von einem Beispiel unterstützt, das Gesamt als in die hier folgende Figur zurückgeführt begreifst.

Beachte, daß Gott, der die Einheit ist, gleichsam die Basis des Lichtes darstellt; die Basis der Finsternis ist wie das Nichts. Zwischen Gott und dem Nichts aber steht, so mutmaßen wir, jegliches Geschöpf. Die oberste Welt ist, wie du nach der Weise des Sehens begreifst, erfüllt von Licht; dennoch ist sie nicht frei von Finsternis, wiewohl diese wegen ihrer Einfachheit im Licht zu verschwinden scheint. In der untersten Welt herrscht die Finsternis; zwar fehlt auch ihr das Licht nicht gänzlich, doch ist es, wie aus der Zeichnung ersichtlich, in der Finsternis eher verborgen als sichtbar. In der mittleren Welt aber gibt es auch mittleres Verhalten. Wenn du die Zwischenräume der Ordnungen und Chöre suchst, dann tue das durch Unterteilungen.

Ich möchte dich mahnen, auf diese oft wiederholten Worte stets bedacht zu sein, damit du nicht durch dieses figürliche Zeichen zu falschen Vorstellungen geführt wirst; denn weder das Licht, noch die Finsternis darf in den anderen Welten so gemut-maßt werden, wie du sie in dieser Welt siehst. Mit dieser Einschränkung verwende die Figur, die ich, da sie paradigmatisch ist, im folgenden P nenne, bei allen Untersuchungen.

XII.

Explicatio

Omnis vis mentis nostrae circa ipsius debet unitatis conceptum subtiliando versari, quoniam omnis cognoscibilium multitudo ab eius dependet notitia, quae est in omni scientia omne id, quod scitur. Omnem autem multitudinem nominum eius numeros quosdam unitatis nominis eius attende. Nam ratio unitatis est indivisibilitas in se atque ab alio quolibet segregatio; unde unitatem dicimus multis attributionibus virtutis eius appellari. Nam omne id, quod quandam dicit indivisibilitatem, discretionem atque connexionem, unitati convenit. Omnia autem talia per unitatem opposita per alteritatem figura complicat.

Indivisibilitatem igitur in divisibilitatem progredi non est aliud, quam unitatem in alteritatem descendere; ita de incorruptibilitate in corruptibilitatem, immortalitate in mortalitatem, immutabilitate in mutabilitatem, immobilitate in mobilitatem et ita de ceteris similibus. Et ita pari ratione de forma in formabile, quoniam forma est discretiva, quare unitas; discretio in indiscretum seu continuum, speciale in confusum, lux in tenebras, subtile in grossum, spiritus in corpus et similia horum concipito; sic actus in potentiam, totum in partem, universale in particulare, species in individuum, amor in amabile, ars in artificiale et ita quidem consequenter de omnibus connectentibus aut complicantibus ad complicata. Nec est possibile opposita reperiri, quorum unum non sit ut unitas alterius respectu.

XII.

Entfaltung

Die gesamte Kraft unseres Geistes muß sich durch genauestes Erforschen um einen Gesamtbegriff von der Einheit bemühen, da jede Vielheit des Erkennbaren von ihrem Verständnis abhängt; sie ist in jeder Wissenschaft alles das, was gewußt wird. Bemerke, daß jede Vielheit ihrer Namen nichts anderes ist als gewisse Zahlen der Einheit ihres Namens. Denn der Wesenssinn der Einheit ist die Unteilbarkeit in sich und die Absonderung von jedem anderen. Daher sagen wir, daß die Einheit mit einer Vielzahl der Attribute ihrer Kraft bezeichnet wird. Alles, was eine gewisse Unteilbarkeit, Sonderung und Verknüpfung bezeichnet, kommt der Einheit zu. Alles dies faltet die Figur durch die Einheit ein, das Entgegengesetzte durch die Andersheit.

Wenn die Unteilbarkeit in die Teilbarkeit übergeht, so heißt das nichts anderes, als daß die Einheit in die Andersheit herabsteigt. Ebenso steht es mit der Unvergänglichkeit und der Vergänglichkeit, der Unsterblichkeit und der Sterblichkeit, der Unveränderlichkeit und der Veränderlichkeit, der Unbeweglichkeit und der Beweglichkeit und allem Ähnlichen. Aus gleichem Grund gilt es auch von der Gestalt, die in das Gestaltbare eingeht, da jene unterscheidend und darum Einheit ist; die Sonderung geht in das Nicht-Gesonderte oder Zusammenhängende über; das Eigengestaltliche in das Gestaltlose; das Licht in die Dunkelheit; das Dünne in das Dichte; der Geist in den Körper, usw. Ebenso steigt die Wirklichkeit in die Möglichkeit herab, das Ganze in den Teil, das Allgemeine in das Besondere, die Eigengestalt in das Individuum, die Liebe in das Liebenswerte, die Kunst in das Kunstvolle, und in dieser Weise alles Zusammenhaltende oder Verbindende in das Verbundene. Und es ist nicht möglich, Gegensätze zu finden, von denen der eine sich nicht so verhält wie die Einheit in Hinblick auf das Andere.

Si igitur ad P figuram oculum direxeris, videbis per descensum unitatis in alteritatem et regressum alteritatis in unitatem, quomodo in supremo caelo omnia, quae alteritatis existunt, in ipsam unitatem pergunt: divisibilitas enim in indivisibilitatem, tenebra in lucem, grossum in subtile, compositum in simplex, mortale in immortale, mutabile in immutabile, femineitas in masculinitatem, potentia in actum, imperfectum aut pars in totum, et ita deinceps. Contrarium in infimo mundo, ubi indivisibilitas in divisibilitatem degenerat. Unitas enim formae indivisibilis sequitur naturam divisibilem, ut quaelibet pars aquae sit aqua, terrae terra. Stabilitas ibi est in instabilitate, immortalitas in mortalitate, actualitas in potentialitate, masculinitas in femineitate atque sic de singulis. In medio vero mundo media est habitudo.

Quod si haec diligenti [contriveris][1] ingenio, maxima atque multis occultissima clarissima luce intueberis usque ad ipsa etiam naturae abditissima duceberis. Etiam in variationes terminorum unius atque alterius mundi, quomodo stabilitas in inferiori est in instabilitate et generaliter unitas in alteritate; quoniam haec est eius unitas, quae in alteritatem transivit, non esse unitatem sed alteritatem, contrarium in supremo mundo, ubi haec est alteritas non esse alteritatem, sed unitatem. Ostendit autem ibi P figura omnia in mundo dabilia in hoc differenter se habere; aliter quidem in uno absorpta est unitas in alteritate aut e converso, aliter in alio secundum plus atque minus. Propter quod ad maximum aut minimum simpliciter non devenietur.

Unde, quanto unitas formalis minus in alteritatem transiit, tanto nobilior, quia unior; forma animalis unior est quam

---

[1] Codd. Tr I und Tr II; Cod. Cus.: contueris.

Wenn du dein Augenmerk auf die Figur P richtest, wirst du durch das Herabsteigen der Einheit zur Andersheit und durch die Rückkehr der Andersheit zur Einheit finden, daß im höchsten Himmel alles, was es an Andersheit gibt, zur Einheit selbst vordringt: die Teilbarkeit gelangt zur Unteilbarkeit, die Finsternis zum Licht, das Dichte zum Dünnen, das Zusammengesetzte zum Einfachen, das Sterbliche zum Unsterblichen, das Veränderliche zum Unveränderlichen, das Weibliche zum Männlichen, die Möglichkeit zur Wirklichkeit, das Unvollkommene oder der Teil zum Ganzen, usw. Das Gegenteil geschieht in der untersten Welt, wo die Unteilbarkeit zur Teilbarkeit entartet; die Einheit der unteilbaren Gestalt folgt der teilbaren Natur, so daß jeder Teil des Wassers Wasser ist, jeder Teil der Erde Erde. Beständigkeit ist hier in der Unbeständigkeit, Unsterblichkeit in der Sterblichkeit, Wirklichkeit in der Möglichkeit, Männlichkeit in der Weiblichkeit, usw. In der mittleren Welt ist mittleres Verhalten.

Wenn du das voll Eifer erforschst, wirst du die größten und vielen Menschen gänzlich verborgenen Geheimnisse in hellstem Licht schauen und zum Verborgensten der Natur geführt werden. Auch zu den Verschiedenheiten der Termini der einen und anderen Welt — daß die Beständigkeit in der unteren sich in Unbeständigkeit befindet und allgemein die Einheit in der Andersheit ist — wirst du geführt werden. Denn das ist ihre Einheit, die in Andersheit, übergeht: nicht Einheit zu sein, sondern Andersheit. Das Gegenteil ist in der obersten Welt der Fall, wo dies Andersheit ist: nicht Andersheit zu sein, sondern Einheit. Es zeigt aber dort die Figur P, daß alle in der Welt geborenen Dinge sich darin verschieden verhalten. Anders nämlich ist die Einheit in Andersheit im Einen verborgen und umgekehrt; anders besteht sie dem Mehr oder Weniger entsprechend im Anderen. Darum gelangt man nicht zu einem Größten oder Kleinsten schlechthin.

Je weniger daher die gestaltliche Einheit in die Andersheit übergeht, desto edler ist sie, da sie geeinter ist. Die tierische

vegetabilis; quare forma unius animalis non sequitur sectionem animalis, sicut aliquas sectiones vegetabilis concomitatur et plus mineralis et maxime elementorum. Vides etiam, cur in divisione lapidis necessario ad non lapidem deveniri possit, et hoc tanto citius, quanto lapis perfectior, ita de omnibus, quodque necessarium sit, si in infinitum progressio fieri non debet, ut ad ea deveniatur, quae elementa dicuntur, de quibus subiungemus.

Oportet autem, ut cuiuslibet particularis inquirendi per P figuram unitatem in sua perfectione concipias, et secundum eam lucis intensitatem atque tenebrae grossitiem parvam aut magnam imagineris, ut cuiusque aliorum omnium respectu, prout in universo cadit, singulariorem notitiam habere queas. Unitatum autem graduationes ex his coniect[ur]¹a quae audisti, ut illam maiorem affirmes, quae indivisibilior et plura unit.

Maior quidem est unitas totius omnes partes unientis quam partis unibilis. Quanto enim unitas minus in actu et plus in potentia, tanto alterabilior. Unitas enim uniens unitati unibili perfectior est, et quanto in unitate alicuius plures unitatis conditiones concurrere vides, tanto perfectior. Unitas enim dicit rationem principii atque finis intra se unientis. Unitas igitur animae unitati corporis perfectior [est][2], quia unitatis corporis finis est animae unitas, a qua corporalis ut a quodam suo principio dependet; ablata enim anima perit et dissolvitur eius unitas. Videmus autem aliquas unitates plus esse in potentia unibilitatis, alias plus in actu, ut non perveniatur propterea in recipientibus magis et minus ad maximum aut minimum simpliciter, neque ad determinatas, ostensibiles unitates, elementales infimas et minimas actu pertingimus, quamvis eas esse et ad invicem

---

[1] Cod. Tr I.
[2] Codd. Tr I und Tr II.

Gestalt ist geeinter als die pflanzliche. Deshalb folgt auch die Gestalt eines einzelnen Tieres nicht der tierischen Schichte, so wie es bei der Schichte des Pflanzlichen und mehr noch der des Minerals, am meisten aber bei der der Elemente der Fall ist. Du siehst, warum man bei der Teilung eines Steines notwendigerweise zu einem Nicht-Stein kommen kann und das um so schneller, je vollkommener dieser Stein ist, usw. Du siehst auch, daß, wenn es keinen Fortschritt ins Unendliche geben darf, man notwendig zu dem gelangt, was wir Elemente nennen. Im Folgenden wollen wir darüber sprechen.

Es ist ferner vonnöten, daß du die Einheit jeder einzelnen Untersuchung mit Hilfe der Figur P in ihrer Vollendung erfaßt und dieser gemäß dir die Stärke des Lichtes und die Dichte der Finsternis als groß oder klein vorstellst, um für jeden beliebigen Fall im Hinblick auf seine Stellung im Gesamt und zu allem Anderen ein das Einzelne stärker betreffendes Verständnis haben zu können. Aus dem Gehörten aber mut-maße die Abstufungen der Einheiten, damit du jene als größere bezeichnest, die in geringerem Maß teilbar ist und mehr eint.

Größer ist die Einheit des alle Teile einenden Ganzen als die eines Teiles, der vereint werden kann. Je weniger eine Einheit in der Wirklichkeit und je mehr sie in der Möglichkeit ist, um so veränderlicher ist sie. Eine vereinende Einheit ist vollkommener als eine vereinbare, und je mehr Ansatz-Bedingungen der Einheit du in der Einheit von irgend etwas zusammenkommen siehst, desto vollkommener ist sie. Die Einheit ist der Wesenssinn des sich in ihr vereinenden Ursprunges und Zieles. Deshalb ist die Einheit der Seele vollkommener als die Einheit des Körpers, denn sie ist das Ziel der Einheit des Körpers, die von ihr als von seinem Ursprung abhängt. Würde man die Seele entfernen, so würde sich seine Einheit auflösen und zugrunde gehen. Wir sehen, daß sich manche Einheiten mehr in der Möglichkeit der Vereinbarkeit befinden, andere mehr in der Wirk-

unibiles non nisi in continua unibilitate subsistentes ratio esse credat, in quibus unitas est in alteratione continua. Nec[1] etiam ad actu maximas rationabiliter devenitur, ubi unibilitatis potentia est in actu perfecto nullam aliam unionem expectando.

Adverte igitur, quoniam solo intellectu supra rationem concipere te oportet, ut asseras progressionem in infinitum simul et ad maximum minimumve actu devenire non posse; non enim sciri potest, quae terra sit elementalis tantum, cum nulla non elementum ab alia omni terra non distincta sit dabilis. Ita quidem de aqua; nulla enim est aqua, quae specialiter ab alia in elementationis gradu non differat.

Non est igitur minimum actu scibile, neque maximum; vide in quantitate. Nam, si quocumque dato numero dabilis est maior, simul scitur nullum numerum infinitum atque nullum datum maximum. Sic etiam, si omne quantum est in semper divisibilia divisibile, scitur neque ad infinitas posse partes deveniri neque ad minimam. Unde, etsi sensus aliquam minimam putat, ratio tamen illam divisibilem et non minimam dicit; ita et intellectus attingit hoc divisibile esse, quod ratio minimum putat. Igitur omne dabile maius est minimo et minus maximo absque eo, quod hic processus currat in infinitum.

---

[1] Konjektur; Codd.: Sic.

lichkeit, so daß man deshalb in dem, was mehr oder weniger annehmen kann, nicht zu einem schlechthin Größten oder Kleinsten gelangen kann. Wir erreichen auch nicht tatsächlich die bestimmten, nachweisbaren kleinsten und untersten Elementareinheiten, obwohl der Verstandessinn überzeugt ist, daß es sie gibt und daß sie als miteinander vereinbare nur in der zusammenhängenden Vereinbarkeit bestehen. In ihnen ist die Einheit in fortlaufender Veränderung. Ebenso wenig kommt man auf dem Weg des Verstandes zu den tatsächlich größten Elementareinheiten, wo die Möglichkeit der Vereinbarkeit in vollkommener Wirklichkeit ist und keine andere Einung erwartet.

Beachte also, daß du nur mit der Vernunft jenseits des Verstandes Begriffe fassen kannst und daß du daran festhältst, daß sowohl ein Fortschreiten ins Unendliche als auch zum wirklich Größten und Kleinsten nicht möglich ist. Man kann nicht wissen, welche Erde nur Element ist, da keine, die nicht Element ist, von jeder anderen Erde getrennt nicht gegeben werden kann. Ebenso verhält es sich mit dem Wasser; es gibt kein Wasser, das sich nicht in eigengestaltlicher Weise hinsichtlich der Stufe des Element-Seins von anderem unterscheidet.

Also ist weder das tatsächlich Kleinste noch Größte wißbar. Betrachte es an der Quantität! Denn wenn man zu jeder beliebigen Zahl eine größere geben kann, weiß man zugleich, daß man keine unendliche Zahl und kein gegebenes Größtes kennt. Genauso verhält es sich, wenn jedes Quantum in immer wieder teilbare Teile geteilt werden kann. Man weiß, daß man weder zu unendlichen Teilen, noch zum kleinsten Teil gelangen kann. Und wenn auch unser sinnliches Wahrnehmungsvermögen einen Teil als den geringsten bezeichnen würde, würde der Verstand doch entgegnen, daß dieser teilbar und nicht der geringste ist. Und die Vernunft hinwieder erfaßt, daß das, was der Verstand für das Kleinste hält, noch teilbar ist. Also ist alles, das gegeben werden kann, größer als das Kleinste und kleiner als das Größte, ohne daß dieser Prozeß sich jedoch ins Unendliche fortsetzt.

Haec sola illa negativa scientia praecisionem inattingibilem tibi subinfert, nam quamvis rationi appareat necessario ibi ad maximum deveniri, ubi infinitus gradualis prohibetur ascensus, tamen intelligentia ipsa videt verius esse per abnegationem praecisionis nullum dabile esse praecise maximum de genere quidem maius recipientium.

Tanta est igitur vis simplicis intellectualis naturae, ut ambiat ea, quae ratio ut opposita disiungit. Ratio enim, quae numerum absque proportione non attingit atque maximum actu admittit, ex noto ad ignota se viam habere [coniecturatur][1]. Intellectus autem debilitatem rationis advertens has abiicit coniecturas affirmans eos numeros proportionales pariter et improportionales, ut omnium pariter et singulorum lateat praecisio, quae est Deus benedictus. Ratio vero praecisio quaedam sensus existit; unit enim ratio sua praecisione sensibiles numeros, atque ipsa sensibilia rationali praecisione mensurantur; sed haec non est vera simpliciter sed rationaliter vera mensura. Rationalium vero praecisio intellectus est, qui est vera mensura. Summa autem praecisio intellectus est veritas ipsa, quae Deus est.

Haec attentissime notato. Unitatem autem in alteritatem progredi est simul alteritatem regredi in unitatem. Et hoc diligentissime adverte, si intellectualiter unitatem in alteritate intueri volueris. Nam animam esse in corpore est ita ipsam in corpus progredi, quod corporalis unitas ingreditur in ipsam; ita de forma qualibet; quanto unior atque perfectior fuerit, tanto eam progredi est plus alteritatem regredi. Simplici enim intellectu progressionem cum regressione copulatam concipito, si ad arcana illa curas pervenire,

---

[1] Cod. Tr I; Cod. Cus.: coniectat.

Hier bringt allein jene negative Wissenschaft dir unerreichbare Genauigkeit. Denn obwohl es dem Verstand scheint, man müßte notwendigerweise dort zu einem Größten kommen, wo der unendliche stufenweise Anstieg unmöglich ist, so sieht die Vernunft-Einsicht dennoch auf dem Wege der Verneinung der Genauigkeit, daß es der Wahrheit näher kommt, daß in der Art der Dinge, die größer werden können, keines gegeben werden kann, welches genau das Größte ist.

So groß ist die Macht der einfachen, vernunfthaften Natur, daß sie das umfaßt, was der Verstand als Gegensätze trennt. Der Verstand nämlich, der die Zahl nicht ohne Verhältnisbezug erreicht und ein tatsächlich Größtes zuläßt, mut-maßt, daß er einen Weg vom Bekannten zum Unbekannten hat. Die Vernunft hingegen, welche die Schwäche des Verstandes kennt, läßt von diesen Mut-Maßungen ab, indem sie feststellt, daß diese Zahlen zugleich verhältnisbezogen und nicht-verhältnisbezogen sind, so daß sich in ihnen die Genauigkeit von allem und jedem, die Gott der Gepriesene ist, verbirgt. Der Verstand hingegen ist gewissermaßen die Genauigkeit der Sinne; er vereint in seiner Genauigkeit die sinnlichen Zahlen, und die Sinnendinge werden durch verstandesmäßige Genauigkeit gemessen; das ist jedoch kein schlechthin wahres, sondern ein verstandesmäßig wahres Maß. Die Genauigkeit des Verständigen hingegen ist die Vernunft, die das wahre Maß ist. Die höchste Genauigkeit der Vernunft indes ist die Wahrheit selbst, die Gott ist.

Richte darauf deine ganze Aufmerksamkeit. Wenn die Einheit in die Andersheit übergeht, bedeutet das zugleich, daß die Andersheit zur Einheit zurückkehrt. Merke dir das gut, wenn du die Einheit in der Andersheit vernunfthaft schauen möchtest. Denn daß die Seele im Körper ist, heißt, daß sie so in den Körper übergeht, das die körperliche Einheit in sie eingeht. Dasselbe gilt von der Gestalt. Je geeinter und vollkommener sie gewesen ist, desto mehr ist ihr Hinkehren ein Rückkehren der Andersheit. Wenn du zu jenen Geheim-

quae supra rationem disiungentem progressionem a regressione solo intellectu in unum opposita complicante verius attinguntur. Ad quae philosophantes atque theologi ratiocinantes hactenus sibi sua positione principii primi ingrediendi viam praecluserunt.

XIII.

[Nullum intelligibile uti est intelligi]

Quoniam unitatem unitatem esse est ipsam praecise atque uti est, esse, satis tibi atque clarissime constat unitatem esse ipsam identitatem incommunicabilem, inexplicabilem atque, uti est, inattingibilem. Sicut enim omne ens in propria sua entitate est, uti est, ita in alia aliter. Hoc facile, si advertis, apprehendes.

Circulus enim ut ens rationis est in sua propria rationali entitate, uti est, attingitur. Dum enim concipis figuram, a cuius centro ad circumferentiam omnes lineae sunt aequales, in hac quidem ratione circulum uti ens [est][1] rationis attingis, sed extra ipsam rationem propriam, uti sensibilis est. Sicut in alio est, ita et aliter est. Non est igitur possibile circulum, uti in ratione est, extra rationem esse. Sensibilis igitur circulus in alteritate unitatem rationalis circuli participat.

Quapropter praecisio illa, uti circulus est, incommunicabilis remanet, nam non nisi in alteritate multiplicatur. Non est enim dabilis sensibilis circulus, ubi a centro lineae ad circumferentiam ductae praecise sint aequales; immo nulla alteri per omnia, uti est, aequalis dari poterit. Non est ergo circulus, qui videtur adeo praecisus, quin praecisior eo semper esse posset. Est quamvis, uti est, non se aliter quam, uti est, communicet in alio, tamen non potest nisi aliter participari. Non est igitur, uti est, imparticipabile suo defectu, sed quia in alio participatur, hinc et aliter.

---

[1] Codd. Tr I und Tr II.

nissen gelangen willst, die jenseits des Verstandes liegen, der unterscheidend die Hinkehr von der Rückkehr trennt, dann begreife in einfachem Vernunfterkennen, daß die Hinkehr mit der Rückkehr verbunden ist. Sie werden nur durch die Vernunft, die die Gegensätze zusammenschließt, in relativ wahrster Weise erreicht. Den Weg dazu haben sich die Philosophen und die nur auf dem Weg des Verstandes denkenden Theologen bis jetzt durch ihre Setzung des ersten Prinzips verschlossen.

XIII.

Nichts Einsehbares wird so eingesehen, wie es ist

Weil die Tatsache, daß die Einheit Einheit ist, bedeutet, daß sie genau ist und so ist, wie sie ist, steht für dich zur Genüge und in aller Deutlichkeit fest, daß die Einheit die nicht mitteilbare, die nicht entfaltbare und, so wie sie ist, nicht erreichbare Selbigkeit ist. Denn wie jedes Seiende in seiner eigenen Seiendheit so ist, wie es ist, so ist es in einer anderen anders. Das ist leicht zu verstehen, wenn man folgendes beachtet:

Der Kreis als ein Verstandesding wird nur in seiner ihm eigentümlichen verständigen Seiendheit so erreicht, wie er ist. Wenn du die Figur begreifst, bei der alle Linien vom Mittelpunkt zum Umfang gleich lang sind, dann erreichst du in diesem Wesenssinn den Kreis als Verstandesding; außerhalb des eigenen Wesenssinnes erreichst du ihn jedoch als sinnlichen Kreis. Sowie er in einem andern ist, ist er auch in anderer Weise. Darum kann der Kreis außerhalb des Verstandessinnes nicht in der gleichen Weise sein wie in ihm. Der sinnliche Kreis hat in der Andersheit an der Einheit des verständigen Kreises teil.

Darum bleibt jene Genauigkeit des Kreises nicht mitteilbar; er wird ja nur in der Andersheit vervielfältigt. Es kann kein sinnlicher Kreis gegeben werden, bei dem die Linien vom Mittelpunkt zum Umkreis genau gleich lang sind; vielmehr kann keine einzige gegeben werden, die einer anderen in allem gleich wäre. Also gibt es keinen so genauen Kreis, daß er nicht immer noch viel genauer als dieser sein könnte. Und obwohl er sich so, wie er ist, nicht anders als er ist, im Anderen mitteilt, kann er doch nur in der Weise der Andersheit partizipiert werden. Er ist also nicht aus eigenem Verschulden des Mitteilens unfähig, sondern darum, weil er in einem Anderen und darum in anderen Weise partizipiert wird.

Adsis hic totus, ut ad coniecturarum varietatem subintres. Nullum enim intelligibile, uti est, te intelligere posse conspicis, si intellectum tuum aliam quandam rem esse admittis quam intelligibile ipsum; solum enim intelligibile ipsum in proprio suo intellectu, cuius ens existit, uti est, intelligitur; in aliis autem omnibus aliter. Non igitur attingitur aliquid, uti est, nisi in propria veritate, per quam est. In solo igitur divino intellectu, per quem omne ens existit, veritas rerum omnium, uti est, attingitur, in aliis intellectibus aliter atque varie.

Neque intellectus rei, uti est, in alio attingibilis est, sicut circulus, uti est in hoc sensibili pavimento alibi nisi aliter fieri nequit.

Identitas igitur inexplicabilis varie differenter in alteritate explicatur, atque ipsa varietas concordanter in unitate identitatis complicatur. Visio enim in variis videntibus differenter participatur, et visibilium varietas in unitate visus concordanter complicatur; sicut et videntium diversitas in unitate visionis absolute concorditer continetur. Et quoniam divina ipsa mens omnium est absolutissima praecisio, ipsam omnes creatae mentes in alteritate variationis differenter participare contingit, illa ipsa ineffabili mente imparticipabili perdurante conditione participantium hoc agente.

Non sunt autem mentes ipsae in se divini luminis radium capientes, quasi participationem ipsam natura praevenerint, sed participatio intellectualis incommunicabilis ipsius actualissimae lucis earum quidditas existit. Actualitas igitur intelligentiae nostrae in participatione divini intellectus existit. Quoniam autem actualissima illa virtus non nisi in varietate alteritatis accipi potest, quae potius in quadam concurrentia potentiae concipitur, hinc participantes mentes in ipsa alteritate actualissimi intellectus quasi in actu illo, qui ad divinum intellectum relatus alteritas sive potentia existit, participare contingit.

Hier mußt du dich ganz konzentrieren, um zu der Mannigfaltigkeit der Mut-Maßungen zu gelangen. Du siehst, daß du nichts Vernünftig-Erkennbares so erkennen kannst, wie es ist, wenn du zugibst, daß dein vernünftiges Denken gewissermaßen eine andere Sache ist als das Vernünftig-Denkbare. Denn dieses wird nur in seinem eigenen Denken, als dessen Seiendes es existiert, so eingesehen, wie es ist, in allem anderen aber anders. Man erreicht also nichts so, wie es ist, außer in seiner ihm eigenen Wahrheit, durch die es ist. Nur im göttlichen Denken, durch das alles Seiende besteht, läßt sich die Wahrheit aller Dinge, so wie sie sind, erfassen; in jedem anderen Denken anders und verschieden.

Auch ist der Denk-Gehalt einer Sache, so wie sie ist, in einem anderen nicht erfaßbar: wie auch der Kreis, so wie er auf diesem sichtbaren Estrich ist, anderswo nur anders sein kann.

Die nicht ausfaltbare Selbigkeit wird in verschiedener und unterschiedlicher Weise in der Andersheit ausgefaltet und die Verschiedenheit selbst einträchtig in der Einheit der Selbigkeit eingefaltet. Die Schau wird nämlich in den verschiedenen Sehenden unterschiedlich partizipiert und die Verschiedenheit des Sichtbaren in der Einheit des Sehens einträchtig eingefaltet. Ebenso wird auch die Verschiedenheit der Sehenden in der Einheit der Schau absolut einträchtig zusammengehalten. Und weil der göttliche Geist selbst die absolute Genauigkeit von allem ist, trifft es zu, daß alle geschaffenen Geister an ihm in der Andersheit der Verschiedenheit unterschiedlich teilhaben, während jener unsagbare Geist selbst in nicht partizierbarer Begründung des Partizipierenden beständig bleibt und dies bewirkt.

Der Geist empfängt den Strahl des göttlichen Lichtes nicht so in sich, als ginge er von Natur aus dieser Teilhabe voraus; vielmehr stellt die Teilhabe an dem vernunfthaften, nicht mitteilbaren, völlig wirklichen Licht seine Washeit vor. Das Wirklichsein unserer Vernunft-Einsicht besteht also in der Teilhabe am göttlichen Vernunft-Denken. Weil aber diese ganz wirkliche Kraft nur in der Verschiedenheit der Andersheit empfangen werden kann, die eher in einer Art Zusammenlaufen der Möglichkeit begriffen wird, darum trifft es zu, daß die partizipierenden Geister in der Andersheit des ganz wirklichen Vernunft-Denkens, gleichsam an jener Bewegung, die auf das göttliche Denken bezogen als Andersheit oder Möglichkeit besteht, teilhaben.

Potius igitur omnis nostra intelligentia ex participatione actualitatis divinae in potentiali varietate consistit. Posse enim intelligere actu veritatem ipsam, uti est, ita creatis convenit mentibus, sicut Deo nostro proprium est actum illum esse varie in creatis ipsis mentibus in potentia participatum. Quanto igitur intelligentia deiformior, tanto eius potentia actui, uti est, propinquior; quanto vero ipsa fuerit obscurior, tanto distantior.

Quapropter in propinqua, remota atque remotissima potentia varie differenter participatur. Nec est inaccessibilis illa summitas ita aggredienda quasi in ipsam accedi non possit, nec aggressa credi debet actu apprehensa; sed potius, ut accedi possit semper quidem propinquius, ipsa semper, uti est, inattingibili remanente. Tempus enim ad aevum ita pergit, cui numquam, quamvis accesserit continue, poterit adaequari.

Vides nunc assertiones positivas sapientum esse coniecturas. Nam dum tu, pater, clarissimis tuis oculis faciem pontificis summi, sanctissimi domini nostri, Eugenii papae quarti, coram conspicis, de ipsa positivam assertionem concipis, quam praecisam secundum oculum affirmas. Dum autem ad radicem illam, unde discretio sensus emanat, te convertis, ad rationem dico, intelligis sensum visus participare vim discretivam in alteritate organice contracta. Ob quam causam defectum casus a praecisione intueris, quoniam faciem ipsam non, uti est, sed in alteritate secundum angulum tui oculi ab omnibus viventium oculis differentem contemplaris.

Coniectura igitur est positiva assertio in alteritate veritatem, uti est, participans. Quemadmodum vero sensus in unitate rationis suam alteritatem experitur et assertiones sensibiles ab unitate praecisionis absolvendo coniecturas facit, ita ratio in radicali unitate sua in ipso scilicet intelligentiae lumine suam alteritatem et casum a praecisione in coniecturam invenit; sic et intelligentia ipsa, ut propinqua potentia in unitate divina se suo quidem clarissimo modo gaudet [coniecturari][1].

---

[1] Cod. Tr I; Cod. Cus.: coniectari.

Also besteht alle unsere Vernunft-Einsicht eher auf Grund der Teilhabe am göttlichen Wirklichsein in möglicher Verschiedenheit. Die Wahrheit, so wie sie ist, wirklich einsehen zu können, kommt den geschaffenen Geistern in dem Maße zu, wie es unserem Gott eigen ist, jene Wirklichkeit zu sein, die in verschiedener Weise in den geschaffenen Geistern als Möglichkeit partizipiert wird. Je gottförmiger also die Vernunft-Einsicht ist, desto näher ist ihre Möglichkeit der Wirklichkeits-Bewegung, so wie sie ist; je mehr sie aber verdunkelt ist, um so weiter ist sie entfernt.

Darum wird sie in naher, entfernter und ganz entfernter Möglichkeit verschieden und unterschiedlich partizipiert. Jener Gipfelpunkt ist weder unzugänglich — man muß sich ihm so nähern, als ob man ihn nicht erreichen könne — noch darf man, wenn man sich ihm genähert hat, glauben, daß man ihn wirklich erreicht hat; sondern eher, daß man ihm immer näher kommen kann, während er doch immer so, wie er ist, unerreichbar bleibt. Die Zeit nähert sich der Dauer so, daß sie sich ihr, auch wenn sie sich ihr immer mehr näherte, niemals angleichen könnte.

Du siehst nun, daß auch die positiven Aussagen der Weisen Mut-Maßungen sind. Wenn du, Vater, mit deinen klaren Augen das Antlitz des höchsten Priesters, unseres heiligsten Herrn, des Papstes Eugen IV., betrachtest, empfängst du eine positive Wahrnehmung von ihm, die du dem Auge entsprechend als genau bezeichnest. Wendest du dich aber jenem Strahl zu, von dem die Sonderung des Sinnes ausgeht, das heißt dem Verstandessinn, dann siehst du ein, daß der Gesichtssinn an der Unterscheidungskraft in organisch verschränkter Andersheit teilhat. Demzufolge erkennst du den Fehlabstand von der Genauigkeit, da du das Antlitz nicht so erblickst, wie es ist, sondern in der Andersheit deinem Gesichtswinkel entsprechend, der von dem aller anderen Lebewesen unterschieden ist.

Eine Mut-Maßung ist also eine positive Aussage, die in Andersheit an der Wahrheit, so wie sie ist, teilhat. Wie der Sinn in der Einheit des Verstandes seine Andersheit erfährt und, indem er sinnliche Aussagen von der Einheit der Genauigkeit ablöst, Mut-Maßungen anstellt, so entdeckt der Verstandessinn in seiner Wurzeleinheit, nämlich im Licht der Vernunft-Einsicht, seine Andersheit und das Abweichen von der Genauigkeit und gelangt zur Mut-Maßung. Ebenso freut sich auch die Vernunft-Einsicht als die nächste Möglichkeit, in der göttlichen Einheit nach ihrer hervorragenden Weise zu mut-maßen.

Haec tenens participationis coniecturam hac via efficiat. Omne enim participabile, cum non nisi in alteritate participetur, in quaternitate participari necesse erit; pergit enim unitas a se in alteritatem et quaternario subsistit omne, quod in alio participatur, nec maxime, nec minime, nec aequaliter poterit recipi. Ipsa etiam unitatis simplicitas, cum non, uti est, simplex, sed aliter participetur, in quadam, ut ita dixerim, compositione aut casu ab ea ipsa simplicitate, hoc est in simplicitatis alteritate, participatur; non igitur participatur simplicitas secundum partem, cum sit simplicitas; sed modo, quo participabile est simplex secundum se totum. Quoniam autem incommunicabilis est maxime, minime atque aequaliter ipsa unitatis simplicitas (ita enim, uti est, participaretur per coincidentiam, ut in Docta Ignorantia aperitur), hinc in quadam quaternitate a maximeitate, minimeitate atque aequalitate cadente participari necesse est.

Non igitur participatur unitas, ut est complicans simplicitas nec ut est alterata explicatio, sed ut alterabilis eius participabilitas explicatoria, quasi modus quidam virtutis ipsius complicative imparticipabilis unitatis per quandam coincidentiam intelligitur.

Dico enim secundum subiectam configurationem: A unitas simplex, complicans, imparticipabilis est, uti est; est et imparticipabilis in modo B aut C scilicet maxime aut minime, seu secundum gradum altiorem aut inferiorem virtutis eius. Est et imparticipabilis in modo D, E, F, hoc est maxime, minime aut aequaliter, seu secundum gradum altiorem, inferiorem aut medium. Nec est participabilis ut in G, H, I, K, quasi in quattuor quibusdam simplicibus distinctis essendi modis superiori scilicet, inferiori et duobus mediis aut maxime aut minime aut magis maxime aut magis minime. Si enim ita distincte quidem quasi secundum [quasdam][1] virtutis eius partes participaretur, non eo perfectiori modo, quo ipsa totalitas simplicis unitatis eius participari posset, participaretur, sed defectuose. Non est igitur participabilis secundum aliquem ipsius distinctum gra-

---
[1] Cod. Tr I.

Daran festhaltend gelangt man auf diesem Wege über die Teilhabe zu Mut-Maßungen. Da alles Partizipierbare nur in der Andersheit partizipiert werden kann, muß es in der Vierheit partizipiert werden. Die Einheit nämlich dringt von sich in die Andersheit vor und gibt durch die Vierheit allem seinen Bestand, das im Anderen partizipiert wird. Sie kann weder am meisten, noch am wenigsten, noch in gleicher Weise aufgenommen werden. Da die Einfachheit der Einheit nicht so einfach, wie sie ist, sondern anders partizipiert wird, geschieht dies sozusagen in einer gewissen Zusammensetzung oder einem Abweichen von der Einfachheit, das heißt, sie wird in der Andersheit der Einfachheit partizipiert. Die Einfachheit wird nicht dem Teile entsprechend partizipiert, da sie eben die Einfachheit ist; sondern vielmehr in der Weise, in der das Partizipierbare gemäß seiner selbst ganz ist. Weil aber die Einfachheit der Einheit in größter, kleinster und gleicher Weise nicht mitgeteilt werden kann — so nämlich, wie sie ist, wird sie durch die Koinzidenz anders partizipiert, wie dies in der Docta ignoratia dargelegt wurde —, muß sie von der Größe, der Kleinheit und von der Gleichheit abweichend in einer Art Vierheit partizipiert werden.

Die Einheit wird also nicht partizipiert als einfaltende Einfachheit und nicht als ins Anderssein übergegangene Ausfaltung, sondern als ihre entfaltende und änderbare Partizipierbarkeit. Als eine gewisse Art der Kraft der Einheit, die einfaltend nicht partizipiert werden kann, wird sie vermittels bestimmter Koinzidenz eingesehen.

Ich spreche gemäß der unten angeführten Darstellung: A ist die einfache, einfaltende, nicht partizipierbare Einheit, so wie sie ist; sie ist auch unteilbar in der Art von B und C, nämlich in größter und kleinster Weise, oder entsprechend einem höheren oder geringeren Grad ihrer Kraft. Sie ist auch nicht partizipierbar in der Art von D, E, F, das heißt am größten, am kleinsten und in Gleichheit oder dem höheren oder tieferen oder mittleren Grad entsprechend; ebenfalls nicht partizipierbar ist sie in G, H, I, K gleichsam als in den vier einfachen, unterschiedlichen Seinsweisen, nämlich in der höheren, der geringeren und den zwei mittleren, oder in der größten, der kleinsten, der größeren und der kleineren Weise. Wenn sie nämlich ebenso unterschiedlich wie gemäß gewisser Teile ihrer Kraft partizipiert würde, dann würde sie nicht in jener relativ vollkommenen Weise partizipiert, in

dum, cum simplicitas indistinctibilis sit, nec est participabilis ut quattuor illa sunt tria regressive, puta ut G, H, I, K, censeantur a sua quaternaria alteritate retracta in ternariam D E F. Nec ut adhuc magis unita censeantur in binaria B, C, sed ut in ipsa unitate A quasi quadrifaria virtus in unitate substantiae subsistens consideratur, ibi enim tantum unitas imparticipabilis cum participabilitate coincidit, ita quidem, ut omnia quaecumque differenter participantia non nisi in alteritate quaternaria unitatem aliter imparticipabilem attingere queant. Haec in infra dicendis clariora fient. Magna vis coniecturalis artis tibi hac via panditur, si hunc denarium explicatorium complicatorie notaveris. Ars enim brevissima est, qua veritas ipsa indagatur, quae etsi tribus lineis scribi possit in suae unitatis simplicis complicatione, tamen sine alteritate modorum nec communicari poterit nec participari; hinc de eiusdem reiteratione mihi ignoscere velis.

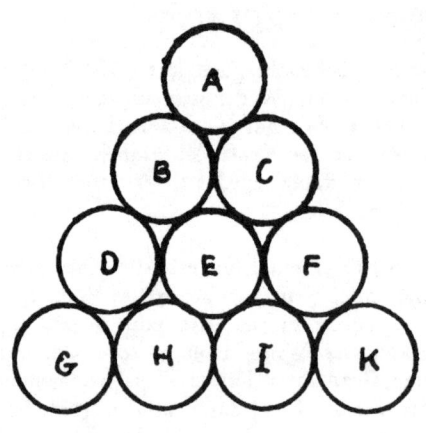

Fig. 3

der die Ganzheit der einfachen Einheit partizipiert werden könnte, sondern in mangelhafter Weise. Sie ist also nicht partizipierbar gemäß irgendeinem von ihr unterschiedenen Grad, da die Einfachheit ununterscheidbar ist; sie ist auch nicht in der Weise partizipierbar, wie jene vier im Zurückschreiten drei sind, wie z. B. G, H, I, K, die aus ihrer vierfachen Andersheit in eine Dreiheit, D, E, F, zurückgezogen werden. Sie ist auch nicht so, wie diese in der Zweiheit B, C, geeinter erscheinen, sondern so, daß in der Einheit A eine gleichsam vierfältige Kraft in der Einheit des Grundbestandes bestehend, betrachtet wird. Hier allein trifft nämlich die nicht mitteilbare Einheit mit der Mitteilbarkeit zusammen und zwar so, daß alle wie immer auch verschieden Partizipierenden die im Anderssein nicht partizipierbare Einheit nur in der vierfachen Andersheit partizipieren können. Das wird in dem, was noch zu sagen ist, klarer werden. Wenn du diesen sich entfaltenden Zehner komplikativ begreifst, eröffnet sich dir auf diesem Weg die große Kraft der Kunst der Mut-Maßungen. Die Kunst nämlich, mit der die Wahrheit selbst aufgespürt wird, ist sehr kurz; obwohl sie in der Einfaltung ihrer einfachen Einheit mit drei Linien geschrieben werden kann, so kann sie dennoch ohne die Andersheit der Seins-Weisen weder mitgeteilt, noch partizipiert werden; darum magst du mir eine Wiederholung desselben Gedankens erlassen.

XIV.

De tribus mundis

Post haec taliter, quamvis ineptius [forte][1] tradita mundum quendam supremum ex theophanico descensu divinae primae unitatis in denariam atque ex denariae unitatis regressione in primam constitui concipe, qui et tertium caelum, si libet, vocitetur. Alium pari descensu ex secundae unitatis in tertiam et ipsius tertiae ascensu in secundam constituas, qui et secundum caelum dici poterit. Tertium vero mundum per descensum tertiae unitatis in quartam et quartae reascensum in tertiam [coniectura][2].

Universum igitur sic erit ex centraliori spiritualissimo mundo atque ex circumferentialiori grossissimo et ex medio. Centrum primi Deus, centrum secundi intelligentia, centrum tertii ratio. Sensibilitas est quasi grossissima cortex tertii atque circumferentialis tantum. Primum centrum indivisibilis entitatis omnia in omnibus tenentis ubique centralis, sensibilitas semper extremitatem tenet. Omnia sunt in primo mundo, omnia in secundo, omnia in tertio, in quolibet modo suo. Entitas omnis rei est centrum seu unitas illa absolutissima.

Cum igitur haec sit ipsa veritas omnium et cuiuslibet, est omnis res vera in tertio caelo, ut a veritate sua immediatius impermixtiusque fluit quasi pater in filiis. Est in secundo caelo ut in veri similitudine remotiori quasi pater in nepotibus. Est in infimo caelo ut in remotissima adumbratione, ubi in ultimis tantum signis occultatur ut pater in distantissimis consanguineis ab eo descendentibus. Deus autem pater atque principium nostrum est, cuius verae filiationis imaginem in tertio tantum caelo tenemus, cuius centralis unitas est ipsa veritas; ibi tantum ut filii veri veritatis regnum possidere poterimus. Unde illud est intellectuale caelum, ubi lucet veritas clare, uti est, cuius quidem veritatis lumen in secundo rationali caelo adumbratum rationibus varietatem induit opinativam, in inferiori vero densissima grossitie confunditur.

---

[1] Cod. Tr I.
[2] Cod. Tr I; Cod. Cus.: coniecta.

XIV.

Die drei Welten

Nach diesen, wenn auch vielleicht unzureichenden Ausführungen sollst du begreifen, daß die höchste Welt durch das theophanische Herabsteigen der ersten göttlichen Einheit in die Zehnheit und aus der Rückkehr der Zehnheit in die erste Einheit gebildet wird. Diese höchste Welt kann man auch, wenn man will, den dritten Himmel nennen. Durch den gleichen Herabstieg aus der zweiten Einheit in die dritte und den Aufstieg aus der dritten zurück in die zweite bildest du eine andere Welt, die man den zweiten Himmel nennen kann. Die dritte Welt dagegen mut-maße vermittels des Abstieges der dritten Einheit in die vierte und des Rück-Aufstieges der vierten in die dritte.

So besteht also das Gesamt aus einer rein geistigen Zentralwelt, einer völlig groben Umfangswelt und einer mittleren. Der Mittelpunkt der ersten ist Gott, der der zweiten ist die Vernunft-Einsicht, der der dritten ist der Verstandessinn. Die Sinnlichkeit ist gleichsam die dichte Rinde der dritten, der Umfangswelt. Das erste Zentrum der unteilbaren Seiendheit, die alles in allem hält, ist überall in der Mitte, die Sinnlichkeit bildet immer das Äußerste. Alles ist in der ersten Welt, alles ist in der zweiten Welt, alles in der dritten Welt auf seine jeweilige Weise. Die Seiendheit eines jeden Dinges ist das Zentrum oder jene völlig absolute Einheit.

Da diese indes die Wahrheit jedes beliebigen Dinges ist, ist jedes wahre Ding im dritten Himmel, so daß es wie der Vater in den Söhnen aus seiner Wahrheit direkt und unvermischt entfließt. Es ist wie der Vater in der Enkeln im zweiten Himmel als in entfernteren Wahr-Ähnlichkeit. Es ist im dritten Himmel in ganz entfernter Verdunklung, in den alleräußersten Zeichen, wie der Vater in den entferntesten, von ihm abstammenden Blutsverwandten verborgen. Gott aber ist unser Vater und Ursprung; das Bild seiner wahren Kindschaft haben wir allein im dritten Himmel, dessen zentrale Einheit die Wahrheit selbst ist; nur dort werden wir als wahre Söhne das Reich der Wahrheit besitzen können. Daher ist jener der vernunfthafte Himmel. Dort leuchtet die Wahrheit, so, wie sie ist, klar auf; das Licht dieser Wahrheit wird im zweiten verständigen Himmel durch die Verstandessinne verdunkelt und nimmt die meinungshafte Verschiedenheit an; im untersten Himmel aber wird es mit der dichten Festigkeit vermischt.

XV.

De ter trinis [ter][1] distinctionibus

Arbitror [nam][2] varia coniectura quemlibet ex iam dictis mundis universi in se numeri seriem continere, ut quisque suo modo sit perfectus. Quamvis universi numeri primi atque supremi caeli in aliorum proportione simplicissimi atque formalissimi sint ac si decem simplices digitales in mille sint gradatim extensi. Numeri autem secundi caeli hac moderatione servata magis grossi minusque lucidi et formales, quasi articulares denarii gradatim in millesimum usque festinent. Infimi vero multa tenebra adumbrati materialiores, ut proportio unitatis eius sit ad primam ut centum ad unum et ad secundam ut centum ad decem.

Qua habitudine ponderata cuiuslibet iam ante ostensi mundi vides per trinas numerales progressiones orbem triniter distingui, ut sic in universo sint graduales novem unitates a prima simplicissima descendentes. Ad hoc autem, ut quaternaria perficiatur distinctio, quae sola complementum inquisitionum existit, [coniecturari][3] cogimur progressiones, quibus una pergit unitas in aliam quaterne disiunctim numerandas, ut sic in quolibet mundo ter trinas distinctiones finaliter annotemus et sic in universo ad solidum ternarii pertingeamus, ut subscripta tibi pandet figura (vide p. 74).

XVI.

Mysteria pluribus occulta magna certe, si, ut res postulat, oculo mentis figuram perspexeris, tibi nota fient. Denario omnis comprehenditur numerus. Quaternario omnis progressio perficitur. Quater igitur 10 40 sunt. Hinc 40 circulos omnibus tam magnis quam parvis in unum collectis reperies. Unde haec progressio 1, 3, 9, 27, cum 40 efficiat, non incongrue laudatur.

---

[1] Cod. Tr I.
[2] Cod. Tr I; Cod. Cus.: non.
[3] Cod. Tr I; Cod. Cus.: coniectare.

XV.

Die drei mal drei mal drei Unterscheidungen

Eine weitere Mut-Maßung hat mich zu der Meinung geführt, daß jede einzelne der genannten Welten des Gesamt in sich die Reihe der Zahlen enthält und darum auf ihre Weise vollkommen ist, obwohl alle Zahlen des ersten und obersten Himmels im Verhältnis zu den anderen ganz einfache und reine Gestalten sind, genauso wie die zehn einfachen Fingerzahlen, die schrittweise zu 1000 ausgedehnt sind. Die Zahlen des zweiten Himmels bewahren zwar diese Maßeinheit, sind aber dichter und weniger licht- und gestalthaft; sie gehen gleichsam als Einzelglieder des Zehners schrittweise in den Tausender über. Die Zahlen des untersten Himmels sind von tiefer, stofflicher Finsternis umschattet, so daß der Verhältnisbezug ihrer Einheit sich zu der ersten verhält wie 100 zu 1 und zur zweiten wie 100 zu 10.

Wenn man das erwogene Verhalten jeder der drei geschilderten Welten betrachtet, erkennt man, daß der Weltkreis durch einen dreifachen Zahlenfortschritt dreifach unterschieden wird, so daß sich im Gesamt neun Einheiten befinden, die schrittweise von der ersten, einfachsten Einheit herabsteigen. Um aber diese Unterscheidung, die allein die Erfüllung der Forschungen bedeutet, vierfach zu vollenden, sind wir gezwungen, Fortschritte zu mutmaßen, durch welche die eine Einheit in die andere übergeht und welche vierfach getrennt zu zählen sind, so daß wir in jeder Welt in Hinblick auf die Grenze dreimal dreifache Unterscheidungen bemerken und so im Gesamt zur Kubus-Gänze des Dreiers gelangen, wie die unterstehende Figur dir zeigen wird. (Vgl. p. 74.)

XVI.

Große Geheimnisse, die gewiß den meisten Menschen unbekannt sind, werden dir offenbar werden, wenn du, wie es die Sache verlangt, diese Darstellung mit dem Auge des Geistes betrachtest: Jede Zahl ist im Zehner enthalten. Im Vierer wird jeder Fortschritt vollendet. Vier mal zehn ist vierzig. Darum findest du 40 Kreise, und zwar sowohl die großen wie die kleinen in einem

Nam ut 1, 2, 3, 4 universi numeri est ordinatissima progressio, qua nulla ordinatior dari potest — multiplicatio enim binarii quaternarium efficit sicut additio unitatis ad ternarium; quaternarius igitur ordinatissime ex his procedit; et in quibuscumque quattuor aliis numeris talis reperiri nequit — ita ad quaternarii denarium scilicet 40 progressio nulla ordinatior illa, quae est 1, 3, 9, 27. Poteris hoc experiri in [hoc][1] quod per subtractionem et additionem horum quattuor numerorum ad invicem omnes numeri singulariter usque in 40 attinguntur, sicut [ex prima progressione][2] quattuor numerorum combinationibus omnes numeri usque in denarium exurgunt, ut per te ipsum probare poteris utrobique. Nec sunt alii ordinatae progressionis quaternarii numeri dabiles praeter istos, qui numeros simul iuncti et quemlibet contentum per eorum adinvicem additionem aut subtractionem efficiant.

Deinde adverte unitatem simplicem, quae hoc loco Deum figurat, quattuor circulos contingere: maximum scilicet universi, supremi mundi, supremi ordinis et supremi chori. Ita quidem gradatim lumen atque entitatem eius participant, primo universum, post hoc supremus mundus, deinde supremus ordo, ultimo et quarto loco supremus chorus. Vides consequenter chorum choro receptum lumen communicare, usque dum ad ultimum devenitur. Singularius etiam attendendum est, quomodo id, quod in universo reperitur, reperitur et in quolibet mundo et ordine cuiusque modo autem absolutiori et contractiori diverso. Nam denaria unitas intelligentiam figurans, centenaria animam, millenaria corpus aliter in supremo mundo est secundum scilicet illius mundi naturam altam, simplicem et nobilem, aliter in medio, aliter in infimo umbroso atque in eodem supremo mundo differenter in supremo ordine et aliis subsequentibus, nam infimum superioris cum supremo inferioris in omnibus coincidere conspicis.

Simplicior enim est sensus superioris mundi quam intelligentia medii perfectiorque est sensus superioris ordinis quam intellectus subsequentis. Age igitur novem denarias unitates atque novem

---

[1] Cod. Tr I; Cod. Cus.: eo.
[2] Cod. Tr I; Cod. Cus.: et primae progressionis.

zusammengefaßt. Der Fortschritt 1, 3, 9, 27 zu 40 wird nicht zu Unrecht gepriesen. Denn wie 1, 2, 3, 4 den geordnetsten Fortschritt der allgemeinen Zahl bedeutet, der gegeben werden kann, so ist sie der des besonderen; die Multiplikation der Zwei ergibt nämlich ebenso wie die Addition der Einheit zu drei vier. Der Quaternar geht also ganz ordnungsgemäß aus diesen hervor. Solches ist in keinen anderen vier Zahlen zu finden. Ebenso gibt es zum Zehner des Vierers, das heißt zu vierzig, keinen geordneteren Fortschritt als 1, 3, 9, 27. Du kannst es daran erproben, daß bei der wechselseitigen Subtraktion und Addition dieser vier Zahlen alle Zahlen einzeln bis vierzig erreicht werden, so wie bei der ersten Progression durch Kombination der vier Zahlen alle Zahlen bis zehn entstehen; das kannst du selbst auf beiden Seiten nachprüfen. Es können keine anderen vier Zahlen eines geordneten Fortschrittes gegeben werden außer diesen, welche verbunden, durch ihre wechselseitige Addition und Subtraktion jeden zufriedenstellen.

Beachte, wie die einfache Einheit, welche hier Gott darstellt, vier Kreise berührt, den größten, nämlich den des Gesamt, den der obersten Welt, den der obersten Ordnung und den des obersten Chores. So haben sie alle stufenweise an seinem Licht und seiner Seiendheit teil; zuerst das Gesamt, dann die oberste Welt, dann die oberste Ordnung und an vierter und letzter Stelle der oberste Chor. Du siehst in der Folge, daß ein Chor dem anderen das empfangene Licht mitteilt, bis daß es zum letzten gelangt. Dabei ist besonders zu bemerken, daß das, was im Gesamt zu finden ist, auch in jeder Welt und Ordnung zu finden ist, allerdings nach der Art eines jeden in absoluterer oder verschränkterer Weise je verschieden. Die zehnfache Einheit, welche die Vernunft-Einsicht darstellt, die hundertfache, welche die Seele, und die tausendfache, welche den Körper darstellt, ist anders in der obersten Welt gemäß deren hohen, einfachen und edlen Natur, anders in der mittleren und wieder anders in der schattenhaft untersten; in der obersten Welt ist sie verschieden in der obersten Ordnung und den darauf folgenden anderen; du siehst ja, daß die unterste der obersten mit der obersten der untersten zusammenfällt.

Einfacher ist der Sinn der höheren Welt als die Vernunft-Einsicht der mittleren, und vollkommener ist der Sinn der höheren Ordnung als das Vernunft-Denken der folgenden. Bedenke also, daß

centenarias et alias millenarias novem, quas in 27 minoribus circulis reperies se ad invicem secundum progressionales habere numeros, initium semper ab ipsa absoluta capiendo unitate. Et tunc experieris, quomodo in quolibet mundo perficitur. Nam si primus denarius superioris mundi est ut duo, secundus ut tria et tertius ut quattuor, perfecta est progressio. Si in secundo mundo primus denarius est ut 20, secundus ut 30, tertius ut 40, perfecta est progressio. Sic in tertio infimo primus denarius ut 200, secundus ut 300, tertius ut 400, perfecta est progressio.

Unde ita de aliis, dum concipis, unitatibus videbis, quomodo unitas intelligentiae inferioris mundi de natura superioris aut medii non est sed ab eius cadit simplicitate secundum numerorum configuratam proportionem, sicut aliter iudicat grammaticae schola quem intelligentem, aliter mathematicae et adhuc aliter theologorum. Ita quidem secundum diversorum mundorum varia iudicia varie de his nnecessario iudicatur. Aliud quidem est iudicium inferioris mundi, dum se singulariter attendit, aliud, dum eius habitudo ad superiores advertitur.

Qui igitur coniecturarum moderationem congrue distinguere cupit, haec eum notare necesse est, ut sciat dinstinguere et ipsa dinstincta iam singulariter iam ad invicem respective considerare, ut secundum has habitudines nunc neget, tunc affirmet. Dum enim quaeretur, an inferioris mundi natura intelligentiam habeat, vides dicendum esse intelligentiam contractam secundum eum mundum ibi reperiri et non reperiri intelligentiam secundum habitudinem altioris mundi, ita quidem de reliquis. Non enim unus mundus aut numerat aut loquitur aut quicquam agit ut alius; intelligentiae enim non numerantur ut lapides aut animalia, nec loquuntur ut homines, sed suis modis utitur quisque mundus.

die neun Zehnereinheiten, die neun Hundertereinheiten und die neun Tausendereinheiten, die du in den 27 kleineren Kreisen findest, sich zueinander den fortschreitenden Zahlen entsprechend verhalten und ihren Anfang immer von der absoluten Einheit nehmen! Dann wirst du erfahren, daß in jeder Welt der Fortschritt vollendet wird. Wenn der erste Zehner der höheren Welt wie zwei ist, der zweite wie drei und der dritte wie vier, ist die Progression vollkommen. Wenn in der zweiten Welt der erste Zehner wie zwanzig, der zweite wie dreißig, der dritte wie vierzig ist, ist der Fortschritt vollendet. Ebenso ist, wenn in der dritten, untersten Welt der erste Zehner wie zweihundert, der zweite wie dreihundert und der dritte wie vierhundert ist, die Progression vollendet.

Daher siehst du ebenso an den anderen Einheiten, wenn du sie erfaßt, daß die Einheit der Vernunft-Einsicht der untersten Welt nicht von der Natur der höheren oder mittleren stammt. Sie kommt vielmehr von ihrer Einfachheit, dem dargestellten Verhältnis der Zahlen entsprechend; so beurteilt die Grammatikschule einen vernünftigen Menschen anders; anders beurteilt ihn die Mathematik und noch anders beurteilt ihn die Theologie. Ebenso wird notwendigerweise, den verschiedenen Urteilen der unterschiedlichen Welten entsprechend, verschieden über diese geurteilt. Anders lautet das Urteil über die untere Welt, wenn es sie im besonderen betrachtet, anders, wenn ihr Verhältnis zur höheren Welt beachtet wird.

Jeder, der danach strebt, das Maß-Verhältnis der Mut-Maßungen entsprechend zu unterscheiden, muß feststellen, daß er sowohl zu unterscheiden weiß als auch das Unterschiedene sowohl einzeln als auch im gegenseitigen Verhältnis betrachten können muß, so daß er den Verhältnissen gemäß einmal verneint und einmal bejaht. Wenn man nämlich gefragt wird. ob der Natur der untersten Welt Vernunft-Einsicht eigen ist, dann erkennen wir, daß man sagen muß, daß sie dieser Welt gemäß verschränkt dort gefunden wird, daß sie aber entsprechend der Art der höheren Welt nicht gefunden wird. Und ebenso steht es mit den übrigen. Eine Welt zählt, spricht oder handelt nicht so wie eine andere. Vernunft-Einsichten werden nämlich nicht so gezählt wie Steine oder Tiere, noch sprechen sie wie Menschen. Vielmehr verwendet jede Welt ihre eigenen Weisen.

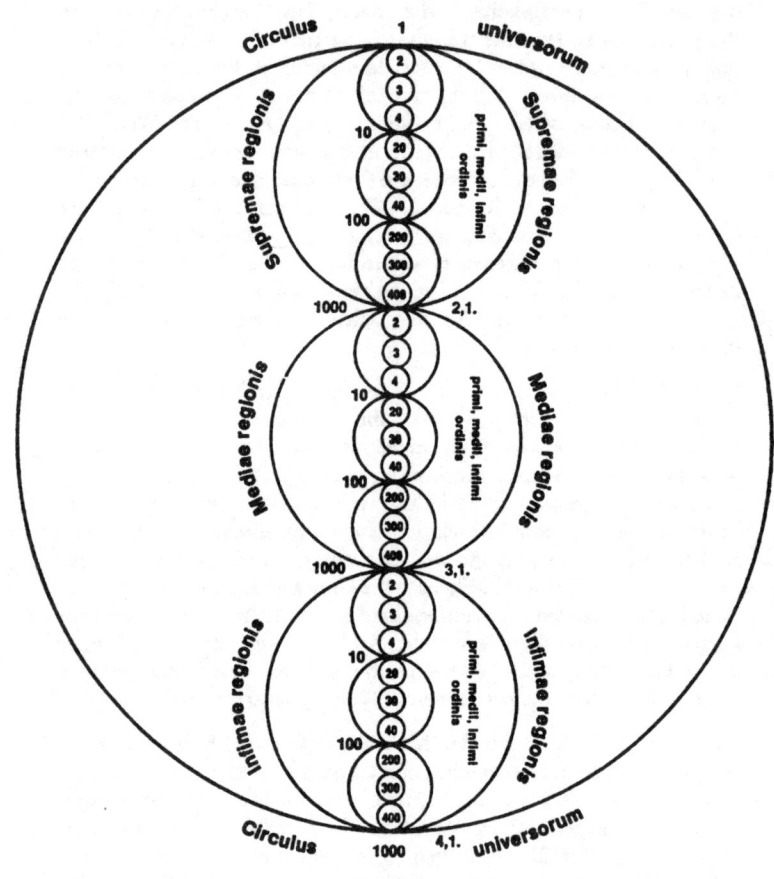

Fig. 4[1]

---

[1] Dieser „Kreis des Gesamten" verbindet Zahlenspekulation, Methode und System zugleich. Er ist weder eine logisch-imaginative Abstraktion noch gibt er eine ontisch-statische Wesensvorstellung von der Welt wider. Er ist vielmehr coniectura, und zwar dem ganzen Umfang ihrer Möglichkeit nach. Als transzendentaler Begriff aus der Einheit des Geistes gewonnen, umfaßt er die mit diesem Geist verbundene Wirklichkeit der Sinne und des Verstandes in einer Weise, daß diese Wirklichkeit und das, was

sie einschließt, in der Entfaltung des Wissens konstitutiv wiederkehrt. Inhalt und Form vereinen sich zu einer Onto-Logik des Ganzen, deren Bedeutung darin besteht, daß sie auf alle Gegenstände angewendent werden kann (vgl. p. 79, 99, 173) und muß. Das Einzelne steht im Ganzen und ist selbst ein Ganzes. Erst wenn beide Momente gesehen werden —, in diesem Sinn können wir auch von einer totalen Reduktion sprechen — wird der circulus universorum cusanisch verstanden.

SECUNDA PARS[1]

I.

Quamvis nunc prolixius, quam acutissimo ingenio tuo necesse sit, cuncta dixerim coniecturarum mearum fundamenta, opus tamen video etiam ob tardiores, qui forte aliquando haec visuri sunt, ut ipsam simplicitatem atque identitatem conceptus in varietate multarum alteritatum capabilem faciam, et hinc ea, quae dixi, in praxi partim explicare curabo, ubi, cum idem varie resplendere videbis, facile coniecturali arte ad cuncta deduceberis. Cum autem omne nostrum studium in hoc ferventissimum sit, ut veri notitiam in nobis ipsis experiamur, hinc quasdam praemittam generalium notitiarum praeambulares enodationes, ut demum ad artem pervenire queas tui ipsius venandi peritiam coniecturaliter quidem, cum praecisio omnis nobis absconsa remaneat.

Omnia autem participatione unius id sunt, quod sunt. Ipsum vero, cuius participatio est omnium pariter et singulorum esse, in omnibus et in quolibet suo quodam modo resplendet. Quapropter non habes alia consideratione opus, nisi ut in diversitate rerum a te indagandarum indentitatem inquiras aut in alteritate unitatem; tunc enim quasi absolutae unitatis modos in alteritate contractorum entium intueberis. Omnes etiam figurae ad omnia inquirenda modo adhibito subservient.

Varietas autem modi ex entium diversitate exsurgens ita concipiatur, quasi unitas absoluta modus quidem absolutae

---

[1] Cod. Cus. und Tr II. In Cod. Tr I fehlt der folgende Text bis einschließlich „Ita quidem, dum", p. 80.

ZWEITER TEIL

I.

Ausführlicher, als bei deinem scharfsinnigen Denken vonnöten ist, habe ich die Grundlagen meiner Mut-Maßungen dargelegt. Aber um derentwillen, die diese Ausführungen vielleicht auch einmal zu sehen bekommen, jedoch langsamer von Begriff sind, scheint es mir nötig, die Einfachheit und Selbigkeit der Grundgedanken in der Verschiedenheit vieler Andersheiten leicht faßbar zu machen. Darum will ich das Gesagte teilweise in praktischer Anwendung entfalten, damit du, wenn du siehst, daß dasselbe in verschiedener Art widerstrahlt, mit Hilfe der Kunst der Mut-Maßungen leicht zu allem hingeleitet wirst. Nun ist aber unser ganzes Streben darin am glühendsten, Begriff und Wissen des Wahren in uns selbst zu erfahren; deshalb werde ich einige Erklärungen allgemeiner Erkenntnisse voranstellen, auf daß du zuletzt die Fähigkeit erlangen kannst, die Erfahrung deiner selbst in der Art der Mut-Maßungen zu erjagen. Völlige Genauigkeit bleibt ja für uns unerreichbar.

Alle Dinge sind auf Grund der Teilhabe am Einen das, was sie sind. Dieses Eine aber, dessen Teilhabe zugleich das Sein von allem und jedem einzelnen bedeutet, leuchtet in allem und jedem auf seine besondere Weise. Darum brauchst du außer jener Überlegung, daß du in der Verschiedenheit der von dir untersuchten Dinge die Selbigkeit oder in der Andersheit die Einheit erforschst, keine andere anzustellen. Dann wirst du gleichsam die Weisen der absoluten Einheit in der Andersheit der verschränkten Seienden schauen. Auch werden alle Figuren in der angeführten Weise dabei dienlich sein, alles zu erforschen.

Die Verschiedenheit der Modi, die sich auf Grund der Unterschiedlichkeit der Seienden ergibt, ist so zu verstehen,

necessitatis existat, qui in alteritate rerum varie recipiatur, ut omne ens seu unitas omnis sit modus quidem necessitatis; uti visio sensibilis est modus quidam necessitatis visionis illius, quae est absoluta necessitas, ita et visio rationalis est modus quidam, et visio intellectualis est modus quidam. Sed divina ipsa visio est modus varie participatus, qui est ipsa absoluta necessitas. Ad omnem autem visionem absoluta ipsa visio identice se habet. Quapropter in veritate cuiusque indaganda idem est modus.

Sed quando diversitatem unius et alterius, quae ex alteritate participationis modi existit, rationabiliter servare proponis, unitate modi te varie uti debere non ambigis, ut sensibilem ipsam visionem sensibiliter, rationalem rationabiliter, intellectualem intellectualiter in figuris inquiras. Serviet enim tibi P figura ad omnes et ad quamlibet; ad sensibilem, si unitatem sensibilem feceris lucem et alteritatem sensibilem umbram; ad rationalem, si lucem dixeris discursivam aut rationalem unitatem; ad intellectualem similiter serviet, quando unitatem intellectualem lucem feceris. Si etiam coniecturam participationis formare volueris, eodem agas modo a visionem, quam volueris, supponendo.

Ita quidem in figura universi, si enim circulum universi universorum visionem absolutam participantium supponas, plane omnes varietates intellectualis, rationalis atque sensibilis visionis intueberis. Si de intellectuali tantum tibi cura fuerit, circulum maiorem, universorum intellectualium visionum faciens, quaerenda conspicies; ita quidem de rationali rationabiliter et de sensibili sensibiliter. Hac arte uti de visione, ita generaliter de omnibus inquiras, sic ut in identitate diversitas et diversitate identitas observetur. Semper ad hoc attentissimus esto, ne te ineptorum voca-

daß die absolute Einheit den Modus der absoluten Notwendigkeit darstellt; in der Verschiedenheit der Dinge wird dieser verschieden empfangen, so daß jedes Seiende oder die Einheit eines jeden ein Modus der Notwendigkeit ist. So ist das sinnliche Sehen ein Modus der Notwendigkeit jener Schau, welche die absolute Notwendigkeit ist; ebenso ist die verstandesmäßige und die vernunfthafte Schau ein derartiger Modus. Die göttliche Schau selbst hingegen ist ein Modus, der mannigfach partizipiert wird; er ist die absolute Notwendigkeit. Zu jeder anderen Schau verhält sich die göttliche Schau identisch. Darum ist in der Wahrheit eines jeden derselbe Modus zu erforschen.

Aber wenn du die Verschiedenheit des einen und anderen, die auf Grund der Andersheit der Teilhabe am Modus besteht, verstandesmäßig durchzuhalten versuchst, dann zögere nicht, die Einheit des Modus in verschiedener Art zu benützen, um die sinnliche Schau sinnlich, die verstandesmäßige verstandesmäßig und die vernunfthafte der Vernunft gemäß in den Figuren zu untersuchen. Die Figur P wird dir bei allem helfen, was immer es auch sei: beim Sinnlichen, wenn du als sinnliche Einheit das Licht und als sinnliche Andersheit den Schatten nimmst; beim Verstandesmäßigen, wenn du das Licht als discursives Licht oder als verstandesmäßige Einheit bezeichnest; und genauso wird sie dir beim Vernunfthaften helfen, wenn du die vernunfthafte Einheit zum Licht machst. Wenn du eine Mut-Maßung von der Teilhabe bilden willst, dann handle genauso, indem du dir den Modus jener Schau zugrunde legst, die du willst.

Ebenso ist es bei der Figur des Gesamt: wenn du den Kreis vom Gesamt als die absolute Schau sämtlicher Teilhabenden zugrunde legst, dann wirst du deutlich alle Verschiedenheiten der vernunfthaften, verstandesmäßigen und sinnlichen Schau einsehen. Wenn du nur an dem Vernunfthaften Interesse hast, dann machst du den größeren Kreis zu dem sämtlichen vernunfthaften Sehens und erblickst das, nach dem du fragst. Ebenso verhält es sich mit dem Verstandesmäßigen, das du verstandesmäßig und mit dem Sinnlichen, das du sinnlich betrachtest. So wie bei der

bulorum seducat deceptio, sed illis utere convenientibus modis, ut ex paucis praemissis audisti et fructum non parvum assequeris.

Oportet etiam, ut fundamentum istud inattingibilis praecisionis ad hoc indesinenter resolvas, ut, dum tibi aut sensibilis aut rationalis aut intellectualis occurrit praecisio, eam ut contractam taliter praecisam admittas, cuius alteritatem tunc tantum intueberis, quando in unitatem absolutiorem contractionis ascenderis. Nam etsi ratio tibi dicit duo et tria quinque esse praecise, eo quod hoc rationis iudicio negari nequeat, tamen, cum ad rationis unitatem intellectum scilicet aspexeris, ubi non maiorem esse numerum quinarium quam binarium aut ternarium, neque alium parem alium imparem, neque alium magnum alium parvum numerum reperies; cum ibi omnem numerum rationis in unitatem simplicissimam absolutum conspicias, non erit haec vera duo et tria esse quinque, nisi in caelo rationis. Praecisio igitur non nisi contracte in ratione reperitur rationabiliter scilicet sicut in sensu sensibiliter.

Ita quidem, dum uni asseris incompatibiliter aliud maxime opponi, veritatem praecisam rationis via affirmas, quae intellectualiter praecisione caret. Sic etiam, dum aliud asseris intelligere intelligentiae, aliud velle, atque ita de ceteris, verum intellectualiter profers, non autem divine, ubi non est aliud intelligere et aliud velle. Non attingitur igitur praecisio nisi uti alia, quasi omnis praecisio in alteritate absolutam veritatem, quae Deus est, ita participet, sicut omne esse entitatem absolutam.

Schau kannst du mit dieser Kunst allgemein nach allen Dingen forschen; und zwar so, daß man in der Selbigkeit die Verschiedenheit und in der Verschiedenheit die Selbigkeit beachtet. Stets aber mußt du wohl darauf bedacht sein, daß dich nicht der Trug törichter Worte verführt. Bediene dich vielmehr der entsprechenden Modi, von denen du im Vorigen Kunde erhalten hast, und du wirst nicht geringen Erfolg davontragen.

Dafür ist auch notwendig, daß du unablässig jene Grundlage unerreichbarer Genauigkeit aufdeckst; wenn dir dann eine sinnliche, verstandesmäßige oder vernunfthafte Genauigkeit begegnet, läßt du diese solcherart als eine verschränkt genaue gelten, daß du deren Andersheit nur dann schauen wirst, wenn du dich zur absoluten Einheit dieser Verschränkung erhebst. Wohl sagt dir der Verstand, daß 2 und 3 genau 5 sind, weil das nach dem Urteil des Verstandes nicht geleugnet werden kann; wenn du jedoch zur Einheit des Verstandes, zur Vernunft, blickst, wo eine fünffache Zahl nicht größer ist als eine zwei- oder dreifache und du weder die eine gerade und die andere ungerade, noch die eine groß und die andere klein finden wirst, weil du jede Zahl des Verstandes in der allereinfachsten absoluten Einheit erkennst, dann ist der Satz, daß zwei und drei fünf sind, nicht länger wahr, ausgenommen im Verstandes-Himmel. Die Genauigkeit läßt sich also nur verschränkt im Verstand verstandesmäßig finden, so wie im Sinn sinnlich.

Wenn du behauptest, daß zu dem Einen das Andere in völlig unverträglichem Gegensatz stünde, dann sprichst du eine Wahrheit aus, die auf dem Weg des Verstandes genau ist in der Weise der Vernunft jedoch der Genauigkeit entbehrt. Ebenso ist es, wenn du feststellst, daß das Verstehen der Vernunft-Einsicht etwas anderes ist als das Wollen, usw. Du stellst damit etwas Wahres nach Vernunft-Weise auf, nicht aber nach der Weise des Göttlichen, wo Verstehen und Wollen nichts anderes sind. Die Genauigkeit wird also nur als andere erreicht, gleichsam als hätte die ganze Genauigkeit in Andersheit an der absoluten Wahrheit, die Gott ist, so teil, wie alles Sein an der absoluten Seiendheit.

Adverte, quaeso, ad profundam omnium inquirendarum scientiarum radicem; quoniam omne id, quod rationis via praecisum ostenditur, ex eo tale est, quia de rationis caelo existit; ita de sensu, atque etiam intellectu. Nam cum ratio alteritas sit unitatis complicantis intelligentiae, non est intelligentia in ratione nisi in alterata participatione. Negat igitur ratio complicationem oppositorum et eorum inattingibilitatem affirmat, sicut sensus negat genericam multorum sensibilium unitatem rationalem. Visus enim nequit affirmare de natura sensibilium fore sonum aut dulce. Quapropter haec est radix omnium rationabilium assertionum scilicet non esse oppositorum coincidentiam attingibilem. Hinc omnis numerus aut par aut impar; hinc ordo numeri, hinc progressio, hinc proportio; hinc irrationalis est proportio diametri ad costam, quia paris et imparis coincidentiam esse oporteret. [Hinc etiam diameter circuli ad circumferentiam improportionalis, quia ita differentium][1] coincidentiam ratio non attingit.

Et ut brevissime multa dicam: nihil in mathematicis sciri poterit alia radice. Omne, quod demonstratur verum esse, ex eo est, quia, nisi foret, oppositorum coincidentia subinferreretur et hoc esset rationem exire. Sic omne id, quod ostenditur per rationem adipisci non posse, ex hoc est, quia eius scientia esset coincidentiae oppositorum illativa. Et quoniam in mathematicis istud relucet principium, rationabilissimae atque secundum rationem verissimae sunt eius ostensiones. [Atque][2] in ipsis quoque ratio delectatur quasi in explicatione virtutis propriae, ubi se ipsam intuetur, in alteritate intelligentiam participare. Hinc hae scientiae quibusdam absque doctore faciles sunt, qui habent rationem

---

[1] Cod. Tr I: Hinc polygonia rectilinealis ad circulum improportionalis, quia curvi et recti.
[2] Cod. Tr I.

Wende dich bitte der tiefen Wurzel aller zu erforschenden Wissenschaften zu; alles, was auf dem Weg des Verstandes als genau erwiesen wird, ist dies darum, weil es aus dem Himmel des Verstandes stammt. Ebenso verhält es sich mit dem Sinn und ebenso auch mit der Vernunft. Denn da der Verstandessinn die Andersheit der Einheit der einfaltenden Vernunft-Einsicht ist, ist diese im Verstand nur in geänderter Teilhabe. Der Verstand leugnet also die Zusammenfaltung der Gegensätze und behauptet ihre Unerreichbarkeit; so wie der Sinn die verstandesmäßige, ursprungshafte Einheit der vielen Sinnendinge leugnet. Das Sehen ist unfähig festzustellen, daß Tönendes oder Süßes von der Natur des Sinnlichen ist. Deshalb ist die Tatsache, daß der Zusammenfall der Gegensätze nicht erreichbar ist, die Wurzel aller verstandesmäßigen Feststellungen. Daher ist jede Zahl gerade oder ungerade; daher gibt es die Ordnung der Zahlen, ihren Fortschritt, ihr Verhältnis; daher ist das Verhältnis des Durchmessers zum Bogen nicht verstandesmäßig erreichbar, weil es die Koinzidenz von Gerade und Ungerade erfordern würde. Daher steht auch der Durchmesser des Kreises zum Umfang in keinem Verhältnis, weil der Verstand die so gegebene Koinzidenz der Gegensätze nicht erreicht[1].

Um vieles in Kürze zu sagen: Aus einer anderen Wurzel läßt sich in der Mathematik nichts wissen. Alles, was als wahr erwiesen wird, stammt aus ihr; denn, wäre es nicht so, würde die Koinzidenz der Gegensätze eingeführt, und das hieße die Grenzen des Verstandes überschreiten. Alles, von dem sich zeigt, daß es vom Verstand nicht erreicht werden kann, kann auf Grund dessen nicht erreicht werden, weil das Wissen von ihm die Koinzidenz der Gegensätze mit sich brächte. Weil jenes Prinzip in der Mathematik widerstrahlt, sind ihre Beweise und Dastellungen rein verstandesmäßig und dem Verstand entsprechend wahr. Und der Verstand erfreut sich an ihnen gleichsam als an der Entfaltung seiner eigenen Kraft, wo er sich selbst, in Andersheit an der Vernunft-Einsicht partizipierend, erblickt. Aus

---

[1] Cod. Tr. I: Daher steht das gerade Vieleck zum Kreis in keinem Verhältnis, weil der Verstand die Koinzidenz von Geradem und Gekrümmtem nicht erfaßt.

nec nimium in intelligentia absorptam nec in sensibilibus umbris contractam.

Et quoniam ipsa rationis alteritas est et sensus unitas, ipsam sensibiles alteritates complicare atque explicare manifestum est. Hinc discurrit a complicatione ad explicationem logice seu rationabiliter inquirendo idem in diversitate. Idem enim est in conclusione syllogistica, quod in praemissis; sed complicative in maiori, explicative in conclusione, medio quidem modo in minori. Hinc, ubi conclusio est complicans, maior est explicans. In ratione igitur vis complicativa est, quia unitas sensibilium alteritatum. Similiter et vis explicativa, quia alteritas intellectualis unitatis pariter et unitas sensibilium. Coincidentiam igitur complicationis et explicationis rationale caelum ambit. Quare illa rationalis complicatio explicatioque non sunt de iis oppositis, quae solum in intellectuali unitate coincidunt. In divina enim complicatione omnia absque differentia coincidunt, in intellectuali contradictoria se compatiuntur, in rationali contraria ut oppositae differentiae in genere.

Hinc adverte, quomodo dum numeras, in coincidentiam complicationis et explicationis ratio pergit. Numerando enim unitatem explicas et pluralitatem in numeri alicuius unitatem complicas. Dum enim decem numerasti, notissimam complicantem unitatem denarie explicasti et pluralitatem ignotam in denariam unitatem complicasti. In ratione igitur oppositorum quaedam coincidentia est, quae in sensibilibus attingi nequit. Ad hanc autem contrariorum coincidentiam et rationis praecisionem cum sensus attingere nequeat, omnia sensibiliter, uti sunt, subsistunt, quae, si aliter essent, coincidentiam ipsam subinferrent.

diesem Grund sind solche Wissenschaften manchen Leuten, deren Verstand weder allzusehr von der Vernunfterkenntnis absorbiert, noch in den Schatten des Sinnlichen verschränkt ist, ohne einen gelehrten Meister leicht zugänglich.

Weil die Andersheit des Verstandes zugleich auch die Einheit des Sinnes ist, ist offenbar, daß sie die sinnlichen Andersheiten einfaltet und ausfaltet. Darum bewegt sie sich von der Einfaltung zur Ausfaltung und erfragt logisch oder verstandesmäßig dasselbe in Verschiedenheit. Bei einem syllogistischen Schluß ist in den Prämissen dasselbe enthalten wie in der Konklusion; aber komplikativ in der Major, explikativ in der Konklusion und in der Minor in mittlerer Weise. Wo darum die Konklusion einfaltend ist, ist die Major ausfaltend. Im Verstand als der Einheit der sinnlichen Andersheiten ist darum die einfaltende Kraft; zugleich aber auch die ausfaltende Kraft, weil die Andersheit der vernunfthaften Einheit zugleich auch die Einheit der Sinnendinge ist. Die Koinzidenz von Einfaltung und Ausfaltung umfaßt den Verstandes-Himmel. Darum stammt diese verstandesmäßige Ein- und Ausfaltung nicht von jenen Gegensätzen, die nur in der vernunfthaften Einheit koinzidieren. In der göttlichen Einfaltung koinzidiert alles ohne jeden Gegensatz, in der vernunfthaften vertragen sich die kontradiktorischen Gegensätze und in der verstandesmäßigen Einfaltung kommen die Gegensätze als entgegengesetzte Unterschiede in der Gattung zusammen.

Aus diesem Grund beachte, daß, wenn du zählst, der Verstand zur Koinzidenz der Einfaltung und Ausfaltung vorstößt; durch Zählen faltest du nämlich die Einheit aus und die Vielheit in der Einheit irgendeiner Zahl ein. Wenn du 10 zählst, dann hast du die bekannteste, einfaltende Einheit zehnfach aus- und die unbekannte Vielheit in zehnfacher Einheit eingefaltet. Es gibt also im Verstand eine gewisse Koinzidenz der Gegensätze, die im Sinnlichen nicht erreicht werden kann. Weil aber der Sinn diese Koinzidenz der Gegensätze und die Genauigkeit des Verstandes nicht zu erreichen vermag, bestehen alle Dinge, so wie sie sind, sinnlich; bestünden sie in anderer Weise, würden sie die Koinzidenz mit sich bringen.

II.

Attente incumbens praemissis fecundas habet coniecturas. Nam, quando in explicatione rationalium adinventionum solum causam rationem inveniet, dilatabit vires multiplicitatis eius in varia alteritate unitatis eius. Cum enim ratione apprehendis omnem triangulum habere tres angulos aequales duobus rectis et causam apprehensionis non aliam quam rationem ipsam conspicis[1], ad profunditatem rationis viam habes. Hoc est enim a te ita capiendum ratio, quia ratio ita iudicat, quia in rationali caelo ita esse necesse est.

Nam triangulum non habere tres angulos duobus rectis praecise aequales, si hoc verum est vel est per coincidentiam unitatis et pluralitatis, sive trinitatis et unitatis, aut recti et non recti, sive aliorum valde oppositorum et tunc est locutio intellectualis mundi. Aut quia non est dabilis rectus angulus praecise, neque duo praecise aequalia, neque tria duobus aequalia, sic est locutio sensibilis mundi, qui cadit ab aequalitate rationali in alteritatem sensibilem. Unde ex hoc clarissime vides rationem in se ipsa rationabiliter vera complicare et non esse aliam apprehensionis causam, nisi, quia ratio et non intelligentia vel sensus.

Ita quidem, dum dicitur omne quantum in semper divisibilia per partes dividi proportionabiles, ratio necessario admittit. Si enim verum non esset, coincidentiam contradictoriorum ratio admitteret, quod per rationem fieri posse impossibile iudicatur. Quapropter considera, quod omnium rationabilium artium sola ratio seipsa causa est, et omnium radicalem causam, quae per eam attinguntur, hanc solam esse conspicis. Si igitur a te quaeritur, cur omnium trian-

---

[1] Codd. Tr I und Tr II: aspexeris.

II.

Derjenige, der seine ganze Aufmerksamkeit dem bisher Gesagten zuwendet, gewinnt ertragreiche Mut-Maßungen. Denn wenn er in der Entfaltung der verständigen Erfindungen als Ursache nur den Verstand entdeckt, wird er die Kraft seiner Vielheit in der verschiedenen Andersheit seiner Einheit ausbreiten. Wenn du mit Hilfe des Verstandes begreifst, daß jedes Dreieck drei Winkel hat, welche zwei rechten Winkeln gleichkommen, und siehst, daß die Ursache des Begreifens keine andere als der Verstand selbst ist, dann hast du den Weg zur Tiefe des Wesenssinnes gefunden. Du mußt dies so verstehen: Weil der Verstand Verstand ist, weil es im Verstandeshimmel so sein muß, urteilt er so.

Wenn es wahr ist, daß das Dreieck nicht drei Winkel hat, welche genau zwei rechten gleichkommen, so ist dies entweder infolge der Koinzidenz von Einheit und Vielheit oder Dreiheit und Einheit oder des rechten und nicht rechten Winkels oder anderer sehr entgegengesetzter Dinge so, und dann ist es eine Aussage der vernunfthaften Welt; oder es ist wahr, weil es einen genau rechten Winkel oder zwei Winkel, die einander genau gleich sind oder drei, die zwei gleich sind, nicht gibt; dann ist das eine Aussage der sinnlichen Welt, die in sinnlicher Andersheit von der verständigen Gleichheit abweicht. Daraus erkennst du ganz klar, daß der Verstand das Wahre in sich verstandesmäßig einfaltet und daß es keinen anderen Grund des Begreifens gibt, außer dem, daß es der Verstand ist und nicht die Vernunft oder der Sinn.

Ebenso läßt es der Verstand notwendig zu, wenn man sagt, daß jedes Quantum durch verhältnisartige Teile in immer noch weiter Teilbares geteilt wird. Wäre das nicht wahr, dann würde der Verstand die Koinzidenz der kontradiktorischen Gegensätze zulassen, welche nach seinem Urteil unmöglich ist. Bedenke darum, daß der Verstand nur durch sich selbst Grund aller verstandesmäßigen Künste ist, und du siehst, daß er allein der Wurzelgrund aller Dinge ist, die von ihm erfaßt werden. Wenn man dich fragt, warum bei allen Dreiecken, bei denen zwei Seiten aneinandergefügt

gulorum duo latera simul iuncta tertio sunt maiora, aut cur quadratum diametri quadrati est duplum ad quadratum costae, aut cur quadratum lateris oppositi angulo recto est aequale duobus quadratis aliorum laterum et ita de omnibus, respondebis hoc esse propterea rationis via necessarium, quia si non sequeretur coincidentia contradictionis pariter, si diceretur, cur portio circuli ex chorda minori diametro et arcu est ad circulum improportionalis, respondebis, quia alias contradictionis coincidentia sequeretur. Scire igitur ad hoc principium vitandae coincidentiae contradictionis omnia reducere est sufficientia omnium artium ratione investigabilium.

Temptavi ego aliquando affirmans [diametri et circumferentiae circuli proportionem][1] inattingibilem atque inadmissibilem propter iam dictam coincidentiam vitandam et statim quid geometrice affirmandum quidve negandum vidi; nam in ipsis animorum conceptionibus atque in cunctis demonstrationibus Euclidis aut quorumcumque unicam hanc causam reperi in varietate figurarum. Quis non videt, si duo latera trianguli simul iuncta possent esse tertio aequalia, quod [haec proportio][2] attingeretur? Si enim omnis chorda minor est quam arcus, cui subtenditur et chorda minoris arcus similior est arcui suo quam chorda maioris, manifestum est, si admitteretur duas chordas mediorum arcuum aequales fore chordae, integri arcus [chordae et arcus][3] coincidentiam subinferri. Pariformiter, si non omnis dabilis arcus per medium divisibilis foret, ad idem necessario deveniri oporteret.

---

[1] Cod. Tr I: quadraturam circuli per rationem.

[2] Cod. Tr I: quadratura circuli.

[3] Cod. Tr I: quadraturam circuli et recti et curvi.

sind, diese länger sind als die dritte oder warum das Quadrat der Diagonale eines Quadrates doppelt so groß ist wie das Quadrat der Seiten oder warum das Quadrat der dem rechten Winkel gegenüberliegenden Seite den Quadraten der beiden anderen Seiten entspricht usw., wirst du antworten, dies müsse, dem Wege des Verstandes entsprechend, deshalb notwendig so sein, weil, wenn es nicht so wäre, die Koinzidenz der Gegensätze folgte; ebenso antwortest du, wenn gefragt wird, warum das Kreisstück aus der dem Durchmesser gegenüber kleineren Sehne und dem Kreisbogen zum Kreis in keinem Verhältnis steht, daß andernfalls die Koinzidenz der Gegensätze folgte. Daß man alles auf dieses Prinzip der zu vermeidenden Koinzidenz der Gegensätze zurückführen muß, bedeutet das hinreichende Begründetsein aller durch den Verstand erforschlichen Künste.

Ich habe einmal einen Versuch gemacht, und, indem ich annahm, daß das Verhältnis zwischen Durchmesser und Umfang des Kreises[1] wegen der schon genannten zu vermeidenden Koinzidenz unerreichbar und unzulässig sei, sah ich sogleich, was geometrisch zu leugnen und was zu bejahen ist. Denn ich fand in den Begriffen der Denker und bei sämtlichen Darstellungen Euklids oder anderer in der Vielfalt der Figuren diesen einzigen Grund. Wer erkennt nicht, daß dieses Verhältnis[2] erreicht würde, wenn zwei Seiten eines Dreiecks zusammen der dritten gleichkommen? Wenn nämlich jede Kreissehne kürzer ist als der Bogen, der sie überspannt, und die Sehne eines kleineren Kreises ihrem Bogen ähnlicher ist als die Sehne eines größeren, ist offenbar, daß, sobald man zugestehen würde, daß die beiden Sehnen der mittleren Bogen gleich der Sehne des ganzen Bogens seien, die Koinzidenz von Sehne und Bogen[3] mit hineingebracht würde. Zu demselben Resultat müßte man notwendigerweise gelangen, wenn nicht jeder mögliche Bogen durch die Mitte teilbar wäre.

[1] Cod. Tr. I: daß die Quadratur des Kreises durch den Verstand...
[2] Cod. Tr. I: die Quadratur des Kreises.
[3] Cod. Tr. I: daß die Quadratur des Kreises und die Koinzidenz des Geraden und Gekrümmten.

Sicut igitur necessarium est omnis trianguli duo latera simul iuncta tertio maiora esse et omne quantum esse semper divisibile per proportionales partes, si coincidentia saepedicta vitari debet; ita de omnibus geometricis demonstrationibus facile comperies. Tentabo hanc mathematicae radicem aliquando (vita comite) explicare, ut ipsam scientiam hac via ad sufficientiam quandam reducam.

Sic ergo, si harmoniae causas scrutaris, reperies alteritatem non aliter quam in unitate subsistere posse. Quoniam autem alteritas casus est ab unitate, harmonia est unitatis et alteritatis constrictio. Necesse est autem simplum unitatis per sui ipsius multiplicationem in duplum progredi. Simpli igitur et dupli constrictio per descensum simpli et ascensum dupli in unum necessario prima extat harmonica constrictio, ita dupli et tripli secunda, et tripli et quadrupli tertia. Et quoniam unitas quaternario explicatur, hinc et omnis harmonia.

In his igitur numeris 1, 2, 3, 4 atque eorum combinationibus omnis exstat harmonia. Causa igitur omnis harmoniae ex necessitate rationalis progressionis exsurgit. Cur autem semitonii praecisio rationem lateat, causa est, quoniam eam attingere nequit sine paris et imparis coincidentia. Vides sensibiles combinationes [explicationes][1] quasdam esse rationalis unitatis, unde rationalis ipsa harmonica unitas; dum in sensibilium combinatione propinque contrahitur, in ipsa ratio delectatur quasi in opificio proprio seu propinqua similitudine.

---

[1] Cod. Tr I.

Ebenso ist es notwendig, daß die beiden Seiten eines jeden Dreieckes, welche miteinander verbunden sind, größer sind als die dritte und daß jede Quantität immer in gleiche Teile geteilt werden kann, wenn diese oft genannte Koinzidenz vermieden werden soll; du wirst dasselbe auch bei allen geometrischen Demonstrationen leicht erfahren. Ich werde einmal versuchen, so mir Zeit gegeben ist, diese Wurzel der Mathematik zu erklären, um auf diesem Weg das Wissen zu hinreichendem Begründetsein zurückzuführen.

Ebenso wirst du finden, wenn du den Grund der Harmonie untersuchst, daß die Andersheit nicht anders als in der Einheit bestehen kann. Weil die Andersheit ein Abweichen von der Einheit bedeutet, ist die Harmonie die Verknüpfung von Einheit und Andersheit. Es muß aber das Einfache der Einheit durch Multiplikation mit sich selbst zum Zweifachen vordringen. In der Verknüpfung des Einfachen und des Doppelten vermittels des Abstiegs des Einfachen und des Aufstieges des Doppelten in Eines muß die erste harmonische Verknüpfung bestehen; ebenso in der Verflechtung des Doppelten und Dreifachen die zweite und in der des Dreifachen und Vierfachen die dritte Verknüpfung. Und weil die Einheit im Vierer entfaltet wird, ist es auch bei jeder Harmonie so.

In den Zahlen 1, 2, 3, 4 und ihren Verbindungen besteht alle Hamonie. Die Ursache aller Harmonie entsteht also aus der Notwendigkeit des dem Verstande zugeordneten Fortschreitens. Die Tatsache, daß die Genauigkeit des Halbtones dem Verstand verborgen ist, beruht darauf, daß er sie ohne Koinzidenz von Gerade und Ungerade nicht erfassen kann. Du siehst, daß manche sinnliche Verbindungen gewissermaßen Entfaltungen der verstandesmäßigen Einheit sind. Daher erfreut sich die verstandesmäßige, harmonische Einheit, wenn sie in der Verbindung des Sinnlichen in nächster Nähe verschränkt wird, im Verstand als in ihrem eigenen Werk oder ihr nahen Ähnlichkeit.

Sed quia praecisio eius explicari nequit, unitas harmonica in varietate sensibilium varie explicatur, ut in variis varie explicetur, quae in nulla, uti est, praecise potest explicari. Ita quidem rationalis discursus scientia quae dialectice[1] dicitur, ad quandam ducitur rationis necessitatem. Dum enim complicativa unitas, quae est et universalitas, in alteritate explicatur, rationabiliter ex complicative noto explicative ignotum attingitur, alioquin intelligentia non esset in ratione rationabiliter, et unitas non esset in numero numeraliter seu in alteritate alterabiliter et nihil omnium esset. Quapropter plura esse in uno genere generaliter et in una specie specialiter et in inferiori specie adhuc magis specialiter et speciem esse in individuis individualiter et individua in specie universaliter necesse est rationis via.

Ratio autem hanc unicam artem discursivam in quaternaria alteritate explicat. Quattuor enim dicit propositionum quantitates, quattuor modificationes, quattuor syllogisticas figuras et ita de reliquis, nec est aliud logica [quam ars][2] in qua rationis vis explicatur. Naturaliter igitur ratione vigentes hac arte pollent. Rhetor autem conceptum imprimere volens ratione utitur, ut audientium mentes immutet. Scit enim convenire receptioni, ut verbum ornetur convenienti proportione atque, ut ratione animetur, quaternarium causarum facit atque in universorum circulum contrahit.

Tres caelos respicit. In caelo supremo de causa secundum necessitatem iustitiae perorat, in secundo utilitatem

---

[1] Dialectice ist das griechische διαλεκτική.
[2] Cod. Tr I und Tr II.

Weil ihre Genauigkeit nicht erklärt werden kann, wird die harmonische Einheit in der Verschiedenheit des Sinnlichen verschieden entfaltet, so daß sie, die in nichts, so wie sie ist, genau entfaltet werden kann, in Verschiedenem verschieden entfaltet wird. So wird die verstandesmäßige Bewegung des Wissens, die Dialektik genannt wird, zu einer gewissen Notwendigkeit des Verstandes geführt. Wenn nämlich die einfaltende Einheit, die auch die Allgemeinheit ist, in Andersheit entfaltet wird, dann erreicht man verstandesmäßig aus dem einfaltend Bekannten das in Entfaltung Unbekannte. Andernfalls wäre die Vernunfterkenntnis im Verstand nicht verstandesmäßig und die Einheit in der Zahl nicht zahlenmäßig oder in der Andersheit andersheitlich und es gäbe nichts von allem. Darum ist es dem Weg des Verstandessinnes zufolge notwendig, daß vieles in einer Gattung gattungshaft, in einer Eigengestalt eigengestaltlich und in einer niedrigeren Eigengestalt noch eigengestaltlicher ist und daß die Eigengestalt im Individuum individuell und die Individuen in ihrer Eigengestalt in der Weise des Allgemeinen sind.

Der Verstand aber entfaltet diese einzigartige Bewegungskunst in vierfacher Andersheit. Er zählt vier Satzquantitäten auf, vier Modifikationen, vier syllogistische Figuren usw. Auch ist die Logik nichts anderes als die Kunst, in der die Kraft des Verstandes entfaltet wird. Wer von Natur einen starken Verstand besitzt, ist in jener Kunst groß. Ein Redner, der seine Gedanken einprägen will, verwendet den Verstandessinn, um den Geist der Zuhörer zu beeinflussen. Er weiß nämlich, daß es für das Aufnehmen gut ist, wenn das Wort in treffendem Verhältnisbezug ausgestattet wird; damit es vom Verstand belebt werde, gibt er einen Quaternar von Ursachen und verschränkt sie in den Kreis des Gesamten.

Er zieht drei Himmel in Erwägung: Im ersten Himmel spricht er über die Ursache gemäß der Notwendigkeit der

desiderii sui ad ita deliberandum ostendit, in tertio infimo honestatem concurrere demonstrat; et ad hoc locos congruos invenit, ut clare et ordinatim a complicatione ad explicationem pergat.

Si tibi per ea coniecturarum antedicta principia libuerit explicatiores tractatus componere, ad universorum figuram recurrito, et ipsum maximum circulum rationem facito, et artes rationales lucidissimas et clariores abstractioresque atque infimas magis adumbratas atque medias elicito. Si de mathematica inquiris, idem facito, ut aliam quandam intellectualem aliam quasi sensibilem et mediam quasi rationalem constituas, ita de arithmetica, ita de geometria, ita de musica. Si de musica seorsum doctior esse volueris, fingito universorum circulum musicae rationum, et aliam quasi intellectualem abstractiorem musicam, aliam quasi sensibilem, aliam quasi rationalem intueberis. Miranda in his omnibus efficere poteris, si in his sedula meditatione verseris.

Ita quidem de logica sensibili, rationali et intellectuali, ita de rhetorica, ita de grammatica, si libet, agas, mira quidem videbis. Quoniam etsi rationalis vis in omnibus artibus participetur, tamen si altiorem rationis partem applicaveris, arti rationali cuicumque ipsa erit quasi intellectualis respectu eiusdem artis, quando inferiori rationis virtute animatur.

Satis sit nunc ista sic tetigisse; adiiciam amplius alia quaedam generalia ex virtute artis nostrae proposito nostro congruentia.

Gerechtigkeit; im zweiten zeigt er die Nützlichkeit seines Anliegens, damit dementsprechend entschieden wird; im dritten und untersten zeigt er, daß es dazu auch ehrenhaft ist. Und zu diesem Zwecke findet er entsprechende Topoi, um klar und geordnet von der Einfaltung zur Ausfaltung fortzuschreiten.

Wenn es dir mittels jener schon vorher genannten Prinzipien der Mut-Maßungen beliebt, ausführlichere Darstellungen zu machen, kehre zu der Figur des Gesamten zurück; mache jenen größten Kreis zum Wesenssinn und entwickle daraus die leuchtendsten, klarsten und losgelöstesten verstandesmäßigen Künste und die niedrigen stark verdunkelten und die mittleren. Wenn du die Mathematik erforschst, gehe in gleicher Weise vor: bilde die eine Kunst gewissermaßen als die vernunfthafte, die andere gleichsam als sinnliche und die mittlere gleichsam als verständige. Ebenso halte es mit der Arithmetik, der Geometrie und der Musik. Wenn du von der Musik darüber hinaus mehr wissen willst, dann mache den Kreis des Gesamten zum Wesenssinn der Musik und betrachte die eine Weise der Musik als vernunfthafte und losgelöste Musik, die andere gleichsam als sinnliche und die andere gleichsam als verständige. Wenn du dich in eifriger Meditation mit diesen Dingen beschäftigst, kannst du zu bewunderungswürdigen Resultaten gelangen.

Ebenso verfahre mit der sinnlichen, verständigen und der vernünftigen Logik, ebenso mit der Rhetorik und mit der Grammatik, wenn es dir gefällt. Du wirst wunderbare Dinge sehen. Obgleich die verständige Kraft in allen Künsten partizipiert wird, so wird diese dennoch, wenn du den höheren Teil des Verstandessinnes irgendeiner verständigen Kunst anpaßt, im Hinblick auf dieselbe Kunst gleichsam vernunfthaft sein, wenn sie von der niedrigeren Kraft des Verstandessinnes belebt wird.

Damit haben wir genug darüber gesprochen. Ich werde weiter noch einiges Allgemeine aus der Kraft unserer Kunst hinzufügen, das zu unserem Vorhaben paßt.

III.

De differentia et concordantia

Mens humana rationis medio investigans, infinitum ab omni apprehensionis suae circulo eiiciens ait nullam rem dabilem ab alia quacumque per infinitum differre omnemque dabilem differentiam infinita minorem atque ipsam infinitam non plus differentiam quam concordantiam esse, sicque de concordantia ipsa concipit. Quodlibet igitur cum quolibet concordat atque differt, sed aequaliter praecise hoc impossibile est; absoluta est enim haec praecisio ab universo.

Si igitur in sensibili mundo, iuxta illius mundi naturam, haec vera esse intelligis, patebit tibi omne sensibile cum quolibet universaliter quandam habere universalem concordantiam atque cum uno maiorem quam cum alio. Concordantiam autem unitatem concipito, differentiam vero alteritatem, et in ipsa P figura mutuam unius in aliam progressionem notato. Quanto igitur maior concordantia, tanto minor differentia et e converso. Quaternaria autem concordantia in differentiam pergit. Etsi has volueris progressiones usque ad cubum ternarii extendere, clarius distinctiones attinges.

Omne igitur sensibile cum omni sensibili quandam habet universalissimam concordantiam et specialissimam differentiam. Atque in[ter][1] haec duo quaedam mediant, quorum alterum ob sui generalitatem se trahit ad ipsum universale, alterum specialius se contrahit ad specialissimum. Quapropter unio omnium sensibilium universaliter est in quadam natura universali omnibus communis. Unio alia non adeo universalis, sed generalis multis est, alia vero unio specialior est, ultima autem specialissima. Omne igitur sensibile, hoc aliquid singulariter existens cum omni et nullo concordat, ab omni et nullo differt.

---

[1] Codd. Tr I und Tr II.

III.

Unterscheidung und Übereinstimmung

Der menschliche Geist forscht vermittels des Verstandes; indem er das Unendliche aus jedem Kreise seines Erfassens ausschließt, stellt er fest, daß es keine mögliche Sache gibt, die von irgendeiner anderen unendlich unterschieden ist und daß jeder mögliche Unterschied kleiner ist als ein unendlicher, daß der unendliche Unterschied hingegen nicht mehr Unterschied als Übereinstimmung ist. Und ebenso denkt er auch über die Übereinstimmung. Jedes steht also mit jedem in Übereinstimmung und Unterscheidung; aber in genau gleicher Weise ist das unmöglich. Denn diese Genauigkeit ist vom Gesamt abgelöst.

Wenn du einsiehst, daß das in der sinnlichen Welt der Natur dieser Welt entsprechend wahr ist, wird dir offenbar werden, daß alles Sinnliche mit allem Sinnlichen in allgemeiner Weise in allgemeiner Übereinstimmung steht und zwar mit dem einen in größerer als mit dem anderen. Die Übereinstimmung fasse als Einheit, den Gegensatz aber als Andersheit und beachte in der Figur P den wechselseitigen Übergang des Einen ins Andere. Je größer die Übereinstimmung, desto geringer ist der Unterschied und umgekehrt. Als vierfache aber geht die Übereinstimmung in die Unterscheidung über. Wenn du diese Fortschritte bis zum Kubus des Dreiers ausdehnst, wirst du die Unterscheidungen noch klarer erfassen.

Jedes Sinnliche steht also zu jedem Sinnlichen in völlig allgemeiner Übereinstimmung und in letztem eigengestaltlichen Unterschied. Dazwischen stehen zwei gewissermaßen in der Mitte: das eine wendet sich wegen seiner Gattungshaftigkeit zum Allgemeinen und das andere, das noch eigengestaltlicher ist, verschränkt sich zum ganz Eigengestaltlichen. Darum findet im Allgemeinen die Einung alles Sinnlichen in einer Art allgemeiner Natur statt, die allen gemeinsam ist. Eine andere Einung ist nicht so sehr allgemein, sondern mehr gattungshaft; wieder eine andere ist eigengestaltlicher; die letzte schließlich noch eigengestaltlicher. So steht jedes sinnliche Ding — dies ist etwas, das in Einzigkeit besteht — mit allem und jedem in Übereinstimmung und mit allem und jedem in Unterscheidung.

Atque ut haec coniectura tua in universorum intueatur figura, centrum circuli minimi cuiuscumque singulare aliquod fingito, tale quidem, ut centrum est, ab omnibus differt ut punctus intra ambitum universi scilicet maioris circuli contenti cum universis intra ipsum orbem inclusis universalem habet convenientiam, generalem vero cum iis, quae post hoc intra subsequentem maiorem clauduntur circulum. Post haec autem specialiorem cum iis, quos contractior includit, specialissimam vero cum iis, quos contractissimus constringit circulus. Singularitas igitur omnia singularizat, specialitas specializat, generalitas generalizat, universalitas universalizat. Omnia enim universalia, generalia atque specialia in te, Juliano, iulianizant, ut harmonia in luto lutinizat, in cithara citharizat et ita de reliquis. Neque in alio hoc ut in te possibile est.

Hoc autem, quod in te, Juliano, est iulianizare, in hominibus cunctis est humanizare, in animalibus animalizare et ita deinceps. Quod si ad discretiores concordantias pergere instituis, circulum contractissimum in universalem resolvito, atque ita intueberis te universaliter cum universis convenire hominibus. Generaliter vero cum his, quos quintum clima intercipit, specialius vero cum ad occasum declinantibus, specialissime autem cum Italicis. Ad haec hunc contractissimum circulum in universalem resolvito et conspicies te universaliter cum Italicis convenire, generaliter cum Latinis, specialius cum Romanis, specialissime vero cum Caesarinis, unde ortum cepisti.

Haec quidem omnia in singulis, quibuscumque ex traditis principiis veriori coniectura per differentiae et concordantiae gradus attinges, observato, quod de sensibilibus in sensibili, rationalibus in rationali, intellectualibus in intellectuali datis regulis proportionabiliter utaris.

Um diese deine Mut-Maßung in der Darstellung des Gesamten zu schauen, stelle dir als Mittelpunkt jedes der kleinsten Kreise irgend etwas Einzelnes vor. Als Mittelpunkt unterscheidet es sich von allem; als Punkt aber im Umkreis des Gesamt, das vom relativ größten Kreis zusammengehalten wird, steht es mit sämtlichen in diesem Kreis eingeschlossenen Dingen in allgemeiner Übereinstimmung; in gattungshafter Übereinstimmung aber steht es mit dem, das nach diesem in dem folgenden größeren Kreis eingeschlossen ist; danach aber steht es in eigengestaltlicher Übereinstimmung mit dem, das ein verschränkter Kreis einschließt; in noch eigengestaltlicherer Übereinstimmung aber steht es mit dem, das der verschränkteste Kreis einschließt. Die Einzigkeit macht alles einzig, die Eigengestaltlichkeit eigengestaltlich, die Gattungshaftigkeit gattungshaft und die Allgemeinheit allgemein. Alles Allgemeine, Gattungshafte und Eigengestaltliche ist in Dir, Iulianus, Julianus, so wie die Harmonie in der Laute Laute, in der Kithara Kithara ist, usw. Und in keinem anderen Ding kann es so sein wie in dir.

Das aber, was in dir Iulianus, das „Julianus-Sein" ist, ist in allen Menschen das Mensch-Sein, in den Tieren das Tier-Sein, usw. Wenn du zu gesonderterer Übereinstimmung gelangen willst, dann löse den verschränktesten Kreis in den allgemeinen auf und du wirst auf diese Weise sehen, daß du allgemein mit dem Gesamt der Menschen übereinstimmst, gattungshaft aber mit denen, die die fünfte Klimazone umfaßt, eigengestaltlicher mit denen, die gegen Westen wohnen und völlig eigengestaltlich mit den Italienern. Nun löse diesen ganz verschränkten Kreis in den allgemeinen auf und du wirst erkennen, daß du allgemein zu den Italienern gehörst, gattungshaft zu den Latinern, eigengestaltlicher zu den Römern und noch eigengestaltlicher zu der Familie der Cesarini, aus der du geboren bist.

Das alles wirst du in jedem Einzelnen auf Grund der überlieferten Prinzipien in der relativ wahrsten Mut-Maßung durch die Stufen von Unterscheidung und Übereinstimmung erfassen, wenn du darauf achtest, daß du beim Sinnlichen im Sinnlichen, beim Verständigen im Verständigen und beim Vernünftigen im Vernünftigen die gegebenen Regeln jeweils dem Verhältnis entsprechend gebrauchst.

IV.

De elementis

Ex his et antehabitis satis atque manifeste concipis elementorum coniecturam. Si enim universorum universalis quaedam concordantia communem quandam omnibus primam universalissimamque dicit inesse naturam, hanc universaliter elementalem esse coniicimus. Si vero in sensibili mundo omnia sensibilia in quadam communitate generalissima convenire natura ostensum est, eam elementum generale [coniecturamur][1] atque ita de specialioribus atque specialissimis. Habito autem in omnibus, de quibus agendum est, debito respectu unitatem cuiuscumque regionis in continua alteritate eiusdem absorptam, ut non in se simpliciter subsistere queat, propter puritatem actus aut unitatis eius elementum appello. Non est igitur elementatum in simplicia elementa resolubile, cum resolutio ad simplex pertingere nequeat careatque ipsum simplex elementum virtute actu subsistendi. Elementorum vero distinctionem ex ipsa generali discretiva figura elicito.

[Universitas][2] enim elementorum est trina: [radicale][3], quadrate, cubice. Alia enim sunt elementa magis intellectualia, alia magis rationalia, alia vero sensibilia. Ea enim, quae sensus primo iudicat elementa, ratio elementata convincit; atque illa, quae rationi videntur simplicia, intelligentia composita comprehendit. Refert igitur inter elementorum gradus quasi inter puncta, lineas atque superficies. Sensibilis hic mundus nihil superficiei simplicius attingit; rationalis vero simplicem lineam superficiei anteponit; intellectualis autem indivisibilem punctum lineae praefert. Ita quaedam alia videmus ut simplices litteras, elementa alia ut syllabas, alia ut dictiones: elementatum autem oratio est. Inter ipsas vero litteras differentias intuemur triniter distinctas, ita et in syllabis et dictionibus. Quapropter attendito, quomodo rationis iudicio omne sensibile dabile, quamvis unum alio ad elementi simplicitatem propinquius accedat, semper

---
[1] Cod. Tr I; Cod. Cus.: coniectamus.
[2] Cod. Tr I; Cod. Cus.: universalitas.
[3] Konjektur.

IV.

Die Elemente

Aus diesem und dem vorigen kannst du in hinreichender Klarheit die Mut-Maßung über die Elemente entwerfen. Wenn nämlich die gewissermaßen allgemeine Übereinstimmung des Gesamten besagt, daß eine Art allem gemeinsame erste und ganz allgemeine Natur allen Dingen innewohnt, dann nehmen wir an, daß diese in der Weise des Allgemeinen elementhaft ist. Ist aber offenbar geworden, daß in der sinnlichen Welt alles Sinnliche in gewisser Gemeinsamkeit in gattungsmäßig-allgemeinster Natur zusammenkommt, dann mut-maßen wir, daß sie ein gattungsmäßig-allgemeines Element ist; ebenso steht es mit dem eigengestaltlicheren und noch eigengestaltlicheren Allgemeinen. Nachdem ich allem, das ich besprechen will, die nötige Beachtung geschenkt habe, nenne ich die Einheit eines jeden Bereiches, welche in die ununterbrochene Andersheit desselben eingegangen ist, so daß sie nicht einfachhin in sich selbst bestehen kann, wegen der Reinheit ihrer Wirklichkeit oder Einheit Element. Das aus den Elementen Entstandene kann daher nicht in einfache Elemente aufgelöst werden, weil diese Auflösung nicht zum Einfachen durchdringen kann und weil dem einfachen Element die Kraft fehlt, tatsächlich zu bestehen. Entwickle die Unterscheidung der Elemente aus der gattungshaft-allgemeinen, sondernden Figur.

Die Gesamtheit der Elemente ist dreifach: wurzelhaft, quadratisch und kubisch. Die einen Elemente sind mehr vernunfthafte, andere mehr verständige, noch andere hinwieder mehr sinnliche. Das nämlich, was der Sinn zuerst für ein Element hält, beurteilt der Verstand als etwas aus dem Element Hervorgegangenes; und das, was dem Verstand einfach erscheint, begreift die Vernunft-Einsicht als zusammengesetzt. Es verhält sich bei den Gradunterschieden der Elemente wie bei Punkt, Linie und Fläche. Diese sinnliche Welt erfaßt nichts einfacheres als die Oberfläche; die verständige aber stellt der Fläche die einfache Linie voran; die vernunfthafte hingegen zieht den unteilbaren Punkt der Linie vor. Ebenso sehen wir die einen Elemente als einfache Buchstaben, andere als Silben und wieder andere als Worte: das aus Elementen Hervorgegangene aber ist die Rede. Zwischen den Buchstaben sehen wir dreifach ge-

tamen elementatum permanet. Ita quidem intellectuali assertione ratio elementum purum non subintrat neque ipse intellectus simplicissimae divinitatis iudicio.

Quattuor autem prima fingit ratio elementa ad invicem circulariter resolubilia unibiliaque, nam, cum unitatis progressio in alteritatem quaternario subsistat, erit quaternarius unitatis descensus atque alteritatis reversio. Si enim elementa puncta quaedam concipimus, ob irresolubilitatem in anteriora facile ducemur, ut infallibili ascensione sciamus non posse ad solidi constitutionem tria sufficere elementa, ac quod post quaternarium combinatio cuiuslibet cum quolibet possibilis non est; scimus ex eo, quod, quaelibet sive longa sive brevis fuerit linea, in semper divisibilem lineam secari atque ad punctum divisionem pertingere non posse ac propterea non plura in una quam alia linea puncta potentia contineri.

Impossibile igitur erit punctum a linea disiungi, cum nec lineae pars sit nec subsistentiae unitatem contineat. Nec eadem poterit ratione linea simplex a superficie seorsum constitui neque etiam superficies a corpore evelli. Horum enim neutrum absque puncti segregatione a linea contingere posset. Inter duo autem puncta lineam cadere manifestum est. Duo igitur puncta linea continuantur in invicem, tria autem puncta superficie simpliciori, quae tribus clauditur lineis; quattuor vero puncta corpore in invicem mutua constrictione firmantur; nec potest in quinario haec haberi connexio, ut quilibet punctus in quolibet innectatur. Hoc[1] in omnibus poteris figuris experiri.

Cum igitur prima superficies tribus indigeat punctis, quae in se tamen subsistere nequit, sufficiantque quattuor puncta quattuor superficiebus ad primam corporis soliditatem necessariis. Coniicitur quattuor elementa ad perfecti compositionem necessaria. Omne

---

[1] Tr I: ut.

schiedene Unterschiede, ebenso ist es bei den Silben und Wörtern. Achte deshalb darauf, daß nach dem Urteil des Verstandes alles mögliche Sinnliche immer ein aus den Elementen Hervorgegangenes bleibt, obwohl das eine näher an die Einfachheit des Elementes herankommt als das andere. Ebenso dringt nach der Aussage der Vernunft der Verstand nicht bis zum reinen Element vor, noch das vernünftige Denken nach dem Urteil der einfachsten Gottheit.

Der Verstand bildet vier erste Elemente, die in einem Kreislauf ineinander auflösbar und miteinander vereinbar sind. Denn wenn der Fortgang der Einheit in die Andersheit im Vierer Bestand hat, wird auch der Abstieg der Einheit und die Rückkehr der Andersheit ein Quaternar sein. Wenn wir die Elemente wegen ihrer Nichtrückführbarkeit als Punkt verstehen, gelangen wir leicht dahin, in untäuschbarem Aufstieg zu wissen, daß zur Bildung der Gänze drei Elemente nicht genügen und daß nach dem Quaternar die Verbindung eines Jeden mit Jedem nicht möglich ist. Wir wissen es auf Grund der Tatsache, daß jede Linie, ob lang oder kurz, in eine immer noch weiter teilbare Linie geteilt werden kann, daß man durch Teilung nicht zum Punkt gelangen kann und daß darum in einer Linie nicht mehr mögliche Punkte enthalten sind als in einer anderen.

Es wird also unmöglich sein, den Punkt von der Linie zu trennen, da er weder ein Teil der Linie ist, noch die Einheit ihres Bestehens ausmacht. Aus demselben Grund kann die einfache Linie nicht von der Fläche getrennt gebildet, noch die Fläche vom Körper losgerissen werden. Keines von beiden ist möglich ohne die Trennung des Punktes von der Linie. Daß aber zwischen zwei Punkten eine Linie ist, ist klar. Zwei Punkte werden wechselseitig in einer Linie ohne Unterbrechung verbunden, drei Punkte aber in einer einfachen Fläche, die von drei Linien eingeschlossen ist. Vier Punkte hingegen werden von einem Körper in wechselseitiger Verknüpfung festgehalten. Eine derartige Verknüpfung, bei der jeder Punkt mit jedem verbunden ist, ist im Fünfer unmöglich, wie du bei allen Figuren erfahren kannst.

Da die erste Fläche, auch wenn sie in sich selbst nicht zu bestehen vermag, drei Punkte braucht, genügen auch die vier Punkte, die für die vier Oberflächen zur Gänze des ersten Körpers notwendig sind, für den ersten Körper. Man mut-maßt also, daß

enim quaternarium punctorum egrediens non primum corpus solidum, sed ex primis compositum esse constat, sicuti quadrangularis superficies quattuor punctis indigens in triangulares resolubilis est, ipsa autem triangularis prima in aliam priorem inconducibilis, principium est multiangularium figurarum.

Ex quattuor igitur elementis non plures sex lineis elicies neque ex his plures quattuor superficiebus, uti haec omnia in pyramide triangulari oculariter, dum voles, intueberis, quae quattuor puncta, sex lineas quattuorque triangulares continet superficies. Quattuor sunt igitur prima elementa, ex quibus sex atque his mediantibus quattuor. Et haec omnia ad perfecti aut solidi actualiter subsistentis compositionem necessario concurrere conspicis, quemadmodum pyramis ipsa, quae prima est solidorum figura, patefecit. Quattuor primorum elementorum in elementatum primum progressio imperfectissimum tale eius regionis ens constituit, ut eius unitas in fluxibili atque continua mutabilitate versetur.

Quoniam autem elementa ipsa prima combinabilia ad invicem existere, necesse est, ut ea propter ipsa inaequalia atque diversa esse constet. Hinc aliud exoritur, dum unum cetera unit, aliud, cum in alio uniuntur. Quodlibet igitur elementorum tria in se alia quasi conus trigonae pyramidis poterit complicare, ut unitas unius elementorum aliorum sit actualitas atque sic cuiusque elementi proprium exsurgat elementatum.

Quattuor igitur prima sunt elementata. In simpliciori enim lucidiori atque unitiori elemento tria cetera constricta in sensibili regione ignis nomen habent; in grossiori vero ac tenebrosiori elemento cetera contracta terrae vocabulum tenent, in medio ad luciditatem accedente aëris, in inferiori densiori aquae appellationem sortiuntur. Sunt autem haec, quae vulgo elementa dicuntur, haec quattuor primo elementata generalissima, speciaIiores intra se combinationes complicantia[1].

---

[1] Cod. Tr I; complicantes.

vier Elemente zur Zusammensetzung des Vollständigen notwendig sind. Es steht fest, daß alles die Vierzahl der Punkte Überschreitende nicht den ersten vollständigen Körper, sondern einen aus ihm zusammengesetzten bildet; so wie bei einer viereckigen Fläche, die vier Punkte braucht und in dreieckige aufgelöst werden kann, die erste, dreieckige, die in eine andere, noch frühere nicht zurückführbar ist, das Prinzip der vieleckigen Figuren ist.

Aus vier Elementen wirst du nicht mehr als sechs Linien herauslocken und aus diesen nicht mehr als vier Flächen; das alles kannst du, wenn du willst, in der dreiseitigen Pyramide, die vier Punkte, sechs Linien und vier dreieckige Flächen enthält, mit deinen eigenen Augen sehen. Es gibt also vier erste Elemente, aus denen sechs und durch deren Vermittlung wieder vier entstehen. Du siehst, daß das alles zur Zusammensetzung dessen, was vollkommen und gänzlich ist und wirklich besteht, zusammenkommen muß, wie die Pyramide, die erste Darstellung des Gänzlichen, offenbart. Der Fortschritt der ersten vier Elemente ist das erste aus diesen Entstandene bildet ein solcherart unvollkommenes Seiendes dieser Region, daß sich dessen Einheit in ständig fließender Wandelbarkeit befindet.

Da sich aber die ersten Elemente in einem Zustand befinden müssen, der eine wechselseitige Verbindbarkeit ermöglicht, steht es fest, daß sie ungleich und verschieden sind. Daher entsteht jeweils etwas Anderes, wenn das Eine die übrigen eint, und etwas Anderes, wenn jene im Anderen geeint werden. Jedes der Elemente kann in sich drei andere einschließen, wie der Kegel der dreiseitigen Pyramide es vermag, so daß die Einheit eines Elementes das Wirklichsein der anderen ist. Und so entsteht aus jedem Element das ihm eigentümliche Hervorgegangene.

Es gibt also vier erste aus den Elementen Hervorgegangene. In dem relativ einfachsten, leuchtendsten und geeintesten Element haben die drei anderen, im sinnlichen Bereich zusammengezogenen, den Namen „Feuer". Im relativ dunkelsten und am meisten verfestigten Element verschränkt, tragen sie den Namen „Erde". Im mittleren, das dem Licht näher steht, heißen sie „Luft". Im tieferen und dichteren erhalten sie die Bezeichnung „Wasser". Das was jedoch gemeinhin „Element" genannt wird, sind jene vier in gattungshafter Allgemeinheit erstmals aus den Elementen hervorgegangenen Dinge, die in sich eigengestaltlichere Kombinationen einschließen.

V.

Quomodo elementum in elementato

Ad hoc autem, ut in coniectura iuveris, quomodo elementum in elementato existat, ad primam conspice figuram. Nam si universum ignem aut aërem, aquam aut terram maiorem circulum fingis, intueberis, quomodo in eo aliorum trium elementorum circuli continentur ac etiam, quomodo in aere ipsius ignis alia tria insunt elementa atque ita deinceps, nec hic processus quaternarium exit. De universali igitur in speciale quaternario progressu devenitur. Unum igitur elementum universaliter in se tria, tria vero generaliter in se novem, novem autem specialiter in se 27 complicant. Ternarii igitur cubus explicatio est specialis unitatis cuiusque elementi. Species vero specialia sua ita complicat elementa, sicut specialis ipsa Latina lingua sua habet specialia litterarum elementa. Unde uti oratio Latina est, de universalissimis quibusdam litteris, generalibus, specialioribus atque ultimis specialissimis Latine contractis, quae, quamvis paucae sint, inevacuabilis tamen potentiae existunt, ita quidem omne hoc sensibile quasi oratio perfecta se habet.

Ineavacuabilis igitur atque inexplicabilis est omnis speciei individualis explicatio. Ambit enim potentia virtutis unitatis eius numerum nullo unquam tempore finibilem uti unitas Latinae linguae numerum indicibilium sermonum. Infinitatem enim cum unitate coincidere audisti. Quare ipsa individuorum infinitas est specifica unitas. Omne ergo, quod infinito minus est, [et][1] eius est unitate minus. Nullus igitur numerus tantus esse potest quanta virtus specificae unitatis. Ascendit igitur elementorum universalitas in specialissima uti punctus in corpus per medium lineae superficiei seu litterae in orationem per medium syllabarum et dictionum sicut potentia in actum. Descenditque ipsum specialissime elementatum in universalissima elementa, sine quibus subsistere non potest ut actus in potentiam. Est enim individuum quasi finis fluxus elementorum atque initium refluxus eorum, generalissimum vero quasi initium fluxus eorum

---

[1] Codd. Tr I und Tr II.

V.

Wie das Element in dem aus ihm Hervorgegangenen enthalten ist

Um aber in einer Mut-Maßung Hilfe zum Verständnis dafür zu erhalten, wie das Element in dem aus ihm Hervorgegangenen bestehe, wende dich der ersten Figur zu. Wenn du dir das Gesamt als das Feuer oder die Luft, das Wasser oder die Erde im größten Kreis vorstellst, wirst du sehen, daß in diesem Kreis die Kreise der drei anderen Elemente enthalten sind; und auch, daß in der Luft des Feuers die anderen drei Elemente enthalten sind usw.; dieser Fortgang geht nicht über den Quaternar hinaus. Man gelangt vom Allgemeinen zum Eigengestaltlichen in vierfachem Fortschreiten. Das eine Element faßt allgemein in sich die drei anderen, diese drei aber umfassen in gattungshafter Allgemeinheit neun andere und diese wiederum siebenundzwanzig in sich. Der Kubus des Ternars ist also die Entfaltung der eigengestaltlichen Einheit eines jeden Elementes. Die Eigengestalt aber schließt ihre eigengestaltlichen Elemente so ein, wie die eigengestaltliche lateinische Sprache ihre eigengestaltlichen Elemente der Buchstaben hat. Wie daher die lateinische Sprache aus ganz allgemeinen, gattungshaft allgemeinen, eigengestaltlichen und zuletzt aus ganz eigengestaltlichen, lateinisch verschränkten Buchstaben besteht, welche, obgleich wenige an der Zahl, doch unerschöpfliche Möglichkeiten darstellen, so verhält sich alles Sinnliche gleichsam wie eine vollkommene Rede.

Unerschöpflich und unentfaltbar ist die Entfaltung jeder individuellen Eigengestalt. Die Mächtigkeit der Kraft ihrer Einheit reicht weiter als die Zahl, die in keiner Zeit je zu Ende geführt werden kann, so wie die Einheit der lateinischen Sprache die Zahl unsagbar vieler Redeteile überschreitet. Du hast gehört, daß die Unendlichkeit mit der Einheit koinzidiert. Darum ist die Unendlichkeit der Individuen die eigengestaltliche Einheit. Also ist alles, was kleiner ist als das Unendliche, auch kleiner als seine Einheit; und keine Zahl kann so groß sein wie die Kraft der eigengestaltlichen Einheit. Die Allgemeinheit der Elemente steigt also ins völlig Eigengestaltliche hinauf, so wie der Punkt über das Mittel der Linie und der Fläche in den Körper oder der Buchstabe über das Mittel der Silben und Wörter in die Rede aufsteigt; oder wie die Möglichkeit in die Wirklichkeit. Und das in völlig eigengestaltlicher Weise aus dem

finisque refluxus. Contrahit autem ipsa virtus specialissima generalitatem elementorum infra ambitum suae regionis atque semel contracta effluere facit, ut in generalitatem redeant. Hac similitudine mare ipsum universalis dicitur mater fluviorum; per meatus enim generales demum in fonte specialissime contrahitur, ubi rivus nascitur ac demum ad mare rivus ipse revertitur. Ita de universalibus elementis quasi de mari et specialissimis quasi de fonte quadam similitudine imaginandum. Satis autem manifestum tibi est nullam scientiam attingere praecisam elementorum compositionem, cum impossibile sit duo aeque elementorum participare naturam. Nec est proportio differentiae unius et alterius quovismodo scibilis. Quapropter, cum scientia punctum non attingat, scientia graduum elementorum cum ignorantia currit, ut in confusiori atque generaliori scientia minor sit ignorantia, in singulariori vero praesumptione maior defectus. Ita vides scientiam medicinalem coniecturam evadere non posse sicut nec omnem aliam mensuris incumbentem.

VI.

Explanatio

Oportet [autem ea][1] saepius repetita non negligere, ut intellectualiter verum apprehendas. Nam unitatem imparticipabilem pariter et participabilem intelligito et dictorum capacitatem subintrabis. Unitas enim in sua praecisa simplicitate imparticipabilis est. Quoniam vero multitudo sine ipsius participatione non est, non quidem uti est, sed in alteritate participabilis est. Quapropter ipsa ratio unitatis participabilitatem in alteritate intuetur.

---

[1] Cod. Tr I; Cod. Cus.: antea.

Element Hervorgegangene steigt in jenes allgemeinster Art herab, ohne die es nicht bestehen kann, so wie die Wirklichkeit in die Möglichkeit. Das Individuum ist nämlich gleichsam das Ende des Fließens der Elemente und der Anfang des Zurückfließens. Das Gattungs-Allgemeinste hingegen ist gleichsam der Anfang ihres Fließens und das Ende ihres Zurückfließens. Die völlig eigengestaltliche Kraft aber verschränkt die Gattungs-Allgemeinheit der Elemente im Umkreis ihres Bereiches und läßt das einmal Verschränkte entströmen, damit es in die Gattungs-Allgemeinheit zurückkehrt. Nach dieser Ähnlichkeit wird das Meer die allgemeine Mutter aller Flüsse genannt. Durch gattungshaftallgemeine Flüsse wird es schließlich in völlig eigengestaltlicher Weise in der Quelle verschränkt, aus der ein Bach entsteht, der schließlich zum Meer zurückkehrt. Nach diesem Beispiel kann man sich die allgemeinen Elemente gleichsam als Meer und die völlig eigengestaltlichen gleichsam als Quelle vorstellen. Es ist dir aber zur Genüge klar, daß kein Wissen die genaue Zusammensetzung der Elemente erreichen kann, da es unmöglich ist, daß zwei Dinge in gleicher Weise an der Natur der Elemente teilhaben. Auch kann man den Verhältnisbezug des Unterschieds des einen und anderen auf keine wie immer geartete Weise wissen. Aus diesem Grund, da das Wissen den Punkt nicht erreicht, ist das Wissen von den Abstufungen der Elemente mit Unwissenheit verbunden, so daß im stärker vermischten und mehr gattungshaft-allgemeinen Wissen die Unwissenheit geringer ist, im mehr singularen jedoch infolge der Voraussetzung der Abstand größer ist. So siehst du z. B., daß die medizinische Wissenschaft die Mut-Maßung nicht weniger vermeiden kann als jede andere, die auf Maße angewiesen ist.

VI.

Erklärung

Um das Wahre nach der Weise der Vernunft zu erfassen, darfst du das oftmals Wiederholte nicht vernachlässigen. Du mußt die Einheit zugleich als partizipierbare und nicht-partizipierbare verstehen; dann wirst du zum Verständnis des Gesagten vordringen. Die Einheit ist in ihrer genauen Einfachheit nicht partizipierbar. Weil es aber ohne Teilhabe an ihr keine Vielheit gibt, ist sie zwar nicht so, wie sie ist, wohl aber in Andersheit partizipierbar. Darum erblickt der Verstandessinn die Partizipierbarkeit der Einheit in der Andersheit.

Dum autem unitas in alteritatem progreditur, quaternario quiescit. Quaternarius igitur est participabilis unitas. Omne itaque unitatem participans ipsam in quaternario participare necesse est. Non est igitur unitas corporalis aliter quam in alteritate quaternaria participabilis, nec unitas exemplaris aliter quam in alteritate exemplari quaternaria, nec unitas coloris aliter quam in alteritate quaternaria. Ita de unitate veritatis, quae in quaternaria alteritate eius, quae similitudo seu explicatio dici potest, est tantum participabilis.

Actualitas est unitas in alteritate tantum participabilis, non igitur participatur actualitas nisi in potentia, quoniam ipsa eius est alteritas. Divinitas actualitas est absoluta, quae participatur in supremis creaturis in suprema potentia, quae est intelligere, in mediis media, quae est vivere, in infimis infima, quae est esse. Nec unitas soni aut saporis aut odoris aut sensibilis cuiuscumque est aliter quam quaterne modo in prima parte explicato. Participabilis igitur explicatio unitatis in quaternariam resolvitur.

Et hinc quattuor omnium unitatum, quae participantur, elementa [coniecturamur][1], quae in quolibet participante differenter reperiuntur. Omne enim dabile [coloris unitatem][2] participans ipsam in quaternaria alteritate participat, ita de sapore, odore atque aliis omnibus; non est igitur dabilis color nisi in alteritate quaterna. Quoniam autem non est in simplici unitate color dabilis, est omnis dabilis color quaterne a simplici egrediens; ita quidem de elementis omnibus, quoniam nec complexio simplex nec quicquam omnium in simplicitate sua participabile est.

Unitas autem praecisio quaedam est, quae non est nisi in alteritate participabilis. Unde praecisio visus incommunicabilis est absque alteritate. Certitudo igitur, quae in visu est, nullo modo sine[3] alteritate participabilis est. Neque igitur per figuram aut

---

[1] Cod. Tr I; Cod. Cus.: coniectamus.
[2] Cod. Tr I; Cod. Cus.: colorem unitatis; Cod. Tr II: colorem.
[3] Der nun folgende Text bis „quaternis elementis" p. 116, Z. 5 v. o. fehlt in Cod. Tr I.

Wenn die Einheit in die Andersheit übergeht, ruht sie im Quaternar; dieser ist also die partizipierbare Einheit. Alles, das an der Einheit teilhat, muß darum in ihm an ihr teilhaben. Die körperliche Einheit ist nicht anders partizipierbar als in vierfacher Andersheit; auch nicht die Einheit des Urbildes anders als in urbildhafter, vierfacher Andersheit; und auch die Einheit der Farbe nicht anders als in vierfacher Andersheit. Ebenso verhält es sich mit der Einheit der Wahrheit, welche nur in der vierfachen Andersheit dessen, was man Ähnlichkeit oder Entfaltung nennen kann, partizipierbar ist.

Das Wirklichsein ist die Einheit, die nur in der Andersheit partizipiert werden kann; deshalb wird es nur in der Möglichkeit partizipiert, da diese seine Andersheit ist. Die Göttlichkeit ist das absolute Wirklichsein. In den höchsten Geschöpfen wird es in höchster Möglichkeit, dem Verstehen, in den mittleren in mittlerer Möglichkeit, dem Leben, und in den untersten eben in unterster Möglichkeit, dem Sein, partizipiert. Auch ist die Einheit eines Tones, eines Geschmackes oder eines Geruches oder irgendeines Sinnlichen nicht anders als vierfach, nach der im ersten Teil des Buches erklärten Art. Die partizipierbare Entfaltung der Einheit wird also in eine vierfache Andersheit aufgelöst.

Daher mut-maßen wir vier Elemente aller partizipierbaren Einheiten, die in jedem partizipierenden Ding in verschiedener Weise gefunden werden. Alles, was gegeben werden kann, das an der Einheit der Farbe teilhat, hat an ihr in vierfacher Andersheit teil. Ebenso ist es bei Geschmack, Geruch, usw. Farbe kann also nur in vierfacher Andersheit gegeben werden. Weil sie aber nicht in einfacher Einheit gegeben werden kann, geht jede mögliche Farbe vierfach von der einfachen Einheit aus. Genauso steht es mit allen Elementen; da weder eine einfache Zusammensetzung, noch irgend etwas von allem in seiner Einfachheit partizipierbar ist.

Die Einheit aber ist eine Art genauer Abgrenzung, die nur in Andersheit partizipiert werden kann. Daher ist die genaue Abgrenzung des Sehens ohne Andersheit nicht mitteilbar. Die Bestimmtheit, die im Sehen ist, kann in keiner Weise ohne Anders-

auditum aut sensum alium ipsa simplicitas certitudinis, uti in visu est, participabilis est. Caeco enim praecisio coloris per visum percepta nullo sermone communicari potest; sic nec visio urbis Romanae aut formae cuiuscumque ei, qui non vidit, in sua praecisione communicabilis est. Vides verum aliter quam in alteritate imparticipabile. Unum igitur verum nomen cuiusque imparticipabile atque, uti est, ineffabile esse necesse est. Effabilia igitur nomina in alteritate verum ipsum tantum intellectuale nomen in ratione participant seu causa, quia ratio ipsa intellectualis unitatis alteritas est. Secundum aliquam igitur causam rationemve homo hominem significat, puta materialem, quia ab humo, sed in hac ipsa causa tres alias causas elementales pro constitutione quaternarii suo quidem modo inesse necesse est, quamvis ista eminere videatur. Satis enim ex te ipso conspicis non sufficere rationem eam, quia ab humo est, hinc homo est. In quaterna igitur alteritate unitatis participatio ortum capit.

Omnem autem unitatem ita participabilem citra infinitum et supra dabilem numerum participari posse constat. Unitas enim faciei tuae, Iuliane, in alteritate similitudinis participabilis est supra omnem dabilem numerum, citra quidem infinitum; non enim est dabilis oculorum numerus, quin in alteritate similitudinis ipsam possent participare, licet ad infinitum prohibeatur progressio. Ita de unitate vocis, quam vides in innumerabilibus auribus participari ac ita quidem de omnibus. Venamur igitur ex multitudine participantium quamcumque unitatem eiusdem quaternariae alteritatis generalem elementationem; quoniam multa unum differenter participare scimus, ipsam differentiam a quaternitate proficisci conspicimus. Omnia igitur colorata differre necesse est in colore, sed differentiae ad quattuor elementales resolvuntur colores, quos quisque color varie participat. Ita de sensibilibus cunctis atque omnibus naturalibus artificialibusque.

heit partizipiert werden. Auch ist die Einfachheit der Gewißheit, wie sie im Sehen ist, weder durch die Darstellung des Gehörs oder eines anderen Sinnes partizipierbar. Einem Blinden kann die Genauigkeit der durch den Gesichtssinn wahrgenommenen Farbe durch keine Rede mitgeteilt werden. So kann auch das Bild der Stadt Rom oder irgendeine andere Gestalt jemandem, der sie nicht sieht, in seiner Genauigkeit nicht mitgeteilt werden. Du siehst, daß das Wahre nicht anders als in Andersheit partizipierbar ist. Der eine wahre Name jedes Dinges kann darum notwendigerweise nicht partizipiert und, so wie er ist, ausgesprochen werden. Die aussprechbaren Namen haben in Andersheit an dem wahren, nur vernunfthaften Namen im Wesenssinn oder dem Grund teil, da der Wesenssinn selbst die Andersheit der vernunfthaften Einheit ist. Irgendeinem Grund oder Wesenssinn entsprechend, z. B. dem stofflichen, bezeichnet Homo den Menschen, weil dieser aus Erde, Humus, ist. Doch müssen in diesem Grund zur Bildung des Quaternars noch drei elementhafte Gründe auf ihre Weise enthalten sein, wenn auch jener genannte hervorzuragen scheint. Du kannst ja auf Grund deiner selbst deutlich genug erkennen, daß jener Grund, daß der Mensch deshalb Mensch heißt, weil er aus Erde ist, nicht genügt. In vierfacher Andersheit nimmt die Teilhabe an der Einheit ihren Ausgang.

Es steht fest, daß jede so partizipierbare Einheit diesseits des Unendlichen und jenseits jeder Zahl partizipiert werden kann, die man zu geben vermag. Die Einheit deines Gesichtes, Julianus, ist in der Andersheit der Ähnlichkeit jenseits jeder möglichen Zahl, aber diesseits des Unendlichen partizipierbar. Die Zahl der Augen kann nicht gegeben werden, ohne daß sie in der Andersheit der Ähnlichkeit an dieser selbst partizipieren könnten, wenn auch der Fortschritt ins Unendliche verhindert wird. Ebenso steht es mit der Einheit der Stimme und der Sprache, die, wie du siehst, von unzähligen Ohren partizipiert wird, usw. Wir gelangen daher von der Vielzahl der an irgendeiner Einheit teilhabenden Dinge zur gattungshaft-allgemeinen Elementhaftigkeit dieser vierfachen Andersheit; und da wir wissen, daß das Viele an dem Einen in verschiedener Weise teilhat, erkennen wir, daß diese Verschiedenheit aus der Vierheit hervorgeht. Es ist notwendig, daß alles Farbige sich in der Farbe unterscheidet; aber diese Unterschiede lassen sich in vier elementare Farben auflösen, an denen jede Farbe unterschiedlich teilhat. Genauso verhält es sich mit allem Sinnlichen, Natürlichen und Künstlichen.

Unitatis enim grammaticae artis participatio sine elementalibus alteritatibus fieri nequit. Omnis enim grammaticalis oratio unitatem artis in elementis participat. Habet igitur omnis ars sua elementa. Varietas etiam multitudinis artium nos admonet omnium artium quaternariam elementalem participationem investigare; ita quaedam varietas multitudinis sensibilium, rationabilium atque intelligibilium sensibilis naturae, rationalis atque intellectualis elementa esse quattuor manifestat. Haec quidem cum iis, quae praemissa sunt, generalitati artis coniecturalis quoad elementorum radicem sufficiant.

Dum autem ad particularitatem elementorum intrare proposueris, regulis utaris proportionabilibus ad regiones. Nam uti in sensibili mundo sensibilia elementa ignem, aërem, aquam, terram esse coniecturaris[1], ita in rationali natura elementa concipito rationabilia, ut sit ratio quasi ignea, aërea, aquea et terrea, et quod omnis ratio unitatem rationis in his participet rationalibus elementis. Ita quidem de regione intellectuali de elementis intellectualibus symbolice concipito. Atque ut tibi coniecturas efficere queas, elementa quasi quattuor unitates fingito ut 1, 10, 100, 1000; unitates enim elementorum ipsius unius differre necesse est. Quomodo autem ipsum unum quaterna unitate participetur, in prioribus satis dictum est. Participatur namque ipsa quasi in simplicitate simplicis unitatis et denariae et centenariae atque millenariae ab omnibus elementatis varie differenter, ut sic eorum quasi medio [im][2] participabile simplex participetur. Vides nunc ex similitudine unitatum subtile et grossum atque duo media elementa in sensibili mundo sensibiliter, in rationali rationabiliter, in intellectuali intellectibiliter coniect[ur][3]anda.

Adsis huic totus, Iuliane. Nam unitas ipsa absoluta, quae est et veritas superineffabilis, uti est, imparticipabilis remanet. Intelligentiae autem esse est intelligere, hoc est quidem veritatem participare. Non est autem ipsa, uti est, participabilis, sed remanet aeterna ipsa atque absolutissima infinitas, nec est in

---

[1] Konjektur; Cod. Cus.: coniectaris; Cod. Tr II coniectas.
[2] Konjektur; vgl. p. 109, cap. VI, Z. 2.
[3] Konjektur.

Es kann keine Teilhabe an der Einheit der Grammatik ohne elementare Andersheiten geben. Jede grammatikalische Rede hat an der Einheit der Kunst in den Elementen teil. Jede Kunst hat also ihre Elemente. Auch ermahnt uns die Mannigfaltigkeit der Vielzahl der Künste, die vierfache elementare Teilhabe aller Künste zu erforschen. So zeigt die Verschiedenheit der Vielzahl der sinnlichen, verständigen und vernunfthaften Dinge, daß die Elemente der sinnlichen, verständigen und vernunfthaften Natur vier sind. Zusammen mit dem Vorausgeschickten möge dies hinsichtlich der Wurzel der Elemente für die Gattungs-Allgemeinheit der mut-maßlichen Kunst genügen.

Wenn du dich aber der Besonderheit der Elemente zuwenden willst, mußt du den Bereichen entsprechende Regeln verwenden. Denn so, wie du mut-maßt, daß in der sinnlichen Welt die sinnlichen Elemente Feuer, Luft, Wasser, Erde sind, so begreife sie in der verständigen Natur als verstandesmäßige Elemente, so daß der Verstand gleichsam feuer-, luft-, wasser- und erd-artig ist und daß jeder Verstandessinn an der Einheit des Verstandessinnes in diesen verstandesmäßigen Elementen teilhat. Ebenso sollst du im vernunfthaften Bereich die vernunfthaften Elemente symbolisch begreifen. Und damit du dir Mut-Maßungen bilden kannst, stelle dir die Elemente gleichsam als vier Einheiten als 1, 10, 100, 1000 vor. Die Einheiten der Elemente eben desselben Einen müssen nämlich verschieden sein. In welcher Weise aber das Eine in vierfacher Einheit partizipiert wird, wurde im Vorhergehenden ausführlich dargelegt. Die Einheit wird gleichsam in der Einfachheit der einfachen, zehnfachen, hundertfachen und tausendfachen Einheit in ganz verschiedener Weise von allen aus Elementen hervorgegangenen Dingen partizipiert, so daß gleichsam durch ihre Hilfe das nichtpartizipierbare Einfache partizipiert wird. Du erkennst nun, daß du auf Grund der Ähnlichkeit der Einheiten das Feine und das Grobe und zwei mittlere Elemente in der sinnlichen Welt sinnlich, in der verständigen verstandesmäßig und in der vernünftigen vernunfthaft mut-maßen mußt.

Darauf mußt du ganz genau achten, Julianus; denn die absolute Einheit selbst, die auch die über-unaussprechliche Wahrheit ist, bleibt, so wie sie ist, nicht-partizipierbar. Das Sein der Vernunft-Einsicht ist vernünftiges Einsehen; das bedeutet gewissermaßen an der Wahrheit teilzuhaben. Diese kann aber nicht so partizi-

alteritate nostrae rationis participabilis, cum ratio nostra sit intelligentiae alteritas. In alteritate igitur intellectuali ipsam participamus super omnem rationem. Spirituales igitur intelligentiae quodam ineffabili modo veritatem ipsam absolutam in alteritate intellectuali mediante intellectualibus quaternis elementis varie differenter participant, sicut intelligentiae illius ita participantis unitas in varietate rationum mediantibus rationabilibus elementis participatur, atque ipsa unitas rationis in alteritate sensibilium sensibilibus elementis mediantibus varie participatur, ut ratio trigoni in variis sensibilibus triangulis.

Et quoniam participantia unitatem in alteritate ipsam varie participare necesse est, ita quidem, quod alia ipsam unitatem perfectius atque propinquius, alia vero alteratius atque remotius participant. Illa erit pulchra participatio, in qua unitatis ipsius virtus in ipsa alteritate unitius atque concordantius relucet, sicut color ipse visibilis visui gratior est, in quo varietas colorum in unitate relucet et auditus gaudet audire varietatem vocum in unitate seu concordantia. Ita quidem de omni sensu, ratione atque intelligentia[1].

Ineffabile est igitur hoc gaudium, ubi quis in varietate intelligibilium verorum ipsam unitatem veritatis infinitae attingit. Videt enim in alteritate intellectualiter visibilium unitatem omnis pulchritudinis, audit intellectualiter unitatem omnis harmoniae, gustat unitatem suavitatis omnis delectabilis, causarum et rationum omnium unitatem apprehendit, et omnia in veritate, quam solum amat, intellectuali gaudio amplectitur.

---

[1] Am Rande dieses Absatzes bemerkt Nicolaus Cusanus (Cod. Cus.: fol. 68 v): Nam cum color sit obiectum visus in eo gaudet videre varios colores in unitate. Propinquius enim suum obiectum attingit. Color enim est obiectum et in uno particulari colore non nisi id, quod potest attingere attingit. Plus igitur attingit in unitate plurium. Et haec unitas est pulchra et grata sibi. Sic de auditu et reliquis.

piert werden, wie sie ist; sie bleibt vielmehr die ewige und völlig absolute Unendlichkeit. Noch kann sie in der Andersheit unseres Verstandessinnes partizipiert werden, da dieser die Andersheit der Vernunft-Einsicht ist. In der vernunfthaften Andersheit haben wir an der Wahrheit jenseits von jedem Verstandessinn teil. Die geistigen Vernunft-Einsichten haben auf unaussagbare Weise an der absoluten Wahrheit in vernunfthafter Andersheit vermittels der vier vernunfthaften Elemente in verschiedener und unterschiedlicher Art teil, ebenso wie die Einheit jener so partizipierenden Vernunft-Einsicht in der Verschiedenheit der Verstandessinne vermittels der verstandesmäßigen Elemente partizipiert wird. Und die Einheit des Verstandessinnes wird in der Andersheit des Sinnlichen mittels der sinnlichen Elemente verschieden so partizipiert, wie der Wesenssinn des Dreiecks in den verschiedenen sinnlichen Dreiecken.

Weil es nötig ist, daß diejenigen Dinge, welche an der Einheit in Andersheit teilhaben, dies in verschiedener Weise tun, und zwar so, daß die einen an der Einheit vollkommener und näher, die anderen andersheitlicher und ferner teilhaben, wird jene Teilhabe schön sein, die die Kraft der Einheit in der Andersheit in relativ geeintester und einträchtigster Weise widerstrahlt. So ist dem Sehen jene sichtbare Farbe lieber, in der die Verschiedenheit der Farben in Einheit widerstrahlt, und das Gehör freut sich, die Verschiedenheit der Töne in Einheit und Eintracht zu hören; so verhält es sich mit jedem Sinn, Verstand und jeder Vernunfterkenntnis.

Unsagbar ist diese Freude, in der jemand in der Verschiedenheit des Einsehbar-Wahren die Einheit der unendlichen Wahrheit erfaßt. Er sieht in der Andersheit des Vernunfthaft-Sichtbaren die Einheit aller Schönheit. Vernunfthaft hört er die Einheit aller Harmonie, schmeckt die Einheit des Wohlgeschmackes alles Ergötzlichen, begreift die Einheit der Ursachen und Wesensgründe aller Dinge und umfaßt in der Wahrheit, die er allein liebt, alles in vernunfthaft geistiger Freude.

VII.

De senario, septenario et denario

Progressio supra se ipsam circulariter rediens senario numeratur. Sed ea, quae non redit supra se, sed in aliud pergit simile, post senarium est atque septenario numeratur. Duae vero sunt tunc progressiones necessariae, quae denario mensurantur. Vide ista seriatim.

Unitatem cum infinitate intellectualiter coincidere iamdudum vidisti. Unitas igitur absoluta cum absoluta coincidit infinitate, intellectualis cum intellectuali, rationalis cum rationali, [sic][1] et unitas sensibilis cum sensibili infinitate; unitas omnis imparticipabilis atque indivisibilis incorruptibilisque existit. Non est igitur absoluta unitas nisi in intellectuali alteritate participabilis, nec intellectualis nisi in rationali alteritate, neque rationalis nisi in ipsa sensibili. Non attingitur igitur Deus, qui est absoluta unitas, nisi intellectualiter, nec intelligentia attingitur nisi rationabiliter, nec ratio nisi sensibiliter. Descendit itaque unitas absoluta in intellectualem infinitatem, [intellectualis in rationalem] ac rationalis unitas in sensibilem infinitatem, unitas vero sensibilis ascendit in rationalem infinitatem, unitas rationalis in intellectualem infinitatem, unitas intellectualis in absolutam superdivinam infinitatem.

Ratio in hoc senarium numerat. Principium enim ipsius fluxus et finis refluxus coincidunt in unitate absoluta, quae est infinitas absoluta, coinciduntque in unitate sensibili finis effluxus et principium refluxus duplicanturque media, quae simul sex sunt. Hanc circulationem in figura conspicito. Sit A unitas absoluta, B intellectualis, C rationalis, D sensibilis, E rationalis, F intellectualis. Sicut enim semidiametrales cordae circumferentiae subtensae supra se completive revertuntur, ita senario descensus ascensusque circulantur.

---

[1] Cod. Tr I; Cod. Cus.: sicut.

VII.

Senar, Septenar und Denar

Der Fortschritt, der kreisförmig zu sich selbst zurückkehrt, wird im Senar gezählt; jener aber, der nicht in sich selbst zurückkehrt, sondern in ein anderes Ähnliches eingeht, steht nach dem Senar und wird im Septenar gezählt. Zwei Progressionen jedoch sind alsdann notwendig; sie werden mit dem Denar gemessen. Betrachte dies der Reihe nach.

Daß in der Weise der Vernunft-Einsicht die Einheit mit der Unendlichkeit koinzidiert, hast du schon längst erkannt. Die absolute Einheit koinzidiert also mit der absoluten Unendlichkeit, die vernünftige mit der vernünftigen, die verständige mit der verständigen, wie auch die sinnliche Einheit mit der sinnlichen Unendlichkeit koinzidiert. Jede Einheit besteht als nicht-partizipierbare, unteilbare und unvergängliche. Die absolute Einheit kann also nur in vernunfthafter Andersheit partizipiert werden, die vernunfthafte nur in verständiger und die verständige nur in sinnlicher Andersheit. Gott, der die absolute Einheit ist, wird nur in der Weise der Vernunft-Einsicht erfaßt, diese nur nach dem Verstand und dieser nur in der Weise des Sinnlichen. Die absolute Einheit steigt in die vernünftig-einsichtige Unendlichkeit, die vernünftig-einsichtige in die verständige Unendlichkeit und die verständige Einheit in die sinnliche Unendlichkeit herab; die sinnliche Einheit hingegen steigt herauf in die verständige Unendlichkeit, die verständige Einheit in die vernunfthafte Unendlichkeit und die vernunfthafte Einheit in die absolute, ganz göttliche Unendlichkeit.

Darin zählt der Verstand den Senar. Der Ursprung des Ausfließens und das Ziel des Rückfließens koinzidiert mit der absoluten Einheit, welche die absolute Unendlichkeit ist. In der sinnlichen Einheit koinzidieren das Ende des Fließens und der Anfang des Rückfließens. Die mittleren Momente werden verdoppelt. Zusammen ergibt das sechs. Betrachte diesen Kreislauf in der Darstellung. A sei die absolute Einheit, B die vernunfthafte, C die verständige, D die sinnliche; E die verständige, F die vernunfthafte. So wie die sechs von der Kreislinie umspannten Kreissehnen von der Länge des Radius in sich vervollkommnend zurückkehren, so kreisen im Senar Abstieg und Aufstieg.

Advertendum autem tibi est non esse aliud lucem descendere quam tenebram ascendere, si veritatem amplecti velis. Non enim aliud est Deum esse in mundo quam mundum esse in Deo, nec aliud est actum in potentiam progredi quam potentiam ad actum devenire, nec aliud est punctum in corporalitatem ascendere quam corporalitatem in punctum descendere, nec aliud est tenebras in lucem se erigere quam lucem in tenebras descendere. Sic nec aliud est potentiam materiae ad actum formae progredi quam formam actualem in potentialem descendere materiam. Intellectuali igitur acumine ascensum [descensum copulare][1] ut verius [coniectureris][2]. Senarii igitur perfectionalem circulationem hac intelligentia concipe, ut intueri valeas, quomodo mensura perpetuitatis senario ascripta existat, ac quomodo universalissimum in specialissimum pergere est specialissimum in universalissimum redire.

Septenarius vero progressionum numerus a senario exit ut tempus atque successio a perpetuo, quem in naturis generabilium corruptibiliumque experieris. Nam, dum ex semine arbor progreditur ex arboreque semen, septenarius utrumque amplectitur. Semen enim primo in herbam, deinde in virgultum, postea ascendit in arborem, arbor descendit in ramum, in herbam et fructum seu semen; hoc quidem semen ultimum aliud numero est quam primum.

Cum igitur finis in numero cum primo non coincidat, coincidat [que][3] finis effluxus cum principio refluxus, recte septenarius exoritur atque exinde denarius. Nam si A est ut semen, D ut arbor, G ut aliud semen, K ut alia arbor, tunc A per B, C in D progreditur, D vero in G per E, F progreditur et clauditur septenarius; G vero in K per H, I ascendit. Sic denarius exstat adimpletus. Individualis contractio speciei in A semine in se ipsa corruptibilis, in specie vero incorruptibilis, in virtute speciei contractae in ipsa existente se conservare studens, in speciem

---

[1] Cod. Tr I; Cod. Cus.: descensui copula.
[2] Cod. Tr I; Cod. Cus.: coniectes.
[3] Cod. Tr I und Tr II.

Wenn du die Wahrheit erfassen willst, mußt du darauf achten, daß es nichts anderes bedeutet zu sagen, daß das Licht herabsteigt, als daß der Schatten heraufsteigt. Daß Gott in der Welt ist, heißt nichts anderes, als daß die Welt in Gott ist. Der Fortgang der Wirklichkeit in die Möglichkeit bedeutet nichts anderes als daß die Möglichkeit zur Wirklichkeit gelangt; daß der Punkt sich zur Körperlichkeit erhebt heißt nichts anderes als daß die Körperlichkeit in den Punkt herabsteigt. Daß die Dunkelheit sich ins Licht erhebt, heißt nichts anderes, als daß das Licht in die Dunkelheit herabsteigt. So heißt es auch nichts anderes, daß die Möglichkeit des Stoffes in die Wirklichkeit der Gestalt übergeht, als daß die wirkliche Gestalt in den möglichen Stoff herabsteigt. Mit der Schärfe vernünftigen Denkens verbinde also Aufstieg und Abstieg, um in relativ wahrster Weise zu mut-maßen. Den sich vervollkommnenden Kreislauf des Senars erfasse mit dieser Vernunft-Einheit, damit du zu erkennen vermagst, daß das Maß der Dauer als dem Senar entsprechendes besteht, und daß der Satz, daß das Allgemeinste in das Eigengestaltlichste übergeht, heißt, daß das Eigengestaltlichste in das Allgemeinste zurückkehrt.

Die Siebenzahl der Progressionen jedoch geht vom Senar aus, wie Zeit und zeitliches Nacheinander von der Dauer ausgehen. Du erfährst sie in der Natur des Zeugungsfähigen und Vergänglichen. Denn während aus dem Samen ein Baum empor wächst und aus dem Baum ein Same, umfaßt der Septenar beides. Der Same wird zuerst zu einem Blatt, dann zu einem Reis, schließlich erhebt er sich zu einem Baum. Der Baum steigt in den Zweig hinab, in ein Blatt und dann in die Frucht oder den Samen. Dieser letzte Samen ist aber der Zahl nach ein anderer als der erste.

Da in der Zahl das erste nicht mit dem letzten koinzidiert, wohl aber das Ziel des Ausfließens mit dem Anfang des Rückfließens, so entsteht mit Recht der Senar und dann daraus der Denar. Denn wenn A der Same ist, D der Baum, G ein anderer Same, K ein anderer Baum, dann geht A durch B, C in D über, D aber durch E, F in G und der Septenar ist beschlossen. G aber steigt durch H und I zu K auf. So entsteht ein voller Denar. Die individuelle Verschränkung der Eigengestalt im Samen A ist in sich selbst vergänglich, in der Eigengestalt aber unver-

se [resolvere volens]¹, individuationem exuit seminis, ut per speciei medium ex se simile elicere queat.

Quaternaria igitur progressione in arborem ascendit, quoniam sine eius medio se in specifica similitudine multiplicare non potest. Intendit igitur A G producere. Et quoniam sine ascensu in D hoc perficere nequit, ascendit in D, ut sic ad intentum pertingat, D vero arbor existens non nisi in simili arbore se conservare posse conspiciens K intendit. K autem sine G attingere nequit. Quare in G descendit, ut eius medio K attingere queat. Copulatur itaque in A duplex appetitus: naturalis, qui in G terminatur, accidentalis, qui in D finitur. In D vero pariformiter duplex copulatur appetitus naturalis, qui in K finem capit, accidentalis, qui in G terminatur. Sic itaque in G naturalis est appetitus ab A sibi communicatus atque accidentalis a D sibi impresso. Ita conspicis, quomodo unus appetitus stimulat atque ducit alium, ut sit continuatio generationis et corruptionis, atque quod generatio unius corruptio sit alterius. Notabis autem non nisi ex duobus seminibus atque duabus arboribus, quae sunt quattuor, te ad notitiam huius devenire posse. Simul igitur te in tuo intellectu complicare necesse est progressionem A, D, G et D, G, K, ut coincidentias finis unius et principii alterius in indefectibilem seccessionem adducas. Qua ex re advertas, quomodo secundum praemissa unitas seminis imparticipabilis [in se in alteritate scilicet arborea participabilitatem induit. Unitas etiam]² arboris imparticipabilis in seminum alteritate participabilitatem induit. Unitas igitur unitatis seminis huius species est in hoc semine individualiter contracta; quam quidem unitatem specificam a sua contractione individuali absolutam in arbore receptam, cum sit virtus indeterminata, multa participare possunt semina. Specificatur itaque secundum virtutem seminis specificam generale nutrimentum atque secundum arboris, loci et circumstantiarum naturam pluralitas seminum eorumque perfectio. Dixi autem de semine et arbore; tu vero universalitatem haurire stude, ut in mineralibus, vegetabilibus, animalibus atque omnibus sensibilibus secundum ista coniecturas facias; ac etiam in rationalibus intellectualibusque symbolice his utere. Nam de semine admirationis exoritur arbor rationalis, quae fructus admirationi similes parit, atque

---

¹ Codd. Tr I und Tr II; Cod. Cus.: resolvens.
² Cod. Tr I.

gänglich, da sie sich in der ihr innewohnenden Kraft der verschränkten Eigengestalt zu erhalten trachtet und die Vereinzelung des Samens dadurch abtut, daß sie bemüht ist, sich in die Eigengestalt aufzulösen, um mit ihrer Hilfe Ähnliches aus sich entlocken zu können.

In vierfachem Fortschritt erhebt sie sich zum Baum, weil sie sich ohne ihn nicht in eigengestaltlicher Ähnlichkeit vervielfältigen kann. A strebt also danach, G hervorzubringen und weil dies ohne den Aufstieg in D unmöglich ist, vollzieht sie diesen Aufstieg, um so das angestrebte Ziel zu erreichen. D aber ist der existierende Baum, der erkennt, daß er sich nur in einem ähnlichen Baum erhalten kann; er strebt zu K hin. K aber kann er nicht ohne G erreichen. Darum steigt er im G herab, um mit dessen Vermittlung K zu erreichen. In A verbindet sich also ein doppeltes Streben: das natürliche, das in G sein Ziel findet, und das hinzukommende, das in D sein Ziel erfährt. In D wieder ist in gleicher Weise ein doppeltes Streben verbunden: das natürliche, das in K sein Ziel erlangt, und das hinzukommende, das in G beschlossen wird. So gibt es auch in G ein ihm von A mitgeteiltes, natürliches und ein ihm von D eingeprägt hinzukommendes Streben. Auf diese Weise erkennst du, daß und wie ein Streben das andere anregt und führt, so daß Zeugung und Vergehen ununterbrochen aufeinander folgen und das Entstehen des einen das Vergehen des anderen bedeutet. Du bemerkst auch, daß du nur durch zwei Samen und zwei Bäume, das heißt durch vier Dinge, zu dieser Erkenntnis gelangen kannst. Zugleich mußt du in deinem vernünftigen Denken die Progression A D G und D G K zusammenschließen, um in unaufhörlicher Folge die Koinzidenz vom Ziel des einen und dem Ursprung des anderen herbeizuführen. Auf Grund dieser Tatsache bemerkst du, wie, dem Vorausgeschickten entsprechend, die nicht-partizipierbare Einheit des Samens, in Andersheit, das heißt in der baumhaften, die Partizipierbarkeit annimmt. Auch nimmt die nicht-partizipierbare Einheit des Baumes in der Andersheit der Samen die Partizipierbarkeit an. Die Einheit der Einheit dieses Samens ist die Eigengestalt, die in diesem Samen individuell verschränkt ist; diese eigengestaltliche Einheit wird, von ihrer individuellen Verschränkung losgelöst, im Baum empfangen; da ihre Kraft unbegrenzt ist, können viele Samen an ihr teilhaben. Die gattungshaft-allgemeine Nahrung wird also, der eigengestaltlichen Kraft des Samens entsprechend, und die Vielheit der Samen und ihre Voll-

rationalis ipsa arbor per elicitam admirationem similem erigit rationis arborem. Ita quidem ex seminali demonstrationis principio intellectualis [progreditur]¹ arbor, ex se principia seminalia exerens, per quae intellectualis iterum arbor ascendit.

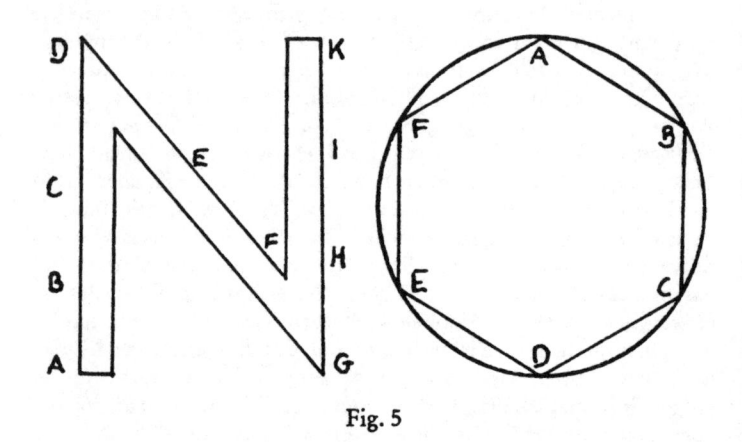

Fig. 5

VIII.

De individuorum differentia

Satis tibi in sensibilibus semina individua similiter et arbores esse constat. Vides etiam in animalibus ipsis, quae ut arbores sunt, esse alia masculina, alia feminina; ita quidem et alia esse semina masculina, alia feminina necesse est. Species igitur, si P figura fingitur, ubi lux descendens actualitas et umbra potentialitas signatur, tibi pandet in specie actualitatem absorbere potentialitatem atque e converso secundum illaque individua eius participare naturam. Ad haec cum ipsa actualitas, ut magis specificetur, in P figuram resolvitur, lux erit masculinitas actualitatis, tenebra eius femineitas; ita quidem de potentialitate.

---

¹ Cod. Tr I; Cod. Cus.: procedit.

endung der Natur von Baum, Standort und allen anderen Umständen gemäß eigengestaltlich bestimmt. Ich habe nur über Samen und Baum gesprochen. Du aber strebe danach, die Gesamtheit auszuschöpfen, um bei Steinen, Pflanzen, Tieren und allem Sinnlichen dementsprechend Mut-Maßungen zu machen. Auch beim Verständigen und Vernünftigen gebrauche diese Überlegungen in symbolischer Art. Denn aus dem Samen des Staunens erhebt sich der verständige Baum und trägt die Früchte, die dem Staunen ähnlich sind und durch das entstandene Staunen bringt der verständige Baum den ähnlichen Baum des Verstandes hervor. Ebenso entsteht aus dem samenhaften Ursprung des Aufweisens der vernunfthafte Baum, der aus sich samenhafte Ursprünge wachsen läßt, vermittels derer sich wiederum ein vernunfthafter Baum erhebt.

VIII.

Der Unterschied der Individuen

Es steht für dich zur Genüge fest, daß im Sinnlichen die individuellen Samen in ähnlicher Weise auch Bäume sind. Du siehst ebenfalls bei den Tieren, die wie Bäume sind, daß die einen männlich, die anderen weiblich sind; ebenso müssen auch die einen Samen männlich und die anderen weiblich sein. Wenn du dir die Figur P vorstellst, wo das herabsteigende Licht das Wirklichsein und der Schatten das Möglichsein bezeichnet, wird dir die Eigengestalt zeigen, daß in ihr das Wirklichsein das Möglichsein absorbiert und umgekehrt, und daß demgemäß die Individuen an ihrer Natur teilhaben. Wenn dazu das Wirklichsein, um stärker zur Eigengestalt zu werden, in der Figur P aufgelöst wird, dann entspricht das Licht der Männlichkeit des Wirklichseins, das Dunkel seiner Weiblichkeit; ebenso verhält es sich mit dem Möglichsein.

Necesse est autem tam masculina quam feminina differre. Nullum enim reperibile est individuum masculinum in masculinitate cum quocumque praecise convenire, nec dabile est ipsum maxime masculinum. Absorpta est igitur in omni masculinitate femineitas differenter. Unde etiam masculinis animalibus signa feminina, puta mamillarum indicia, apparere conspicimus, ita quidem semina contrario se habent modo. Absorbet igitur omne individuum sua singulari individuatione alia, ut in individuali tua masculinitate absorpta est femineitas, sicut semen, a quo in actum prodiit [masculum existens seminalis][1], femineitatem evicit, sic suo modo femineitas masculinitatem absorbet. Masculum etiam semen in se [contrahit femininum][2] et sua potentia ambit actualem masculinitatem et femineitatem, contrarium de semine [feminino][3].

Participare [autem][1] speciem haec individua varie scimus, quaedam enim speciem perfectius in semine participant, quaedam in arbore. Quanto enim species ignobilior atque potentialior, tanto perfectius eius participant naturam ipsa semina. Quanto vero species ipsa nobilior atque perfectior, formalior actualiorque fuerit, tanto eius naturam plus arbores participant, et ubi arbores ipsae participant tanto illa perfectius, quae masculinior ac ubi semina perfectius participant, tanto illa perfectius, quae magis [feminina][5]. Unde pyrus arbor nobilior est quam pyrum, et leo masculus nobilior quam leonissa et semen leoninum. Contrarium vero in tritico, ubi semen melius quam palea et sic de reliquis. Ubi enim arbor plus participat incorruptibilis speciei conditionem, scilicet quia ex se fructum producit, remanens in virtute alium producendi, plus participat arbor perfectionem speciei. Ubi vero semen incorruptibilis speciei naturam plus contrahit, et cum eius productione arboris virtus deficit, quia tota in semen pergit ut in granis tritici, siliginis, avenae et similium, perfectius est granum seu semen et illud tunc nobilius, quod femininius. Nullum autem est reperibile semen adeo [femininum][6] atque taliter in potentia, quod magis

---

[1] Cod. Tr I; Cod. Cus.: masculini existens seminis.
[2] Cod. Tr I; Cod. Cus.: absorbet femineum.
[3] Cod. Tr I; Cod. Cus.: femineo.
[4] Cod. Tr I; Cod. Cus.: etiam.
[5] Cod. Tr I; Cod. Cus.: feminea.
[6] Cod. Tr I; Cod. Cus.: femineum.

Es ist aber notwendig, daß sich sowohl das Männliche als auch das Weibliche voneinander unterscheiden. Es kann kein männliches Individuum in der Männlichkeit gefunden werden, das mit irgendeinem anderen genau übereinstimmt, noch kann ein am meisten Männliches gegeben werden. In aller Männlichkeit ist die Weiblichkeit in verschiedener Weise absorbiert. Darum sehen wir auch, daß an allen Männlichen Tieren die Zeichen des Weiblichen, z. B. die Anzeichen der Brust, erscheinen. Ebenso verhalten sich auch die Samen gegensätzlich. Jedes Individuum absorbiert mit seiner besonderen Individuation das andere, so daß in deiner individuellen Männlichkeit die Weiblichkeit absorbiert ist; ebenso wie der Same, durch den ein Wesen männlichen Samens in die Wirklichkeit kam, das Weibliche überwunden hat, so absorbiert die Weiblichkeit auf ihre Weise die Männlichkeit. Der männliche Samen verschränkt in sich den weiblichen und seine Möglichkeit umfaßt das tatsächlich Männliche und Weibliche. Umgekehrt verhält es sich mit dem weiblichen Samen.

Wir wissen, daß diese Individuen an der Eigengestalt in verschiedener Weise teilhaben. Manche haben an der Eigengestalt besser im Samen, manche besser im Baum teil. Je geringer und je möglichkeitsartiger eine Eigengestalt ist, desto vollkommener haben die Samen an ihrer Natur teil. Je edler, vollkommener, gestaltlicher und wirklicher sie hingegen ist, desto mehr nehmen die Bäume an ihrer Natur teil. Und wo die Bäume in vollkommenerer Weise an ihr teilhaben, da ist die Teilhabe um so vollkommener je männlicher sie ist; und wo die Samen vollkommener partizipieren, ist jene um so vollkommener, welche weiblich ist. Darum ist der Birnbaum edler als die Birne und der Löwe edler als die Löwin und der Same des Löwen. Umgekehrt aber ist es beim Getreide; da ist der Same besser als die Spelt usw. Wo nämlich der Baum an der Beschaffenheit der unvergänglichen Art stärkeren Anteil hat, indem er in der Kraft anderes hervorzubringen verharrt und aus sich selbst Frucht bringt, nimmt er stärker an der Vollkommenheit der Art teil. Wo aber der Same die Natur der unvergänglichen Art stärker verschränkt und die Kraft des Baumes, wenn er ihn hervorbringt, schwindet, weil diese ganz in den Samen übergeht (wie es bei Weizen,

in potentia esse non possit, ita nec arbor adeo in actu perfecto, quin magis esse possit.

Quare omne dabile individuum has differentias varie et differenter participat. Plus enim arbor seminis naturam participat in surculo et minus in trunco, et plus infans seminis naturam in infantia quam adolescentia participat. Arbor autem perfecta speciei naturam perfectius participans, ut ex potentia seminis in actum prodiit, ita et illius quaedam seminis explicatam tenens naturam fructum in similitudine seminis producit. Et quoniam arbor quasi expansum canale est seminalis virtutis, tunc intra se [digerit][1] humidum atque secundum expansam specificat naturam. Specificat quidem perfecte, si virtus seminis perfecta fuerit atque perfecte expansa, et si ipsum nutrimentum perfectum atque perfecte specificabile fuerit. Quapropter utrumque attendi debere necesse est.

Unde grana quaedam in pingui solo et propter nobile nutrimentum perfectiora se ipsis producere videmus grana, licet hoc successive fiat, quia in anno primo non adeo perfecta sicut in sequentibus. E converso optima grana in sterili agro ingnobilem fructum producere conspicimus, non tamen adeo ignobilem sicut alia minus nobilia grana, unde successive vergit nobile granum ad similitudinem ignobilis propter nutrimentum disproportionatum nobilitati suae. Ex diversitate igitur nutrimenti atque locorum individua variari necesse est.

Attende etiam, quod, quamvis nutrimentum specificetur et in formali virtute speciei eius potentialitas absorbeatur, non potest tamen penitus atque omnino eius natura per omnia absorberi, uti vides, dum pyrus inseritur pomo. Humidum enim in trunco arboris pomi pomificatum in ramo pyri inserto pyrificatur atque in pyrum individuatur; non tamen est hoc pyrum ab omni

---

[1] Codd. Tr I und Tr II; Cod. Cus.: dirigit.

Winterweizen, Hafer und ähnlichem der Fall ist), ist das Korn oder der Same vollkommener und aus dem Grund edler, weil weiblicher. Es ist aber kein Same zu finden, der so weiblich und dergestalt in der Möglichkeit ist, daß er nicht noch mehr in der Möglichkeit sein könnte. Gleicherweise ist auch kein Baum in so vollkommener Wirklichkeit, daß er es nicht in noch größerem Maße sein könnte.

Darum hat jedes Individuum, das gegeben werden kann, an diesen Unterschieden in mannigfacher und unterschiedlicher Weise teil. Der Baum hat an der Natur des Samens im Zweig mehr teil als im Stamm, und ein Kind hat an der Natur des Samens in der Kindheit mehr teil als in der Jugend. Ein vollkommener Baum, der an der Natur der Eigengestalt vollkommener teilhat, da er aus der Möglichkeit des Samens zur Wirklichkeit gelangte, wird auch ebenso, an der entfalteten Natur jenes Samens festhaltend, diesem ähnliche Frucht hervorbringen. Und weil der Baum gleichsam eine erweiterte Fortführung der Kraft des Samens ist, so verteilt er in sich die Feuchtigkeit und macht sie gemäß der erweiterten Natur zur Eigengestalt. Er tut dies in vollkommener Weise, wenn die Kraft des Samens vollkommener war und vollkommener erweitert wurde und wenn die Nahrung vollkommen und vollkommen gestaltbar war. Darum muß man auf beides achten.

Aus diesem Grunde sehen wir auch, daß Samenkörner auf fettem Boden der vortrefflichen Nahrung wegen Körner hervorbringen, die vollkommener sind als sie selbst, wenn dies auch nur nach und nach geschieht, da sie im ersten Jahr noch nicht so vollkommen sind wie in den folgenden. Und umgekehrt sehen wir, daß die besten Körner in einem unfruchtbaren Boden geringe Frucht hervorbringen, allerdings nicht so unedle wie andere, weniger gute Samen. So gelangt nach und nach ein edles Korn dazu, einem geringen zu gleichen, wenn die Nahrung seiner edlen Art nicht angemessen ist. Die Individuen müssen also auf Grund der Unterschiedlichkeit von Nahrung und Standort verschieden sein.

Achte aber darauf, daß, obgleich die Nahrung zur Eigengestalt wird und in der Gestaltkraft der Eigengestalt ihr Möglichsein absorbiert wird, ihre Natur dennoch nicht gänzlich und vollkommen von allem absorbiert werden kann, wie du dies am Beispiel des Apfelbaumes siehst, dem ein Birnenreis eingepfropft wird. Die Feuchtigkeit wird nämlich im Stamm des Apfelbaumes

natura pomi alienum, licet in pyro occultetur tantoque minor
fit, quanto virtus surculi fortior atque in sequentibus temporibus debilitata successive virtute specifica pyri plus de pomi
natura manifestatur. Ita quidem de loco; magis enim Almanus
in Italia in primo quam in secundo anno almanizat, locus enim
successive locatum characterizat secundum localis naturae fortitudinem. Haec quidem, uti in sensibili mundo experimur sensibiliter, ita et in rationali rationabiliter ut in moribus, consuetudinibus rationabilibusque doctrinis, quae alimenta quaedam
sunt, quae etiam in ipso intellectuali intellectualiter attendere
debes.

IX.

De differentiis modorum essendi

Satis ex iis, quid intendam, coniicies atque, si velis, tam coniecturarum quam coniecturantium differentiam concipies arte quadam generali. Nam, ut aliae sunt confusae sensibiles coniecturae, aliae verisimiles rationales, aliae verae intellectuales, ita
quidam sunt coniecturantes differentes, ut quidam in confusa
sensibilitate discurrant, quidam ex principiis ratiocinentur,
quidam intellectualibus absolutionibus vacent.

Habet enim ipsa coniecturalis unitas in coniecturabile pergens
elementa sua quattuor, scilicet subtilitatem, grossitiem atque
duo media. In subtilitate enim acutissima pergit coniectura
quasi ignis sursum, et modum essendi rerum in quadam absoluta
unitate seu necessitate intuetur. Terrene vero atque grosse
coniecturando modum tenebrosum essendi in possibilitate fingit;
alios quidem duos efficit essendi modos, quorum unus absolutae necessitati accedit, et hic modus est, sine quo res vera
intelligi nequit. Et hic quidem modus est necessitatis secundae
seu consequentiae. Cum enim ponitur veritas humanitatis esse
necessario, ad hanc ea sequuntur necessario, sine quibus esse
nequit.

zum Apfelbaum, im eingepfropften Zweig des Birnbaumes aber zum Birnbaum und zur Birne individuiert. Dieser Birne ist die Natur des Apfels jedoch nicht ganz fremd, wenn sie auch in der Birne verborgen ist. Das geschieht umso weniger, je stärker die Kraft des Zweiges ist. In der Folgezeit wird die eigengestaltliche Kraft der Birne geschwächt und es zeigt sich stärker die Natur des Apfelbaumes. Ebenso verhält es sich mit dem Ort. Ein Deutscher ist in Italien im ersten Jahr mehr deutsch als im zweiten. Nach und nach charakterisiert der Ort den dorthin Versetzten entsprechend der Kraft der örtlichen Natur. So wie wir dies in der sinnlichen Welt sinnlich erfahren, erfahren wir es in der verständigen Welt in verstandesmäßiger Weise, wie es bei Sitten, Gewohnheiten und verstandesmäßigen Lehren, die eine Art von Nahrung sind, der Fall ist. Auch im Vernunfthaften mußt du dies nach der Weise vernünftigen Denkens beachten.

IX.

Die verschiedenen Weisen des Seins

Aus diesen Ausführungen kannst du meine Absichten zur Genüge mut-maßen und, wenn du willst, sowohl den Unterschied der Mut-Maßungen als auch den der Mut-Maßenden in einer Art allgemeiner Kunst und Wissenschaft erfassen. Denn so wie die ungeschiedenen, sinnlichen Mut-Maßungen andere sind als die verständigen und wahr-ähnlichen und diese wieder andere als die vernünftigen und wahren, so sind auch die Mut-Maßenden verschieden. Manche bewegen sich in ungeschiedener Sinnlichkeit, manche denken verstandesgemäß aus Prinzipien, manche sind frei in vernünftiger Loslösung.

Die mut-maßliche Einheit, die in das, worüber man Mut-Maßungen anstellen kann, vordringt, hat ihre vier Elemente: Feinheit, Dichte und zwei mittlere Elemente. In schärfster Gründlichkeit strebt die Mut-Maßung gleichsam wie Feuer nach oben und betrachtet die Seinsweise der Dinge in einer Art absoluter Einheit oder Notwendigkeit. Durch erdhaftes und dichtes Mut-Maßen bildet man eine dunkle Seinsart im Möglichsein. Ferner bringt man durch Mut-Maßen zwei weitere Seinsweisen hervor: die eine nähert sich der absoluten Notwendigkeit; es ist jene, ohne die das wahre Ding nicht verstanden werden kann; es ist der Modus der zweiten Notwendigkeit oder der Folgerichtigkeit. Wenn nämlich die Wahrheit der Menschheit als notwendiges Sein gesetzt wird, folgt damit notwendigerweise das, ohne welches sie nicht sein kann.

Alius vero modus essendi possibilitati proximior atque supra ipsam atque infra iam dictum exoritur habens necessitatis parum, possibilitatis multum, ut est actualis quidam essendi modus.

Hoc in P figura conspicies, ubi unitas sit necessitas; alteritas, possibilitas omnia in idem redeunt secundum ea, quae audisti.

Varietates igitur modorum essendi coniecturans arte figurali facillime venatur ita, ut videat, quomodo modus in modo capitur et absorbetur. Et varietatem hos modos essendi participantium distinguit et colligit, ut rem concipiat in possibilitate tenebrosa secundum hunc essendi modum et eandem in actu secundum alium essendi modum, ita et modos coniecturandi atque coniecturantium hos modos participantium varietatem attingit; modos etiam durationis, ut alius sit modus durationis modi essendi necessitatis absolutae, alius modus possibilitatis. Necessitatis enim absolutae est duratio infinita. Quod enim necessario simpliciter extitit, aliter esse nequit. Non igitur pergit in alteritatem; hinc est absoluta aeternitas. Possibilis vero essendi modus in alteritate est tantum. Actualis vero aliquid habet stabilitatis, multum possibilitatis; necessitatis secundae multum stabilitatis, parum alteritatis. Ita quidem modos essendi ipsius motus distinguit atque deinde hos et consimiles essendi modos contrahit, ut in sensibili mundo eos sensibiliter [coniecturetur][1] in rationali rationabiliter, in intellectuali intellectualiter.

Hos quoque essendi modos trium regionum ad invicem continuari [coniecturatur][2] ut unum sit universum. Hinc summam sensibilem necessitatem rationalem admittit possibilitatem, summamque atque necessariam rationem intellectualem affirmat possibilitatem. Sic enim quattuor essendi modos in denarium resolvi videt, qui universus est numerus.

---

[1] Cod. Tr I; Cod. Cus.: coniectet.
[2] Cod. Tr I; Cod. Cus.: coniectat.

Der andere Seinsmodus ist der Möglichkeit näher; er steht über ihr, aber unterhalb des genannten. Er hat wenig von der Notwendigkeit und viel vom Möglichsein an sich, da er ein tatsächlicher Seinsmodus ist.

Du siehst dies in der Figur P, wo die Einheit die Notwendigkeit ist, die Andersheit das Möglichsein und alle dem Gehörten entsprechend in dasselbe zurückkehren.

Zu der Verschiedenheit der Seinsweisen gelangt der Mut-Maßende am leichtesten durch die darstellende Kunst, und zwar dadurch, daß er sieht, daß und wie die eine Art in der anderen gefaßt und absorbiert wird. Und er unterscheidet und sammelt die Verschiedenheit des an diesen Seinsweisen Teilhabenden, um eben dieselbe Sache im schattenhaften Möglichsein diesem Seinsmodus entsprechend und einem anderen entsprechend, in der Wirklichkeit zu erfassen. Und ebenso erreicht er auch die Verschiedenheit der Modi des Mut-Maßens und der Mut-Maßenden, die an diesen Modi teilhaben; ferner erreicht er die Weisen der Dauer, so daß der Modus der Dauer, welcher der Seinsweise der absoluten Notwendigkeit zukommt, ein anderer ist und ein anderer jener, der dem Modus des Möglichseins zukommt. Der absoluten Notwendigkeit kommt unendliche Dauer zu. Denn was notwendig auf einfache Weise ist, kann nicht anders sein. Es dringt nicht in die Andersheit ein, darum ist es die absolute Ewigkeit. Die mögliche Seinsart hingegen ist nur in der Andersheit; die tatsächliche hat einiges von der Beständigkeit und vieles von der Möglichkeit an sich; die der zweiten Notwendigkeit viel von der Beständigkeit, wenig von der Andersheit. So unterscheidet also die Bewegung des Seins die Seinsweisen und verschränkt daraufhin diese und ähnliche Seinsweisen, so daß man sie in der sinnlichen Welt sinnlich, in der verständigen verstandesmäßig und in der vernünftigen vernunfthaft mut-maßt.

Auch mut-maßt man, daß die Seinsweisen der drei Bereiche wechselseitig ineinander übergehen, damit das Gesamt eines sei. Daher nimmt der Mut-maßende die höchste sinnliche Notwendigkeit als verstandesmäßige Möglichkeit an und ist der Ansicht, daß der höchste und notwendige Verstandessinn vernünftige Möglichkeit bedeutet. So sieht man, wie sich die vier Seinsweisen in den Denar auflösen, der die Gesamtzahl ist.

X.

De differentiis compositorum ex anima et corpore

Inspice P figuram atque unitatem animam, alteritatem vero corpus facito. Transit quidem corporalitas in spiritualitatem sursum, spiritus in corporalitatem deorsum; quoniam autem spiritum descendere est corpus ascendere, hinc utrumque te iungere necesse est, ut differentiam corporum ita ex differentia animarum concipias, quod pariter earum animarum differentiam ex corpore coniicias.

Quod enim humana anima corpus suum a corporibus ceterorum differre facit animalium, est pariter ex eo, quod tale corpus differentem spiritum expostulat. Platonizare enim Platonis ab omnibus differt hominibus, atque haec differentia pariter ex unitate animae et alteritate corporis exsurgit. Quapropter illi, qui animarum dispositionem per sensibilia inquirunt, uti physiognomi, corpus intuentur atque ex eiusdem cum aliis hominibus atque animalibus differentiis et concordantiis spiritus venantur differentiam, hinc etiam est, quod molles carne aptos mente experimur.

Motus etiam animalium progressivus, secundum quem animalia a vegetabilibus differunt, non tantum ad corporis, sed ad animae etiam debet necessitatem referri. Nam non tantum animal locum mutat, ut necessarium nutrimentum colligat, sed et ideo etiam, ut animae operationes perficiat; nec animal unum aliud vincit volatu, cursu industriaque eo tantum, quia his eget conservanda eius complexio, sed et, quia haec et spiritus exquirit. Sic homo non est maiori datus rationi, ut ob corporis necessitatem seminare, plantare, mercari, aedificare, texere, coquere et omnia huiusmodi sciat, sed et opifex summus instituit hanc rationalem naturam in corpus descendere, ut corpus in rationalem ascenderet; sensibile enim corpus rationi subest, nec corpus ad ista necessitatur nisi propter spiritum. Sicut enim corpus propter suam necessitatem talem rationalem naturam expetere videtur, ita hic spiritus subtilis tale nobile corpus, quod his opus habet, expostulat. Non est aliter spiritus propter corpus nisi, quia corpus est propter spiritum; redit enim supra se spiritus.

X.

Die Unterschiede der aus Seele und Körper zusammengesetzten Dinge

Betrachte die Figur P und laß die Einheit die Seele, die Andersheit den Körper sein. Die Körperlichkeit geht in die über ihr stehende Geistigkeit über, der Geist in die unter ihm stehende Körperlichkeit. Da das Herabsteigen des Geistes das Heraufsteigen des Körpers ist, mußt du beides verbinden, damit du den Unterschied der Körper aus dem Unterschied der Seelen so begreifst, daß du in gleicher Weise den Unterschied der Seelen aus dem der Körper mut-maßest.

Die Tatsache, daß die menschliche Seele ihren Körper zu einem von den übrigen Lebewesen verschiedenen macht, beruht gleichermaßen darauf, daß ein so gestalteter Körper einen unterschiedenen Geist erfordert. Das Platon-sein Platons unterscheidet sich von allen Menschen. Dieser Unterschied entsteht gleicherweise auf Grund der Einheit der Seele und der Andersheit des Körpers. Darum erblicken diejenigen, welche die Verfassung der Seele mit Hilfe des Sinnlichen erforschen, wie die Physiognomen, den Körper und gelangen auf Grund der Unterschiede und Übereinstimmungen ebendesselben mit den anderen Menschen und Lebewesen zum Unterschied der Geister; daher kommt es, daß wir uns als schwach im Fleisch, aber willig im Geiste erfahren.

Die fortschreitende Bewegung der Lebewesen, der gemäß sich die Tiere von den Pflanzen unterscheiden, muß nicht nur auf die Notwendigkeit des Körpers, sondern auch auf die der Seele bezogen werden. Ein Lebewesen wechselt nämlich seinen Ort nicht nur, um die nötige Nahrung zu sammeln, sondern auch, um Tun und Streben seiner Seele zu vollenden. Auch übertrifft ein Lebewesen ein anderes in Flug, Lauf und Fleiß nicht nur, weil seine zu bewahrende Befindlichkeit das fordert, sondern auch, weil dies seine Seele verlangt; der Mensch ist nicht deshalb mit einem größeren Verstand begabt, damit er um der körperlichen Bedürfnisse willen zu säen, zu pflanzen, Handel zu treiben, zu bauen, zu weben, zu kochen usw. weiß; der höchste Meister richtete es vielmehr so ein, daß sich diese verstandesmäßige Natur in den Körper herabsenkte, damit der Körper in sie aufsteige. Der sinnliche Körper ist nämlich dem Verstand unterworfen und wird zu keinem anderen Zweck dazu genötigt als um des Geistes willen. Wie nämlich der Körper seiner Bedürfnisse wegen eine dergestal-

Differt igitur quodlibet sensibile animal a quolibet, differentia connexa ex spiritus corporisque differentia procedente. Omnem autem spiritum ab omni spiritu et omne corpus ab omni corpore differre necesse est.

Non est autem differentia sine concordia. Quapropter omnem spiritum concordare pariter et differre a quolibet necesse est, nec potest aequaliter hoc esse; cum alio enim plus concordat, cum alio vero minus, cum nullo vero maxime aut minime simpliciter. Spiritus igitur a spiritu quolibet cum ita differat, quod semper minus per differentiam, quae semper minor esse posset, absque eo, quod in infinitum progrediatur, differat, improportionali proportione ita differt, quod proportio spiritualis naturae unius et alterius proportionabilior semper esse posset, absque eo, quod in infinitum progressio fieret. Praecisio igitur differentiae proportionis inattingibilis est. Concordat igitur spiritus cum spiritu concordanti differentia; unde spiritus tenebrosior cum spiritu lucidiori secundum P figuram se habet; nam unitas spiritus in alteritatem progreditur atque alteritas spiritualis in unitatem regreditur.

In supremis vero nobilissimis spiritibus alteritas tenebrosa sensibilis in intellectuali claritate absorbetur. In inferioribus vero spiritibus unitas spiritualis, quae intellectualis dici potest, in alteritate spirituali absorbetur. Unde vegetativus spiritus in sua tenebrositate occultat intellectualem; et eius quaedam signa apparent in brancis ad sustentandum, foliis et cortice ad fructum tutandum. Plura tamen signa intellectualia in animalibus experimur, ubi clarior est ipse spiritus, nam in sensu, deinde magis in imaginatione, adhuc amplius in ratione, clarius et propinquius signa experimur intellectualis vigoris. Adhuc inter ratiocinantia animalia clariora signa providentiae in hominibus quam in aliis animalibus existunt, ex quibus ibi coniicimus lucidiorem intelligentiam. Sic quidem in intelligentiis affirmamus sensibilem naturam occultari atque absorberi in luce intellectuali. Rationem autem animae mediam concipimus inter infimum et supremum eius atque eapropter plus participare naturam superiorem uni-

tige verständige Natur zu erfordern scheint, so verlangt dieser feine Geist — da er ihn braucht — einen derartig edlen Körper. Der Geist ist in keiner anderen Weise um des Körpers willen da, als der Körper um des Geistes willen da ist. Der Geist kehrt über sich selbst zu sich zurück. Es unterscheidet sich also jedes sinnliche Lebewesen von jedem anderen, wobei die damit verbundene Differenz aus dem Unterschied von Seele und Körper hervorgeht. Jeder Geist muß von jedem andern und jeder Körper von jedem anderen unterschieden sein.

Es gibt aber keinen Unterschied ohne Übereinstimmung. Darum muß jeder Geist von jedem andern unterschieden sein und zugleich mit jedem übereinstimmen. Das kann nicht in gleicher Weise der Fall sein. Mit dem einen stimmt er mehr, mit einem anderen weniger, mit keinem aber schlechthin am meisten oder am wenigsten überein. Da jeder Geist von jedem Geist so unterschieden ist, daß er sich durch den Unterschied, der immer kleiner sein kann, ohne jedoch ins Unendliche fortzuschreiten, immer weniger unterscheidet, unterscheidet er sich in verhältnislosem Bezugsverhältnis so, daß das Verhältnis der geistigen Natur des einen und anderen immer verhältnisbezogener sein kann, ohne daß jedoch ein Fortschritt ins Unendliche stattfände. Die Genauigkeit im Unterschied des Bezugsverhältnisses ist unerreichbar. Es stimmt also Geist mit Geist in zusammenstimmendem Unterschied überein; darum verhält sich der dunklere Geist zum lichteren entsprechend der Figur P. Die Einheit des Geistes geht nämlich in Andersheit über, und die geistige Andersheit kehrt in die Einheit zurück.

In den höchsten und letzten Geistern wird die schattenhaft sinnliche Andersheit in vernunfthafter Klarheit absorbiert. In den niedrigeren Geistern aber wird die geistige Einheit, die vernunfthaft genannt werden kann, in geistiger Andersheit absorbiert. Daher verbirgt der vegetative Geisthauch in seiner Dunkelheit den vernunfthaften; Anzeichen von ihm erscheinen aber darin, daß die Zweige die Blätter stützen und die Schale die Frucht schützt. Mehr vernunfthafte Zeichen erfahren wir bei den Tieren. Dort ist der Geist klarer. Wir erfahren in der Sinnlichkeit, stärker in der Einbildung und noch umfassender im Verstandessinn die Zeichen der vernunfthaften Kraft deutlicher und näher. Und unter den verständig denkenden Lebewesen finden sich beim Menschen noch deutlichere Zeichen vorbedenkender Überlegung als bei den anderen. Auf Grund dieser Zeichen mut-maßen wir bei ihnen die mehr lichthafte Vernunft-Einsicht. So sind wir überzeugt, daß bei den Vernunft-Einsichten die sinnliche Natur

tatis intellectualis in certis, in aliis vero plus inferiorem alteritatem.

Unde in inferiori mundo secundum illius mundi naturam omnia esse diximus. In medio vero medie atque in supremo supreme eius scilicet naturae modo. Nam sensus, qui est in vegetabilibus, per quem sentiunt intensissima frigora et aestus excellentes vegetativae est naturae. Sensus in animalibus animalis naturae est, sensus in intelligentiis intellectualis, ita quidem de ratione et intellectu. Subtilitas enim intellectualis in vegetabilibus, per quam brancas pro sui appensione adveniente gravitate praemittit, vegetabilis est naturae. Intellectualis vero subtilitas in animalibus, per quam venantur et pro futura necessitate quaesita observant, animalis est. In supremis vero intellectualis est sapientia, quae ad veritatem ipsam confert[ur][1]. Suo igitur modo quisque spiritus spiritualis naturae elementa participat, sicut corpus corporalis. Haec quidem in saepe dictis tibi manifestissima sunt, quoniam omnium una progressionum existit via.

Omnium autem animalium dum unitatem animam et corpus alteritatem feceris, ea, quae in corpore corporaliter conspicis et explicate in anima ut in complicante virtute animaliter esse [concipe][2] ut in eiusdem corporalis naturae explicatae unitatis virtute. Vides in tuo corpore caput, manus et pedes secundum gradus nobilitatis in officiis differre; ita in anima virtualiter intellectum caput, manus rationem, pedes sensus facito; sicut enim corpus ambulat et vehitur pedibus corporalibus, ita et anima ipsa sensibus animaliter in sensibilia ipsa pergit, et ratione quasi manibus utitur atque intellectu quasi virtute sensus uniente, ut intellectus in anima caput sit atque pars ipsa nobilior.

---

[1] Cod. Tr I.
[2] Cod. Tr I; Cod. Cus.: conspice.

verborgen ist und in vernunfthaft-geistigem Licht absorbiert wird. Wir begreifen aber, daß der Verstandessinn der Seele das Mittel zwischen ihrem Untersten und Höchsten ist und daß er darum in bestimmten Lebewesen mehr an der höheren Natur der vernunfthaften Einheit teilhat, in anderen aber mehr an der niedrigeren Andersheit.

Deshalb sagen wir, daß in der niederen Welt alles gemäß deren Natur ist; in der mittleren in mittlerer Art und in der höchsten in der höchsten je nach der Weise ihrer Natur. Der Sinn, der in den Pflanzen ist, durch den sie starke Kälte und außerordentliche Hitze empfinden, ist pflanzlicher Natur. In den Tieren ist er von tierischer Natur, bei den Vernunft-Einsichten ist er vernünftiger Natur. Ebenso verhält es sich mit dem Verstandessinn und der Vernunfterkenntnis. Die vernunfthafte Subtilität, durch welche die Pflanze ihr Wurzelwerk hervortreibt, um mit Hilfe der Schwerkraft Halt zu gewinnen, ist im Pflanzlichen pflanzlicher Natur; die vernunfthafte Subtilität, durch welche die Tiere jagen und die für zukünftige Bedürfnisse gesammelten Dinge bewachen, ist bei den Tieren tierisch. Im Höchsten aber ist die vernunfthafte Subtilität Weisheit, die zur Wahrheit selbst hinführt. Jeder Geist hat also auf seine Weise an den Elementen der geistigen Natur so teil, wie der Körper an denen der körperlichen. Da es den einen Weg alles Fortschreitens gibt, ist dir dies aus dem wiederholt Gesagten ganz klar.

Wenn du bei allen Lebewesen die Einheit, die Seele und die Andersheit den Körper sein läßt, dann begreife, daß das, was du im Körper körperlich und entfaltet erkennst, in der Seele als in der zusammenfaltenden Kraft seelisch ist, und zwar als in der Kraft der Einheit derselben entfalteten körperlichen Natur. An deinem Körper siehst du, daß Kopf, Hände und Füße, dem Grad ihrer Vornehmheit entsprechend, sich in ihren Aufgaben unterscheiden; ebenso stelle dir dem Wirken nach in der Seele das Vernunft-Denken als Haupt, den Verstand als Hände und die Sinne als Füße vor. Wie nämlich der Körper von den körperlichen Füßen bewegt einhergeht, so gelangt auch die Seele selbst mit Hilfe der Sinne seelenhaft in das Sinnliche; sie gebraucht den Verstand gleichsam als Hände und die Vernunft gleichsam als die Sinne einende Kraft, so daß diese in der Seele der Kopf und ihr edelster Teil ist. Die Vernunft verhält sich im Umkreis der vernunfthaften Kraft wie das Auge im Kopf.

Intellectus in ambitu intellectualis virtutis se uti oculus habet in capite. Talibus quidem symbolicis venationibus de corporalis naturae explicatione ad animae potentiam ascende, atque cuiuscumque animalis virtutem animae ita complicatam concipe contracte, uti explicatam corporis varietatem [coniecturaris][1]. Animam enim leonis caput intellectuale, pedes sensuales rationalesque manus virtualiter habere concipe secundum contractionem unitatis eius, quae est leoninitas, sicut hoc in homine humaniter esse affirmamus atque ita de singulis.

Corporum autem universam distinctionem ex figuris nostris ea ratione trahes qua cuncta. Nam subtilitatem corporalem unitatem lucis atque grossitiem alteritatem si feceris, facile quaesita intueberis. Ita quidem, si complexionum varietatem venari proponis unitatem lucis bene harmonizatam optime compactam atque unitam fingito, alteritatem vero alteribilem atque incompactam ac potius discordantiam quam concordantiam accipito. Sic etiam, si corpus spirituale aut spiritum corporalem inquirere cupis, advertis inter lucidum ipsum spiritum in tenebrosum corpus descendentem atque regredientem corporalem grossitiem duo intercidere media connexionis, unum quidem spiritualius, aliud autem corporalius.

Illud vero, quod spiritui propinquius est, corporis non exit omnem latitudinem, unde corpus spirituale dici poterit, aliud vero depressius, grossitiae corporali propinquius, non omnem spiritus latitudinem exiens, spiritus corporalis appelletur. Atque ita considerabis tres gradus spiritus descendentis et tres ascendentis corporis, ex quibus suo modo universum atque omnia, quae in ipso sunt, existunt. Experimur enim in animalibus animam seu spiritualem quandam naturam esse. Experimur corporalem spiritum arteriis inclusum vehiculum connexionis animae, experimur lucem quandam seu spiritum corporalem esse, per quem vis animae operatur in corpus et in sensibile, ut et sic virtus animae his mediis corpori annectetur pro exercendis suis operationibus. Et haec quidem animae connexionis descensus est et corporis ascensus, quoniam ita subtiliatur, ut aptius spiritui uniatur. Omnia autem sensibilia ista participant suo modo, quae in uno sensibili reperiuntur clarius quidem atque

---

[1] Cod. Tr I; Cod. Cus.: coniectas.

Vermittels solcher symbolischer Jagden erhebe dich von der Entfaltung der körperlichen Natur zur Mächtigkeit der Seele und begreife die einfaltende Seelenkraft eines jeden Lebewesens in verschränkter Weise, um so die entfaltete Verschiedenheit des Körpers zu mut-maßen. Begreife auch, daß die Seele des Löwen ihrem Wirken nach ein vernunfthaftes Haupt, sinnenhafte Füße und verständige Hände entsprechend der Verschränkung ihrer Einheit, die die Löwenheit ist, besitzt, so wie wir sagten, daß dies beim Menschen menschlich ist, usw.

Die Gesamt-Unterscheidung der Körper gewinnst du aus unseren Figuren nach der selben Überlegung, nach der du alles andere gewinnst. Wenn du nämlich die körperliche Subtilität, die Einheit des Lichtes und die Dichte die Andersheit sein läßt, wirst du das Gesuchte leicht durchschauen. Ebenso bilde dir, wenn du die Mannigfaltigkeit der Zusammensetzungen erjagen willst, auf der einen Seite die wohl harmonisierte und aufs beste verbundene und geeinte Einheit des Lichtes, auf der anderen Seite nimm die Andersheit als veränderliche, nicht zusammenhängende und eher mißstimmende als zusammenstimmende an. So erfährst du auch, wenn du den geistigen Körper oder den körperlichen Geist untersuchen willst, daß zwischen dem leuchtenden Geist, der in den dunklen Körper herabsteigt und der zurückkehrenden körperlichen Dichte zwei mittlere Verbindungen fallen; die eine ist geistiger, die andere körperlicher.

Die eine, die dem Geist näher ist, verläßt aber nicht alle körperliche Ausdehnung; darum kann sie geistiger Körper genannt werden. Die andere steht tiefer, der körperlichen Dichte näher. Sie verläßt jedoch nicht die ganze Weite des Geistes und wird körperlicher Geist genannt. So kannst du drei Stufen des herabsteigenden Geistes und drei des hinaufsteigenden Körpers betrachten. Aus diesen besteht in je bestimmter Art das Gesamt und alles, was in ihm ist. Wir machen die Erfahrung, daß in den Lebewesen eine Seele oder eine gewisse geistige Natur enthalten ist. Ferner erfahren wir, daß der körperliche Geist, der in den Adern eingeschlossen ist, das Fahrzeug für die Verbindung der Seele ist. Weiter erfahren wir, daß es eine Art Licht oder körperlichen Geist gibt, durch den die Kraft der Seele in den Körper und ins Sinnliche hineinwirkt, so daß mit deren Hilfe die Kraft der Seele dem Körper zur Ausführung ihrer Tätigkeiten verbunden wird. Dieser Verknüpfungs-Abstieg der Seele ist der

obscurius, corruptibilius et incorruptibilius secundum differentias et concordantias generales specialesque.

XI.

De vita

Vitam etiam quasi formae aut spiritus aut alterius cuiuscumque si in suis volueris differentiis intueri, primo ipsam ex unitate lucis et alteritate tenebrae in P figuram resolvito. Atque ita inspicies nobilem illam vitam, in cuius unitatis claritate omnis alteritas absorbetur. Aliam autem intueberis, cuius unitas in alteritate fluxibilis atque instabilis tenebrae involvitur. Et si ipsam vitam in universali figura universum feceris, tres vitas [radicaliter] quadrate cubiceque distingues, unde incorruptibilem et alterabilem atque plus incorruptibilem plusque alterabilem [et corruptibilem][1] et horum subdistinctiones coniecturaliter hac via attinges. Quoniam autem inter ipsam vitam, ubi [alteritatis][2] victoria corruptibilitatem aut resolubilitatem unitatis inducit et inter eam, ubi unitatis victoria incorruptibilitatem operatur, aequale medium cadere nequit, ut sit neque corruptibilis neque incorruptibilis, est tamen de praefatarum differentiarum natura, ut saepissime diximus.

Hinc etiam, ut inferior vita superiori adunetur in unitate universi, superiorem inferiori coniungi necesse erit. Hoc igitur unum compositum existens ex vita unitate vincente atque ex ea, ubi alteritas vincit secundum inferioris conditionem, in alteritatem pergit atque corruptibilitate involvitur, secundum superioris vero naturam ad unitatem incorruptibilitatis accedit. Ex corruptibili igitur atque incorruptibili vita ipsum tale esse constat atque hoc differenter inter eam connexionem participantia. Non est igitur mors talium alia quam aliorum morta-

---
[1] Cod. Tr I.
[2] Cod. Tr I: alteritas.

Aufstieg des Körpers, da dieser dergestalt verfeinert wird, um dem Geist besser vereint zu werden. Alles Sinnliche hat auf seine Weise an diesen Momenten teil. Sie finden sich in dem einen Sinnlichen deutlicher und in dem anderen verdunkelter, vergänglicher und unvergänglicher je nach gattungshaft-allgemeiner und eigengestaltlicher Unterscheidung und Übereinstimmungen.

XI.

Das Leben

Wenn du das Leben der Gestalt oder des Geistes oder von sonst irgend Etwas in seinen Unterschieden einsehen willst, dann füge es auf Grund der Einheit des Lichtes und der Andersheit der Dunkelheit zuerst in die Figur P ein. Und so betrachtest du jenes edle Leben, in dessen klarer Einheit jede Andersheit absorbiert wird. Du siehst aber auch ein anderes, dessen Einheit in die Andersheit der wandelbaren und unbeständigen Dunkelheiten verstrickt ist. Und wenn du das Leben selbst in der allgemeinen Figur zum Gesamt machst, kannst du drei Leben der Wurzel, dem Quadrat und dem Kubus nach unterscheiden. Daher erfaßt du das unvergängliche und veränderliche und das unvergänglichere und veränderlichere bzw. vergänglichere Leben und dessen Unterteilungen auf diesem Weg in der Weise der Mut-Maßung. Weil es aber zwischen dem Leben, wo der Sieg der Andersheit die Vergänglichkeit oder Auflösung der Einheit herbeiführt und zwischen jenem, wo der Sieg der Einheit die Unvergänglichkeit bewirkt, kein gleich-mittleres geben kann, das weder vergänglich noch unvergänglich wäre, verhält es sich mit der Natur der vorhergenannten Unterschiede doch so, wie wir es oft gesagt haben.

Damit das niedrigere Leben mit dem höheren in der Einheit des Gesamt vereint werde, ist es notwendig, daß das höhere dem niedrigeren Leben verbunden wird. Dieses zum Einen Verbundene, das aus demjenigen Leben besteht, in welchem die Einheit siegt, und aus demjenigen, in welchem die Andersheit siegt, geht der Beschaffenheit des niedrigeren Lebens zufolge in die Andersheit über und wird in die Vergänglichkeit verstrickt. Entsprechend der Natur des höheren Lebens indes gelangt es zur Einheit mit der Unvergänglichkeit. Es steht also fest, daß diese derart be-

lium. Nam propter fluxum alteritatis in dispersionem tendit. Stabilis igitur remanet unitas incorruptibilis vitae unitate alterabili a suae unitatis harmonica cadente radice. Intellectualis autem vita ad incorruptibilem veritatem erecta sursum ad corruptibilem alteritatem moveri nescit. Infimus igitur specificus huius naturae gradus parum in actu, paene quasi in potentia, quandam connexionis participabilitatem cum fluxibili vita possidet non quidem, ut fluxibili vitae vigorem stabilitatis praestet, sed potius, ut eius etiam connexione per admirationem sensibilium rationabiliter moveatur atque in dormitanti potentia ad actum excitetur evigiletque.

Nec est possibile hunc specificum gradum connexionis utriusque vitae multiplicari, ut huius connexionis plures sint species, licet hanc speciem individua varie participare necesse sit. Vita igitur irresolubilis est ipsa intellectualis vita; resolubilis vero est ipsa sensibilis, media vero, quae intellectuali propinquior est rationalis nobilis atque intellectualis est, quae et sensus intellectualis dici potest. Sensui vero accedens rationalis ignobilis, seu imaginativa aut intellectus sensualis poterit appellari. Ratio igitur superior intellectum participans cum ratione inferiori sensualis naturae connectitur in specie ipsa humana. Tali quidem coniectura attingere ea poteris, quae circa vitam discursus venari poterit.

XII.

De natura et arte

Natura unitas est, ars alteritas, quia naturae similitudo. Deus quidem secundum intellectualem loquelam natura pariter et ars existit absoluta, licet veritas sit ipsum nec artem nec naturam neque ambo esse. Praecisio autem cum inattingibilis sit, nos

schaffene Verbindung aus vergänglichem und unvergänglichem Leben besteht; und das in verschiedener Weise bei den an dieser Verbindung Teilhabenden. Der Tod dieser Verbindungen ist also nichts anderes als der anderer Sterblicher. Denn wegen des Fließens der Andersheit strebt sie zur Zerstreuung. Beständig bleibt die Einheit des unvergänglichen Lebens, während die veränderliche Einheit von der harmonischen Wurzel ihrer Einheit abweicht. Das vernunfthafte Leben aber, das zur unvergänglichen Wahrheit emporgerichtet ist, kann sich nicht zur vergänglichen Andersheit bewegen. Der unterste eigengestaltliche Grad dieser Natur, die wenig in der Wirklichkeit und beinahe ganz in der Möglichkeit ist, besitzt eine gewisse Partizipierbarkeit der Verbindung mit dem wandelbaren Leben; jedoch nicht so, daß sie dem wandelbaren Leben die Stärke der Beständigkeit böte, sondern eher so, daß sie sich infolge ihrer Verbindung mit ihm durch das Staunen über das Sinnliche verstandesmäßig bewegt und in der schlafenden Möglichkeit zur Wirklichkeit gerufen und erweckt wird.

Es ist nicht möglich, diesen eigengestaltlichen Grad der Verbindung beider Leben zu vervielfältigen, so daß es mehrere Eigengestalten dieser Verbindung gäbe, auch wenn es notwendig ist, daß die Individuen mannigfach an dieser Eigengestalt teilhaben. Das unauflösbare Leben ist also vernunfthaftes Leben; das auflösbare ist sinnliches, das mittlere aber, das dem vernunfthaften näher ist, ist verständig, edel und vernunfthaft; man kann es auch vernunfthaften Sinn nennen. Das verständige Leben jedoch, das sich dem Sinn nähert, ist unedel oder einbildungshaft; man kann es sinnenhafte Vernunft nennen. Der höhere Verstandessinn, der am Vernunft-Denken teilhat, wird mit dem niederen Verstandessinn, der sinnhaften Natur, in der menschlichen Eigengestalt verknüpft. Durch eine dergestaltige Mut-Maßung kannst du das erreichen, was eine Denk-Bewegung gegenüber dem Leben erjagen kann.

XII.

Natur und Kunst

Die Natur ist Einheit, die Kunst jedoch Andersheit, da sie das Abbild der Natur ist. Gott ist der vernunfthaften Redeweise entsprechend zugleich die absolute Natur und die absolute Kunst, auch wenn es die Wahrheit ist, daß er weder Kunst, noch Natur,

credi admonet nihil tantum, quod aut natura aut ars sit dabile esse: Omne enim utrumque suo participat modo. Intelligentia enim facile, ut a ratione emanat divina, artem participare concipitur; ut autem a se artem exserit, naturam esse videmus. Ars enim imitatio quaedam naturae existit, alia enim sensibilia naturalia esse, alia artificialia manifestum est. Sed non est possibile sensibilia naturalia esse artis expertia, ita nec sensibilia artificialia natura carere possunt. Loquela enim ab arte procedit, [quae naturae]¹ innixa est, ut una sit naturalior loquela uni, alia vero minus naturalis. Ratiocinari etiam homini naturale est, sed non absque arte. Unde unum plus in arte valere ratiocinandi quam alium dubio caret. Sicut enim in loquela, quae absque arte haberi nequit, unitas naturalis rationis relucet, ut ex loquela, quis qualisve sit, ratione et natura cognoscatur, sic et in ratione ars ratiocinantis manifestatur.

Si igitur naturae differentias investigare volueris atque artis et connexionis utriusque, ad saepe apertam figurarum manuductionem recurrito. Est enim natura ex unitate masculina et alteritate feminina. In masculinitate vero intellectuali absorpta est femineitas. Unitive igitur intra se fecundatur; in vegetabili femineitate alteritas naturam in se masculam determinet, quare explicative fructificat. Natura vero animalium sexum distinguit, vir in muliere generat, mulier ad extra parit, natura vero in intelligentiis intellectualem parit fructum, in animalibus animalem, in vegetabilibus vegetabilem. Oboedit natura sensibilis rationali, rationalis intellectuali, intellectualis divinae. Oboedit sensibiliter factibile arti rationali, rationalis intellectuali, intellectualis divinae. Sicut omnis natura in sensibili sensibiliter est contracta, ita et factibilitas in sensibili est sensibiliter contracta, in rationali rationabiliter.

---

¹ Konjektur; Codd.: cui natura.

noch beides ist. Da die Genauigkeit unerreichbar ist, ermahnt sie uns, zu glauben, daß nur solches gegeben werden kann, was entweder Natur oder Kunst ist. Jedes Ding partizipiert beide auf seine Weise. Man begreift leicht, daß die Vernunft-Einsicht, da sie vom Göttlichen Wesenssinn ausgeht, die Kunst partizipiert. Sofern sie aber aus sich die Kunst hervorbringt, sehen wir sie als Natur. Die Kunst stellt eine Art Nachahmung der Natur dar. Daß nämlich die einen Dinge natürliche Sinnendinge sind, die anderen künstliche, ist offenkundig. Doch ist es unmöglich, daß die natürlichen Sinnendinge der Kunst nicht teilhaftig sind; ebensowenig wie auch die künstlichen Sinnendinge der Natur entbehren können. Die Rede geht von der Kunst aus, welche sich auf die Natur stützt, so daß die eine Rede natürlicher ist als die andere und eine andere weniger natürlich. Das verständige Denken ist für den Menschen natürlich; jedoch nicht ohne die Kunst. Darum besteht auch kein Zweifel, daß der eine mehr darin vermag als der andere. Wie nämlich in der Rede, die nicht ohne die Kunst besessen werden kann, die natürliche Einheit des Verstandessinnes widerstrahlt, so daß auf Grund der Sprache jeder, wer und wie immer er sein mag, in seinem Verstand und seiner Natur erkannt wird, so zeigt sich auch im Verstandessinn die Kunst des verständig Denkenden.

Wenn du die Unterschiede der Natur und der Kunst und der Verbindung beider erforschen willst, dann wende dich zu der schon oft erwähnten Hilfsfigur. Die Natur besteht aus der männlichen Einheit und der weiblichen Andersheit. In der vernunfthaften Männlichkeit ist die Weiblichkeit absorbiert. In Einung wird sie in sich selbst fruchtbar. In der pflanzlichen Weiblichkeit bestimmt die Andersheit in sich die männliche Natur. Aus diesem Grund bringt sie in entfalteter Weise Frucht. Die Natur der Lebewesen aber unterscheidet das Geschlecht. Der Mann zeugt in der Frau, die Frau gebiert nach außen hin. In den Vernunft-Einsichten gebiert die Natur vernunfthafte Frucht, in den Tieren tierische, in den Pflanzen pflanzliche. Die sinnliche Natur gehorcht der verständigen, diese der vernunfthaften, die vernunfthafte der göttlichen. Die sinnlich gestaltbare Kunst gehorcht der verständigen, die verständige der vernunfthaften und diese der göttlichen Kunst. So wie jede Natur im Sinnlichen verschränkt ist, so ist auch die Gestaltbarkeit im Sinnlichen sinnlich verschränkt, im Verständigen verstandesmäßig.

Unitas naturae et artis sensibilis ratio est. Per rationis unitatem specificatur sensibilis individuorum multitudo sic et per rationis unitatem, quae in arte una puta sutoria existit, innumera parantur calceamenta. Unitas igitur rationis in se complicat sensibilium omnium naturalium et artificialium multitudinem. Ex se igitur exserit rationes naturalium et artificialium. Rationes vero[1] artificialium ordinantur ad finem naturalium. Initium enim atque finis artificialium natura extitit. Ars igitur rationalis, ut est loqui, texere, seminare, coquere et ita de multis, ad finem sensibilis naturae ordinatur, sicut ars intelligentiae ad finem rationalis naturae.

XIII.

De natura intellectuali

Natura autem universalis ut universi circulus in se primo tres regionum atque naturarum intellectualium, rationalium atque sensibilium complicat orbes. Intellectualis vero in se tenebrositates alterabiles absorbens natura mascula, subtilis, unissima atque nobilissima est. Nec est intelligentiae natura quanta nec motus intellectualis generis quanti nisi intellectualiter seu virtualiter, cui non obsistit simplicitas, indivisibilitas et cetera, quae intellectualis sunt unitatis. Non enim est motus eius in alteritatem aliter, quam ut alteritas in unitatem absolutius pergat. Descendit enim unitas eius in rationale intelligibile, ut intelligibile ipsum in unitatem ascendat intellectus. Est enim principium atque finis rationabilis intelligibilis sicut eius principium finisque eius unitas est absoluta. Ad cuius unionem pergere est secundum naturam suam intellectualem sursum agere atque in hoc motu quiescere, uti ratio in ipsa quiescit intelligentia, ad quam non nisi per intelligentiae descensum et luminis sui participatam immissionem ascendere potest. Sic quidem nec naturae intellectus qualitatem rationalem, sed potius rationalem alteratam concipito similitudinem.

---

[1] Cod. Cus.: vero naturalium artificialium.

Die Einheit der Natur und der sinnlichen Kunst ist der Verstandessinn. Durch die Einheit des Verstandes wird die sinnliche Vielheit der Individuen zur Eigengestalt gemacht; ebenso werden auch durch die Einheit des Verstandes, die z. B. in der Schusterkunst besteht, unzählig viele Fußbekleidungen hergestellt. Die Einheit des Verstandessinnes schließt also die Vielzahl aller natürlichen und künstlichen Sinnendinge in sich ein. Die Wesensgründe des Künstlichen werden auf das Ziel des Natürlichen hingeordnet. Anfang und Ende des Künstlichen ist nämlich die Natur. Die verständige Kunst, wie es das Reden, Weben, Säen, Kochen usw. ist, wird also auf das Ziel der sinnlichen Natur hingeordnet, genauso wie die Kunst der Vernunfterkenntnis auf das Ziel der verständigen Natur ausgerichtet wird.

XIII.

Die vernunfthafte Natur

Die allgemeine Natur schließt als Kreis des Gesamt die Umkreise der drei Bereiche und Naturen, der vernunfthaften, verständigen und sinnlichen in sich ein. Der vernunfthafte Bereich, der die veränderlichen Dunkelheiten in sich absorbiert, ist von männlicher, äußerst geeinter und vornehmster Natur. Die Natur der Vernunft-Einsicht ist weder ausgedehnt, noch gehört die vernunfthafte Bewegung dem quantitativen Genus an, außer in vernunfthafter oder wirkungshafter Weise; ihr steht die Einfachheit, Unteilbarkeit und das übrige, das der vernunfthaften Einheit zukommt, nicht entgegen. Ihre Bewegung in der Andersheit bedeutet nichts anders, als daß die Andersheit in die Einheit absoluter eindringt. Ihre Einheit steigt in das Verständig-Vernunfthafte so herab, wie das Vernunfthafte in die Einheit des Vernunft-Denkens emporsteigt. Es ist der Ursprung und das Ziel des Verständig-Vernunfthaften, so wie sein Ursprung und Ziel die absolute Einheit ist. Zu deren Einung vordringen heißt seiner vernunfthaften Natur entsprechend nach oben streben und in dieser Bewegung zur Ruhe kommen. Ebenso ruht der Verstand in der Vernunft-Einsicht, zu der er nur durch den Abstieg der Vernunft-Einsicht und die Eingießung des von ihm partizipierten Lichtes aufsteigen kann. Du sollst also auf diese Weise nicht die verständige Qualität der Natur des Vernunft-Denkens, sondern eher die verständig geänderte Ähnlichkeit begreifen.

Non enim habet accidens rationi aut sensui succumbens; nec est intelligibilis natura aliter quam intellectualiter locabilis, immo ita locabilis, quod et locus. Et hoc quidem non est in loco esse per rationem aut sensum ostensibili, nec est propterea ubique et nullibi absolute ut Deus, sed est ubique et nullibi contracte intellectualiter, sicut humanitas ipsa specifice contracta est ubique in ea regione speciei, atque nullibi. Ita et anima nostra ubique atque nullibi est secundum contractionem corporis; nam est in qualibet parte illius suae regionis et nullibi. In nulla enim parte corporis ut in loco [est][1] potius quam in alio. Sicut enim universalia sunt in intellectu atque eorum locus intellectus dicitur, ita quidem hoc intelligi necesse est secundum saepe resumptas regulas, intellectum scilicet esse in universalibus ita, quod ipsa in eo, quasi ut praesidens in regno est ita, quod regnum in ipso. Non igitur est mobilis natura intelligentia de loco ad locum nisi eo modo, quo in loco esse potest.

Intellectualiter igitur movetur ipsa natura intelligibilis in suo determinato sibi regno. Et hoc quidem movere est, cum quo quiescere concurrit, cum sit veritati obtemperare; quasi ut motus imperii praesidentis compatitur quietem in cathedra imperantis. Intelligentiae enim ut in centro suae contractionis aut regni quiescentes moventur, et nos hunc motum ut iudicantis concipimus. Iudex est enim rationum intelligentia et moveri dicitur, dum ob verius unam eligit aliamque abiicit ac dum ratiocinantes illuminat aut inducit.

Intelligentiae igitur ut virtutes universales rectricesque concractionum rationalium concipi debent, ac si in ipsis suis regionibus solis vices gerant, ut uti in hoc sensibili mundo ex solis sensibilis vigore oculi sensibiliter ad pulchri aut turpis iudicium pergunt, ita in rationali mundo intelligentia vigorem cognitionis veri apportat. Deus autem ipse infinitus sol intelligentarium est, intelligentiae vero ut varia contractiora lumina rationum. Varie vero rationem inspicimus contractam in vegetabilibus et

---

[1] Codd. Tr I und Tr II.

Das Vernunft-Denken hat nämlich nichts Hinzukommendes, das dem Verstand oder dem Sinn unterworfen ist; auch ist die vernunfthafte Natur nicht anders als nur vernunfthaft örtlich bestimmbar. Dennoch ist sie so örtlich bestimmbar, daß sie auch Ort ist. Doch bedeutet das, daß sie nicht an einem Ort sein kann, der durch Verstandessinn oder Sinn aufweisbar ist. Darum ist sie auch nicht in absoluter Weise überall und nirgends, so wie Gott, sondern in vernunfthafter Verschränkung, so wie die Menschheit eigengestaltlich verschränkt in diesem Bereich der Eigengestalt überall und nirgends ist. Ebenso ist auch unsere Seele der Verschränkung des Körpers entsprechend überall und nirgends. Denn sie ist in jedem Teil dieses ihres Bereiches und nirgends. In keinem Teil des Körpers, wo sie örtlich anwesend ist, ist sie an einer Stelle eher als an einer anderen. So wie die Allgemein-Begriffe im Vernunft-Denken sind und dieses ihr Ort genannt wird, muß dies nach den oft wiederholten Regeln so verstanden werden, daß das Vernunft-Denken dergestalt in den Allgemein-Begriffen ist, daß diese in ihm sind, gleichsam wie der Herrscher so im Reich ist, daß das Reich in ihm ist. Die Vernunft-Natur ist also nur in der Weise von Ort zu Ort bewegbar, wie sie am Ort sein kann.

Auf vernunfthafte Weise bewegt sich also die vernunfthafte Natur in ihrem ihr bestimmten Reich. Und dies ist ein Bewegen, mit dem das Ruhen zusammengeht, da es ein der Wahrheit Gehorchen ist; ähnlich wie die Bewegung des Herrscher-Befehls ineinsgeht mit der Ruhe am Throne des Herrschers. Die Vernunft-Einsichten bewegen sich, als würden sie im Zentrum ihrer Verschränkung oder ihres Reiches ruhen; und wir begreifen diese Bewegung als die eines Richtenden. Denn der Richter ist die Vernunft-Einsicht der Gründe. Man sagt, daß er sich bewegt, wenn er um der größeren Wahrheit willen den einen erwählt und den anderen verwirft, und wenn er die verstandesmäßig Denkenden erleuchtet oder einführt.

Die Vernunft-Einsichten müssen also als die allgemeinen Kräfte und Lenker der verständigen Verschränkungen aufgefaßt werden und zwar in der Weise, als würden sie in ihrem eigenen Bereich die Stelle der Sonne so vertreten, daß, wie in dieser sinnlichen Welt die Augen durch die Kraft der sinnlichen Sonne zur Beurteilung von schön und häßlich gelangen, in der verständigen Welt die Vernunft-Einsicht die Kraft zur Erkenntnis des Wahren beibringt. Der unendliche Gott ist die Sonne der Vernunft-Ein-

animalibus secundum diversa genera atque species, et ex [hoc]¹ [coniecturamus]² diversas rectrices intelligentias.

Non sunt intelligentiae numero rationis numerabiles quasi sensibilia ista, sed intellectualis numerus indesignabilis atque infigurabilis per rationem quasi lumen est rationis et numeri rationalis. Sicut enim nullo numero unitas numerabilis est, sed ipsa omnem numerum numerat, ita et intelligentia nulla ratione [discernibilis]³, sed tantum ab ipsa absolutissima divinissimaque unitate. Ubi enim ad coincidentiam tendit numerari cum numerare, discretio cum indiscretione, rationi praeclusus est aditus.

Varietatem autem intelligentiarum varie unissimam veritatem theophanice participantium cum mediationis diversitate, ut quaedam mediatius quasi intellectuales atque ab omni potentia versus actum elevatissimi, aliae vero quasi intelligibiles atque magisterio proximiores, aliae [vero rationabilibus]⁴ potentiis magis accedentes, ut doctrinali elevatione opus habeant, in similitudine saepe dictorum ex figuris in coniecturam trahito.

Et si coniecturam fabricare optas etiam de iis tenebrosioribus huius regionis spiritibus, quorum intelligentia in alteritate tenebrosae ignorantiae sopita cruciatur, qui potius servilibus occumbunt custodiis et sensibiliter submersae rationi, suae obvolutae intelligentiae deceptoria ingerunt incitamenta, ut absorbeatur perpetuum in corruptibili, lux in tenebris atque de istorum daemoniorum naturis differentibus, quomodo quidem in regione intellectuali hi quasi sensibiliores sunt spiritus in sensibilibus tentationibus degentes atque se inferioribus immiscentes quomodoque ad haec alii medio loco quasi rationales sint intelligentiae, orbium et motuum rectrices at superiorum, qui divinis illuminationibus propinquius inflammantur, non obtemperantes imperio, per te ex praemissis moderatione symbolica proficias.

---

¹ Paris; Codd.: hinc.
² Cod. Tr I; Cod. Cus.: coniectamus.
³ Codd. Tr I und Tr II: discretabilis.
⁴ Codd. Tr I und Tr II; Cod. Cus.: rationalibus.

sichten, diese wieder als mannigfach verschränkte Lichter die der Verstandesgründe. Wir sehen, daß der Wesenssinn in den Pflanzen und Tieren den unterschiedlichen Arten und Eigengestalten entsprechend verschieden verschränkt ist und daraus mut-maßen wir die verschiedenen lenkenden Vernunft-Einsichten.

Die Vernunft-Einsichten sind, so wie das Sinnliche, nicht mit einer verstandesmäßigen Zahl zählbar; die vernunfthafte Zahl, die vielmehr unbestimmbar und nicht durch den Verstand darstellbar ist, ist gleichsam das Licht des Verstandes und der verstandesmäßigen Zahl. So wie die Einheit mit keiner Zahl gezählt werden kann, vielmehr selbst jede Zahl zählt, kann auch die Vernunft-Einsicht von keiner Zahl geschieden werden, sondern nur von der absolutesten und göttlichsten Einheit selbst. Wo nämlich Zählen und Gezählt-Werden, Sonderung und Nicht-Sonderung zur Koinzidenz strebt, ist dem Verstand der Zugang verschlossen.

In der Art des oftmals Gesagten bilde auf Grund der Figur eine Mut-Maßung darüber, daß die Mannigfaltigkeit der Vernunft-Einsichten theophanisch in unterschiedener Vermittlung mannigfach an der völlig einen Wahrheit teilhaben, so daß die einen — wie die vernunfthaften — vermittelter und von jeder Möglichkeit weg zur Wirklichkeit gekehrt sind, andere aber gleichsam vernunfthaft und der Meisterschaft näher sind, wieder andere den verstandesmäßigen Möglichkeiten näher kommen, so daß sie belehrender Erhebung bedürfen.

Und wenn du über die diesem Bereich zugehörigen, dem Dunkel näheren Geister, deren Vernunft-Einsicht, in der Andersheit dunklen Nichtwissens schlafend, gequält wird und die in ihrem sinnlich versunkenen Verstand den täuschenden Ansporn ihrer verhüllten Vernunfterkenntnis erhalten, so daß das Dauernde im Vergänglichen, das Licht in der Finsternis absorbiert wird, und über die Natur-Unterschiede der Dämonen Mut-Maßungen bilden willst — auch darüber, daß und wie im vernunfthaften Bereich diese gleichsam sinnenhaftere Geister sind, die in sinnlichen Versuchungen leben und sich mit dem Niedrigeren vermischen, und daß und wie es außerdem andere gibt, die an einen mittleren Ort gestellt, gleichsam als verständige Vernunft-Einsichten die Lenker der Umlaufsbewegungen sind, jedoch dem Befehl der höheren Geister, die der göttlichen Erleuchtung näherstehen und von dieser entflammt werden, nicht unterstellt sind, dann gehe selbst auf Grund des Gesagten in symbolischem Maß-Verhältnis vor.

Volo autem te semper attentissimum esse, ut has praesidentiales spirituales administrationes, quas speciebus, nationibus, linguis, congregationibus, regnis, ecclesiisque quasi a summo, maximo universorum imperatore legati sollerter impendunt, non putes eos quasi nostri tantum causa assumpsisse, sed nostri quidem ac aliorum, quibus praesunt, ita hoc agunt causa, ut se finem constituant [ut ita][1] angelici spiritus propter nos sunt, quod nos propter ipsos. Dum enim regnicolis quibusdam regalem curam propter eos esse videtur, rex non minus ipsam in se reflectendo se suae curae et salutis populi finem constituit. Nec esset voluntaria populi oboedientia et principis diligentia, si et populus se subiectionis et rector se etiam laborum suorum non coniicerent praemia, hinc inde suscepturos. Quapropter rector naturalis in veritatis legibus incedens causas ipsas, quantum potest, in unum nectit, ut in populi salute suam quoque arbitretur. Haec summatim, quantum hoc loco datum est, de intellectualium spirituum natura [dicta][2] sufficiant.

XIV.

De homine

Hominem ex unitate lucis humanalis naturae atque alteritate tenebrae corporeae communi via concipito et in priorem figuram, ut distinctius ipsam explices, resolvito. Intueberis plane tres ipsius regiones: infimam, mediam atque supremam atque ipsas ter triniter distinctas. Ignobiliores autem corporales partes alias continue fluxibiles atque stabiliores et formaliores nobilissimasque gradatim [coniecturaberis][3]. Post haec pari ascensu spiritua4iores corporis concipito naturas, quibus sensitiva virtus immixta est, hasque per gradus partire, ut ab obtusioribus ad subtiliores pertingere queas.

---

[1] Cod. Tr I; Cod. Cus.: sicque.
[2] Codd. Tr I und Tr II.
[3] Cod. Tr I; Cod. Cus.: coniectabis.

Ich möchte aber, daß du immer ganz genau darauf achtest, nicht der Meinung zu verfallen, diese herrschaftlichen geistigen Helfer, welche den Eigengestalten, Völkern, Sprachen, Gesellschaften, Reichen und Kirchen gleichsam vom höchsten und größten Herrscher des Gesamt gesandt, mit Eifer und Einsicht obliegen, hätten dies nur um unseretwillen auf sich genommen; sie tun dies vielmehr um unseret- und der anderen willen, denen sie vorstehen, damit sie sich als Ziel aufstellen; auf diese Weise sind die Engelgeister ebenso unseretwegen da, wie wir ihretwegen. Scheint manchen, die unter einer Königsherrschaft leben, die Sorge des Königs um ihretwillen da zu sein, so macht sich der König, wenn er diese in sich widerspiegelt, nicht weniger zum Zweck und Ziel seiner Sorge und des Heiles des Volkes. Auch wäre der Gehorsam des Volkes und der Fleiß des Herrschers nicht freiwillig, wenn nicht das Volk und der Herrscher mut-maßten, daß sie für Unterwerfung und Mühe Lohn erhalten würden. Darum knüpft der natürliche Herrscher, der in den Gesetzen der Wahrheit einherschreitet, die Gründe, soweit er kann, ineins zusammen, so daß er im Heil des Volkes auch sein eigenes sieht. Diese Worte über die Natur der vernunfthaften Geister mögen kurz zusammengefaßt, wie es hier der Fall ist, genügen.

XIV.

Der Mensch

Du sollst den Menschen aus der Einheit des Lichtes der menschhaften Natur und der Andersheit der körperlichen Dunkelheit dem allgemeinen Weg entsprechend begreifen und, um ihn genauer zu entfalten, in die obige Figur auflösen. Du wirst deutlich drei Bereiche an ihm erkennen, einen untersten, mittleren und höchsten, und sehen, daß diese selbst wieder dreifach geschieden sind. Du wirst zu der Mut-Maßung gelangen, daß die unedelsten, körperlichen Teile einmal beständig wandelbare, dann aber stufenweise fester und gestalthafter und ganz edel sind. Danach begreife in gleichem Aufstieg die geistigeren Naturen des Körpers, mit denen die sinnliche Kraft vermischt ist. Teile diese in Stufen ein, damit du vom Groben zum Feinen gelangen kannst.

Novenas etiam nobilis ipsius animae distinctiones adiicito. Novem igitur trium ordinum corporales vides hominis differentias, quae in se sensitivum absorbent lumen, ut vegetatione contententur. Novem etiam mixtas conspicis, ubi virtus viget sensitiva sensibili atque corporali permixta. Novem denique nobiliores differentias, ubi corporalis umbra in discretivum absorbetur spiritum. Corporalis autem natura gradatim sursum in sensitivam pergit, ita quidem, quod ultimus eius ordo propinque cum ipsa coincidat sensitiva, ita quidem ipsa sensitiva in discretivam nobilitatur.

Omnis autem sensatio obviatione exoritur. Unde, ut quaedam sensationes obviatione contingentium causantur, ita gradatim quaedam ex distantioribus incitantur obiectis. Odoratus igitur, qui in suo perficitur organo ob suam nobiliorem naturam, etiam a remotis offenditur, ut sensatio exoriatur; adhuc auditus ex remotiori. Visus autem omnes excellit sensus, ut ex distantioribus obiectis ad sensationem incitetur.

Pergit autem imaginatio absolutiori libertate ultra ipsam contractionem sensuum in quantitate molis, temporum figurae et loci et minus atque plus quam sensitiva apprehendit, propinquius et remotius, atque absens ambit genus sensibilium non exiens.

Ratio autem imaginationem supergreditur, ut videat antipodes cadere non posse potius quam nos, cum grave ad centrum moveatur, quod inter eos et nos mediat. Haec autem imaginatio non attingit. Ita quidem patet rationem supervehi imaginationi, verius irrestrictiusque ad cuncta pergere.

Füge auch die neunfachen Unterscheidungen der edlen Seele hinzu. Du siehst die neun körperlichen Unterschiede der drei Ordnungen des Menschen, welche in sich das sinnenhafte Licht absorbieren, so daß sie in der Belebung Genüge finden. Du erblickst auch neun gemischte, bei denen die sinnenhafte Kraft in Vermischung mit der sinnlichen und körperlichen mächtig ist. Sodann begreife die noch edleren Unterschiede, bei denen der körperliche Schatten in den sondernden Geist hinein absorbiert wird. Die körperliche Natur erhebt sich und dringt schrittweise zur sinnenhaften Natur vor; und zwar so, daß ihre letzte Ordnung mit dieser nachbarlich koinzidiert. Ebenso wird die sinnenhafte Natur zur sondernden veredelt.

Jede Sinneswahrnehmung entsteht auf Grund einer entgegentretenden Begegnung. Wie daher manche Sinneswahrnehmungen durch Berührungen verursacht werden, so werden wieder andere schrittweise von entfernteren Gegenständen erweckt. Der Geruch, der in seinem eigenen Organ vollendet wird, wird wegen seiner edleren Natur auch von weit Abliegendem dazu angeregt, daß eine Sinneswahrnehmung entsteht. Von noch Entfernterem wird das Gehör gereizt. Das Sehen aber übertrifft alle anderen Sinne, da es durch entfernteste Gegenstände zur Sinneswahrnehmung angeregt wird.

Die Einbildung dringt in unabhängigerer Freiheit über die Verschränkung der Sinne hinaus in der Quantität von Masse, Zeit, Gestalt und Ort vor, begreift weniger und mehr als die sinnenhafte Natur, umfaßt Näheres und Entfernteres und auch das Abwesende, verläßt aber nicht die Gattung des Sinnlichen.

Der Verstand dagegen überschreitet die Einbildung; wenn er z. B. erkennt, daß die Antipoden genauso wenig abstürzen können wie wir selbst, weil sich das Schwere zum Mittelpunkt bewegt, der sich in der Mitte zwischen ihnen und uns befindet. Das erfaßt die Einbildung nicht. Daraus erhellt, daß der Verstand der Einbildung überlegen ist und zu allem ungehemmter und in größerer Wahrheit vordringt.

Intellectus autem ad rationem se habet ut virtus unitatis ad finitum numerum, ut nihil eius virtutem penitus aufugere possit.

Mirabile est hoc Dei opificium, in quo gradatim discretiva ipsa virtus a centro sensuum usque in supremam intellectualem naturam supervehitur per gradus quosdam organicosque rivulos, ubi continue ligamenta tenuissimi spiritus corporalis lucidificantur atque simplificantur propter victoriam virtutis animae, quousque in rationalis virtutis cellam pertingantur. Post quam quidem in supremum ipsum intellectualis virtutis ordinem quasi per rivum in mare interminum pervenitur, ubi chori quidam esse coniect[ur][1]antur disciplinae, intelligentiae atque intellectualitatis simplicissimae.

Humanitatis igitur unitas cum humaniter contracta existat, omnia secundum hanc contractionis naturam complicare videtur. Ambit enim virtus unitatis eius universa atque ipsa intra suae regionis terminos adeo coercet, ut nihil omnium eius aufugiat potentiam, [quoniam omnia][2] sensu aut ratione aut intellectu [coniecturatur][3] attingi atque has virtutes in sua unitate complicare, dum conspicit se et ad omnia humaniter progredi posse supponit. Homo enim deus est, sed non absolute, quoniam homo; humanus est igitur deus. Homo etiam mundus est, sed non contracte omnia, quoniam homo. Est igitur homo microcosmos aut humanus quidam mundus. Regio igitur ipsa humanitatis Deum atque universum mundum humanali sua potentia ambit. Potest igitur homo esse humanus deus [atque][4] deus humaniter; potest esse humanus angelus, humana bestia, humanus leo aut ursus aut aliud quodcumque. Intra enim humanitatis potentiam omnia suo existunt modo.

---

[1] Cod. Tr I.
[2] Cod. Cus.: Cod. Tr I: Non enim a ...
[3] Cod. Tr I; Cod. Cus.: coniectat.
[4] Cod. Tr I: atque ut.

Die einsichtige Vernunft hingegen verhält sich zum Verstand wie die Kraft der Einheit zur begrenzten Zahl, so daß ihrer Kraft nichts völlig entgehen kann.

Wunderbar ist dieses Werk Gottes, in dem sich die sondernde Kraft stufenweise vom Zentrum der Sinne bis in die höchste, vernunfthafte Natur erstreckt; vermittels gewisser Stufen und organischer Bächlein, in denen die Verbindungen des zartesten körperlichen Geistes durch den Sieg der Sinnenkraft solange ununterbrochen erleuchtet und vereinfacht werden, bis man in das Innerste der verständigen Kraft eindringt. Danach gelangt man wie durch einen Fluß zum unbegrenzten Meer in die höchste Ordnung der vernunfthaften Kraft. Dort, so mut-maßt man, sind die Chöre des Wissens, der Vernunft-Einsicht und der einfachsten Vernünftigkeit.

Da die Einheit der Menschheit menschlich verschränkt besteht, scheint sie alles der Natur dieser Verschränkung entsprechend zusammenzuschließen. Die Kraft ihrer Einheit umfaßt nämlich das Gesamt und schließt es innerhalb der Schranken ihres Bereiches so zusammen, daß nichts von allem ihrer Macht und Möglichkeit entgehen kann, da sie mut-maßt, daß alles von Sinn, Verstand oder Vernunft erreicht werde, und daß sie diese Kräfte in ihrer Einheit zusammenschließe, wenn sie sich sieht und voraussetzt, daß sie in menschlicher Weise zu allem vordringen kann. Der Mensch ist nämlich Gott, aber nicht in Absolutheit, weil er eben Mensch ist. Er ist also menschlicher Gott. Der Mensch ist auch die Welt, jedoch nicht Alles in seiner Verschränkung, da er Mensch ist. Er ist also ein Mikrokosmos oder eine menschliche Welt. Der Bereich der Menschlichkeit umgreift also Gott und das Welt-Gesamt in seiner menschlichen Mächtigkeit. Der Mensch kann menschlicher Gott sein und Gott auf menschliche Weise; er kann ein menschlicher Engel, ein menschliches Tier, ein menschlicher Löwe oder Bär oder sonst irgend etwas sein. In der Macht und Möglichkeit der Menschheit besteht alles auf seine Weise.

In humanitate igitur omnia humaniter uti in ipso universo universaliter explicata sunt, quoniam humanus existit mundus. Omnia denique in ipsa complicata sunt humaniter, quoniam humanus est deus. Nam humanitas unitas est, quae est et infinitas humaniter contracta. Quoniam autem unitatis conditio est ex se explicare entia, cum sit entitas sua simplicitate entia complicans, hinc humanitatis extat virtus omnia ex se explicare intra regionis suae circulum, omnia de potentia centri exserere. Est autem unitatis conditio, ut se finem explicationum constituat, cum sit infinitas.

Non ergo activae creationis humanitatis alius extat finis quam humanitas. Non enim pergit extra se, dum creat, sed dum eius explicat virtutem, ad se ipsam pertingit; neque quicquam novi efficit, sed cuncta, quae explicando creat, in ipsa fuisse comperit. Universa enim in ipsa humaniter existere diximus. Sicut enim [humanitatis virtus][1] potens est humaniter ad cuncta progredi, ita universa in ipsam. Nec est aliud ipsam admirabilem virtutem ad cuncta lustranda pergere quam universa in ipsa humaniter complicare.

Audisti autem, Iuliane pater, de unitrino absoluto principio creatore universorum, quomodo ipse, quia unitas seu entitas est absoluta, in qua infinita aequalitas atque connexio, hinc omnipotens creator. At quia infinita est aequalitas, in qua unitas et connexio, hinc universorum rector, ordinator et gubernator. Quia vero infinita connexio, in qua unitas et aequalitas, hinc universorum conservator.

---

[1] Codd. Tr I und Tr II; Cod. Cus.: humanitas.

In der Menschheit sind wie im Gesamt in der Weise des Gesamt alle Dinge menschlich entfaltet, weil sie als menschliche Welt besteht. Alles ist sodann auf menschliche Weise in ihr zusammengefaltet, weil sie ein menschlicher Gott ist. Denn die Menschheit ist Einheit, welche auch menschlich verschränkte Unendlichkeit ist. Weil es aber in der Beschaffenheit der Einheit liegt — da ihre Seinsheit in ihrer Einfachheit alles Seiende umschließt —, alles Seiende aus sich zu entfalten, besteht die Kraft der Menschheit darin, alles im Umkreis ihres Bereiches aus sich zu entfalten, alles aus der Mächtigkeit des Zentrums ausgehen zu lassen. Es gehört aber auch zur Beschaffenheit der Einheit, sich zum Endziel der Ausfaltungen zu machen, da sie Unendlichkeit ist.

Es gibt kein anderes Ziel des schöpferischen Tuns der Menschheit als die Menschheit. Wenn sie schafft, geht sie nicht über sich selbst hinaus; sie gelangt vielmehr zu sich selbst, wenn sie ihre Kraft entfaltet. Sie bildet auch nichts Neues; sie erfährt indes bei allem, das sie durch Entfaltung schafft, daß es in ihr gewesen ist; wir sagten ja, daß das Gesamt in ihr auf menschliche Weise besteht. So wie die Kraft der Menschheit fähig ist, in menschlicher Weise zu allem vorzudringen, so kann das Gesamte in sie vordringen. Daß diese wunderbare Kraft alles durchforscht und durchdringt, bedeutet auch nichts anderes, als daß sie das Gesamte in sich auf menschliche Weise zusammenfaltet.

Du hast, Vater Julianus, von dem dreieinigen absoluten Ursprung, dem Schöpfer des Gesamten gehört, daß und wie er, weil er die absolute Einheit oder Seiendheit ist, in der die unendliche Gleichheit und Verknüpfung sind, der allmächtige Schöpfer ist. Weil er die unendliche Gleichheit ist, in der die Einheit und Verknüpfung sind, darum ist er Herrscher, Ordner und Lenker des Gesamten. Weil er die unendliche Verknüpfung ist, in der Einheit und Gleichheit sind, darum ist er der Erhalter des Gesamten.

Ita quidem de ipsa humanitate contracte coniect[ur][1]andum affirma. Est enim principium contractum creationis ordinis sui, gubernationis et conservationis, quoniam est unitas, in qua aequalitas et connexio. Est aequalitas, in qua unitas et connexio. Est connexio, in qua unitas et aequalitas, terminis in sua significatione intra humanitatis contractionem redactis. Quapropter in virtute humanitatis homo in superiori parte sensibili, puta phantastica creat similitudines aut imagines sensibilium, quia unitas, in qua aequalitas et connexio.

Ipsas vero creatas imagines ordinat atque locat, quia aequalitas, in qua unitas et connexio. Posthaec ipsas conservat in memoria, quia connexio, in qua unitas et aequalitas. Ita quidem in regione intellectualium intellectualiter agit creando, ordinando et conservando ac in ipsa rationali media pariformiter. Haec autem omnino ad seipsum reflectit, ut se intelligere, gubernare et conservare possit, et sic homo ad deiformitatem appropinquet, ubi cuncta aeterna pace quiescunt.

XV.

De eodem

Quando autem universorum hominum concordantias et differentias coniecturis tuis aggredi proponis, attendere habes ad universorum figuram, faciendo humanam speciem sub illo maiori contrahi circulo. Tunc enim in ipsa humanitatis specie quosdam vides abstractiores, contemplativos homines, in quadam conversatione intellectualium et aeternorum principaliter quasi in supremo humanitatis caelo versari; et hii sunt ut ipsius speciei intellectus circa veri speculationem

---

[1] Cod. Tr I.

Sei überzeugt, daß man in ähnlicher Weise in Verschränkung über die Menschheit mut-maßen muß! Sie ist der verschränkte Ursprung ihrer Schöpfung, Ordnung, Lenkung und Erhaltung; denn sie ist die Einheit, in der Gleichheit und Verknüpfung sind; die Gleichheit, in der Einheit und Verknüpfung sind, und die Verknüpfung, in der Einheit und Gleichheit sind, sofern die Begriffe in ihrer Bedeutung in den Bereich menschheitlicher Verschränkung zurückgeführt sind. Darum schafft der Mensch in der Kraft seiner Menschheit, im höheren, sinnlichen Teil, etwa dem der Phantasie, Ähnlichkeiten oder Abbilder der sinnlichen Dinge, weil er die Einheit ist, in der Gleichheit und Verknüpfung sind.

Diese geschaffenen Abbilder ordnet er und gibt ihnen ihren Ort, weil er die Gleichheit ist, in der Einheit und Verknüpfung sind. Danach bewahrt er sie im Gedächtnis, weil er die Verknüpfung ist, in der Einheit und Gleichheit sind. Ebenso handelt er, indem er schafft, ordnet und bewahrt, im vernunfthaften Bereich vernunfthaft; und im mittleren, verstandesmäßigen, dementsprechend verständig. Das aber wendet er, um sich verstehen, lenken und bewahren zu können, gänzlich auf sich selbst zurück, und so nähert sich der Mensch der Gott-Gestaltigkeit, wo alles in ewigem Frieden ruht.

XV.

Fortsetzung

Wenn du darangehst, vermittels deiner Mut-Maßungen an die Übereinstimmungen und Unterschiede der Gesamtheit der Menschen heranzukommen, dann achte auf die Figur des Gesamten und laß die menschliche Eigengestalt in jenem größten Kreis verschränkt sein. Dann siehst du in ihr teils freiere, betrachtende Menschen, die sich im Umgang mit dem Vernunfthaften und Ewigen ursprungshaft, gleichsam im höchsten Himmel der Menschheit bewegen;

vacantes. Sunt et alii ut speciei ipsius ratio, qui inferioribus quasi sensibilibus praesunt.

Primi sapientes sunt quasi lumina clarissima atque castissima spiritualis incorruptibilis mundi effigiem ferentes, ultimi sensibiles quasi brutales concupiscentiam atque voluptatem sequentes, medii a superioribus influentiam claritatis participant et inferioribus praesunt. In unitate itaque speciei has tres partes hominum multitudinem generaliter sub tota specie participare convenit.

Deinde vero in ipsa religionis aut contemplationis parte specialiores trinas intueris differentias, quoniam aliqua est hominum multitudo, quae eam alte atque nobiliter participat supra omnem rationem et sensum, alia vero, quae ipsam in rationa[bi][1]litatem quandam contrahit, infima ut in sensibilitatem.

Et quoniam omnibus hominibus inest, uti hac via conspicis, a natura specificata religio, quaedam altiorem, immortalem finem promittens, varie, ut habes in universo, a mundi huius inhabitatoribus participata. Hinc primi abstractiores intellectualibus ipsam religionem supra omnem rationem et sensum participantes vitam expectant sua excellentia omnem rationis et sensus capacitatem supergredientem. Alii vero, ipsam felicitatem infra rationis metam redigentes, in rerum cognitione et fruitione finem ponunt. Tertii absurdissime in sensibilibus delectationibus. Adhuc primi triniter distinguuntur, ita et secundi et tertii.

---

[1] Codd. Tr I und Tr II.

sie sind wie das Vernunft-Denken dieser Eigengestalt und widmen sich der Betrachtung des Wahren. Andere wiederum verhalten sich wie der Wesenssinn dieser Eigengestalt. Sie stehen vor den Untersten gewissermaßen sinnlichen Menschen.

Die ersten sind die Weisen, klarste und reinste Lichter, welche das Bild der geistigen, unvergänglichen Welt tragen. Die letzten sind die Sinnlichen, die gleich Tieren der Begierde und dem Genuß folgen. Die mittleren haben von den Höheren her am Einfluß der Klarheit teil und stehen vor den Niedrigeren. Die Vielheit der Menschen muß also in der Einheit der Eigengestalt in gattungshafter Allgemeinheit innerhalb der ganzen Eigengestalt an diesen drei Gruppen teilhaben.

Weiterhin erblickst du im Teil der Religion oder der Betrachtung drei, mehr eigengestaltliche, unterschiedliche Gruppen; die eine stellt eine gewisse Vielzahl von Menschen dar, die an ihm in hoher und edler Weise, über Verstand und Sinnlichkeit erhaben, teilhat. Eine andere dagegen ist jene, die ihn in die Verstandesmäßigkeit, und die unterste, die ihn in die Sinnlichkeit verschränkt.

Und da, wie du auf diesem Weg ersiehst, allen Menschen eine von der Natur zur Eigengestalt gemachte Religion innewohnt, welche ihnen ein höheres, unsterbliches Ziel verspricht, wird sie mannigfach von den Bewohnern dieser Welt partizipiert, ebenso wie du es im Gesamt vorfindest. Daher erwarten die ersten und freieren Menschen, die im Vernunfthaft-Geistigen und jenseits jeden Verstandes und Sinnes an der Religion teilhaben, jenes Leben, das in seiner Erhabenheit die ganze Fassungskraft von Verstand und Sinn übertrifft. Andere hingegen, welche die Glückseligkeit in die Grenzzeichen des Verstandes zurückführen, setzen ihr Ziel in die Erkenntnis und den Genuß der Dinge. Die dritten setzen es völlig sinnlos in das sinnliche Vergnügen. Also werden die ersten dreifach unterschieden, ebenso die zweiten und dritten.

Hac via generalissimam omnium hominum concordantiam et differentiam gradatim intuere, quoad religionem in caelo tertio, quoad praesidentiam in secundo, quoad subiectionem in infimo. Hae autem partes, quae a specie trahuntur, etsi in generalitate sua undique indesinenter persistant, capiunt tamen in specialitate sua mutationem, cum veritatis praecisio in coniectura tantum a nobis venari possit.
In varia igitur alteritate unitas intellectualis illius religionis recipitur, et in fluxibili multitudine rectorum secundi caeli fluxibiliter, ita et praesidentialis, quae et rationalis speciei unitas dicitur, in fluxibili multitudine sensibilium subiectorum in varia alteritate modi instabiliter persistit.

Adverte etiam, quod, etsi aut religio aut regimen aliquamdiu stabile videatur in aliqua mundi huius natione, non tamen in ipsa sua praecisione. Fluvius enim Rhenus stabiliter diu fluere visus est, sed numquam in eodem statu iam turbulentior, iam clarior, iam in augmento, iam in diminutione, ita etiam ut, quamvis verum sit dicere ipsum et maiorem et minorem fuisse et de maioritate in minoritatem sensim devenisse, tamen, uti nunc est praecise, nunquam eum fuisse constat. Ita et religio inter spiritualitatem et temporalitatem instabiliter fluctuat. Ita et de regimine, inter maiorem enim minoremve oboedientiam pendule perseverat.

Potes etiam omnium huius mundi incolarum varietatem in complexione, figuris, vitiis et moribus, subtilitate et grossitie coniecturaliter venari constituendo universorum circulum incolarum horizontem, septentrionem, meridiem, orientem et occidentem intercipientem in ipso meridiem altiorem et septentrionem inferiorem, in medio medium mundi statuendo. Est igitur a septentrione ad meridiem ascensus humanae speciei et de meridie versus septentrionem des-

Betrachte stufenweise auf diesem Weg die gattungshaft-allgemeinste Übereinstimmung und Unterscheidung aller Menschen; im dritten Himmel hinsichtlich der Religion, im zweiten hinsichtlich der Vorherrschaft, im letzten hinsichtlich der Unterwerfung. Diese Teile, die von der Eigengestalt abgeleitet werden, nehmen, auch wenn sie in ihrer Gattungs-Allgemeinheit allseits unaufhörlich weiter bestehen, in ihrer Eigengestaltlichkeit dennoch die Veränderung an, da die Genauigkeit der Wahrheit von uns nur in Mut-Maßung erlangt werden kann. In mannigfacher Andersheit wird die vernunfthafte Einheit jener Religion aufgenommen und in der wandelbaren Vielheit die Einheit der Lenker des zweiten Himmels wandelbar empfangen. Ebenso besteht die herrschaftliche Einheit, welche auch die Einheit der verstandesmäßigen Eigengestalt genannt wird, in der mannigfachen Andersheit ihrer Weise unbeständig in der wandelbaren Vielheit der sinnenhaften Untergebenen.

Bedenke auch, daß, wenngleich die Religion oder irgendeine Herrschaftsform in irgendeiner Nation dieser Welt für längere Zeit beständig zu sein scheint, dies dennoch nicht in Genauigkeit der Fall ist. Der Rhein scheint lange beständig zu fließen, jedoch niemals im selben Zustand. Einmal ist er unruhiger, einmal klarer, einmal führt er viel Wasser, einmal wenig. Wiewohl es wahr ist, zu sagen, daß er größer und kleiner gewesen ist und von Hochwasser zu Niederwasser übergegangen ist, so steht es auch fest, daß er niemals genauso gewesen ist, wie er jetzt ist. Ebenso fließt auch die Religion unbeständig zwischen Geistigkeit und Zeitlichkeit. Genauso schwankt die Herrschaft beständig zwischen größerem und geringerem Gehorsam.

Du kannst die Mannigfaltigkeit aller Weltbewohner in Befindlichkeit, Gestalt, in Laster und Gesittung, Feinheit und Derbheit auf dem Wege der Mut-Maßung erjagen, indem du den Kreis der gesamten Bewohner bildest. Dieser umgreift den Nord-, Süd-, Ost- und West-Horizont. Darin setze die höchste Welt in den Süden, die niedrigste in den Norden und in die Mitte die mittleren. Von Norden nach Süden vollzieht sich der Aufstieg und von Süden nach

census. Sic omnes homines in supremo caelo horizontem participantes in intellectu magis sunt vigentes, medii in ratione, infimi in sensu. Magis igitur in septentrionalibus istis regionibus intellectus possibilitati et sensibilitati immersus est, quasi sint homines sensibiles. In media intellectus in ratione viget. In tertia magis abstracte. Hinc etiam in Indianis atque Aegypti regionibus religio intellectualis atque abstractae mathematicae artes praevaluere. In Graecia et apud Afros et Romanos dialectica, rhetorica atque legales scientiae viguerunt. In aliis septentrionalioribus sensibiles mechanicae artes. Omnes tamen regiones in his omnibus suo quodam modo peritos habere necesse est, ut sit una unius speciei natura in omnibus varie participata.

Sic quidem, cum ad corporales hominum dispositiones investigationem convertis, ad P figuram attendis. Si hominum colorem inquiris, septentrionalem punctum unitatem lucis efficias, meridionalem vero tenebrae, et albos regionis septentrionalis esse prospicis, meridionales nigros, medios autem vides medio se habere modo. Si complexiones inquiris hac via, conspicis medios melius complexionatos, cum ibi extrema sint ad quandam unitatis combinationem magis harmonice atque concordanter redacta. In septentrionalibus vero excessum conspicis frigoris atque humorum indigestorum. In meridionalibus defectum in his vides, et in siccitate abundantiam caloremque in interioribus magis vigere per contractionem eius ad centrum in frigidioribus regionibus conspicis, et plus in extremitatibus in calidioribus.

Nutrimentum et operimenta, habitationes et consuetudines, fortitudines corporales infirmitates et defectus, varietates

Norden der Abstieg der menschlichen Eigengestalt. So sind alle Menschen, die im höchsten Himmel am Horizont teilhaben, stark in bezug auf die Vernunft, die mittleren sind es hinsichtlich des Verstandes und die untersten hinsichtlich der Sinne. In jenen nördlichen Bereichen ist die Vernunft stärker in Möglichkeit und Sinnlichkeit eingebettet. Darum sind ihre Bewohner gleichsam sinnenhafte Menschen. Im mittleren Bereich ist die Vernunft im Verstand stark, im dritten ist sie noch freier. Darum herrschen bei den Indern und in den Ländern Ägyptens die der Vernunft zugehörige Religion und die Künste der abstrakten Mathematik vor. In Griechenland, bei den Afrikanern und den Römern herrschen Dialektik, Rhetorik und die Gesetzeswissenschaften; in den anderen, weiter nördlicheren Gegenden die sinnlichen, mechanischen Künste. Dennoch müssen alle Bereiche in allen diesen Künsten Menschen haben, die auf ihre besondere Weise erfahren sind, damit die Natur der einen Eigengestalt in allen mannigfach partizipiert werde.

In der gleichen Weise achte auf die Figur P, sobald du dich der Erforschung der körperlichen Verfassung des Menschen zuwendest. Wenn du die Farbe der Menschen untersuchst, mache den Nordpunkt zur Einheit des Lichtes, den Südpunkt zur Einheit der Dunkelheit, und du wirst sehen, daß die Weißen im Norden wohnen, die Schwarzen im Süden und daß die in der Mitte auch einen mittleren Farbton haben. Wenn du die Umweltsbedingungen auf diesem Weg untersuchst, siehst du, daß sie in der Mitte am besten sind, da hier die Extreme zu einer Art Verbindung in Einheit überaus harmonisch und übereinstimmend zusammengefügt sind. Im Norden erblickst du ein Unmaß von Kälte und untergeordneter Feuchtigkeit. Im Süden wieder mangelt es daran und du erblickst ein Übermaß an Trockenheit und siehst, daß die Hitze im Innern dieser Region infolge ihrer Verschränkung zum Zentrum hin stärker ist als in den kälteren Regionen. Und noch stärker ist dies am äußersten Rand des Warmen.

Auf Grund dieser Überlegungen kannst du dem Unterschied des Ortes entsprechend Mut-Maßungen aufstellen

formarum et staturae secundum locorum differentiam ex his coniicere poteris. Sic, si gentium vitia et virtutes coniecturaliter inquiris, ad idem respicis. Nam humanitas ipsa sub arctico polo ascendendi initium faciens versus antarcticum sub aequinoctiali ad altitudinem pervenit atque ad ascensus finem. Ascendit autem de hoc mundo ad alium. Pergit igitur quasi homo primo in ipsa crescente aetate, deinde in stante, deinde in decrescente.

Quapropter habitudo hominum inferiorem gradum tenentium tertiam [mundi partem et] primam ascensus mundi partem inhabitantium ad alios est ut est hominis habitudo in aetate ea, qua adhuc vires corporis de potentia ad actum exserit, intra scilicet infantilem et virilem aetates. Varie igitur vitia, quae huic tempori propria sunt, et similiter differenter huius aetatis virtutes hae septentrionales regiones participant. Aliae enim ad virilitatem sunt propinquiores, aliae ad infantilem, aliae in his magis austerae gentes, magis masculae et dextrales, ut sunt orientaliores, aliae magis femininae, loquaces, leves, piae, inconstantes ut occidentaliores. Ita quidem mediae gentes inter virilitatem et senectam vitia illius aetatis atque virtutes varie differenter orientaliter et occidentaliter participant. Meridionaliores vero inter senectam et decrepitiam vitia virtutesque tenent.

Tantum de his comparationibus dixisse sufficit, particularia distinctius ex his, si placet, inquirito.

über Nahrung und Werkzeuge, Wohnung und Sitten, körperliche Stärke, Schwächen und Fehler, Unterschiede der Gestalt und der Statur. Ebenso wende dich zur selben Untersuchungsmethode, wenn du mut-maßend die Fehler und Vorzüge der Völker untersuchst. Die Menschheit, die unter dem arktischen Pol ihren Aufstieg zum antarktischen beginnt, gelangt am Punkt der Nachtgleiche zu ihrer höchsten Erhebung und zum Ziel ihres Aufstiegs. Sie steigt aber von dieser Welt zu einer anderen auf. Der Mensch schreitet also im wachsenden, dann im stillstehenden und zuletzt im abnehmenden Alter voran.

Daher verhält sich das Gehaben jener Menschen, welche die unterste Stufe innehaben und den dritten Teil der Welt und den ersten Teil des Aufstiegs der Welt bewohnen, zu dem der anderen, wie das Gehaben jenes Menschen, der in dem Alter steht, in welchem er noch die Kraft des Körpers von der Möglichkeit zur Wirklichkeit führt, das heißt in der Zeit zwischen dem kindlichen und männlichen Alter. Mannigfach haben an den Fehlern, welche diesem Alter eigen sind, und ähnlich und in verschiedener Weise auch an seinen Tugenden die nördlichen Regionen teil. Die einen sind dem Mannesalter näher, andere der Kindheit; unter ihnen sind die einen Völker, wie die östlichen, ernster, männlicher und tapferer, andere, wie die westlichen, sind weiblicher, schwatzhafter, leichtsinniger, weichlicher und unbeständiger. In genau derselben Weise haben die Völker des mittleren Bereiches, die zwischen Mannesalter und Greisenalter stehen, an Fehlern und Vorzügen dieser Zeitspanne in verschiedener Weise, westlich und östlich, teil. Die südlichen Völker jedoch haben Tugenden und Fehler, die der Zeit zwischen Greisenalter und Todesschwäche entsprechen.

Damit habe ich genug zu diesen Vergleichen gesagt, Einzelheiten kann man, wenn man will, auf Grund des Gesagten erforschen.

XVI.

De humana anima

Primo ex saepe dictis universum ex unitate alteritateque concipito, ipsumque unum in tres resolvito regiones, ut magna[1] tibi pandit figura.

Dic itaque primae regionis simplices ipsas fore intelligentias, ubi absorpta est tenebrositatis alteritas in lucis fulgore, infimaeque regionis eas concipito esse naturas, quae corporalitate sua lucem alterarunt, medias vero naturas animas, si placet, appellato. Animae enim medium tenent, ut sit descensus intelligentiae in inferiora per ipsas inferiorumque in superiora refluxus.

Ostendit tibi autem prior paradigmatica figura extrema uniri, supremam animae scilicet naturam cum infima intellectualis atque eius infimam cum suprema corporalis coincidere. Age igitur, si animarum differentias distinctius inquirere cupis; magnum circulum nunc universarum fingito animarum atque in huius universo trinas radicales, quadratas, cubicasque inspice partitiones. Intelligentiam autem huius universi unitatem simplicem concipe, uti Deus universaliter omnium. Intueberis permanifeste intelligentiam quadam universali coniunctione, quae per maximum circulum figurantur, omnibus coniungi animabus; deinde generaliter primae regioni animarum, specialius vero supremo ordini, specialissima vero supremo choro, quae humana vocetur species.

Omnis igitur anima unitatem intelligentiae in alteritate participat, aliae clarius, aliae vero obscurius; solum autem animae supremae cum ipsa specialissima unione uniuntur. Et

---
[1] Cod. Tr I: prior.

XVI.

Die menschliche Seele

Auf Grund des schon oft Gesagten begreife das Gesamt als aus Einheit und Andersheit bestehend. Löse dieses Eine, wie dir die große Figur zeigt, in drei Bereiche auf.

Sage, daß dem ersten Bereich die einfachen Vernunft-Einsichten angehören; die Andersheit der Schattenhaftigkeit ist im Glanz des Lichtes absorbiert. Begreife, daß zum untersten Bereich jene Naturen gehören, die durch ihre Körperlichkeit das Licht verändert haben. Als die mittleren Naturen bezeichne, wenn es dir gefällt, die Seelen. Diese halten die Mitte ein, so daß der Abstieg der Vernunft-Einsichten zum Untersten und dessen Rückfließen zum Obersten durch sie geschieht.

Die erste beispielhafte Figur zeigt dir, daß die Extreme vereint werden; daß die höchste Natur der Seele mit der niedrigsten des Vernunfthaft-Einsichtigen und deren niedrigste mit der höchsten Natur des Körperlichen koinzidiert. Achte darauf, wenn du den Unterschied der Seelen deutlicher untersuchen willst. Laß den großen Kreis den der gesamten Seelen sein; und in dessen Gesamt betrachte eine dreifache Teilung, eine wurzelhafte, quadratische und kubische. Die Vernunft-Einsicht dieses Gesamt fasse als einfache Einheit auf, die in gesamtheitlicher Weise gleichsam der Gott von allem ist. Du wirst in aller Deutlichkeit sehen, daß sich die Vernunft-Einsicht in einer Art allgemeiner Verbindung, die von dem größten Kreis dargestellt wird, mit allen Seelen verbindet. Ferner siehst du, daß sie sich in Gattungs-Allgemeinheit mit dem ersten Bereich der Seelen, eigengestaltlicher hingegen mit der letzten Ordnung, am eigengestaltlichsten aber mit dem letzten Chor, menschliche Eigengestalt genannt, verbindet.

Alle Seelen haben an der Einheit der Vernunft-Einsicht in Andersheit teil. Die einen klarer, die anderen verdunkelter. Doch nur die höchsten Seelen werden mit ihr in völlig

haec quidem est participatio ipsa, qua supremum inferioris in coincidentiam pergit cum ipso superioris infimo. Animalia vero clarius participare intelligentias quam vegetabilia per medium animae evenit. Habet autem animal ut genus species plures ab ipsa unitate generis ordinatim ut numeri progredientes, quorum haec nobilior altiorque existit, quae unitati propinquior.

Anima igitur perfectioris speciei animalis in unitatem cum intellectuali pergens natura ipsa est in se virtualiter alias complicans omnium animarum vigores, quasi generis metallorum auri species perfectior suo valore alias omnes metallicas ambit species; et in genere regnantium regalis auctoritas ceterorum ducum, comitum inferiorumque rectorum in se unit imperia. Sunt igitur omnium animalium species humanae animae virtutem unitam numeratim explicantes eiusque naturam varia differentia contrahentes, alia clariori ratione, alia tenebrosiori. Nulla tamen species ad aequalitatem praecisam attingere valet. Ipsa autem humana anima, cum sit infima intellectualis natura, intellectualiter in potentia est, intellectualis autem potentia lumen est rationis.

Concipito itaque animam humanam ut P figuram ex intellectuali unitate et sensuali alteritate. Descendente igitur lumine intelligentiae in umbram sensualem atque ascendente sensu in intellectum per gradus trinos medio loco duo exoriuntur, quae rationis nomen habere suppono. Superior autem huius rationis portio, quae intellectui proprior reperitur, apprehensiva; inferior vero phantastica seu imaginativa; si placet his aut aliis vocentur nominibus.

eigengestaltlicher Vereinigung vereint. Und das ist die Teilhabe selbst, mittels derer das Höchste des Niedrigsten mit dem Niedrigsten des Höchsten zur Koinzidenz gelangt. Es ergibt sich, daß durch das Mittel der Seele die Tiere deutlicheren Anteil an der Vernunft-Einsicht haben als die Pflanzen. Das Tier aber hat als Gattung mehrere Eigengestalten, die in geordneter Weise von der Einheit der Gattung wie fortschreitende Zahlen ausgehen; von diesen ist jene Eigengestalt vollkommener und edler, welche der Einheit nähersteht.

Die Seele der vollkommensten tierhaften Eigengestalt, welche in die Einheit mit der vernunfthaften Natur vordringt, schließt die anderen Kräfte aller Seelen der Kraft nach in sich ein, ähnlich, wie in der Gattung der Metalle die Eigengestalt des Goldes durch ihren Wert vollkommener ist und alle metallischen Eigengestalten umschließt; und in der Gattung der Herrscher die Macht des Königs die Befehlsgewalt aller übrigen Feldherrn, Gefolgsleute und niedrigeren Anführer in sich vereint. Alle Eigengestalten der Lebewesen entfalten die geeinte Kraft der menschlichen Seele der Reihe nach und verschränken ihre Natur in mannigfacher Unterscheidung; die einen haben einen klaren, die anderen einen dunkleren Verstand. Dennoch vermag keine Eigengestalt zur genauen Gleichheit mit ihr zu gelangen. Die menschliche Seele jedoch ist, da sie die unterste vernunfthafte Natur ist, vernunfthaft in der Möglichkeit; die vernunfthafte Möglichkeit aber ist das Licht des Verstandes.

Begreife also die menschliche Seele, wie die Figur P, auf Grund von vernunfthafter Einsicht und sinnlicher Andersheit. Wenn das Licht der Vernunft-Einsicht durch drei Stufen zum sinnlichen Schatten herab, und die Sinnlichkeit in die Vernunft heraufsteigt, entstehen in der Mitte zwei Dinge, bei denen ich dafürhalte, daß sie den Namen des Verstandes haben. Der höhere Teil dieses Verstandes, welcher der Vernunft nähersteht, ist begrifflich erkennend; der niedere aber ist der Phantasie oder Einbildung zugehörig. So oder mit anderen Namen kann man sie nennen, wenn man will.

Haec sunt quasi animae humanae quattuor elementa. Intellectus autem iste in nostra anima eapropter in sensum descendit, ut sensibile ascendat ad ipsum. Ascendit ad intellectum sensibile, ut intelligentia ad ipsum descendat. Hoc est enim intellectum descendere ad sensibile quod sensibile ascendere ad intellectum. Visibile enim non attingitur per sensum visus absente intentione intellectualis vigoris.

Hoc quidem experimur, dum ad alia intenti praetereuntem non discernimus. Sensus enim confuse capit sensibile in ipsum ascendens, sed non est sensatio formata atque discreta absque intellectu in nobis per medium rationis descendente; nec nos attingimus sensibile ut tale absque sensu. Caecus enim sensibilem colorem non attingit. Intellectus autem, qui secundum regionem intellectualem in potentia est, secundum inferiores regiones plus est in actu. Unde in sensibili mundo in actu est. Nam in visu visibile, in auditu audibile actualiter apprehendit, in sensu autem sensus est, in imaginatione imaginatio, in ratione ratio.

Non enim est anima aliud quam nobilis quaedam atque simplex unita virtus. Quaelibet autem pars virtualis de toto verificatur. Virtus enim sensitiva aut imaginativa animae nostrae, cum sit in anima, anima est, ut virtus ducalis aut comitalis in rege regia est, sicut regalis in duce ducalis est. Anima etiam, cum sit vivificatio corporis ipsa, in pede vivificatio pedis est, in manu vivificatio manus est. Et cum vivificatio animae sit anima ipsa, est unitas corporalis unientis alteritatis. Et ex hoc est in qualibet parte ut unitas in numero.

Sicut enim virtus lapidem sursum proiicientis lapidem gravem elevat, ita et ea cessante deorsum festinat, ita animae virtus corpus movet, et non est aliud mori quam virtutem

So sind diese gleichsam die vier Elemente der menschlichen Seele. In unserer Seele steigt jenes Vernunft-Denken darum in den Sinn herab, damit das Sinnliche zu ihm hinaufsteige. Das Sinnliche erhebt sich zum Vernunfthaften, damit die Vernunft-Erkenntnis zu ihm herabsteige; denn das Herabsteigen des Vernunft-Denkens zum Sinnlichen ist dasselbe wie das Aufsteigen dieses zu jenem. Der Gesichtssinn erreicht das Sichtbare nicht, wenn die Absicht der vernunfthaften Kraft fehlt.

Das erfahren wir, wenn wir, mit etwas anderem beschäftigt, einen Vorübergehenden nicht bemerken. Der Sinn begreift zwar ohne Bestimmtheit das in ihn eindringende Sinnliche, doch gibt die mittels des Verstandes in uns herabsteigende Vernunft keine gestaltete und gesonderte Sinnesempfindungen, auch wenn wir das Sinnliche als solches nicht ohne den Sinn erfassen. Ein Blinder erreicht die sinnliche Farbe nicht. Die Vernunft aber, die dem vernunfthaften Bereich entsprechend in der Möglichkeit ist, ist gemäß den niedrigeren Bereichen mehr in der Wirklichkeit. Darum ist sie auch in der sinnenhaften Welt in der Wirklichkeit; sie begreift im Sehen das Sichtbare und im Hören das Hörbare tatsächlich. Im Sinn ist sie Sinn, in der Einbildung Einbildung, im Verstand Verstand.

Die Seele ist nichts anderes als eine edle und einfach geeinte Kraft. Jeder ihrer wirkungshaften Teile erhält vom Ganzen seine Wahrheit. Da die sinnenhafte oder einbildende Kraft unserer Seele in der Seele liegt, ist sie so die Seele, wie die Kraft eines Feldherrn oder Anführers im König eine königliche ist und wie die königliche in einem Feldherrn die eines Feldherrn ist. Als die Belebung des Körpers ist sie auch im Fuß die Belebung des Fußes, in der Hand die Belebung der Hand. Und da die Belebung der Seele die Seele selbst ist, ist sie die körperliche Einheit der einenden Andersheit. Demzufolge ist sie in jedem Teil wie die Einheit in der Zahl.

So wie die Kraft eines Menschen, der einen Stein emporwirft, den schweren Stein hochhebt und dieser, sobald jene weicht, seinen Sturz beschleunigt, so bewegt die Kraft der

vivificantem deficere. Est igitur anima in visu visus, in auditu auditus.

Per hoc igitur, quod intellectus in sensu in actu est, excitatur admiratione dormitans ratio, ut ad verisimile discurrat. Deinde intelligentia pulsatur, ut absolutius a dormitante potentia in cognitionem veri vigilantius erigatur; sensata enim in phantasia depingit atque, dum eorum rationem inquirit, in actum intelligendi verique notitiam pergit. Unit enim alteritates sensatorum in phantasia, varietatem alteritatum phantasmatum unit in ratione, variam alteritatem rationum in sua unit intellectuali simplici unitate. Descendit unitas intellectus in alteritatem rationis, unitas rationis in alteritatem imaginationis, unitas imaginationis in alteritatem sensus.

Complica igitur ascensum cum descensu intellectualiter, ut apprehendas. Non est enim intentio intellectus, ut fiat sensus, sed ut fiat intellectus perfectus et in actu; sed quoniam in actu aliter constitui nequit, fit sensus, ut sic hoc medio de potentia in actum pergere queat. Ita quidem supra se ipsum intellectus redit circulari completa reditione quasi nobilis, qui in potentia militiae existens, quam ob paupertatem ad actum deducere nequit, se ad tempus subiicit, ut sic ea acquirat, per quae se in actu militiae constituat.

Non idigent divites ipsae nobiliores intelligentiae sensibus, cum sint ut ardentes, inconsumptibiles et semper crescentes

Seele den Körper. Und Sterben bedeutet nichts anderes, als daß die lebendig machende Kraft nachläßt. Die Seele ist also im Sehen das Sehen, im Hören das Hören.

Dadurch, daß das Vernunft-Denken im Sinn der Wirklichkeit nach ist, wird der schlummernde Verstandessinn durch das Staunen erweckt, so daß er auf das Wahr-Ähnliche zueilt. Darauf wird die Vernunft-Erkenntnis erweckt, um in freierer Weise von der schlummernden Möglichkeit in größerer Wachheit zur Erkenntnis des Wahren aufgerichtet zu werden. Das sinnlich Wahrgenommene bildet das Vernunft-Denken in der Phantasie ab und gelangt, wenn es den Wesenssinn des Abgebildeten untersucht, in die Verwirklichung des Verstehens und zur Erkenntnis des Wahren. Es vereint die Andersheiten des Wahrgenommenen in der Phantasie, und vereint die Mannigfaltigkeit der Andersheit der Phantasiegebilde im Wesens- und Verstandessinn und die mannigfache Andersheit der Wesenssinne in seiner vernunfthaft-einfachen Einheit. Die Einheit des Vernunft-Denkens steigt in die Andersheit des Verstandes herab, die Einheit des Verstandes in die Andersheit der Einbildung, die Einheit der Einbildung in die Andersheit der Sinnlichkeit.

Damit du also zum Verstehen gelangst, schließe den Aufstieg mit dem Abstieg in vernunfthaft-geistiger Weise zusammen. Es ist nicht die Absicht des Vernunft-Denkens, Sinnlichkeit zu werden, sondern vollkommenes Vernunft-Denken als Wirklichkeit zu werden; weil es aber in seinem Wirklichsein nicht anders gebildet werden kann, wird es Sinnlichkeit, damit es so mit diesem Mittel von der Möglichkeit in die Wirklichkeit vordringen kann. So kehrt also das Vernunft-Denken, nachdem es einen vollständigen Kreislauf vollführt hat, über sich selbst zurück; so wie ein vornehmer Mann, der in sich die Fähigkeit zum Kriegsdienst hat, diese aber wegen seiner Armut nicht verwirklichen kann, sich der Zeit unterwirft, um so das zu erwerben, was es ihm ermöglicht, sich tatsächlich dem Kriegsdienst zu widmen.

Die reichen und vornehmsten Vernunft-Einsichten bedürfen nicht der Sinne, da sie brennenden, unverzehrbaren

ignes, qui extrinseco excitativo vento per sensibile flabellum in sufflando non egent, ut ardeant. In actu enim, quamvis differenter, existunt. Sed cum nostra intellectualis portio sit quasi scintillaris ignis inter viridia ligna absconsus, his indiget. Nec putas nos homines, qui sensu vigemus, aliquid attingere intelligentias latitans.

Intellectualiter quidem hoc attingunt, quod nos per sensum sensibiliter. Dum enim quis Romanam loquitur linguam, ego auditu vocem, tu vero etiam in voce mentem attingis. Intelligentia vero sine sermone mentem intuetur. Ego enim irrationabiliter, tu vero rationabiliter, angelus intellectualiter. Verius igitur sic atque perfectius intuitione intellectuali quam per sensibilem auditum attingitur quaesitum.

Adverte etiam, ut intellectum ob suam perfectionem descendere et reditione completa ad se reverti audisti, ita de sensu concipe. Nam ob perfectionem vitae sensitivae sursum ad intellectum pergit. Connectuntur igitur duo, appetitus naturalis et accidentalis, qui mutua circulatione adimplentur. Quoniam autem perfectio intellectus est actu intelligere (posse enim intelligere, dum ad actum pergit, perficitur), hinc intellectus ex se intelligibile faciens, quod in intellectum progreditur, est sui ipsius fecunditas. Nam intellectum in species sensibiles descendere est ascendere eas de conditionibus contrahentibus ad absolutiores simplicitates. Quanto igitur profundius in ipsis se immittit, tanto ipsae species magis absorbentur in eius luce, ut finaliter ipsa alteritas intelligibilis resoluta in unitatem intellectus [ut][1] in fine quiescat.

---

[1] Cod. Tr I.

und ständig wachsenden Feuern gleichen und es nicht nötig haben, daß ein Wind sie von außen anstachelt, den ihnen gleichsam ein sinnlicher Fächer beim Auflodern zuweht, um zu brennen. Sie bestehen, wenn auch unterschiedlich in der Wirklichkeit. Da aber unser vernunfthafter Anteil wie ein Feuerfunke unter grünendem Holz verborgen liegt, bedarf er der Anregungen. Glaube nicht, daß wir Menschen, die wir in der Sinnlichkeit stark sind, irgend etwas erreichen, das die Vernunft-Einsichten in sich birgt.

In vernunfthafter Weise erreichen sie das, was wir sinnlich durch die Sinne erreichen. Wenn jemand die römische Sprache spricht, dann gelange ich im Hören zur worthaften Stimme; du jedoch erfassest in ihr auch den Sinn. Die Vernunft-Einsicht hingegen schaut den Sinn ohne Worte. Ich erreiche den Sinn ohne Verstand, du mit Verstand; ein Engel erfaßt ihn in vernunfthafter Weise. Das Gesuchte wird also vermittels der vernunfthaften Schau in größerer Wahrheit und vollkommener erreicht als durch das sinnliche Gehör.

Wie du gehört hast, daß das Vernunft-Denken seiner Vollkommenheit wegen herabsteigt und nach vollendetem Rückweg zu sich selbst zurückkehrt, so beachte dies auch in bezug auf das Verständnis der Sinnlichkeit. Denn zur Vollendung des sinnenhaften Lebens dringt dieses nach oben zur Vernunft vor. Zwei Strebungen, die natürliche und die hinzukommende, werden also miteinander verbunden und in wechselseitigem Kreislauf vollendet. Weil aber die Vollendung des Vernunft-Denkens tatsächliches Verstehen bedeutet — das Verstehen-Können wird nämlich vollendet, wenn es zum Wirklichsein gelangt —, ist das Vernunft-Denken, das aus sich selbst das Verstehbare bildet, das in es übergeht, die Fruchtbarkeit seiner selbst. Denn daß das Vernunft-Denken in die sinnlichen Eigengestalten herabsteigt, bedeutet, daß diese aus verschränkender Befindlichkeit zu absoluteren Einfachheiten hinaufsteigen. Je tiefer es sich in sie hinabsenkt, um so stärker werden die Eigengestalten in seinem Licht absorbiert, so daß schließlich die verstehbare Andersheit, aufgelöst in die Einheit des Vernunft-Denkens, in ihrem Ziel ruht.

Unitas igitur intellectus tanto plus perficitur, quanto [plus] de potentia in actum progreditur. Et quanto ignis potentior est in actu, tanto citius ignibile de potentia in actum pergere facit. Nec est aliud ignibile in ignem producere quam ignem se in ignibili profundare. Intellectus est in nobis quasi semen ignis intellectualis in rationali ignibili ut materia collocatus. Unde, uti color non est visibilis nisi in unitate lucis, quia color lucis est alteritas, alteritas autem non nisi in unitate attingibilis est, ita phantasmata non nisi in luce rationis intelligibilia sunt: Phantasmata enim alteritates sunt unitatis rationis. Quanto igitur phantasmata sunt unitati rationis propinquiora, tanto magis intelligibilia, uti color magis visibilis, qui luci propinquior. Unde, uti flamma, quia in lumine absorpta, per se visibilis est, et in eius lumine alterationes lucis, puta colores, intuemur[1], ita quidem sunt conceptus in rationis lumine absorpti, ut per se intelligantur et alia obscuriora intelligibilia faciant, ut in per se notis constat principiis.

Ratio igitur per se intellectui ingeritur ut lux visui, et intellectus per se in rationem descendit, uti visus in lucem pergit; hoc est enim rationem per se intelligibilem esse intellectum in ipsam descendere. Sicut autem unitas per se in numerum pergit, ita ratio in phantasmata. Et uti numerus non nisi unitate attingitur, ita intellectus non nisi ratione mediante phantasmata apprehendit.

---

[1] Cusanus vermerkt hier am Rande (Cod. Cus.: fol. 78 r): Ex hoc vides non esse intellectum agentem necessarium, ut dicunt philosophi, sed sufficit intellectui lumen rationis sicut oculo lumen solis aut ignis.

Die Einheit des Vernunft-Denkens wird um so mehr vollendet, je mehr es von der Möglichkeit in die Wirklichkeit vordringt. Je mächtiger ein Feuer in der Wirklichkeit ist, um so schneller läßt es das Entflammbare von der Möglichkeit in die Wirklichkeit übergehen. Auch bedeutet das Entflammbare in Feuer übergehen zu lassen nichts anderes, als daß das Feuer sich in das Entflammbare herabsenkt. Das Vernunft-Denken gleicht dem Samen eines vernunfthaften Feuers, das, in verständigem Entflammbaren als in seiner Materie eingebettet, in uns hineingelegt ist. Wie die Farbe nur in der Einheit des Lichtes sichtbar ist — denn die Farbe ist die Andersheit des Lichtes — und die Andersheit nur in der Einheit erreicht werden kann, so sind die Phantasiegebilde nur im Licht des Verstandes vernünftig erkennbar; denn diese sind die Andersheiten der Verstandes-Einheit. Je näher sie also der Verstandes-Einheit sind, desto vernünftig-erkennbarer sind sie; ebenso wie die Farbe sichtbarer ist, die dem Lichte näher steht. Wie daher die Flamme vom Licht absorbiert durch sich selbst sichtbar ist und wir in ihrem Glanz die Änderungen des Lichtes, z. B. die Farben, schauen, so sind auch die Grundbegriffe derart im Licht des Wesenssinn absorbiert, daß sie durch sich selbst verstanden werden und anderes, stärker Verdunkeltes verstehbar machen, wie es bei den durch sich selbst bekannten Prinzipien feststeht.

Der Verstandessinn dringt also von selbst, wie das Licht in die Augen, in das Vernunft-Denken ein, und dieses steigt von selbst in den Verstand hinab, so wie das Sehen in das Licht vorstößt. Das bedeutet, daß der durch sich selbst verstehbare Verstandessinn das in ihn herabsteigende Vernunft-Denken ist. Wie aber die Einheit durch sich selbst in die Zahl, so geht der Verstand in die Phantasiegebilde über. Und so wie die Zahl nur durch die Einheit erfaßt wird, begreift die Vernunft nur durch die Vermittlung des Verstandes die Phantasiegebilde.

Adverte igitur, quoniam unitas per se est inattingibilis alioqui praecisio, infinitum atque inattingibile attingeretur ratione, quod est impossibile. Non igitur attingitur unitas nisi mediante alteritate, sicuti unitas speciei mediante alteritate individuorum, atque generum unitas mediante specierum diversitate.

Neque alteritas attingitur per se ex eadem radice. Unde non attingitur alteritas nisi mediante unitate. Non enim attingitur individuum nisi mediante specie, nec species nisi mediante genere, nec color nisi mediante luce, nec sonus nisi mediante aëre, cum sonus sit alteritas quieti aëris, nec sentitur dolor, qui alteritas est, nisi in unitate continui aut complexionis. Dum enim unitas ipsa continui dissolvitur et alteratur aut unitas harmonica complexionis alteritate quacumque offenditur, disconvenientia in unitate sentitur.

Et quoniam intellectum constat unitatem esse rationis, quae ipsum in alteritate participat, hinc intellectus ante alteritatem existens nec tempori, quod ex ratione prodit, nec corruptibilitati subiicitur, cum sit rationalis alteritatis absolutior unitas[1]. Non est igitur eius natura corruptibilis, cum rationem praeveniat. Ubi vero unitas absorbet alteritatem, ibi immortalitas. Quare et altior illa rationalis natura, quae phantasmatum alteritatem in luce suae unitatis absorbet et in lumine immortalis intellectus occultatur, ita est immortalis sicut lumen inumbrabile.

Sicut enim lumen ipsum, in quantum in se est, non potest non esse visibile, ita ratio pura non potest non intelligi. Et haec est vita eius atque perfectio. Et in hoc differentiam rationis humanae atque bestiarum venari poteris. Cur ipsa

---

[1] Am Rand in Cod. Cus.: fol. 78 v bemerkt Cusanus: Nota rationem incorruptibilem intellectus quoad tempus.

Beachte also, daß die Einheit durch sich selbst unerreichbar ist, denn sonst würden die Genauigkeit, das Unendliche und das Unerreichbare vom Verstand erfaßt; und das ist unmöglich. Die Einheit wird nur durch Vermittlung der Andersheit erreicht; so wie die Einheit der Eigengestalt mittels der Andersheit der Individuen und die Einheit der Gattungen mittels der Verschiedenheit der Eigengestalten.

Auch die Andersheit wird aus demselben Grund nicht durch sich selbst erreicht. Darum wird die Andersheit nur durch Vermittlung der Einheit erfaßt. Das Individuum wird nur mittels der Eigengestalt erreicht, die Eigengestalt nur mittels der Gattung, die Farbe nur mittels des Lichtes, der Ton nur mittels der Luft, da der Ton die Andersheit zu der Ruhe der Luft ist. Auch der Schmerz, der eine Andersheit ist, wird nur in der Einheit des Zusammenhangs oder der Befindlichkeit empfunden. Wird nämlich die Einheit des Zusammenhanges aufgelöst oder geändert oder die harmonische Einheit der Befindlichkeit durch irgendeine Andersheit verletzt, so wird eine Mißstimmung in der Einheit sinnlich wahrgenommen.

Und da feststeht, daß das Vernunft-Denken die Einheit des Verstandes ist, der an ihm in Andersheit teilhat, ist die Vernunft, welche vor der Andersheit besteht, weder der Zeit, die aus dem Verstand hervorgeht, noch der Vergänglichkeit unterworfen, da sie die weiter losgelöste Einheit der verständigen Andersheit ist. Ihre Natur ist nicht vergänglich, da sie dem Verstand vorangeht. Wo aber die Einheit die Andersheit absorbiert, dort ist Unsterblichkeit. Darum ist auch jene erhabene, verständige Natur, welche im Lichte ihrer Einheit die Andersheit der Phantasiegebilde absorbiert und selbst im Licht der unsterblichen Vernunft verborgen wird, so unsterblich wie das Licht, das nicht verdunkelt werden kann.

Wie nämlich das Licht selbst, soweit es in sich selbst ist, nicht unsichtbar sein kann, so kann auch der reine Verstand nicht nicht verstanden werden; und dies ist sein Leben und seine Vollendung. Darin kannst du den Unterschied zwischen

humana in immortalitate vitae intellectualis, quae est semper intelligere, absorbetur? Quia semper per se est intelligibilis, uti lumen per se visibile. Non autem alteritates lucis, puta colores, per se visibiles sunt, sic nec alteritates rationis, quae in aliis [animalium][1] speciebus existunt, quare alterabiles et corruptibiles.

Quoniam autem homo diu caecus, dum videre incipit, primo hoc in luce experitur, hinc lux est alteritas spiritus visivi, et non apprehendit visus unitatem suam nisi mediante alteritate. Lux igitur illa, quae se ingerit in oculum, mediante qua se videre apprehendit, est altera lux a luce visivi spiritus. Quando igitur fortitudo lucis visivi spiritus intra se absorbet lumen visibile, transit visibile in visum. Quando autem alteritas lucis visibilis sua fortitudine absorbet debilitatem visivi spiritus, transit unitas virtutis visivae in alteritatem et divisionem.

Ita quidem de virtute intellectuali et lumine rationis coniect-[ur][2]andum existimo. Nam ratio alteritas intellectualis unitatis est, et nisi fortis fuerit virtus eius, saepe in [alteritate][3] rationis absorbetur, ut opinionem verum existimet intellectum. Sic et phantasmatum alteritas saepe rationem absorbet, ut id, quod imaginatur, homo iudicet ratione ostensum. Ita et alteritas sensus unitatem virtutis phantasticae aliquando absorbet, ut id, quod sensu attingit, hoc esse iudicet, quod imaginatur, uti infans informem adhuc phantasticae habens virtutem mulierem, quam videt, matrem iudicat, quam imaginatur. Ita quidem et aliis debilibus in hac virtute accidere solet.

---

[1] Cod. Tr I; Cod. Cus.: animalis.
[2] Cod. Tr I.
[3] Cod. Tr I; Cod. Cus.: alteratione.

dem menschlichen und dem tierischen Verstandessinn gewinnen. Warum wird der menschliche Verstand in der Unsterblichkeit des vernunfthaften Lebens, welches ein immerwährendes Vernunft-Erkennen ist, absorbiert? Weil es immer durch sich selbst verstehbar ist, so wie das Licht durch sich selbst sichtbar. Die Andersheiten des Lichtes aber, wie z. B. die Farben, sind nicht durch sich selbst sichtbar; ebenso auch nicht die Andersheiten des Verstandes, die in den anderen Eigengestalten der Tiere bestehen; diese sind daher veränderlich und vergänglich.

Da ein Mensch, der lange Zeit blind war und dann zu sehen beginnt, dies zuerst im Licht erfährt, ist das Licht die Andersheit des Seh-Geistes und das Sehen erreicht seine Einheit nur mittels der Andersheit. Jenes Licht, das in das Auge eindringt und mittels dessen dieses begreift, daß es sieht, ist dem Licht des Seh-Geistes gegenüber anderes Licht. Wenn also die Stärke des Seh-Geist-Lichtes das sichtbare Licht in sich absorbiert, geht das Sichtbare ins Sehen über. Wenn aber die Andersheit des sichtbaren Lichtes die Schwachheit des Seh-Geistes durch seine Stärke absorbiert, geht die Einheit der Sehkraft in Andersheit und Trennung über.

In gleicher Weise müssen wir, wie ich meine, über die Kraft der Vernunft und das Licht des Verstandes Mut-Maßungen anstellen. Denn der Verstand ist die Andersheit der Vernunft-Einheit, und wenn nicht deren Kraft stark wäre, würde diese oft in der Andersheit des Verstandes absorbiert, so daß man die Verstandes-Meinung als wahres Vernunft-Denken erachtete. So absorbiert auch die Andersheit der Phantasiegebilde oft den Verstand, so daß der Mensch der Meinung ist, der Verstand habe ihm das gezeigt, was er sich einbildet. Ebenso absorbiert auch die Andersheit des Sinnes mitunter die Einheit der Vorstellungs-Kraft, so daß er meint, das, was er mit dem Sinn berührt, sei das, was er sich vorstelle; so wie ein kleines Kind, das eine noch unausgebildete Vorstellungskraft hat, eine Frau, die es sieht, für die Mutter hält, die es sich einbildet. Ebenso pflegt es auch solchen zu gehen, die in dieser Kraft schwach sind.

Intellectus igitur, qui est rationis unitas, ea ipsa ratione mediante corpori iungitur; corporalis enim natura intellectualem non nisi in alteritate participare potest, a qua, cum maxime distet, scalaribus mediis opus habet. Participat igitur corporalis natura intellectualem ipsam in alteritate lucis rationis per medium vegetativum atque sensuale. Ascendit autem sensibile per organa corporalia usque ad ipsam rationem, quae tenuissimo atque spiritualissimo spiritu cerebro adhaeret.

Alteritas autem, quae in ratione recipitur, unitate ipsius rationis, quae alteritas est intellectus, mediante in intellectum ab omni organo liberum absumitur. Et quoniam huius rationis ascensus descensus est intellectus, ob hoc absolutus intellectus, dum in alteritate rationali venatur, veritates ipsas ut a phantasmatibus elevatas sursum amplectitur.

Quare, cum sic a sensibilibus ortum capiat, absolute verus esse nequit, sed secundum quid; nam in ratione verus est secundum rationem, in imaginatione secundum imaginationem, in sensu secundum sensum. Dum autem res abstractius extra omnem rationis alteritatem in sua simplici intellectuali natura intuetur, eas extra ipsa phantasmata in claritate veritatis amplectitur.

Intellectus enim alteritas est infinitae unitatis. Quanto igitur ipse intellectus a sua alteritate se altius abstrahit, ut in unitatem simplicissimam plus ascendere queat, tanto perfectior altiorque existit. Nam cum omnis alteritas non nisi in unitate attingibilis sit, non potest intellectus se ipsum, qui alteritas est, cum non sit divinus absolutissimus intellectus, sed humanus, nisi in ipsa divinissima unitate, uti est, intueri.

Das Vernunft-Denken, das die Einheit des Verstandessinnes ist, wird durch Vermittlung eben desselben Verstandes mit dem Körper verbunden. Da die körperliche Natur an der vernunfthaften nur in der Andersheit teilhaben kann, und da sie von ihr am weitesten absteht, braucht sie Vermittlungsstufen. Die körperliche Natur hat folglich vermittels des Belebten und des Sinnenhaften in der Andersheit des Lichtes des Verstandes an der vernunfthaften Natur teil. Das Sinnliche steigt durch die körperlichen Organe bis zum Verstand auf, welcher in einem ganz dünnen und geisthaften Geist dem Gehirn verbunden ist.

Die im Verstand empfangene Andersheit jedoch wird mittels der Einheit des Verstandes, welcher die Andersheit der Vernunft ist, von jedem Körperorgan frei, in das Vernunft-Denken aufgenommen. Und weil der Aufstieg dieses Verstandessinnes der Abstieg des Vernunft-Denkens ist, umfaßt das losgelöste Vernunft-Denken, wenn es in verständiger Andersheit jagt, die Wahrheiten, wie sie von den Phantasiegebilden hervorgehoben worden sind, auf höherer Ebene.

Wenn es darum vom Sinnlichen seinen Ausgang nimmt, kann es nicht in absoluter Weise wahr sein, sondern nur relativ. Denn im Verstand ist es wahr gemäß dem Verstand, in der Einbildung gemäß der Einbildung, im Sinn gemäß dem Sinn. Wenn es aber in relativ abstrakter Weise die Dinge außerhalb aller Andersheit des Verstandes in seiner einfachen, vernunfthaften Natur schaut, dann umfaßt es sie außerhalb der Phantasiegebilde in der Klarheit der Wahrheit.

Das Vernunft-Denken ist ja die Andersheit der unendlichen Einheit. In je größerem Maße sich also das Vernunft-Denken von seiner Andersheit ablöst, um besser in die ganz einfache Einheit emporsteigen zu können, um so vollkommener und höher ist es. Da alle Andersheit nur in der Einheit erfaßt werden kann, kann das Vernunft-Denken, das eine Andersheit ist, da es nicht die göttliche, völlig absolute Vernunft darstellt, sondern die menschliche, nur in der göttlichen Einheit sich schauen, wie es ist.

Non enim intellectus se ipsum aut aliquod intelligibile, uti est, attingere poterit nisi in veritate illa, quae est omnium unitas infinita; nec potest ipsam unitatem infinitam intueri nisi in intellectuali alteritate. In se ipso igitur intellectus intuetur unitatem illam non uti est, sed uti humaniter intelligitur; et per ipsam, quam sic intelligit in alteritate, se elevat, ut absolutius in eam, uti est, pergat de vero ad veritatem, aeternitatem et infinitatem. Et haec est ultima perfectio intellectus, quoniam per theophaniam in ipsum descendentem continue ascendit ad approximationem assimilationis divinae atque infinitae unitatis, quae est vita infinita atque veritas et quies intellectus.

Est autem ipse adeo subtilis naturae, ut quasi in puncto centrali indivisibili[1] sphaeram intueatur. Dum est contractus in ratione, ipsam sphaeram intuetur in ratione illa, quae habet omnes lineas a centro ad circumferentiam esse aequales. Dum in phantasia ipsum intuetur, ipsam rotundam atque corpoream imaginatur. Sensus autem visus non sphaeram sed partem eius tantum potest intueri, sed per rationem partem cum parte componentem attingit.

Unde, sicut veritas intellectualis per rationem in sua praecisione est inattingibilis, ita veritas rationis est sensibiliter incontrahibilis; semper enim defectum in alteritate esse necesse est. Unitas enim non aliter in alteritate quam cum casu a praecisione et aequalitate reperibilis est; aliter enim non esset alteritas, si esset praecisa aequalitas. Quapropter nec ratio circuli est verus circulus intellectualis; non enim ab eo circulus intellectualiter verus iudicatur, quia a centro eius ad circumferentiam lineae sunt aequales. Sed haec rationalis definitio intellectualis circuli est ad verum se habens circulum ut signum ad signatum et alteritas ad suam unitatem

---

[1] Codd. Cus. und Tr II: indivisibilem.

Denn das Vernunft-Denken vermag weder sich selbst, noch irgend etwas Verstehbares so zu erfassen, wie es ist, es sei denn in jener Wahrheit, die die unendliche Einheit aller Dinge ist; noch kann es, außer in der vernunfthaften Andersheit, die unendliche Einheit schauen. In sich selbst schaut darum das Vernunft-Denken jene Einheit nicht wie sie ist, sondern wie sie menschlich verstanden wird. Durch diese unendliche Einheit, die es so in der Andersheit versteht, erhebt es sich, um in absoluterer Weise zu ihr, wie sie ist, das heißt vom Wahren zur Wahrheit, Ewigkeit und Unendlichkeit, zu gelangen. Das ist die letzte Vollendung des Vernunft-Denkens, da es mittels der in es herabsteigende Theophanie ständig emporsteigt und sich der Verähnlichung mit der göttlichen, unendlichen Einheit, die das unendliche Leben, die Wahrheit und die Ruhe des Vernunft-Denkens ist, nähert.

Es ist von so feiner Natur, das es die Kugel gleichsam in einem unteilbaren Mittelpunkt schaut. Wenn es im Verstandessinn verschränkt ist, dann schaut es sie in jenem Wesenssinn, bei dem alle Linien vom Mittelpunkt zum Umkreis gleich sind. Wenn das Vernunft-Denken die Kugel in der Phantasie schaut, bildet es sich die Kugel rund und körperlich ein. Der Gesichtssinn kann nicht die ganze Kugel, sondern nur einen Teil von ihr betrachten; sie wird jedoch mit Hilfe des Verstandes erreicht, der Teil mit Teil zusammensetzt.

Wie darum die vernunfthafte Wahrheit in ihrer Genauigkeit durch den Verstand unerreichbar ist, so ist dessen Wahrheit sinnlich nicht verschränkbar. Denn immer muß ein Fehlabstand in der Andersheit sein. Die Einheit ist nämlich in der Andersheit nicht anders zu finden als mit einem Abweichen von der Genauigkeit und Gleichheit; andernfalls, wenn sie genaue Gleichheit wäre, wäre sie keine Andersheit. Darum ist der Wesenssinn des Kreises nicht der wahre vernunfthafte Kreis; denn vom Vernunft-Denken wird der Kreis deshalb nicht in vernunfthafter Weise als wahr beurteilt, weil von seinem Mittelpunkt

aut compositum ad simplex seu explicatio ad complicationem aut contractum ad absolutum.

Circulus enim in contracto esse via rationis aliter esse nequit; in unitate autem sua absolutiori absque alteritate linearum et circumferentiae intelligibiliter existit. Sicut autem ratio in unitate intellectus a priori demonstrative discurrit, sic intellectualis nostra cognitio verior esse non posset, si in unitate absoluta, quae veritas est, alteritas omnis intueretur non ut alteritas sed ut unitas, quanto hoc absolutius praecisiusque a divino munere concederetur; praecisissime enim hoc solum per divinum ipsum intellectum, qui est ipsa praecisio absoluta, hoc fieri potest. Ipse enim est solus omne, quod in omni intellectu intelligit et in omni intelligibili intelligitur.

Habet igitur haec intellectualis cognitio se in perfectione actuali ad alias ut corpus ad superficiem, lineam et punctum, sed in subtilitate ut punctus ad lineam, superficiem et corpus; punctualiter quidem atque subtiliter et perfecte simul amplectitur verum. Rationalis vero cognitio contractior atque [ut][1] perfectior ut superficies, subtilis linea; imaginativa vero cognitio contracta magis perfecta ut linea, grossa ut superficies; sensitiva vero cognitio individualiter contractissima, est imperfectissima ut punctus, grossissima ut corpus.

Hae autem cognitiones variantur diversimode secundum varietatem organorum et spirituum, virtutem differentium et

---
[1] Paris; Codd.: in.

zum Umkreis die Linien gleiche sind. Diese verständige Definition des vernunfthaften Kreises verhält sich vielmehr zum wahren Kreis, wie ein Zeichen zum Bezeichneten, wie die Andersheit zur Einheit, das Zusammengesetzte zum Einfachen, die Ausfaltung zur Einfaltung, das Verschränkte zum Absoluten.

Im verschränkten Sein kann der Kreis nach dem Weg des Verstandes nicht anders sein; in seiner absoluteren Einheit aber besteht er ohne die Andersheit der Linien und des Umfanges in vernunfthafter Weise. Wie aber der Verstand in der Einheit des Vernunft-Denkens sich in apriorischem Hinweisen bewegt, so kann unsere Vernunft-Erkenntnis nicht wahrer sein, als wenn jede Andersheit in der absoluten Einheit, welche die Wahrheit ist, nicht als Andersheit, sondern so absolut und genau, als dies durch göttliches Geschenk zugestanden wurde, als Einheit geschaut würde. Ganz genau kann dies nämlich nur durch das göttliche Vernunft-Denken geschehen, das die absolute Genauigkeit selbst ist. Es allein ist alles das, was in jedem Vernunft-Denken versteht und in jedem Vernunfthaft-Erkennbaren verstanden wird.

Diese vernunfthafte Erkenntnis verhält sich in ihrer tatsächlichen Vollendung zu den anderen Erkenntnissen wie der Körper zu Fläche, Linie und Punkt, in der Genauigkeit jedoch wie der Punkt zu Linie, Fläche und Körper. Punkthaft, subtil und vollkommen umfaßt sie das Wahre zugleich. Die Verstandeserkenntnis ist verschränkter als die Vernunfterkenntnis; vollkommener als die Einbildung ist sie in ihrer tatsächlichen Vollendung wie die Fläche; in ihrer Genauigkeit gleicht sie der Linie. Die Einbildungs-Erkenntnis ist noch mehr verschränkt; ihrer tatsächlichen Vollkommenheit nach ist sie wie eine Linie, in ihrer Genauigkeit ist sie grob wie eine Fläche. Die Sinnes-Erkenntnis ist individuell gänzlich verschränkt und der tatsächlichen Vollendung nach am unvollkommensten wie ein Punkt; der Genauigkeit nach ist sie ganz grob wie ein Körper.

Diese Erkenntnisse sind in mannigfacher Weise entsprechend der Verschiedenheit der Organe und Geister, der

varietatem unitatis, per quam in alteritatem devenitur. Si enim medium diaphanum, per quod alteritas lucis in visum ascendit, est alteratum colore rubeo vel alio, huius coloris res visa apparet, quoniam ipsa non attingitur in unitate simplici, puta luce pura, sed in luce alterata in diaphano, puta beryllo aut vitro aut flamma vel radio colorato vel alterato. Ita intellectus phantasmata pura non attingit, nisi pura et libera fuerit ratio, [cum ratio][1] unitas sit alteritatis phantasmatum; sed in corrupta et alterata ratione iudicium eius corruptum est, ut videmus, quando auctoritati ratio alligata est. Tunc enim alterata est et contracta a sua puritate et secundum eam corruptum fit iudicium. Quare passionati recto carent iudicio, cum lumen rationis in ipsis sit contractum et alteratum, sicut gustus per humidum salivale corruptum iudicat corrupte dulce scilicet amarum et sic de reliquis.

XVII.

De sui cognitione

Summariam tui ipsius coniecturalem cognitionem ex his facile elicies, ut nunc tibi ex superfluis pandam.

Primo quidem, Iuliane pater, te hominem unum esse non dubitas. Hominem vero ab humanitate dici ut ab albedine album non ambigis. Humanitatem autem unitatem quandam in alteritate participabilem clare conspicis, cum me quidem hominem atque alium a te atque singulis conspicis individuis. Humanitatem vero individualiter in alteritate contrahibilem alteritatem absolutioris esse unitatis in ipsius et leoneitatis et equineitatis alteritate advertis. Absolutissimam

---

[1] Cod. Tr I und Tr II; fehlt in Cod. Cus.

Übertragungskraft und der Mannigfaltigkeit der Einheit, durch die sie in die Andersheit gelangen, unterschieden. Ist ein durchsichtiges Medium, durch das die Andersheit des Lichtes in den Sehsinn gelangt, durch Rot oder eine andere Farbe verändert, dann scheint das Ding, das man sieht, von dieser Farbe zu sein, da es nicht in der einfachen Einheit, das heißt dem reinen Licht, sondern in dem Licht erfaßt wird, das durch das durchsichtige Medium, den Beryll, das Glas, die Flamme oder den farbigen und geänderten Lichtstrahl verändert wurde. So erreicht auch das Vernunft-Denken nicht die reinen Phantasiegebilde, wenn nicht der Verstand rein und frei gewesen ist; denn der Verstand ist die Einheit der Andersheit der Phantasiegebilde. In einem verdorbenen und veränderten Sinn jedoch ist sein Urteil verdorben, wie wir es sehen, wenn der Verstand mit Autorität verbunden ist. Dann nämlich ist er von seiner Reinheit weg verschränkt und verändert und demgemäß fällt er ein verderbtes Urteil. Deshalb entbehren auch die von Leidenschaft besessenen Menschen des rechten Urteils; in ihnen ist das Licht des Verstandes so verschränkt und verändert wie bei einem Geschmackssinn, der, durch krankhaften Speichelfluß verdorben, das Süße fälschlich für bitter hält; usw.

XVII.

Selbst-Erkenntnis

Aus dem Folgenden, das ich dir jetzt aus überreichem Stoff darlegen will, wirst du leicht eine zusammengefaßte mutmaßliche Erkenntnis deiner selbst gewinnen.

An erster Stelle halte ich fest, daß du, Vater Julianus, nicht daran zweifelst, ein Mensch zu sein. Es ist dir klar, daß der Mensch nach der Menschheit benannt ist, so wie das Weiße nach dem Weiß-Sein. Du erkennst deutlich, daß die Menschheit eine gewisse Einheit bedeutet, die in Andersheit partizipierbar ist, sofern du beachtest, daß ich ein Mensch bin, der dir und den einzelnen Individuen gegenüber ein anderer ist. Du bemerkst in ihrer, wie auch in der Anders-

igitur atque penitus incontrahibilem primam conspicis unitatem seu entitatem, quae in alteritate varia incontrahibiliter participatur.

Atque ut exemplo visibili iuveris, imagineris huius visibilis mundi simplicissimam unitatem incontrahibilem lucem esse, in cuius alteritate participationis visibilia omnia id sunt, quod sunt. Color igitur huius lucis alterata extat participatio. Sit igitur circulus universi coloris ambitus; color autem non nisi contracte existere potest, quoniam eius unitas absoluta ipsa cadens in alteritate contrahitur. Tres igitur regiones contractionis coloris cum eorum finalibus novenariis notato differentiis. Supremae regionis coloris contractio talis resultabit, in qua absolutioris lucis participatio in clara resplendentia umbrales alteritates occultat. In fine vero regionis conditio huic contrariabitur; in tenebra enim ingrediens lucis participatio absorbetur; media vero regio medio se habet modo.

Intuere has regiones distinctius in ter trinis distinctionibus. Ita quidem, Iuliane, pari passu si lucem divinitatem, colorem humanitatem, visibilem mundum universum ipsius feceris, te ipsum in figura inquire, et an de suprema, media aut infima regione existas, inspicito. Ego enim te ipsum arbitror humanitatem in suprema ipsa atque in ipsius supremae regionis nobili specie in participatione clariori divinae lucis contrahere. Hac enim patula quadam via aliorum hominum comparatione de se ipso coniecturam quisque facere poterit.

Dum autem te in ordine humanitatem contrahentium participatione absolutissimae unitatis invenisti, adverte humanitatem tuam universum esse tuum ambire teque divinitatem

heit der Löwenheit und Pferdheit, daß die in Andersheit individuell verschränkbare Menschheit die Andersheit einer absoluteren Einheit ist. Als absoluteste und gänzlich unverschränkbare erste Einheit erkennst du diejenige Einheit oder Seiendheit, welche in mannigfacher Andersheit unverschränkbar partizipiert wird.

Um dir mit einem sichtbaren Beispiel zu helfen, stelle dir vor, daß die einfachste Einheit dieser sichtbaren Welt das unverschränkbare Licht ist, in dessen Andersheit der Teilhabe alle sichtbaren Dinge das sind, was sie sind. Die Farbe dieses Lichtes stellt die geänderte Teilhabe dar. Der Kreis des Gesamt sei der Umkreis der Farbe. Diese kann aber nur verschränkt bestehen, da ihre absolute Einheit in der Andersheit verfallend, verschränkt wird. Halte also drei Bereiche der Farb-Verschränkung mit ihren neun Grenz-Unterschieden fest. Die Verschränkung des höchsten Farb-Bereiches wird dergestalt sein, daß die Teilhabe des absoluten Lichtes in klarem Widerschein die schattenhaften Andersheiten verbirgt. Im letzten Bereich aber ist der Zustand umgekehrt. Die Teilhabe am Licht wird absorbiert, wenn sie in das Dunkel eindringt. Der mittlere Bereich verhält sich dementsprechend in einer mittleren Weise.

Betrachte diese Bereiche in drei mal drei Unterscheidungen gesondert. Wenn du nun in derselben Weise die Gottheit das Licht, die Menschheit die Farbe und das Gesamt die sichtbare Welt sein läßt, dann suche dich selbst, Julianus, in der Darstellung und schaue nach, ob du dich in der höchsten, mittleren oder untersten Region befindest. Ich bin der Meinung, daß du in klarer Teilhabe am göttlichen Licht die Menschheit auf der höchsten Stufe und in der edlen Eigengestalt dieses höchsten Bereiches verschränkst. Auf diesem leicht erschließbaren Weg vermag jeder in Vergleich mit anderen Menschen Mut-Maßungen über sich selbst anzustellen.

Hast du dich in der Reihe derjenigen gefunden, welche die Menschheit in der Teilhabe an der absolutesten Einheit verschränken, dann beachte, daß deine Menschheit dein

in eius contractione participare. Divinitas autem est unitas infinita, aequalitas atque connexio; ita quidem, quod in unitate sit aequalitas et connexio, in aequalitate unitas et connexio, in connexione unitas et aequalitas.

Finge igitur contractam tuam humanitatem, in qua divinitatem ipsam participas, circulum universorum atque ad regiones regionumque partitiones ordinatim inspicito, quomodo quidem in ipsa suprema humanitatis tuae natura divinitatem ipsam supreme participas, in infima vero infime, in media medio quodam modo. In nobiliori quidem[1] natura ipsam secundum eius regionis conditionem participas nam intellectualiter, [in suprema][2] in media rationaliter, in infima sensualiter, prout hae regiones in circulo contractae humanitatis tuae cadunt.

Quoniam autem lumen divinitatis participare intellectualiter est unitatem participare, in qua aequalitas et connexio, hoc est autem esse intellectuale, quod est intelligere, participas igitur divinitatem in lumine intelligentiae, ut te scias superno dono intelligentiam habere eamque esse tanto intellectualiter maiorem, quanto magis una fuerit, tali quidem unitate, in qua aequalitas et connexio. In unitate igitur est intelligentia magna, ita in aequalitate unitatis, ita et in connexione amborum, sed in ipsa unitate, in qua aequalitas et connexio, ibi quidem maxima. Participas equidem divinitatem intellectualiter in aequalitate, in qua unitas atque connexio, et hoc quidem lumen est iustitiae. Quanto igitur aequalitatem absolutam, in qua unitas et connexio, intellectualiter plus participas, tanto deiformior. Participas etiam ipsam divinitatem in connexione, in qua unitas et aequalitas. Hoc est autem amoris lumen.

---

[1] Cod. Tr I: etenim.
[2] Fehlt in Codd. Tr I und Cus.

Gesamt umgreift und daß du in ihrer Verschränkung an der Gottheit teilhast. Die Gottheit aber ist die unendliche Einheit, Gleichheit und Verknüpfung. Und zwar so, daß in der Einheit die Gleichheit und Verknüpfung, in der Gleichheit die Einheit und Verknüpfung und in der Verknüpfung die Einheit und Gleichheit sind.

Lasse also deine verschränkte Menschheit, in der du an der Gottheit teilhast, den Kreis des Gesamten sein und betrachte im Hinblick auf die Bereiche und deren Unterteilungen der Reihe nach, wie du in der höchsten Natur deiner Menschheit an der Gottheit in höchster Weise, in der niedrigsten in niedrigster und in der mittleren in mittlerer Weise teilhast. In der edelsten Natur hast du an ihr den Bedingungen dieses Bereiches entsprechend Anteil, das heißt vernunfthaft; in der mittleren Natur verstandesmäßig und in der untersten sinnlich, je nachdem diese Bereiche in den Kreis deiner verschränkten Menschheit fallen.

Am Licht der Gottheit vernunfthaft teilzuhaben bedeutet die Teilhabe an der Einheit, in der Gleichheit und Verknüpfung sind. Darum ist dies das vernunfthafte Sein, das das Vernunft-Erkennen ist. Du hast also im Lichte der Vernunft-Einsicht an der Gottheit teil, so daß du weißt, daß du die Vernunft-Erkenntnis durch ein Geschenk von oben hast, und daß sie durch jene Einheit, in der Gleichheit und Verknüpfung sind, in vernunfthafter Weise um so größer ist, je mehr sie eine geworden ist. In der Einheit also ist die Vernunft-Erkenntnis groß, ebenso in der Gleichheit der Einheit und in der Verknüpfung beider. In der Einheit selbst jedoch, in der Gleichheit und Verknüpfung sind, ist sie am größten. In gleicher Weise hast du in der Gleichheit, in der Einheit und Verknüpfung sind, an der Gottheit vernunfthaft teil. Und das ist das Licht der Gerechtigkeit. Je mehr du an der absoluten Gleichheit, in der Einheit und Verknüpfung sind, vernunfthaft teilhast, um so gottgestaltiger bist du. Du hast auch in der Verknüpfung, in der Einheit und Gleichheit sind, an der Gottheit teil. Das aber ist das Licht der Liebe.

Quanto igitur amorem ipsum, in quo unitas et aequalitas, plus participas intellectualiter, tanto secundum intellectualem atque altiorem tuae humanitatis naturam divinior eris.

Sis autem attentus in his omnibus, ut terminis secundum traditas regulas utaris. Dum enim de divinitate per terminos locutus sum, eos ad eius naturam transsumas. Ita quidem, dum de intellectuali regione tibi conceptum aperui, terminos eius regionis legibus constringas. Post hoc ad alias te pari forma regiones conferas, ut in rationali parte tua inspicere queas, quando ipsa ratio tua divinitatem ipsam suo participat modo, ea enim, quae intellectus intellectualiter participat, illa quidem et ratio suo quidem modo. Sic etiam sensus secundum suae conditiones naturae.

Vides nunc, Iuliane, quando unitas tua in contracta humanitate unitrinum lumen in tribus ipsis regionibus varie participat atque quando in ipsa suprema tuae naturae nobilitate unitatem seu entitatem supremam, quae est virtus [intellectiva atque aequalitatem supremam, quae est virtus]¹ aequalificandi [seu iustificandi]² atque etiam connexionem supremam, quae virtus est connectendi seu amandi, supreme participas, hoc est intellectualiter. Ita quidem hanc unitrinam virtutem mediocriter etiam in regione media participas. Quapropter virtutem rationabiliter essendi seu discernendi rationabiliterque aequalificandi seu iustificandi atque connectendi seu amandi te participare contracte conspicis, sic etiam secundum infimam ipsam regionem sensibiliter essendi seu sentiendi, sensibiliter aequalificandi seu iustificandi, sensibiliter connectendi seu amandi. Hae quidem participatae virtutes in tuae humanitatis virtute complicantur.

---

¹ Codd. Tr I und Tr II.
² Cod. Tr I.

Je mehr du an der Liebe, in der Einheit und Gleichheit sind, vernunfthaft teilhast, desto göttlicher wirst du, der vernunfthaften und höheren Natur deiner Menschheit entsprechend, sein.

Bei all dem sei aber darauf bedacht, die Begriffe den dargelegten Regeln gemäß zu gebrauchen. Wenn ich mit Hilfe von Begriffen über die Gottheit sprach, dann mußt du diese auf die göttliche Natur übertragen. Ebenso mußt du, wenn ich dir Gedanken über den vernunfthaften Bereich erschlossen habe, deren Begriffe den Gesetzen jenes Bereiches anpassen. Danach wendest du dich in gleicher Weise den anderen Bereichen zu, damit du in deinem verstandesmäßigen Teil fragen kannst, wann dein Verstand an der Gottheit in seiner Weise teilhat. Dasjenige, an dem die Vernunft vernunfthaft teilhat, an dem partizipiert auf seine Weise auch der Verstand, ebenso der Sinn gemäß den Bedingungen seiner Natur.

Du siehst jetzt, Julianus, daß, wenn deine Einheit in der verschränkten Menschheit an dem dreieinen Licht mannigfach in jenen drei Bereichen teilhat und wenn du in der höchsten Vornehmheit deiner Natur an der höchsten Einheit oder Seiendheit, welche die vernunfthafte Kraft ist, und an der höchsten Gleichheit, welche die Kraft des Gleichmachens oder Gerechtmachens ist, und an der höchsten Verknüpfung, welche die Kraft des Verbindens oder des Liebens ist, teilhast, du in höchster Weise, das heißt vernunfthaft, partizipierst. Ebenso partizipierst du diese dreieinige Kraft auch im mittleren Bereich in mittlerer Weise. Daraus erkennst du, daß du an der Kraft verstandesmäßig zu sein oder zu unterscheiden, verstandesmäßig gleich oder gerecht zu machen, und verstandesmäßig zu verknüpfen oder zu lieben, verschränkt teilhast; ebenso dem untersten Bereich entsprechend sinnlich zu sein oder zu empfinden, sinnlich gleich oder gerecht zu machen, sinnlich zu verknüpfen oder zu lieben. Diese partizipierten Kräfte sind in der Kraft deiner Menschheit zusammengeschlossen.

Quoniam autem in participatione unitatis aut entitatis simul et aequalitas connexioque participatur, quae in ipsa unitate existunt, hinc in participata intellectus tui unitate existit virtus aequalitatis [et connexionis][1], esse intellectus hoc est intelligendi virtus atque virtus connectendi amandive, quae ex intellectu eiusque intellectione procedit. Amat enim intellectus intelligere suum, intellectualis[2] enim amor intellectum et ipsum intelligentem supponit, quo quidem modo de ratione sensuque dicendum.

Habes ergo, Iuliane pater, te virtutem eam participare, quae in se gestat aequalitatis atque connexionis naturam, ut sic intellectus tuus divinum esse suo modo participans in eius aequalitate intelligere amplectique possit intellectum, ut non aliud sit tuum intelligere, quam aequalitas participatae unitatis tui intellectus. In aequalitate igitur seu similitudine divini luminis intellectualiter participati te noscas intelligendi virtutem assecutum, ita quidem [et][3] ratiocinandi sciendique. Quoniam autem tanto perfectius unitas ipsa participatur, quanto aequalitas connexioque in ipsa maior fuerit, hinc intelligere atque connectere sine perfectione unitatis intellectus nequeunt adaugeri. Inclinatur igitur intellectus ad intelligere et amare, ut perficiatur natura eius, ita ratio ad ratiocinari, sensus ad sentire.

Ex quo evenit, quod intellectus sibi intellectuales artes, quae speculationes sunt, studet adinvenire pro nutritione, conservatione, perfectione ornatuve suo, quibus se iuvare possit ac uti. Has speculativas scientias exserit ex lumine participato intellectualiter. Ita ratio ratiocinandi artes ex lumine ratio-

---

[1] Konjektur.
[2] Codd. Tr I und Cus.: intellectus.
[3] Codd. Tr I und Tr II; Cod. Cus.: ut.

Weil aber in der Teilhabe an der Einheit oder Seiendheit zugleich auch die in der Einheit enthaltene Gleichheit und die Verknüpfung partizipiert werden, ist in der partizipierten Einheit deines Vernunft-Denkens die Kraft der Gleichheit und der Verknüpfung das Sein des Vernunft-Denkens, das heißt die Kraft des Verstehens und die Kraft des Verknüpfens und Liebens, die aus dem Vernunft-Denken und seiner Einsicht hervorgeht. Das Vernunft-Denken liebt nämlich sein Einsehen. Es legt die Liebe zu ihm und den Einsehenden zugrunde. In der entsprechenden Weise können wir auch von Verstand und Sinn reden.

Du hast, wie du weißt, Vater Julianus, an jener Kraft teil, die in sich die Natur der Gleichheit und Verknüpfung trägt, so daß dein Vernunft-Denken in dieser Art auf seine Weise am göttlichen Sein teilhat, und es in der Gleichheit mit ihm das Vernunft-Denken denken und umfassen kann, so daß dein vernünftiges Denken nichts anderes ist als die Gleichheit der partizipierten Einheit deiner Vernunft. In der Gleichheit oder Ähnlichkeit mit dem vernunfthaft partizipierten göttlichen Licht erkennst du, daß du die Kraft des vernünftigen Denkens wie auch die des Verstandes-Denkens und des Wissens erreicht hast. Weil die Einheit aber um so vollkommener partizipiert wird, je größer in ihr Gleichheit und Verknüpfung geworden sind, können sowohl Vernünftig-Denken als auch Verknüpfen nicht ohne die Vollendung der Einheit des Vernunft-Denkens vergrößert werden. Das Vernunft-Denken neigt sich also zum vernünftigen Denken und Lieben, auf daß seine Natur vollendet werde; ebenso der Verstand zum Verstandes-Denken und der Sinn zum sinnlichen Empfinden.

Daraus folgt, daß das Vernunft-Denken danach strebt, die vernunfthaften Künste, welche überlegende Betrachtungen darstellen, zu erfinden, um sich mit ihnen zu helfen und sich ihrer zu seiner Ernährung, Bewahrung, Vervollkommnung und Zierde zu bedienen. Dieses spekulative Wissen

nabiliter participato elicit, et sensus sensibiles artes pro nutritione, conservatione, perfectione ornatuque sensibilis naturae ex sensibiliter participato trahit lumine. Nec ea, quae saepe audisti, negligas, ut participatione divini luminis in ratione post intellectum atque eius medio sic et in sensu per rationem concipias.

Vides autem, Iuliane pater, quomodo Dei similitudo existis. Humanitas enim in te contracta unitrina est, nam est unitas seu entitas individualiter quidem contracta, in qua aequalitas et connexio; per entitatem enim humanitatis homo existis ita quidem, quod in ea ipsa entitate sit entitatis aequalitas, iustitia seu ordo, atque connexio seu amor. Nam secundum aequalitatem unitatis omnia, quae in te sunt, iustissime ordinata sunt in ipsa unitate.

Membra enim omnia iustitiam, ordinemque aequalitatis unius tuae entitatis habere manifestum est; membra quidem corporalia ad corpus ipsum, corpus ad animam vitalem, vitalis ad sensibilem, sensibilis ad rationalem, rationalis ad intellectualem atque omnia ad unitatem humanitatis tuae. Et quomodo in ipsa unitate est iustitialis ille ordo, ita quidem et connexio amorosa in unitate. Connexio enim in ipsa entitate est, ut omnia sint unus homo; postquam enim connexio ipsa in unitate esse desinit, unum tuum humanum esse similiter deficere necesse erit.

Nunc haec tibi in te ipso notissima sunt, quod nec contractum quodcumque esse aliter esse potest quam per unitatem, in qua aequalitas et connexio. In te ipso igitur ad omnium notitiam pergis, ut cuncta scias unitrinitatem absolutissimam varie participare. Ordinem etiam universorum in unitate ex

gewinnt es aus dem vernunfthaft partizipierten Licht. Ebenso gewinnt der Verstand die Künste des Verstandes-Denkens aus dem verstandesmäßig partizipierten Licht und der Sinn gewinnt die sinnlichen Künste zur Ernährung, Bewahrung, Vervollkommnung und Zierde der sinnlichen Natur aus dem sinnlich partizipierten Licht. Vernachlässige auch nicht das, was du oft gehört hast: daß du durch die Teilhabe am göttlichen Licht nach dem Vernunft-Denken und durch seine Vermittlung im Verstand und ebenso im Sinnlichen vermittels des Verstandes deine Begriffe erhältst.

Du siehst, Vater Julianus, daß du ein Ähnlichkeitsbild Gottes bist. Die in dir verschränkte Menschheit ist einigdreifach. Denn die Einheit oder Seiendheit, in der Gleichheit und Verknüpfung sind, ist in individueller Weise verschränkt. Durch die Seiendheit der Menschheit bist du Mensch, und zwar so, daß in eben derselben Seiendheit die Gleichheit der Seiendheit ist, die Gerechtigkeit oder Ordnung und die Verknüpfung oder Liebe. Denn entsprechend der Gleichheit der Einheit ist alles, was in dir ist, in dieser Einheit selbst ganz gerecht geordnet.

Es ist ja offenbar, daß alle Glieder die Gerechtigkeit und Ordnung der Gleichheit deiner einen Seiendheit haben. Die Glieder des Körpers stehen in geordnetem Bezug zum Körper, der Körper zur lebendigen Seele, diese zur sinnenhaften, diese zur verständigen, diese zur vernünftigen und alles zusammen zur Einheit deiner Menschheit. Und wie in der Einheit jene gerechte Ordnung ist, so ist auch gleichermaßen die liebende Verknüpfung in der Einheit. Die Verknüpfung in der Seiendheit bewirkt nämlich, daß alle ein Mensch sind. Hat die Verknüpfung in der Einheit zu sein aufgehört, so muß dein eines Mensch-Sein notwendig in ähnlicher Weise aufhören zu bestehen.

In dir selbst ist dir jetzt vollkommen bekannt, daß kein wie auch immer verschränktes Sein anders denn durch die Einheit, in der Gleichheit und Verknüpfung sind, sein kann. In dir selbst also dringst du zur Kenntnis aller Dinge vor, so daß du weißt, daß alles mannigfach an der

te elicis, ut non aliter iustitiam videas, nisi in eo ordine, qui est in unitate. Non est enim iniustum, immo aequissimum est, caput tuum [esse][1] sursum atque in eo cerebrum, oculos, aures ceteraque gradatim atque pedes deorsum esse, quoniam sursum et deorsum totusque hic membrorum ordo ad unitatem resolutus non nisi aequissimus esse potest. Aequissimus igitur atque iustissimus est hic ordo, qui in unitate existit. Ille vero ordo, qui ad divisionem alteritatemque tendit, iniustissimus est divinitatique contrarius.

Elicis ex te ipso equidem hanc amoris connexionem firmissimam esse, quae est in unitate, nam amorem connexionemve unitatem dicere vides. Unit enim amor amantem eum amabili. Non est autem amor seu naturalis connexio, qua caput corpori tuo unitur, alius amor quam ille, qui ex unitate atque aequalitate procedit. Connectuntur igitur a radice entitatis tuae et aequalitate ordinis ad ipsam unitatem. Vides igitur non esse amorem divinam connexionem participantem, qui est extra unum et ordinem ad unum. Nihil igitur universi diligendum est, nisi in unitate atque ordine universi. Nullus homo amandus est, nisi in unitate atque ordine humanitatis. Nec est homo generaliter diligendus, nisi in unitate atque ordine animalitatis, ita de singulis.

Ex te ipso igitur electiones deiformes intueri valebis. Nam conspicis Deum, qui est infinita connexio, non ut contractum amabile aliquod diligendum, sed ut absolutissimum infinitum amorem. In eo igitur amore, quo Deus diligitur, esse debet simplicissima unitas infinitaque iustitia. Necesse

---

[1] Cod. Tr I.

absolutesten Dreieinigkeit teilhat. Auch gewinnst du die Ordnung des Gesamten in der Einheit aus dir selbst, so daß du die Gerechtigkeit nicht anders siehst als in jener Ordnung, die in der Einheit ist. Daß dein Haupt das höchste ist und daß in ihm das Gehirn, die Augen, die Ohren sind, daß nach und nach alles andere kommt und unten schließlich die Füße sind, ist nicht ungerecht, sondern sehr angemessen. Denn „oben" und „unten" und diese ganze Ordnung der Glieder kann, zur Einheit aufgelöst, nicht anders als völlig angemessen sein. Völlig angemessen und ganz gerecht ist die Ordnung, die in der Einheit besteht. Jene Ordnung hingegen, die zu Trennung und Andersheit strebt, ist ganz ungerecht und der Gottheit entgegengesetzt.

Du findest in der Tat auf Grund deiner selbst, daß diese Liebesverknüpfung, die in der Einheit liegt, die stärkste ist. Du siehst ja, daß Liebe und Verknüpfung Einheit genannt werden. Die Liebe eint nämlich den Liebenden mit dem Liebenswerten. Die Liebe aber oder die natürliche Verbindung, die das Haupt mit deinem Körper vereint, ist keine andere als diejenige, die aus Einheit und Gleichheit hervorgeht. Aus der Wurzel deiner Seiendheit und der Gleichheit der Ordnung werden sie zur Einheit verknüpft. Du siehst, daß die göttliche Liebe keine teilhabende Verknüpfung ist, die sich außerhalb des Einen und der Ordnung zum Einen befindet. Nichts, das dem Gesamt angehört, ist zu lieben, außer in der Einheit und Ordnung des Gesamt. Kein Mensch ist zu lieben, außer in der Einheit und Ordnung der Menschheit. Auch der Gattung nach ist der Mensch nicht hoch zu schätzen, außer in der Einheit und Ordnung der Lebewesen. So verhält es sich mit allem.

Auf Grund deiner selbst vermagst du also die gottgestaltigen Wahlwege zu schauen. Du siehst, daß Gott, die unendliche Verknüpfung, nicht als irgendein verschränktes Liebenswertes geliebt werden muß, sondern als die unendliche, ganz absolute Liebe. In jener Liebe, in der Gott

est igitur omnem amorem, quo Deus amatur, minorem esse eo, quo amari potest. Cognoscis etiam hoc esse Deum amare, quod est amari a Deo, cum Deus sit caritas[1]. Quanto igitur quis Deum plus amaverit, tanto plus divinitatem participat.

Ita etiam [ex][2] divini luminis participatione hoc iustum atque aequum esse conspicis, quod in se unitatem connexionemque continet; dum lex ab unitate atque connexione recedit, iusta esse nequit. Haec lex quod tibi vis fieri, alteri fac, aequalitatem unitatis figurat. Si iustus esse velis, non aliud te agere necesse est, quam quod ab ea aequalitate non recedas, in qua unitas est et connexio. Tunc quidem aequaliter in unitate amoreque feres adversa, paupertates et divitias, honores et vituperia, nec ad dextram aut sinistram evagaberis, sed aequalitatis medio tutissimus eris.

Nihil tibi grave adversumve evenire poterit, si id omne, quod sensibus adversum videtur, intelligis atque ita amplecteris in aequalitate unitatis essendi atque amandi ferendum, cum hoc sit divinitatem nobiliter feliciterque participare. Vides autem in ea ipsa aequalitate iam dicta omnem moralem complicari virtutem nec virtutem esse posse, nisi in huius aequalitatis participatione existat.

Poteris multo me amplius participatum unitrinum divinitatis lumen in te contemplari, qui dudum vita aequali te a distrahentibus mundanis ad iustitiam colendam transtulisti; nec meas coniecturales has ineptias tibi pandere praesumpsissem, si eas te non scivissem per ipsam saepe dictam aequalitatis legem in unitate amoris suscepturum[3].

---

[1] 1. Jh. 4, 8 u. a.
[2] Cod. Tr I.
[3] Cod. Cus. fügt hinzu: Ecce finis; Cod. Tr I: Explicit liber de coniecturis.

geliebt wird, muß die einfachste Einheit und unendliche Gerechtigkeit sein. Jede Liebe, mit der Gott geliebt wird, muß notwendigerweise geringer sein als die, mit der er geliebt werden kann. Du erkennst auch, daß Gott lieben dasselbe ist wie von ihm geliebt werden, denn „Gott ist die Liebe". Je mehr also jemand Gott liebt, desto mehr hat er an der Gottheit teil.

So erkennst du auch auf Grund der Teilhabe am göttlichen Licht, daß das gerecht und billig ist, was in sich Einheit und Verknüpfung enthält. Wenn das Gesetz von der Einheit und Verknüpfung abweicht, kann es nicht gerecht sein. Das Gebot „Was dir geschehen soll, das tue dem anderen" stellt die Gleichheit der Einheit dar. So du ein Gerechter sein willst, brauchst du nichts anderes tun, als von dieser Gleichheit, in der Einheit und Verknüpfung sind, nicht abzuweichen. Dann wirst du in Einheit und Liebe, Unglück, Armut und Reichtum, Ehren und Schande gleicherweise ertragen und wirst weder zur Rechten, noch zur Linken abweichen, sondern in der Mitte der Gleichheit sicher sein.

Nichts Schweres und Widriges kann dich treffen, wenn du alles, was deinen Sinnen widrig erscheint, verstehst und als etwas entgegennimmst, das in der Gleichheit der Einheit von Sein und Lieben zu tragen ist, da dies bedeutet, in Edelmut und Glück an der Gottheit teilzuhaben. Du siehst aber, daß in dieser genannten Gleichheit jede moralische Tugendkraft eingefaltet ist und daß — außer in der Teilhabe an dieser Gleichheit — keine Tugend bestehen kann.

Du, der du dich schon lange in gleichmütigem Leben von der Zerstreuung der irdischen Dinge weg dahin gewandt hast, die Gerechtigkeit zu pflegen, vermagst in weit höherem Maß als ich, das partizipierte, dreieinige Licht der Gottheit in dir zu betrachten. Auch hätte ich es nicht unternommen, dir meine Unzulänglichkeiten in bezug auf die Mut-Maßungen darzulegen, wenn ich nicht gewußt hätte, daß du sie durch das oft genannte Gebot der Gerechtigkeit in der Einheit der Liebe aufnehmen würdest.

DE PRINCIPIO

DER URSPRUNG

Tu quis es? Respondit eis Jesus: Principium qui et loquor vobis[1].

Propositum est pro exercitatione intellectus de principio Dei dono quaedam tangere. Est autem principium in graeco feminini generis et in hoc loco accusativi casus. Hinc Augustinus exponit: principium qui et loquor vobis me credite, ut non pereamini in peccatis vestris[2]. Primum igitur investigemus, si est principium.

Plato prout Proclus in commentariis Parmenidis scribit[3], asseruit hunc mundum ex seniori causa in esse prodiisse. Nam partibile non potest per se subsistere. Quod enim per se subsistit hoc est quod esse potest. Partibile autem cum possit partiri potest non esse. Unde cum quantum est de se possit partiri et non esse, patet quod non est per se subsistens sive authypostaton.

Item visibile agens agit per virtutem invisibilem ut ignis per calorem et nix per frigiditatem. Et ita generaliter agens seu generans est invisibile. Sed in per se subsistente idem est faciens et factum, generans et genitum. Non est ergo visibile. Item si divisibile foret per se subsistens simul existeret et non existeret, sicut si calidum per se hoc esset, quod est, tunc se calefaceret et ita esset calidum et non calidum. Quomodo enim se calefaceret si non esset calidum? Et quomodo esset

---

[1] Jh 8, 25: σὺ τίς εἶς; εἶπεν αὐτοῖς ὁ Ἰησοῦς · τὴν ἀρχὴν ὅ τι καὶ λαλῶ ὑμῖν. Heute versteht man diesen Text: Wer bist du? Jesus erwiderte ihnen: Was rede ich überhaupt mit euch? (τὴν ἀρχὴν = überhaupt). Für Cusanus dagegen war die zitierte Vulgataübersetzung maßgebend, nach der in diesem Vers offenbar eine Aussage über den eigenen Ursprung des Herrn gemacht wird.

[2] Augustinus, In Ioannis Evangelicum, Tract. XXXVIII, cap. VIII, 21—25 PL 35, p. 1675—1781.

[3] Proclus, In Platonis Parmenidem III, ed. V. Cousin, Opera, Paris 1821—1827; tom. V, p. 5f.; ferner: Procli philosophi platonici opera inedita, ed. V. Cousin, Paris 1864, p. 785ff. Dazu vgl. R. Klibansky et Carlotta Labowsky, Procli Commentarium in Parmenidem, Plato Latinus III, London 1953.

„Wer bist Du? Es antwortete ihnen Jesus: der Ursprung, als der ich zu euch rede."

Es ist meine Absicht, mit Gottes Hilfe einiges über den Ursprung — gleichsam zur Übung des Verstandes — darzulegen. Das Wort „Ursprung" ist im Griechischen weiblich und steht an dieser Stelle im Akkusativ. Daher interpretiert Augustinus: „Glaubt an mich, der ich zu euch spreche, als an den Anfang, damit ihr nicht in euren Sünden verlorengeht." Als ersten Punkt wollen wir nun untersuchen, ob es einen Ursprung gibt.

Wie Proklos im Parmenideskommentar schreibt, war Plato überzeugt, daß diese Welt aus einer anfänglicheren Ursache ins Sein gelangt ist. Denn etwas Teilbares kann nicht aus sich selbst Bestand haben. Was durch sich selbst besteht, ist das, was es sein kann. Das Teilbare aber kann, eben weil es geteilt werden kann, nicht sein. Da es nun, insoweit es von sich selbst ist, geteilt werden und nicht sein kann, ist es offenbar nicht eigenständig oder authypostatisch.

Weiter: das Sichtbare wirkt durch unsichtbare Kraft, das Feuer durch Wärme, der Schnee durch Kälte. So ist ganz allgemein das Wirkende oder Erzeugende unsichtbar. In dem Durch-sich-selbst-Bestehenden aber ist Wirkendes und Gewirktes, Zeugendes und Gezeugtes dasselbe; also ist es nicht sichtbar. Ferner: wenn das Teilbare durch sich selbst Bestand hätte, dann würde es zugleich bestehen und nicht bestehen, genauso wie das Warme, wenn es

actu calidum, quando se calefaceret? Sic et per se motum
esse nequit.

Sicut igitur omnis motus est a causa immobili sic omne
partibili a causa impartibili. Corporalis autem iste visibilis
mundus utique partibilis est naturae cum corpus sit divisibile. Est igitur a seniori impartibili causa. Hoc exprimit
salvator noster quando dicebat „quis vestrum cogitans
potest adiicere ad staturam suam cubitum unum"?[1]
Qui enim est a causa ille non potest adiicere ut esse suum
sit maius. Sed ille dat incrementum, qui dedit et esse scilicet
Deus. Sic Paulus ait in I. Cor. III[2]. Neque qui plantat est
aliquid aut qui rigat, sed qui incrementum dat, Deus.

Patet ex his quod solum infinitum et aeternum est authypostaton sive per se exsistens, cum illud solum sit impartibile et cui nihil adiici potest. Omni autem finito addi vel
substrahi posse non repugnat. Non est igitur [finitum]
authypostaton seu per se subsistens, sed a causa seniore.

Quod autem non sit nisi una omnium causa seu unum principium dico secundum doctrinam Christi patere, qui ait,
unum esse necessarium. Pluralitas quasi alteritas est turba-
tiva non necessaria[3]. Proclus[4] ubi supra hoc tali ostendit
ratione: Si enim forent plura principia utique in eo uno
similia forent, quia principia. Uno igitur participarent.
Participatum utique prius [est] participantibus. Non igitur
plura forent principia, sed unum ante multitudinem.

---

[1] Luc. 12, 25.
[2] 1 Kor. 3, 7.
[3] Vgl. Luc. 10, 41.
[4] Vgl. Proclus, In Parm. II, Opera IV, p. 145f.; Opera ined. p. 725ff.

durch sich selbst wäre, was es ist, sich selbst erwärmte und deshalb zugleich warm und nicht warm wäre. Wie sollte es sich erwärmen, wenn es nicht warm wäre und wie sollte es wirklich warm sein, wenn es sich erwärmte? So kann es etwas Durch-sich-selbst-Bewegtes nicht geben.

Wie jede Bewegung aus einem unbeweglichen Grund stammt, so jedes Teilbare aus einem unteilbaren Grund. Da der Körper teilbar ist, ist diese körperliche, sichtbare Welt jedenfalls von teilbarer Natur; sie stammt also aus einer höheren, unteilbaren Ursache. Das drückt unser Heiland mit den Worten aus: „Wer von euch kann mit seinen Gedanken zu der Größe seines Körpers eine Elle hinzufügen?" Wer aus einem Grund kommt, kann nichts hinzufügen, um sein Sein zu vergrößern. Jener gibt das Wachstum, der auch das Sein gegeben hat, nämlich Gott. So sagt Paulus im ersten Korintherbrief im dritten Kapitel: „Weder derjenige, der pflanzt, ist etwas, noch derjenige, der gießt, sondern der, der das Wachstum gibt, Gott."

Aus alledem ist offenbar, daß allein das Unendliche und Ewige authypostatisch oder durch-sich-selbst-bestehend ist; denn dieses allein ist unteilbar und nichts kann ihm hinzugefügt werden. Alles Begrenzte hingegen läßt eine Vergrößerung oder Verkleinerung zu. Darum ist es nicht authypostatisch oder aus-sich-selbst-bestehend, sondern stammt aus einer anfänglicheren Ursache.

Daß es aber nur einen Grund oder Ursprung aller Dinge gibt, geht, so meine ich, aus der Lehre Christi klar hervor. Dieser sagt: Nur das Eine ist notwendig. Die Vielheit gleichsam als Andersheit ist verwirrend und nicht notwendig. An der oben erwähnten Stelle stellt Proklos dies in folgender Weise dar: Gäbe es mehrere Ursprünge, dann wären sie doch in dem einen einander ähnlich, daß sie Ursprünge sind. An diesem Einen hätten sie teil. Das Partizipierte ist aber unbedingt früher als das Partizipierende; es werden also nicht viele Ursprünge sein, sondern nur das Eine vor der Vielheit.

Etiam si diceres plura principia sine participatione unius sermo ille se ipsum interimeret. Nam illa plura forent utique similia in eo, quia non participarent uno et etiam in eo dissimilia, quia non participarent uno. Similia enim sunt, quae uno participant. Dissimilia igitur, quae uno non participant. Patet igitur non esse possibile quod plura sint principia.

Eadem ratione patet non plura esse entia ab uno deserta. Quando enim non participarent uno forent simul et semel et secundum idem similia et dissimilia. Et haec est Zenonis subtilis hypothesis qui aiebat: si plura [sunt] quae entia, simile est dissimile. Quam hypothesim Proclus ut praemisi explanat[1]. Unde subitiliter consideranti non est nisi unum necessarium, quo deserto ratio concludit nihil esse posse. Cum igitur ad necessitatem essendi respicimus Parmenidem[2] verum dixisse videmus scilicet non esse nisi unum. Quemadmodum et Christus unum dixit necessarium.

In multis igitur non videtur nisi turbatio et difformis infinitas seu interminatio nisi unum in multitudine videatur. Arbitror autem Christum ipsum unum nominasse necessarium, quia omnia necessitantur seu uniuntur seu constringuntur [uno], ut sint et dum sunt ne defluant in nihil. Quaedam autem ut sint uniuntur. Quaedam vero magis uniuntur ut sint et vivant. Adhuc strictius uniuntur quaedam ut sint, vivant et intelligant. Experimur enim animam magis unitam quam corpus. Nam ipsa in vitam suam unit suum corpus ab ea factum et tenet ipsum ne defluat.

---

[1] Vgl. Proclus, In Parm. I, Opera IV, p. 102f.; Opera ined. p. 683.
[2] Vgl. Proclus, In Parm. I, Opera IV, p. 6; Opera ined. p. 702.

Auch wenn man sagte, es gäbe viele Ursprünge ohne die Teilhabe an dem Einen, dann würde diese Behauptung sich selbst erledigen. Denn diese Vielen wären wenigstens in dem gleich, daß sie nicht an dem Einen teilhätten; und in dem ungleich, daß sie nicht an dem Einen teilhätten. Gleich sind nämlich jene Dinge, die an Einem teilhaben, und ungleich, die nicht teilhaben. Damit ist es offenbar unmöglich, daß es mehrere Ursprünge gibt.

Aus demselben Grund ist offenbar, daß es nicht viele Seiende losgelöst von dem Einen gibt. Wenn sie nicht an dem Einen teilhätten, dann wären sie zugleich und auf einmal und in derselben Hinsicht ähnlich und unähnlich. Das ist die scharfsinnige Annahme des Zenon, der sagte: Wenn es eine Vielzahl von Seienden gibt, dann ist das Ähnliche zugleich unähnlich. Diese Annahme erklärt Proklos in der von mir eben dargestellten Weise. Daher ist für den scharfsinnigen Betrachter nur das Eine notwendig; verläßt man es, schließt das Denken, daß nichts sein kann. Beachten wir also die Notwendigkeit des Seins, so sehen wir, daß Permenides mit dem Satz, es gäbe nichts als nur Eines, die Wahrheit gesagt hat. Genauso hat ja auch Christus gesagt, nur Eines sei notwendig.

Wenn man nicht das Eine in der Vielheit sieht, so erblickt man in dem Vielen nichts als Verwirrung und gestaltlose Unbegrenztheit oder Unbestimmtheit. Ich glaube aber, daß Christus das Eine deshalb als notwendig bezeichnet hat, weil alles genötigt, geeint und zusammengehalten wird, so daß es ist, und wenn es ist, nicht in nichts zerfließe. Manche Dinge werden geeint, so daß sie sind; andere dagegen werden stärker geeint, so daß sie sind und leben; andere schließlich werden noch fester geeint, so daß sie sind, leben und verstehen. Wir machen ja die Erfahrung, daß die Seele stärker geeint ist als der Körper. Denn sie selbst eint den von ihr gebildeten Körper in ihr Leben und hält ihn, damit er nicht entschwinde.

Videmus etiam ab unione virtutem generari. Nam quanto unio est strictior tanto virtus fortior. Unde quanto essentia est magis unita tanto maioris virtutis. Ideo infinita et simpliciter maxima unio, quae est et unitas, est infiniti vigoris. Et ideo haec unitas, quae unum absolutum per Platonem[1] nominatur nisi adesset possibilitati essendi non esset possibilitas sive materia essendi. Unde ens in potentia non est ens. Tamen ut in potentia videtur non videtur absque participatione unitatis, cum non sit nihil[2] aut penitus defluxum aut nequaquam ut esse possit necessitatum seu constrictum. Et ita ante ens in potentia et actu ens videtur unum sine quo neutrum esse potest.

Hoc unum necessarium vocatur Deus ut dicebatur Israeli: Audi Israel Deus tuus unum est[3]. Et est pater Iesu ut ipse ait ad Iudaeos: Pater meus, quem vos Deum dicitis[4]. Ille est ipsa unitas, quae et autounum[5] per se scilicet unum, licet melius sit omni nominabili et authypostaton, ut infra dicetur. Et non possumus negare quin se intelligat, cum melius sit se intelligere. Et ideo rationem sui seu definitionem seu logon de se generat. Quae definitio est ratio, in qua se unum necessarium intelligit et omnia quae unitate constringuntur et fieri possunt. Et logos est substantiale verbum seu ratio definiti patris se definientis in se omne definibile complicans, cum nihil sine ratione unius necessarii definiri possit.

---

[1] Bei Platon als ἕν ἀπόλυτον nicht zu finden. Vgl. das unum exaltatum des Proklos. Proclus, In Parm. VII, ed. Klibansky, a. a. O., p. 36ff.
[2] In der Handschrift ist am Rande als Text zwischen nihil und aut vermerkt: Est autem nihil. Vgl. Feigl, a. a. O., Anm. 19, p. 72f.
[3] Dt. 6, 4.
[4] Jh. 8, 54. Der Codex schließt an: De quo actum IV.
[5] Vgl. αὐτοέν (Plotin Enn. V, 3, 12); Proclus in Parm. VII, ed. Klibansky, a. a. O., p. 36, 40 u. a.

Wir sehen auch, daß aus der Einung Kraft entsteht. Denn je enger die Einung ist, um so stärker ist die Kraft; darum hat die Seinsheit um so größere Kraft, je stärker sie geeint ist. Folglich hat die unendliche und einfachhin größte Einung, die auch die Einheit ist, unendliche Kraft. Wäre darum jene Einheit, welche von Platon das absolute Eine genannt wird, nicht bei der Seinsmöglichkeit dabei, gäbe es keine Möglichkeit oder Materie des Seins. Aus diesem Grunde ist das Seiende in der Möglichkeit kein Seiendes. Dennoch wird es in der Möglichkeit erblickt, und nicht ohne die Teilhabe an der Einheit gesehen, weil es nicht nichts, oder gänzlich zerflossen oder gar nicht ist, da es genötigt oder zusammengehalten sein kann. Und darum sieht man vor dem Seienden in der Möglichkeit und dem tatsächlich Seienden das Eine, ohne das keines von beiden sein kann.

Dieses notwendige Eine wird Gott genannt, wie dem Volk Israel gesagt wurde: „Höre Israel, der Herr, dein Gott, ist ein einiger Gott." Und er ist der Vater Jesu, welcher selbst zu den Juden sagt: „Mein Vater, den ihr Gott nennt." Er ist die Einheit selbst, das Autounum, das Durch-sich-selbst-Eine, auch wenn er erhabener ist als alles Benennbare und, wie unten gesagt wird, authypostatisch. Wir können nicht leugnen, daß jenes sich selbst versteht, da das Sich-selbst-Verstehen überragender ist. Und darum bringt es seine Wesensbestimmung oder Definition oder Logos aus sich selbst hervor. Diese Wesensbestimmung ist der Wesenssinn, in dem das notwendige Eine sich und alles, was durch die Einheit zusammengeknüpft wird und werden kann, versteht. Der Logos ist das grundbestandliche Wort oder der Wesenssinn des sich bestimmenden, bestimmten Vaters, das in sich alles Bestimmbare einfaltet, da nichts ohne den Wesensgrund des notwendigen Einen bestimmt werden kann.

Sicut igitur Christus aiebat patrem in se vitam habere, ita dedit et filio in se vitam habere[1]. Habere autem in divinis est esse. Est igitur filius vita vivificans sicut pater eiusdem scilicet naturae et essentiae. Et ne haesites filium esse principium, adverte principium esse aeternum, cum sit principium. Et quod omnia quae videntur in aeternitate sunt aeternitas, tunc vides quod non potest esse principium in aeternitate sine principiato in aeternitate. Videre autem principiatum in aeternitate est videre ipsum in principio unde principiatum est principium principiatum. Et scias quod aeternitas non est consideranda quasi quaedam extensa duratio, sed uti tota simul essentia, quae et principium.

Quando igitur aeternitas consideratur principium non est aliud dicere principium principiati quam aeternitas aeterni seu aeternitas principiati. Neque aliud esse potest aeternitas quam aeternum. Non enim potest aeternitas prior esse duratione aeterno. Aeternum enim aeternitati coaeternum. Sic et principiatum coaeternum principio. Si enim principium est principiati principium et hoc est idem ac si diceretur aeternitas est aeterni aeternitas, patet clare principiatum aeternum.

Vides igitur principium sine principio et principium de principio. Cum autem videas principium tam sine principio quam de principio in aeternitate, vides etiam illius principii quod vides sine principio et de principio principiatum et ita vides principium et principiatum principium. Et principiatum principii utriusque esse unam aeternitatis essentiam, quam Plato vocat unum.

---

[1] Jh. 5, 26.

Christus sagt: „So wie der Vater in sich das Leben hat, so gab er auch dem Sohn, das Leben in sich zu haben." „Haben" aber bedeutet, im Göttlichen „Sein". Der Sohn ist also lebendigmachendes Leben, von derselben Natur und Seinsheit wie der Vater. Damit du nicht zögerst zu glauben, daß der Sohn der Ursprung ist, achte darauf, daß der Ursprung, eben weil er der Ursprung ist, ewig ist. Weil alles, was man in der Ewigkeit sieht, Ewigkeit ist, siehst du, daß es ohne das in der Ewigkeit Entsprungene den Ursprung in der Ewigkeit nicht geben kann. Das aus dem Ursprung Entsprungene in der Ewigkeit zu sehen, bedeutet aber, es im Ursprung zu schauen, aus dem das Entsprungene entsprungener Ursprung ist. Du sollst auch wissen, daß man die Ewigkeit nicht als eine ausgedehnte Dauer betrachten darf, sondern als eine ganz gleichzeitige Seinsheit, die auch der Ursprung ist, betrachten muß.

Wenn man die Ewigkeit als Ursprung betrachtet, bedeutet „Ursprung des Entsprungenen" nichts anderes als Ewigkeit des Ewigen oder Ewigkeit des Entsprungenen. Und die Ewigkeit kann nichts anderes sein als das Ewige, da sie der Dauer nach nicht früher sein kann als dieses. Das Ewige ist nämlich der Ewigkeit gleich-ewig. Genauso ist das aus dem Ursprung Entsprungene ebenso ewig wie der Ursprung. Denn wenn der Ursprung der Ursprung des Entsprungenen ist und dies dasselbe bedeutet, wie wenn man sagt, daß die Ewigkeit die Ewigkeit des Ewigen ist, so ist klar ersichtlich, daß das aus dem Ursprung Entsprungene ewig ist.

Du siehst also den Ursprung ohne Ursprung und den Ursprung aus dem Ursprung. Wenn du aber den Ursprung sowohl ohne Ursprung als auch vom Ursprung in der Ewigkeit siehst, dann siehst du auch das Entsprungene desjenigen Ursprungs, den du ohne Ursprung und aus dem Ursprung erblickst; und so siehst du den Ursprung und den entsprungenen Ursprung. Und du erkennst, daß das dem Ursprung beider Entsprungene die eine Seins- und Wesenheit der Ewigkeit ist, die Plato das Eine nannte.

Nec videtur hoc incredibile. Nam videmus in natura temporali principium sine principio scilicet paternitatem et principiatum principium filiationem et principiatum utriusque scilicet nexum amoris a principio utriusque procedentem. Et quod sicut principium generationis sine principio est temporale sic et principium de principio est temporale. Similiter est temporalis primus amoris nexus ab utroque procedens. Prima enim amicitia seu primus naturalis amoris nexus est patris et filii.

Sicut igitur ista in tempore videmus ita et verissime in aeternitate esse non immerito credimus, cum tempus se habe[a]t ad aeternitatem sicut imago ad exemplar et ea, quae in tempore similiter se habent ad ea, qua in aeternitate. Ex his patet verbum, quod loquebatur Iudaeis ut in themate, esse principium de principio et non recepisse nomen principii a mundo creato, sed antequam mundus fieret in aeternitate idipsum fuisse principium et post mundi constitutionem in tempore locutum fuisse.

Diceres turbat audientem, quando dicis principii esse principium. Hoc enim nullus philosophorum admittit, ne procedatur sic in infinitum et sublata sit omnis veritatis inquisitio, quando ad primum principium pertingi non posset. Dico non esse inconveniens principii esse principium in aeternitate. Nam sicut albedo est albi albedo sic, si album esset albedo, non variaretur si diceretur albedo albedinis albedo.

In aeternitate autem sic est, quod aeternum est aeternitas et principiatum principium. Ideo non plus inconvenienter dicitur principium principii quam principium principiati. Neque

Das scheint nicht unglaublich. Wir sehen ja in der zeitlichen Natur den Ursprung ohne Ursprung, nämlich die Vaterschaft, und den aus dem Ursprung entsprungenen Ursprung, die Sohnschaft, und das aus beiden Entsprungene, nämlich die aus dem Ursprung beider hervorgehende erste Liebesverknüpfung. Weil der Ursprung der Zeugung ohne Ursprung zeitlich ist, ist auch der Ursprung aus dem Ursprung zeitlich. In gleicher Weise ist auch die aus beiden hervorgehende erste Liebesverknüpfung zeitlich. Die erste Freundschaft oder die erste natürliche Liebesverknüpfung ist die zwischen Vater und Sohn.

Sehen wir, daß sich dies so in der Zeit verhält, so glauben wir nicht ohne Grund, daß es sich in der Ewigkeit in vollkommener Wahrheit genauso verhält, denn die Zeit verhält sich zur Ewigkeit wie das Abbild zum Urbild; und in ähnlicher Weise das, was in der Zeit ist, zu dem, was in der Ewigkeit ist. Daraus erhellt, daß das Wort, das zu den Juden sprach — wie unser Leitspruch sagt —, der Ursprung aus dem Ursprung ist und den Namen Ursprung nicht von der geschaffenen Welt erhalten hat, sondern vielmehr Ursprung in der Ewigkeit war, bevor die Welt wurde. Es hat nach der Erbauung der Welt in der Zeit gesprochen.

Man könnte einwenden: Es verwirrt den Hörer, wenn man sagt, daß der Ursprung einen Ursprung gehabt hat. Kein Philosoph läßt das zu, damit man nicht in dieser Weise ins Unendliche gerät und jede Suche nach der Wahrheit aufgehoben wäre, weil man nicht zu einem ersten Ursprung gelangen könnte. Ich aber sage: Es ist gar nicht unangemessen, daß es in der Ewigkeit den Ursprung des Ursprunges gibt. Denn wie das Weißsein das Weißsein des Weißen ist, so würde, wenn das Weiße das Weißsein wäre, nichts verändert, wenn man das Weißsein Weißsein des Weißseins nennen würde.

In der Ewigkeit aber ist es so, daß das Ewige die Ewigkeit ist und das Entsprungene der Ursprung. Deshalb ist es durchaus nicht weniger zutreffend, vom Ursprung des

transire in infinitum hoc impedit, cum hoc sit in infinito actu. Aeternitas enim, quae est tota simul, non est nisi infinitas actu. Sed ubi contractum non est idem cum absoluto ibi verum est id quod philosophi dicunt scilicet quod termini non sit terminus ut humanitatis non sit humanitas, quia numquam deveniretur ad principium, cum infinitum nequeat pertransiri.

Hanc trinitatem quam Christiani credunt, utique ut Platonici[1] fatentur, qui plures ponunt trinitates. Et ideo ante omnes unam aeternam sicut ante omne temporale aeternum ut ante hominem temporalem aeternum. Dicunt autem et Peripatetici[2] idem de prima causa, quam tricausalem fatentur. Sic Iudaei[3] Deo aeterno tribuunt unum, intellectum et spiritum. Et Sarraceni similiter aeterno Deo tribuunt unum, intellectum et animam, ut patet ex libris eorum. De quibus alias dictum est[4].

Adhuc forte de thematis intellectu haesitas, quomodo verbum est principium. Dico [esse][5], ut audisti, essentiale atque per se subsistens principium de principio. Et sua aeternitas, quae est et eius essentia, est logos seu ratio aeterna aeternitatis et omnium, quae in aeternitate complicantur. Nec est quicquam possibile fieri, cuius non sit aeterna essendi ratio. Omnia, quae per se non subsistunt, cum non sint sui ipsius causa, neque a casu et fortuna, quae non sunt nisi causae per acci-

---

[1] Vgl. Proclus, In Parm. VII, Opera ined. p. 1070, 110, 1246f. (τρίαδες νοηταί).

[2] Vgl. De Beryllo, cap. 16, Schriften, Bd. III.

[3] Vgl. Dt. 6, 4; Ps. 135, 5; Nicolaus Cusanus, Sermo 19 (zitiert bei R. Haubst, a. a. O., Christologie, p. 205).

[4] Vgl. Nicolaus Cusanus, De pace fidei, cap. 9; Cribratio Alchorani II, cap. 11; ferner R. Haubst, a. a. O., Christologie, p. 205ff.

[5] Cod. Vat.: est.

Ursprungs zu sprechen als von Ursprung des Entsprungenen. Auch hindert das Fortschreiten ins Unendliche dies nicht, da es in der unendlichen Wirklichkeit stattfindet. Die Ewigkeit nämlich, die alles zugleich ist, ist nichts anderes als die Unendlichkeit als Wirklichkeit. Dort jedoch, wo das Verschränkte nicht dasselbe ist wie das Absolute, hat der Satz der Philosophen Geltung: es gibt keine Grenze der Grenze, wie es z. B. keine Menschheit der Menschheit gibt; denn weil das Unendliche nicht durchschritten werden kann, gelangt man nie zu einem Ursprung.

Diese Dreiheit, an die die Christen glauben, bekennen auch die Platoniker; sie setzen mehrere Dreiheiten an, und vor allen diesen eine ewige, wie sie ja vor alles Zeitliche das Ewige stellen, z. B. vor den zeitlichen Menschen den ewigen. Aber auch die Peripatetiker sprechen von einem ersten Grund, den sie einen dreifach-begründenden nennen. Ebenso sprechen die Juden dem ewigen Gott das Eine, die Einsicht und den Geist zu und die Sarazenen teilen ihm das Eine, die Vernunft und die Seele zu, wie dies aus ihren Büchern hervorgeht. Andernorts habe ich ja darüber gesprochen.

Vielleicht zögerst du noch im Verständnis unseres Themas und fragst dich, auf welche Weise das Wort der Ursprung ist. Ich antworte: Es ist, wie du gehört hast, wesenhafter und durch-sich-bestehender Ursprung aus dem Ursprung. Seine Ewigkeit, welche seine Seinsheit ist, ist der Logos oder der ewige Wesenssinn der Ewigkeit und aller Dinge, die in ihr eingefaltet sind. Und es kann nichts Mögliches werden, von dem es nicht der ewige Bestimmungs-

dens et non per se et essentiales, oportet quod a causa sint, quae est per se subsistens essendi rerum ratio. Sicuti absolutum unum exemplar, quod est et ratio aeterna, est causa omnis similitudinis.

Sicut enim ratio circuli est aeterna et per se subsistens atque absoluta, quoniam non est contrahibilis aut sensibiliter designabilis. Sed omnis circulus non potest sine illa nec esse nec intelligi et est intellectuale aeternum exemplar omnium circulorum qualitercumque sensibilium, ita universaliter omne, quod esse potest, in ipsa essendi omnium ratione est aeternaliter ut in veritate exemplari. Et est id, quod est, per ipsam sui essendi ratione.

Unde si advertis haec verba evangelii, ubi ait Iesus: principium qui et loquor vobis, sunt ipsa lux intelligentiae. Loquitur enim verbum caro factum, hoc scilicet verbum, quod et Deus, qui principium loquitur sensibiliter. Et non est difficile hoc capere, scilicet quod aeterna essendi ratio in iis, quae [per] ipsum sunt sensibiliter loquatur sensibiliter.

Loqui est revelare seu manifestare. Omne igitur subsistens, cum sit, ab eo est quod per se subsistit, quod est ratio substantiae eius. Et locutio est sui ipsius revelatio sive manifestatio. Sicut cum omne calefactum sit tale originaliter ab eo, quod per se calidum scilicet igne, tunc ignis in omnibus calefactis loquitur seu se ipsum revelat licet varie secundum calefactorum varietatem propinquius in pura flamma quam fumosa et purius in carbone ignito quam calidis cineribus.

Sic logos in omnibus rationabilibus loquitur, se revelans purius in seraphicis spiritibus quam angelicis et purius in

grund des Seins ist. Alles, was nicht aus sich selbst besteht, da es nicht Grund seiner selbst ist und auch nicht durch Zufall oder Glück ist — diese beiden sind ja nur hinzutretende Ursachen, nicht durch sich selbst und keine wesenhaften Gründe —, muß also von einem Grund stammen, welcher der durch-sich-selbst-bestehende Wesenssinn des Seins der Dinge ist. So ist das eine absolute Urbild, das auch der ewige Wesenssinn ist, der Grund aller Ähnlichkeit.

So ist der Wesenssinn des Kreises ewig und durch sich selbst bestehend und absolut, weil er nicht verschränkt oder sinnlich aufgezeichnet werden kann. Jeder Kreis aber kann ohne ihn weder sein noch verstanden werden, und da er das ewige, der Vernunft zugängliche Urbild aller irgendwie sinnlichen Kreise ist, so ist allgemein alles, was sein kann, im Wesenssinn des Seins von allem als in der urbildlichen Wahrheit ewig. Und es ist das, was es ist durch eben diesen Bestimmungsgrund seines Seins.

Wenn du daher aufmerkst, so sind diese Worte des Evangeliums, wo Jesus sagt: „der Ursprung, als der ich zu euch spreche" das Licht der Einsicht selbst. Das fleischgewordene Wort spricht, das heißt das Wort, das auch Gott, der Ursprung ist, spricht in sinnverständlicher Weise. Und es ist nicht schwierig zu verstehen, daß der ewige Wesenssinn des Seins, in dem, was durch das Wort sinnlich ist, in sinnverständlicher Weise spricht.

Sprechen ist Enthüllen oder Darstellen. Alles Bestehende ist, weil es ist, aus dem, das durch sich selbst besteht. Dieses ist der Wesenssinn seines Bestandes. Und sein Sprechen ist die Enthüllung oder Darstellung seiner selbst. Z. B.: da alles Erwärmte sein Erwärmtsein ursprünglich von dem hat, das von sich aus warm ist, nämlich dem Feuer, spricht oder enthüllt sich das Feuer in allem Erwärmten, wenn auch verschieden gemäß der Verschiedenheit des Erwärmten; intensiver in der reinen Flamme als in der schwelenden und reiner in feuriger Kohle als in warmer Asche.

So spricht der Logos in jedem Wesensbestimmten. Er enthüllt sich reiner in den seraphischen Geistern als in den

angelis quam hominibus, et purius in hominibus quorum conversatio in caelis quam quorum in terra. Sed in Christo supra omnem gradum, in quo logos non loquebatur ut in alio sed ut in puritate principii, sicut si ignis non in alio calefacto se revelaret sed in purissima flamma, quae in ipso igne indissolubili unione subsisteret.

Diceres cum statim Christus de patre suo loquatur, ut habet evangelium, mirum est, quomodo se dicat principium, qui fatetur se filium. Dico [quod] non esset propria locutio, si se principiatum diceret. Nam cum principium nihil sit principiati, in natura divina ubi pater omnia dat filio, pater non est aliud a filio. Et filius non potest proprie dici principiatum, cum principiatum sit aliud a principio. Sed sicut pater est principium, ita dat filio esse principium. Est igitur principium de principio, sicut lumen de lumine et Deus de Deo.

Adhuc forte cogitas an authypostaton conveniat verbo. Et videtur quod sic. Sequitur enim in evangelio: tunc scietis quia ego sum[1]. Solum [autem] per se subistens, veraciter dicere potest ego sum[2].

Dico, quod humanae locutiones non sunt praecisae in divinis. Sed sicut Christus de divinis humaniter locutus est, quoniam non nisi humaniter capi possunt per homines, ita oportet nos praesupponere has evangelicas locutiones humano modo omnibus praeciosiores, nam verbum Dei de se loquitur.

---

[1] Jh. 8, 28.
[2] Vgl. auch Ex. 3, 14.

Engeln und reiner in den Engeln als in den Menschen, und reiner in den Menschen, deren Wandel im Himmel ist, als in denen, deren Wandel auf der Erde ist. In Christus aber, in dem der Logos ist, spricht er über alle Abstufungen hinaus, nicht als in einem Anderen, sondern als in der Reinheit des Ursprungs, so als ob das Feuer sich nicht in irgendeinem Erwärmten offenbarte, sondern in der reinsten Flamme, die in unauflöslicher Einung im Feuer selbst besteht.

Man könnte sagen: da im Evangelium Christus sofort von seinem Vater spricht, ist es verwunderlich, daß er, der sich Sohn nennt, sich als Ursprung bezeichnet. Ich antworte darauf: wenn er sich als „Entsprungenen" bezeichnet, so wäre dieser Ausspruch nicht angemessen. Denn da der Ursprung nichts vom Entsprungenen hat, ist in der göttlichen Natur, wo der Vater dem Sohn alles gibt, der Vater dem Sohn gegenüber nichts Anderes. Und der Sohn kann nicht im eigentlichen Sinn der aus dem Ursprung Entsprungene genannt werden, da das Entsprungene etwas anderes ist als der Ursprung. Vielmehr: so wie der Vater Ursprung ist, so gibt er auch dem Sohn, Ursprung zu sein. Dieser ist also Ursprung aus dem Ursprung, so wie Licht vom Licht und Gott von Gott.

Weiters: vielleicht bedenkst du, ob die Bezeichnung „authypostatisch" dem Wort entspricht. Es scheint, daß es so ist. Im Evangelium folgen nämlich die Worte: „Dann werdet ihr wissen, daß ich bin." Nun kann aber nur der durch sich selbst bestehende wahrhaft sagen: „ich bin".

Ich sage: auf das Göttliche angewendet, sind die menschlichen Aussagen nicht genau angemessen. Aber so wie Christus über das Göttliche in menschlicher Weise gesprochen hat — denn nur nach menschlicher Weise können seine Worte von den Menschen erfaßt werden —, müssen wir voraussetzend annehmen, daß diese nach Menschenart dargestellten Worte des Evangeliums genauer sind als alle anderen; denn hier spricht das Wort Gottes über sich selbst.

Principium enim cum non sit ab alio per se subsistere dicimus, cum nihil esse concipere valeamus, si ipsum non conciperemus esse. Primum enim quod se offert conceptui est ens, deinde ens tale. Et licet principium entis nihil entium sit, cum principium nihil sit principiati, tamen nisi concipiamus principium esse, nullum de ipso formare possumus conceptum.

Plato[1] vero qui vidit unum ens, unam essendi potentiam, unum caelum, unam terram quasi unum in his omnibus passum et contractum et alteratum videns, separans et tollens omnia ab uno vidit unum in se et absolutum. Et ut sic videtur nec est ens, nec non ens, nec est, nec subsistit nec est subsistens, nec per se subsistens, nec principium, immo nec unum.

Immo non esset apta locutio: unum est unum, cum copula illa est non possit uni convenire, nec sine copula dicendo sic: unum unum esset apta locutio, cum omnis locutio, quae sine alteritate aut dualitate non est proferibilis, non conveniat uni.

Unde si attendis tunc principium omnium nominabilium, cum nihil possit principiatorum esse, est innominabile. Et ideo etiam non nominari principium, sed esse principii nominabilis innominabile principium omne qualitercumque nominabile antecedens, sicut melius tunc vides contradictoria negari ab ipso, ut neque sit, neque non sit neque sit et non sit, neque sit vel non sit. Sed omnes istae locutiones ipsum non attingunt, qui omnia dicibilia antecedit.

Et licet hoc sic sit et per se subsistere sibi non conveniat, cum per se subsistere sine dualitate et divisione non intelli-

---
[1] Vgl. Plato, Parmenides 141e ff.; Proclus, In Parm. VII, ed. Klibansky, p. 26ff.; Opera inedita, p. 1239ff.

Da der Ursprung von keinem anderen stammt, sagen wir, daß er aus sich besteht. Erfaßten wir nicht, daß er ist, so wären wir nicht fähig zu erfassen, daß überhaupt etwas ist. Das erste, das sich dem Begreifen darbietet, ist das Sein, das zweite das So-Sein. Zwar ist, da der Ursprung nichts vom Entsprungenen ist, der Ursprung des Seins keines der Seienden. Dennoch können wir uns keinen Begriff von diesem bilden, wenn wir nicht begreifen, daß es den Ursprung gibt.

Plato aber, der das eine Sein, die eine Möglichkeit des Seins, den einen Himmel, die eine Erde sah und in allen diesen das Eine gleichsam leidend, verschränkt und verändert erblickte, erkannte das in sich selbst und absolut Eine, indem er alles von dem Einen trennte und entfernte. Und wenn man es so sieht, dann ist es weder Sein noch Nicht-Sein, weder ist es, noch besteht es, noch ist es ein Bestehendes, noch ein Durch-sich-Bestehendes, noch der Ursprung, noch auch das Eine.

Ja, es wäre sogar die Aussage „das Eine ist das Eine" nicht passend, weil die Kopula „ist" dem Einen nicht zukommen kann. Und wenn man ohne Kopula sagte „das Eine Eine", so wäre es auch keine passende Aussage, da jede Aussage, die ja ohne Andersheit oder Zweiheit nicht hervorgebracht werden kann, dem Einen nicht zukommt.

Wenn du das beachtest, dann ist der Ursprung alles Benennbaren unbenennbar, denn er kann nichts Entsprungenes sein. Darum kann er auch nicht Ursprung genannt werden; er ist vielmehr der unbenennbare Ursprung des benennbar Entsprungenen, der allem irgendwie Benennbaren vorangeht; ebenso siehst du deutlicher, daß das Kontradiktorische von ihm geleugnet werden muß, so daß er weder ist noch nicht ist, noch ist und nicht ist, noch ist oder nicht ist. Alle diese Feststellungen berühren ihn, der allem Sagbaren vorangeht, nicht.

Obwohl sich dies so verhält und es dem Ursprung nicht zukommt, durch-sich-selbst-zu-bestehen, da das Durch-

gatur et unum sit ante omnem alteritatem, tamen nulli verius convenit per se subsistere quam ei, quod est omnium subsistentium causa, cum nullum causatorum eius respectu per se subsistat aut sit, quidquid sit.

Cui enim omnia vocabula aliquid significantia verius convenire possent quam ei a quo omnia habent et quod sint et nominentur? Quae verior substantia quam illa, quae omni substantiae dat esse substantiale licet melior omni substantia nominabili?

Vidit Plato quo[modo] per se ens ante omnia entia alia et alia existit, ita per se homo et animal et ita de ceteris. Nonne haec omnia quae per se subsistere vidit non in alio, sed in se vidit notionaliter, quemadmodum in praecedenti sermone tangitur[1]? Sic etiam ea, quae in se vidit notionaliter quasi in principio notionalium seu entium rationum, quae sunt similitudines realium entium, vidit supra se esse essentialiter in conditore entium sicut in se notionaliter in conditore notionum.

Unde hic in se est universalis intellectus, qui est aut conditor aut assimilator. Conditor est essentians, assimilator intelligens. Conditor in se omnia videt. Hoc est: se omnium videt conditivum sive formativum exemplar. Unde eius intelligere est creare. Assimilator intellectus qui est conditoris similitudo, in se omnia videt. Hoc est: se omnium videt notionale sive figurativum exemplar. Et eius intelligere est assimilare. Unde sicut conditor intellectus est forma formarum sive species specierum sive locus formabilium specierum, sic intellectus noster figura figurarum sive assimilatio assi-

---

[1] Nicolaus Cusanus, De aequalitate, Schriften, Bd. III.

sich-selbst-Bestehen ohne Zweiheit und Teilung nicht zu erkennen ist, das Eine aber vor jeder Andersheit ist, so kommt es dennoch keinem anderen als ihm, der er der Grund alles Bestehens ist, in größerer Wahrheit zu, durch-sich-selbst-zu-bestehen. Denn im Hinblick auf ihn besteht oder ist kein Begründetes, was immer es auch sei, durch-sich-selbst.

Wem sollten alle irgend etwas bezeichnenden Worte wahrhafter entsprechen als ihm, von dem sie alles haben, was sie sind und heißen? Welcher Grundbestand ist wahrer als jener, der jedem das grundbestandliche Sein gibt, mag er auch überragender sein als jeder benennbare Grundbestand?

Plato sah, wie das Durch-sich-Seiende vor allem je anderen Seienden existiert, z. B. der Mensch-durch-sich, das Tier-durch-sich usw. Sah er nicht alles das, was er als Durch-sich-selbst-Bestehendes sah, nicht in einem anderen, sondern in sich selbst auf begriffliche Weise, wie dies in der vorausgehenden Rede schon behandelt wurde? So erkannte er auch, daß dasjenige, was er in sich begrifflich gleichsam im Ursprung des Begrifflichen oder der Gedanken-Dinge, welche die Ähnlichkeitsbilder der wirklichen Dinge sind, erblickte, in wesenhafter Weise über ihm im Gründer des Seienden so sei, wie es in ihm in begrifflicher Weise als in dem Urheber der Begriffe ist.

Darum ist dieser, der entweder Urheber oder Verähnlicher ist, die allgemeine Geist-Vernunft in sich. Der Urheber gibt das Sein, der Verähnlicher Einsicht. Der Urheber sieht in sich alles, er sieht sich als gründendes oder gestaltgebendes Urbild. Daher ist sein Erkennen Schaffen. Das verähnlichende Denken, welches das Abbild des Gründers ist, sieht in sich alles. Das heißt, es erblickt sich als das begriffliche oder vorstellende Urbild und sein Erkennen ist Verähnlichen. Wie daher der gründende Vernunft-Geist die Gestalt der Gestalten oder die Eigen-

milabilium seu locus figurabilium specierum seu assimilationum.

Adhuc ut circa haec exerciteris attente considera Christum dixisse: antequam Abraham fieret ego sum[1]. Et alibi[2]: ante mundi constitutionem et antequam mundus fieret et ante omnia, etc. Nam per se est ante omne fieri. Quomodo enim per se subsistere videtur post possibile fieri? Quis deduxisset possibile fieri in esse? Nonne quis actu [est]? Recte igitur ante omne possibile fieri videtur per se actu subsistens.

Sed quomodo potest videri ante possibile fieri? Nonne futurum semper ante fuit futurum? Igitur posse fieri semper est praesens per se subsistenti. Unde cum id, quod fit sit temporale, tunc posse fieri temporaliter est praesens per se subsistenti aeternaliter. Id autem, quod videtur aeternaliter apud per se subsistens est utique aeternum. Ante aeternum nihil est. Est igitur similiter per se subsistens.

Quod igitur fit in tempore est per se in aeternitate subsistens. Sicut cum dicimus nos aliquid facturos, utique hoc aliquid antequam fiat aliis visibile in nobis est et in nobis videmus. Et id fit in tempore visibile, quod est in verbo seu conceptu mentis mentaliter et [in] aliis omnibus invisibiliter. Palam omnia esse ab aeterno, in aeterno sunt omnia ipsum aeternum per se subsistens, a quo sunt quaecumque facta sunt.

---

[1] Jh. 8, 58.
[2] Jh. 17, 24 und 5.

gestalt der Eigengestalten oder der Ort der gestaltbaren Eigengestalten ist, so ist unser vernünftiges Denken die Vorstellung der Vorstellungen oder die Verähnlichung des Verähnlichbaren oder der Ort der vorstellbaren Eigengestalten oder Verähnlichungen.

Um dich in diesen Überlegungen weiter zu üben, bedenke aufmerksam, daß Christus gesagt hat: „Noch bevor Abraham ward, bin ich." Und an einer anderen Stelle: „Vor der Erbauung der Welt", und „bevor die Welt wurde" und „vor allem". Denn durch sich selbst ist er vor allem Werden. Wie nämlich würde das Durch-sich-selbst-Bestehen nach dem möglichen Werden geschaut? Wer hätte das mögliche Werden ins Sein herabgeführt? Doch niemand anders als der, der wirklich ist! Also wird das Durch-sich-selbst-Bestehende mit Recht vor allem möglichen Werden geschaut.

Aber wie kann es vor allem möglichen Werden geschaut werden? War denn nicht das Zukünftige immer schon zukünftig? Darum ist das Werden-Können dem Durch-sich-selbst-Bestehenden immer gegenwärtig. Da nun aber das, was wird, zeitlich ist, ist das Werden-Können in zeitlicher Weise dem Durch-sich-selbst-Bestehenden auf ewige Weise gegenwärtig. Das, was bei dem Durch-sich-Bestehenden in ewiger Weise geschaut wird, ist unbedingt ewig. Vor dem Ewigen aber ist nichts. Damit ist es in ähnlicher Weise durch-sich-selbst-bestehend.

Was in der Zeit wird, ist in der Ewigkeit durch-sich-selbst-bestehend. Ähnlich verhält es sich, wenn wir sagen, daß wir irgend etwas tun werden. Dann ist dieses Irgendetwas, noch bevor es den anderen sichtbar wird, in uns und wir sehen es in uns, und das, was im Wort oder Begriff des Geistes in geistiger Weise ist und allem anderen unsichtbar bleibt, das wird in der Zeit sichtbar. Es ist also offenbar alles vom Ewigen; im Ewigen ist alles das Durch-sich-selbst-bestehende-Ewige, von dem alles ist, was immer auch geworden ist.

Omnia temporalia sunt ab intemporali aeterno. Sic omnia nominabilia ab innominabili et ita de omnibus. Ante omnia saecula aeternum, ante ante non est ante; absolutum ante aeternitas est. Antequam mundus fieret[1] videtur ante et per nihil ante ante. In ipso igitur ante antequam mundus fieret videtur mundus non factus, ideo per se subsistens. Mundus igitur, qui videtur antequam fieret, est ipsum ante per se subsistens. Et ipsum ante est mundus per se subsistens. Unde mundus per se subsistens est ipsum ante antequam mundus fieret.

Ab ante igitur scilicet per se subsistenti facta sunt omnia, quae facta sunt. Sicut si dicitur antequam domus fieret, domus utique, quae fieri debuit, iam est nominata ante, quando dicitur antequam domus fieret. Omne igitur quod factum est, fieri potuit et ante nominatum est. Fuit igitur ante in verbo, quam fieret, uti ibi fiat lux et facta est lux[2].

Lux, quae fiebat, iam antequam fieret erat in verbo, quia nomen eius lux erat[3]. Nec aliud nomen lux facta habuit quam ut habuit antequam fieret. Sed antequam facta est lux, quia erat lux, quae fieri debuit, erat per se subsistens. Ante omne igitur factum est ipsum per se subsistens sicut ante temporalia aeternum.

Proclus[4] autem dicit primo hoc nomen authypostaton convenire tantum ut causae per se subsistentium ut hominis per se subsistentis, quia acternus. Tamen dicit ipsum unum

---
[1] Jh. 17, 24.
[2] Gn. 1, 3,
[3] Jh. 1, 3.
[4] Vgl. Proclus, In Parm. VII, Opera VI, p. 130ff.; Opera ined. p. 1133ff.

Alles Zeitliche stammt vom unzeitlichen Ewigen; ebenso alles Benennbare vom Unbenennbaren usw. Vor aller Zeit ist die Ewigkeit, vor dem Vorher ist kein Vorher, das absolute Vorher ist die Ewigkeit. Bevor die Welt wurde, wird das Vorher gesehen, aber keineswegs vor dem Vorher. In diesem Vorher ist also die Welt noch bevor sie wurde, ungeworden, also durch-sich-selbst-bestehend, zu sehen. Die Welt, die geschaut wird, bevor sie wurde, ist das durch-sich-selbst-bestehende Vorher und das Vorher selbst ist die durch-sich-selbst-bestehende Welt. Darum ist die durch-sich-selbst-bestehende Welt das Vorher, bevor die Welt wurde.

Aus dem Vorher also, das durch-sich-selbst-besteht, ist alles gemacht, das gemacht worden ist. Ähnlich ist es, wenn man sagt, „bevor das Haus wurde". Dann ist das Haus, das werden soll, auf jeden Fall schon zuvor benannt; nämlich wenn man sagt, „bevor das Haus wurde". Alles, was geworden ist, konnte werden und ist vorher benannt worden. Es war also, bevor es wurde im Wort, so wie dort, wo gesagt ist, „es werde Licht und es ward Licht".

Das Licht, das wurde, war schon vorher, bevor es wurde, im Wort, da sein Name „Licht" war. Auch hat das gewordene Licht keinen anderen Namen als den, den es hatte, bevor es geworden war. Aber bevor das Licht wurde, war es durch-sich-selbst-bestehend, weil es Licht war, das werden sollte. Vor allem also das gemacht ist, ist das Durch-sich-selbst-Bestehende, so wie vor dem Zeitlichen das Ewige.

Proklos aber sagt, daß dieser Name „authypostatisch" nur dem Ersten als dem Grund der durch-sich-bestehenden Dinge, wie z. B. des durch-sich-bestehenden Menschen,

regem[1] scilicet omnium sive Deum deorum. Species enim et alia quae ponit aeterna, et ideo per se subsistere, in primo ut in causa et fonte complicari et explicata in aeternitate asserit. Uti in mundo sensibili temporaliter et sensibiliter, ita in aeternali aeternaliter et intellectualiter. Et sicut negat unum quod asserit omnia ut omnium causa non subsistere per se, sed esse melius et ante omne per se subsistens, sic etiam de omnibus.

Nam sic ait unum non esse, sed esse ante omnia, quae sunt, et non esse in loco vel tempore sed ante omnia localia et temporalia, ita de omnibus, quoniam ante omnem affirmationem et negationem. Et in hoc recte dicit, quia ante et melius omnibus de quibus fieri possunt locutiones affirmativae vel negativae. Sed quod plura possint esse sibi coaeterna tribus suis hypostasibus exceptis, non bene dixit, cum idem sit aeternum et aeternitas, quae plurificari nequit, sicut nec unum. Ideo uti unum imparticipabile ne sit minus unum et multiplicabile.

Unde circa aeternitatem quam quidam durationem successivam licet infinitam putarunt, videntur plures errasse. Sed qui principium considerat aeternitatem et in ipsa ut principio et causa esse omnia ipsum unum principium, ille videt ubi veritas et quicquid Parmenides concludit via rationis scilicet omnia de ipso neganda et quod non plus unum oppositorum quam alterum vel ambo de eo affir-

---

[1] Proclus, In Parm. VI, Opera VI, p. 71ff.; Opera ined. p. 1064. Dazu Nicolaus Cusanus, De venatione sapientiae, cap. VIII, Schriften, Bd. I, p. 34. Zum Folgenden vgl. auch Proclus, In Parm. VII.

weil er ewig sei, zukomme. Dennoch nennt er das Eine den König von allem, oder den Gott der Götter. Von der Eigengestalt nämlich und dem anderen, das er ewig sein und daher durch-sich-selbst-bestehen läßt, sagt er, daß es im Ersten als im Grund und in der Quelle in Ewigkeit eingefaltet und ausgefaltet sei; so wie dies in der sinnlichen Welt zeitlich und sinnlich ist, so in der ewigen ewig und geistig. Und so wie er leugnet, daß das Eine, das, wie er sagt, alles ist, als der Grund von allem durch sich selbst bestehe, sondern darüber erhaben und vor allem Durch-sich-selbst-Bestehenden sei, so verneint er auch alles andere.

Denn, so sagt er, das Eine ist nicht, sondern es ist vor allem, was ist, und es ist nicht an einem Ort oder in der Zeit, sondern vor allem Räumlichen oder Zeitlichen; ebenso verhält es sich mit dem übrigen, weil es vor aller Affirmation und Negation ist. Und damit hat er recht. Es ist vor allem und überragt alles, von dem man bejahende oder verneinende Aussagen machen kann. Nicht recht aber hat er mit der Behauptung, es könne mehrere ihm Gleichewige geben — ausgenommen natürlich seine drei Hypostasen. Das Ewige und die Ewigkeit sind ja dasselbe und sie können nicht vervielfältigt werden, ebensowenig wie das Eine. Als das Eine kann es nicht partizipiert werden, damit es nicht ein geringeres Eine und Vervielfältigbares sei.

Daher scheinen manche bezüglich der Ewigkeit, die sie für eine, wenn auch unendliche, dahinfließende Dauer halten, irrige Ansichten gewonnen zu haben. Wer aber den Ursprung als Ewigkeit betrachtet und sieht, daß in ihm als im Ursprung und Grund alles der eine Ursprung selbst ist, der sieht, wo die Wahrheit ist. Und er begreift, was Parmenides auf dem Weg der Überlegung erschließt, nämlich

manda et [quod]¹ non sunt multa seu plura per se subsistentia. Nam aut non participarent uno et tunc in hoc forent similia. Et iterum ideo non similia, quia uno non participarent, aut si participarent uno, tunc per se non subsisterent, sed per unum, quo participarent. Non erunt igitur plura per se subsistentia. Quare plura, quae facta a per se subsistenti id sunt quod sunt. Participant ergo uno, cum plura sine uno, quo participent esse nequeant. Sequeretur enim contradictoria simul esse vera ut praemittitur.

Dixi autem superius per se subsistenti nullum nomen convenire, quoniam innominabile indicibile et ineffabile est. Etiam sibi li unum proprie non convenit. Nos autem, quoniam non possunt esse multa per se subsistentia, facimus de eo conceptum ut de uno. Et unum est quo ipsum nominamus secundum conceptum nostrum et dicimus unam esse universi causam, in se omnium rerum species complicantem super omnem contraditioncem, positionem et oppositionem, affirmationem et negationem exaltatam, quoniam illa indicibile non attingunt sed inter effabilia verum a falso dividunt. Sermo autem circa unum non est, quia indeterminabile. Quare Plato simul mentiri dicebat affirmationes et negationes in uno.

Est ergo unum omni sensui, omni rationi, opinioni et scientiae et omnibus nominibus incomprehensibile. Deo tamen, qui est omnium causa unum et bonum propius convenire

---

¹ Cod. Vat.: quae.
Proclus, In Parm. VII; ed. Klibansky, a. a. O., p. 72; vgl. auch ibid. p. 106.

daß alles von ihm geleugnet werden muß und daß von entgegengesetzten Aussagen die eine nicht mehr als die andere oder als beide gelten und daß es nicht viele oder mehrere durch-sich-selbst-bestehende Dinge gibt. Entweder hätten sie an dem Einen nicht teil und wären darin wieder einander ähnlich und wiederum nicht ähnlich, weil sie an dem Einen nicht teilhätten; oder wenn sie an dem Einen teilhätten, dann würden sie nicht durch-sich-selbstbestehen, sondern durch das Eine, an dem sie teilhätten. Also wird es nicht mehrere Durch-sich-selbst-Bestehende geben. Aus diesem Grund ist das Viele, das geworden ist, in der Abhängigkeit von dem Durch-sich-Bestehenden das, was es ist. Es hat also an dem Einen teil, weil das Viele ohne das Eine, an dem es teilhat, nicht sein kann. Denn sonst würde, wie wir vorhin gesagt haben, folgen, daß die kontradiktorischen Gegensätze zugleich wahr seien.

Oben habe ich gesagt, daß dem Durch-sich-selbst-Bestehenden kein Name zukommt, weil es unbenennbar, unsagbar und unaussprechbar ist. Auch der Name „das Eine" kommt ihm nicht eigentlich zu. Weil es aber nicht viele Durch-sich-selbst-Bestehende geben kann, bilden wir uns von ihm den Begriff des „Einen". Und das „Eine" ist es, mit dem wir es gemäß unserem begrifflichen Entwurf benennen; und wir sagen, daß es der eine Grund des Gesamt ist, der die Eigengestalten aller Dinge in sich einfaltet und über jeden Widerspruch, jede Setzung und Gegensetzung, Bejahung und Verneinung erhaben ist, da dies das Unsagbare gar nicht berührt, sondern nur im Aussagbaren das Wahre vom Falschen scheidet. Aussagen betreffs des Einen gibt es nicht, weil es unbestimmbar ist. Darum sagt Plato, daß Affirmationen und Negationen im Einen gleichermaßen unwahr sind.

Das Eine ist also für jeden Sinn, für jedes Denken, Meinen, Wissen und für jeden Namen unerfaßbar. Dennoch sagen wir, daß Gott, der der Grund von allem ist, der Name

dicimus, quia unum et bonum est ab omnibus desiderabile sicut ab omnibus fugabile nihil et malum.

Deum autem dicimus unum, quo melius cogitari nequit. Et non intrat in nostram cogitationem aliquid melius esse eo quod ab omnibus nobis desideratur. Hinc unum et bonum ipsum Deum dicimus, nec illa sunt in ipso diversa, sed sunt ipsum unum, quod autounum Proclus[1] nominat; neque ipsum Deum unum, ut cognitum nominamus, quia ante omnem cognitionem unum est desiderabile.

Non est igitur Dei comprehensio quasi cognoscibilium, quibus cognitis nomina imponuntur, sed intellectus incognitum desiderans et comprehendere non potens ponit denominationem unius, divinando aliqualiter hypostasim eius ex indeficienti omnium unius desiderio.
Quod autem Deus non accedatur intellectualiter Proclus[2] aiebat, ideo quia tunc solum intellectualis natura ferreretur ad ipsum. Nam non intellectuales ipsum non appeterent. Sed cum ipse sit cuius gratia omnia id sunt, quod sunt, ab omnibus naturaliter desiderari debet, uti est ipsum unum et bonum, quod omnia appetunt et omnia entia penetrat.

Adhuc attende: multitudo ab uno deserta esse nequit ut patuit. Unum igitur est hypostasis eius. Sed non unum participatum et coordinatum ipsi multitudini, quoniam tale in se non subsistit, sed in alio scilicet multitudine. Omne autem in alio est ab eo, quod in se. Nam in se est prioriter quam in alio, in quo non est nisi aliter. Aliter autem praesupponit in se. Hypostasis igitur, quod in alio, est ab

---

[1] Vgl. Anm. 5, p. 218.
[2] Proclus, In Parm. VII, ed. Klibansky, a. a. O., p. 58; vgl. auch ibid. p. 105.

des Einen und des Guten in besonderem Maße zukomme, da ja das Eine und das Gute von allen ersehnt wird, so wie das Nichts und das Böse von allen geflohen wird.

Gott aber nennen wir das Eine, über das hinaus nichts Besseres gedacht werden kann. Daß etwas besser sein könnte als das, was von allen ersehnt wird, kommt uns nicht in den Sinn. Und darum sagen wir, daß das Eine und das Gute Gott selbst ist; in ihm sind sie nicht getrennt, sondern das Eine selbst. Dieses nennt Proklos das Autounum. Auch nennen wir Gott nicht das Eine als einen Erkannten, da das Eine ja vor jedem Erkennen ersehenswert ist.

Also ist das Erfassen Gottes nicht wie das des Erkennbaren, dem man, wenn man es erkannt hat, einen Namen gibt; das vernüftige Denken ersehnt vielmehr das Unerkannte, und unfähig, es zu erfassen, gibt es ihm die Bezeichnung des Einen, da es in irgendwelcher Weise seine gründende Wirklichkeit aus dem unablässigen Sehnen aller nach dem Einen erahnt. Daß man Gott nicht auf dem Weg des Denkens nahekommt, lehrt Proklos darum, weil dann nur die vernünftige Natur auf ihn hin bezogen würde. Die nicht vernünftigen Dinge würden dann nicht nach ihm streben. Da Gott aber der ist, um dessentwillen alle Dinge das sind, was sie sind, muß er von allen ihrer Natur nach erstrebt werden; er ist ja das Eine und Gute, nach dem alle streben und das alles Seiende durchdringt.

Ferner beachte: wie uns klar geworden ist, kann es keine Vielheit geben, die von dem Einen abgetrennt ist. Das Eine ist also ihre gründende Wirklichkeit. Diese ist aber nicht jenes partizipierte und der Vielheit beigeordnete Eine, da dieses nicht in-sich-selbst-besteht, sondern in einem anderen, nämlich in der Vielheit. Alles aber, das im Anderen ist, kommt von dem, das in-sich ist. In-sich

eo, quod in se. Sic hypostasis coordinati ab exaltato et participabilis ab imparticipabili.

Omne igitur quod in considerationem cadit, aut est unum exaltatum aut coordinatum multitudini. Coordinatum vero non habet hypostasim nisi ab exaltato. Unum igitur exaltatum est hypostasis omnium hypostaseum, quo non existente nihil est et quo existente omnia id sunt, quod sunt, et quo existente et non existente omnia existunt et non existunt.

Entia igitur cum esse desiderent cum sit bonum, unum desiderant sine quo esse nequeunt. Quid autem sit, quod desiderant, capere nequeunt, cum quodlibet entium sit unum participatione unitatis participabilis, quae habet hypostasim suam ab imparticipabili. Participabilis autem non est capax imparticipabilis, sicut capabilis non est capax incapabilis et causatum causae; et quod est secundae non est capax eius quod est primae. Et licet non sit capax, non tamen est penitus ignorans eius, quod tantopere desiderat; certissime scit ipsum esse, quod desiderat.

Et intellectualis natura quae ipsum esse scit et incomprehensibilem, tanto se reperit perfectiorem, quanto scit ipsum magis incomprehensibilem. Incomprehensibilis enim hac scientia ignorantiae acceditur.

Parmenides[1] haec attendens ad ipsum unum exaltatum respiciens, unum ens esse dicebat. Vidit enim in uno ente omnem multitudinem complicari. Et cum multitudinis causa

---

[1] Vgl. Proclus, In Parm. I, Opera IV, p. 6ff.; 120ff.; Opera ined. 683ff.; 708ff.

ist früher als im-anderen, in dem es nur auf andere Weise ist. Dieses Auf-andere-Weise setzt aber das In-sich voraus. Die Hypostase, die in dem anderen ist, stammt aber von dem, das in sich ist. So stammt die beigeordnete Hypothese von dem Erhabenen und die teilbare von dem Unteilbaren.

Alles also, was ins überlegende Denken Eingang findet, ist entweder das über die Vielheit erhabene oder das ihr beigeordnete Eine. Das beigeordnete aber hat seine gründende Wirklichkeit nur vom erhabenen Einen. Das erhabene Eine ist die Hypostase aller Hypostasen; ohne seine Existenz wäre nichts und durch seine Existenz ist alles das, was es ist; und alles besteht und besteht nicht durch seine Existenz und Nichtexistenz.

Da die Seienden das Sein erstreben, weil es gut ist, erstreben sie das Eine, ohne das sie nicht sein können. Was das aber ist, das sie erstreben, das können sie nicht fassen, da jedes der Seienden eines ist auf Grund der Teilhabe an der partizipierbaren Einheit, die ihre gründende Wirklichkeit von der unteilbaren Einheit hat. Die partizipierbare Hypostase aber kann die nichtpartizipierbare nicht erfassen, so wie die faßbare nicht die unfaßbare, das Begründete nicht den Grund und das, was der zweiten angehört, nicht das der ersten Angehörige. Aber obwohl das Denken dazu nicht fähig ist, ist es dennoch nicht völlig ohne Wissen von dem, das es so sehr ersehnt. Es weiß ganz sicher, daß das Ersehnte ist.

Und die vernünftig denkende Natur, die weiß, daß es ist und daß es der Unfaßbare ist, findet sich um so vollkommener, je mehr sie ihn als Unfaßbaren weiß. Denn durch dieses Wissen des Nichtwissens gelangt man zu dem Unfaßbaren.

Parmenides achtete darauf, und indem er zu dem erhabenen Einen hinblickte, sagte er, daß es nur ein Seiendes gibt. Er sah nämlich, daß in dem einen Seienden alle Viel-

sit unitas sine qua esse nequit, ideo ad unialem[1] unitatis causam respiciens, ens unum protulit omnem multitudinem in uno considerans.

Zeno[2] in multitudine entium non videns nisi unum ens participatum, dicebat non esse multa, quae entia. Ut enim multa ab uno deserta non sunt, propter unum igitur subsistunt. Non sunt igitur multa, quae entia nisi uno ente participent. Unum igitur est hypostasis. Et Zeno non voluit idem dicere quod Parmenides. Nam non respexit ad unum exaltatum sicut Parmenides sed participatum. Moriens[3] autem accessit ad assertionem Parmenidis multitudinem quidem in uno secundum causam respiciens unum autem in sola multitudine salvare non potens. Unum quidem secundum se ante multitudinem est, multitudo vero omnino ex uno est, quod est.

Sed qui considerat omnem unitatem habere aliquam sibi coniunctam multitudinem et quod omnis multitudo ab aliqua sibi convenienti unitate continetur, videt unum simul et multa entia in unitate multa et in multitudine unum sine quo nec esset ordo nec species nec quicquam, sed confusio et difformitas.

Nec refert si eo modo quo de unitate dictum est, dicas de aequalitate uti in praecedenti sermone[4] habes. Nam aequalitas est unificans et potest dici unionis causa; sicut unum sic bonitas et iustitia et talia.

---

[1] Konjektur, da der entsprechende Proklostext ἑνιαίαν hat; vgl. Feigl, a. a. O., p. 95, Anm. 114. Cod. Vat.: virtualem.
[2] Ibid. p. 117 bzw. 706f.
[3] Beruht auf einem Mißverständnis infolge der Wiedergabe des griechischen τελευτῶν durch moriens bei W. v. Moerbeke.
[4] Nicolaus Cusanus, De aequalitate, Schriften, Bd. III.

heit eingefaltet ist. Und da der Grund der Vielheit die Einheit ist, ohne die sie nicht zu sein vermag, so führte er aus, indem er seinen Blick auf den einenden Grund der Einheit richtete, daß das eine Seiende jede Vielheit sei, sofern man das Eine betrachtet.

Zeno, der in der Vielheit der Seienden nur das eine partizipierte Seiende sah, sagte, es gäbe nicht Vieles, das Seiendes ist. Als Vieles ist es nämlich von dem Einen nicht getrennt, es besteht wegen des Einen. Vieles Seiende gibt es also nur, wenn es an dem Einen Seienden teilhat. Das Eine ist die Hypostase. Zeno wollte nicht dasselbe sagen wie Parmenides, denn er sah nicht auf das erhabene Eine, sondern auf das partizipierte. Auf dem Sterbebett aber näherte er sich der Ansicht des Parmenides, indem er die Vielheit in dem Einen nach Grund und Ursache betrachtete, wobei er das Eine in bloßer Vielheit nicht aufrechterhalten konnte. Das Eine ist sich selbst gemäß vor der Vielheit, die Vielheit aber ist zur Gänze auf Grund des Einen das, was sie ist.

Wer aber bedenkt, daß jede Einheit irgendeine ihr verbundene Vielheit hat und daß jede Vielheit von irgendeiner ihr zukommenden Einheit zusammengehalten wird, der sieht zugleich das Eine und die vielen Seienden in der Einheit, das Viele und in der Vielheit das Eine, ohne das weder Ordnung noch Eigengestalt noch irgend etwas, sondern Verwirrung und Gestaltlosigkeit herrschten.

Es ist auch nicht unrichtig, wenn du in der gleichen Weise, in der wir von der Einheit gesprochen haben, von der Gleichheit sprichst, wie du es in der vorhergehenden Erörterung vorliegen hast. Denn die Gleichheit bewirkt die Einung und kann der Grund der Einung genannt werden. Ebenso wie mit dem Einen verhält es sich mit dem Guten, der Gerechtigkeit und ähnlichem.

Adhuc attende, quomodo quidam[1] dicunt de dualitate, quod sit unitas simul et multitudo, quoniam hoc verum eo modo sicut id, quod est causa unionis, secundum causam est unum, sic dualitas secundum causam est multitudo. Dualitas enim undique mater est multitudinis. Dualitas autem non est deserta ab uno. Omne enim, quod post unum est, uno participat. Omnia posteriora prioribus participant et non e converso.

Dualitas non est prima unitas omnia antecedens et exaltata supra omnia, sed est participata unitas. Habet enim ab unitate, quod est unitas et sic est aliqualiter unitas et dualitas. Et ita videtur unitas esse multitudo. Sed est unitas tamquam uno participans et multitudo tamquam causa multitudinis. Sic intelligo id, quod quidam dixerunt: dualitatem neque unitatem neque multitudinem.

Plato[2] autem post unum posuit duo principia scilicet finitum et infinitum, puta sicut numerus post unum est ex finito et infinito. Si enim unitatem numeri a numero separatam consideras, monas est et non est numerus, sed principium numeri. Si multitudinem ab unitate desertam consideras, infinitas quaedam est. Numerus igitur ex unitate et multitudine tamquam finito et infinito constitui videtur. Sic de omni ente. Capit autem infinitatem pro interminato et confuso apto tamen terminari et finiri, finitum vero pro forma finiente et terminante infinitatem.

Et si quis subtilius advertit, non est Melissi positio ita absurda sicut Aristoteles[3] eam redarguit. Nihil enim in omni consideratione videtur quam infinitas scilicet infinitas finiens

---

[1] Vgl. Proclus, In Parm. I, Opera IV, p. 125; Op. ined. p. 706ff.
[2] Vgl. Proclus, In Parm. III, Opera V, p. 30f.; Op. ined. p. 798f.
[3] Vgl. Aristoteles, Met. I, 5, p. 986 b.

Ferner: merke darauf, wie manche Philosophen von der Zweiheit sprechen; sie sagen, daß sie zugleich Einheit und Vielheit ist. Das ist in folgender Weise richtig: so wie das, was Ursache der Einheit ist, als Ursache eines ist, so ist die Zweiheit als Ursache Vielheit. Die Zweiheit ist durchaus „Mutter der Vielheit". Die Zweiheit ist aber nicht vom Einen getrennt. Denn alles, was nach dem Einen ist, hat an dem Einen teil. Alle Späteren haben teil an den Früheren und nicht umgekehrt.

Die Zweiheit ist nicht die erste Einheit, die allem vorausgeht und alles überragt; sie ist partizipierte Einheit. Von der Einheit hat sie, daß sie Einheit ist, und so ist sie gewissermaßen Einheit und Zweiheit. Und so scheint die Einheit Vielheit zu sein. Sie ist jedoch Einheit, sofern sie am Einen teilhat, und Vielheit, sofern sie Grund der Vielheit ist. So verstehe ich das, was manche sagten: die Zweiheit ist weder Einheit noch Vielheit.

Platon aber stellte nach dem einen zwei Prinzipien auf, nämlich das des Begrenzten und das des Unbegrenzten; so wie zum Beispiel die Zahl nach der Eins aus Begrenztem und Unbegrenztem besteht. Wenn du nämlich die Einheit der Zahl getrennt von der Zahl betrachtest, dann ist sie Monas und nicht Zahl; sie ist vielmehr Ursprung der Zahl. Wenn du die Vielheit von der Einheit losgelöst betrachtest, dann ist sie eine Art von Unendlichkeit. Die Zahl scheint also aus Einheit und Vielheit gleichsam als aus Begrenztem und Unbegrenztem aufgebaut zu sein. Das hat für alles Seiende Geltung. Platon nimmt nun die Unendlichkeit als das Unbegrenzte und Verwirrte, das jedoch fähig ist, begrenzt und bestimmt zu werden; das Begrenzte hingegen versteht er als die Form, welche die Unendlichkeit bestimmt und begrenzt.

Und wenn jemand genauer zusieht, dann ist der Standpunkt des Melissos gar nicht so absurd, wie Aristoteles es darstellt. Denn bei jedem überlegenden Denken sieht man

et infinitas finibilis. Infinitas finiens est finis cuius non est finis. Et est principium per se subsistens omnem finem complicans. Et est Deus ante omne ens. Et infinitas finibilis est carentia omnis termini et definitionis finibilis fine infinito. Et est post omne ens.

Quando igitur infinitum primum finit secundum oritur ens finitum ab infinito principio scilicet a primo quod est plusquam ens, cum ipsum praecedat, non a secundo, cum sit post ens.

In primo infinito sunt omnia definibilia actu, in secundo sunt omnia definibilia in respectu omnipotentiae primi.

Uti dicimus per omnipotentem de nihilo omnia posse creari, non quod in nihilo sint omnia in potentia, nisi referatur potentia ad omnipotentiam, ubi coincidit posse facere cum posse fieri, quasi concipias omnipotentis formae ipsum nihil esse materiam, quam ut voluerit formet. Sed formae non omnipotentis et finitae virtutis non esse nihil materiam, sed magis formabilem seu minus resistentem, ut est possibilitas essendi hoc quod forma formare potest tamquam apta et oboediens [ut][1] mereatur talem formam. Hoc dicebat Plato[2] quod formae darentur secundum merita materiae.

Resumendo itaque, quae tacta sunt, principium esse unitrinum et ipsum aeternum manifestum. Dico hunc mundum ab unitrino principio id esse, quod est. Nec sunt multa principia ut patuit. Non multa non possunt nisi unum con-

---
[1] Cod. Vat.: et.
[2] Vgl. Plato, Phaidon, 100 Dff.

nichts anderes als Unendlichkeit, nämlich eine begrenzende Unendlichkeit und eine begrenzbare Unendlichkeit. Die begrenzende Unendlichkeit ist das Grenz-Ziel, das keine Grenze hat; es ist der durch-sich-bestehende Ursprung, der jede Grenze einfaltet. Und es ist Gott vor jedem Seienden. Die begrenzbare Unendlichkeit hingegen ist das Freisein von jeder Begrenzung und jeder begrenzbaren Bestimmung durch das unendliche Grenz-Ziel. Sie ist nach jedem Seienden.

Wenn also das unendliche Erste das Zweite begrenzt, dann entsteht das endliche Seiende aus dem unendlichen Ursprung, das heißt aus dem Ersten, das mehr als das Seiende ist, weil es ihm vorausgeht. Es entsteht nicht aus dem Zweiten, da dieses nach dem Seienden steht.

Im ersten Unendlichen ist alles Bestimmbare als Wirklichkeit, im zweiten Unendlichen ist alles Bestimmbare im Hinblick auf die Allmacht des ersten.

Wenn wir sagen: durch den Allmächtigen ist alles aus dem Nichts geschaffen, dann heißt das nicht, daß im Nichts alles in der Möglichkeit ist — außer natürlich, man bezieht die Möglichkeit auf die Allmächtigkeit, wo das Machen-Können mit dem Werden-Können zusammenfällt; so als ob das Nichts die Materie der allmächtigen Gestalt wäre, die diese so gestaltet, wie sie will. Du begreifst aber auch, daß für die Form der nicht allmächtigen und endlichen Kraft nicht das Nichts Materie ist, sondern daß ihr eine mehr formbare und weniger widerstrebende Materie entspricht, wie es die Möglichkeit des Seins ist. Dieses vermag die Form zu formen gleichsam als geeignete und willige Möglichkeit, so daß es eine solche Gestalt erlangt. Das sagte Plato, welcher der Meinung war, daß die Formen entsprechend den Verdiensten der Materie gegeben würden.

Wir fassen zusammen: Es ist offenbar, daß der Ursprung dreieinig und das Ewige selbst ist. Ich sage, daß diese Welt aus dem dreieinigen Ursprung das ist, was sie ist. Wie deutlich wurde, gibt es nicht viele Ursprünge. Nicht-Viele

cipi. Ante igitur hunc mundum et multa principium quod est non multa sicut igitur ante multa non multa, sic ante ens non ens et ante intellectum non intellectus et generaliter ante omne effabile ineffabile.

Negatio[1] igitur principium omnium affirmationum. Principium enim nihil est principiatorum. Sed cum omne causatum verius sit in sua causa quam in se ipso, igitur affirmatio melius est in negatione, cum negatio sit eius principium. Principium igitur est ante maximum et minimum pariter omnium affirmationum; puta non ens entis principium. Sic videtur ante ens quod per medium coincidentiae maximi et minimi videtur superexaltatum. Praecedit enim ens, quod pariter est minime et maxime ens sive sic non ens quod maxime ens. Non est principium entis nullatenus ens, sed non ens modo dicto.

Cum enim video ad principium entis quod non est principiatum, ipsum video minime ens esse. Cum video ad principium entis, in quo est melius principiatum quam in se, video ipsum maxime ens. Sed quia idem principium est supra omnia opposita et effabilia ineffabiliter video ipsum ante maximum pariter et minimum omnibus, quae dici possunt suprapositum. Quare consequenter omnia quae de ente affirmantur pariformiter de principio negantur modo praemisso.

Omnis autem creatura ens aliquod est. Non multa igitur omnium principium omnia complicat, sicut negativa praegnans dicitur affirmationis, scilicet ut non esse dicit sic non esse ut per esse significatur, sed melius esse.

---

[1] Cod. Vat.: negativa.

kann aber nur als das Eine aufgefaßt werden. Also ist vor dieser Welt und dem Vielen der Ursprung, der nicht Vieles ist; so wie vor dem Vielen das Nicht-Viele, vor dem Seienden das Nicht-Seiende, vor dem Denken das Nicht-Denken und ganz allgemein vor dem Aussprechbaren das Unaussprechbare ist.

Die negative Aussage ist also der Anfang und Ursprung jeder Affirmation. Der Ursprung ist nämlich nichts vom Entsprungenen. Da aber alles Begründete in seinem Grund wahrer ist als in sich selbst, darum ist die Bejahung in größerem Maße in der Verneinung enthalten, da diese ihr Ursprung ist. Der Ursprung steht also in gleicher Weise über dem Höchsten und Niedrigsten jeder Bejahung; wie z. B. das Nicht-Seiende als Ursprung des Seienden. So wird er vor dem Seienden gesehen, da er mittels der Koinzidenz vom Größten und Kleinsten über alles erhaben geschaut wird. Weil er zugleich das größte und das geringste Seiende ist oder so Nicht-Seiendes ist, daß er in größter Weise Seiendes ist, geht er dem Seienden voraus. Der Ursprung des Seienden ist nicht ein vollkommen Nicht-Seiendes, sondern ein in der eben erklärten Weise Nicht-Seiendes.

Wenn ich zum Ursprung des Seienden blicke, der das Nicht-Entsprungene ist, dann sehe ich, daß er im geringsten Maß Seiendes ist. Wenn ich aber zu dem Ursprung des Seienden blicke, in dem das Entsprungene besser ist als in sich selbst, dann sehe ich ihn als das im höchsten Maße Seiende. Weil aber der Ursprung in unsagbarer Art über allen Gegensätzen und allem Aussagbaren steht, sehe ich ihn zugleich vor dem Größten und Geringsten und über allem, was gesagt werden kann. Folgerichtig wird darum alles, was vom Seienden bejaht wird, vom Ursprung in der eben dargestellten Weise verneint.

Jedes Geschöpf aber ist irgendein Seiendes. Das Nicht-Viele als Ursprung von allem schließt darum alles ein — so wie die Negation Mutter der Affirmation genannt wird; das heißt: als Nicht-Sein bedeutet sie nicht das Sein, wie es durch das Sein bezeichnet wird, sondern ein besseres Sein.

Principium igitur ineffabile nec principium nominatur nec multa nec non multa nec unum nec alio nomine quocumque, sed ante omnia illa est innominabiliter. Omne enim nominabile aut figurabile seu designabile praesupponit alteritatem et multitudinem et non est principium. Omnis enim multitudinis unitas principium. Multa non possunt esse aeterna, cum aeternum sit aeternitas ut praemittitur. Principium autem aeternum immultiplicabile. Principium non est alterabile nec participabile, quia aeternitas.

Nihil igitur in hoc mundo est eius similitudinem habens, cum non sit designabile nec imaginabile. Mundus [autem] est infigurabilis figura et indesignabilis designatio. Mundus sensibilis est insensibilis mundi figura et temporalis mundus aeterni et intemporalis figura. Figuralis mundus est veri et infigurabilis mundi imago. Dum video per contradictoria principium, omnia in ipso video. Esse enim et non esse omnia ambit, quoniam omne quod dici aut cogitari potest aut est aut non est. Principium igitur, quod est ante contradictionem, omnia complicat, quae contradictio ambit.

Principium videtur in oppositorum aequalitate. Absoluta aequalitas essendi et non essendi non est participabilis, cum participans sit aliud a participato. Aequalitas igitur in alio non nisi aliter participabilis non est aequalitas, quae principium superexaltatum super aequale et inaequale. Nihil igitur ex omnibus aequaliter potest esse et non esse. Quare duo contradictoria non possunt aeque de eodem verificari.

Omnis igitur creatura imparticipabile principium in alteritate participat, sicut aequalitas imparticipabilis in similitudine. Similitudo aequalitatis, cum non sit aequalitas sed eius similitudo non potest esse nec maxima, qua maior esse nequit, nec minima, qua minor esse nequit, quia non foret

Der unaussprechbare Ursprung wird also weder Ursprung genannt, noch Vieles, noch Nicht-Vieles, noch das Eine, noch hat er sonst irgendeinen Namen. Vor alledem besteht er in unnennbarer Weise. Denn alles, was benannt, gestaltet oder dargestellt werden kann, setzt Andersheit und Vielheit voraus und ist nicht der Ursprung. Denn die Einheit jeder Vielheit ist der Ursprung. Das Viele kann nicht ewig sein, da, wie vorhin gesagt wurde, das Ewige die Ewigkeit ist. Der ewige Ursprung aber kann nicht vervielfältigt werden. Er kann nicht geändert und nicht partizipiert werden, weil er die Ewigkeit ist.

Nichts in dieser Welt hat also Ähnlichkeit mit ihm, da er weder mit Zeichen dargestellt noch abgebildet werden kann. Die Welt ist aber die Gestalt und Nachzeichnung des Ungestaltbaren und Unzeichenbaren. Die sinnliche Welt ist die Gestalt der unsinnlichen Welt und die zeitliche Welt die Gestalt der ewigen und unzeitlichen. Wenn ich den Ursprung vermittels des Kontradiktorischen schaue, so sehe ich alles in ihm. Das Sein nämlich und das Nicht-Sein umfassen alles, da alles, das gedacht oder gesagt werden kann, entweder ist oder nicht ist. Also faltet der Ursprung, der vor allem Widerspruch steht, das ein, was der Widerspruch umfaßt.

Der Ursprung erscheint in der Gleichheit der Gegensätze. Die absolute Gleichheit des Seins und Nicht-Seins ist nicht partizipierbar, weil das Partizipierende dem Partizipierten gegenüber ein anderes ist. Darum ist die Gleichheit, die im Anderen nur in anderer Weise partizipiert werden kann, nicht die Gleichheit, die über gleich und ungleich hoch erhaben ist. Nichts von allem kann also in gleicher Weise sein und nicht sein. Deshalb können zwei kontradiktorische Aussagen über dasselbe nicht in gleicher Weise bewahrheitet werden.

So wie die nicht partizipierbare Gleichheit in der Ähnlichkeit ist, hat jedes Geschöpf an dem nicht partizipierbaren Ursprung in der Andersheit teil. Da die Ähnlichkeit mit der Gleichheit nicht Gleichheit, sondern eben ihre Ähnlichkeit ist, kann sie weder die größte sein, zu der es keine

similitudo, sed aut nihil aut aequalitas. Participabilis igitur
est aequalitas in similitudine, quae alia et varia esse potest,
maior aut minor.

Creatura cum nihil sit et totum esse suum habeat a causa
in principio est veritas. Principium enim veritas est omnium
creaturarum. Mundus igitur iste, quem magister noster dicit
constitutum, quando ait ante mundi constitutionem non est
veritas, sed eius principium est veritas.

Ob hoc in mundo constitutio nihil praecise verum reperitur.
Nulla est praecisa aequalitas aut inaequalitas seu similitudo
sive dissimilitudo. Mundus enim veritatis praecisionem
capere nequit, ut de spiritu veritatis magister noster affirmat.
In principio igitur, quod est veritas, sunt omnia ipsa aeterna
veritas. Quia mundus constitutus per aeternum mundum
sive principium constitutus non est in veritate sed fallibili-
tate varietatis positus, sic non in bono, quod soli Deo sine
constituenti mundo convenit, sed in maligno positus est[1].

Posset quis dicere mundum omnia complecti, quoniam videtur ante eius constitutionem. Et videtur constitutus mundus
ante constitutionem. In principio verbum erat[2] et mundus
constitutus per ipsum est constitutus, sicut verbum ante
designationem et verbum designatum. Quando enim intellectus suiipsius verbum mentale, in quo se intelligit, vult
manifestare, hoc facit per elocutionem sive scripturam seu
aliam sensibilem designationem. Verbum igitur ante designationem mentale [est]. Designatum vero induit sensibilem
speciem et sic insensibile constitutum est sensibile. Sensibile
autem ad insensibile nullam habet proportionem.

---

[1] Jh. 5, 19.
[2] Jh. 1, 1.

größere mehr gibt, noch die kleinste, zu der es keine kleinere mehr gibt, weil sie dann nicht Ähnlichkeit wäre, sondern entweder Nichts oder Gleichheit. Partizipierbar ist also die Gleichheit in der Ähnlichkeit, die immer anders und verschieden, größer und kleiner sein kann.

Da das Geschöpf nichts ist und sein ganzes Sein vom Grund hat, ist es im Ursprung Wahrheit. Der Ursprung ist nämlich die Wahrheit aller Geschöpfe. Demnach ist diese Welt, von der unser Meister sagt, daß er sie geschaffen hat, wenn er die Worte „vor Erschaffung der Welt" gebraucht, nicht die Wahrheit, sondern ihr Ursprung ist die Wahrheit.

Aus diesem Grund findet man in der geschaffenen Welt nichts genau Wahres; es gibt hier keine genaue Gleichheit oder Ungleichheit oder Ähnlichkeit oder Unähnlichkeit. Die Welt kann ja die Genauigkeit der Wahrheit nicht fassen, wie es unser Meister vom Geist der Wahrheit sagt. Im Ursprung, der die Wahrheit ist, ist alles die ewige Wahrheit. Da die von der ewigen Welt oder dem Ursprung geschaffene Welt nicht in der Wahrheit geschaffen ist, sondern in den Trug der Veränderung gesetzt ist, steht sie nicht im Guten, das allein Gott ohne die geschaffene Welt zukommt, sondern liegt im Argen.

Jemand könnte sagen, daß die Welt alles umfaßt, da sie vor ihrer Erschaffung geschaut wird. In der Tat wird die geschaffene Welt vor ihrer Erschaffung geschaut. „Im Anfang war das Wort" und die geschaffene Welt ist „durch das Wort geschaffen" so wie das Wort vor der Bezeichnung und das bezeichnete Wort. Wenn das vernünftige Denken sein geistiges Wort, in dem es sich versteht, offenbaren will, so tut es das durch Rede oder Schrift oder eine andere sinnliche Bezeichnung. Das Wort vor der Bezeichnung ist also geistig. Aufgezeichnet nimmt es jedoch eine sinnliche Eigengestalt an. Und so wird das Unsinnliche sinnlich konstituiert. Das Sinnliche aber hat zu dem Unsinnlichen keinen Verhältnisbezug.

Sic se habet aliqualiter mundus constitutus ad constituentem. Patet igitur principium universorum non esse neque aliud neque idem respectu creaturarum suarum, sicut verbum indesignatum est neque aliud neque idem ad suum designatum.

Primum enim principium est ante omnem alteritatem et identitatem. Sicut natura incolorata neque alba nec nigra dicitur, non ut illis privetur ut materia, sed per eminentiam, quoniam est ipsorum causa.

Sic negamus vocem et silentium de anima, quoniam non est nec vox nec silentium modo quo lignum, sed modo causa nihil causati. Causat enim anima ista in animali. Ita omnia de uno principio negamus, quae ab ipso procedunt. Et non est principium unum dans omnibus hypostasim aliud aut idem, sed superexaltatum per eminentiam.

Et in omnibus per ipsum constitutis creator non est idem cum sua creatura sicut nec causa cum causato, sed non adeo longe abest, quod sit quid alterum. Oporteret enim ipsius et creaturae, quae numerum constituerent, esse aliquod principium, cum omnis multitudinis unitas sit principium et ita primum principium non foret primum principium. Et hoc Paulus[1] Apostolus expressit, cum diceret Deum non longe a nobis abesse, cum in ipso sumus et movemur.

Quemadmodum etiam primissimam monadem dicimus innumeratam — non tamquam submissam materiam numeris et interminatam, sed ut in se omnes numeros et species numerorum complicantam et producentem, quae non est aliud aut idem cum quacumque specie numeri — sic de uno principio quantum nostra capacitas nobis suffragatur conceptum facimus similitudinarium aliqualiter licet valde infra praecisionem. Quoniam est unum principium immultiplicatum, omnem multitudinem complicans et explicans seu producens, cui si addis aliquid quodcumque puta dicendo unum ens non manet unum simpliciter et transit in multitudinem.

---

[1] Apg. 17, 27f.

In ähnlicher Weise verhält sich auch die geschaffene Welt zum Schöpfer. Es ist also offenbar, daß der Ursprung des Gesamt in Hinblick auf seine Geschöpfe weder dasselbe noch anders ist, so wie das unbezeichnete Wort weder ein anderes ist noch dasselbe wie das bezeichnete. Denn der erste Ursprung ist vor jeder Andersheit und Selbigkeit; so wie man ungefärbte Natur weder schwarz noch weiß nennt, nicht weil sie wie Materie dessen entbehrte, sondern weil sie es als sein Grund überragt; so verneinen wir Stimme und Schweigen in bezug auf die Seele; dies nicht deshalb, weil sie weder Stimme noch Schweigen hätte, so wie Holz, sondern deshalb, weil der Grund nichts vom Begründeten hat; denn die Seele begründet dieses im Beseelten. Ebenso sprechen wir dem einen Ursprung alles ab, was aus ihm entspringt. Und der eine Ursprung, der allem die Hypostase gibt, ist diesem gegenüber weder anders noch dasselbe, sondern hoch erhöht durch seine Erhabenheit.

Und in allem von ihm Geschaffenen ist der Schöpfer nicht dasselbe wie sein Geschöpf, ebensowenig wie der Grund und das Begründete, aber auch nicht so weit entfernt, daß er etwas Anderes wäre. Denn sonst müßte es von ihm und den Geschöpfen, die eine Zahl darstellen, irgendeinen Ursprung geben, da für jede Vielheit eine Einheit der Ursprung ist und so wäre der erste Ursprung nicht der erste. Das drückte der Apostel Paulus aus, als er sagte: „Gott ist nicht ferne von uns, denn in ihm sind wir und bewegen wir uns."

Wie wir die allererste Monas eine nicht zahlenartige nennen — nicht weil sie den Zahlen als unbegrenzte Materie zugrunde läge, sondern da sie in sich alle Zahlen und Eigengestalten von Zahlen einschließt und sie aus sich hervorbringt, und jeder Eigengestalt der Zahl gegenüber weder dasselbe noch ein anderes ist —, so bilden wir uns je nach unserer Fassungskraft von dem einen Ursprung einen Ähnlichkeitsbegriff, auch wenn dieser von der Genauigkeit noch weit entfernt ist. Denn er ist ja der eine, nicht-vervielfältigte Ursprung, der alle Vielheit einfaltet und ausfaltet oder hervorbringt; wenn du ihm irgend etwas hinzufügst, wenn du z. B. sagst, das eine Seiende, bleibt es nicht das Eine schlechthin und geht in Vielheit über.

Multa quae entia habent ab uno primo principio quod sunt, multa ab ente quod sunt entia. Et ita omnis multitudo est ab uno, ut multitudo [est]. Et contracta multitudo contractionem habet ab uno contracto, sicut multa entia ab uno et uno ente.

Ens ab uno habet quicquid est. Uno enim sublato nihil manet. Et si recte attendis additio ad unum non est additio ad unum superexaltatum sed est modus essendi, quod est ens entium unius participabilis et contrahibilis ad varietatem, sicut de aequalitate imparticipabili et similitudine eius participabili praedixi.

Sic entitas est universalis essendi modus participabilis unitatis et vita modus est essendi specialior et perfectior unitatis participabilis. Et intellectus est adhuc perfectior modus. Sed absolutae unitatis contrahibilis unitas similitudo est et imago, quae non est nisi designabilitas sive revelatio eius. Uti designabilis indivisibilitas puncti[1] se habet ad indivisibile simpliciter indesignabile scilicet unum absolutum. Patet, quod unum ens se habet ad simpliciter unum sicut multa et ad multitudinem entium sicut monas. In unitate entis videtur unum entialiter contractum; et hoc sine multitudine non est possibile.

Unum vero principium est super omnem multitudinem exaltatum et expansum. Unum ens in se omnem colligit entium multitudinem, cum nulla entium multitudo esse possit deserta ab uno ente. Et explicatur in multitudine unitas entis. Sic de vita viventium et intellectu intelligentium et omnibus, quoniam omnis multitudo participat uno et ad monadem suam unitur. Multitudo autem unitatum monadialium in primissimo uno complicatur.

---

[1] Cod. Cus.: punctus.

Das viele Seiende hat vom ersten Ursprung, daß es vieles ist, vom Seienden, daß es Seiendes ist. Und so ist jede Vielheit von dem Einen her eine Vielheit. Und einer verschränkten Vielheit kommt die Verschränkung auf Grund des verschränkten Einen zu, so wie vielen Seienden dies vom einen Seienden zukommt.

Das Seiende hat von dem Einen, was es ist. Wenn man das Eine aufhebt, dann bleibt nichts. Und wenn du richtig darauf achtest, dann ist eine Hinzufügung zum Einen nicht eine Hinzufügung zu dem hocherhabenen Einen, sondern sie ist ein Seins-Modus, das heißt das Seiende des Seienden vom partizipierbaren und zur Verschiedenheit verschränkbaren Einen. Ebenso habe ich ja vorhin über die nicht partizipierbare Gleichheit und ihre partizipierbare Ähnlichkeit gesprochen.

So ist die Seiendheit der allgemeine Seins-Modus der partizipierbaren Einheit, das Leben ein speziellerer und vollkommenerer Seins-Modus dieser Einheit. Und das vernünftige Denken ist ein noch vollkommenerer Modus. Die verschränkbare Einheit ist Ähnlichkeit und Abbild der absoluten Einheit, nichts anderes als ihre Aufzeichnung und Enthüllung. Und sie verhält sich so, wie die aufzeichenbare Unteilbarkeit des Punktes sich zu dem Unteilbaren, schlechthin Unaufzeichenbaren, nämlich dem absoluten Einen, verhält. Es ist offenbar, daß das eine Seiende sich so zu dem schlechthin Einen verhält wie das Viele und daß es sich zu der Vielheit der Seienden wie die Monas verhält. In der Einheit des Seienden erscheint das Eine seinshaft verschränkt; das ist ohne Vielheit nicht möglich.

Das Eine aber ist der über alles erhabene und ausgebreitete Ursprung. Das eine Seiende sammelt in sich die Vielheit aller Seienden, da keine Vielheit aller Seienden von dem Einen Seienden losgelöst sein kann. Und in der Vielheit wird die Einheit des Seienden entfaltet. Dasselbe gilt für das Leben der Lebenden und das Verstehen der Verstehenden und für alles, weil jede Vielheit an dem Einen teilhat und zu ihrer Monas geeint wird. Die Vielheit der monashaften Einheiten aber ist im allerersten Einen eingefaltet.

Putarunt Platonici¹ unum principium Deum esse primissimum et omnium regem et alios esse deos unitatem primo inter omnia entia participantes. Nam primissimo Deo universalem providentiam ascripserunt, sed aliis diis partialem. Quemadmodum legimus angelos praepositos regnis et eis datum nocere terrae et mari². Putarunt³ etiam deos mechanicis artibus praeesse ut Vulcanum fabrili arti. Fatebantur autem omnes deos sive intelligentiales sive caelestiales sive mundiales nihil habere nisi sibi datum a primissimo Deo omnium rege, quem Iovem appellaverunt antiqui, qui omnium rex erat suo tempore nominatissimus.

Hinc Iovis esse dicebant⁴ omnia plena omnia ad unum reducentes, quia multitudo principium mala si est deserta ab unitate. Unitas autem dat omni regno subsistentiam et divisio desolationem, ut nos docet princeps omnium rex noster Messias⁵.

Isti utique si forent dii, forent novi et recentes et creati, qui ante mundi constituionem non fuissent et propter mundum essent. Et cum mundus sit propter Deum nos cum Paulo⁶ dicimus, quod nullus est Deus nisi unus.

Nam et si sunt qui dicantur dii sive in caelo sive in terra, scilicet quidem sunt dii multi et domini multi, nobis tamen unus Deus pater ex quo omnia et nos in illo. Et unus dominus Iesus Christus per quem omnia et nos per ipsum⁷.

---

¹ Vgl. Anm. 1, p. 238.
² Dn. 10, 13, 20f. bzw. Offb. 7, 2.
³ Vgl. Proclus, In Parm. III, Opera V, p. 58f.; Op. ined. p. 811f.
⁴ Vgl. Vergil, Eclogae III, 60.
⁵ Vgl. Mt. 12, 25.
⁶ Vgl. 1 Kor. 8, 5—6.
⁷ 1 Kor. 8, 5—6.

Die Platoniker glaubten, daß die allererste Einheit Gott sei, der König von allem, und daß es noch andere Götter gäbe, die an erster Stelle unter allem Seienden daran teilhätten. Dem allerersten Gott schreiben sie nämlich die allgemeine Vorsehung zu, den anderen nur eine teilweise. In ähnlicher Weise lesen ja wir, daß Engel den Reichen vorangestellt seien und daß es ihnen gegeben sei, der Erde und dem Meer Schaden zuzufügen. Sie glaubten sogar, daß Götter den mechanischen Künsten vorstünden, wie z. B. Vulkan der Schmiedekunst. Sie bekannten aber, daß alle Götter, ob einsichthafte, ob himmlische oder irdische nichts besäßen als das, was ihnen vom allerersten Gott, dem König von allem, gegeben sei. Ihn nannten die Alten Jupiter; und zu jener Zeit war er von allen Herrschern der, welcher am meisten angerufen wurde.

Daher sagten sie, alles sei von Jupiter erfüllt. Sie führten alles auf das Eine zurück, weil eine Vielheit von Herrschern schlecht sei, wenn sie von der Einheit losgelöst ist. Die Einheit gibt jedem Reich Beständigkeit, Teilung aber bringt Zerfall, wie uns der Allherrscher, unser König, der Messias, lehrt.

Wenn es jene Götter überhaupt gäbe, dann wären sie neu und frisch und geschaffen. Vor der Erschaffung der Welt wären sie nicht gewesen. Sie wären um ihretwillen da. Da die Welt wegen Gott ist, sagen wir mit Paulus, daß es keinen Gott gibt als nur einen.

Denn wenn es auch solche gibt, die Götter genannt werden, sei es im Himmel, sei es auf Erden, so wie es viele Götter und viele Herren gibt, so haben wir doch nur einen Gott, den Vater, von dem alles ist und in dem wir sind, und den einen Herrn Jesus Christus, durch den alles ist und wir durch ihn.

Et hic est, de quo in themate scilicet principium, qui et loquitur, cui data est omnis potestas, quae in caelo et in terra[1], cui omnes illi dii creati, de quibus dicunt praedicti, sive virtutes, sive potestates subsunt, cum sit verbum Dei vivi per quod sunt omnia, in quo sunt omnes thesauri scientiae absconditi[2]. Per quem solum sicut in esse et ad saeculum temporale pervenimus ad intemporale esse et perpetuam vitam reduci poterimus per viam, quam opere et sermone ostendit principium in omnibus principatum tenens[3] Iesus Christus semper bendictus.

Amen[4]

---

[1] Mt. 28, 18.
[2] Offb. 19, 13 bzw. Kol. 2, 3.
[3] Kol. 1, 18.
[4] Cod. Vat. fügt hinzu: 9. Juni 1459.

Er ist es, von dem es in unserem Leitspruch heißt: der Ursprung, als der er auch spricht. Ihm ist alle Gewalt gegeben, die im Himmel und auf der Erde ist, ihm sind alle jene geschaffenen Götter, von denen die Genannten sprechen, unterworfen, seien es Kräfte, seien es Gewalten, da er das Wort des lebendigen Gottes ist, durch das alles ist, in dem alle Schätze des Wissens verborgen sind. So wie wir durch ihn allein in das Sein und in die Zeit gekommen sind, so werden wir durch ihn allein zu dem unzeitlichen Sein und dem ewigen Leben geführt werden können auf dem Weg, den er uns in Tat und Wort gezeigt hat; durch den Ursprung, der in allem die Herrschaft inne hat, Jesus Christus, der allzeit gepriesen sei. Amen.

TRIALOGUS DE POSSEST

DAS KÖNNEN-IST

INCIPIT DIALOGUS REVERENDISSIMI IN CHRISTO PATRIS DOMINI NICOLAI DE CUSA CARDINALIS SANCTI PETRI AD VINCULA DE POSSEST. INTERLOCUTORES TRES SUNT.

Bernardus: Cum nobis concedatur colloquendi Cardinalem dudum optata facultas nec sibi sit onerosum conceptum diu pensatum propalare, velis, peto, mi abba Ioannes, aliqua ex tuis studiis ipsum excitandi gratia proponere. Provocatus indubie grata nobis reserabit.

Ioannes: Audivit iam ante me saepissime; si quid moveris tu ipse citius occuret, cum te placido vultu respiciat et diligat. Nec deero si sic iudicabis. Accedamus igitur propius ad ignem; ecce ipsum in sella tuis desideriis placere paratum;

Cardinalis: Accedite; frigus solito intensius nos arctat et excusat, si igni consederimus.

B: Cum tempus sic urgeat, proni sumus tuis iussis parere.

C: Aliqua inter vos versatur forte dubitatio, cum sitis solliciti. Facite me studiorum vestrorum participem.

I: Dubia utique habemus, quae tu, [ut] speramus ,dissolues. [Quae] si [tibi] placet Bernardus movebit.

C: Placet.

I: Incidi in studium epistolae Pauli Apostoli ad Romanos et legi, quomodo Deus manifestat hominibus ea, quae eis de ipso nota sunt. Ait autem hoc fieri hoc modo: invisibilia enim ipsius a creatura mundi per ea, quae facta sunt intellecta conspiciuntur, sempiterna quoque virtus eius et

DES VEREHRUNGSWÜRDIGEN KARDINALS DIALOG ÜBER DAS KÖNNEN-IST MIT DREI GESPRÄCHSTEILNEHMERN

Bernhard: Da sich uns nun die langerwünschte Gelegenheit bietet, mit dem Kardinal zu sprechen und es ihm auch nicht lästig ist, uns einen schon lange erwogenen Gedankenentwurf darzulegen, bitte ich dich, Abt Johannes, daß du ihm irgend eine Frage aus deinen Studien vorlegst, um ihn anzuregen. Wenn er so herausgefordert ist, wird er uns ohne Zweifel über das Erwünschte Aufschluß geben.

Johannes: Mich hat er schon früher oft genug gehört. Wenn du deinerseits ihm eine Anregung gibst, wird er dir noch schneller entgegenkommen, denn er blickt dich mit freundlicher Miene an und schätzt dich. Auch ich werde dich nicht im Stich lassen, wenn du es für gut hältst. Rücken wir also näher ans Feuer. Er sitzt schon dort auf dem Sessel, bereit deinen Wünschen zu entsprechen.

Kardinal: Kommt näher. Die außergewöhnliche Kälte heißt uns zusammenrücken und uns um das Feuer herumsetzen.

B: Da uns die Kälte bedrängt, sind wir um so geneigter, deiner Aufforderung nachzukommen.

K: Ihr erscheint so nachdenklich; beschäftigt euch vielleicht irgendein Zweifel? Laßt mich an euren Überlegungen teilhaben.

J: Ja, wir haben wirklich Zweifel, aber wir hoffen, daß du sie lösen wirst. Wenn es dir recht ist, wird sie Bernhard vortragen.

K: Ich bin einverstanden.

B: Im Laufe meiner Studien kam ich zu dem Brief des Apostel Paulus an die Römer; dort las ich, wie Gott den Menschen das offenbart, was ihnen von ihm bekannt ist. Es geschieht, so sagt er, auf folgende Weise: sein unsichtbares Wesen wird von der Schöpfung der Welt her aus dem, was

divinitas[1]. Istius modi illucidationem a te audire exposcimus.

C: Quis melius sensum Pauli quam Paulus exprimeret? Invisibilia alibi ait aeterna esse[1]. Temporalia imagines sunt aeternorum. Ideo si ea, quae facta sunt, intelliguntur invisibilia Dei conspiciuntur uti sunt sempiternitas virtus eius et divinitas. Ita a creatura mundi fit Dei manifestatio.

B: Miramur abbas et ego, quod invisibilia conspiciuntur.

C: Conspiciuntur invisibiliter. Sicut intellectus invisibilem veritatem, quae latet sub littera, quam intelligit, quae legit invisibiliter videt. Dico invisibiliter, hoc est mentaliter, cum aliter invisibilis veritas, quae est obiectum intellectus, videri nequeat.

B: Quomodo autem a visibili creatura mundi elicitur haec visio?

C: Id, quod video sensibiliter scio ex se non esse. Sicut enim sensus nihil a se discernit, sed habet discretionem a superiori virtute, sic et sensibile a se non est sed est ab altiori virtute. Ideo Apostolus dicebat, [quod] a creatura mundi ut a visibili mundo tamquam creatura ad creatorem elevamur. Quando igitur videndo sensibile intelligo ipsum a quadam altiori virtute esse cum sit finitum quod a se esse nequit — quomodo enim finitum sibi ipsi terminum posuisset? — tunc virtutem, a qua est, non possum nisi invisibilem et aeternam conspicere.

---

[1] Röm. 1, 19 f: διότι τὸ γνωστὸν τοῦ θεοῦ φανερόν ἐστιν ἐν αὐτοῖς ὁ θεὸς γὰρ αὐτοῖς ἐφανέρωσεν. τὰ γὰρ ἀόρατα αὐτοῦ ἀπὸ κτίσεως κόσμου τοῖς ποιήμασιν νοούμενα καθορᾶται, ἥ τε ἀίδιος αὐτοῦ δύναμις καὶ θειότης.
[1] Vgl. 2 Kor. 4, 18: τὰ γὰρ βλεπόμενα πρόσκαιρα, τὰ δὲ μὴ βλεπόμενα αἰώνα.

geschaffen wurde als vernunfthaft-geistiges erblickt; ebenso seine immerwährende Kraft und Göttlichkeit. In welcher Weise dies geschieht, wünschen wir nun von dir zu hören und erläutert zu bekommen.

K: Wer sollte die Meinung des Paulus besser erläutern als er selbst? An einer anderen Stelle sagt er, daß das Unsichtbare ewig sei; die zeitlichen Dinge sind Abbilder der ewigen. Wenn man also das Geschaffene erkennt und versteht, so erblickt man das unsichtbare Wesen Gottes, z. B. seine Ewigkeit, Kraft und Göttlichkeit. So vollzieht sich durch die Schöpfung der Welt die Offenbarung Gottes.

B: Wir, der Abt und ich, wundern uns darüber, daß man das Unsichtbare erblickt.

K: Es wird unsichtbar erblickt, so wie die Vernunft, die unter dem Buchstaben — den sie versteht — verborgen bleibende unsichtbare Wahrheit unsichtbar sieht. Unsichtbar heißt in geistiger Weise, da die unsichtbare Wahrheit, der Gegenstand des Vernunft-Denkens, anders nicht gesehen werden kann.

B: Wie aber gewinnt das sichtbare Geschöpf der Welt diese Schau?

K: Von dem, was ich sinnlich sehe, weiß ich, daß es nicht aus sich ist; wie der Sinn nichts von sich aus unterscheidet, vielmehr diese Unterscheidung von einer höheren Kraft hat, so ist auch das Sinnliche nicht von sich, sondern von einer höheren Kraft. Deshalb erklärte der Apostel, daß wir von der Weltschöpfung als der sichtbaren Welt ausgehend gleichsam als Geschöpf zum Schöpfer verwiesen werden. Wenn ich also beim Sehen des Sinnlichen einsehe, daß es von einer höheren Kraft stammt, da es etwas Begrenztes ist, das nicht von sich selbst sein kann — denn wie hätte das Begrenzte sich selbst die Grenze setzen können? —, dann vermag ich die Kraft, aus der es stammt, nicht anders denn als eine unsichtbare und ewige zu erblicken.

Virtus enim creativa non potest intelligi nisi aeterna. Nam quomodo esset ab alia virtute nisi foret creata? Sempiterna igitur est virtus, [per] quam mundi exstat creatura; ideo invisibilis, quae enim videntur, temporalia sunt. Et haec est ipsa omnium [creativa][2] invisibilis divinitas.

B: Forte hoc sic est ut clare ostendis. Videtur tamen Paulus parum per hoc aperire de Dei desideratissima notitia.

C: Immo non pauca, sed maxima. Dixit enim invisibilia ipsius Dei a creatura mundi intellecta conspiciuntur, non quod invisibilia Dei sint quid aliud quam Deus invisibilis, sed quia plura in creatura mundi sunt visibilia quorum quodlibet sua adaequata ratione id est, quod est. Ideo de qualibet visibili creatura docet ad cuiuslibet invisibile principium ascendendum.

B: Intelligimus competenter ista, quomodo a creaturis incitamur, ut earum rationes aeternas in principio conspiciamus. Hoc potuisset sic clare per Apostolum dici si aliud non intendebat. Quod si aliquid dicere proposuit fecundius Deum apprehendere gliscenti rogamus aperiri.

C: Arbitror quod multa valde etiam altissima et mihi abscondita; sed quae nunc coniicio, haec sunt: docere nos voluit Apostolus, quomodo in Deo illa invisibiliter apprehendere poterimus, quae in creatura videmus. Omnis enim creatura actu existens utique esse potest. Quod enim esse non potest non est. Unde non esse non est creatura. Si enim est creatura utique est. Creare etiam cum sit ex non esse ad esse producere, utique clare ostendit ipsum non esse nequaquam creaturam; neque hoc parum est apprehendisse. Dico autem consequenter: cum omne existens possit esse id quod est actu, hinc actualitatem conspicimus absolutam, per quam, quae actu

---

[2] Cod. Cus.: creaturae.

Die Schöpferkraft können wir nämlich nur als eine ewige erkennen. Denn wie sollte sie von einer anderen Kraft sein, ohne geschaffen zu sein? Die Kraft, durch welche die Weltschöpfung besteht, ist also immerwährend und unsichtbar; denn was wir sehen, ist zeitlich. Sie ist die alles schaffende unsichtbare Gottheit.

B: Es ist gewiß so, wie du es klar darlegst. Damit scheint Paulus jedoch nur wenig von der Erkenntnis Gottes, die wir so sehr ersehnen, zu eröffnen.

K: Gar nicht so wenig, sondern sehr viel. Er sagt, daß von der erkannten Schöpfung der Welt das unsichtbare Wesen Gottes erblickt wird. Nicht so, als ob dieses unsichtbare Wesen Gottes etwas anderes wäre als der unsichtbare Gott, sondern weil vieles in der Schöpfung Gottes sichtbar ist, von dem jedes durch seinen angemessenen Wesensgrund das ist, was es ist. Aus diesem Grunde lehrt er, daß man von jedem sichtbaren Geschöpf zu dessen unsichtbarem Ursprung emporsteigen müsse.

B: Wir verstehen schon richtig, daß die Geschöpfe uns aufrufen, ihre ewigen Wesensgründe im Ursprung zu betrachten. Das konnte der Apostel wohl damit sagen, wenn er weiter nichts anderes ausdrücken wollte. War es aber seine Absicht, dem, der brennend nach reicherer Gotteserkenntnis begehrt, noch anderes zu sagen, dann bitten wir dich, es uns zu eröffnen.

K: Ich glaube, daß er sogar sehr erhabene, aber mir verborgene Dinge meinte. Was ich jetzt mut-maße ist dies: der Apostel wollte uns lehren, daß wir in Gott das unsichtbar erfassen können, was wir in der Schöpfung sichtbar sehen. Jedes wirklich bestehende Geschöpf kann durchaus sein; was nicht sein kann, ist nicht. Darum ist das Nicht-Sein kein Geschöpf. Wäre es nämlich Geschöpf, dann würde es durchaus sein. Da Schaffen aus dem Nicht-Sein zum Sein führen bedeutet, zeigt der Apostel ganz klar, daß das Nicht-Sein kein Geschöpf ist. Das erkannt zu haben, ist nicht wenig. Folgerichtig sage ich weiter: da alles Bestehende das sein kann, was es als Wirkliches ist, sehen wir von hier aus

sunt, id sunt quod sunt. Sicut cum alba videmus visibili oculo albedinem intellectualiter intuemur, sine qua album non est album.

Cum igitur actualitas sit actu, utique et ipsa potest esse, cum impossibile esse non sit. Nec potest ipsa absoluta possibilitas aliud esse a posse, sicut nec absoluta actualitas aliud ab actu. Nec potest ipsa iam dicta possibilitas prior esse actualitate, quemadmodum dicimus aliquam potentiam praecedere actum. Nam quomodo prodisset in actum nisi per actualitatem? Posse enim fieri si se ipsum ad actum produceret esset actu antequam actu esset. Possibilitas ergo absoluta de qua loquimur per quam ea, quae actu sunt actu esse possunt, non praecedit actualitatem neque etiam sequitur. Quomodo enim actualitas esse posset possibilitate non existente? Coaeterna ergo sunt absoluta potentia et actus et utriusque nexus, neque plura sunt aeterna, sed sic sunt aeterna, quod ipsa aeternitas. Videnturne vobis haec sic aut aliter se hebere?

B: Utique mens dissentire nequit.

I: Quasi dum solem intueor negare nequeo ipsum superlucidum, sic ista tuo ductu clarissima intueor. Expecto autem quod more tuo magna ex his inferas.

C: Satis mihi est, si vestro iudicio non aberro. Pergam ergo hac via ad quae festino. Nominabo autem hanc quam sic videmus aeternitatem, Deum gloriosum et dico nunc nobis constare Deum ante actualitatem, quae distinguitur a potentia et ante possibilitatem, quae distinguitur ab actu, esse ipsum simplex mundi principium. Omnia autem, quae post ipsum, sunt cum distinctione potentiae et actus. Ita ut solus Deus id sit, quod esse potest, nequaquam autem quaecumque

die absolute Wirklichkeit, durch die alles, das als Wirkliches ist, das ist, was es ist. So schauen wir, wenn wir mit dem sinnlichen Auge Weißes sehen, geistig das Weißsein, ohne das das Weiße nicht weiß ist.

Wenn also die Wirklichkeit wirklich ist, so kann sie auch sein, da das Unmöglich-Sein nicht ist; die absolute Möglichkeit kann nichts anderes sein als das Können und die absolute Wirklichkeit kann nichts anderes sein als das Wirklich-Sein. Diese genannte Möglichkeit kann nicht früher sein als das Wirklichsein, so wie wir sonst sagen, eine Möglichkeit gehe der Wirklichkeit voran. Denn wie sollte sie in die Wirklichkeit übergehen, wenn nicht durch das Wirklichsein? Wenn das Werden-Können sich selbst zur Wirklichkeit führte, dann wäre es wirklich, bevor es wirklich wäre. Die absolute Möglichkeit also, über die wir sprechen und durch die alles, was wirklich ist, wirklich sein kann, geht weder dem Wirklichsein voraus noch folgt sie ihm. Denn wie sollte es Wirklichsein geben, während die Möglichkeit nicht besteht? Die absolute Möglichkeit und Wirklichkeit und Verknüpfung beider sind darum gleichewig. Und es gibt nicht mehrere Ewige; sie sind vielmehr so Ewige, daß sie die Ewigkeit selbst sind. Scheint euch, daß es sich so verhält oder anders?

B: Die Vernunft kann gar nicht leugnen, daß es sich so verhält.

J: Wenn ich die Sonne betrachte, so kann ich nicht leugnen, daß sie alles überstrahlt. Ebenso klar vermag ich unter deiner Führung alles zu erschauen. Ich erwarte aber, daß du deiner Gewohnheit entsprechend, noch Großes daraus folgerst.

K: Es ist mir genug, wenn ihr meint, daß ich nicht irre. Also will ich auf diesem Weg weiter zu dem vordringen, auf das ich hinziele. Die so von uns geschaute Ewigkeit werde ich den glorreichen Gott nennen, und ich sage: es steht für uns fest, daß Gott vor dem Möglichsein, das vor dem Wirklichsein unterschieden wird und vor der Möglichkeit, die von der Wirklichkeit unterschieden wird, der einfache Ursprung der Welt ist. Alles aber das nach ihm ist, steht in der Unterscheidung von Möglichkeit und Wirklichkeit. So ist allein Gott das, was er sein kann, keineswegs

creatura, cum potentia et actus non sint idem nisi in principio.

B: Siste, pater, parumper et dubium declara. Quomodo dicis Deum id esse, quod esse potest? Videtur enim hoc de sole et luna et terra et alio quolibet pariformiter dici posse.

C: Loquor in absolutis et generalissimis terminis quasi dicerem, cum potentia et actus sint idem in Deo, tunc Deus omne id est actu, de quo posse esse potest verificari. Nihil enim esse potest, quod Deus actu non sit. Hoc facile videt quisque attendens absolutam potentiam coincidere cum actu. Secus de sole. Nam licet sol sit actu id, quod est, non tamen id, quod esse potest. Aliter enim esse potest quam actu sit.

B: Prosequere, pater, nam certum est nullam creaturam esse actu omne id, quod esse potest, cum Dei potentia creativa non sit evacuata in ipsius creatione, quin possit de lapide suscitare hominem et adiicere seu diminuere cuiusque quantitatem et generaliter omnem creaturam in aliam et aliam vertere.

C: Recte dicis. Cum igitur haec sic se habeant quod Deus sit absoluta potentia et actus atque utriusque nexus et ideo sit actu omne possibile esse, patet ipsum complicite esse omnia. Omnia enim, quae quocumque modo sunt aut esse possunt in ipso principio complicantur. Et quaecumque creata sunt aut creabuntur, explicantur ab ipso, in quo complicite sunt.

I: Quamvis haec a te pluries audiverim numquam tamen nisi magna visa sunt et mihi difficillima. Ideo ne pigriteris respondere. An velis dicere creaturas, quae per decem praedicamenta significantur, pura substantia, quantitate, qualitate et alia[1] in Deo esse?

---

[1] Diese sind: relatio, locus, tempus, situs, habitus, actio und passio. Vgl. Aristoteles, Categoriae; Anal. post. 1, 22.

aber irgendein Geschöpf, da Möglichkeit und Wirklichkeit allein im Ursprung dasselbe sind.

B: Halte ein wenig ein, Vater, und kläre mir einen Zweifel. Inwiefern sagt du, Gott sei das, was er sein kann? Dies scheint man doch von Sonne, Mond und Erde und jedem beliebigen anderen Ding gleicherweise sagen zu können.

K: Ich spreche in absoluten und ganz allgemeinen Ausdrücken; so, als ob ich sagte: da Möglichkeit und Wirklichkeit in Gott dasselbe sind, ist Gott alles das als Wirklichkeit, von dem das Sein-Können verwirklicht werden kann. Denn nichts kann sein, was Gott nicht als Wirklichkeit ist. Das sieht jeder, der darauf achtet, daß die absolute Wirklichkeit mit der Möglichkeit zusammenfällt. Anders aber steht es mit der Sonne. Obwohl die Sonne als Wirklichkeit das ist, was sie ist, ist sie dennoch nicht das, was sie sein kann, denn sie kann anders sein, als sie wirklich ist.

B: Fahre fort, Vater; es ist sicher, daß kein Geschöpf als Wirklichkeit das ist, was es sein kann, denn die Schöpfermacht Gottes ist in seiner Schöpfung nicht erschöpft, so daß er nicht mehr aus einem Stein einen Menschen machen, die Quantität irgendeines Dinges nicht mehr vergrößern oder verringern und ganz allgemein jedes Geschöpf immer in ein anderes verwandeln könnte.

K: Richtig. Weil es sich so verhält, daß Gott die absolute Möglichkeit und Wirklichkeit und die Verknüpfung beider ist und demnach alles mögliche Sein als Wirklichkeit, ist offenbar, daß er eingefaltet alles ist; denn alles, das auf irgendeine Weise ist oder sein kann, ist im Ursprung eingefaltet. Und was immer geschaffen ist, oder geschaffen werden wird, wird von dem entfaltet, in dem es eingefaltet ist.

J: Obwohl ich dies schon mehrfach von dir gehört habe, erscheint es mir doch immer groß und äußerst schwierig. Laß es dich darum auch nicht verdrießen zu antworten. Meinst du, daß alle, mit den zehn letzten Kategorien, nämlich Substanz, Quantität, Qualität usw. bezeichneten Geschöpfe in Gott sind?

C: Volo dicere omnia illa complicite in Deo esse Deus sicut explicite in creatura mundi sunt mundus.

I: Igitur Deus est magnus.

C: Utique est magnus, sed sic magnus quod magnitudo, quae est omne id, quod esse potest. Nam non est magnus magnitudine, quae maior esse potest aut magnitudine, quae dividi et minui potest, quemadmodum creata quantitas, quae non est id, quod esse potest.

B: Si ergo Deus est magnus magnitudine, quae id est, quod esse potest et, ut dicis, quae maior esse non potest et quae minor esse non potest, tunc Deus est magnitudo maxima pariter et minima!

C: Utique non errat dicens Deum magnitudinem absolute maximam pariter et minimam, quod non est aliud dicere quam infinitam et impartibilem, quae est omnis magnitudinis finitae veritas et mensura. Quomodo enim foret maior alicui, quae sic est maxima quod et minima, seu quomodo minor alicui, quae sic est minima, quod maxima? Aut quomodo non [foret][1] omnis magnitudinis essendi aequalitas, quae omne id est actu, quod esse potest? Utique essendi aequalitas esse potest.

B: Grata sunt haec, sed sicut video, nec nomen, nec res, nec quicquam omnium, quae creatae magnitudini conveniunt, convenienter de Deo dicuntur, cum differant per infinitum. Et fortassis non solum in magnitudine hoc verum [est], sed [etiam] in omnibus, quae de creaturis verificantur.

C: Recte concipis, Bernarde. Et hoc ipsum opostolus insinuat, cum faceret inter illa, quae in creaturis attinguntur et in Deo, differentiam, uti est inter visibilia et invisibilia, quae utique in infinitum distare affirmamus.

I: Quantum capio in iis paucis multa valde continentur. Nam si dico ex pulchritudine creaturarum Deum pulchrum

---
[1] Cod. Cus.: est.

K: Ich will sagen, daß alle diese eingefaltet in Gott Gott sind, so, wie sie ausgefaltet in der Schöpfung der Welt Welt sind.

J: Darum ist Gott wahrhaft groß!

K: Ja, er ist wahrhaft groß; aber in der Weise groß, daß er die Größe ist, die alles ist, was sie sein kann. Er ist nicht groß in einer Größe, die größer sein kann oder in einer Größe, die geteilt oder vermindert werden kann, wie die geschaffene Quantität, die nicht das ist, was sie sein kann.

B: Wenn Gott also groß ist, in einer Größe, die das ist, was sie sein kann und die, wie du sagst, nicht größer und nicht kleiner sein kann, dann ist er zugleich größte und kleinste Größe.

K: Wer sagt, daß Gott zugleich die absolut größte und kleinste Größe ist, der irrt gewiß nicht; denn es bedeutet nichts anderes, als zu sagen: die unendliche und unteilbare Größe, die Maß und Wahrheit aller endlichen Größe ist. Wie wäre jene nicht größer als irgend etwas, die so die größte ist, daß sie auch die kleinste ist? Und wie wäre die nicht kleiner als irgend etwas, die so die kleinste ist, daß sie auch die größte ist? Oder wie wäre die nicht die Gleichheit des Seins jeder Größe, die als Wirklichkeit alles ist, was sie sein kann? Also muß sie die Seinsgleichheit sein.

B: Das ist alles recht; aber ich sehe, daß weder Name, noch Sache noch irgend etwas von allem, das der geschaffenen Größe zukommt, von Gott zutreffend ausgesagt wird, da es von ihm unendlich weit verschieden ist. Und vielleicht gilt das nicht nur für die Größe, sondern für alles, das sich für die Geschöpfe als wahr erweist.

K: Du verstehst ganz richtig, Bernhard. Dasselbe wollte uns auch der Apostel beibringen, als er zwischen dem, was in der Schöpfung und dem, was in Gott erfaßt wird, einen Unterschied machte wie zwischen Sichtbar und Unsichtbar; von dem sagen wir ja, daß es unendlich weit von einander entfernt ist.

J: Soweit ich es verstehe, umschließen diese wenigen Worte sehr viel. Wenn ich, von der Schönheit der Geschöpfe

et scio quod Deus est ita pulcher, quod pulchritudo, quae est omne id, quod esse potest, scio nihil pulchri totius mundi deficere Deo, ac quod omnis quae potest creari pulchritudo, non est nisi quaedam similitudo improportionalis[1] ad illam, quae actu est omnis essendi possibilitas pulchritudinis, quae non potest esse aliter quam est, cum sit id, quod esse potest.

Ita de bono, de vita, et aliis, sic et de motu. Nullus enim motus est in fine seu id quod esse potest nisi qui Deo convenit, qui est motus maximus pariter et minimus seu quietissimus. Et ita mihi videris dicere. Sed haesito an in simili convenienter dici possit Deum esse solem aut caelum sive hominem aut aliud tale.

C: Non est vocabulis insistendum. Nam si dicitur Deum esse solem, utique si intelligitur hoc sane de sole, qui est omne id actu, quod esse potest, tunc clare videtur istum solem non esse aliquid simile ad illum. Hic enim sol sensibilis dum est in oriente non est in qualibet parte caeli ubi esse possit, neque est maximus pariter et minimus ut non possit esse nec maior nec minor, neque est undique et ubilibet ut non possit esse alibi quam est, neque est omnia ut non possit esse aliud quam est et ita de reliquis.

Sic quidem de omnibus creaturis pariformiter. Non refert igitur quomodo Deum nomines dummodo terminos sic ad posse esse intellectualiter transferas.

B: Intelligo te dicere velle Deum esse omnia, ut non possit esse aliud quam est. Quomodo hoc capit intellectus?

---

[1] Vgl. Sap. 13, 3. Sap. 13 ist gewissermaßen das alttestamentliche Vorbild für Rom. 1, 19.

herkommend, Gott schön nenne und weiß, daß Gott so schön ist, daß er die Schönheit ist, die alles ist, was sie sein kann, so weiß ich, daß Gott nichts von der Schönheit der ganzen Welt fehlt, und daß alle Schönheit, die geschaffen werden kann, nichts anderes ist, als ein Ähnlichkeitsbild, das in gar keinem Verhältnis steht zu jener, die jede Seinsmöglichkeit von Schönheit wirklich ist, und die nicht anders sein kann als sie ist, weil sie eben alles ist, was sie sein kann.

Ebenso ist es mit dem Guten, dem Leben und allem; dasselbe gilt auch für die Bewegung. Keine Bewegung ist in ihrem Ziel; beziehungsweise ist das, was sie sein kann, außer jener, die Gott entspricht, der zugleich die größte und geringste oder ruhendste Bewegung ist. Dies scheinst du sagen zu wollen; aber ich zweifle, ob man in ähnlicher Weise auch sagen kann, Gott sei Sonne oder Himmel oder Mensch oder etwas anderes derartiges.

K: Man darf sich nicht auf Wörter versteifen. Wenn man sagt: Gott ist Sonne, dann sieht man sicherlich deutlich genug — wenn man es von der Sonne sagt, die als Wirkliches all das ist, was sie sein kann —, daß unsere Sonne dieser nicht ähnlich ist. Denn diese sinnlich sichtbare Sonne ist, während sie im Osten steht, nicht zugleich in jedem beliebigen Teil des Himmels, in dem sie sein könnte; sie ist nicht zugleich die größte und die kleinste, so daß sie nicht größer und nicht kleiner sein könnte; sie ist nicht überall und allerorts, so daß sie nirgends anderswo sein könnte als dort, wo sie ist; sie ist auch nicht alles, so daß sie nichts anderes sein könnte als das, was sie ist, usw.

Und das hat Geltung für alle Geschöpfe. Es ist also gleichgültig, wie du Gott benennst, wenn du nur in dieser Weise die Termini vernunfthaft auf das Sein-Können überträgst.

B: Ich verstehe, daß du sagen willst: Gott ist alles, so daß er nichts anderes sein kann, als er ist. Wie aber faßt das die Vernunft?

C: Utique hoc firmissime asserendum. Deo enim nihil omnium abest quod universaliter et absolute esse potest, quia et ipsum esse, quod entitas potentiae et actus. Sed dum est omnia in omnibus, sic est omnia quod non plus unum quam aliud, quoniam non est sic unum, quod non aliud.

B: Cave ne tibi ipsi contradicas. Aiebas enim parum ante Deum non esse solem; modo asseris ipsum omnia.

C: Immo dicebam ipsum solem, sed non modo essendi quo hic sol est, qui non est quod esse potest. Qui enim est id, quod esse potest, utique solare esse sibi non deficit, sed habet ipsum meliori essendi modo, quia perfectissimo et divino. Sicut essentia manus verius esse habet in anima quam in manu, cum in anima sit vita et manus mortua non sit manus. Ita de toto corpore et singulis membris. Ita se habet universum ad Deum, excepto quod Deus non est anima mundi sicut anima hominis anima est, nec forma alicuius sed omnibus forma, quia causa efficiens, formalis seu exemplaris et finalis.

B: Vult ne Ioannes Evangelista[1] dicere omnia sic in Deo esse vita sicut de manu dixisti et anima?

C: Arbitror vitam ibi veritatem et vivacitatem dicere. Nam cum non sint res nisi per formam formentur, tunc formae in forma formarum verius et vivacius esse habent quam in materia. Res enim non est nisi sit vera et suo modo viva. Quo cessante esse desinit. Ideo verius est in forma formarum quam in se. Ibi enim est vera et viva.

I: Optime nos instruis, pater. Videris mihi ex uno te omnia elicere. Deus ergo est omnia ut non possit esse aliud. Ita est undique, ut non possit esse alibi. Ita est omnium adaequatissima mensura, ut non possit esse aequalior. Sic de

---

[1] Vgl. Jh. 1, 4.

K: Als sicher muß man das festhalten: Gott fehlt nichts von allem, das allgemein und absolut sein kann, weil er ja selbst auch das Sein ist, das die Seiendheit von Möglichkeit und Wirklichkeit ist. Während er aber alles in allem ist, ist er alles so, daß er das eine nicht mehr ist als das andere, weil er nicht so eines ist, daß er nicht auch ein anderes wäre.

B: Gib acht, daß du dir nicht selbst widersprichst. Gerade vorher hast du gesagt, Gott sei nicht die Sonne und jetzt behauptest du, Gott sei alles.

K: Freilich habe ich gesagt, Gott sei die Sonne, aber nicht nach der Seinsweise, nach der diese Sonne ist, die nicht das ist, was sie sein kann. Ihm, der alles ist, was sein kann, fehlt das Sonne-Sein gewiß nicht; er hat es vielmehr in einer besseren Seinsweise, weil in der vollkommensten und göttlichen. So hat die Seinsweise der Hand ihr Sein wahrer in der Seele als in der Hand, denn in der Seele ist das Leben und eine tote Hand ist keine Hand. Ebenso steht es mit dem ganzen Körper und den einzelnen Gliedern. In gleicher Weise verhält sich das Weltgesamt zu Gott, nur daß Gott nicht die Seele der Welt ist, wie die Seele des Menschen Seele ist, und daß er nicht die Gestalt von irgend etwas, sondern die Gestalt für alles ist. Denn er ist Wirk-, Gestalt- oder Urbild- und Ziel-Grund.

B: Will nicht der Evangelist Johannes sagen, alles sei in Gott so Leben, wie du es von Hand und Seele gesagt hast?

K: Ich glaube, daß Leben hier Wahrheit und Lebendigkeit bedeutet. Da es Dinge nur gibt, wenn sie durch eine Gestalt geformt werden, haben die Gestalten in der Gestalt der Gestalten wahreres und lebendigeres Sein als in der Materie. Kein Ding ist, wenn es nicht wahr und auf seine Weise lebendig ist; wenn das schwindet, dann hört es auf zu sein. Darum ist es wahrer in der Gestalt der Gestalten, als in sich selbst, denn dort ist es wahr und lebendig.

J: Du unterweist uns auf das beste, Vater; mir scheint, daß du aus einem alles hervorholst. Gott ist alles, so daß er kein anderes sein kann. Er ist überall, so daß er nicht anderswo sein kann; so ist er auch von allem das ganz gleiche Maß, so

forma et specie et cunctis. Nec est hac via difficile videre Deum esse absolutum ab omni oppositione et quomodo ea, quae nobis videntur opposita in ipso sunt idem. Et quomodo affirmationi in ipso non opponitur negatio et quaeque talia.

C: Cepisti, abba, propositi radicem. Et vide hanc contemplationem per multos sermones inexplicabilem brevissimo verbo complicari. Esto enim quod aliqua dictio significet simplicissimo significatu quantum hoc complexum: posse est, scilicet quod ipsum posse sit. Et quia, quod est, actu est, ideo posse esse est tantum quantum posse esse actu. Puta vocetur possest.

Omnia in illo utique complicantur et est Dei satis propinquum nomen secundum humanum de eo conceptum. Est enim nomen omnium et singulorum nominum atque nullius pariter.

Ideo dum Deus sui vellet notitiam primo revelare dicebat: ego sum Deus omnipotens[1], id est, sum actus omnis potentiae. Et alibi[2]: ego sum, qui sum, nam ipse est, qui est. Quae enim nondum sunt id quod esse aut intelligi possunt, de illis absolutum esse non verificatur. Habet autem Graecus: ego sum entitas, ubi nos: ego sum, qui sum. Est enim forma essendi seu forma omnis formabilis formae.

Creatura autem, quae non est quod esse potest, non est simpliciter. Solus Deus perfecte et complete est. Ducit ergo hoc nomen speculantem super omnem sensum, rationem et intellectum in mysticam visionem, ubi est finis ascensus omnis cognitivae virtutis et revelationis incogniti Dei initium.

Quando enim supra se ipsum omnibus relictis ascenderit veritatis inquisitor et reperit se amplius non habere accessum

---
[1] Gen. 17, 1.
[2] Ex. 3, 13.

daß er nicht gleicher sein kann. Dies gilt auch für Gestalt, Eigengestalt und alles andere. Es ist nicht schwer auf diesem Weg zu sehen, daß Gott von jeder Gegensätzlichkeit völlig frei ist; wie auch, daß das, was uns als Gegensätze erscheint, in ihm dasselbe ist; und wie der Bejahung in ihm nicht die Verneinung entgegengesetzt ist, und alles derartige.

K: Du hast die Wurzel unseres Themas erfaßt, Abt. Sieh, wie diese Erwägung, die durch viele Reden nicht erklärbar ist, in einem ganz kurzen Wort zusammengefaßt wird! Nehmen wir an, daß irgendein Wort in einfachster Bedeutung soviel bedeutet wie diese Zusammenfügung: das Können ist, das heißt, daß das Können sei. Und weil das, was ist, wirklich ist, ist das Können soweit Sein als das Können wirkliches Sein ist. Nennen wir es also Können-Ist.

In ihm ist wahrlich alles zusammengefaltet und gemäß menschlichem Begreifen ist es ein hinreichender Name Gottes. Es ist der Name aller und aller einzelnen Namen und zugleich von keinem einzigen.

Als Gott daher im Anfang die Erkenntnis seiner selbst offenbaren wollte, sagte er: Ich bin der allmächtige Gott; das heißt: Ich bin die Wirklichkeit jeder Möglichkeit. Und an einer anderen Stelle: Ich bin der ich bin; denn er selbst ist der, der ist. An dem nämlich, was noch nicht das ist, was es sein oder als was es erkannt werden kann, kann ein absolutes Sein nicht bewiesen werden. Wo wir aber haben: Ich bin, der ich bin, steht im Griechischen: Ich bin die Seiendheit. Er ist die Gestalt des Seins oder die Gestalt jeder gestaltbaren Gestalt.

Das Geschöpf hingegen, das nicht ist, was es sein kann, ist nicht einfach und schlechthin. Gott allein ist vollkommen und vollständig. Dieser Name führt also den Betrachtenden über allen Sinn, Verstand und alle Vernunft hinaus zur mystischen Schau, in welcher der Aufstieg aller erkennenden Kraft sein Ende und die Enthüllung des unbekannten Gottes ihren Anfang hat.

Denn sobald der nach der Wahrheit Suchende alles zurückgelassen hat und über sich selbst hinaufgestiegen ist, findet

ad invisibilem Deum, qui sibi manet invisibilis, cum nulla luce rationis suae videatur, tunc expectat devotissimo desiderio solem illum omnipotentem et per sui ipsius ortum pulsa caligine illuminari, ut invisibilem tantum videat quantum se ipsum manifestaverit. Sic intelligo Apostolum Deum a creatura mundi intellectum, puta quando ipsum mundum creaturam intelligimus et mundum transcendentes creatorem ipsius inquirimus scilicet manifestare ipsum ut creatorem suum summa formata fide quaerentibus.

I: Quorsum nos vehis, pater, mundanos supra mundum! Indulgebis ut te praesente cum Bernardo colloquar. Dicito, vir zelose, an quae dicta sunt cepisti?

B: Spero aliquid saltem licet parum.

I: Quomodo intelligis in possest omnia complicari?

B: Quia posse simpliciter dictum est omne posse. Unde si viderem omne posse esse actu utique nihil restaret amplius. Si enim aliud aliquid restaret, utique hoc esse posset. Ita non restaret, sed prius non fuisset comprehensum.

I: Recte dicis. Nam si non est posse esse nihil est. Et si est, omnia id sunt, quod sunt in ipso et extra ipsum nihil. Omnia igitur, quae facta sunt in ipso ab aeterno necesse est fuisse. Quod enim factum est in posse esse semper fuit, sine quo factum est nihil. Patet possest omnia esse et ambire, cum nihil aliter sit aut possit fieri, quod [in eo] non includatur. In ipso ergo omnia sunt et moventur et id sunt, quod sunt, quidquid sunt. Sed quomodo intelligis ascendentem supra se ipsum constitui oportere?

B: Quia nullo gradu cognitionis attingitur. Sensus enim nihil non quantum attingit. Sic nec imaginatio. Simplex enim et quod non possit esse maius aut minus vel mediari aut duplicari nullo sensu, nec etiam per quantumcumque

er, daß es für ihn keinen weiteren Aufstieg zu dem unbekannten Gott gibt, da er ihm unsichtbar bleibt, weil er in keinem Licht seines Verstandes gesehen wird. In tiefster und demütigster Sehnsucht erwartet er jene allmächtige Sonne und hofft, das sie die Nebel zerstreuen und ihn erleuchten wird, auf daß er ihn, den Unsichtbaren, so weit schaue als er selbst sich offenbart. Darum verstehe ich den Apostel so, daß sich Gott seiner Meinung nach von der erkannten Schöpfung der Welt her — wenn wir nämlich die Welt als Schöpfung erkennen und über diese Welt hinausgehend, nach ihrem Schöpfer fragen — denen offenbart, die in lebendig erwachsenem Glauben ihn als ihren Schöpfer suchen.

J: Wohin führst du uns, Vater, die wir von der Erde sind, über die Erde hinaus! Du wirst mir verzeihen, wenn ich in deiner Gegenwart mit Bernhard spreche. Sag mir, du eifriger Mann: hast du das Gesagte verstanden?

B: Einiges, hoffe ich, wenn auch zu wenig.

J: Wie verstehst du, daß im Können-Ist alles eingefaltet ist?

B: Weil das Können schlechthin jedes Können ist. Wenn ich daher sähe, daß alles Können wirklich ist, so bliebe nichts weiter übrig. Bliebe nämlich irgend etwas anderes zurück, so könnte das auf jeden Fall sein; eben deshalb bliebe es nicht zurück, sondern wäre früher mitinbegriffen gewesen.

J: Du hast recht. Wenn das Können-Sein nicht ist, dann ist Nichts. Und wenn es ist, dann sind alle Dinge das, was sie sind in ihm und außerhalb seiner nichts. Alles, das gemacht ist, muß also von Ewigkeit in ihm gewesen sein; was gemacht ist, war immer in dem Können-Sein, ohne das nichts gemacht ist. Es ist klar, daß das Können-Ist alles ist und alles umfaßt, da nichts in anderer Weise ist oder werden kann, das in ihm nicht eingeschlossen wäre. Also ist und bewegt sich alles in ihm; und was immer ist, ist in ihm das, was es ist. Wie aber verstehst du, daß der Emporsteigende sich über sich selbst stellen muß?

B: Weil keine Stufe der Erkenntnis es erreicht. Der Sinn erreicht nichts, das nicht quantitativ wäre; ebenfalls nicht die Einheit, denn das einfache, das nicht größer oder kleiner sein, weder geteilt noch verdoppelt werden kann,

subtilissimam attingitur phantasiam. Nec altissimus intellectus concipere potest infinitum interminatum et unum, quod omnia, atque ipsum, ubi non est oppositionis diversitas.

Nisi enim intellectus se intelligibili assimilet, non intelligit, cum intelligere sit assimilare et intelligibilia se ipso seu intellectualiter mensurare, quae in eo, quod est id quod esse potest non est possibile. Nam immensurabile utique est cum non possit esse maius. Quomodo ergo per intellectum, qui numquam est adeo magnus quin possit esse maior intelligi posset?

I: Profundius quam credideram dicta patris nostri subintrasti; et hoc ultimum certum me facit oportere ascendentem omnia linquere et suum intellectum transcendere, cum virtus infinita per terminatam capi non possit.

C: Gaudeo de vestro profectu ac quod iis locutus sum, qui pro suo captu dicta magnificant.

B: Quamvis constet mihi omnibus diebus meis contemplationis cibum posse ex praemissis elicere et sermones multiplicare et semper proficere, optamus tamen aliquo sensibili phantasmate manuduci, maxime quomodo aeternum est omnia simul et in nunc aeternitatis tota, ut ipso phantasmate relicto salientes supra omnia sensibilia elevemur.

C: Conabor et recipio omnibus nobis et in praxi notum trochi ludum puerorum. Proiicit puer trochum et proiiciendo simul ipsum retrahit cum corda circumligatam. Et quanto potentior est fortitudo brachii, tanto citius circumvolvitur trochus, adeo quod videatur, dum est in maiori motu, stare et quiescere. Et dicunt pueri ipsum tunc quiescere [ac dormitare]. Describamus ergo circulum B C, qui super A circumvolvatur quasi superior circulus trochi. Et sit alius circulus D E [fixus]. Nonne quanto velocius mobilis [circulus] circumrotatur, tanto videtur minus moveri?

wird von keinem Sinn, auch nicht von der feinsten und schärfsten Phantasie erreicht. Auch die höchste Vernunft ist nicht fähig, das Unendliche, Unbegrenzte und Eine zu erfassen, das alles ist und bei dem es keine Unterschiedlichkeit der Gegensätze gibt.

Die Vernunft versteht nur dann, wenn sie sich dem Vernünftig-Einsichtigen ähnlich macht, denn Verstehen bedeutet Ähnlichmachen und das Vernünftig-Einsichtige an sich selbst oder vernunfthaft messen; das ist bei dem, das ist, was es sein kann, nicht möglich. Da es nicht größer sein kann, ist es ja vollkommen unmeßbar. Wie sollte es also von der Vernunft, die niemals so groß ist, daß sie nicht mehr größer sein könnte, verstanden werden?

J: Tiefer als ich geglaubt hätte, bist du in die Ausführungen unseres Vaters eingedrungen. Dieses letzte überzeugt mich: daß der Emporsteigende alles verlassen, und seine eigene Vernunft überschreiten muß, weil die unendliche Kraft nicht durch eine begrenzte erfaßt werden kann.

K: Ich freue mich über euren Fortschritt und auch darüber, daß ich mit Menschen rede, die ihrem Verstehen entsprechend meine Worte schätzen.

B: Obwohl es sicher ist, daß ich aus dem bisherigen für alle Tage meines Lebens Stoff zur Betrachtung haben, die Erörterungen ausdehnen und immer weiteren Gewinn erlangen könnte, wünschten wir doch, durch irgendein sinnlich-anschauliches Vorstellungsbild angeleitet zu werden; vor allem hinsichtlich der Frage, wie das Ewige zugleich alles und im Jetzt der Ewigkeit das Ganze ist, damit wir dann dieses Bild der Phantasie verlassen und uns weit über alles Sinnliche erheben können.

K: Ich will es versuchen. Als Grundlage nehme ich das uns allen auch aus eigener Übung bekannte Kreiselspiel der Kinder. Der Knabe wirft den Kreisel aus und im Auswerfen zieht er ihn gleichzeitig mittels einer darum gewickelten Schnur zurück. Je größer die Kraft seines Armes ist, desto schneller wird der Kreisel herumgewirbelt, und zwar so, daß er gerade in der schnellsten Bewegung stillzustehen scheint; dann sagen die Kinder: er ruht und schläft. Ziehen wir also einen Kreis mit den Punkten B und C, der sich über A dreht, gleichsam als der obere Kreis des Kreisels; ein zweiter Kreis, der durch D E verläuft, sei fest. Ist es nicht so, daß der bewegliche Kreis sich umso weniger zu bewegen scheint, je schneller er sich dreht?

B: Videtur certe. Et haec vidimus pueri.

C: Esto ergo quod posse moveri in ipso sit actu scilicet ut moveatur actu quantum est possibile nonne tunc penitus quiesceret?

B: Nulla successio posset notari ex repentina velocitate, ita utique motus deprehendi nequiret successione cessante.

I: Quando motus foret in fine velocitatis B et C puncta in eodem puncto temporis forent cum D puncto circuli fixi sine eo, quod alter punctus scilicet B prius tempore fuisset quam C, aliter non esset maximus et infinitus motus, et tamen non esset motus sed quies, quia nullo tempore illa puncta de D fixo recederent.

C: Recte ais, abba. Maximus ergo motus esset simul et minimus et nullus.

B: Ita necessario videtur.

C: Nonne quemadmodum B C puncta opposita eo casu forent semper cum D, ita semper etiam cum opposito eius scilicet E?

I: Necessario.

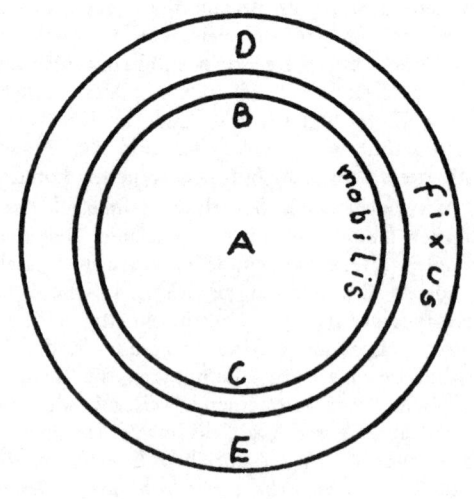

Fig. 6

B: Sicher scheint es so; wir haben es ja als Kinder gesehen.

K: Wenn wir also annehmen, daß das Sich-Bewegen-Können in diesem Kreis als Wirklichkeit wäre, so daß er sich also wirklich so schnell bewegte, wie es möglich ist; würde er dabei nicht vollkommen ruhen?

B: Infolge der jähen Geschwindigkeit könnte keine Abfolge von Bewegungen mehr bemerkt werden, und ohne diese Abfolge könnte man keine Bewegung wahrnehmen.

J: Wenn die Bewegung die äußerste Grenze der Geschwindigkeit erreicht hätte, dann wären die Punkte B und C in dem selben Zeit-punkt wie der Punkt D des festen Kreises, ohne daß der eine Punkt, z. B. B, früher wäre als C; sonst wäre es nicht die größte und unendliche Bewegung. Trotzdem wäre es nicht Bewegung, sondern Ruhe, weil sich jene beiden Punkte niemals von D, dem festen, entfernten.

K: Richtig, Abt. Es wäre zugleich die größte Bewegung und die kleinste und keine.

B: Notwendig scheint es so.

K: Wären nicht, ebenso wie die einander entgegengesetzten Punkte B und C immer in der selben Lage mit D sind, diese auch zu dessen entgegengesetztem Punkt E in der selben Lage?

J: Notwendigerweise.

C: Nonne etiam omnia intermedia puncta circuli B C similiter?

I: Similiter.

C: Totus ergo circulus etsi maximus foret in omni nunc simul foret cum puncto D etsi D punctus minimus foret. Et non solum in D et E, sed et in omni puncto circuli DE.

I: Ita foret.

C: Satis sit ergo hoc phantasmate posse aenigmatice aliqualiter videri quomodo si B C circulus sit ut aeternitas et alius D E tempus non repugnare aeternitatem simul totam esse in quolibet puncto temporis et Deum principium et finem simul esse totum in omnibus et quaelibet talia.

B: Video adhuc unum utique magnum.

I: Quid hoc?

B: In Deo hic distantia nequaquam distare. Nam D E distant per diametrum circuli cuius sunt opposita puncta, sed non in Deo. Veniente enim B ad D est simul et cum E. Ita omnia, quae in tempore distant, in hoc mundo sunt in praesentia coram Deo. Et quae distant opposite sunt ibi coniuncte. Et quae hic diversa, ibi idem.

I: Haec certe notanda, ut intelligamus Deum supra omnem differentiam, varietatem, alteritatem, tempus, locum et oppositionem esse.

C: Iam intelligitis facilius quomodo concordabitis theologos, quorum alter dicit sapientiam, quae Deus [est], omni mobili mobiliorem et verbum velociter currere et omnia penetrare atque a fine ad finem pertingere atque ad omnia progredi[1]. Alius vero dicit[2] primum principium fixum, immobile, stare in quiete licet det omnia moveri. Quidam[3], quod simul stat et progreditur. Et adhuc alii[4], quod neque stat neque movetur. Ita quidam dicunt ipsum generaliter in omni loco, alii particu-

---

[1] Vgl. Sap. 7, 24; 8, 1; Ps. 18, 5; 147, 15; Hebr. 4, 12 u. a.; ferner Scotus Eriugena, De divisione naturae III, 9.

[2] Aristoteles, Met. XII, 6 p. 1072 a u. a.

[3] Vgl. Dionysius Areopagita, De divinis nominibus V, Dionysiaca I, p. 347 u. a.

[4] Vgl. Proclus, In platonis theol. II, 1.

K: Und nicht auch alle dazwischenliegenden Punkte des Kreises B C?

J: Gleichermaßen.

K: Der ganze Kreis also, auch wenn er der größte wäre, wäre in jedem Moment gleichzeitig mit dem Punkt D; auch wenn dieser der kleinste Punkt wäre; und er wäre nicht in D und E allein, sondern in jedem Punkt des Kreises D E.

J: So wäre es.

K: Damit soll es genug sein, vorstellungs- und gleichnishaft können wir irgendwie sehen, daß, wenn der Kreis B C die Ewigkeit wäre und der andere D E die Zeit, es kein Widerspruch ist, daß die Ewigkeit in jedem beliebigen Punkt der Zeit zugleich die ganze ist, und daß Gott, Ursprung und Ende zugleich, das Ganze in allem ist, usw.

B: Bis jetzt sehe ich eines, und das ist wahrhaft groß.

J: Was ist das?

B: Was hier entfernt ist, ist keineswegs entfernt in Gott. D und E sind durch den Durchmesser des Kreises, dessen einander entgegengesetzte Endpunkte sie bilden, voneinander entfernt, aber nicht in Gott. Wenn B zu D kommt, ist es zugleich mit E. So ist alles in der Zeit Entfernte in jener Welt vor Gott in der Gegenwart; was als Gegensatz voneinander entfernt ist, ist dort verbunden, und was verschieden ist, dort gleich.

J: Um zu verstehen, daß Gott über aller Unterscheidung, Verschiedenheit, Andersheit, Zeit, Ort und Gegensätzlichkeit steht, ist dies gewiß festzuhalten.

K: Nun versteht ihr schon leichter, wie ihr die Theologen miteinander in Einklang bringen könnt; einer sagt, die Weisheit, welche Gott ist, sei beweglicher als alles Bewegliche, das Wort laufe schnell, durchdringe alles, reiche von Ende zu Ende und gelange zu allem; ein anderer sagt, der erste Ursprung sei fest und unbeweglich und stehe in Ruhe, wenn er auch allem seine Bewegung gibt; manche sagen, daß er zugleich stehe und fortschreite; und wieder andere, daß er weder feststehe, noch sich

lariter in quolibet. Alii utrumque, alii[5] nullum. Haec et his similia facilius per hoc speculare medium capiuntur licet infinite melius haec omnia sint in Deo ipse Deus simplex, quam per dictum paradigma et per cuiuscumque altissimum saltum [capi possint].

B: Immo et de aeternis rerum rationibus, quae in rebus aliae et aliae atque differentes sunt, etiam pariformiter verum [est] eas in Deo non esse varias. Nam etsi circuli B C puncta concipiantur rationes rerum seu ideae, non tamen sunt plura, cum totus circulus et punctus sint idem. Quando enim B est cum D totus circulus est cum D et omnia eius puncta sunt unus punctus, licet videantur esse plura, quando ad D E temporis circulum et eius puncta respicimus[6].

C: Multum acceditis ad theologiam illam latissimam pariter et concisam. Possemus ad haec plura in hoc trochi motu pulcherrima venari scilicet quomodo puer volens trochum mortuum seu sine motu facere vivum, sui conceptus similitudinem illi imprimit per inventum sui intellectus instrumentum, et motu manuum recto pariter et obliquo seu pulsionis pariter et attractionis imprimit sibi motum supra naturam trochi. [Nam] cum non haberet nisi motum versus centrum uti grave facit ipsum circulariter moveri ut caelum. Et hic spiritus movens adest trocho invisibiliter diu aut parum secundum impressionem communicatae virtutis. Quo desinente volvere trochum revertitur uti erat prius ad motum versus centrum. Nonne hic est similitudo creatoris spiritum vitae dare non vivo volentis?

Uti enim praeordinavit clare ita medio motus [orbes], qui sunt instrumenta executionis voluntatis eius, moventur motu recto ab oriente ad occasum et cum hoc reversionis de occasu ad crientem dimul ut sciunt astrologi. Et spiritus vitae ex zodiaco

---

[5] Vgl. Jer. 23, 24, Ps. qqe, q 6 u. a., ferner Plotin, Enn. III, 5; VI, 4; Dionysius, De divinis nominibus VII, Dion. p. 405 u. a.; Scotus Eriugena, De divisione naturae V, 31.

[6] Im Sprachgebrauch Nicolaus' von Kues wird für „Punkt" im Singular die masculine Form, im Plural dagegen die neutrale Form verwandt.

bewege; und genauso sagen die einen, daß er in allgemeiner Weise in jedem Ort sei; andere wieder, daß er in besonderer Weise an jedem beliebigen sei; andere sagen beides, andere keines von beiden. Dies und Ähnliches begreift man leichter mit Hilfe jenes Bildes, wenn es auch in Gott unendlich besser ist — Gott ist ja einfach —, als es durch das genannte Beispiel und durch jede, wenn auch noch so hohe Erhebung, erfaßt werden kann.

B: Ja, auch hinsichtlich der ewigen Bestimmungsgründe der Dinge, die in den Dingen je unterschiedlich und verschieden sind, ist es wahrscheinlich, daß sie in Gott nicht verschieden sind. Wenn auch die Kreispunkte B C als Bestimmungsgründe oder Ideen aufgefaßt würden, sind es dennoch nicht mehrere, weil der ganze Kreis und der Punkt dasselbe sind. Wenn B mit D ist, dann ist der ganze Kreis bei D und alle seine Punkte sind ein Punkt, scheinen sie auch, sobald wir auf den zeitlichen Kreis D E und seine Punkte blicken, mehrere zu sein.

K: Ihr kommt jener ebenso umfassenden wie kurz gefaßten Theologie ganz nahe. Noch weitere schöne Erkenntnisse könnten wir aus dieser Kreiselbewegung gewinnen; zum Beispiel: wie der Knabe, der einen toten oder bewegungslosen Kreisel lebendig machen will, diesem durch ein von seiner Vernunft erfundenes Werkzeug das Abbild seiner Gedanken einprägt und ihm durch die zugleich gerade und schräge Bewegung seiner Hände und die gleichzeitige Abstoßung und Anziehung eine Bewegung gibt, die über die Natur des Kreisels hinausgeht; denn während dieser gemäß seiner Schwere keine andere eigene Bewegung hat als die zum Mittelpunkt, läßt ihn der Knabe sich im Kreis bewegen wie den Himmel. Und dieser bewegende Geist haftet dem Kreisel unsichtbar, lang oder kurz an, dem Eindruck der mitgeteilten Kraft entsprechend. Wenn er aufhört, den Kreisel zu drehen, kehrt dieser zu seiner früheren Bewegung zum Mittelpunkt hin zurück. Ist dies nicht ein Bild des Schöpfers, der dem Nicht-Lebenden den Lebenshauch geben will?

So wie er es im voraus angeordnet hat, werden durch das Mittel der Bewegung die Himmelskreise, die Werkzeuge zur Ausführung seines Willens sind, in gerader Bewegung von Osten nach Westen hin bewegt, und zugleich wieder umgekehrt von Westen

animali impressus movet vitaliter id, quod de sua natura vita caruit et vivificat quamdiu spiritus durat, deinde revertitur in terram suam. Talia [et pleraque alia pulchra valde], quae tamen non sunt praesentis speculationis[1] significantur in hoc ludo puerorum. Haec sic cursim rememorata sint, ut consideretis quomodo et in arte puerorum relucet natura, et in ipsa Deus. Quodque sapientes mundi, qui hoc ponderarunt, veriores assecuti sunt de scibilibus coniecturas.

B: Ago tibi immensas gratias, pater optime, quoniam multa dubia et quae videbantur impossibilia hoc aptissimo trochi aenigmate facta sunt mihi non solum credibilia sed necessaria.

C: Qui sibi de Deo conceptum simplicem facit quasi significati huius compositi vocabuli possest multa sibi prius difficilia citius capit. Nam si quis se ad lineam convertit et applicat ipsum possest ut videat possest lineale, hoc est ut videat lineam illud esse actu quod esse potest, et omne id esse, quod lineam fieri posse intelligit, utique ex sola illa ratione, quia est possest, ipsam videt lineam maximam pariter et minimam.

Nam cum sit id, quod esse potest, non potest esse maior, sic videtur maxima, nec minor, sic videtur minima. Et quia est id, quod linea fieri potest, ipsa est terminus omnium superficierum. Sic et terminus figurae triangularis, quadrangularis et omnium polygoniarum et omnium circulorum et figurarum omnium, quae fieri possunt ex linea sive recta sive curva et omnium figurarum et exemplar simplex, verissimum et adaequatissimum et aequalitas in se omnes habens et per se omnia figurans. Et ita unica figura omnium figurabilium linealiter et ratio una atque causa omnium quantumcumque variarum figurarum.

In hoc aenigmate vides quomodo si possest applicatur ad aliquod nominatum, quomodo fit aenigma ad ascendendum

---

[1] Cod. Cus. fügt hier ein: et plura valde.

nach Osten, wie es die Astrologen wissen. Der Lebenshauch, der vom Tierkreis dem Lebewesen eingeprägt wird, setzt jenes, daß seiner Natur nach des Lebens entbehrt, in lebendige Bewegung; es wird belebt, solange dieser Lebenshauch andauert, dann kehrt es in seine Erde zurück. Das und vieles andere sehr Schöne, ist in diesem Kinderspiel versinnbildlicht, aber es gehört nicht zu dieser Betrachtung. Dies sei nur so im Vorübergehen erwähnt, damit ihr wißt, wie auch in der Kunst der Kinder die Natur widerstrahlt, und in ihr Gott; und daß die Weisen der Welt, die solche Erwägungen anstellten, zu den relativ wahrsten Mut-Maßungen über die Dinge gelangt sind, die man wissen kann.

B: Ich danke Dir von Herzen, bester Vater, denn Du hast mir viele Zweifel und vieles, das mir unmöglich vorkam, durch dieses ausgezeichnete Beispiel vom Kreisel nicht nur glaubhaft, sondern auch selbstverständlich gemacht.

K: Wer sich von Gott einen einfachen Begriff macht, so wie den dieser Wortzusammensetzung „Können-Ist", der erfaßt vieles schneller, das früher für ihn schwierig war. Wer sich zu der Linie hinkehrt und das Können-Ist auf sie anwendet, so daß er das linienhafte Können-Ist sieht, das heißt, daß die Linie als Wirklichkeit das ist, was sie sein kann und alles das ist, was Linie werden kann, der erkennt aus eben diesem einen Grund, daß sie das Können-Ist ist, daß sie zugleich die größte und kleinste Linie ist.

Weil sie das ist, was sie sein kann, kann sie nicht größer sein; so scheint sie die größte; und nicht kleiner, so scheint sie die kleinste zu sein. Und weil sie das ist, was eine Linie werden kann, ist sie die Zielgrenze aller Oberflächen; so auch die Grenze des Dreiecks, Vierecks, aller Vierecke, aller Kreise und aller Figuren, die aus der Linie werden können, sei sie gerade oder gekrümmt; sie ist zugleich auch das Urbild aller Figuren, das einfachste, wahrste und gleichste und die Gleichheit, die in sich alles hat und durch sich alles bildet. So ist sie die einzige Figur von allem, das durch Linien gebildet werden kann und der eine Bestimmungsgrund und die Ursache aller wie auch immer verschiedenen Figuren.

An diesem Beispiel siehst du, wie dann, wenn das Können-Ist auf irgendein benanntes Ding angewandt wird, ein

ad innominabile, sicut de linea per possest pervenisti ad indivisibilem lineam supra opposita existentem, quae est omnia et nihil omnium lineabilium. Et non est tunc linea, quae per nos linea nominatur, sed est supra omne nomen lineabilium.

Quia possest absolute consideratum sine applicatione ad aliquod nominatum te aliqualiter ducit aenigmatice ad omnipotentem, ut ibi videas omne quod esse ac fieri posse, intelligis supra omne nomen, quo id, quod potest esse, est nominabile, immo supra ipsum esse et non esse omni modo quo illa intelligi possunt. Nam non esse cum possit esse per omnipotentem utique est actu, quia absolutum posse est actu in omnipotente. Si enim ex non esse potest aliquid fieri quacumque potentia utique in infinita potentia complicatur.

Non esse ergo ibi est omnia esse. Ideo omnis creatura, quae potest de non esse in esse perduci, ibi est ubi posse est esse et est ipsum possest. Ex quo te elevare poteris, ut supra esse et non esse omnia ineffabiliter, aenigmatice tamen, videas, quae de non esse per actu esse omnia in esse veniunt.

Et ubi hoc vides, verissime et discretissime nullum nomen nominabile per nos invenies. Illi enim principio non convenit nec nomen unitatis seu singularitatis nec pluralitatis aut multitudinis nec aliud quodcumque nomen per nos nominabile seu intelligibile, cum esse et non esse ibi sibi non contradicant nec alia quaecumque opposita aut discretionem affirmantia vel negantia. Eius enim nomen est nomen nominum et non plus singulare singulorum quam universale simul omnium et nullius.

Gleichnis für den Aufstieg zum Unnennbaren entsteht; so wie du hier von der Linie durch das Können-Ist zu der unteilbaren Linie gelangt bist, welche über allen Gegensätzen besteht und alles und nichts von allem Linienhaften ist; sie ist keine Linie, die von uns so genannt wird, sondern steht über allen Namen des Linienhaften.

Das Können-Ist, absolut betrachtet, ohne Anwendung auf irgendein Benanntes, führt dich irgendwie gleichnishaft zum Allmächtigen, so daß du dort alles siehst, was sein oder werden kann und ihn über jedem Namen, mit dem das, was sein kann, benannt werden kann, erkennst; sogar über dem Sein und dem Nicht-Sein, auf welche Weise auch immer man sie verstehen mag. Da das Nicht-Sein durch den Allmächtigen sein kann, ist es auch ganz als Wirklichkeit, denn das absolute Können ist im Allmächtigen als Wirklichkeit. Wenn nämlich aus dem Nicht-Sein durch irgendeine Macht und Möglichkeit etwas werden kann, dann ist es unbedingt in der unendlichen Möglichkeit und Mächtigkeit miteingefaltet.

Nicht-Sein ist dort also Alles-Sein. Also ist jedes Geschöpf, das aus dem Nicht-Sein ins Sein übergeführt werden kann, dort, wo das Können Sein ist und dort ist es das Können-Ist selbst. Von hier aus kannst du dich dahin erheben, daß du über dem Sein und Nicht-Sein unaussprechlicherweise — aber doch gleichnishaft — alles siehst, das aus dem Nicht-Sein durch das Alles-als-Wirklichkeit-Sein in das Sein eingeht.

Wenn du das siehst, wirst du keinen Namen finden, der von uns in völliger Wahrheit und Unterscheidung genannt werden kann. Diesem Ursprung entspricht ja weder der Name der Einheit noch der Einzigkeit noch der Vielheit oder Menge noch irgendein anderer, der von uns genannt oder verstanden werden kann, da Sein und Nicht-Sein dort einander nicht widersprechen, noch irgendwelche andere Gegensätze eine Sonderung bejahen oder verneinen. Denn sein Name ist der Name der Namen und der Name alles einzelnen ebenso wie der allgemeine Name von allem und keinem.

B: Intelligo te dicere, quomodo hoc nomen compositum possest de posse et esse unitum habet simplex significatum iuxta tuum humanum conceptum ducentem aenigmatice inquisitorem ad aliqualem de Deo positivam assertionem. Et capis posse absolutum prout complicat omne posse supra actionem et passionem, supra posse facere et posse fieri. Et concipis ipsum posse actu esse. Hoc autem esse, quod actu est omne posse esse, dicis idem absolutum. Et ita vis dicere quod ubi omne posse actu est, ibi pervenitur ad primum omnipotens principium. Non haesito quin omnia in illo complicentur principio, quod[que] omnia, quae quocumque modo possunt esse in se habentur. Nescio si bene dico.

C: Optime. Principium ergo suam vim omnipotentem in nullo quod esse potest, evacuat. Ideo nulla creatura est possest. Quare omnis creatura potest esse, quod non est; solum principium, quia est ipsum possest, non potest esse quod non est.

B: Clarum est hoc. Si enim principium posset non esse, non esset, cum sit quod esse potest.

I: Est ergo absoluta necessitas, cum non possit non esse.

C: Recte dicis. Nam quomodo posset non esse quando non esse in ipso sit ipsum.

I: Mirabilis deus in quo non esse est essendi necessitas.

B: Quia mundus potuit creari semper ergo fuit ipsius essendi possibilitas. Sed essendi possibilitas in sensibilibus materia dicitur. Fuit igitur semper materia. Et quia numquam creata igitur increata. Quare principium aeternum[1].

---

[1] Vgl. Aristoteles De caelo et mundo II, 1, p. 283 b u. a. und die im Mittelalter daran anknüpfende Kontroverse über die Ewigkeit der Welt; z. B. Thomas, De aeternitate mundi, Opusc. phil., Marietti; vgl. auch De ven. sap. XXVI, Schriften Bd. I, p. 122.

B: Ich verstehe dich so: du sagst, daß dieser zusammengesetzte Name Können-Ist, aus Können und Sein bestehend, eine einfache Bedeutung hat, welche nach deinem menschlichen Begreifen den Suchenden im Gleichnis zu irgendeiner positiven Aussage über Gott führt. Du faßt das absolute Können, soweit es alles Können einfaltet, über alles Können, über Tun und Leiden, über Machen-Können und Werden-Können hinaus. Und du begreifst das Können als Als-Wirklichkeit-Sein. Du sagst, daß dieses Sein, das als Wirklichkeit ist, alles, das heißt das absolute Können ist. Und so willst du sagen, daß man dort, wo alles Können als Wirklichkeit ist, zu dem ersten allmächtigen Ursprung gelangt. Ich zweifle nicht, daß in diesem alles eingefaltet ist, und daß alles, was auf irgend eine Weise sein kann, in ihm ist. Ob ich das richtig sage, weiß ich nicht.

K: Du drückst dich ganz richtig aus. Der Ursprung erschöpft seine allmächtige Kraft in keinem Ding, das sein kann, ganz. Aus diesem Grund ist kein Geschöpf das Können-Ist. Darum kann jedes Geschöpf sein, was es nicht ist; nur der Ursprung kann nicht sein, was er nicht ist; er ist eben das Können-Ist.

B: Das ist klar. Wenn nämlich der Ursprung nicht sein könnte, dann wäre er nicht. Er ist ja, was er sein kann.

J: Da er nicht nicht sein kann, ist er also die absolute Notwendigkeit.

K: Du hast recht. Denn wie könnte er nicht sein, wenn doch das Nicht-Sein in ihm er selbst ist?

J: Wunderbar ist Gott, in dem das Nicht-Sein die Notwendigkeit des Seins ist!

B: Weil die Welt erschaffen werden konnte, bestand die Möglichkeit ihres Seins immer. Die Möglichkeit des Seins im Sinnlichen aber nennt man Materie. Die Materie war also immer; weil sie niemals erschaffen wurde, ist sie ungeschaffen und darum der ewige Ursprung.

I: Non videtur procedere hoc tuum argumentum. Nam increata possibilitas est ipsum possest. Unde quod mundus ab aeterno potuit creari est, quia possest est aeternitas. Non est ergo verum aliud requiri ad hoc, quod possibilitas essendi mundum sit aeterna nisi quia possest est possest, quae est unica ratio omnium modorum essendi.

C: Abbas bene dicit. Nam si posse fieri non habet initium, hoc ideo est, quia possest est sine initio. Praesupponit enim posse fieri absolutum posse, quod cum actu convertitur, sine quo impossibile est quicquam fieri posse. Quod si absolutum posse indigeret alio, scilicet materia, sine qua nihil posset non esse, ipsum possest. Quod enim hominis posse facere requirat materiam, quae possit fieri, est, quia non est ipsum possest, in quo facere et fieri sunt ipsum posse. Hoc enim posse quod de facere verificatur est idem posse, quod de fieri verificatur.

B: Difficile est mihi hoc capere.

C: Quando attendis in Deo non esse esse ipsum possest capies. Nam si in posse facere non esse coincidit utique et [in] posse fieri coincidit. Ac si tu fores auctor libri quem scribis, in posse tuo activo, scilicet in ipso scribere librum, complicaretur ipsum posse passivum, scilicet ipsum scribi ipsius libri, quia non esse libri in tuo posse esse haberet.

I: Maxima sunt quae aperis, pater, nam omnia in possest sunt et videntur ut in sua causa et ratione, licet nullus intellectus capere possit ipsum nisi qui ipsum.

J: Mit deinem Beweis scheint man nicht weit zu kommen, denn die ungeschaffene Möglichkeit ist das Können-Ist selbst. Und daß die Welt von Ewigkeit geschaffen werden konnte, kommt daher, daß das Können-Ist die Ewigkeit ist. Dafür, daß die Möglichkeit des Welt-Seins ewig ist, findet sich demnach keine andere wahre Begründung als die, daß eben das Können-Ist das Können-Ist ist. Und dies ist der einzige Bestimmungsgrund für alle Arten des Seins.

K: Der Abt hat richtig gesprochen. Wenn das Werden-Können keinen Anfang hat, so kommt das daher, daß das Können-Ist ohne Anfang ist. Das Werden-Können setzt nämlich das absolute Können voraus, das mit dem Als-Wirklichkeit-Sein vertauscht werden kann; ohne dieses absolute Können kann unmöglich etwas werden. Was die Behauptung betrifft, daß das absolute Können etwas anderes brauche — eine Materie nämlich, ohne die es nichts könnte —, dazu wäre zu sagen, daß dann das Können-Ist nicht wäre. Daß das Machen-Können des Menschen eine Materie erfordert, die werden kann, ist deshalb der Fall, weil dieses Machen-Können nicht das Können-Ist selber ist, in dem Machen und Werden das Können selbst sind. Das Können nämlich, das aus dem Machen seine Wahrheit erhält, ist dasselbe Können, das aus dem Werden seine Wahrheit erhält.

B: Das zu verstehen, fällt mir schwer.

K: Wenn du beachtest, daß in Gott das Nicht-Sein das Können-Ist selber ist, wirst du es verstehen. Denn wenn das Nicht-Sein mit dem Machen-Können zusammenfällt, dann unbedingt auch mit dem Werden-Können. Wärest du der Autor eines Buches, das du schriebest, dann wäre in deinem aktiven Können, nämlich im Buch-Schreiben, das passive Können, das Geschrieben-werden-Können des Buches eingefaltet, weil das Nicht-Sein des Buches in deinem Können das Sein hätte.

J: Du offenbarst uns große Dinge, Vater. Im Können-Ist ist und erscheint alles als in seinem Grund und seinem Wesenssinn, wenn auch keine Vernunft es fassen kann, außer jener, die es selbst ist.

C: Intellectus noster quia non est ipsum possest, non enim est actu quod esse potest, maior igitur et perfectior semper esse potest. Ideo ipsum possest licet a remotis videatur non capitur. Solum ipsum possest se intelligit et in se omnia, quoniam in possest omnia complicantur.

I: Bene considero quomodo omnia de possest negantur, quando nullum omnium, quae nominari possunt sit ipsum, cum possit esse id, quod non est. Ideo quantitas non est. Quantitas enim cum possit esse id, quod non est, non est possest. Puta potest esse maior quam est aut aliud quam est. Sed non sic possest, cui nec maioritas quae esse potest, aut quicquam, quod esse potest, deest. Ipsum enim posse est actu perfectissimum. Sed nunc subiunge quaeso. Postquam ille superadmirabilis Deus noster nullo quamvis etiam altissimo ascensu naturaliter videri possit, aliter quam in aenigmate ubi potius posse videri quam visio attingitur et in caliginem umbrosam pervenit inquisitor, quomodo ergo demum ille, qui manet semper invisibilis videatur?

C: Nisi posse videri deducatur in actum per ipsum, qui est actualitas omnis potentiae per sui ipsius ostensionem non videbitur. Est enim Deus occultus et absconditus ab oculis omnium sapientum, sed revelat se parvulis seu humilibus, quibus dat gratiam[1]. Est unus ostensor magister scilicet Iesus Christus. Ille in se ostendit patrem, ut qui eum meruerit videre, qui est filius, videat et patrem[2].

I: Forte vis dicere, quod Pater illis ostenditur, in quibus Christus per fidem habitat[3].

C: Non potest Christus per fidem habitare in aliquo nisi habeat spiritum veritatis, qui docet omnia. Diffunditur enim

---

[1] Vgl. Mt. 11, 25; Luc. 10, 21.
[2] Vgl. Jh. 14, 8f.
[3] Vgl. Eph. 3, 17.

K: Weil unsere Vernunft nicht selbst das Können-Ist ist, also nicht als Wirklichkeit, was sie sein kann, kann sie immer noch größer und vollkommener sein. Darum faßt sie auch nicht das Können-Ist, wiewohl sie es von ferne sieht. Nur das Können-Ist versteht sich und in sich alles, weil im Können-Ist alles eingefaltet ist.

J: Ich denke wohl darüber nach, wie alles von dem Können-Ist geleugnet wird; nichts von allem, was genannt werden kann, ist es selbst; denn dies kann sein, was es nicht ist. Daher ist das Können-Ist nicht Quantität; denn da diese das sein kann, was sie nicht ist, ist sie nicht das Können-Ist; sie könnte größer oder anders sein als sie ist. Nicht so das Können-Ist, dem weder das Größer-Sein, welches sein kann, noch sonst irgend etwas, das sein kann, fehlt. Das Können ist als Wirklichkeit das Vollkommenste. Aber nun füge bitte noch hinzu: da nun jener über alles wunderbare Gott auch durch die höchste Erhebung nicht auf natürliche Weise gesehen werden kann, außer in einem Gleichnis, in dem man eher ein Gesehen-werden-Können als eine Schau erreicht, und der Suchende in schattenreiches Dunkel hineingerät, wie wird also er, der immer unsichtbar bleibt, geschaut?

K: Wenn nicht er, der die Wirklichkeit jeder Möglichkeit ist, dadurch, daß er sich selbst zeigt, das Gesehen-werden-Können in Wirklichkeit überführt, dann wird er nicht gesehen. Denn Gott ist versteckt und verborgen vor den Augen aller Weisen und enthüllt sich den Kleinen und Demütigen, denen er Gnade gibt. Einer aber ist, der ihn offenbart, unser Meister Jesus Christus. Er zeigt in sich den Vater, auf daß der, welcher würdig geworden, ihn, den Sohn, zu sehen, auch den Vater sieht.

J: Du willst wohl sagen, Vater, daß er jenen gezeigt wird, in denen Christus durch den Glauben wohnt.

K: Christus kann nur dann durch den Glauben in irgendeinem wohnen, wenn dieser den Geist der Wahrheit hat,

spiritus Christi per christiformem, et est spiritus caritatis, qui non est de hoc mundo, nec mundus ipsum capere potest, sed christiformis, qui mundum transiliit. Hic spiritus, qui stultam facit mundi sapientiam, est illius regni, ubi videtur Deus deorum in Sion[1].

Est enim virtus illuminativa nati caeci, qui per fidem visum acquirit. Neque dici potest, quomodo hoc fiat[2]. Quis enim dicere posset hoc? Nec qui ex non vidente factus est videns! Multis enim quaestionibus interrogabatur illuminatus, sed artem, qua Christus eum fecit videntem, nec scivit, nec dicere potuit. Sed bene dixit ipsum facere potuisse sibi, quia credidit fieri posse videns ab ipso.

Et hanc fidem respiciens noluit ipsam irritam esse[3]. Nemo enim umquam in ipso confidens derelictus est. Postquam enim homo est desperatus de se ipso, ita quod se tamquam infirmum et penitus impotentem ad desiderati apprehensionem certus est, convertit se ad amatum suum, indubia fide promissioni Christi inhaerens et pulsat oratione devotissima credens [se] non posse derelinqui si non cessaverit pulsare Christum, qui suis nihil negat. Indubie assequetur quaesitum. Apparebit enim Christus, Dei verbum, et manifestabit se illi et cum patre suo ad ipsum veniet et mansionem faciet, ut videri possit[4].

B: Capio te dicere velle quod viva fides caritate scilicet formata, quae facit quemquem christiformem illa implet defectum naturae et stringit quodammodo Deum, ut quic-

---

[1] Vgl. 1 Kor. 2, 20; Dn. 2, 47.
[2] Vgl. Jh. 9.
[3] Vgl. Jh. 9.
[4] Vgl. zum Ganzen: Sir. 2, 12; Mt. 7, 7f.; 1 Jh. 2, 28; Jh. 14, 21ff. u. a.

der alles lehrt. Der Geist Christi wird durch den, der christusgestaltig ist, ausgegossen. Er ist ein Geist der Liebe; er ist nicht von dieser Welt und die Welt kann ihn nicht fassen; wohl aber der Christusähnliche, der die Welt verlassen hat. Dieser Geist, der die Weisheit der Welt zur Torheit macht, stammt aus jenem Reich, wo der Gott der Götter in Sion gesehen wird.

Er ist die Kraft, die den Blindgeborenen erleuchtet hat, der durch den Glauben das Augenlicht erlangte. Wie solches geschieht, kann nicht gesagt werden. Wer könnte es auch sagen? Nicht einmal der, der aus einem Nicht-Sehenden zu einem Sehenden wurde. Viele Fragen wurden ja dem Erleuchteten gestellt, aber die Kunst, mit der Christus ihn sehend gemacht hatte, wußte er nicht und konnte sie nicht sagen. So sagte er richtig: Christus hätte ihm das tun können, weil er selbst geglaubt hatte, er könne durch ihn sehend werden.

Als Christus diesen Glauben sah, wollte er nicht, daß er vergebens sei. Nie ist ja jemand verlassen, der an ihn glaubt. Sobald nämlich der Mensch über sich selbst dergestalt verzweifelt, daß er sich als kraftlos erkennt und völlig unfähig, das Ersehnte zu erlangen, wendet er sich zu seinem Geliebten, hängt ohne zu zweifeln gläubig am Versprechen Christi und bestürmt ihn mit demütigstem Gebet; er glaubt, daß er nicht verlassen werden kann, wenn er nur nicht aufhört, Christus zu bestürmen, der den Seinen nichts verweigert. Denn Christus, das Wort Gottes wird erscheinen und sich ihm offenbaren, mit seinem Vater zu ihm kommen und Wohnung nehmen, so daß er ihn schauen kann.

B: Ich verstehe Dich dahingehend: daß du sagen willst, daß der lebendige, durch die Liebe gebildete Glaube, der jeden christusähnlich macht, einen Mangel unserer Natur

quid in nomine Christi petierit assiduus orator impetret[1]. Confortatur ex spiritu fidei concepto in spiritu nostro ipse spiritus noster secundum mensuram fidei. Sicut spiritus visivus oculi caeci nati tenebrosus et impotens spiritu fidei Christi sanatus et confortatus sibi prius invisibile vidit.

C: Illa est suprema unici salvatoris nostri Christi doctrina, ipsum, qui est verbum Dei, per quod Deus fecit et saecula, omnia adimplere[2] quae natura negat in eo, qui ipsum ut verbum Dei indubitata fide recipit, ut credens in ea fide, in qua est Christus, potens sit ad omnia medio verbi in eo per fidem habitantis. Sicuti aliqua in hoc mundo medio humanae artis fieri videmus per eos, qui artem habent in anima sua studio acquisitam, ita quod ars est in ipsis recepta et manens et verbum docens et imperans ea, quae artis sunt.

Sic et ars divina, quae firmissima fide acquisita est in spiritu nostro est verbum Dei, docens et imperans ea, quae artis creativae et omnipotentis existunt. Et sicut non potest indispositus artista operari ea, quae artis sunt, ita nec indispositus fidelis. Dispositio autem fidelis volentis Deum videre, quae necessario requiritur, est munditia cordis[3]. Illi enim beati sunt et Deum videbunt, ut verbum fidei Christi nostri nos docet.

B: Vellem de praemissis adhuc clarius, si fieri posset, informari.

C: Arbitror necessarium, quod qui videre Deum cupit, ipsum quantum potest desideret. Oportet enim, quod posse

---
[1] Vgl. Jh. 15, 16 u. a.
[2] Vgl. Ps. 32, 6; Eph. 1, 23.
[3] Vgl. Mt. 5, 8.

erfüllt und Gott gewissermaßen bindet, so daß ein beständiger Beter erlangt, was immer er im Namen Christi erfleht. Aus dem Geist des Glaubens, der in unserem Geist empfangen ist, wird unser Geist dem Maß unseres Glaubens entsprechend gestärkt; so wie der Sehgeist im Auge des Blindgeborenen, vordem verdunkelt und schwach, durch den Geist des Glaubens an Christus geheilt und gestärkt wurde und das ihm früher Unsichtbare sah.

K: Dies ist die erhabene Lehre unseres einzigen Erlösers, Christus, der das Wort Gottes ist, durch den Gott die Zeit machte und alles, was die Natur versagt, in dem erfüllt, der ihn als das Wort Gottes in unbezweifeltem Glauben empfängt, so daß der, welcher in jenem Glauben glaubt, in dem Christus ist, mittels des Wortes, das in ihm durch den Glauben wohnt, zu allem fähig ist. Annähernd sehen wir, daß es in unserer Welt durch menschliche Kunst bei jenen geschieht, denen eine Kunst, welche sie durch eifriges Studium erworben haben, in der Seele wohnt; die Kunst ist von ihnen empfangen worden und stellt jenes Wort dar, das lehrt und allem gebietet, das zu der Kunst gehört.

Ebenso ist die göttliche Kunst, die durch den festesten Glauben erworben ist, in unseren Geist das Wort Gottes, welches lehrt und gebietet, was der schöpferischen und allmächtigen Kunst angehört. Und wie ein Künstler, dem die rechte Verfassung fehlt, nichts wirken kann, das zu seiner Kunst gehört, so kann es auch kein Gläubiger. Die Vorbereitung und nötige Voraussetzung — wenn ein Gläubiger Gott schauen will — ist die Reinheit des Herzens. Denn jene sind selig und werden Gott schauen, wie uns das Glaubenswort unseres Christus lehrt.

B: Wenn es möglich ist, möchte ich noch genauer über das Vorausgegangene unterrichtet werden.

K: Ich halte es für notwendig, daß derjenige, welcher Gott zu sehen begehrt, ihn ersehnt, soviel er nur vermag.

desiderare ipsius perficiatur, ut sic actu tantum ferveat desiderium, quantum desiderare potest. Hoc quidem desiderium est vivus amor, quo Deum quaerens ipsum ex toto corde et tota anima, hoc est ex omnibus viribus suis, quantum scilicet potest, diligat. Quod quidem desiderium nemo habet nisi qui Christum ut Dei filium ita diligit sicut Christus ipsum. In quo utique per fidem Christus habitat, ita ut dicere possit se spiritum Christi habere.

I: Intelligo fidem superare naturam et non esse Deum alia fide visibilem quam fide Christi, qui cum sit verbum Dei omnipotentis et ars creativa, dum spiritui nostro ipsum per fidem recipienti illabitur, super naturam elevat in sui consortium spiritum nostrum, qui non haesitat propter inhabitantem in eo spiritum Christi et eius virtute supra omnia, ut verbum imperiale ferri.

B: Utique in verbo imperativo cunctipotentis, qui dicit et facta sunt[1], ipsa omnipotentia, quae Deus creator et pater omnium est, revelatur, neque in alio aliquo, quam in suo verbo, potest revelari. Cui igitur hoc verbum se manifestat in ipso utique ut in filio pater ostenditur; sed stupor est ingens hominem posse per fidem ad verbum omnipotentis ascendere.

C: Legimus aliquos subito artem verbi linguarum dono sancti spiritus recepisse, ita, ut de ignorantibus subito facti sint scientes genera linguarum[2]. Et haec vis non erat nisi participatio verbi divinae artis. Illi tamen non habuerunt scientiam nisi humanam sed super hominem subito per infusionem acquisitam. Alii non solum linguarum, sed doctorum peritiam receperunt. Alii virtutem miraculorum. Et haec certa sunt. Fideles enim a principio cum fide viva

---

[1] Vgl. Ps. 32, 9.
[2] Vgl. Apg. 2, 1ff.

Das Können seiner Sehnsucht muß vollendet werden, damit er in Wirklichkeit sosehr vor Sehnsucht glüht, wie er nur vermag. Diese Sehnsucht ist die lebendige Liebe, mit welcher derjenige, welcher Gott sucht, ihn aus ganzem Herzen und ganzer Seele, das heißt aus allen seinen Kräften, soviel er nur vermag, liebt. Diese Sehnsucht hat jedoch allein der, welcher Christus als den Sohn Gottes so liebt, wie Christus ihn. In ihm wohnt wahrhaftig Christus durch den Glauben, so daß er sagen kann, er habe den Geist Christi.

J: Ich sehe, daß der Glaube die Natur überwindet und Gott durch keinen anderen Glauben sichtbar wird als durch den Glauben an Christus. Als das Wort Gottes des Allmächtigen und die schöpferische Kunst erhebt er unseren Geist, wenn er sich in ihn herabsenkt und im Glauben empfangen wird, über seine Natur hinaus zur Gemeinschaft mit ihm. Und dieser unser Geist zaudert nicht, um des ihm innewohnenden Geistes Christi und seiner Kraft willen, sich wie das herrschende Wort über alles erheben zu lassen.

B: Ja, im gebietenden Wort des Allmächtigen — „er sprach und es geschah" — wird die Allmacht selbst, die Gott der Schöpfer und Vater aller ist, enthüllt; und in keinem anderen als in seinem Wort kann sie enthüllt werden. Wem sich dieses Wort offenbart, in dem zeigt sich wie im Sohn der Vater; aber ungeheures Staunen erfaßt uns, daß der Mensch durch den Glauben zum Wort des Allmächtigen emporsteigen vermag.

K: Wir lesen, daß einige durch Geschenk des heiligen Geistes plötzlich die Kunst empfingen, in verschiedenen Sprachen zu reden, so daß aus Unwissenden auf einmal solche wurden, die verschiedene Sprachen kannten. Diese Kraft war nichts anderes als die Teilhabe am Wort der göttlichen Kunst. Wohl besaßen sie nur menschliches Wissen, aber sie hatten es über Menschenart hinaus durch plötzliche Eingebung erworben. Andere erhielten nicht

talem spiritum receperunt, ut certi essent fidem tantae
virtutis esse. Et sic, si plantari debuit, expediebat; non
modo post eius receptionem, ut non quaerat signa, sed sit
pura et simplex. Hic spiritus per fideles receptus, quamvis
cum mensura, tamen est spiritus Christi participator nos
certos faciens, quod quando in nobis habitaret integer
spiritus Christi ultimum felicitatis assecuti essemus, scilicet
potestatem verbi Dei per quod omnia scilicet nostrae creationis scientiam.

Felicitas enim ultima, quae est visio intellectualis ipsius
cunctipotentis, est adimpletio illius desiderii nostri, quo
omnes scire desideramus, nisi igitur ad scientiam Dei, qua
mundum creavit, pervenerimus, non quietatur spiritus. Semper enim restabit scientia scientiarum quamdiu illam non
attingit. Et haec scientia est verbi Dei notitia, quia verbum
Dei est conceptus sui et universi. Qui enim non pervenerit
ad hunc conceptum, neque ad scientiam Dei attinget, neque
se ipsum cognoscet. Nom enim potest se causatum cognoscere
causa ignorata. Ideo hic intellectus, cum sit omnia ignorans intellectualiter in umbra mortis perpetua egestate
tristabitur.

I: Incidit mihi videri fidem esse videre Deum.

B: Quomodo?

I: [Nonne][1] fides est invisibilium et aeternorum? Videre
ergo fidem est videre invisibile, aeternum seu Deum nostrum.

C: Non es parvum verbum locutus, mi abba. In christiano
vero non est nisi Christus in hoc mundo per fidem, in alio

---

[1] Cod. Cus.: nam.

nur die Kenntnis der Sprachen, sondern auch die Fähigkeit, in ihnen zu lehren; wieder andere die Kraft, Wunder zu tun. Diese Tatsachen stehen fest. Denn von Anfang an war der Geist, den die Gläubigen zusammen mit dem lebendigen Glauben empfingen, von solcher Art, daß sie sicher waren, der Glaube habe solche Kraft. Das war gut zu der Zeit, als er eingepflanzt wurde, aber nicht mehr, nachdem er empfangen war, damit er nicht Zeichen suche, sondern vielmehr rein und einfach sei. Dieser Geist hat, wenn er auch nur in begrenztem Maße von den Gläubigen empfangen wurde, dennoch teil am Geist Christi. Er macht uns sicher, daß wir das höchste Glück erreicht haben, sobald der unversehrte Geist Christi in uns wohnt; die Mächtigkeit des Wortes Gottes, durch das alles geschaffen ist, das heißt die Kenntnis unserer eigenen Erschaffung.

Das höchste Glück, die vernunfthafte Schau des Allmächtigen, ist die Erfüllung dieses unseres Wunsches, durch den wir alle zu wissen begehren. Und bevor wir nicht zum Wissen Gottes gelangt sind, mit dem er die Welt erschaffen hat, kommt der Geist nicht zur Ruhe. Denn solange er dieses nicht erreicht, bleibt das Wissen des Wissens immer noch fern; und dieses Wissen ist die Kenntnis des Wortes Gottes, weil das Wort Gottes der Begriff seiner selbst und des Weltgesamt ist. Wer nicht zu diesem Begriff gelangt, erreicht weder das Wissen Gottes, noch erkennt er sich selbst; denn solange er den Grund nicht kennt, kann er sich nicht als begründet erkennen. Da er das alles nicht weiß, muß diese seine Vernunft in steter Entbehrung im Schatten des Todes dahintrauern.

J: Mir kommt der Gedanke: den Glauben sehen, bedeutet Gott sehen.

B: Wieso?

J: Gehört nicht der Glaube dem Unsichtbaren und Ewigen an? Den Glauben zu sehen heißt also das Unsichtbare sehen, das Ewige oder unseren Gott.

K: Du hast kein geringes Wort gesprochen, Vater Abt. In einem wahren Christen ist Christus in dieser Welt

per veritatem. Quando igitur christianus Christum videre quaerens facialiter linquet omnia, quae huius mundi sunt, ut iis subtractis, quae non sinebant Christum, qui de hoc mundo non est, sicuti est videri, in eo raptu fidelis in se sine aenigmate Christum videret, quia se a mundo absolutum, qui est christiformis videt. Non ergo nisi fidem videt, quae sibi facta est visibilis per denudationem mundialium et sui ipsius facialem ostensionem.

B: Haec certe meo iudicio magna sunt valde. Et quamquam breviter atque clare a te dicta, vellem tamen adhuc aliquid a te, pater, audire de sacratissima trinitate ut de omnibus maximis aliquod [a] te sic audito mihi ipsi aliqualem praestare possem devotam consolationem.

C: Semper varie multa dici posse, licet insufficientissime. Haec, quae praemisi et quae in variis libellis meis legisti, ostendunt. Multis enim valde et saepissime profundissimis meditationibus mecum habitis diligentissimeque quaesitis antiquorum scriptis repperi ultimam atque altissimam de Deo considerationem esse interminam seu infinitam seu excedentem omnem conceptum. Omne enim conceptus conceptus est alicuius, utique in conceptu clauditur.

Deus autem id omne excedit. Nam conceptus de Deo est conceptus seu verbum absolutum, in se omne conceptibile complicans. Et hic non est conceptibilis in alio. Omne enim in alio aliter est. Nihil enim per intellectum actu concipitur ut concipi posset. Per altiorem enim intellectum melius conciperetur. Solus per se seu absolutus conceptus est actu omnis conceptibilis conceptus. Sed noster conceptus, qui non est per se seu absolutus conceptus, sed alicuius conceptus, ideo per se conceptum non concipit, cum ille non sit plus unius quam alterius, cum sit absolutus. Ideo istum infinibilem et interminabilem seu inconceptibilem Dei conceptum ob suam infinitatem etiam dicimus necessario ineffabile. Verbum enim illud nullo nomine seu termino finiri seu definiri per nos potest, cum concipi nequeat. Sic neque

allein durch den Glauben, in jener durch die Wahrheit. Begehrt also ein Christ, Christus von Angesicht zu sehen, so verläßt er alles, was dieser Welt angehört. Wenn alles abgetan ist, was uns hindert, Christus, der ja nicht von dieser Welt ist, so zu sehen, wie er ist, dann sieht der Gläubige in jener Entrückung Christus in sich selbst ohne Rätsel. Denn von der Welt losgelöst sieht er sich christusgestaltig. Er sieht also nichts als den Glauben, der ihm sichtbar geworden ist, weil er sich von der Welt befreit hat und Christus nun von Angesicht schaut.

B: Dies ist wahrlich groß, soweit ich es beurteilen kann! Und so kurz und klar hast du es gesagt! Trotzdem möchte ich aber von dir, Vater, noch etwas über die allerheiligste Dreifaltigkeit hören. So könnte ich mir auch selbst einigen frommen Trost geben, nachdem ich von dir von allen großen Dingen gehört habe.

K: Man kann vieles immer auf verschiedene Art sagen, wenn es auch ganz unzureichend bleibt. Was ich gerade gesagt habe, zeigt es. Aus vielen, häufigen und tiefen Betrachtungen bei mir selbst und aus eifrigstem Forschen in dem Schrifttum der Antike fand ich, daß die letzte und höchste Betrachtung über Gott unbegrenzt und unendlich ist und jedes Begreifen überschreitet. Alles, dessen Begriff der Begriff von irgend etwas ist, ist gänzlich in ihm eingeschlossen.

Gott aber überschreitet es, denn ein Begriff von Gott ist der absolute Begriff oder das absolute Wort, das in sich alles Begreifbare einfaltet und daher in Anderem nicht begreifbar ist. Im Anderen ist ja alles anders. Nichts wird von der Vernunft als Wirklichkeit so begriffen, wie es begreifbar ist. Durch eine höhere Vernunft könnte es nämlich besser begriffen werden. Allein der durch sich bestehende oder absolute Begriff ist als Wirklichkeit der Begriff alles Begreifbaren. Unser Begriff aber ist nicht der Begriff durch-sich oder der absolute Begriff, sondern der irgend eines Menschen und kann infolgedessen den durch-sich-selbst-bestehenden Begriff nicht begreifen; denn dieser ist absolut und gehört darum dem einen nicht eher als dem anderen an. Aus diesem Grund nennen wir jenen

ipsum nominamus unum nec trinum nec alio quocumque nomine, cum omne conceptum unius et trini et cuiuscumque nominabilis excedat. Sed ab eo removemus omne omnium conceptibilium nomen, cum excellat.

I: Quanto igitur intellectus intelligit conceptum Dei minus formabilem tanto maior est ut mihi videtur.

C: Recte dicis, abba. Ideo quicumque putat apprehendisse ipsum sciat hoc ex defectu et parvitate sui intellectus evenire.

B: Doctior igitur est sciens se scire non posse.

C: Haec necessario omnes illuminatissimi etiam dicent.

B: Dum considero nihil concipi per nos posse uti est conceptibile clare mihi constat Deum concipi non posse, qui concipi utique non potest nisi omnis conceptibilitas actu concipiatur.

C: Scimus quod omnis numerabilis proportio diametri ad costam est inattingibilis, cum nulli duo numeri dari possent, qui praecise sic se habeant. Sed quibuscumque datis habitudo eorum est aut maior aut minor quam diameter ad costam. Et quibuscumque datis possunt dari numeri propinquiores illi habitudini, et ita videtur possibilis. Sed actu numquam datur illa possibilitas. Actus autem esset praecisio, ita quod numeri praecise se sic haberent.

unendlichen und unbegrenzbaren oder unbegreiflichen Begriff Gottes seiner Unendlichkeit wegen notwendigerweise auch unaussagbar; da jenes Wort nicht in einen Begriff gefaßt werden kann, kann es mit keinem Namen, mit keiner Grenze von uns gesetzt oder definiert werden. So nennen wir Gott weder den Einen noch den Dreifachen noch geben wir ihm sonst irgend einen Namen, denn er überschreitet allen Begriff des Einen oder Dreifachen oder jedes anderen Benennbaren; wir entfernen vielmehr jeden Namen des Begreifbaren von ihm, da er es überragt.

J: Wie mir scheint, ist die Einsicht um so größer, je weniger sie es für möglich hält, einen Begriff von Gott zu bilden.

K: Das stimmt, Abt. Darum möge jeder, der glaubt, ihn erfaßt zu haben, wissen, daß diese Ansicht aus dem Mangel und der Schwäche seines Verstandes kommt.

B: Gelehrter ist also der, der weiß, daß er nicht wissen kann.

K: Das werden auch die erleuchtetsten sagen müssen.

B: Wenn ich bedenke, daß wir nichts so erfassen können, wie es erfaßbar ist, dann steht klar für mich fest, daß Gott nicht erfaßt werden kann; er könnte ja nur begriffen werden, wenn alles Begreifbare als Wirklichkeit begriffen würde.

K: Wir wissen, daß das zahlenmäßige Verhältnis von Durchmesser und Kreisbogen nicht erreichbar ist, weil keine zwei Zahlen gegeben werden können, die sich genauso verhalten wie jene. Welche auch immer gegeben werden, ihr Verhältnis zueinander ist entweder größer oder geringer als das des Durchmessers zum Kreisbogen; und immer können noch solche gegeben werden, die dem Verhältnis näherkommen. So scheint es zwar möglich, dieses Verhältnis zu erreichen, als Wirklichkeit jedoch wird diese Möglichkeit niemals gegeben. Die Wirklichkeit aber wäre die Genauigkeit, in der die Zahlen einander genau entsprächen.

Ratio est, quia nisi numerus detur, qui nec par nec impar, non erit quaesitus. Omnis autem numerus, quem nos concipimus, necessario est par vel impar et non simul. Ideo deficimus. Videmus tamen quod apud illum conceptum qui concipit nobis impossibile, praecisio existit. Sic dicere nos oportet, quod noster conceptus non potest proportionem ipsius posse et ipsius esse attingere, cum nullum medium commune habeamus, per quod attingamus habitudinem, cum posse sit infinitum et indeterminatum et actus finitus et terminatus inter quae non cadit medium. Sed videmus illa in Deo esse indistincta et ideo esse supra nostrum conceptum.

B: Cum omne quod per nos scitur non scitur sicut sciri potest, potest enim melius sciri, sola scientia Dei, ubi omne posse est actu, est perfecta et praecisa.

I: Nonne, Bernarde, verissimum est duo esse quattuor et omnem triangulum habere tres angulos aequales duobus rectis?
B: Immo.
I: Non est igitur verum, quod nostra scientia non attingat praecisam veritatem.
C: Oportet, ut consideretur id, quod dicitur. Nam in mathematicis, quae ex nostra ratione procedunt et in nobis experimur in esse sicut in suo principio, per nos ut nostra seu rationis entia sciuntur praecise scilicet praecisione tali rationali a qua prodeunt. Sicut realia sciuntur praecise praecisione divina, a qua in esse procedunt. Et non sunt illa mathematicalia neque quid neque quale, sed notionalia a ratione nostra elicita sine quibus non possit in suum opus procedere scilicet aedificare, mensurare, et cetera. Sed opera divina, quae ex divino intellectu procedunt, manent nobis uti sunt praecise incognita. Et si quid cognoscimus de illis per assimilationem figurae ad formam coniecturamur.

Der Grund dafür ist, daß, wenn nicht eine Zahl gegeben wird, die weder gerade noch ungerade ist, es nicht die gesuchte ist. Jede Zahl, die wir begreifen, ist aber notwendigerweise entweder gerade oder ungerade und nicht beides zugleich, und daher versagen wir. Wir sehen jedoch, daß bei jenem Begriff, der das uns Unbegreifliche begreift, Genauigkeit ist; so müssen wir sagen, daß unser Begriff das Verhältnis von Können und Sein nicht zu erreichen vermag, da wir kein beiden gemeinsames Mittleres besitzen, durch das wir das Verhältnis erreichen könnten. Das Können ist unendlich und unbegrenzt und die Wirklichkeit endlich und begrenzt, und zwischen ihnen gibt es kein Mittleres. Aber wir sehen, daß sie in Gott nicht unterschieden sind und daher über unserem Begriff stehen.

B: Da alles, das von uns gewußt wird, nicht so gewußt wird, wie es gewußt werden kann — denn es kann ja besser gewußt werden —, ist allein das Wissen Gottes, in dem alles Können wirklich ist, vollkommen und genau.

J: Bernhard, ist es nicht ganz gewiß wahr, daß zweimal zwei vier ist und daß jedes Dreieck drei Winkel hat, die zwei rechten gleich sind?

B: Natürlich.

J: Also ist es nicht wahr, daß unser Wissen die genaue Wahrheit nicht erreichen kann.

K: Wir müssen diese Worte erwägen. Die aus unserem Verstand hervorgehenden mathematischen Dinge, von denen wir erfahren, daß sie in uns als in ihrem Ursprung sind, wissen wir als Seiende unseres Verstandes mit einer solchen verstandesmäßigen Genauigkeit, wie sie dem Verstand entspricht, aus dem sie hervorgehen; so wie die wirklichen Dinge mit göttlicher Genauigkeit, aus der sie ins Sein hervorgehen, genau gewußt werden. Jene Dinge der Mathematik sind weder etwas noch etwas So-Beschaffenes; sie sind Erkenntnisdinge, die aus unserem Verstand entwickelt sind. Ohne sie könnte er nicht an seine Arbeit — Bauen, Messen usw. — gehen. Die göttlichen Werke hingegen, die aus der göttlichen Vernunft hervorgehen, bleiben uns, so wie sie sind, in genauer Weise unbekannt. Wenn wir etwas an ihnen erkennen, dann ist das Mut-Maßung durch Angleichung der Figur an die Gestalt.

Unde omnium operum Dei nulla est praecisa cognitio nisi apud eum, qui ipsa operatur. Et si quam de ipsis habemus notitiam, illam ex aenigmate et speculo cognitae mathematicae elicimus, sicut formam, quae dat esse a figura, quae dat esse in mathematicis. Sicut figura trianguli dat esse triangulo, ita forma, seu species humana dat esse homini. Figuram trianguli cognoscimus, cum sit imaginabilis, formam humanam non, cum non sit imaginabilis nec sit quanta quantitate discreta seu continua. Omne autem, quod non cadit sub multitudine nec magnitudine, non potest nec concipi nec imaginari nec de eo phantasma fieri, sic nec praecise intelligi. Oportet enim omnem intelligentem phantasmata speculari. Ideo de his potius quia est quam quid est attingitur.

B: Si igitur recte consideraverimus nihil certi habemus in nostra scientia nisi nostram mathematicam. Et illa est aenigma ad venationem operum Dei. Ideo magni viri si aliquid magni locuti sunt, illud in similitudine mathematicae fundarunt, ut illud quod species se habent ut numeri, et sensitivum in rationali sicut trigonum in tetragono et talia multa[1].

C: Bene dicis. Ideo hic sic dixerim, ut sciatis, quod si illam theologiam christianorum, Deum esse unum et trinum, in aenigmate videre volumus, recurrere nos possumus ad principium mathematicae. Illud utique est unum pariter et trinum. Videmus quantitatem, sine qua non est mathematica, esse discretam, cuius principium est unum, et continuam, cuius principium est trinum. Nec sunt duo principia mathematicae, sed unum quod et trinum.

---

[1] Vgl. Aristoteles, De anima II, 3, p. 414 b.

Darum gibt es eine genaue Kenntnis der Werke Gottes nur bei ihm, der sie wirkt. Haben wir irgendwelche Kenntnis von ihnen, so gewinnen wir sie aus dem Spiegel und Gleichnis der uns bekannten Mathematik; so die Gestalt, die das Sein gibt, von der Figur, die in der Mathematik das Sein gibt. Wie die Figur des Dreiecks dem Dreieck Sein gibt, so die menschliche Gestalt oder Eigengestalt dem Menschen. Wir kennen die Figur des Dreiecks, da sie vorstellbar ist; die menschliche Figur kennen wir nicht, da sie nicht vorstellbar ist, weil sie nicht Quantität von abgetrennter oder zusammenhängender Quantität ist. Alles aber, das nicht unter den Begriff Vielheit oder Größe fällt, kann weder erfaßt noch vorgestellt werden; es kann auch kein Phantasiegebilde von ihm entstehen, und so kann es nicht genau erkannt werden. Denn jeder, der vernünftig erkennt, muß Phantasiebilder betrachten. Aus diesem Grund erfährt man von diesen Dingen eher, warum sie sind, als was sie sind.

B: Bedenken wir es also richtig, dann haben wir in unserem Wissen außer der Mathematik nichts Sicheres. Für uns ist sie ein Gleichnis, die Werke Gottes zu erjagen. Bedeutende Männer haben, wenn sie irgend etwas Großes ausgesprochen haben, dies in mathematischen Gleichnissen begründet, so z. B. den Satz, daß sich die Eigengestalten verhalten wie die Zahlen, daß das Sinnliche im Verstandesmäßigen enthalten sei wie das Dreieck im Viereck und vieles ähnliche.

K: Gut gesagt. Ich selbst hätte hier auch so gesprochen; denn ihr sollt wissen: wenn wir die christliche Gotteslehre, Gott sei einer und drei, im Gleichnis sehen wollen, können wir uns zum Ursprung der Mathematik zurückwenden. Jener ist ja zugleich ein dreifacher und einer. Wir sehen, daß die Quantität, ohne die es keine Mathematik gibt, als unterschiedene, deren Ursprung einer ist, und als zusammenhängende, deren Ursprung dreifach ist, besteht; dennoch gibt es nicht zwei Ursprünge der Mathematik, sondern nur den einen, der auch dreifach ist.

B: Capio bene quoad discretam quantitatem unum principium, sed non quoad continuam trinum.

C: Prima figura quantitatis continuae est trigonus in quam aliae figurae resolvuntur, quid ostendit ipsam esse primam. Tetragonus in trigonos resolvitur. Sed trigonus non potest resolvi in duorum angulorum aut unius anguli figuram. Quare patet primum principium mathematicae esse unitrinum.

B: Si igitur viderem principium mathematicae in sua puritate utique sine pluraliate ipsum viderem unitrinum. Principium enim est ante alteritatem et pluralitatem. Et tale, quod omnia principiata quando in simplex resolvuntur ad ipsum terminantur.

C: Optime. Sed attende: ut principium videatur necesse est abstrahi simplex sine quo nihil principiatorum esse potest. Si igitur simplex, sine quo nec numerus nec figura esse potest, est id, quod non est plus unum quam trinum, et ita unum quod trinum, et non est trinum ex numero, cum numerus sit principiatum, sed trinum, ut sit perfectum principium omnium; ita in aenigmate videtur Deus unitrinus, ut sit perfectissimum principium omnium.

I: Sine numero dicis eum trinum; nonne tres personae sunt ex ternario numero tres personae?

C: Nequaquam, quia numerus, quem tu conspicis, dum haec dicis, est mathematicus et ex mente nostra elicitus, cuius principium est unitas. Sed trinitas in Deo non est ab alio principio, sed est principium.

B: Utique trinitas in principio est principium et non est a numero, qui non potest esse ante principium. Omnis enim multitudinis unitas est principium. Si ergo trinitas in divinis esset numerus et principiata a se ipsa esset.

B: Wohl verstehe ich den einen Ursprung hinsichtlich der unterschiedenen Quantität, nicht aber hinsichtlich der zusammenhängenden dreifachen.

K: Die erste Figur der zusammenhängenden Quantität ist das Dreieck; die anderen Figuren werden in es aufgelöst, und so erweist es sich als die erste. Das Viereck wird in Dreiecke aufgelöst, aber das Dreieck kann nicht in eine Figur mit zwei oder einem Winkel aufgelöst werden. Daraus erhellt, daß der erste Ursprung der Mathematik ein dreieiniger ist.

B: Wenn ich also den Ursprung der Mathematik in seiner Reinheit völlig ohne Vielheit sähe, dann sähe ich ihn als dreieinigen. Der Ursprung ist ja vor der Vielheit und der Andersheit und so beschaffen, daß alles aus ihm Entsprungene, wenn es in das Einfache aufgelöst wird, auf ihn hin begrenzt wird.

K: Sehr gut. Beachte aber: um den Ursprung zu sehen, ist es notwendig, das Einfache herauszulösen, ohne das nichts vom Entsprungenen sein kann. Das Einfache, ohne das man weder eine Zahl noch eine Figur zu verstehen vermag, ist dasjenige, das nicht mehr eines als drei ist und das so eines ist, daß es drei ist; und es ist nicht drei aus der Zahl — denn die Zahl ist ja entsprungen — sondern drei, damit es der vollkommene Ursprung von allem sei; dann sehen wir in einem Gleichnis den dreieinigen Gott so, daß er der vollkommenste Ursprung aller Dinge ist.

J: Du nennst ihn dreifach ohne Zahl; sind aber nicht drei Personen auf Grund der Zahl Drei eben drei Personen?

K: Keineswegs. Die Zahl, die du im Sinn hast, wenn du das sagst, ist eine mathematische; sie ist aus unserem Verstand gewonnen, dessen Ursprung die Einheit ist. Die Dreiheit in Gott aber ist aus keinem anderen Ursprung, sondern ist der Ursprung.

B: Die Dreiheit im Ursprung ist der Ursprung und stammt nicht von einer Zahl, die ja nicht vor dem Ursprung sein könnte. Die Einheit jeder Vielheit ist der Ursprung. Wenn also die Dreiheit im Göttlichen eine Zahl wäre, aus einem Ursprung entsprungen, dann wäre sie aus sich selbst entsprungen.

C: Vides ergo primum principium unitrinum ante omnem numerum. Et si non potes hoc concipere quod sit ante numerum, hoc est ideo, quia tuus intellectus sine numero nihil concipit. Id tamen, quod concipere nequit, videt supra conceptum negari non posse et credit. Sicut igitur Deum magnum sine quantitate continua, ita trinum sine quantitate discreta seu numero. Et sicut credit Deum magnum sibi attribuendo magnitudinem, ita credit trinum sibi attribuendo numerationem.

I: Intelligo nos consideratione creaturarum habita creatorem unitrinum affirmare, qui, ut praedictum est, in se manet omni modo dicendi ineffabilis.

C: Recte ais, nam sine potentia et actu atque utriusque nexu non est, nec esse potest quicquam. Si enim aliquod horum deficeret non esset. Quomodo enim esset si esse non posset? Et quomodo esset, si actu non esset, cum esse sit actus? Et si posset esse et non esse, quomodo esset? Oportet igitur utriusque nexum esse. Et posse esse et actu esse et nexus non sunt alia et alia. Sunt enim eiusdem essentiae, cum non faciant nisi unum et idem. Rosa in potentia et rosa in actu et rosa in potentia et actu est eadem et non [est] alia et diversa, licet posse et actus et nexus non verificentur de se invicem sicut de rosa.

B: Bene capio non posse negari, dum mente rosam video me unitrinam videre. Nam ipsam video in posse. Si enim posse de ea negaretur, utique non posset esse. Video ipsam in esse. Si enim esse de ea negaretur, quomodo esset? Et video ipsam in nexu utriusque. Negato enim utriusque nexu non esset actu, cum nihil sit actu nisi possit esse et sit. Ab his enim procedit actualis existentia. Sic video unitrinam rosam ab unitrino principio. Hoc autem principium in omnibus relu-

K: Du siehst also, daß der erste dreieinige Ursprung vor jeder Zahl ist, und wenn du das nicht begreifen kannst, daß er vor jeder Zahl ist, so nur deshalb, weil deine Vernunft ohne Zahl nichts faßt. Von dem aber, was sie nicht fassen kann, sieht sie doch über das Begreifen hinaus, daß es nicht geleugnet werden kann und glaubt es. Wie sie an den großen Gott ohne zusammenhängende Quantität glaubt, so an den dreifachen ohne getrennte Quantität oder Zahl. Und so wie sie glaubt, daß Gott groß ist und ihm dabei das Attribut der Größe gibt, so glaubt sie auch, daß er dreifach ist und legt ihm dabei die Zählung bei.

J: Ich verstehe, daß wir, nachdem wir diese Betrachtung der Geschöpfe durchgeführt haben, behaupten, der Schöpfer sei dreieinig, obwohl er, wie vorhin gesagt wurde, für jede Weise des Sagens unaussprechbar in sich bleibt.

K: Du hast recht, denn ohne Möglichkeit und Wirklichkeit und beider Verknüpfung ist nichts und kann nichts sein. Wenn eines von beiden fehlte, dann wäre es nicht. Wie sollte es sein, wenn es nicht sein könnte? Und wie sollte es sein, wenn es nicht wirklich wäre, da doch das Sein der Wirklichkeit angehört? Und wenn es sein und nicht sein könnte, wie sollte es sein? Es muß also die Verknüpfung beider geben. Das Können-Sein und das Wirklich-Sein und ihre Verknüpfung sind nicht ein je anderes. Da sie auch ein und dasselbe bewirken, sind sie von derselben Seinsheit. Die Rose in der Möglichkeit und die Rose in Wirklichkeit und die Rose in Möglichkeit und Wirklichkeit ist dieselbe und keine andere und verschiedene, obwohl Können und Wirklichkeit und ihre Verknüpfung von sich nicht weselseitig verifiziert werden, wie es bei der Rose ist.

B: Ich verstehe wohl, daß man dies nicht leugnen kann. Denn wenn ich die Rose im Geiste sehe, dann sehe ich sie dreieinig. Ich sehe sie im Können: denn wenn man ihr das Können abspräche, dann könnte sie gar nicht sein. Ich sehe sie im Sein: wenn man ihr das Sein abspräche, wie könnte sie sein? Und ich sehe sie in der Verknüpfung beider: würde man die Verknüpfung beider leugnen, dann wäre sie nicht als Wirklichkeit, da nichts als Wirklichkeit ist, was nicht sein kann und ist. Aus diesen geht die wirkliche

cere video, cum nullum sit principiatum non unitrinum. Sed omnia principiata video nihil esse principii, licet omnia sint in ipso ut in causa et ratione.

Deus igitur non est ut rosa unitrina. Nihil enim habet aeternum principium a principiato, sed est unitrinitas absoluta, a qua omnia unitrina id sunt, quod sunt.

I: Mihi similiter ut tibi, Bernarde, videtur; nec alius est Deus a quo est rosa in potentia, alius a quo in esse et alius a quo in nexu utriusque, cum non sit alia rosa, quae est in posse et alia, quae in esse, et alia quae in nexu, sed unitrina. Sed cum christiani dicant aliam esse personam ipsius absoluti posse, quam nominamus Patrem omnipotentem, et aliam ipsius esse, quam quia est ipsius posse nominamus Filium Patris et aliam utriusque nexum, quam Spiritum [sanctum] vocamus, cum naturalis amor sit nexus spiritualis Patris et Filii, has personales differentias quomodo in aenigmate videre debeam non capio.

C: Bene dicis, abba, aliam esse personam Patris, aliam Filii, aliam Spiritus sancti in divinis propter infinitae perfectionis trinitatem. Non tamen est alia persona Patris per aliquam alteritatem, cum omnem alteritatem supergrediatur benedicta trinitas, quae non est ab alio, sed per se est id, quod est. Ideo Pater non est aliud a Filio propter identitatem essentiae et naturae, sed non est Filius. Non per non esse Pater non est Filius, cum ante omne non esse sit Deus unitrinus, sed quia esse praesupponit posse, cum nihil sit nisi possit a quo est. Posse vero nihil praesupponit, cum posse sit aeternitas.

Existenz hervor. So sehe ich die dreieinige Rose aus dem dreieinigen Ursprung; ich sehe, daß dieser Ursprung in allen Dingen widerstrahlt, da es nichts Entsprungenes gibt, das nicht dreieinig wäre. Aber ich sehe, daß alles Entsprungene nichts vom Ursprung ist, wenn auch alles in ihm als in seinem Grund und Wesenssinn ist.

Gott gleicht daher nicht der einigdreien Rose, denn der ewige Ursprung hat nichts vom Entsprungenen, sondern ist die absolute Einigdreiheit, von der alles Einigdreie das ist, was es ist.

J: Ich verstehe es ebenso wie du, Bernhard; es ist kein anderer Gott, von dem die Rose der Möglichkeit nach stammt, kein anderer, von dem sie im Sein ist, und kein anderer, von dem sie in der Verknüpfung ist, denn es ist ja auch keine andere Rose, die im Können, keine andere, die im Sein, und keine andere, die in der Verknüpfung ist, sondern eine einigdreie. Wenn aber wir Christen sagen, eine sei die Person des absoluten Können, die wir den allmächtigen Vater nennen, eine andere die des Seins, die wir, weil sie dem Können angehört, Sohn des Vaters nennen, eine andere, welche die Verknüpfung beider ist, die wir den heiligen Geist nennen, da die natürliche Liebe die geistige Verknüpfung des Vaters und des Sohnes ist, dann begreife ich nicht, wie ich diese personalen Unterschiede im Gleichnis sehen soll.

K: Du sagst richtig, Abt, daß wegen der unendlichen Vollkommenheit der Dreieinigkeit eine je andere Person die des Vaters, des Sohnes und des heiligen Geistes sei. Die Person des Vaters ist aber nicht durch irgendeine Andersheit eine andere, denn die über alles gepriesene Dreieinigkeit überschreitet jede Andersheit; sie ist ja das, was sie ist, nicht vom anderen, sondern durch sich selbst. Wegen der Selbigkeit der Seinsheit und Natur ist der Vater dem Sohn gegenüber nichts anderes, wohl aber ist er nicht der Sohn. Nicht durch Nicht-Sein ist der Vater nicht der Sohn, da ja vor allem Nicht-Sein der dreieinige Gott ist, sondern weil das Sein das Können voraussetzt. Nichts wäre ja, wenn nicht das, von dem es ist, können könnte. Das Können aber setzt nichts voraus, da das Können die Ewigkeit ist.

Ideo cum videam Deum, qui non praesupponat sui principium et videam Deum praesupponentem sui principium et videam Deum procedentem ab utroque et non videam tres Deos sed unitatem deitatis in trinitate, id quod sic video distincte in indiscreta deitate verius et perfectius esse non dubito, quam ego videam.

Ideo sicut video ipsum absolutum posse in aeternitate esse aeternitatem et non video ipsum esse in aeternitate ipsius posse nisi ab ipso posse, sic credo ipsum posse aeternum [aeternam] habere hypostasim et esse per se et de ipso Deo Patre, qui est per se, generari Deum, qui sit omne id, quod est, ab ipsa omnipotentia Patris, ut sit Filius omnipotentiae id, scilicet sit quod Pater possit. Omnipotens sit de absoluto posse seu omnipotente. A quibus procedat omnipotentiae et omnipotentis nexus.

Video Deum aeternaliter et eundem Deum de Deo aeternaliter ac eundem Deum ab utroque aeternaliter procedentem. Sed quia subtilius sancti hoc viderunt quam nos, satis sit nos ad hoc devenisse, quod sicut perfectio principii desposcit quod sit unum, ita deposcit veraciter, quod sit trinum.

Non esset enim unitas naturalis et perfectissima nisi in se haberet omnia, quae ad perfectissimum principium sunt necessaria, quae per trinitatem exprimuntur. Neque trinitas esset perfecta, nisi [sic] esset una quae unitas. Non enim unitas, quae de Deo dicitur, est mathematica, sed est vera et viva omnia complicans. Nec trinitas est mathematica, sed vivaciter correlativa. Unitrina enim vita est sine qua non est laetitia sempiterna et perfectio suprema. Unde de essentia perfectissimae vitae est, quod sit perfectissime unitrina, ut posse vivere sit adeo omnipotens, quod de sui ipsius generat vitam, a quibus procedit spiritus amoris et laetitia sempiterna.

Sehe ich also Gott, der keinen Ursprung voraussetzt, und Gott, der seinen Ursprung voraussetzt, und Gott, der von beiden ausgeht, und sehe doch nicht drei Götter, sondern die Einheit der Gottheit in der Dreiheit, so zweifle ich nicht, daß das, was ich in dieser Weise getrennt sehe, in der ungeteilten Gottheit wahrer und vollkommener ist, als ich es sehe.

Ebenso wie ich sehe, daß das absolute Können in der Ewigkeit die Ewigkeit selbst ist und daß das Sein in der Ewigkeit des Könnens nur vom Können stammt, so glaube ich, daß das ewige Können eine ewige Hypostase hat und daß es durch sich selbst ist; und daß aus Gott dem Vater, der durch sich selbst ist, Gott gezeugt wird, der aus der Allmacht des Vaters alles das ist, was er ist und daß darum der Sohn der Allmacht eben das ist, was der Vater vermag; daß er allmächtig ist von dem absoluten Können oder dem Allmächtigen her. Von diesen geht die Verknüpfung der Allmacht und des Allmächtigen aus.

Ich sehe Gott in ewiger Weise, denselben Gott von Gott in ewiger Weise und denselben Gott von beiden in ewiger Weise ausgehend. Dies erkannten aber die Heiligen tiefer als wir; darum ist es genug für uns, wenn wir verstanden haben, daß die Vollkommenheit des Ursprungs gleicherweise erfordert, daß er einer ist, wie daß er drei ist.

Die Einheit wäre nicht natürlich und vollkommen, wenn sie nicht in sich alles hätte, was zum vollkommenen Ursprung notwendig ist und was durch die Dreiheit ausgedrückt wird. Und die Dreiheit wäre nicht vollkommen, wenn sie nicht so eine wäre, daß sie Einheit ist. Die Einheit, die von Gott ausgesagt wird, ist auch nicht die mathematische, sondern die wahre und lebendige, die alles in sich einfaltet. Und die Dreiheit ist nicht mathematisch, sondern lebendig und wechselbezüglich. Das dreieinige Leben ist es, ohne das es keine immerwährende Freude und höchste Vollendung gibt. Darum gehört es zur Seinsheit des vollkommensten Lebens, in vollkommenster Weise dreieinig zu sein, so daß das Leben-Können so allmächtig ist, daß es aus seinem eigenen Leben Leben zeugt; aus diesen geht der Geist-Hauch der Liebe und die immerwährende Freude hervor.

I: Quaeso parum audiri, si forte aliquid de his altis percepi. Et ad possest me converto, cum omne quod est non sit nisi id, quod potest esse, possest video omnium formabilium formam verissimam et adaequatissimam. Sed in omni re video posse, esse et utriusque nexum, sine quibus impossibile est ipsam esse. Et illa video in qualibet re sic esse, quod perfectius esse possunt. Ideo ubi haec sunt adeo perfecta, quod perfectius esse nequeunt ut in possest, ibi video omnium existentium unitrinum principium. In perfectione igitur primi principii necesse est omnium principiabilium esse perfectionem, quae si maior concipi posset, utique non esset perfectio principii, sed principiati.

C: Ita oportet, quod humanus intellectus, qui primum principium sibi absconditum uti est capere nequit, ex principiatis intellectis, ut Paulus nos instruit, videat. Oportet ergo, si posse debet esse perfectissimum, quod in ipso sit esse et utriusque nexus. Sic si esse debet esse perfectissimum, oportet quod in ipso sit posse et utriusque nexus. Etsi nexus debet esse perfectissimus, oportet in ipso esse posse et actum seu esse. Hoc ergo videmus necessario in perfectissimo unitrino principio, licet quomodo hoc se habeat omnem intellectum exsuperet.

B: Audi quaeso me, si huius tui dicti habeo intellectum; et converto me ad motum. In essentia enim illius video primo posse et ab illo generari actum, atque ab utroque procedere movere, qui est nexus ipsius posse et actus. Omnis autem motus, qui concipi potest non est sicut esse potest motus, quia potest esse tardior et velocior motus. Et ideo in posse ipsius non est actus et nexus utriusque, quando non movetur actus sicut potest moveri, sed si motus esset id, quod esse potest, tunc in posse foret actus et nexus aequaliter.

J: Bitte, höre mich kurz an, um festzustellen, ob ich etwas von diesen hohen Dingen verstanden habe. Ich wende mich dem Können-Ist zu. Da alles, was ist, nur das ist, was es sein kann, sehe ich das Können-Ist als die wahrste und entsprechendste Gestalt alles Gestaltbaren. In jedem Ding sehe ich Können, Sein und die Verknüpfung beider, ohne welche es nicht bestehen kann, aber ich sehe, daß sie in jeder Sache so sind, daß diese noch vollkommener sein könnte. Wo sie also so vollkommen sind, daß sie nicht vollkommener sein können, wie im Können-Ist, dort sehe ich den dreieinigen Ursprung alles Bestehenden. In der Vollkommenheit des ersten Ursprungs muß die Vollkommenheit alles Entsprungenen enthalten sein; könnte sie als größere begriffen werden, dann wäre sie nicht die Vollkommenheit des Ursprungs, sondern des Entsprungenen.

K: Deshalb ist es nötig, daß der menschliche Geist, der den ihm verborgenen ersten Ursprung nicht so erfassen kann, wie er ist, ihn aus dem von ihm Entsprungenen, das er erkannt hat, schaut. Soll das Können ganz vollkommen sein, so muß in ihm Sein und die Verknüpfung beider sein; ebenso: soll das Sein ganz vollkommen sein, so muß in ihm Können und die Verknüpfung beider sein, und soll ihre Verknüpfung vollkommen sein, so muß in ihr Können und Wirklichkeit oder Sein enthalten sein. Das sehen wir notwendig in dem vollkommensten dreieinigen Ursprung, wenn auch die Erkenntnis, wie sich das verhält, jedes Vernunfterkennen übersteigt.

B: Bitte, hör mich an und sage mir, ob ich deine Worte verstanden habe. Ich wende mich der Bewegung zu. In ihrer Seinsheit sehe ich zuerst das Können und die von ihm erzeugte Wirklichkeit; aus beiden geht das Bewegen hervor, das die Verknüpfung von Können und Wirklichkeit darstellt. Jede Bewegung, die begriffen werden kann, ist nicht so, wie die Bewegung sein kann; es gibt langsamere und schnellere Bewegung, und darum ist in ihrem Können nicht Wirklichkeit und die Verknüpfung, weil das als Wirklichkeit Bewegliche nicht so bewegt wird, wie es bewegt werden kann. Wäre aber die Bewegung das, was sie sein kann, dann wäre im Können gleicherweise auch die Wirklichkeit und die Verknüpfung. Soviel sie könnte, soviel wäre sie im Kön-

Quantum posset tantum in posse esset actu. Et talis esset utriusque nexus. Ita de esse et nexu.
Sed hic motus non intelligeretur. Nam cum esset id, quod esse potest, motus utique neque maior neque minor esse posset, et ita foret maximus pariter et minimus, velocissimus pariter et tardissimus seu quietissimus. Et quia foret motus, cui quies non opponitur, ideo sublata oppositione nomen motus sibi non competeret. Immo non plus foret motus quam non motus, licet foret exemplar, forma, mensura et veritas omnis motus. Motus autem, qui intelligitur, cui quies opponitur, ille intelligitur, quia terminatur quiete ei opposita, et concipitur per finitum conceptum.

Quando igitur intelligitur hunc conceptum de motu non esse conceptum motus, qui id est, quod esse potest, licet qualis ille sit intelligi nequeat, dimisso motu qui sciri potest convertit se mens ad videndum motum, qui sciri nequit. Et non quaerit ipsum [motum], nec per nomen, nec conceptum nec scientiam, immo per omnium, quae de motu sciuntur, ignorantiam. Scit enim se nequaquam illum motum videre quamdiu aliquid horum manet. Tunc ad non esse motus pertingens propius ad quaesitum ascendit, id enim, quod se tunc supra esse et non esse ipsius motus offert, taliter quod quid sit penitus ignoratur, quia est supra omne nomen. Ibi ignorantia est perfecta scientia. Ubi non esse est essendi necessitas ubi ineffabile est nomen omnium nominabilium. Haec sic ex tuis dictis, nescio si bene, collegi.

C: Abunde animum applicuisti.
I: Quantum tradi potest doctrina ignorantiae illius, quae ad ineffabile pergit, videtur dictum. Sed adiiciam aliquod mei conceptus speculum. Nam licet aenigmata multa nos ducant, sine quibus ad incognitum Deum non habemus accedendi modum — oportet enim ad aliquod cognitum respicere

nen Wirklichkeit, und genauso wäre sie die Verbindung beider. Ebenso verhält es sich mit Sein und Verknüpfung. Aber diese Bewegung wird nicht erkannt. Wäre sie das, was sie sein kann, dann könnte sie nicht größer und nicht geringer sein, und wäre zugleich die größte und die geringste, die schnellste und langsamste oder ruhigste Bewegung; und weil sie jene Bewegung wäre, der die Ruhe nicht als Gegensatz gegenübersteht, würde ihr nach Aufhebung dieser Gegensätze der Name Bewegung nicht mehr entsprechen. Sie wäre nicht mehr Bewegung als nicht Bewegung, wenn sie auch Urbild, Gestalt, Maß und Wahrheit aller Bewegung wäre. Die Bewegung aber, der die Ruhe gegenübersteht, und die wir erkennen, wird erkannt, weil sie durch die ihr entgegenstehende Ruhe begrenzt, und von dem endlichen Begriffsvermögen begriffen wird.
Begreifen wir, daß dieser Begriff der Bewegung nicht der Begriff jener Bewegung ist, die das ist, was sie sein kann — wenn es auch unmöglich ist einzusehen, wie jene beschaffen ist —, dann läßt der Geist die Bewegung, welche gewußt werden kann und kehrt sich jener zu, die er nicht wissen kann. Er fragt nach dieser Bewegung weder durch einen Namen noch durch einen Begriff noch durch Wissen, sondern durch das Nicht-Wissen alles dessen, was von der Bewegung gewußt wird. Er weiß nämlich, daß er jene Bewegung keinesfalls sieht, solange irgend etwas von diesem bestehen bleibt. Dann stößt er zum Nicht-Sein der Bewegung vor und nähert sich so weiter dem Gesuchten. Was sich ihm dort, jenseits von Sein und Nicht-Sein der Bewegung darbietet, ist so, daß er gar nicht weiß, was es ist, weil es jenseits jedes Namens ist; dort wo das Nicht-Sein die Notwendigkeit des Seins ist, wo das Unaussprechbare der Name alles Nennbaren ist, ist Unwissenheit vollkommenes Wissen. So habe ich es aus deinen Worten erschlossen; ob richtig, ich weiß es nicht.
K: Du bist mir vollkommen richtig gefolgt.
J: Soweit es möglich ist, die Lehre von jener Unwissenheit, welche zum Unaussagbaren vordringt, zu vermitteln, scheint alles gesagt zu sein. Aber ich möchte das, was ich begriffen habe, in einem Bild zur Darstellung bringen. Zwar führen uns viele Rätselbilder, ohne die wir keine Möglichkeit

incognitum quaerentem — tamen in minimis principia maxime relucent.

Capio igitur abbreviatum verbum concisum valde puta IN. Dico si volo intrare divinas contemplationes per ipsum in, cum nihil possit intrari nisi per ipsum in, intrare conabor. Primo ad figuram eius adverto, quomodo est ex tribus aequalibus lineis quasi unitrinum et quomodo I et N per spiritum connexionis nectuntur. In ipso enim IN est primo I, deinde N et utriusque nexus, ut sit una simplex dictio IN, I et N et utriusque nexu consistens. Nihil simplius I. Nulla littera figurari potest sine illa simplici linea ut sit principium omnium. N primo omnium ex simplicissimo I in se ducto generatur. Nec N littera est bis I littera sed ex I semel in se ducta ut sit una littera. In N enim est I explicatum. Unde si I additur ad N non plus vocis habetur. Iam enim erat in N eius virtus. N enim non consonat ipsi E quasi N sit EN, sed ipsi I ut sit IN ut sciunt illi, qui Graecarum littearum peritiam habent, [qui proferunt NI postponentes I, ut X proferunt XI nos vero praeponentes IN et IX proferimus].

Nexus igitur utriusque naturalissimus est. Figura igitur unitrini principii conveniens ipsius IN videtur. Deinde adverto, quomodo est primo I scilicet principium. Ex quo N ubi se I primo manifestat. N enim est notitia, nomen, seu relatio potentiae ipsius I principii. [Tertio est IN nexus utriusque.] Deinde considero quomodo per IN intratur in Deum et omnia. Nam omnia, quae nominari possunt nihil nisi IN in se continent. Si enim IN non esset nihil in se omnia continerent et vacua penitus forent. Dum enim intueor in substantiam, video ipsum IN substantiatum; si in caelum caelestiatum, si in locum locatum, si in quantum quantificatum, si in quale qualificatum et ita de omnibus, quae dici possunt. Quare in termino est terminatum, in fine finitum, in altero alteratum.

haben, uns dem unbekannten Gott zu nähern, und es ist gut, wenn jemand, der das Unbekannte sucht, auf etwas Bekanntes zurückblickt, doch leuchten die Ursprünge am stärksten in den geringsten Dingen.

Ich nehme ein ganz kurzes und zusammengedrängtes Wort, z. B. IN. Ich sage nun: wenn ich in die Betrachtung des Göttlichen eindringen will — und in alles kann man nur durch das IN gelangen — dann versuche ich in das IN einzutreten. Zuerst wende ich mich seinem äußeren Bild zu und sehe, wie es aus drei gleichen Linien gleichsam dreieinig zusammengesetzt ist und wie das I und N durch den Geist der Verknüpfung verknüpft werden; denn darin ist zuerst das I und dann das N und beider Verknüpfung, so daß sich das eine einfache Wort IN ergibt, das aus I und N und beider Verknüpfung besteht. Es gibt nichts einfacheres als das I. Ohne diese einfache Linie kann kein Buchstabe gebildet werden; darum ist sie der Ursprung von allen. N wird als erster von allen weiteren Buchstaben dadurch gebildet, daß das I zu sich selbst geführt wird. Der Buchstabe N ist nicht zweimal I, sondern einmal I, das in sich selbst weitergezogen ist, so daß ein Buchstabe vorhanden ist. In dem N ist das entfaltete I. Wenn man daher das I zu dem N hinzufügt, hat man trotzdem nicht mehr Ton. Denn seine Kraft war schon im N. Das N klingt nämlich nicht zusammen mit dem E, so daß ein EN entstünde, sondern mit dem I, so daß IN entsteht; das wissen alle, die der griechischen Sprache kundig sind — die Griechen sagen NI und stellen dabei das I nach, so wie sie auch das X als XI aussprechen, während wir das I voranstellen und IN und IX sagen.

Die Verknüpfung der beiden ist also ganz natürlich. Die Figur des dreieinigen Ursprungs sieht man treffend in der des IN. Ich bedenke, daß zuerst das I ist, nämlich der Ursprung, aus diesem wird das N, in dem sich das I zuerst manifestiert. Das N ist nämlich Begriff, Name oder Bezug der Mächtigkeit des Ursprunges I. Drittens ist IN die Verknüpfung beider. Daraufhin betrachte ich, wie man durch IN in Gott und alles eintritt; denn alles, was benannt werden kann, enthält das IN in sich; wenn es das IN nicht gäbe, würden alle Dinge nichts in sich enthalten und wären völlig leer. Betrachte ich die Substanz, so sehe ich das IN Substanz geworden; beim Himmel ist es Himmel, beim Ort Ort, bei der Quantität Quantität, bei der Qualität Qualität geworden und so steht es mit allem, das gesagt werden kann; darum ist es in der Grenze begrenzt, im Ende beendet, im Andern geändert.

Si vero video ipsum IN ante omne nomen, utique nec terminatum nec finitum nec aliquid esse video omnium, quae nominari possunt. Quaecumque vero video in IN video ineffabilitatem intrasse. Nam si video finem aut terminum in IN non possum amplius ipsum nominare aut finem aut terminum. Transivit enim in IN quod nec est finis nec terminus. Unde secundum hoc videretur mutasse nomen in oppositum, ut nominetur terminus in IN interminus seu non terminus. Et quia IN quod omnia implet et sine quo omnia sunt vacua inest et immanet, integrat et informat, ideo est perfectio omnis rei, omnis termini et omnis finis et omnium. Patet IN plus esse quam finis aut terminus ut finis in IN non desinat esse finis, sed sit valde finis et finis in fine seu finis finium, ut non vocetur finis, quia non finitur omni fine sed excedit. Sic enim omnia quando in absoluto videntur fiunt ineffabilia.

IN igitur in suo simplicissimo significatu complicat simul affirmationem et negationem quasi I sit ita et N sit non, quae in IN connectantur. In enim dum adiicitur aliis dictionibus aut est affirmatio aut negatio in se vero utriusque complicatio. IN igitur videtur conveniens speculum relucentiae divinae theologiae, quoniam in omnibus est omnia, in nihilo nihil et omnia in ipso ipsum. De hoc IN in se ineffabili quisque dici possent explicaret, nisi ille cuius loqui est perfectum cum sit possest? Solum enim verbum quod est elocutio omnium dicibilium hoc potest.

C: Subtiliter considerasti, pater abba, et satis est fecundum aenigma tuum, quoniam in spiritum ducit. Nam quae in Deo sunt, nemo scit nisi spiritus Dei, sicut quae in homine spiritus hominis. Ipsum igitur IN est aenigma spiritus omnia scrutantis. Sed qui per ipsum IN maiestatem Dei intrare nititur ut perscrutator opprimitur a gloria. Nom enim IN ipsum quod notatur et intelligitur est lumen illuminans incomprehensibilitatis ipsius deitatis in se ipsa absolutae ostensionem scilicet IN. Et omnia nomina, quae infinitatem Deo attribuunt, eius incomprehensibilitatem nituntur ostendere per supereminentiam.

Betrachtet man aber das IN selbst vor allen Namen, dann ist es durchaus weder begrenzt noch beendet noch sehe ich, daß es etwas von allem ist, das man benennen kann. Was immer ich aber im IN sehe, das sehe ich als in die Unaussprechbarkeit eingegangen. Sehe ich Ende oder Grenze, so kann ich sie im IN nicht mehr Ende oder Grenze nennen. Denn sie sind in das IN eingegangen, das weder Ende noch Grenze ist. Dementsprechend schiene es, als hätte der Name sich in sein Gegenteil verwandelt, so daß im IN die Grenze Un-Grenze oder Nicht-Grenze genannt würde. Und weil das IN, das alles erfüllt und ohne das alles leer ist, innen ist, innen bleibt, ein-ordnet und ein-gestaltet, ist es die Vollendung jeder Sache, jeder Grenze, jedes Endes und aller Dinge. Es ist offenbar, daß das IN mehr ist als Ende oder Grenze, weil das Ende im IN nicht aufhört Ende zu sein, sondern in noch höherem Maße Ende und Ende im Ende oder Ende der Enden ist, so daß es nicht Ende genannt wird, weil es mit keinem Ende beendet wird, sondern vielmehr über jedes Ende hinausgeht. So werden alle Dinge unaussprechbar, sobald sie im Absoluten betrachtet werden.

IN schließt also in seiner einfachsten Bedeutung zugleich Bejahung und Verneinung ein, so als ob I ja und N nein bedeuteten, die im IN verknüpft sind. Wird IN anderen Worten beigefügt, so bedeutet es entweder eine Bejahung oder eine Verneinung, in sich aber die Einfaltung beider. IN scheint also ein geeigneter Spiegel der göttlichen Theologie zu sein, denn es ist alles in allem, nichts in nichts und alles ist in ihm es selbst. Wer könnte erklären, was man alles über dieses unsagbare IN sagen kann, außer ihm, dessen Sprechen vollkommen ist, da er das Können-Ist ist? Allein das Wort, das das Sagen alles Sagbaren ist, vermag dies.

K: Diese Überlegung ist schafsinnig und genau, Vater Abt, und dein Gleichnis äußerst ergiebig, weil es in den Geist einführt. Was in Gott ist, weiß niemand anders als nur Gottes Geist; so, wie das, was im Menschen ist, nur der Geist des Menschen weiß. Das IN ist also ein Gleichnis des Geistes, der alles durchforscht. Wer sich aber müht, durch das IN in die Majestät Gottes einzutreten, wird von seiner Herrlichkeit überwältigt. Das IN, das bemerkt und verstanden wird, ist nicht jenes Licht, das die Offenbarung der Unfaßbarkeit der in sich absoluten Gottheit zeigte, nämlich das Licht des IN. Und alle Namen, welche Gott die Unendlichkeit zusprechen, bemühen sich, seine Unfaßbarkeit durch die unendliche Erhabenheit zu zeigen.

B: Quoniam abbas per verbum breve et concisum se intrasse in profunda ostendit ne ego nil dicendo videar in vacuum tot alta audisse, dicam quoddam aenigma non reiiciendum in ipso possest. Video E simplicem vocalem unitrinam. Nam est vocalis ipsius possE, ipsius Esse et nExus utriusque. Vocalitas eius utique simplicissima est trina. Et ut refertur ad possE non refertur ad esse, et ut refertur ad Esse non refertur ad posse. Et ita ut refertur ad nExum utriusque non refertur nec ad posse nec ad esse, sed nExum.

Has igitur relationes in ipso E inconfusas et quamlibet per se veram et perfectam, video non esse tres vocales seu vocalitates sed unam simplicissimam et indivisibilem vocalitatem. Cum igitur hoc sic mente contemplor magnum mihi praebet haec aenigmatica visio fidei orthodoxae argumentum, ut Deum unitrinum simplicissimum credam principium esse in mundo aliquali similitudine licet remotissima ut vocalitas ipsius E in possEst, a quo mundus habet, quod potest esse et quod est et connexionem utriusque. Sicut enim probatur vocalitatem E dare omnia ipsi possEst, quoniam E sublato penitus desinit esse dictio significativa, sic Deo sublato mundus penitus desineret. Nec opus video, ut de hac aenigmatis assimilativa proprietate plura dicam, cum vos ipsi melius me applicare possitis.

C: Laudo aenigma tuum, Bernarde, utique aptum proposito, sed aenigmatum nullus est finis, cum nullum sit adeo propinquum, quin semper possit esse propinquius. Solus Dei Filius est figura substantiae Patris, quia est quicquid esse potest. Forma [autem] Dei Patris non potest esse aut verior aut perfectior, cum sit possest.

B: Si adhuc de aenigmatibus dicenda tibi aliqua post multa et varia in opusculis et sermonibus tuis tacta occurrunt adiicias, nam intellectum abunde ad theologiam manuducunt.

C: Placet, quoniam plurimum difficile est videre, quomodo unum omnia quod essentialiter in omnibus ad hoc quaerantur clariora aenigmata, cuius tamen in libello iconae[1] satis con-

---

[1] Nicolaus Cusanus, De visione Dei, Schriften Bd. III.

B: Da der Abt durch ein kurzes und treffendes Wort gezeigt hat, daß er in die Tiefe des Verständnisses eingedrungen ist, will auch ich nicht durch Schweigen den Eindruck erwecken, daß ich diese erhabenen Dinge vergeblich gehört habe. Darum will ich ein nicht von der Hand zu weisendes Gleichnis im Können-Ist vorbringen. Ich sehe das E als einfachen, einigdreien Vokal. Es ist der Vokal des KönnEns, des SEins und der VErknüpfung beider; seine einfache Vokalheit ist also dreifach. Sofern sie auf das KönnEn bezogen ist, ist sie nicht auf das Sein bezogen, und sofern sie auf das SEin bezogen ist, ist sie nicht auf das Können bezogen und sofern sie auf die VErknüpfung beider bezogen ist, ist sie weder auf das Können noch auf das Sein bezogen, sondern auf die VErknüpfung bezogen.

In dem E sehe ich diese Beziehung unvermischt; jede ist durch sich wahr und vollkommen. Ich sehe sie nicht als drei Vokale oder Laute, sondern als einen ganz einfachen und unteilbaren Vokal. Betrachte ich dies im Geiste, dann bietet mir diese gleichnishafte Schau einen guten Beweis für die rechtgläubige Lehre; ich glaube, daß der dreieinige Gott der einfachste Ursprung ist und in der Welt in einem wenn auch nur sehr entfernten Abbild erscheint, so wie der Laut des E im KönnEn-Ist. Von ihm hat die Welt, daß sie sein kann, daß sie ist und die Verknüpfung von beidem. Wie sich zeigt, daß der Vokal E dem Wort KönnEn-Ist alles gibt — denn würde man das E entfernen, hätte das Wort keine Bedeutung mehr —, so würde auch die Welt, entfernte man Gott, völlig aufhören. Ich halte es nicht für nötig, mehr über die zum Vergleich so gut geeignete Art dieses Gleichnisses zu sagen; ihr wißt es ja besser anzuwenden als ich.

K: Ich lobe dein Gleichnis, Bernhard, es ist für unseren Zweck sehr gut geeignet. Aber es gibt kein Ende der Gleichnisse, denn keines kommt so nahe, daß es nicht noch immer ein näheres geben könnte. Nur der Sohn Gottes ist die Gestalt des Grundbestandes des Vaters, weil er ist, was er sein kann. Die Gestalt Gottes des Vaters aber kann nicht wahrer oder vollkommener sein; sie ist das Können-Ist.

B: Wenn dir nach den vielen verschiedenen Gleichnissen in deinen Schriften und Predigten noch ein weiteres einfällt, füge es hinzu; denn es führt zum Wissen um Gott.

K: Ich bin einverstanden, denn es ist recht schwierig einzusehen, wie das Eine, das wesenhaft in allem ist, alles ist; dazu müßten klarere Gleichnisse gesucht werden. Allerdings habe ich in dem

veniens ponitur aenigma. Sicut enim Deus omnia et singula
simul videt cuius videre est esse, ita ipse omnia et singula simul
est. Homo enim simul et semel in aures omnium et singulorum
ipsum audientium verbum immittit, Sic Deus, cuius loqui est
creare, simul omnia et singula creat. Et cum verbum Dei sit
Deus, ideo Deus in omnibus et singulis est creaturis. De quo
in dicto iconae libello latius.

Sed quomodo Deus in se absolute consideratus sit actus omnis
posse seu forma simplicissima simul et infinitissima, non video
aenigma intellectuale propinquius quam si pono lineam infinitam.

Declaravi enim in libello Doctae ignorantiae[1] illam si dabilis
esset actum esse omnis posse lineae scilicet terminum omnium
per lineam terminabilium et adaequatissimum omnium figurarum lineabilium exemplar. Sic necesse est se habere absolutam
entitatem seu formam. Absoluta enim est interminata et infinita. Quare est cuiuslibet terminatae et finitae adaequatissimum exemplar, cum nulli sit aut maior aut minor. Deum
autem esse absolutum necesse est, cum praecedat omne non
esse et per consequens omnem alteritatem et contradictionem.
Ideo nulli alter vel diversus licet nihil ad eius aequalitatem
accedere possit, cum omnia alia sint altera et finita. Unde cum
Deo nihil sit impossibile, oportet per ea, quae in hoc mundo
sunt impossibilia nos ad ipsum respicere, apud quem impossibi-
litas est necessitas, sicut infinitas in hoc mundo actu est impossibilis, sic magnitudo cuius non est finis est necessitas illa,
quae non ens seu nihil, ut sit, necessitat.

Adhuc mathematice aenigmatizando considera, quomodo summa
aequalitas quantitatum ipsas ab omni pluralitate absolvit. Puta
si concipis circuli a centro ad circumferentiam lineas ut descri-
bitur in pavimento, videntur esse aequales. Sed non sunt propter
pavimenti fluxibilitatem et materiam. Ita quod nulla est alteri
praecise similis ut in Docta Ignorantia ostenditur. Sed dum
intellectualiter circulus in se consideratur lineae multae in pavimento non possunt ibi esse aliae et aliae, quia causa alteritatis

---

[1] Nicolaus Cusanus, De docta ignorantia, Schriften Bd. I,
p. 191—517.

Buch über das Bild ein zureichendes Gleichnis gegeben. So wie Gott, dessen Sehen Sein ist, zugleich alles und jedes einzelne sieht, so ist er auch alles und jedes einzelne zugleich. Der Mensch sendet zugleich und mit einem Mal sein Wort in die Ohren aller und der einzelnen Hörenden. Gott, dessen Sprechen Schaffen ist, schafft zugleich alles und jedes einzelne; und da das Wort Gottes Gott ist, ist Gott in allem und in jedem einzelnen Geschöpf Weiteres darüber steht in dem genannten Büchlein über das Bild.

Dafür aber, daß Gott in sich absolut betrachtet, die Wirklichkeit jedes Könnens ist oder die zugleich einfachste und unendlichste Gestalt, dafür sehe ich kein entsprechenderes, vernunfthaftes Gleichnis, als wenn ich die unendliche Linie setze.

In dem Buch der Wissenden Unwissenheit habe ich erklärt, daß diese Linie, wenn es sie gäbe, die Wirklichkeit alles Linien-sein-Könnens wäre; also auch die Ziel-Grenze alles durch die Linie Begrenzbaren und das angemessenste Urbild aller Figuren, die durch Linien gebildet werden können. So muß sie die absolute Seiendheit oder Gestalt haben; die absolute Linie ist unbegrenzt und unendlich. Darum ist sie das angemessenste Urbild jeder begrenzten und endlichen Linie, da sie keiner gegenüber größer oder kleiner ist. Gott aber muß das Absolute sein, da er allem Nicht-Sein vorangeht und folglich auch jeder Andersheit und Widersprüchlichkeit. Darum ist er keinem Ding gegenüber anders oder verschieden, wenn auch nichts an seine Gleichheit herankommen kann, weil alles andere anders und endlich ist. Da bei Gott nichts unmöglich ist, müssen wir eben durch das in dieser Welt Unmögliche zu dem hinblicken, bei dem die Unmöglichkeit Notwendigkeit ist. Wie auf dieser Welt die Unendlichkeit als Wirklichkeit unmöglich ist, ist die Größe, die kein Ende hat, jene Notwendigkeit, die das Nicht-Seiende oder das Nichts nötigt, zu sein.

Betrachte weiter in einem mathematischen Gleichnis, wie die höchste Gleichheit der Quantitäten diese von jeder Vielheit löst. Stelle dir vor, du betrachtest die Linien, die bei einem auf den Fußboden gezeichneten Kreis vom Mittelpunkt zum Umfang führen; sie scheinen gleich zu sein. Sie sind es aber nicht wegen der Wandelbarkeit und der Stoffhaftigkeit des Bodens. Keine ist der anderen ganz genau gleich, wie in der Wissenden Unwissenheit gezeigt wurde. Betrachtet man aber den Kreis vernunfthaft in

cessat scilicet materia. Sic nec sunt plures. Sicut igitur de lineis dictum est, ita de omni quanto scilicet superficie et corpore.

Quando igitur video in pavimento unam superficiem terminari figura circulari et aequalem superficiem figura triangulari terminari et aequalem figura hexagonali et ita de omnibus signabilibus figuris et post haec considero plures videri superficies illas aequales ob subiectum aliud et aliud, in quo aliter et aliter describuntur, abstraho igitur mentaliter a subiecto et video quomodo prius una et eadem superficies fuit mihi alia et alia visa, quia vidi in alio et alio loco et subiecto. Et deinde adverto, quod una et eadem superficies est circulus, est trigonus et hexagonus et omnis figura, qua superficies figurari et terminari potest. Per hoc aenigma entitatem ab hoc et illo absolutam video actu esse omnium et singulorum entium essendi formam, quomodocumque formabilem, non quidem similitudinarie et mathematice, sed verissime et formaliter, quod et vitaliter dici potest. Et hoc aenigma mihi placet.

Nam eandem superficiem posse esse circularem et rectilinealem et polygoniam et eius praxim nuper ostendi[1]. Esto igitur quod possibile esse ponatur actu esse, uti in theologicis fatendum est, utique tunc aenigma clarius dirigit, quia secundum mathematicae perfectam comprehensionem ad theologiam aenigma propinquius fieri posse arbitror. Et haec de hoc nunc sic dicta sint.

I: Timeo ne importunus videar et taediosus alioquin ad huc informari peterem.

C: Petite ambo, nam hae collocutiones nequaquam me fatigant, sed apprime delectant. Ideo si quid restat cum alio forte tempore minus otii detur mihi nequaquam nunc indulgete.

I: Inter innumera, quae audire vellem, est unum praecipue, quomodo hanc omnipotentem formam negative melius attingimus, quae dicitur super omne esse et non esse videri.

[1] Vgl. Nicolaus Cusanus, De math. perfectione, 1458, Paris II, fol. 101ff.

sich, dann können die vielen Linien auf dem Fußboden nicht je andere sein, denn es fehlt die Stofflichkeit, der Grund der Andersheit. Und so sind sie nicht viele. Wie dies hier von den Linien gesagt ist, gilt es auch für jede andere Quantität, nämlich Fläche und Körper.

Wenn ich auf dem Boden eine Fläche sehe, die von einer Kreislinie begrenzt ist, dann eine gleiche Fläche von einem Dreieck und einem Sechseck und allen anderen zeichenbaren Figuren begrenzt, und dann bedenke, daß diese gleichen Flächen wegen des Untergrundes, auf dem sie immer anders gezeichnet werden, als viele erscheinen, dann sehe ich im Geist vom Untergrund ab und erkenne, daß mir wegen des jeweils anderen Ortes und der jeweils anderen Unterlage vorher ein- und dieselbe Fläche als immer andere erschien. Ich bemerke dann, daß ein und dieselbe Fläche Kreis, Dreieck, Sechseck und überhaupt jede Figur ist, die von einer Fläche gebildet und begrenzt werden kann. Durch dieses Gleichnis sehe ich, daß die Seiendheit, von diesem und jenem Ding abgelöst, als Wirklichkeit die Seinsgestalt von allen und den einzelnen Seienden ist. Ich sehe, daß sie in jeder Weise gestaltet werden kann, und zwar nicht abbildhaft oder mathematisch, sondern in voller Wahrheit und Gestalt. Man kann auch sagen: lebendig. Und dieses Gleichnis gefällt mir.

Daß dieselbe Fläche kreisförmig, rechteckig und vieleckig sein kann, habe ich vor einiger Zeit gezeigt. Wenn also das Möglich-Sein als Wirklich-Sein gesetzt werden soll, wie man es in der Theologie tun muß, dann weist dieses Gleichnis noch viel deutlicher den Weg, weil ich glaube, daß nach einem vollkommenen mathematischen Verständnis das Gleichnis noch näher zur Theologie herangeführt werden kann. Damit soll es nun genug sein.

J: Ich fürchte, dir zudringlich und lästig zu erscheinen, sonst würde ich noch um weitere Belehrung bitten.

K: Bittet nur beide; dieses Gespräch ermüdet mich keineswegs, es ist mir vielmehr ein großes Vergnügen. Nehmt jetzt also keine unnötige Rücksicht, sondern fragt, was noch zu fragen übrig ist; ein anderes Mal ist mir vielleicht weniger Muße gegönnt.

J: Unter einer Unzahl von Fragen ist es vor allem eine, auf die ich eine Antwort hören möchte: wie erreichen wir diese allmächtige Gestalt, von der man sagt, daß sie vor allem Sein und Nicht-Sein gesehen wird, am besten auf negativem Wege?

C: Oportet, abba, praesupponere, quae alias a me audisti, tres esse speculativas inquisitiones. Infima est physica, quae circa naturam versatur et considerat formas inabstractas, quae subsunt motui. Nam forma in materia est natura. Et ideo inabstracta est atque in alio, ideo aliter. Secundum igitur instabilitatem materiae continue movetur seu alteratur. Et hanc inquirit anima sensibus et ratione.

Alia est speculatio circa formam penitus absolutam et stabilem, quae est divina et est ab omni alteritate abstracta. Ideo aeterna sine omni motu et variatione. Et hanc formam quaerit anima per se sine phantasmate supra omnem intelligentiam et disciplinam per supremam sui ipsius acutiem et simplicitatem, quae intellectualitas a quibusdam dicitur.

Estque media speculatio circa inabstractas formas, tamen stabiles, quae mathematica dicitur. Considerat enim circulum, qui non est a subiecto seu omni materia intelligibili abstractus, sed bene a materia corporali et instabili. Non enim considerat circulum ut in pavimento corruptibili, sed ut in sua ratione seu definitione. Et vocatur speculatio illa mathesis seu disciplina. Traditur enim via disciplinae. Et utitur anima in huius inquisitione intellectum cum imaginatione. De his alias.

Nunc autem de absoluta forma theologizantes dicimus, quoniam ipsa primarie dat esse. Omnis enim forma adveniens materiae dat ei esse et nomen. Ut cum figura Platonis advenit aeri, dat aeri esse et nomen statuae. Sed quia omnes formae inabstractae, quae sine materia non subsistunt nisi notionaliter, proprie non dant esse, sed ex ipsarum cum materia connexione surgit esse, ideo necesse est quod [una] sit forma penitus abstracta per se subsistens sine cuiuscumque indigentia, quae det materiae possibilitatem essendi

K: Da wird zweckdienlich sein, das vorauszuschicken, Abt, was du bei anderer Gelegenheit von mir gehört hast: es gibt drei Arten spekulativer Untersuchung. Die unterste ist die Physik. Sie beschäftigt sich mit der Natur und betrachtet die nicht losgelösten Gestalten, die der Bewegung unterworfen sind. Denn die Natur ist die Gestalt im Stoff. Da sie im anderen und nicht losgelöst ist, ist sie anders. Der Unbeständigkeit der Materie gemäß wird sie ständig bewegt und verändert. Die Seele untersucht sie mit Hilfe der Sinne und des Verstandes.

Eine andere ist die Betrachtung der völlig absoluten und beständigen Gestalt; sie ist göttlich und von jeder Andersheit losgelöst, darum auch ewig ohne Bewegung und Veränderung. Diese Gestalt sucht die Seele aus eigenem ohne Vorstellungsbilder jenseits jeder Vernunft und Wissenschaft mit der größten ihr eigenen Schärfe und Einfachheit; manche nennen sie Vernünftigkeit.

Es gibt noch eine mittlere Betrachtungsweise, die sich mit zwar nicht losgelösten, aber dennoch beständigen Gestalten beschäftigt; sie wird die Mathematik genannt. Sie betrachtet den Kreis, der zwar nicht vom Untergrund oder jeder vorstellbaren Materie, wohl aber von der körperlichen und unbeständigen Materie losgelöst ist. Sie betrachtet den Kreis nicht, wie er sich auf dem vergänglichen Boden darstellt, sondern wie er in seinem Wesenssinn oder seiner Begriffsbestimmung ist. Diese Betrachtungsweise wird Mathesis oder Wissenschaft genannt. Sie wird auf dem Weg der Wissenschaft überliefert. Bei dieser Untersuchung gebraucht die Seele die Vernunft im Verein mit der Vorstellungskraft; doch darüber an anderer Stelle.

Nun aber wollen wir Theologie betreiben und über die absolute Gestalt sprechen; sie verleiht in erster Linie und ursprünglich das Sein. Denn jede Gestalt, die in die Materie gelangt, verleiht dieser Sein und Namen; so wie die Gestalt Platons, die zum Erz hinzukommt, diesem Sein und Namen einer Statue gibt. Weil aber alle nicht abstrakten Gestalten, die ohne Materie nur als Begriffe Bestand haben, nicht aus eigenem das Sein geben — dieses vielmehr aus ihrer Verbindung mit der Materie entsteht —, muß es eine voll-

et formae ei advenienti actualitatem et utriusque connexioni re existentiam.

Formae igitur, quanto magis indigent subiecto seu materia ut subsistant actu, utique debiliores et materialiores sunt et magis naturam subiecti imitantur et ideo minus perfectae. Quanto vero minus indigent subiecto formaliores, stabiliores et perfectiores existunt. Oportet igitur, quod forma, quae penitus nullo alio indiget, quoniam infinitae perfectionis, in se omnium formarum formabilium complicet perfectiones, quoniam est actu ipse essendi thesaurus, a quo emanant omnia, quae sunt, quemadmodum ipsa ab aeterno in thesauro sapientiae concepta vel reposita sunt.

Refert Moses[1] Deum dixisse, ego sum entitas, quod reperitur in libris nostris translatum, ut praedictum est, ego sum qui sum. Esse igitur, quod entitas, nominat nobis formarum formam. Nulli dabili formae convenit esse, quod entitas, nisi illi penitus abstractae et adeo perfectae, quod ab omni indigentia sit libera. Potest igitur omnis forma esse perfectior, quae non est absoluta entitas. Esse autem quod entitas est perfectio omnis esse et ideo omnium formarum complicatio. Unde nisi ipsa entitas daret omnibus formis esse formativum nequaquam [ipsum] haberet.

In omnibus igitur est divina essentia quae entitas absoluta dans omnibus esse tale quale habent. Cum autem omnia bonum appetant et nihil appetibilius ipso esse quod de suo thesauro utique optimo emanare facit entitas absoluta, ideo Deum, quem entitatem nominamus, solum bonum dicimus, quia ab ipso optimum donum nobis gratissimum nostrum scilicet proprium esse recipimus. Quaerimus autem fontem nostri esse videre per omnes nobis possibiles modos et

---
[1] Vgl. Ex. 3, 14.

kommen losgelöste Gestalt geben, die ganz durch sich selbst besteht und nichts bedarf; die der Materie die Seinsmöglichkeit gibt, der zu ihr hinzutretenden Gestalt die Wirklichkeit und der Verbindung beider die Existenz im Ding.

Je mehr also die Gestalten — um wirklich Bestand zu haben —, eines Untergrundes oder einer Materie bedürfen, um so schwächer und stofflicher sind sie, um so mehr ahmen sie die Natur des Untergrundes nach und um so weniger sind sie vollkommen. Je weniger sie aber des Untergrundes bedürfen, um so gestalthafter, beständiger und vollkommener sind sie. Jene Gestalt, die — weil sie von unendlicher Vollkommenheit ist — keines anderen bedarf, muß darum in sich alle Vollkommenheiten aller gestaltbaren Gestalten einschließen. Denn sie ist als Wirklichkeit jener Schatz des Seins, aus dem alles, was ist, entströmt, so wie es von Ewigkeit im Schatz der Weisheit empfangen und niedergelegt ist.

Moses berichtet, Gott habe gesagt: „Ich bin die Seiendheit." Das findet sich, wie schon früher gesagt, in unseren Büchern übersetzt mit: „Ich bin, der ich bin." Das Sein also, welches die Seiendheit ist, bezeichnet uns die Gestalt der Gestalten. Keiner möglichen Gestalt entspricht dieses Sein, das die Seiendheit ist, außer jener völlig losgelösten und so vollkommenen, daß sie von jedem Mangel frei ist. Deshalb kann jede Gestalt, die nicht die absolute Seiendheit ist, vollkommener sein. Das Sein aber, das die Seiendheit ist, ist die Vollendung jedes Seins und darum die Einfaltung aller Gestalten. Wenn nicht die Seiendheit selbst allen Gestalten das gestaltende Sein gäbe, dann hätten sie es nicht.

In allem ist also das göttliche Sein die absolute Seiendheit, die allen ein solches Sein gibt, wie sie es haben. Weil nun alle das Sein erstreben und es nichts Erstrebenswerteres gibt als das Sein, welches die absolute Seiendheit aus ihrem vollkommenen Schatz entströmen läßt, nennen wir Gott, den wir als Seiendheit bezeichnen, den allein Guten; empfangen wir doch von ihm das beste und teuerste Geschenk, unser eigenes Sein. Auf allen uns möglichen Wegen suchen wir die

reperimus per negativam [inquisitionem] nos verius iter capere, cum sit incomprehensibilis, quem quaerimus et infinitus. Ut igitur tibi nunc dicam, quae a me exigis. De negativa recipiamus negativam, scilicet non esse, quae omnium negationum prima videtur; nonne negativa illa praesupponit et negat?

I: Utique praesupponit esse et negat esse.

C: Id igitur esse, quod praesupponit, ante negationem est.

I: Utique sic est necesse secundum nostrum intelligendi modum.

C: Esse igitur, quod negatio praesupponit, utique aeternum est. Est enim ante non esse. Et esse id, quod negat, post non esse est initiatum.

I: Necesse videtur.

C: Negatio igitur quae cadit super esse, negat esse illud sic nominatum esse praesuppositum, quod non est aliud dicere nisi quod esse post non esse nequaquam est esse aeternum et ineffabile.

I: Negare ista nequeo.

C: Sic verius video Deum quam mundum. Nam non video mundum nisi cum non esse et negative. Ac si dicerem, mundum video non esse Deum, Deum autem video ante non esse, ideo nullum esse de ipso negatur. Esse igitur ipsius est omne esse omnium, quae sunt aut esse quoquomodo possunt. Hoc nulla alia via absque phantasmate simplicius et verius videri potest. Per negativam enim praesuppositum ipsum, quod non esse antecedit, entitatem omnis esse in aeternitate simplici intuitu vides, a quo omne quod non esse sequitur negas.

I: Intelligo ipsum praesuppositum esse in negatione necessario antecedere non esse, alias utique nihil esset. Quis enim non esse in esse produxisset? Non ipsum non esse quando

Quelle unseres Seins zu sehen und finden, daß wir durch eine negative Untersuchung den wahreren Weg erreichen; denn, unbegreiflich und unendlich ist der, den wir suchen. Damit will ich dir nun das sagen, was du von mir zu hören wünschtest. Aus diesem negativen Weg wollen wir eine bestimmte Verneinung herausgreifen, nämlich das Nicht-Sein, das die erste aller Negationen zu sein scheint. Macht sie nicht eine Voraussetzung und verneint sie?

J: Ja, sie setzt Sein voraus und negiert es.

K: Das Sein, das sie voraussetzt, ist also vor der Negation?

J: Gemäß unserem Erkenntnisvermögen muß es so sein.

K: Das Sein, das die Negation voraussetzt, ist darum unbedingt ewig; denn es steht vor dem Nicht-Sein; und das Sein, das es negiert, hat seinen Anfang nach dem Nicht-Sein.

J: Es scheint notwendig so zu sein.

K: Die Verneinung, die das Sein betrifft, verneint also, daß jenes sogenannte Sein das vorausgesetzte Sein ist; das bedeutete nichts anderes als zu sagen, daß das Sein nach dem Nicht-Sein nicht jenes ewige und unaussprechliche Sein ist.

J: Das ist nicht zu leugnen.

K: So sehe ich Gott wahrer als die Welt. Denn die Welt sehe ich nur zusammen mit dem Nicht-Sein und negativ, z. B. wenn ich sage: ich sehe, daß die Welt nicht Gott ist. Gott aber sehe ich vor dem Nicht-Sein, und deshalb wird im Hinblick auf ihn kein Sein geleugnet. Sein Sein ist alles Sein aller Dinge, die sind oder auf irgendeine Weise sein können. Ohne Vorstellungsbilder vermag man das auf keinem anderen Weg einfacher und wahrer zu sehen. Durch die Verneinung siehst du in einfacher Schau, daß das Vorausgesetzte, welches dem Nicht-Sein vorangeht, die Seiendheit jedes Seins in Ewigkeit ist; vor ihm verneinst du alles, was dem Nicht-Sein folgt.

J: Ich verstehe, daß das in der Verneinung vorausgesetzte Sein notwendigerweise dem Nicht-Sein vorangeht, da sonst überhaupt nichts wäre. Denn wer hätte das Nicht-Sein

non praesupponeret esse a quo produceretur. Si igitur aliud esse affirmamus, necesse est id, quod dicis esse verissimum.

C: Bene infers, abba. Tu autem vides aliqua esse caelum scilicet et terram et mare et reliqua. Vides autem unum non esse aliud et ita illa vides post non esse. Vides igitur illa de aeterno esse post non esse hoc esse quod sunt. Cum enim praecedat ipsa aeternitas non esse, quod se in esse producere nequit, necesse est omnia per aeternum esse de non esse seu non extantibus produci. Aeternum igitur esse est necessitas essendi omnibus.

I: Pater, dicito clarius si potes, quomodo omnia in aeterno esse videre queam.

C: Si sol in eo quod est, foret et eo ipso omnia, quae non est, tunc utique foret ante non esse. Et ita sol et omnia, quia nihil de ipso negari posset.

I: Admitto, sed me conturbat conceptus solis, qui est terminatus.

C: Iuves te igitur et respice in ipsum esse solis. Et deinde tolle li solis. Et omnem inabstractionem removendo sic negativam. Tunc de eo vides nihil negari. Quando enim vides quod esse solis non est esse lunae, hoc evenit quia vides esse inabstractum et sic contractum et limitatum. Quod ideo solare dicitur. Si ergo aufers terminum et videas esse interminum sive aeternum, utique tunc vides ipsum ante non esse.

I: Quodlibet igitur esse sic video in Deo aeterno Deum et omnia esse.

C: Ita est. Nam cum Deus aeternus omnia de non esse producat nisi ipse actu esset omnium et singulorum esse, quomodo de non esse produceret?

ins Sein übergeführt? Das Nicht-Sein jedenfalls nicht, wenn es nicht ein Sein voraussetzte, von dem es übergeführt worden wäre. Wenn wir also ein anderes Sein bejahen, dann muß es das sein, was du als das wahrste bezeichnest.

K: Dein Einwurf ist gut, Abt; du siehst aber manches Seiende wie den Himmel, das Meer, die Erde und alles übrige; du siehst, daß das eine nicht das andere ist und so siehst du diese Dinge nach dem Nicht-Sein. Damit siehst du, daß sie vom ewigen Sein herstammen und nach dem Nicht-Sein das sind, was sie sind. Da dem Nicht-Sein, das sich nicht von selbst in das Sein zu bringen vermag, die Ewigkeit vorausgeht, müssen alle Dinge durch das ewige Sein aus dem Nicht-Sein oder aus ihrem Nicht-Bestehen hervorgeführt werden; darum ist das ewige Sein die Seinsnotwendigkeit für alles.

J: Sag mir deutlicher, Vater, wenn du es kannst, wie ich alles im ewigen Sein zu sehen vermag.

K: Wäre die Sonne in dem, in dem sie ist und zugleich auch in allem, in dem sie nicht ist, dann wäre sie unbedingt vor dem Nicht-Sein; und so wäre sie zugleich Sonne und alles, weil man von ihr nichts leugnen könnte.

J: Das gebe ich zu; aber mich verwirrt der Begriff Sonne, der doch begrenzt ist.

K: Hilf dir so: betrachte das Sein der Sonne selbst; dann nimm die Bezeichnung Sonne weg. Und wenn du so alles Konkrete und nicht Losgelöste entfernst, entfernst du auch das Negative. Nun siehst du, daß von ihm nichts verneint wird. Wenn du siehst, daß das Sein der Sonne nicht das Sein des Mondes ist, so kommt das daher, daß du ein Sein siehst, das nicht losgelöst, sondern verschränkt und begrenzt ist und deshalb sonnenhaft genannt wird. Nimmst du die Begrenzung weg und siehst das unbegrenzte oder ewige Sein, dann wirst du es vor dem Nicht-Sein sehen.

J: Jedes beliebige Sein sehe ich dann in dem ewigen Gott Gott und alles sein.

K: So ist es. Der ewige Gott führt alles aus dem Nicht-Sein hervor; — wie sollte er das, wenn er nicht das Sein von allem und allem einzelnen wäre?

I: Haec igitur vera sunt, quae sancti asserunt. Aiunt enim Deum esse quantum sine quantitate, qualem sine qualitate et ita de omnibus[1].

C: Sic dicunt. Sed dicito tu, quomodo id intelligas?

I: Intelligo ipsum omnium, quae videmus, veritatem absolutam. Ideo oportet de contracto contractionem negare, ut absolutum pertingamus. In visibili namque quantitate attendo quomodo est vera quantitas. Veritatem igitur eius per quam vera est in absoluto inspicere attento et video ipsam esse quantitatem sine tali quantitate, quam vidi post non esse sic et sic terminatam et limitatam, quae per hoc nomen quantitas designatur.

Oportet igitur me citra non esse relinquere omnia ea, per quae quantitas est potius quantitas quam omnia. Et ita nomen, defintionem, figuram et omnia, quae omni sensu, imaginatione et intellectu de quantitate apprehenduntur, abicio, ut sic perveniam ad non esse huius quantitatis, Deum respicio ut[2] aeternam eius, quod prius videram, causam et rationem. Quae etsi sit ineffabilis ante omne nomen tamen ipsam aeternitatem quantitatem sine quantitate nomino, quia ratio et veritas nominabilis quantitatis. Ratio autem quanti non est quanta, sic nec veritas seu aeternitas. Sicut nec ratio temporis est temporalis sed aeterna.

C: Gaudeo hoc a te audisse. Nec haec, quae dixisti cuiquam mira videbuntur, qui experitur in se quomodo calor in regione sensibilium est sine calore in regione virtutum cognoscitivarum magis abstractarum. Calor cum calore est in sensu ubi calor sentitur, sed in imaginatione sive intellectu sine calore attingitur. Ita de omnibus, quae sensu attinguntur pariformiter dicendum. Odor enim sine odore et dulce sine dulcedine et sonus sine sono et ita de singulis. Sicut igitur quae sensibiliter sunt in sensu, insensibiliter sunt in intellectu, quia in eo non sunt sensibiliter sed intel-

---

[1] Vgl. Augustinus, De trinitate V. c. I 2 u. a.
[2] Konjektur; Cod. Cus.: in.

J: Also ist es wahr, was die Heiligen sagen, daß Gott groß sei ohne Groß-Sein, und so ohne So-Sein.

K: So sprechen sie. Aber sag du, wie du das verstehst.

J: Ich verstehe Gott als die absolute Wahrheit von allem, das wir sehen; darum müssen wir, um zum Absoluten zu gelangen, von dem Verschränkten die Verschränkung verneinen. In der sichtbaren Quantität achte ich darauf, wie die wahre Quantität ist. Ihre Wahrheit, durch die sie wahr ist, bemühe ich mich, im Absoluten zu erblicken und sehe so, daß sie die Quantität ist, die ich nach dem Nicht-Sein gesehen habe, und die mit dem Namen Quantität bezeichnet wird.

Ich muß alles, durch das die Quantität eher Quantität als etwas anderes ist, diesseits des Nicht-Seins zurücklassen. Ich lasse ab von Namen, Definition, Gestalt und allem, das Sinne, Vorstellung und Vernunft von der Quantität erfassen; gelange ich so zum Nicht-Sein dieser Quantität, dann erblicke ich Gott als den ewigen Grund und Wesenssinn dessen, was ich früher sah. Obwohl er unaussprechlich vor allen Namen ist, nenne ich dennoch die Ewigkeit Quantität ohne Quantität, denn sie ist der Wesenssinn und die Wahrheit der benennbaren Quantität. Der Wesenssinn des Quantitativen ist nicht quantitativ, und ebensowenig seine Wahrheit oder Ewigkeit; wie auch der Wesenssinn der Zeit nicht zeitlich, sondern ewig ist.

K: Ich freue mich, das von dir gehört zu haben. Deine Worte werden keinem verwunderlich vorkommen, der in sich erfahren hat, daß die Wärme des sinnlichen Bereiches im Bereich der mehr losgelösten Erkenntniskräfte ohne Wärme ist. Wärme mit Wärme ist im Sinn, wo sie als Wärme empfunden wird; in der Vorstellungskraft aber oder im Denken erfaßt man sie ohne Wärme. Dasselbe kann man von allem sagen, das der Sinn erreicht: Duft, ohne Duft, Süße ohne Süßigkeit, Ton ohne Ton usw. Das Sinnliche im Sinn ist in der Vernunft unsinnlich, da es in ihr

lectualiter et intellectus, sic omnia, quae sunt mundialiter in mundo, sunt immundialiter in Deo, quia ibi sunt divine.

Et Deus ita temporalis intemporaliter, quia aeterne, et corruptibilia incorruptibiliter, materialia immaterialiter et plura impluraliter et numerata innumerabiliter, composita incomposite et ita de omnibus. Quod totum non est aliud nisi quod omnia sunt in suo proprio et adaequatissimo aeterno esse, sine omni substantiali aut accidentali differentia discretissime ipsa simplicissima aeternitas.

B: Audivi utique alta lucide resolvi. Ex quibus elicio mundum post non esse initiatum. Ideo graece dici pulchrum cosmon, quia est ab ineffabili aeterna pulchritudine, quae est ante non esse. Et nomen id negat ipsum esse ipsam pulchritudinem ineffabilem. Affirmat tamen esse illius imaginem, cuius ineffabilis est veritas. Quid ergo est mundus nisi invisibilis Dei apparitio? Quid Deus nisi visibilium invisibilitas uti apostolus in verbo in principio nostrae collocutionis praemisso innuit?

Mundus igitur revelat suum creatorem ut cognoscatur. Immo incognoscibilis Deus se mundo in speculo et aenigmate[1] cognoscibiliter ostendit, ut bene dicebat Apostolus apud Deum non esse est et non, sed est tantum[2]. Vivorum regio, quae est in aeternitate, ante non esse [est]. Aliquantulum enim incipit ex dictis, quia est apparere atque quale sit istud magnum chaos, de quo Christus loquitur, quod est inter incolas immortalitatis aeternae et eos, qui inhabitant infernum[3]. Ac quod Christus magister noster ignorantiam tollens et viam ad immortalitatis aeternitatem nos docens, omnia supplevit quae nos aeternae illius immortalitatis incapaces

---

[1] Vgl. 1 Kor. 13, 12.
[2] Vgl. 2 Kor. 1, 19.
[3] Vgl. Luc. 16, 26.

nicht sinnlich, sondern vernunfthaft und Vernunft ist. So ist alles, was in der Welt weltlich ist, in Gott unweltlich, weil es dort in göttlicher Art ist.

So ist Gott das Zeitliche unzeitlich, weil ewig, das Vergängliche unvergänglich, das Stoffliche unstofflich, das Viele nicht vielfach, das Gezählte ungezählt, das Zusammengesetzte zusammengesetzt, usw. Dieses Ganze ist nichts anderes, als daß sich alle Dinge in ihrem eigentlichen und angemessensten ewigen Sein befinden, ohne jede substanzielle oder akzidentelle Unterscheidung und doch ganz unterschiedlich, die einfachste Ewigkeit selbst.

B: Ich habe jetzt gehört, wie erhabene Fragen, lichtvoll erklärt wurden. Ich schließe daraus, daß die Welt nach dem Nicht-Sein ihren Anfang genommen hat. Aus diesem Grunde heißt sie griechisch Kosmos, d. h. Schmuck und Ordnung, weil sie von der unsagbaren ewigen Schönheit stammt, die vor dem Nicht-Sein steht. Ihr Name besagt, daß sie nicht die unsagbare Schönheit ist. Er bestätigt aber, daß sie das Abbild dessen ist, dem die unsagbare Wahrheit eignet. Was anderes ist also die Welt als die Sichtbarwerdung des unsichtbaren Gottes? Was ist Gott anderes als die Unsichtbarkeit des Sichtbaren, wie es der Apostel in dem Wort sagt, das wir an den Anfang unseres Gespräches gestellt haben.

Die Welt enthüllt ihren Schöpfer, damit er erkannt werde. Ja, der unerkennbare Gott zeigt sich der Welt im Spiegel und Gleichnis erkennbar, so wie der Apostel treffend gesagt hat, bei ihm gebe es nicht ja und nein, sondern nur ja. Das Reich der Lebendigen ist in der Ewigkeit und vor dem Nicht-Sein. Ein wenig beginnt aus dem Gesagten klar zu werden, daß es so ist und wie es mit jener großen Kluft, dem Chaos, steht, von der Christus spricht und welches zwischen den Bewohnern der Unsterblichkeit und denen der Hölle klafft. Christus, unser Meister, der unserer Unwissenheit hinwegnimmt und uns den Weg weist zur Unsterblich-

reddunt. Nunc satis erit tanta dixisse, quae si placet epilogando concludas.

C: Forte sic tempus fieri postulat. Movistis ex Pauli summi theologi sententia, quomodo ex creatura mundi intellecta conspiciuntur invisibilia Dei. Diximus mente illam creatoris sempiternam virtutem et invisibilem divinitatem conspici, quae mundum creatum intelligit. Non est enim possibile creaturam intelligi emanasse a creatore nisi videatur in invisibili virtute seu potestate eius ipsam aeternaliter fuisse. Oportet omnia creabilia actu in eius potestate esse ut ipse sit formarum omnium perfectissima forma. Oportet ipsum omnia esse quae esse possunt, ut sit verissima formalis seu exemplaris causa. Oportet ipsum in se habere omnium formabilium conceptum et rationem. Oportet ipsum esse supra omnem oppositionem. Nam in ipso non potest esse alteritas, cum sit ante non esse. Si enim post non esse esset, non esset creator, sed creatura de non esse producta.

In ipso igitur non esse est omne quod esse potest. Ideo de nullo alio creat, sed ex se, cum sit omne, quod esse potest. Et quando ipsum nixi sumus super esse et non esse videre, non potuimus intelligere, quomodo foret visibilis, qui est supra omne simplex et compositum, super omne singulare et plurale, super omnem terminum et infinitatem, totaliter undique et nullibi, omniformis pariter et nulliformis et penitus ineffabilis, in omnibus omnia, in nullo nihil et omnia et nihil in ipso ipse, integre, indivise in quolibet quantumcumque parvo et simul in nullo omnium, qui se in omni creatura ostendit unitrinum exemplar, verissimum et adaequatissimum omnem sensibilem, imaginabilem et intellectualem phantasmatibus inhaerentem in infinitum excedentem cognitionem, cum his cognitionibus nihil incorporeum et spirituale attingatur, sed altissimo et ab omnibus phantasmatibus absoluto intellectu omnibus transcensis, ut nihil omnium, quae sunt, reperitur in intelligibilis ignoranter seu intelligibiliter in umbra seu tenebra sive incognite. Ubi

keit der Ewigkeit, hat damit alles ergänzt und erfüllt, was uns der ewigen Unsterblichkeit unfähig macht. Nun aber genug der vielen Worte; wenn es dir recht ist, fasse sie mit einem Schlußwort zusammen.

K: Das fordert wohl auch die Zeit. Ihr seid ausgegangen von dem Satz des großen Gottesgelehrten Paulus, daß das Unsichtbare Gottes aus der Schöpfung der Welt als Erkanntes geschaut wird. Wir haben gesagt, daß der Geist, der die Welt als eine geschaffene erkennt, jene immerwährende Kraft und unsichtbare Gottheit erblickt, denn es ist uns unmöglich, zu erkennen, daß die Schöpfung ein Ausfluß des Schöpfers ist, ohne einzusehen, daß sie in der unsichtbaren Kraft oder durch seine Kunst ewiglich gewesen ist. Alles Erschaffene muß als Wirkliches in seiner Macht gewesen sein, so daß er die vollkommenste Gestalt aller Gestalten ist; er muß alles sein, das sein kann, so daß er der wahrste gestalthafte oder urbildhafte Grund ist. Er muß über jedem Gegensatz stehen; da er vor dem Nicht-Sein steht, kann es in ihm keine Andersheit geben. Wäre er nach dem Nicht-Sein, dann wäre er nicht Schöpfer, sondern aus dem Nicht-Sein hervorgeholtes Geschöpf.

In ihm ist also das Nicht-Sein alles, was sein kann. Darum schafft er aus keinem Anderen, sondern aus sich, da er alles ist, was sein kann. Und wenn wir uns mühten, ihn über dem Sein und dem Nicht-Sein zu sehen, dann könnten wir nicht begreifen, wie der sichtbar sein sollte, der über allem Einfachen und Zusammengesetzten ist, über allem Einzelnen und Vielen, über jeder Grenze und Unendlichkeit, ganz überall und ganz nirgends, zugleich von jeder Gestalt und von keiner, vollkommen unaussagbar, in allem alles, in nichts nichts, und alles und nichts, in ihm er selbst, unverletzt und ungeteilt in jedem auch noch so kleinen Ding, und zugleich in nichts von allem; der sich in jedem Geschöpf als sein dreieiniges Urbild zeigt, als das wahrste und angemessenste; der jede sinnliche, abbildliche und vernunfthafte Erkenntnis, die immer an Bildern der Phantasievorstellung hängt, unendlich überschreitet; denn diese Erkenntnisse berühren nichts Unkörperliches und Geistiges. Von der höchsten Vernunfterkenntnis jedoch, wenn sie von allen Vorstel-

videtur in caligine et nescitur, quae substantia aut quae res aut quod entium sit, uti res in qua coincidunt opposita scilicet motus et quies simul non ut duo sed supra dualitatem et alteritatem.

Haec visio in tenebra est ubi occultatur ipse Deus absconditus ab oculis omnium sapientum[1]. Et nisi sua luce pellat tenebram et se manifest, manet omnibus ipsum via rationis et intelligentiae quaerentibus penitus incognitus. Sed non deserit quaerentes ipsum summa fide et spe certissima atque fervidissimo quantum fieri potest desiderio, scilicet via illa quam nos docuit magister unicus Christus Dei Filius, viva via, solus ostensor Patris sui, creatoris nostri omnipotentis.

Quaecumque igitur per nos dicta sunt non ad aliud tendunt quam ut intelligamus ipsum omne intellectum excedere, cuius facialis visio quae sola felicitat nobis fidelibus per veritatem ipsam Dei filium promittitur, si viam nobis verbo et facto patefactam ipsum sequendo tenuerimus, quod nobis ipse dominus noster Iesus Christus concedat semper benedictus. Amen[2].

---

[1] Vgl. Mt. 11, 25.
[2] Cod. Cus. fügt hinzu: Laus Deo. Finis trialogi aut verius stellae habiti a sapientissimo et reverendissimo patre domino Nicolao de Cusa sancti Petri ecclesiae presbytero cardinale tituli sancti Petri ad vincula cum duobus familiaribus suis, domino Bernardo cancellario archiespiscopi Salisburgensis et Ioanno Andrea Vigevano Abbate monasterii sancti Iustinae de Sezadio.

lungsbildern befreit ist, und alles überschritten hat, wird er, der Unbegreifliche, dort, wo nichts von allem ist, das ist, unwissend, unbegreiflich und unbekannt in Schatten und Dunkelheit gefunden. Dort wird er im Dunkeln geschaut, und man weiß nicht, welche Substanz oder Sache oder was sonst von dem Seienden er ist; denn er ist das, in dem die Gegensätze zusammenfallen, Bewegung und Ruhe zugleich, nicht als zwei, sondern über aller Zweiheit und Andersheit.

Diese Schau geschieht im Dunkel, wo sich der verborgene Gott vor den Augen aller Weisen verhüllt; würde er nicht mit seinem Licht das Dunkel vertreiben und sich offenbaren, so bliebe er allen, die ihn auf dem Weg des Verstandes und der Vernunfterkenntnis suchen, gänzlich verborgen. Aber er wird die nicht verlassen, die ihn mit stärkstem Glauben, sicherster Hoffnung und glühendstem Verlangen suchen; dies ist ja der Weg, den uns unser einziger Meister, Christus, der Sohn Gottes, gelehrt hat; der lebendige Weg, der einzige Offenbarer seines Vaters, unseres allmächtigen Schöpfers.

Alle unserer Worte wollen also nichts anderes, als daß wir erkennen, daß er jedes Erkennen übersteigt. Die Wahrheit selbst, Gottes Sohn, hat uns verheißen, daß wir ihn von Angesicht zu Angesicht schauen werden, wie es seine Getreuen allein beglückt, wenn wir nur den Weg, den er in Wort und Tat uns gewiesen, einhalten und ihm folgen. Dies verleihe uns unser Herr, Jesus Christus, der hochgelobt sei in Ewigkeit. Amen.

DE APICE THEORIAE

DER GIPFEL DER SCHAU

INTERLOCUTORES: REVERENDISSIMUS DOMINUS CARDINALIS SANCTI PETRI ET PETRUS DE ERCLENCZ CANONICUS AQUENSIS

P e t r u s : Video te quadam profunda meditatione aliquot dies raptum adeo quod timui tibi molestior fieri, si te quaestionibus de occurentibus pulsarem; nunc cum te minus intentum et quasi magni aliquid invenisses laetum reperiam, ignosces spero si ultra solitum te interrogavero.

C a r d i n a l i s : Gaudebo. Nam de tua tam longa taciturnitate saepe admiratus sum, maxime qui iam annis quattuordecim me audisti multa publice et private de studiosis inventionibus loquentem et plura quae scripsi opuscula collegisti, utique postquam; nunc dono Dei et meo ministerio divinum adeptus es sacratissimi sacerdotii locum: tempus venit ut loqui et interrogare incipias.

P: Verecundor ob imperitiam, tamen pietate tua confortatus peto, quid id novi est, quod his paschalibus [diebus] in meditationem venit. Credidi te perfecisse omnem speculationem in tot variis tuis codicibus explanatam.

C: Si Apostolus Paulus[1] in tertium caelum raptus nondum comprehendit incomprehensibilem, nemo umquam ipsum qui maior est omni comprehensioni, satiabitur quin semper instet ut melius comprehendat.

P: Quid quaeris?
C: Recte ais.
P: Ego te interrogo et tu me derides, cum peto quid quaeras, tu dicis, recte ais, qui nihil aio, sed quaero.

C: Cum diceres: quid quaeris, recte dixisti, quia quid quaero. Quicumque quaerit, quid quaerit; si enim nec aliquid seu quid quaereret, utique non quaereret. Ego igitur sicut omnes studiosi quaero quid, quia scire valde cupio, quid sit ipsum quid seu quidditas, quae tantopere quaeritur.

---

[1] Vgl. 2 Kor. 12, 2.

GESPRÄCHSTEILNEHMER SIND NIKOLAUS VON KUES UND PETER VON ERKELENZ

Petrus: Seit einigen Tagen schon sehe ich dich in tiefer Betrachtung entrückt; und zwar so sehr, daß ich fürchte, dir allzu lästig zu fallen, wenn ich mich mit den auf mich zukommenden Fragen zu dir wende. Jetzt aber scheint mir, daß du weniger angespannt bist, so als hättest du irgend etwas Großes entdeckt und seiest fröhlich darum; also hoffe ich, daß du mir verzeihen wirst, wenn ich dich über das gewohnte Maß hinaus befrage.

Kardinal: Ich werde mich darüber freuen. Denn ich habe mich schon oft über deine lange Schweigsamkeit gewundert, vor allem deshalb, weil du mir schon mehr als vierzehn Jahre zuhörst, wenn ich öffentlich und privat viel über die bei meinen Studien gemachten Erkenntnisse rede, und du auch mehrere meiner Schriften gesammelt hast. Jetzt, da du durch Gottes Geschenk und durch meine Mitwirkung den göttlichen Stand geheiligten Priestertums erlangt hast, ist durchaus die Zeit gekommen, daß du zu sprechen und zu fragen beginnst.

P: Ich habe zwar Scheu wegen meiner Unerfahrenheit, aber deine Freundlichkeit ermutigt mich, zu fragen: was ist das Neue, das dir während dieser Ostertage in Sinn und Überlegung gekommen ist? Ich war der Meinung, du hättest alle Betrachtungsweisen, die du in so vielen verschiedenen Büchern dargelegt hast, abgeschlossen.

K: Wenn der Apostel Paulus, in den dritten Himmel entrückt, den Unbegreiflichen noch nicht begreift, dann wird niemals irgend jemand von ihm, der größer ist als alles Begreifen, so erfüllt werden, daß er nicht ständig danach drängte, ihn besser zu begreifen.

P: Was suchst du also?

K: Du sagst es richtig.

P: Ich frage dich und du lachst mich aus; wenn ich wissen will, was suchst du, dann sagst du, „du sagst es richtig", obwohl ich nichts sage, sondern frage.

K: Als du sagtest, „was suchst du", hast du richtig gesprochen, da ich etwas suche. Wer immer sucht, sucht etwas; wenn er nicht irgend Etwas oder ein „Was" suchte, dann würde er überhaupt nicht suchen. Wie alle Forscher suche ich also das Was, denn ich möchte sehr gern wissen, was dieses Was oder die Washeit sei, die so sehr gesucht wird.

P: Putasne quod reperiri possit?

C: Utique. Nam motus qui omnibus studiosis adest non est frustra.

P: Si hactenus nemo repperit[1], quid ultra cunctos tu conaris?

C: Puto multos aliqualiter et vidisse et in scriptis visionem reliquisse. Nam quidditas quae semper quaesita est et quaeritur et quaeretur si esset penitus ignota quomodo quaereretur quando etiam reperta maneret incognita? Ideo aiebat quidam sapiens[2] ipsam ab omnibus, licet a remotis, videri.

Cum igitur iam annis multis viderim ipsam ultra omnem potentiam cognitivam ante omnem varietatem et oppositionem quaeri oportere, attendi[3] quidditatem in se subsistentem esse omnium substantiarum invariabilem subsistentiam: ideo nec multiplicabilem nec plurificabilem et hinc non aliam et aliam aliorum entium quidditatem, sed eandem omnium hypostasim. Deinde vidi necessario fateri ipsam rerum hypostasim seu subsistentiam posse esse. Et quia potest esse, utique sine posse ipso non potest esse. Quomodo enim sine posse posset? Ideo posse ipsum sine quo nihil quicquam potest, est quo nihil subsistentius esse potest. Quare est ipsum quid quaesitum seu quidditas ipsa, sine qua non potest esse quiquam. Et circa hanc theoriam in his festivitatibus versatus sum cum ingenti delectatione.

P: Quia sine posse nihil quicquam potest uti ais et verum te dicere video, et sine quidditate utique non est quicquam, bene video posse ipsum quidditatem dici posse, sed miror cum iam ante de possest multa dixisses et in trialogo explanasses. Cur illa non sufficiunt?

C: Videbis infra, posse ipsum quo nihil potentius nec prius nec melius esse potest, longe aptius nominare illud sine quo nihil

---

[1] Vgl. Aristoteles Met. VII, 1. p. 1028b.
[2] Vgl. Job. 36, 25.
[3] Cod. Cus.: non attendi. Das non ist an dieser Stelle sinnlos, da das Nachfolgende von Cusanus von Anfang an immer wieder gesagt worden ist.

P: Glaubst du, daß es gefunden werden könnte?

K: Ganz gewiß. Denn die Bewegung, die allen Forschern gegeben ist, ist nicht umsonst.

P: Wenn es bis jetzt niemand gefunden hat — warum gehst du dann über alle übrigen hinaus und versuchst es?

K: Ich bin der Meinung, daß es viele in irgendeiner Art gesehen und in ihren Schriften eine Schau davon hinterlassen haben. Denn die Washeit, die immer gesucht wurde, wird und werden wird —, wie sollte sie, wenn sie vollkommen unbekannt wäre und wenn sie sogar als gefundene unbekannt bliebe, gesucht werden? Darum sagte ein Weiser, daß sie von allen geschaut werde, wenn auch nur von ferne.

Da ich indes schon während vieler Jahre erkannt habe, daß man sie jenseits jedes Erkenntnisvermögens vor aller Verschiedenheit und Gegensätzlichkeit suchen müsse, richtete sich mein Augenmerk darauf, daß die in sich bestehende Washeit das unveränderliche Grundbestehen allen Grundbestandes ist und darum weder vervielfältigt noch vermehrt werden kann und daß es folglich nicht immer wieder eine andere Washeit der je anderen Seienden gibt, sondern nur ein und dieselbe Hypostase von allem. Sodann sah ich, daß man notwendigerweise zugeben muß, daß diese Hypostase oder dieses Grundbestehen sein könne. Und weil es sein kann, kann es auf keinen Fall ohne das Können-Selbst sein. Denn wie könnte es ohne Können sein? Also ist das Können-Selbst, ohne das nichts sein kann, dasjenige, ohne das nichts in irgendeiner Weise grundbestandlich sein kann. Darum ist es das gesuchte „Was" oder die Washeit selbst, ohne die nichts sein kann. Und mit dieser Schau habe ich mich während dieser Festtage in übergroßer Freude beschäftigt.

P: Weil, wie du sagst, ohne das Können nichts sein kann — und ich erkenne, daß du die Wahrheit sagst — und weil ohne die Washeit überhaupt nichts ist, verstehe ich wohl, daß das Können-Selbst die Washeit genannt werden kann. Da du jedoch schon früher viel über das Können-Ist gesprochen und es in einem Trialog erklärt hast, wundere ich mich darüber, warum das nicht genügen soll?

K: Du wirst noch sehen, daß das Können-Selbst, dem gegenüber nichts mächtiger oder früher oder besser sein kann, dasjenige

quicquam potest nec esse nec vivere nec intelligere quam possest aut aliud quodcumque vocabulum; si enim nominari potest, utique posse ipsum quo nihil perfectius esse potest melius ipsum nominabit nec aliud clarius, verius aut facilius nomen dabile credo.

P: Quomodo ais facilius, quando nihil difficilius arbitror re semper quaesita et numquam plene inventa?

C: Veritas quanto clarior tanto facilior. Putabam ego aliquando ipsam in obscuro melius reperiri. Magnae potentiae veritas est, in qua posse ipsum valde lucet, clamitat enim in plateis, sicut in libello De idiota[1] legisti, valde certe se undique facilem repertu ostendit. Quis puer aut adolescens posse ipsum ignorat, quando quisque dicit se posse comedere, posse currere aut loqui? Nec est quisquam mentem habens adeo ignarus, qui non sciat sine magistro nihil esse, quin possit esse, et quod sine posse nihil quicquam potest sive esse sive habere, facere aut pati; quis adolescens interrogatus si posset portare lapidem et responso facto quod posset ultra interrogatus an sine posse posset utique diceret nequaquam? Nam absurdam iudicaret atque superfluam interrogationem: quasi nemo sanae mentis dubium de hoc faceret quicquam facere aut fieri posse sine posse ipso.

Praesupponit enim omnis potens posse ipsum adeo necessarium quod penitus nihil esse possit eo non praesupposito. Si enim aliquid potest esse notum, utique ipso posse nihil notius, si aliquid facile esse potest, utique ipso posse nihil facilius, si aliquid certum esse potest, posse ipso nihil certius; sic nec prius nec fortius nec solidius nec substantialius nec gloriosius et ita de cunctis. Carens autem ipso posse nec potest esse nec bonum nec aliud quodcumque esse potest.

P: Nihil certius his video: et puto neminem latere posse horum veritatem.

---

[1] Vgl. Nicolaus Cusanus, Idiota de sapientia, Schriften Bd. III.

ohne das nicht sein, leben oder verstehen kann, weit passender bezeichnet, als das Können-Ist oder sonst irgendeine Bezeichnung. Kann es überhaupt benannt werden, dann wird es das Können-Selbst, über das hinaus nichts vollkommener sein kann, besser benennen. Und ich glaube nicht, daß es einen anderen Namen geben kann, der deutlicher, wahrer und einfacher wäre.

P: Wie kommst du dazu, „einfacher" zu sagen? Ich glaube, es gibt nichts, das schwieriger wäre, als eine Sache, die immer gesucht und nie ganz gefunden wird?

K: Je klarer die Wahrheit ist, desto einfacher ist sie. Ich habe einmal geglaubt, daß sie im Dunkel besser zu finden sei. Die Wahrheit ist von großer Mächtigkeit, gewaltig leuchtet in ihr das Können-Selbst; sie ruft ja auf den Gassen, wie du in der Schrift vom Laien gelesen hast. Sicher und leicht läßt sie sich überall finden. Welcher Knabe oder Jüngling kennt das Können-Selbst nicht, da doch jeder sagt, er könne essen, könne laufen und könne sprechen? Und keiner, der im Besitz des Verstandes ist, ist so unwissend, daß er nicht ohne Lehrer wüßte, daß nichts ist, ohne daß es sein kann, und daß ohne das Können etwas weder sein noch haben, machen oder leiden kann? Wenn man einen Jüngling fragte, ob er einen Stein tragen könnte und, sobald er geantwortet hätte, daß er es könne, weiter fragte, ob er es auch ohne das Können könnte, wer würde da nicht antworten: „auf keinen Fall?" Er hielte das für eine höchst törichte und überflüssige Frage; denn keiner, der bei Verstand ist, würde darüber nachdenken, ob man irgend etwas machen kann oder ob irgend etwas werden kann ohne das Können-Selbst.

Jeder Könnende setzt das Können-Selbst in der Weise als notwendig voraus, daß ohne seine Voraussetzung ganz und gar nichts sein kann. Wenn nämlich irgend etwas bekannt sein kann, so ist doch nichts bekannter als das Können-Selbst. Wenn etwas leicht sein kann, so ist doch nichts leichter als das Können-Selbst. Wenn etwas sicher sein kann, so ist doch nichts sicherer als das Können-Selbst. Ebenso ist nichts früher oder stärker oder fester oder beständiger oder glorreicher oder sonst irgend etwas. Wenn aber das Können fehlt, so kann weder das Sein noch das Gute noch sonst irgend etwas sein.

P: Ich sehe nichts, das sicherer ist als dies. Und ich bin der Meinung, daß die Wahrheit dieser Worte niemandem verborgen bleiben kann.

C: Solum interest inter te et me attentio. Nam si te interrogarem quid videres in omnibus posteris Adae, qui fuerunt, sunt et erunt, etiam si forent infiniti, nonne si attenderes statim responderes, te non nisi paternum posse primi parentis in omnibus videre?

P: Ita est penitus.

C: Et si subiungerem, quid in leonibus et aquilis et cunctis speciebus animalium videres, nonne eodem modo responderes?

P: Certe non aliter.

C: Quid in omnibus causatis et principiatis?

P: Dicerem me non nisi posse causae primae et primi principii videre.

C: Et quid si ulterius a te sciscitarer cum posse omnium talium primorum sit penitus inexplicabile, unde posse tale hanc habeat virtutem, nonne mox responderes quod a posse ipso absoluto et incontracto penitus omnipotente, cui nihil potentius nec sentiri nec imaginari nec intelligi potest? Cum hoc sit posse omnis posse, quo nihil prius esse potest nec perfectius, quo non existente nihil penitus manere potest?

P: Ita profecto dicerem.

C: Hinc posse ipsum est omnium quidditas et hypostasis; in cuius potestate tam ea quae sunt, quam [ea] quae non sunt, necessario continentur; nonne haec omnino sic affirmanda diceres?

P: Omnino dicerem.

C: Posse igitur ipsius per quosdam sanctos[1] lux nominatur; non sensibilis aut rationalis sive intelligibilis sed lux omnium quae lucere possunt, quoniam ipso posse nihil lucidius esse potest nec clarius nec pulchrius. Respicias igitur ad lucem sensibilem sine qua non potest esse sensibilis visio, et attende quomodo in omni colore et omni visibili nulla est alia hypostasis quam

---

[1] Vgl. Jh. 1, 4ff.; Philo, De virtute 22, 64 u. a.; Platon, Staat VI, p. 508ff.; Plotin Enn. VI, 9, 1ff. u. a.; Zu der ganzen Frage — das Lichtproblem bei Proklos, Augustinus, Dionysius, Scotus Eringena, Bonaventura usw., mit Literaturangaben — vgl. J. Mader, Die Krise der Lichtmetaphysik im christlichen Denken, Wissenschaft und Weltbild, Wien 1964, Märzheft p. 24—33.

K: Zwischen deiner und meiner Problemschau besteht nur der Unterschied der Aufmerksamkeit. Denn wenn ich dich frage, was du in allen Nachkommen Adams, die waren, sind und sein werden, auch wenn sie unendlich viele wären, siehst, würdest du da nicht, wenn du acht gibst, sofort antworten, du sähest in allen nichts anderes als das väterliche Können des ersten Vaters?

P: So wäre es ganz bestimmt.

K: Und wenn ich weiter fragte, was du bei den Löwen und Adlern und allen Tierarten siehst, würdest du doch wohl in der selben Weise antworten?

P: Bestimmt nicht anders.

K: Und in allem aus Grund und Ursprung Hervorgegangenen?

P: Ich würde sagen, daß ich nichts als das Können des ersten Grundes und des ersten Ursprungs sähe.

K: Und wenn ich dich noch weiter fragte: Da das Können aller dieser Ersten vollkommen unerklärbar ist, woher hat es eine solche Kraft? Würdest du nicht sofort erwidern: von dem absoluten, unverschränkten und ganz allmächtigen Können-Selbst, dem gegenüber nichts Mächtigeres empfunden, vorgestellt oder gedacht werden kann. Denn es ist das Können jeden Könnens. Nichts kann früher oder vollkommener sein, und wenn es nicht existierte, könnte kein Ding bestehen bleiben.

P: Ich würde ganz gewiß so antworten.

K: Darum ist das Können-Selbst die Washeit und Hypostase von allem. In seiner Macht müssen notwendig alle Dinge enthalten sein, sowohl jene, die sind, als auch jene, die nicht sind. Würdest du nicht sagen, daß man dies als völlig sicher festhalten muß?

P: Ganz so würde ich sprechen.

K: Das Können-Selbst wird von einigen Heiligen Licht genannt. Es ist nicht das sinnliche oder verständige oder vernunfthafte Licht, sondern das Licht alles dessen, was leuchten kann, denn es kann nichts Leuchtenderes, Klareres und Schöneres geben als das Können-Selbst. Wende dich also dem sinnlichen Licht zu, ohne das es kein sinnliches Sehen geben kann und achte darauf, wie

lux varie in variis essendi modis colorum apparens ac quod luce subtracta nec color nec visibile nec visus manere potest. Claritas vero lucis ut in se est visivam potentiam excellit, non igitur videtur uti est, sed in visibilibus se manifestat, in uno clarius in alio obcurius; et quanto visibile magis clare lucem repraesentat tanto nobilius et pulchrius. Lux vero omnium visibilium claritatem et pulchritudinem complicat et excellit; nec lux se in visibilibus manifestat ut se visibilem ostendat, immo ut potius se invisibilem manifestet quando in visibilibus eius claritas capi nequit. Qui enim claritatem lucis in visibilibus invisibilem videt, verius ipsam videt. Capisne ista?

P: Eo facilius capio, quo a te pluries haec audivi.

C: Transfer igitur haec sensibilia ad intelligibilia, puta posse lucis ad posse simpliciter seu posse ipsum absolutum et esse coloris ad esse simplex. Nam ita se habet esse simplex sola mente visibile ad mentem, sicut esse coloris ad sensum visus. Et introspicias quid videat mens in variis entibus quae nihil sunt nisi quod esse possunt et hoc solum habere possunt quod ab ipso posse habent, et non videbis varia entia nisi apparitionis ipsius posse varios modos, quidditatem autem non posse variam esse quia est posse ipsum varie apparens, nec in his quae aut sunt aut vivunt aut intelligunt quicquam aliud videri potest quam posse ipsum, cuius posse esse, posse vivere et posse intelligere sunt manifestationes. Quid enim aliud in omni potentia videri potest quam posse omnis potentiae?

Non tamen in omnibus potentiis aut essendi aut cognoscendi posse ipsum, uti est, capi potest perfectissime, sed in illis apparet in uno potentius quam in alio; potentius quidem in intellectuali posse quam sensibili, quanto intellectus potentior est sensu. Sed in se posse ipsum supra omnem potentiam cognitivam medio tamen intelligibilis posse videtur verius, quando videtur excellere omnem vim capacitatis intelligibilis posse, id quod intellectus capit [ac] intelligit. Quando igitur mens in posse suo videt posse ipsum ob suam excellentiam capi non posse, tunc visu

es in jeder Farbe und in allem Sichtbaren keine andere Hypostase gibt als das Licht, das verschieden in den verschiedenen Seinsweisen der Farben erscheint. Und bedenke auch, daß, würde das Licht weggenommen, weder Farbe noch Sichtbares noch das Sehen bleiben könnte. Da aber die Klarheit des Lichtes, wie es in sich selbst ist, die Sehkraft übertrifft, sieht man es nicht so, wie es ist; es offenbart sich vielmehr im Sichtbaren, in dem einen klarer, in einem anderen verdunkelter; je klarer etwas Sichtbares das Licht repräsentiert, umso edler und schöner ist es. Das Licht aber faltet in sich die Klarheit und Schönheit alles Sichtbaren ein und übertrifft sie. Es offenbart sich nicht im Sichtbaren, um sich als Sichtbares zu zeigen, sondern um sich als Unsichtbares zu offenbaren, weil seine Klarheit im Sichtbaren nicht erfaßt werden kann. Wer nämlich die Klarheit des Lichtes im Sichtbarem als unsichtbare erkennt, der sieht es wahrer. Begreifst du das?

P: Ich verstehe es umso leichter, als ich solches schon öfter von dir gehört habe.

K: Übertrage nun diesen sinnlichen Verhalt auf den vernunfthaften, z. B. das Können des Lichtes auf das einfache Können oder das absolute Können-Selbst und das Sein der Farbe auf das einfache Sein; denn das einfache Sein, das nur für den Geist sichtbar ist, verhält sich zum Geist, wie das Sein der Farbe zum Sehsinn. Betrachte näher, was der Geist in den verschiedenen Seienden sieht, die nichts anderes sind als das, was sie sein können und nur das haben können, was sie von dem Können-Selbst haben; und du wirst sehen, daß die verschiedenen Seienden nichts anderes sind als verschiedene Weisen der Erscheinung des Können-Selbst, daß ihre Washeit aber nicht verschieden sein kann, weil sie das Können-Selbst ist, das mannigfach erscheint. Auch kann in dem, was ist, lebt und erkennt, nichts anderes gesehen werden, als das Können-Selbst; Sein-Können, Leben-Können und Verstehen-Können sind seine Offenbarungen. Was anderes kann in jeder Macht gesehen werden als das Können der All-Macht?

Trotzdem kann in keiner Mächtigkeit des Seins oder Erkennens das Können-Selbst in letzter Vollkommenheit, so wie es ist, erfaßt werden. Es erscheint vielmehr in ihnen, und zwar in dem einen mächtiger als im anderen; mächtiger im vernunfthaften Können als im sinnhaften; und zwar um soviel mächtiger als die Vernunft mächtiger ist als der Sinn. Dennoch wird das Können-Selbst in sich über jeder Erkenntnismöglichkeit mittels vernunfhaften Könnens in größerer Wahrheit gesehen, wenn man erkennt, daß es jede Kraft des vernunfthaften Fassungsver-

supra suam capacitatem videt, sicut puer videt quantitatem lapidis maiorem quam fortitudo suae potentiae portare posset.

Posse igitur videre mentis excellit posse comprehendere. Unde simplex visio mentis non est visio comprehensiva, sed de comprehensiva se elevat ad videndum incomprehensibile, uti dum videt unum maius alio comprehensive, se elevat ut videat illud, quo non potest esse maius. Et hoc quidem est infitum maius omni mensurabili seu comprehensibili. Et hoc posse videre mentis supra omnem comprehensibilem virtutem et potentiam est posse supremum mentis, in quo posse ipsum maxime se manifestat et est interminatum citra posse ipsum, nam est posse videre ad posse ipsum tantum ordinatum, ut mens providere possit, quorsum tendit, sicut viator praevidet terminum motus, ut ad desideratum terminum gressus dirigere possit. Mens igitur nisi quietis et desiderii ac laetitae suae felicitatisque terminum a remotis videre posset, quomodo curreret ut comprehendat? Apostolus recte admonebat[1] sic per nos esse currendum, ut comprehendamus. Collige igitur haec, ut videas omnia ad hoc ordinata, ut mens ad posse ipsum quod videt a remotis, currere possit et incomprehensibile meliori quo potest modo comprehendat, quia posse ipsum est solum potens, cum apparuerit in gloria maiestatis satiare mentis desiderium. Est enim illud quid, quod quaeritur. Videsne quae dixi?

P: Video haec vera, quae dixisti, licet excellant capacitatem. Nam quid aliud satiare posset mentis desiderium, quam posse ipsum posse omnis posse, sine quo nihil quidquam potest. Si enim aliud posset esse quam posse ipsum, quomodo sine posse posset? Et si sine posse non posset, utique a posse ipso haberet, quod posset; non satiatur mens nisi comprehendat, quo nihil melius esse potest. Et hoc non potest esse nisi posse ipsum, posse scilicet omnis posse. Recte igitur vides solum posse ipsum, hoc quid, quod quaeritur per omnem mentem, esse principium mentalis desiderii, quia est quo nihil prius esse potest, et finem

---

[1] Vgl. 1 Kor. 9, 24.

mögens — das, was das Vernunft-Denken erfaßt und versteht — übersteigt. Sieht also der Geist in seinem Können, daß das Können-Selbst seiner übergroßen Erhabenheit wegen nicht erfaßt werden kann, dann erkennt er mittels der Schau, die über seine Fassungskraft hinaus weist; ähnlich wie ein Knabe, der sieht, daß die Masse eines Steines größer ist als daß die Kraft seines Könnens sie tragen könnte.

Das Sehen-Können des Geistes übertrifft also sein Begreifen-Können. Daher ist die einfache Schau des Geistes keine begreifende, sondern sie erhebt sich von der begreifenden, das Unbegreifliche zu sehen. Wenn sie sieht und erfaßt, daß eines größer ist als ein anderes, dann erhebt sie sich, um das zu sehen, über das hinaus es nichts Größeres mehr geben kann. Dies ist das Unendliche, das größer ist als alles Meßbare oder Begreifbare. Und dieses Sehen-Können des Geistes über alle begreifbare Kraft und Mächtigkeit hinaus ist das höchste Können des Geistes. In ihm offenbart sich das Können-Selbst am meisten und diesseits vom Können-Selbst ist es unbegrenzt. Denn das Sehen-Können ist so sehr zum Können-Selbst hingeordnet, daß der Geist voraussehen kann, wohin er strebt; wie ein Pilger das Ziel seiner Bewegung voraussieht, so daß er seine Schritte zum ersehnten Ende lenken kann. Wenn der Geist die Zielgrenze seiner Ruhe und Sehnsucht, seiner Freude und seines Glückes nicht von ferne zu sehen vermöchte, wie sollte er dann eilen, um sie zu erreichen? Mit Recht mahnt uns der Apostel so zu laufen, daß wir sie ergreifen. Fasse darum dies alles zusammen, um zu sehen, daß alles dahin geordnet ist, daß der Geist zum Können-Selbst, das er von ferne sieht, laufen kann und das Unbegreifliche auf die relativ beste Weise begreift. Denn das Können-Selbst ist, wenn es in der Herrlichkeit seiner Majestät erscheint, allein mächtig, die Sehnsucht des Geistes zu stillen. Es ist jenes Was, das gesucht wird. Siehst du ein, was ich gesagt habe?

P: Ich sehe, daß das, was du gesagt hast, wahr ist, wenn es auch die Fassungskraft überragt. Denn was anderes könnte die Sehnsucht des Geistes stillen als das Können-Selbst, das Können jedes Könnens, ohne das überhaupt nichts sein kann? Wenn etwas anderes als das Können-Selbst sein könnte, wie könnte es ohne Können können? Und wenn es ohne das Können nicht könnte, dann hätte es das, was es könnte, gänzlich vom Können. Der Geist wird nur gesättigt, wenn er das erfaßt, über das hinaus nichts Besseres sein kann; und das kann nichts anderes sein als das Können-Selbst, das Können jedes Könnens. Du erkennst also

eiusdem mentalis desiderii, cum nihil ultra posse ipsum desiderari possit.

C: Optime vides nunc, Petre, quantum tibi confert consuetudo colloquii ac lectura opusculorum meorum, ut me facile intelligas. De posse ipso non dubito quaecumque video et tu mox mente apposita videbis. Nam cum posse ipsum omnis quaestio de potest praesupponat nulla dubitatio moveri de ipso potest; nulla enim ad ipsum posse pertinget. Qui enim quaereret an posse ipsum sit, statim dum advertit videt quaestionem impertinentem, quando sine posse de ipso posse quaeri non posset, minus quaeri potest an posse ipsum sit hoc vel illud, cum posse esse et posse esse hoc et illud posse ipsum praesupponant et ita posse ipsum omnem, quae potest fieri, dubitationem antecedere constat. Nihil igitur certius eo quando dubium non potest nisi praesupponere ipsum nec quicquam suffientius aut perfectius eo excogitari potest. Sic ad ipsum non potest quicquam addi nec ab eo separari aut minui.

P: Solum quaeso nunc dicito an iam clarius aliquid quam ante de primo velis revelare, nam saepe abunde, licet non quantum dici potest, multa dixisti.

C: Hanc nunc facilitatem tibi pandere propono prius non aperte communicatam quam secretissimam arbitror. Puta omnem praecisionem speculativam solum in posse ipso et eius apparitione ponendam ac quod omnes, quae recte viderunt, hoc conati sunt exprimere. Qui enim unum tantum affirmabant ad posse ipsum respiciebant. Qui unum et multa dixerunt ad posse ipsum et eius multos apparitiones essendi modos respexerunt. Qui nihil novi posse fieri dixerunt, ad posse ipsum omnis posse esse aut fieri respexerunt. Qui vero mundi et rerum novitatem affirmant, ad ipsius posse apparitionem mentem converterunt, quasi si quis ad posse unitatis visum mentis converteret, ille utique in omni numero et pluralitate non videret nisi posse ipsum unitatis, quo nihil potentius et videret omnem numerum non nisi apparitionem ipsius posse unitatis innumera-

richtig, daß allein das Können-Selbst jenes Was ist, das von jedem Geist gesucht wird. Es ist der Ursprung der geistigen Sehnsucht, da es das ist, vor dem es nichts Früheres geben kann. Und es ist das Ziel derselben geistigen Sehnsucht, da jenseits des Können-Selbst nichts mehr ersehnt werden kann.

K: Du erkennst nun sehr wohl, Petrus, wie viel dir die häufigen Gespräche mit mir und die Lektüre meiner Werke dabei helfen, mich leicht zu verstehen. Was immer ich sehe, am Können-Selbst zweifle ich nicht. Und wenn dein Geist bereit ist, wirst auch du es bald sehen. Da jede Frage darüber, ob etwas sein kann, das Können-Selbst voraussetzt, kann sich über dieses kein Zweifel erheben, denn niemand dringt bis zum Können-Selbst vor. Wer nämlich fragt, ob das Können-Selbst sei, sieht, wenn er darauf achtet, augenblicklich, das diese Frage unzureichend ist, weil ohne das Können keine Frage über das Können-Selbst gestellt werden kann; und er sieht, daß noch weniger gefragt werden kann, ob das Können-Selbst dieses oder jenes sei; denn das Sein-Können und das Dieses- oder Jenes-Sein-Können setzen das Können-Selbst voraus, und daher steht es fest, daß das Können-Selbst jedem Zweifel, der entstehen kann, vorausgeht. Wenn also der Zweifel nicht anders kann als es vorauszusetzen, dann gibt es weder etwas Sichereres als das Können-Selbst, noch kann man etwas Hinreichenderes oder Vollkommeneres ausdenken. Ebenso kann ihm nichts hinzugefügt und nichts von ihm getrennt oder abgezogen werden.

P: Eines, bitte, sag mir jetzt: willst du noch Deutlicheres als zuvor über das Erste enthüllen? Denn du hast schon oft und ausführlich vieles darüber gesagt, wenn auch nicht in der ganzen Fülle, in der man es sagen kann.

K: Nun will ich dir einen leichten Zugang eröffnen, den ich für sehr verborgen erachtete und zuvor nicht in dieser Unverschlossenheit mitgeteilt habe. So will ich dir z. B. zeigen, daß jede Genauigkeit in der Spekulation nur im Können-Selbst und seiner Erscheinung anzusetzen ist und daß alle, die richtig schauten, dies auszudrücken versuchten. Diejenigen nämlich, die versicherten, es gäbe nur Eines, blickten dabei auf das Können-Selbst; die vom Einen und Vielen sprachen, sahen auf das Können-Selbst und die vielen Seinsweisen seiner Erscheinung; jene, die sagten, es könne nichts Neues werden, sahen auf das Können-Selbst vor jedem Sein- und Werden-Können; die aber die Behauptung von der Neuheit der Welt und der Dinge aufstellten, wandten ihren Geist auf die Erscheinung des Könnens, so als ob jemand den Blick seines Geistes auf das Können der Einheit hinwendete. Er würde

bilis et infinibilis. Numeri enim nihil sunt nisi speciales modi apparitionis ipsius posse unitatis. Et melius hoc posse apparet in impari ternario quam [pari][1] quaternario; et melius in perfectis certis numeris quam aliis. Sic genera et species et quaeque talia referenda sunt ad modos essendi apparitionis ipius posse.

Qui dicunt non esse plures formas quae dant esse, ad posse ipsum quo nihil sufficientius respexerunt. Et qui plures dicunt specificas formas, ad specificos essendi modos apparitionis ipsius posse attendunt. Qui dixerunt Deum fontem idearum et plures esse ideas, hoc dicere voluerunt, quod dicimus scilicet Deum posse ipsum quod variis et specie differentibus essendi modis apparet. Qui negant ideas et tales formas ad posse ipsum respexerunt, quod solum est quid ipsum omnis posse. Qui nihil posse interire dicunt, ad posse ipsum aeternum et incorruptibile respiciunt. Qui mortem aliquid esse dicunt et res interire putant, ad modos essendi apparitionis ipsius posse visum convertunt. Qui dicunt Deum Patrem omnipotentem creatorem caeli et terrae, id quod nos dicimus, dicunt, scilicet posse ipsum, quo nihil [est] omnipotentius, creare caelum et terram et omnia per suam apparitionem; nam in omnibus quae sunt aut esse possunt non potest quicquam aliud videri quam posse ipsum, sicut in omnibus factis et faciendis posse primi facientis, et in omnibus motis et movendis posse primi motoris.

Talibus igitur resolutionibus vides cuncta facilia et omnem differentiam transire in concordantiam. Velis igitur, mi Petre, valde [mihi] dilecte, mentis oculum acuta intentione ad hoc secretum convertere et cum ista resolutione nostra scripta et alia quaecumque legis, subintrare. Et maxime te exercitare in libellis et sermonibus nostris singulariter De dato lumine[2], qui

---

[1] Konjektur.
[2] Vgl. p. 645—681.

ohne Zweifel in jeder Zahl und Vielheit nichts anderes sehen als das Können-Selbst der Einheit, dem gegenüber es nichts Mächtigeres gäbe; er sähe, daß jede Zahl nichts anderes als die Erscheinung des Können-Selbst der unzählbaren und unendlichen Einheit sei. Denn die Zahlen sind nichts anderes als besondere Erscheinungsweisen des Können-Selbst der Einheit. Und dieses Können erscheint im ungeraden Dreier mächtiger als im geraden Vierer und mächtiger in vollkommen bestimmten Zahlen als in anderen. Ebenso sind die Gattungen und Eigengestalten und dergleichen mehr auf die Seinsweisen der Erscheinung des Könnens zurückzuführen.

Diejenigen, die sagten, es gäbe nicht mehrere Formen, die das Sein verleihen, blickten auf das Können-Selbst, dem gegenüber es nichts Hinreichenderes gibt. Die aber mehrere eigengestaltliche Formen annehmen, beachten die eigengestaltlichen Seinsweisen der Erscheinung des Könnens. Jene, die sagten, Gott sei die Quelle der Ideen und es gäbe mehrere Ideen, wollten das selbe sagen, was wir sagen: daß nämlich Gott das Können-Selbst ist, das in mannigfachen und der Eigengestalt nach unterschiedenen Seinsweisen erscheint. Diejenigen, die Ideen und derartige Formen bestreiten, blickten auf das Können-Selbst, das allein das Was eines jeden Könnens ist. Die sagen, nichts könne vergehen, schauen auf das ewige und unvergängliche Können-Selbst. Jene, die sagen, der Tod sei etwas, und die glauben, daß die Dinge zugrunde gehen, wenden ihren Blick auf die Seinsweisen der Erscheinung des Könnens. Jene, die Gott, den allmächtigen Vater, als den Schöpfer Himmels und der Erde bekennen, so wie wir es tun, sagen, daß das Können-Selbst, dem gegenüber es nichts Mächtigeres gibt, Himmel, Erde und alles durch seine Erscheinung schaffe; denn in allem, das entweder ist oder sein kann, kann man nichts anderes sehen als das Können-Selbst; so wie in jedem Gemachten und zu Machenden nichts anderes als das Können des ersten Machenden, und in allem Bewegten und zu Bewegenden nichts anderes als das Können des ersten Bewegers erblickt wird.

Durch solche Auflösungen siehst du, daß alles leicht ist und daß alle Verschiedenheit in Übereinstimmung übergeht. Wende also, mein lieber Petrus, das Auge deines Geistes mit scharfer Aufmerksamkeit auf dieses Geheimnis hin und dringe mit dieser Auflösung in meine Schriften und was du sonst liest, ein. Übe dich gut in meinen Büchern und Predigten, besonders aber an

bene intellectus secundum praemissa idem continet, quod iste
libellus. Item De icona sive visu Dei[1] et De quaerendo Deum[2]
libellos in memoria tua recondas, ut in his theologicis melius
habitueris. Et istis memoriale apicis theoriae, quod nunc quam
breviter sublicio, magno affectu coniungas. Eris, spero, accep-
tus Dei contemplator et pro me inter sacra indessinenter orabis.

Apex theoriae est posse ipsum, posse omnis posse, sine quo
nihil quicquam potest contemplari; quomodo enim sine posse
posset?

I. Ad posse ipsum nihil addi potest, cum sit posse omnis posse.
Non est igitur posse ipsum posse esse seu posse vivere sive
posse intelligere et ita de omni posse cum quocumque addito,
licet posse ipsum sit posse ipsius posse esse et ipsius posse vivere
et ipsius posse intelligere.

II. Non est nisi quod esse potest; esse igitur non addit ad posse
esse. Sic homo non addit aliquid ad posse esse hominem, nec
homo iuvenis addit aliquid ad posse esse hominem iuvenem vel
hominem magnum. Et quia posse cum addito ad posse ipsum
nihil addit, acute contemplans nihil videt quam posse ipsum.

III. Nihil potest esse prius ipso posse; quomodo enim sine posse
posset? Sic nihil ipso posse potest esse melius, potentius, perfectius, simplicius, clarius, notius, verius, sufficientius, fortius,
stabilius, facilius, et ita consequenter. Et quia posse ipsum omne
posse cum addito antecedit, non potest nec esse nec nominari
nec sentiri nec imaginari nec intelligi. Omnia enim talia id,
quod per posse ipsum significatur, praecedit, licet sit hypostasis
omnium sicut lux colorum.

IV. Posse cum addito imago est ipsius posse, quo nihil simplicius. Ita posse esse est imago ipsius posse, et posse vivere imago

---

[1] De visione Dei, Schriften Bd. III.
[2] Vgl. De quaerendo Deum, p. 567—607; De docta ignorantia,
Schriften Bd. I.

der Schrift über das geschenkte Licht, die, wenn man sie dem Vorausgeschickten entsprechend wohl versteht, dasselbe enthält wie dieses Büchlein. Auch die Schriften über das Bild oder die Schau Gottes und das Gott-Suchen sollst du in deinem Gedächtnis bewahren, damit du in diesen theologischen Problemen besser zu Hause bist. Und noch zusätzlich zu diesen Schriften beschäftige dich mit dem Memoriale über den Gipfel der Schau, das ich nun möglichst kurz hinzufügen will. Ich hoffe, du wirst ein willkommener Betrachter des allmächtigen Gottes sein, und unablässig für mich beim heiligen Opfer beten.

Der Gipfel der Schau ist das Können-Selbst, das Können jedes Könnens, ohne das niemand etwas betrachten kann. Denn wie könnte jemand ohne das Können?

I. Zum Können-Selbst kann nichts hinzugefügt werden, da es das Können jeden Könnens ist. Daher ist das Können-Selbst weder das Sein-Können noch das Leben-Können oder das Verstehen-Können oder sonst irgendein Können mit irgendeiner Beifügung, wenn auch das Können-Selbst das Können sowohl des Sein-Könnens als auch des Lebens-Könnens und auch des Verstehen-Könnens ist.

II. Es gibt nur das, was sein kann. Das Sein fügt also nichts zum Sein-Können hinzu. So fügt der Mensch nichts zum Mensch-Sein-Können hinzu, und der junge Mensch nichts zum Junger-Mensch-Sein-Können oder Großer-Mensch-Sein-Können. Und weil das Können mit Beifügung zum Können-Selbst nichts hinzufügt, sieht derjenige, der genau hinschaut, nichts anderes als das Können-Selbst.

III. Nichts kann früher sein als das Können-Selbst. Denn wie könnte es ohne das Können? Darum kann dem Können-Selbst gegenüber nichts besser, mächtiger, vollkommener, einfacher, klarer, berühmter, wahrer, genügender, tapferer, beständiger, leichter usw. sein. Und weil das Können-Selbst jedem Können mit Beifügung vorangeht, kann es weder sein noch genannt, weder empfunden noch vorgestellt noch verstanden werden. All diesem geht nämlich das, was mit dem Können-Selbst bezeichnet wird, voran, wenngleich es die Hypostase von allem ist, so wie das Licht die der Farbe.

IV. Das Können mit Beifügung ist ein Abbild des allereinfachsten Können-Selbst. Daher ist das Sein-Können ein Abbild des

ipsius posse et posse intelligere imago ipsius posse. Verior tamen imago eius est posse vivere et adhuc verior posse intelligere. In omnibus igitur videt contemplator posse ipsum, sicut in imagine videtur veritas. Et sicut imago est apparitio veritatis, ita omnia non sunt nisi apparitiones ipsius posse.

V. Sicut posse mentis Aristotelis se in libris eius manifestat non quod ostendant posse mentis pefecte, licet unus liber perfectius quam alius et libri non sunt ad alium finem editi, nisi ut mens se ostendat nec mens ad edendum libros fuit necessitata, quia libera mens et nobilis se voluit manifestare — ita posse ipsum in omnibus rebus. Mens vero est ut liber intellectualis in se ipso et omnibus intentionem scribentis videns.

VI. Quamvis in libris Aristotelis non contineatur nisi posse mentis eius, tamen hoc ignorantes non vident. Ita quamvis in universo non contineatur nisi posse ipsum, tamen mente carentes hoc videre nequeunt. Sed viva lux intellectualis, quae mens dicitur, in se contemplatur posse ipsum. Sic omnia propter mentem et mens propter videre posse ipsum.

VII. Posse eligere in se complicat posse esse, posse vivere, et posse intelligere et est posse liberae voluntatis nequaquam a corpore dependens, sicut dependet posse concupiscentiae desiderii animalis. Hinc non sequitur corporis infirmitatem; numquam enim antiquatur aut deficit sicut concupiscentia et sensus in antiquis, sed semper manet et dominatur sensibus. Non enim semper sinit oculum inspicere quando inclinatur, sed avertit ne videat vanitatem et scandalum. Ita ne comedat esuriens et ita de aliis. Videt igitur mens laudabilia et scandalosa, virtutes et vitia, quae non videt sensus. Et cogere potest sensus stare suo iudicio et non proprio desiderio. Et in hoc experimur posse ipsum in posse mentis potenter et incorruptibiliter apparere et separatum esse a corpore habere. De quo minus miratur, qui virtutes certarum herbarum a corporibus herbarum

Können-Selbst, das Leben-Können ein Abbild des Können-Selbst und das Verstehen-Können ein Abbild des Können-Selbst. Ein wahreres Abbild von ihm ist das Leben-Können und ein noch wahreres das Verstehen-Können. In allem also sieht der Betrachter das Können-Selbst. So wie im Abbild die Wahrheit erblickt wird, und so wie das Abbild die Erscheinung der Wahrheit ist, so ist alles nichts anderes als Erscheinung des Können-Selbst.

V. So wie das Können des aristotelischen Geistes sich in den Büchern des Aristoteles offenbart (wenn diese auch, wiewohl ein Buch vollkommener ist als ein anderes, das Können seines Geistes nicht vollkommen zeigen) und wie auch die Bücher nur zu dem Zweck herausgegeben wurden, daß der Geist sich zeige —, wenngleich der Geist auch nicht zur Herausgabe der Bücher gezwungen war, weil der freie und edle Geist sich offenbaren wollte —, so verhält sich das Können-Selbst in allen Dingen. Der Geist ist in der Tat wie ein vernunfthaftes Buch, das in sich und allem die Absicht des Schreibers sieht.

VI. Obwohl in den Büchern des Aristoteles nichts anderes enthalten ist als das Können seines Geistes, sehen die Unwissenden dies nicht. Und obwohl in Gesamt nichts anderes enthalten ist als das Können-Selbst, sind die des Geistes Entbehrenden doch nicht fähig, dies zu sehen. Das lebendige, vernunfthafte Licht jedoch, das Geist genannt wird, betrachtet in sich das Können-Selbst. So ist alles des Geistes wegen da, der Geist aber, um das Können-Selbst zu schauen.

VII. Das Erwählen-Können schließt in sich das Sein-Können, Leben-Können und Verstehen-Können zusammen; es ist das Können des freien Willens, das keineswegs so vom Körper abhängt wie das Können der Begierde vom Verlangen des Lebewesens. Daher folgt es nicht der Schwachheit des Körpers. Denn niemals altert und schwindet es so, wie Begierde und Sinneslust bei den alten Leuten schwinden, sondern bleibt beständig und herrscht über die Sinne. Es duldet nicht immer, daß das Auge ausschaut, wenn es dazu geneigt ist, sondern hält es davon ab, damit es nicht Eitelkeit und Ärgernis sehe. Ebenso hindert es daran, daß der Hungernde esse usw. Der Geist sieht also Lobenswertes und Ärgerniserregendes, und sieht Tugend und Laster. Der Sinn sieht dies nicht. Der Geist kann die Sinne zwingen, zu seinem Urteil zu stehen und nicht zu ihrem eigenen Begehren. Darin erfahren wir, daß das Können-Selbst im Können des Geistes stark und unvergänglich erscheint und ein von Körper getrenntes Sein hat. Darüber staunt derjenige weniger, welcher

separatas in aqua vitae esse experitur, quando eandem videt operationem aquae vitae quam habuit herba antequam in ipsa mergeretur.

VIII. Quae mens videt intelligibilia sunt et sensibilibus priora, videt igitur mens se. Et quoniam videt posse suum non esse posse omnis posse, quando multa sibi sunt impossibilia: hinc se non esse posse ipsum, sed ipsius posse imaginem videt. In suo itaque posse cum videat posse ipsum et non sit nisi suum posse esse, tunc videt se esse modum apparitionis ipsius posse. Et hoc ipsum in omnibus, quae sunt, similiter videt. Sunt igitur omnia quae mens videt modi apparitionis ipsius incorruptibilis posse.

IX. Esse corporis licet sit ignobilius et infimum sola mente videtur. Id enim, quod sensus videt, accidens est, quod non est, sed adest, hoc quidem esse corporis, quod non est nisi posse esse corporis, nullo sensu attingitur, cum non sit nec quale nec quantum. Ita non est divisibile nec corruptibile. Dum enim divido pomum non divido corpus. Est enim pars pomi ita corpus sicut integrum pomum. Corpus autem est longum, latum et profundum, sine quibus non est corpus nec perfecta dimensio. Esse corporis est esse perfectae dimensionis. Corporalis longitudo non est separata a latitudine et profunditate sicut nec latitudo a longitundine et profunditate, sic nec profunditas a longitudine et latitudine, nec sunt partes corporis, cum pars non sit totum. Longitudo enim corporis corpus est, sic et latitudo atque profunditas, neque longitudo ipsius esse corporalis, quae est corpus, est aliud corpus quam latitudo ipsius esse corporis aut profunditas; sed quaelibet harum idem corpus indivisibile et immultiplicabile, licet longitudo non sit latitudo aut profunditas. Est tamen principium latitudinis. Et longitudo cum latitudine principium profunditatis. Sic videt mens posse ipsum in esse corporis unitrino incorruptibiliter apparere. Et quoniam sic videt in esse corporis infimo, videt et [in] omni esse nobiliori, nobiliori et potentiori modo apparere et in se ipso clarius quam in esse vivo aut corporeo. Quomodo autem posse ipsum unitrinum clare appareat in mente memorante intelligente et volente mens sancti Augustini[1] vidit et revelavit.

---

[1] Vgl. Augustinus, De trin. IX u. a.

die Erfahrung macht, daß die Kräfte bestimmter Kräuter, von den Körpern dieser Kräuter getrennt, im Lebenssaft sind; wenn er nämlich beim Lebenssaft dieselbe Wirkung sieht, die die Kräuter hatten, bevor sie ins Wasser getan wurden.

VIII. Das, was der Geist sieht, ist das Vernunfthafte, das dem Sinnenhaften vorangeht. Der Geist sieht also sich selbst. Weil er, da es Vieles gibt, das ihm unmöglich ist, sieht, daß sein Können nicht das Können jedes Könnens ist, erkennt er, daß er nicht das Können-Selbst ist, sondern dessen Bild. Da er sieht, daß in seinem Können das Können-Selbst nichts anderes ist als sein Sein-Können, erkennt er, daß er eine Erscheinungsweise des Können-Selbst ist. Und das sieht er ähnlicherweise in allem, das ist. Alles, was der Geist sieht, ist also Erscheinungsweise des unvergänglichen Können-Selbst.

IX. Das Sein des Körpers, obwohl es das unedelste und geringste ist, wird nur vom Geist erblickt. Das nämlich, was der Sinn sieht, ist Hinzukommendes, das nicht ist, sondern dabei ist. Dieses Sein des Körpers, das nicht anders ist als das Sein-Können des Körpers, wird von keinem Sinn erfaßt, da es weder Beschaffenes noch Menge und darum auch weder teilbar noch vergänglich ist. Wenn ich einen Apfel teile, dann teile ich nicht den Körper. Der Teil eines Apfels ist ja ebenso Körper wie der vollständige Apfel. Ein Körper ist lang, breit und tief; ohne diese Momente ist er weder Körper noch vollkommene Dimension. Das Sein des Körpers ist das Sein einer vollkommenen Dimension. Die Länge des Körpers ist nicht getrennt von seiner Breite und Tiefe, ebenso wenig wie die Breite von der Länge und Tiefe oder wie die Tiefe von der Länge und Breite. Auch sind sie nicht Teile des Körpers, da ein Teil nicht das Ganze ist. Die Länge des Körpers ist Körper, ebenso auch die Breite und Tiefe. Und auch die Länge des Körper-Seins, die Körper ist, ist kein anderer Körper als die Breite oder Tiefe dieses Körper-Seins; jede von ihnen ist der unteilbare und nicht zu vervielfältigende Körper, wenn auch die Länge nicht die Breite oder Tiefe ist. Dennoch ist sie Ursprung der Breite und die Länge ist mit der Breite Ursprung der Tiefe. So sieht der Geist das Können-Selbst im dreieinigen Sein des Körpers unvergänglicherweise erscheinen. Und weil er es so im niedrigsten Sein des Körpers schaut, erblickt er es auch in jedem edleren Sein. Er sieht, daß es auf edlere und mächtigere Weise und in sich selbst noch klarer erscheint als im lebendigen oder körperlichen Sein. Wie aber das dreieinige Können-Selbst im erinnernden, verstehenden und wollenden Geist erscheint, das hat der Geist des heiligen Augustinus geschaut und enthüllt.

X. In operatione seu factione certissime mens videt posse ipsum apparere in posse facere facientis et in posse fieri factibilis et in posse connexionis utriusque. Nec sunt tria posse, sed idem posse est facientis, factibilis et connexionis. Sic in sensatione, visione, gustatione, imaginatione, intellectione, volitione, electione, contemplatione et cunctis bonis et virtuosis operibus videt unitrinum posse relucentiam ipsius posse, quo nihil operosius nec perfectius. Vitiosa autem opera, quia posse ipsum in ipsis non relucet, inania mala et mortua lucem mentis obtenebrantia et inficientia mens experitur.

XI. Non potest esse aliud substantiale aut quidditativum principium sive formale sive materiale quam posse ipsum. Et qui de variis formis et formalitatibus, ideis ac speciebus locuti sunt ad posse ipsum non respexerunt, quomodo in variis generalibus et specialibus essendi modis se ut vult ostendit. Et ubi non relucet illa carent hypostasi, uti inane, defectus, error, vitium, infirmitas, mors, corruptio et talia illa carent entitate, quia carent ipsius posse apparitione.

XII. Per posse ipsum Deus trinus et unus, cuius nomen omnipotens seu posse omnis potentiae, apud quem omnia possibilia et nihil impossibile et qui fortitudo fortium et virtus virtutum, significatur. Cuius perfectissima apparitio, qua nulla potest esse perfectior, Christus est nos ad claram contemplationem ipsius posse verbo et exemplo perducens. Et haec felicitas, quae solum satiat supremum mentis desiderium. Pauca haec sola sunt, quae sufficere possunt.

X. Beim Handeln oder Tun sieht der Geist ganz sicher das Können-Selbst im Machen-Können des Machenden und im Gemacht-Werden-Können des Machbaren und im Können der Verbindung beider erscheinen. Aber es sind nicht drei Können, sondern dasselbe Können ist das des Machenden, des Machbaren und der Verknüpfung. Ebenso sieht er im Empfinden, Sehen und Schmekken, im Vorstellen und Verstehen, im Wollen, Erwählen und im Betrachten und in allen guten und tugendhaften Handlungen das dreieinige Können als Widerschein des Können-Selbst, über das hinaus es nichts Handelsmächtigeres und Vollkommeneres mehr gibt. Die lasterhaften Werke hingegen erfährt der Geist, weil das Können-Selbst in ihnen nicht widerstrahlt, als leer, schlecht und tot; als etwas, das das Licht des Geistes verdunkelt und zerstört.

XI. Es kann keinen anderen grundbestandlichen oder washeitlichen Ursprung geben, sei er gestalthaft oder stofflich, als das Können-Selbst. Und diejenigen, welche von verschiedenen Gestalten und Gestaltungen, Ideen und Eigengestalten gesprochen haben, blickten nicht auf das Können-Selbst, wie es sich je nach seinem Willen in den mannigfachen, allgemeinen und besonderen Seinsweisen zeigt. Und das, worin es nicht widerstrahlt, entbehrt der Hypostase; so wie das Eitle, der Mangel, der Irrtum, das Laster, die Schwachheit, der Tod, die Vergänglichkeit und ähnliches. Diesen allen fehlt die Seiendheit, weil ihnen die Erscheinung des Können-Selbst fehlt.

XII. Mit dem Können-Selbst wird der drei und eine Gott bezeichnet, dessen Namen „der Allmächtige" oder „das Können jeder Mächtigkeit" ist. Bei ihm ist alles möglich und nichts unmöglich. Er ist die Stärke der Starken und die Kraft der Kräfte. Seine vollkommenste Erscheinung, über die hinaus es keine vollkommenere geben kann, ist Christus, der uns zur klaren Betrachtung des Können-Selbst durch Wort und Beispiel führt. Und das ist das Glück, das allein das höchste Sehnen des Geistes stillt. Dies ist nur weniges, aber es kann genügen.

DIALOGUS DE GENESI

DIALOG ÜBER DIE GENESIS

Conradus: Saepe delectabilius reficimur variatis minus licet pretiosis ferculis. Hinc quamvis, Nicolae, ea ministrasti liberali traditione, quae ad indeficientem victum animae viam praestant, non sit propterea, quaeso, tibi molestum, si adhuc sapidius exigam nutrimentum.

Nicolaus: Iam dudum me nosti, Conrade, quoniam infatigabili conatu ad incomprehensibile pergo et gaudeo aut quaestionibus stimulari aut obiectionibus violentari. Dicito igitur.

C: Multa sunt atque magna, quae simul se offerunt. Indulgebis, si praeter ordinem dixero.

N: Tui arbitrii est, fac ut libet.

C: Primo nescio, si bene omnium sapientum conicio inquisitionem in uno terminari principio. Postquam enim ad fontem per lacus et fluminis ascensum devinitur sistitur. Termini enim non est terminus neque principii est principium. Ubi autem est principii et terminii coincidentia, ibi et medium coincidere necesse est. Hoc autem videtur esse ipsum idem, in quo omnia idem[1] ipsum. De quo propheta David ait: „Initio tu terram fundasti et opera manuum tuarum sunt caeli. Ipsi peribunt, tu autem idem ipse es[2]." Si recte conicio, dicito.

N: Immo certissime; sed quid velis, expecto.

---

[1] Cod. Cus.: idem idem ipsum.
[2] Ps. 101, 26ff.

Conrad: Oft werden wir durch weniger abwechslungsreiche, wenngleich kostbare Gerichte in größter Freude und größtem Genuß gestärkt und erneuert[1]. Daher mag es dir, obwohl du uns, Nikolaus, in freigiebiger Art die Dinge dargeboten hast, welche uns einen Weg zur unvergänglichen Speise der Seele ermöglichen, auch jetzt nicht lästig fallen, wenn ich weiterhin schmackhafte Nahrung erbitte.

Nikolaus: Du kennst mich schon lange Konrad und weißt, daß ich in unermüdlichem Streben versuche, zu dem Unbegreiflichen zu gelangen, und daß es mir Freude bereitet, entweder durch Fragen angeregt oder durch Einwände gezwungen zu werden. Sprich also!

C: Viele und wichtige Fragen sind es, die sich mir zugleich aufdrängen. Verzeihe mir darum, wenn ich sie nicht der Reihe nach darlege.

N: Das steht in deinem Belieben; mach, wie es dir gefällt.

C: Zunächst weiß ich nicht, ob ich mit meiner Vermutung recht habe, daß die Untersuchungen aller Weisen in einem Ursprung beschlossen werden. Wenn man von dem See über den Fluß zur Quelle gelangt ist, steht man still. Denn das Ende hat kein Ende und der Anfang keinen Anfang. Wo es jedoch die Koinzidenz von Anfang und Ende gibt, da muß notwendigerweise auch die Mitte koinzidieren. Das scheint aber jenes Selbe zu sein, in dem alles das Selbe selbst ist. Von ihm sagt der Prophet David: „Im Anfang hast du die Erde gegründet und die Himmel sind das Werk deiner Hände. Sie werden vergehen, du selbst aber bist derselbe." Wenn ich richtig mutmaße, sage es mir.

N: Das ist ganz richtig. Aber ich warte, worauf du hinauswillst.

---

[1] Dem Wortlaut nach kann dieser Satz auch in folgender Weise übersetzt werden: „Oft werden wir durch abwechslungsreiche Speisen auf angenehmere Weise erquickt, auch wenn sie weniger kostbar sind." Im Hinblick auf den nachfolgenden Text jedoch, der nichts anderes will als die ständige Frage des Kardinals neu darzustellen (vgl. auch die um etwa zwei Jahre früher verfaßte Schrift De fil. Dei, p. 611, 1. Ab.), scheint die angeführte Übersetzung unzutreffend zu sein, weshalb die im Text gebrauchte bevorzugt wurde.

C: Admiror quomodo idem ipse est omnium causa, quae adeo sunt diversa et adversa. Tendit enim conatus inquisitionis ad genesim universorum, quem breviter atque faciliter, quantum fieri conceditur, a te audire summopere desidero.

N: Rem, quam omnes prisci gravissimam atque inexplicabilem deseruerunt, facili compendio quomodo ego, stolidissimus omnium, patefaciam?

C: Quamvis sciam ex tua doctrina nihil, uti est, attingibile aut expressibile — nam de genesi divinus Moyses atque alii plerique varie locuti difficultatem per varietatem coniecturarum reliquerunt — spero tamen aliquid tale posse audire, de quo reficiar.

N: Qui de genesi locuti sunt, idem dixerunt in variis modis, ut ais. Cur igitur admiraris quod idem est diversorum causa?

C: Quia idem videtur aptum natum esse facere idem.

N: Recte ais, et hinc est, quod omnia sunt ab ipso idem absoluto id quod sunt et modo quo sunt.

C: Nisi planius exponas, non capio.

N: Primo nosti, Conrade, attenta consideratione scientem fieri.

C: Fateor nihil inter ignorantem et scientem differentiam fecisse quam attentam considerationem.

N: Attende igitur ad idem absolutum et statim videbis quoniam ipsum idem absolutum, quoniam idem, hinc aeternum. Non potest enim esse idem absolutum ab alio. Nam cum, ut ais, idem aptum natum sit facere idem, hinc et aliud aliud. Absolutum igitur idem ab alio quomodo esset?

C: Ich staune darüber, daß eben das Selbe der Grund aller Dinge ist, die so verschieden und gegensätzlich sind. Der Versuch meiner Fragestellung richtet sich auf die Entstehung des Gesamten, und ich wünschte gar sehr, in möglichster Kürze und Einfachheit von dir darüber zu hören.

N: Wie sollte ich, der törichste von allen, eine Sache, von der alle vor mir als der schwersten und unerklärbarsten abließen, in einer leicht verständlichen Zusammenfassung darlegen?

C: Wie wohl ich auf Grund deiner Lehre weiß, daß nichts so wie es ist, erfaßt und ausgedrückt werden kann — im Falle der Genesis haben Moses und viele andere in mannigfacher Weise gesprochen und durch die Mannigfaltigkeit ihrer Mutmaßungen die Schwierigkeit dargetan —, hoffe ich dennoch, etwas darüber hören zu können, das mich stärkt.

N: Alle, die über die Genesis sprachen, drückten, wie du bemerkst, dasselbe in mannigfacher Weise aus. Warum wunderst du dich also, daß der Grund verschiedener Dinge derselbe ist?

C: Weil das Selbe in der Fähigkeit geboren zu sein scheint, dasselbe zu bewirken.

N: Du hast Recht. Und daher kommt es, daß alles in der Herkunft vom absoluten Selben das ist, was es ist und in der Weise, wie es ist.

C: Wenn du das nicht deutlicher erklärst, verstehe ich es nicht.

N: Du weißt doch, Konrad, daß man durch aufmerksame Betrachtung wissend wird.

C: Ich gebe zu, daß es nur auf Grund aufmerksamer Betrachtung einen Unterschied gibt zwischen einem Wissenden und einem Unwissenden.

N: Wende also deine Aufmerksamkeit auf das absolute Selbe. Und sofort wirst du sehen, daß dieses deshalb ewig ist, weil es das Selbe ist. Das absolute Selbe kann ja nicht von einem anderen sein. Denn wenn, wie du sagst, das Selbe dazu fähig ist, das Selbe zu bewirken, dann auch das Andere dazu, das Andere zu machen. Wie also sollte das absolute Selbe von einem Anderen sein?

C: Capio.

N: Hinc aeternum, simplex, interminum, infinitum, inalterabile, immultiplicabile, et ita de ceteris.

C: Quando attenta meditatione adverto, negare nequeo ista. Necesse est enim idem esse aeternum, quia a nullo alio esse potest idem. Interminum est igitur, quia aeternum, sic infinitum, inalterabile. Nam alterabilitas ab altero est. Idem autem per se dicit inalterabilitatem, sic et immultiplicabilitatem, [non autem multiplicabilitatem][1], quae sine alteratione esse non posset. Admitto plane istam assertionem, quae se ipsam veram ostendit.

N: Volo etiam ut attendas quomodo Deus alibi vocatur unus et idem. Nam qui virtutibus vocubulorum diligentius operam impertiti sunt, adhuc ipsi idem unum praetulerunt, quasi identitas sit minus uno. Omne enim idem unum est et non e converso. Illi etiam et ens et aeternum et quidquid non-unum post unum simplex considerarunt, ita Platonici maxime. Tu vero concipito idem absolute supra idem in vocabulo considerabile. Tale est, de quo propheta loquitur, quoniam est ipsum idem absolutum omni diversitati et oppositioni suprapositum, quoniam idem. Nulli igitur alteri est idem aut diversum ineffabile idem, in quo omnia idem. Universale et particulare in idem ipsum idem, unitas et infinitas in idem idem. Sic actus et potentia, sic essentia et esse. Immo esse et non-esse in idem absoluto idem ipsum esse necesse est.

C: Ista mihi, quando attente considero, patescunt. Idem enim dicunt plures, qui rem dicunt esse, similiter et idem, si dicant eam non esse. Unde absolutum idem tale intelligo, in quo oppositio, quae idem non patitur, inveniri nequit, ut omnia alia, diversa, opposita, composita, contracta, gene-

---

[1] Konjektur.

C: Das verstehe ich.

N: Daher ist es ewig, einfach, unbegrenzt, unendlich, unveränderlich, unvermehrbar usw.

C: Wenn ich in aufmerksamer Betrachtung darauf achte und nachdenke, kann ich das nicht leugnen. Das Selbe muß deshalb ewig sein, weil es von keinem anderen das Selbe sein kann. Weil es ewig ist, ist es unbegrenzt, ebenso unendlich und unveränderlich. Die Veränderlichkeit kommt ja vom Anderen. Das Selbe aber besagt in sich die Unveränderlichkeit und ebenso Unvermehrbarkeit; nicht jedoch Vermehrbarkeit, die ohne Änderung nicht bestehen kann. Ich stimme dieser Behauptung, die sich selbst als wahr erweist, völlig zu.

N: Ich möchte auch, daß du darauf achtest, daß Gott andernorts als der Eine und der Selbe bezeichnet wird. Diejenigen, welche sich eifrig mit der Bedeutung der Wörter beschäftigen, zogen dem Namen „das Selbe" den Namen „das Eine" vor, so als wäre die Selbigkeit geringer als das Eine. Alles Selbe ist nämlich eines und nicht umgekehrt. Sie meinten auch, das Seiende, das Ewige und alles Nicht-Eine, sei nach dem einfachen Einen; so vor allem die Platoniker. Du aber begreife, das das Selbe in absoluter Weise jenseits des Wort-Selben betrachtet werden kann. Dieses ist es, von dem der Prophet redet; da es das absolute Selbe selbst ist, das über jeder Verschiedenheit und jedem Gegensatz steht, weil es das Selbe ist. Das Selbe gehörte keinem Anderen an; das unsagbare Selbe, in dem alles das Selbe ist, ist nichts Verschiedenes. Das Allgemeine und das Besondere sind im Selben das Selbe; Einheit und Unendlichkeit sind im Selben das Selbe. Ebenso ist es mit Möglichkeit und Wirklichkeit, ebenso mit Seinsheit und Sein. Ja, im absoluten Selben muß sogar Sein und Nicht-Sein das Selbe selbst sein.

C: Wenn ich aufmerksam darauf achte, erschließt es sich mir deutlich. Das Selbe nennen jene, die sagen, daß das Ding sei; ähnlich nennen sie das Selbe, wenn sie sagen, daß es nicht sei. Also verstehe ich das absolute Selbe als dasjenige, in dem die Gegensätzlichkeit, die das Selbe nicht zu-

ralia, specialia et cetera id genus idem absolutum longius sequantur.

N: Bene capis, Conrade. Nam cum dicimus diversum esse diversum, affirmamus diversum esse sibi ipsi idem. Non enim potest diversum esse diversum nisi per idem absolutum, per quod omne, quod est, est idem sibi ipsi et alteri aliud. Sed omne, quod est sibi idem et alteri aliud, non est idem absolutum, quod alteri nec idem nec diversum. Nam idem alteri absoluto idem quomodo conveniret? Nec diversum. Quomodo enim diversitas posset convenire idem absoluto, quod est omnem diversitatem et alteritatem anteveniens?

C: Intelligo te velle nihil omnium entium esse, quod non sit idem sibi ipsi et alteri aliud et hinc nullum tale esse idem absolutum, licet cum nullo sibi ipsi idem et alteri diversum idem absolutum sit diversum.

N: Recte concipis. Nam idem absolutum, quod et Deum dicimus, non cadit in numero cum omni alio, ut Deus et caelum sint plura aut duo aut alia et diversa, sicut nec caelum est idem absolutum ut caelum, quod est aliud a terra. Et quia idem absolutum est actu omnis formae formabilis forma, non potest forma esse extra idem. Quod enim res est idem sibi ipsi, forma agit, quod autem est alteri alia, est, quia non est idem absolutum, hoc est omnis formae forma. Est igitur idem absolutum principium, medium et finis omnis formae, et actus absolutus omnis potentiae idem incontractum, inalteratum, in quo universale non opponitur particulari, quia post ipsum sunt. Universale enim est sibi ipsi

läßt, nicht zu finden ist, und infolgedessen alles Andere, Verschiedene, Gegensätzliche, Zusammengesetzte, Allgemeine, Besondere und das übrige dieser Art dem absoluten Selben in weitem Abstand folgt.

N: Du begreifst es wohl, Konrad. Wenn wir sagen, das Verschiedene ist verschieden, so stellen wir fest, daß das Verschiedene sich selbst gegenüber das Selbe ist. Denn das Verschiedene kann nur durch das absolute Selbe verschieden sein, durch das alles, was ist, sich selbst gegenüber dasselbe und anderem gegenüber verschieden ist. Aber alles, was mit sich selbst identisch und zu anderem verschieden ist, ist nicht das absolute Selbe, das einem anderen gegenüber weder dasselbe noch verschieden ist. Denn wie sollte das Selbe einem anderen absoluten Selben zukommen? Es ist ja nicht verschieden. Denn wie sollte die Verschiedenheit dem absoluten Selben entsprechen, das jeder Verschiedenheit und Andersheit vorangeht?

C: Ich verstehe dich dergestalt, daß du sagen willst, daß es unter allen Seienden keines gibt, das nicht sich selbst gegenüber dasselbe und einem anderen gegenüber ein anderes wäre und daß daher nichts derartiges das absolute Selbe sei, auch wenn das absolute Selbe von keinem dieser sich selbst gegenüber selben und anderen gegenüber verschiedenen Seienden verschieden ist.

N: Du verstehst es richtig. Das absolute Selbe, das wir auch Gott nennen, steht nicht mit allem anderen in einer Reihe, so daß z. B. Gott und der Himmel viele oder zwei oder andere oder verschiedene Dinge wären; wie auch der Himmel als derjenige, welcher der Erde gegenüber etwas anderes ist, nicht das absolute Selbe ist. Und weil das absolute Selbe als Wirklichkeit die Gestalt jeder gestaltbaren Gestalt ist, kann es keine Gestalt außerhalb des Selben geben. Daß nämlich ein Ding sich selbst gegenüber das selbe ist, bewirkt die Gestalt; daß es einem anderen gegenüber ein anderes ist, kommt daher, daß es nicht das absolute Selbe, die Gestalt jeder Gestalt ist. Das absolute Selbe ist also Anfang, Mitte und Ende jeder Gestalt, und die absolute Wirklichkeit jeder Möglichkeit ist das unverschränkte, unveränderte Selbe, in dem das Allgemeine nicht im Gegensatz zum Besonderen

idem et particulari aliud. Sic et particulare. Superexaltatum igitur est idem absolutum omnibus intellectualibus universalibus et realibus particularibus existentiis.

C: Quando adverto negari non posse quodlibet esse idem sibi ipsi, video idem absolutum ab omnibus participari. Nam si idem absolutum foret ab omnibus aliud et diversum, non essent id quod sunt. Quomodo enim quodlibet esset idem sibi ipsi, si absolutum idem ab ipsis foret diversum et distinctum aut aliud? Sic si participans idem foret ipsum idem, quod participat, quomodo foret alteri, quod etiam sibi ipsi idem, diversum?

N: Acute capis. Nec te moveat Platonicorum quamvis subtilis consideratio primum imparticipabiliter superexaltatum. Intellige enim absolutum unum in identitate, quam post ipsum primum absolutum unum esse aiunt, identice participari. Sufficiat enim tibi, qualicumque modo participetur, non esse omnia sibi idem nisi ab ipso, a quo omnia, qui est idem absolutum. Et quia iam ante pleraque talia saepe a me audisti, pro compendiosa facilitate haec sic nunc de absoluto idem dicta sint. Amplius temptabo praemissa explanare. Aiebas tu idem aptum natum facere idem. Ego hoc admittens elicui hinc omnia quamquam varia et diversa id esse quod sunt, etiam modo quo sunt. Admirabaris tu, properabo te de ipsa admiratione facili, compendio absolvere.

C: O quantum placebis, si effeceris modo per me apprehensibili, ut spondere videris.

steht, da beide nach ihm kommen. Das Allgemeine ist für sich selbst das Selbe und dem Besonderen gegenüber ein anderes. Ebenso verhält sich das Besondere. Weit erhaben also über alles Vernunfthaft-Allgemeine und Wirkhaft-Besondere, das es gibt, ist das absolute Selbe.

C: Wenn ich darauf achte und bemerke, daß man nicht leugnen kann, daß alles sich selbst gegenüber dasselbe ist, so sehe ich, daß das absolute Selbe von allem partizipiert wird. Denn wenn das absolute Selbe allen Dingen gegenüber anders und verschieden wäre, wären sie nicht das, was sie sind. Wie nämlich sollte etwas sich selbst gegenüber dasselbe sein, wenn das absolute Selbe von ihm verschieden und getrennt oder anders wäre? Ebenso, wenn etwas, das an dem Selben teilhat, selbst das Selbe wäre, an dem es teilhat, wie sollte es einen anderen gegenüber, das ebenfalls mit sich selbst identisch wäre, verschieden sein?

N: Du begreifst es sehr genau. Auch soll dich die, obwohl scharfsinnige Überlegung der Platoniker, daß das Erste in nicht partizipierbarer Weise hoch erhaben sei, nicht verwirren. Verstehe nämlich, daß das absolute Eine in jener Selbigkeit, von der sie sagen, daß sie nach dem ersten absoluten Einen sei, identisch partizipiert wird. Es soll dir genügen, daß — wie immer auch partizipiert werden mag — alles sich selbst gegenüber nicht das selbe wäre, wenn es dies nicht von dem hätte, von dem alles ist; der das absolute Selbe ist. Weil du schon früher oft sehr vieles darüber von mir gehört hast, mag dies einer gedrängteren Einfachheit wegen nun in Hinblick auf das absolute Selbe gesagt sein. Ich werde versuchen das Zuvorgesagte noch weiter zu erklären. Du hast gesagt, das Selbe sei in der Fähigkeit geboren, das Selbe zu machen. Ich stimme dem bei und folgere daraus, daß alle Dinge, wie verschieden und unterschiedlich sie auch sein mögen, aus diesem Grund das sind, was und auch wie sie sind. Du hast dich darüber gewundert. Ich werde danach trachten, dich durch eine einfache Zusammenfassung von dieser Verwunderung zu befreien.

C: Sag, so viel du willst, wenn du es nur, wie du zu versprechen scheinst, in einer mir verständlichen Art tust.

N: Iudicabis tu ipse me promissa adimplesse; et primum non haesitas idem identificare. Nam quomodo posset idem ex eo, quia idem, diversificare, cum diversitas in idem absoluto sit idem, post quod longe posterius est omnis diversitas? Non est igitur idem aptum natum nisi identificare et hoc est idem facere. Hinc omnis res, quia idem sibi ipsi, identificat, ut intellectus intelligit, visus videt, calor calefacit, et ita de omnibus. Et quia idem est immultiplicabile, hinc omnis identificatio reperitur in assimilatione.

Vocat igitur idem non-idem in idem. Et quia idem est immultiplicabile et per non-idem inattingibile, non-idem surgit in conversione ad idem. Et sic reperitur in assimilatione, ut, cum absoluta entitas, quae est idem absolutum, vocat non-ens ad idem, tunc, quia non-ens non potest attingere immultiplicabilem absolutam entitatem, reperitur non-ens surrexisse in conversione ad absolutam entitatem, hoc est in assimilatione ipsius idem.

Assimilatio autem dicit quandam coincidentiam descensus ipsius idem ad non-idem et ascensus non-idem ad idem. Potest igitur creatio seu genesis dici ipsa assimilatio entitatis absolutae, quia ipsa, quae idem, identificando vocat nihil aut non-ens ad se. Hinc sancti creaturam Dei dixerunt similitudinem ac imaginem.

Cum autem unitas, quae coincidit cum idem absoluto, sit immultiplicabilis, quia idem quae et unitas, ideo non-unum cum absolutam immultiplicabilem identitatem attingere nequeat, non potest nisi in pluralitate reperiri. Dum igitur ipsum idem absolutum, quod est et ens et unum et infinitum, ad se vocat non-idem, surgit assimilatio in multis ipsum idem varie participantibus. Pluralitas igitur, alteritas,

N: Du selbst wirst darüber urteilen, ob ich mein Versprechen erfüllt habe. Zum ersten zögerst du nicht anzunehmen, daß das Selbe Selbiges bewirkt. Denn wie könnte das Selbe auf Grund der Tatsache, daß es das Selbe ist, Verschiedenes machen, da die Verschiedenheit im absoluten Selben das Selbe ist und alle Verschiedenheit erst weit später hinter ihm kommt. Das Selbe ist also nur in der Fähigkeit geboren, Selbiges zu bewirken, d. h. das Selbe zu machen. Daher bewirkt jedes Ding, da es sich selbst gegenüber das selbe ist, Selbiges, so daß das Verstehen versteht, das Sehen sieht, die Wärme wärmt usw. Und weil das Selbe nicht vervielfacht werden kann, wird jede Verselbigung in Verähnlichung gefunden.

Es ruft daher das Selbe das Nicht-Selbe ins Selbe. Und weil das Selbe nicht vermehrt und von dem Nicht-Selben nicht erreicht werden kann, erhebt sich das Nicht-Selbe in der Hinkehr zum Selben. Und so wird es in der Verähnlichung gefunden; so daß dann, wenn die absolute Seiendheit, die das absolute Selbe ist, das Nicht-Seiende zum Selben ruft, das Nicht-Seiende — da dieses die unvermehrbare, absolute Seiendheit nicht erreichen kann — als das in der Hinkehr zur absoluten Seiendheit, d. h. in der Verähnlichung des Selben Auftretende gefunden wird.

Verähnlichung aber besagt eine gewisse Koinzidenz des Abstiegs des Selben zum Nicht-Selben und des Aufstiegs des Nicht-Selben zum Selben. Die Schöpfung oder Genesis kann also als die Verähnlichung der absoluten Seiendheit bezeichnet werden, da diese als das Selbe, durch Bewirkung des Selbigen das Nichts oder Nicht-Seiende zu sich ruft. Aus diesem Grund sagten die Heiligen, daß die Schöpfung Ähnlichkeit und Bild Gottes sei.

Da aber die Einheit, die — weil das absolute Selbe auch die Einheit ist —, mit diesem koinzidiert, unvermehrbar ist, kann folglich das Nicht-Eine, da es die nicht zu vervielfältigende absolute Selbigkeit nicht zu erreichen vermag, nur in der Vielheit gefunden werden. Wenn also das absolute Selbe, das zugleich das Seiende und das Eine und das Unendliche ist, das Nicht-Selbe zu sich ruft, entsteht die

varietas et diversitas et cetera talia surgunt ex eo, quia idem identificat. Hinc et ordo, qui est participatio ipsius idem in varietate, hinc harmonia, quae idem varie repraesentat. Consonant et conclamant omnia, quamquam varia, idem ipsum, et hic consonans clamor est assimilatio.

Sic igitur est cosmos seu pulchritudo, quae et mundus dicitur, exortus in clariori repraesentatione inattingibilis idem. Varietas enim eorum, quae sunt sibi ipsi idem et alteri aliud, inattingibile idem inattingibiliter ostendunt, cum tanto plus idem in ipsis resplendeat, quanto magis inattingibilitas in varietate imaginum explicatur. Coincidit enim inattingibilitas cum idem absoluto. Hinc patet recte me dixisse ex hoc omnia id esse quod sunt modo quo sunt, quia idem identificat. Haec igitur perfecta consequentia idem absolutum est. Igitur omnia sunt id, quod sunt et modo quo sunt, ut omnium rerum nulla sit ratio aut causa, nisi quia idem identificat.

Tu vero cum videas innumeras res hanc rationem absolutam participare, cum quaelibet res sit eadem sibi ipsi et aptitudinem habeat ad faciendum idem tanto perfectius quanto magis idem, et cum hoc etiam simul conspicias quamlibet rem alteri aliam, intelligis facile omnia esse id quod sunt, quia per idem absolutum ad inattingibile ipsum idem vocata talia in assimilatione ut sunt reperiuntur.

Poteris nunc perfectionem graduum entium, suarum virium et operationum, numerum, pondus et mensuram ad causam eandem sive idem ipsum modo, qui viribus ingenii dabitur, reducere atque scire quomodo generationes, corruptiones,

Verähnlichung im Vielen, das am Selben in verschiedener Weise teilhat. Vielheit, Andersheit, Mannigfaltigkeit und Unterschiedlichkeit und das übrige dergleichen entsteht dadurch, daß das Selbe Selbiges bewirkt. Darum gibt es auch die Ordnung, die die Teilhabe des Selben in der Mannigfaltigkeit bedeutet und die Harmonie, welche das Selbe mannigfach vergegenwärtigt. Alles, wie verschieden es auch immer sei, stimmt und klingt mit dem Selben zusammen, und dieser Zusammenklang ist die Verähnlichung.

So also ist der Kosmos oder die Schönheit, die auch Welt genannt wird, in möglichst klarer Vergegenwärtigung des unerreichbaren Selben entstanden. Die Mannigfaltigkeit jener Seienden, die sich selbst gegenüber das selbe und dem anderen gegenüber anderes sind, zeigt das unerreichbare Selbe in Unerreichbarkeit, da das Selbe in ihnen um so stärker widerstrahlt, je stärker die Unerreichbarkeit in der Mannigfaltigkeit der Abbilder entfaltet wird. Die Unerreichbarkeit koinzidiert nämlich mit dem absoluten Selben. Daraus folgt, daß ich zu Recht gesagt habe, alle Dinge seien auf Grund von diesem das, was sie sind und wie sie sind, weil das Selbe Selbiges bewirkt. Diese vollkommene Folgerung daraus ist das absolute Selbe. Darum sind alle Dinge das, was sie sind, so daß es für alle Dinge keinen andern Grund oder Ursache gibt, als dies: daß das Selbe Selbiges bewirkt.

Wenn du indes siehst, daß unzählige Dinge an diesem absoluten Grund teilhaben, da jede Sache sich selbst gegenüber die selbe ist und die Eignung hat, das Selbe zu bewirken, und zwar um so vollkommener, je mehr sie ein Selbiges ist, und wenn du zugleich auch erkennst, daß jede beliebige Sache jeder anderen gegenüber anders ist, dann verstehst du leicht, daß alles deshalb das ist, was es ist, weil das, was vom absoluten Selben zum unerreichbaren Selben gerufen ist, so wie es ist, in dieser Verähnlichung gefunden wird.

Du kannst nun die Vollkommenheit der Stufen des Seienden, seiner Kräfte und Einwirkungen, die Zahlen, das Gewicht und Maß zum selben Grund oder zum Selben in der Weise, wie es den Kräften des Geistes gegeben wird, zurück-

alterationes et cetera huius generis ex eo sunt, quia idem identificat.

Nam cum ad clariorem inattingibilitatem, quae cum idem absoluto coincidit, melius repraesentandam entia in assimilatione ipsius idem, quorum quodlibet est idem sibi ipsi et alteri valde oppositum, conveniant, ut sic infinitas seu inattingibilitas in maxima oppositione participantium, quanto clarius patitur condicio participantium, explicetur, hinc sunt oppositarum virium entitatem ipsam participantia.

Illa autem, cum quodlibet sit idem sibi ipsi, nituntur identificare, sicut calidum calefacere, frigidum frigefacere. Sic cum calidum non-calidum ad sui identitatem vocat et frigidum non-frigidum ad suam vocat identitatem, oritur pugna, et ex hoc generatio et corruptio et quaeque talia temporalia, fluida, instabilia et varietas motuum. Iam vides unam omnium causam.

Quod si tibi aliud videtur, plane quae dixi ratione refellito. Gaudebo instrui. Ego enim cursim facili compendio sic ista, ut promissa explerem, perstrinxi forte ad pauciora respiciens, quae erroris causa saepe exsistit.

C: Satisfecisti perabunde, nec occurrit quidquam obiciendum. Immo dum sic te discurrentem observarem, experimento didici unam et eandem inattingibilem doctae ignorantiae illuminationem in omnibus, quae et nunc et saepe ante locutus es, mihi in varietate modorum explicatoriorum clarius resplendere, ut traditiones tuae undique eandem redoleant artem, cuius sunt assimilationes, quando nihil nunc nisi idem ipsum, quod saepe alio modo audivi, apprehendi.

führen und wissen, daß Zeugung, Vergehen, Änderung und das übrige dieser Art daher stammt, daß das Selbe Selbiges bewirkt.

Denn wenn die Seienden — von denen jedes sich selbst gegenüber das selbe und dem anderen gegenüber sehr entgegengesetzt ist, um die vollkommen deutliche Unerreichbarkeit, die mit dem absoluten Selben zusammenfällt, besser zu vergegenwärtigen — in der Verähnlichung mit dem Selben zusammenkommen, so daß in dieser Weise die Unendlichkeit oder die Unerreichbarkeit in der größten Gegensätzlichkeit der Teilhabenden in der größtmöglichen Deutlichkeit entfaltet wird, die die Verfassung der Teilhabenden gestattet, so sind daher die an der Seiendheit selbst Teilhabenden von entgegengesetzten Kräften.

Da aber alle Seienden sich selbst gegenüber das selbe sind, bemühen sich diese, Selbiges zu bewirken; das Warme bemüht sich zu wärmen, das Kalte zu kühlen. Und da das Warme das Nicht-Warme zur Selbigkeit mit ihm ruft und das Kalte das Nicht-Kalte, entsteht der Kampf und aus diesem Zeugung und Untergang und alles dergleichen: Zeitliches, Fließendes, Unbeständiges und Mannigfaltigkeit der Bewegungen. Schon siehst du den einen Grund von allem.

Wenn es dir anders erscheint, dann widerlege meine Worte offen mit der Vernunft. Ich werde mich freuen, belehrt zu werden. Ich habe nämlich, um mein Versprechen zu erfüllen, das Vorliegende in einer einfachen und gedrängten Darstellung kurz zusammengefaßt und dabei vielleicht zu weniges bedacht; das ist oft der Grund für einen Irrtum.

C: Überreich hast du Genüge getan! Auch fällt mir kein Einwand ein. Ja, während ich dir bei diesem Gedankengang zuhörte, habe ich darin die Erfahrung gemacht und dadurch gelernt, daß mir ein und dieselbe unerreichbare Erleuchtung der wissenden Unwissenheit in allem, was du jetzt und früher oft besprochen hast, in der Mannigfaltigkeit der Erklärungsweisen deutlicher widerstrahlt, so daß deine Darlegungen überall dieselbe Kunst widerspiegeln; sie sind ja deren Verähnlichung, weil ich jetzt nichts anderes verstanden habe, als das selbe, das ich oft in anderer Weise hörte.

Idem enim absolutum est et maximum absolutum, quod est ineffabile et inattingibile, et sic ineffabile omnium dicibilium causa est et inattingibile omnium attingibilium. Et iam mihi notam fecisti infinitatem, quae cum idem absoluto inattingibili coincidit, in innumerabili multitudine particularium entium clarius resplendere. Quando enim omnem numerabilem numerum excedunt particularia entia, quorum quodlibet est idem sibi ipsi et alteri aliud, quae tamen inattingibilem infinitatem non attingunt, clarior facta est inattingibilitas absoluti infiniti.

Et quia idem absolutum est in omnibus, quoniam quodlibet idem sibi ipsi, varia est omnium concordantia universalis, generica vel specifica; sic et differentia, sine qua concordantia propter inattingibile esse nequit. Sic video aeternum, quod cum idem absoluto est idem inattingibile, et hinc esse innumerabiles varietates durationum, quae omnem rationalem mensuram excedunt, ut sic inattingibilitas aeterni idem perfectius resplendeat.

Video satis aperte potuisse inquisitores genesis rerum defecisse, qui ista non considerarunt. Nam quidam ex eo, quia senserunt durationem mundi ratione immensurabilem, iudicarunt ipsum aeternum, cum aeternum sit idem absolutum, inattingibile omni duratione, cuius inattingibilitas in immensurabili duratione plus patescit. Hi mihi decepti videntur, quasi si oculus iudicaret aliquod corpus, participans sphaericam figuram in parte qua videtur, non esse perfectam sphaeram, quia videre nequit, quod[1] sit sphaera. Oculus enim unico contuitu sphaeram nequit intueri, sed sicut componente ratione iuvamur in apprehensibilitate sphaerae per visum, ita necesse est, ut alto intellectu iuvemur, qui nobis ostendit mensuram rationalem improportionabiliter infra aeternum deficere, ut non sequatur hoc esse alternum, cuius duratio est ratione inapprehensibilis. Mensurae enim rationales, quae temporalia attingunt, non attingunt res a tem-

---

[1] Cod. Cus.: quod non.

Das absolute Selbe ist auch das absolute Größte, das unaussprechbar und unfaßbar ist; und so ist das Unsagbare der Grund alles Sagbaren und das Unfaßbare der Grund alles Faßbaren. Auch hast du mir mitgeteilt, daß die Unendlichkeit, die mit dem absoluten Selben koinzidiert, in der unzählbaren Vielfalt der Einzeldinge in größtmöglicher Deutlichkeit widerstrahlt. Denn weil die Einzeldinge, von denen jedes sich selbst gegenüber das selbe und dem anderen gegenüber ein anderes ist, jede zählbare Zahl überschreiten, aber dennoch nicht die unerreichbare Unendlichkeit erreichen, ist die Unerreichbarkeit des absoluten Unendlichen deutlicher gemacht.

Und weil das absolute Selbe — da jedes mit sich selbst identisch — in allem ist, ist die allgemeine, gattungshafte und eigengestaltliche Übereinstimmung aller Dinge mannigfach; ebenso auch der Unterschied, ohne den die Übereinstimmung — des Unerreichbaren wegen — nicht sein kann. So sehe ich das Ewige, das zusammen mit dem absoluten Selben das unerreichbare Selbe ist; und daß es daher die unzählbare Mannigfaltigkeit der Dauer gibt, welche jedes verständige Maß überschreitet, so daß auf diese Weise die Unerrreichbarkeit des ewigen Selben vollkommener widerstrahlt.

Ich sehe in hinreichender Deutlichkeit, daß diejenigen, welche die Herkunft der Dinge untersuchen, fehl gehen konnten, wenn sie das nicht bedachten. Denn, weil sie fühlten, daß die Dauer der Welt für den Verstand unermeßbar ist, glaubten manche, daß die Welt ewig sei, obwohl doch das Ewige das absolute Selbe ist, das durch keine Dauer erfaßt werden kann und dessen Unerreichbarkeit in unermeßbarer Dauer nur um so mehr offenbar wird. Es scheint mir, daß diese sich in genau der gleichen Weise getäuscht haben, wie ein Auge, das irgendeinen Körper sieht und, obwohl dieser dort, wo es ihn erblickt, sphärisch ist, glaubt, daß er keine vollkommene Kugel sei, da es nicht sehen kann, daß er eine Kugel ist. Das Auge kann eben eine Kugel nicht mit einem einzigen Blick überschauen. Aber wie wir uns mittels des zusammensetzenden Verstandes dabei helfen, eine Kugel mit dem Auge zu erkennen, so ist es auch notwendig, daß

pore absolutas, sicut auditus non attingit quidquam nonaudibile, licet illa sint et ei inattingibilia.

N: Optime infers et de hac re alias, quid senserim, audisti. Satis nunc sit, quod cognoscimus idem absolutum omnium causam quodque aeternitas absoluta sit inattingibilis per omnem varietatem immensurabilium durationum ac quod hanc inattingibilitatem aeterni cognoscimus lucescere in immensurabilitate durationum quodque Peripateticorum dictum mundum fuisse ab aeterno[1], prout ipsi aternum per rationem mensurantem inattingibile asserunt, verum est, sed verius Platonicorum, qui ipsum genitum dicunt quique aeternum idem ipsum absolutum viderunt principium. Nec tamen negant Platonici immensurabilitatem durationis concurrere cum genitura, quod et nostri sancti clariori, quo fieri potuit, modo expresserunt mundum in principio seu initio factum.

Manifestum est quod principium seu initium mundi non est in alio, sed idem ipsum absolutum est principium, medium et finis munde. Et non fecit Deus durationem potius extra idem absolutum initium habere quam mundum, per mundum igitur et omnia quae in mundo sunt. Sicut non attingitur quidquam mundi uti est nisi solum in idem absoluto, ita nec duratio potest uti est aliqua mensura attingi. Quomodo enim attingeretur idem per aliud nisi aliter? Per mensuram durationis unius duratio alterius quomodo mensura fieri posset, cum incommensurabiles sint et ignotae? Solum enim idem absolutum est adaequatissima mensura omnium qualitercumque mensurabilium.

---

[1] Aristoteles, Physik VIII, p. 1251 b.

wir uns mit der tieferreichenden Vernunft helfen; diese zeigt uns, daß das verständige Maß unverhältnismäßig tief unter dem Ewigen steht, so daß nicht gefolgert werden kann, daß dasjenige ewig sei, dessen Dauer mit dem Verstand nicht zu erfassen ist. Verstandesmäßige Maßstäbe, die das Zeitliche berühren, erfassen nicht die vom Zeitlichen losgelösten Dinge, so wie das Gehör nicht etwas Unhörbares erfaßt, wenngleich es auch jene ihm unerreichbaren Dinge gibt.

N: Dieser Beitrag ist sehr gut. Meine Meinung dazu hast du ja auch schon andernorts gehötr. Es soll uns nun genügen, erkannt zu haben, daß das absolute Selbe der Grund von allem ist und daß die absolute Ewigkeit durch die ganze Mannigfaltigkeit unermeßlicher Zeitläufe nicht erreichbar ist und daß diese Unfaßbarkeit des Ewigen in der Unermeßlichkeit der Dauer aufleuchtet; daß der Ausspruch der Peripatetiker, die Welt bestehe von Ewigkeit, wahr ist, sofern sie versichern, das Ewige sei für den messenden Verstand unerreichbar; daß aber der Satz der Platoniker, die sagen, die Welt sei gezeugt und die das ewige Selbe als den absoluten Ursprung sehen, noch wahrer ist. Dennoch leugnen die Platoniker nicht, daß die Unermeßlichkeit der Dauer mit der Zeugung zusammentreffe. Das drückten unsere Heiligen so klar als nur möglich aus, indem sie sagten, daß die Welt im Ursprung oder Anfang gemacht worden ist.

Es ist offenbar, daß der Ursprung oder Anfang der Welt nicht in einem Anderen liegt; das absolute Selbe ist vielmehr Anfang, Mitte und Ende der Welt. Und Gott gab der Dauer nicht vor der Welt außerhalb des absoluten Selben ihren Anfang. Durch die Welt ist auch alles, was in der Welt ist. So wie also nichts, das der Welt angehört, so wie es ist, anders als nur im absoluten Selben erreicht wird, so kann auch die Dauer, so wie sie ist, nicht durch irgendein Maß erreicht werden. Denn wie würde das Selbe durch das Andere erreicht wenn nicht in anderer Weise? Wie könnte durch das Maß der Dauer des Einen die Dauer des Anderen gemessen werden, wenn sie beide miteinander nicht vergleichbar und auch unbekannt wären? Nur das absolute Selbe ist das völlig entsprechende Maß von allem, das irgendwie meßbar ist.

C: Acquiescerem facile omnibus, nisi me liber Moysi de Genesi retraheret. Nam possumus ratione secundum ibi narrata bene habita temporalem mensuram initii mundi, quod nondum ad septem milia annorum pervenit, elicere, licet in Plinio Historiarum naturae[1] et aliis multis aliter scriptum legatur.

N: Ego Moysi scripturas admodum magni facio et eas verissimas scio, quando ad scribentis intentionem adverto. Nam Deum mundum atque hominem ad sui imaginem et ipsum bonum valde creasse, et peccatum per hominem in genus humanum non per creantem intrasse, atque Deum multis mediis hominem a via mala, quam a parentibus primis non a Deo contraxit, revocasse prophetiis promissis et donis, atque quod ipsum revocatum legibus armavit ad resistendum corruptae inclinationi, quodque supra haec omnia addiderit eidem promissionem filiationis Dei in filio suo, si crediderit et fecerit mandata, quando ad ipsum Deum, cuius est deificare, adverto, nec ex eo, quia Christianus aut legi astrictus, sed quia aliud sentire ratio vetat, penitus et constantissime admitto et astruo.

Ubi vero Moyses modum, quo haec acta sunt omnia, humaniter exprimit, credo ipsum ad finem, ut verum modo quo verum per hominem capi posset, eleganter expressisse. Sed usum scis modo humano ad finem, ut homines humaniter instruat, quibus post humanum modum adicit suo loco talia, ut intelligentes intelligant illa, quae modum exprimunt, inattingibilis divini modi fore humanam assimilationem.

---

[1] Plinius Secundus, Naturalis historia II, 1, 1.

C: Ich würde mich mit dem allen leicht zufrieden geben, wenn mich nicht das Buch des Moses über die Genesis zurückhielte. Denn wir können mit Hilfe des Verstandes den dort sehr wohl dargestellten Berichten entsprechend das zeitliche Maß des Weltanfanges, der sich auf noch nicht 7000 Jahre beläuft, herausfinden, wenn es auch in der Naturgeschichte des Plinius und in vielen anderen Büchern anders zu lesen ist.

N: Ich schätze die Schriften des Moses überaus hoch und weiß, wenn ich sie lese und auf die Absicht des Schreibers achte, daß sie ganz wahr sind. Denn die Tatsache, daß Gott die Welt und den Menschen nach seinem Bilde, und zwar sehr gut geschaffen hat; daß die Sünde durch den Menschen und nicht durch den Schöpfer in das Menschengeschlecht eingedrungen ist; daß Gott den Menschen von dem bösen Weg, den dieser nicht von ihm, sondern von seinen Voreltern ererbt hat, mit vielen Mitteln, mit prophetischen Verheißungen und Gaben, zurückrief; daß er ihn, den zurückgerufenen, mit Geboten waffnete, der verderblichen Neigung Widerstand zu leisten; daß er ihm darüber hinaus die Verheißung der Gotteskindschaft in seinem Sohne gegeben hat, sofern er glaubt und seinen Auftrag erfüllt; alles das bezeuge und behaupte ich tief innerlich und beständig, wenn ich mich zu Gott, dem es zukommt zu vergöttlichen, hinwende, und zwar nicht deshalb, weil ich Christ bin oder durch ein Gesetz gebunden, sondern weil es mir mein Verstand verbietet, anders zu empfinden.

Wo aber Moses in menschlicher Weise die Art, in der dies alles geschehen ist, ausdrückt, da hat er, so glaube ich, dies zu dem Zweck trefflich zum Ausdruck gebracht, daß das Wahre auf die Weise, in der es vom Menschen erfaßt werden kann, erfaßt werde. Du weißt jedoch, daß menschliche Sprechweise verwendet wurde, um die Menschen menschlich zu unterrichten. Über die menschliche Sprechweise hinaus hat er an entsprechender Stelle Worte hinzugefügt, daß die Verständigen verstehen, daß jene Worte, welche die Art und Weise ausdrücken, eine menschliche Verähnlichung der unerreichbaren göttlichen Art sind.

Nam quando aperuit Deum nihil omnium esse, quae videri aut figurari aut insculpi possunt, atque quod ipse solum in vestigiis, quae sunt posteriora eius, visibilis sit per hominem, quodque ipse infinitae potentiae nihil agat per temporales moras, satis ostendit se creationis inexpressibilis modum humaniter configurasse.

Unde sapientes, qui invisibilem Deum omnia, ut voluit, simul creasse aiunt, non contradicunt intentioni legislatoris Moysi, sicut nec alii plerique, qui alios confinxerunt modos. Et ad hoc maxime facit, quia, cum de homine loqueretur, ipsum Adam appellat, quod est appellativum in suo significato hominem sive masculum sive feminam complicans. Et ob praemissa atque alia multa, quae convenientius alibi tractari possunt, principium Geneseos prudentibus mandatur servari per Iudaeos, ne litteralis superficies novicios offendat.

Prudentes autem atque in theologicis peritiores scientes divinos modos sine apprehensibili modo esse non offenduntur, si configuralis assimilatorius ad consuetudinem audientium contractus reperitur. Ipsi enim absolvunt eum a contractione illa, quantum eis possibile fuerit, ut intueantur tantum idem absolutum identificare. Hinc eosdem nec diversitas historiarum, rationum, temporis, nominum, hominum, adversitas fluxus fluviorum, qui ex medio paradisi narrantur effluere, et quaeque alia, etiamsi forent absurdiora, minime offendunt, sed mysteria secretiora ex absurdioribus venantur, sicut in exercitatis maximis ingeniis sanctorum circa eam Geneseos partem reperire poteris, si Ambrosium De paradiso et eundem in Hexameron, Basilium, Augustinum, Hieronymum et tales lectitaveris.

Denn wenn er kundtut, daß Gott nichts von all dem sei, was gesehen und bildlich oder figürlich dargestellt werden kann, daß er für den Menschen nur in den Spuren, die später sind als er, sichtbar ist, und daß er, der unendlich mächtig ist, nichts in irdischen Zeitläufen tut, dann zeigt Moses deutlich genug, daß er die unaussprechliche Art und Weise der Schöpfung menschlich dargestellt hat.

Daher widersprechen jene Weisen, die sagen, daß der unsichtbare Gott alles, so wie er es wollte, zugleich geschaffen habe, nicht der Absicht des Gesetzgebers Moses; wie auch die meisten andern nicht, die sich andere Sprechweisen ausgedacht haben. Und dies unterstreicht er vor allem dadurch, daß er, als er über den Menschen sprach, diesen Adam nannte; dieses Wort bedeutet Mensch und schließt sowohl den männlichen als auch den weiblichen ein. Wegen des gerade Gesagten und vielem anderen wegen, das an anderer Stelle passender behandelt werden kann, vertrauen die Juden den Anfang der Genesis den Klugen zur Bewahrung an, damit nicht die buchstäbliche Oberfläche die Neulinge abschrecke.

Die Klugen aber und die in der Theologie Erfahrenen, die wissen, daß Art und Weise des Göttlichen nicht leicht verständlich ist, werden nicht abgestoßen, wenn ein gleichnishafter, mehr der Gewohnheit der Hörer angeglichener, verschränkter Modus gefunden wird. Sie lösen diesen, soweit es ihnen möglich ist, aus jener Verschränkung, so daß sie sehen, daß das absolute Selbe Selbiges bewirkt. Daher stört sie die Verschiedenheit der Geschichten, der Gründe, der Zeiten, Namen und Menschen, der gegensätzliche Lauf der Flüsse, die in der Mitte des Paradieses entspringen sollen, und alles andere, auch wenn es noch ungereimter ist, nicht im geringsten. Sie jagen vielmehr auf Grund dieser Ungereimtheiten nach noch verborgenen Geheimnissen, wie du es in den von den größten Heiligen verfaßten Untersuchungen über diesen Teil der Genesis finden kannst; wenn du die Schrift von Ambrosius „Das Paradies" und „Hexameron", und Basilius, Augustinus, Hieronymus und andere gut gelesen hast.

Quales omnes, licet discrepare in plerisque videantur, adverti uti prudentes in principali concurrere, licet modum non omnes ad litteram admittant ibidem narratum. Quorum omnium considerationem circa modum sic accepto, quasi sint sapientum varii conceptus inexpressibilis modi, non nisi me ad idem ipsum, quod quisque nisus est assimilatorie configurare, convertens et in eo quiescens.

C: Placet valde ea a te audisse maxime de principio Geneseos. Nam, ut intelligo, erat intentio legislatoris una, quam affirmas verissimam prout omnes sapientes, sed historiam modi non negas, quia dicis modum humaniter propter audientes, ut fructum faceret, sic historice redactum, quamvis homo divinum modum nec concipere nec exprimere possit nisi varia assimilatione. Sed quia propheta noster David, cuius verba, qui de idem absoluto locutus est, abunde explanasti, alibi dicit verbo domini caelos firmatos et spiritu oris eius omnem eius virtutem edoceri[1] supplico, si haec assimilatio convenienter se habeat, maxime cum in radice videantur a configuratione Moysi non multum diversa.

N: Modum, quo cuncta sunt a primo, quisque conicere nisus est, sed ex prudentioribus philosophis habetur ita a Deo purissimo intellectu penitus atque perfectissime in actu exsistente formas naturales rerum imperio voluntatis oiriri, sicut imperio architectonici, cui instrumenta oboediunt, forma domus. Unde, ut compendiosius dicam, per praemissa ostenditur omne agens, quia idem sibi ipsi, identificare. Igitur omne agens in agendo quadam similitudine creationem repraesentat.

---

[1] Ps. 32, 6.

Wenn diese alle auch in vielen Dingen verschiedener Ansicht zu sein scheinen, so beachte dennoch, daß diese Weisen im wesentlichen miteinander übereinstimmen; auch wenn sie nicht alle meinen, daß der Modus der Genesis dort buchstäblich erzählt ist. Ihrer aller Betrachtung hinsichtlich der Art und Weise fasse ich gleichsam als verschiedene Entwürfe vom unsagbaren Modus auf, indem ich nichts anderes tue, als mich zu dem Selben selbst, das jeder in Verähnlichung darzustellen bemüht war, hinzuwenden und darin Ruhe zu finden.

C: Es bereitet mir große Freude, dies von dir über den Ursprung der Genesis zu hören. So, wie ich es verstehe, war die Absicht des Gesetzgebers eine solche, daß du sie im Sinne aller Gelehrten als völlig wahr bezeichnest. Die geschichtliche Darstellung der Art und Weise lehnst du deshalb nicht ab, weil du sagst, daß sie der Hörer wegen in menschlicher Art als Geschichte verkleidet wurde, um Frucht zu tragen, obwohl der Mensch den göttlichen Modus, außer in mannigfacher Verähnlichung, weder erfassen noch ausdrücken kann. Weil aber unser Prophet David, dessen Worte du dort, wo er über das absolute Selbe spricht, ausführlich erklärt hast, an einer anderen Stelle sagt: „Durch das Wort des Herrn sind die Himmel befestigt, und durch den Hauch seines Mundes all ihre Kraft", bitte ich dich, mich darüber zu belehren, ob diese Verähnlichung entspricht; vor allem deshalb, weil sie grundsätzlich von der Darstellung des Moses nicht sehr verschieden zu sein scheint.

N: Jeder Philosoph hat versucht, über die Weise, in der alles vom Ersten stammt, Mut-Maßungen anzustellen. Die Meinung der weisen Philosophen ist jedoch die, daß die natürlichen Formen der Dinge von Gott, der reinsten Vernunft, der vollständig und vollkommen als Wirklichkeit besteht, ausgehen und durch das Gebot seines Willens entstanden sind; so wie die Gestalt des Hauses auf Befehl des Baumeisters, dem die Werkzeuge zu Gebote stehen, zustande kommt. Um es kürzer auszudrücken: durch das Gesagte wird gezeigt, daß jedes Handelnde, weil es sich selbst gegenüber selbig ist, Selbiges bewirkt. Darum vergegenwärtigt jedes Handelnde in seinem Handeln in irgendeiner Ähnlichkeit die Schöpfung.

C: Non dubium. Sed clariori modo una quam alia actio. Hinc oro propinquiori assimilatione per te duci.

N: Perlibenter, quantum nunc occurrit. Vidisti, puto, vasa vitrificatoria arte fieri.

C: Vidi.

N: Satis illa te ducere poterit. Nam vitrifex materiam colligit. Deinde ipsam in fornace ministerio ignis adaptat. Post mediante canna ferrea, cui colligatur materia, ut recipiat per influxum artificis formam vasis concepti in mente magistri, vitrificator spiritum insufflat, qui subintrat ipsam materiam, et mediante spiritu movente materiam ad intentionem magistri fit vas vitreum per magistrum de materia, quae caruit omni forma vasis. Quae adeo est formans materiam, ut sit vas tale talis speciei, quod materia ipsa nunc stans sub forma caret possibilitate universali ad omnem formam vasis, quia universalis possibilitas est actu specificata. Sed quando magister de hoc vase huius speciei aliud alterius speciei efficere proponit videns neque vas istud aut eius partes, cum sint partes eius, habere se possibiliter ad id quod intendit, cum quodlibet sit totum et perfectum et eius partes sint illius totius partes, facit vas aut eius pecias reverti ad primam materiam tollendo actualitatem formae qua stringebatur et, cum tunc sit materia per resolutionem ad fluxibilitatem et universalem possibilitatem reducta, iterum de ipsa vas aliud efficit.

Tali licet remota similitudine deus, licet non colligat ex aliquo quod non creavit possibilitatem rerum, omnia in esse producit. Si attendis, et calore solis ita utitur natura in

C: Daran ist nicht zu zweifeln. Aber die eine Handlung wird in deutlicherer Weise vollzogen als die andere. Darum bitte ich dich, daß du mich durch einen noch genauer zutreffenden Vergleich anleitest.

N: Das will ich sehr gerne tun, soweit es mir jetzt gelingt. Du hast sicher schon gesehen, wie ein Gefäß durch die Kunst des Glasbläsers entsteht.

C: Das habe ich gesehen.

N: Dieses Beispiel kann dir zur Genüge helfen. Der Glasbläser sammelt das Material und bringt es im Ofen mit Hilfe des Feuers in den entsprechenden Zustand. Danach nimmt er ein eisernes Rohr, an das die Glasmaterie gefügt wird, zu Hilfe, damit sie dann durch Blasen des Künstlers die im Geist des Meisters begründete Gefäßform erhält. Er bläst seinen Atem hinein. Dieser dringt in die Materie ein. Mit Hilfe des Hauches, der sie nach der Absicht des Meisters bewegt, entsteht aus der Materie, der jegliche Form eines Gefäßes fehlte, durch den Meister das Glasgefäß. Diese Absicht gestaltet die Materie so sehr, daß ein Gefäß von solcher Eigengestalt entsteht, daß die Materie selbst, die jetzt unter der Gestalt steht, nicht mehr die allgemeine Möglichkeit zu jeder Gefäßform hat, denn die allgemeine Möglichkeit ist tatsächlich gestaltet. Wenn sich aber der Meister vornimmt, aus dem Gefäß dieser bestimmten Eigengestalt ein anderes von anderer Eigengestalt zu machen und sieht, daß weder dieses Gefäß noch seine Teile, eben weil sie seine Teile sind, in einem Möglichkeitsverhältnis zu dem Gefäß, das er beabsichtigt, stehen — ein jedes Seiende ist ja ganz und vollkommen und seine Teile sind die Teile dieses Ganzen —, dann nimmt er das Wirklichsein der Gestalt, durch die es gehalten wird, weg, indem er das Gefäß oder seine Stücke zu der ersten Materie zurückkehren läßt; und wenn dann die Materie durch Auflösung in den flüssigen Zustand und in die allgemeine Möglichkeit zurückgeführt ist, macht er wiederum ein anderes Gefäß aus ihr.

Entsprechend diesem, obwohl entfernten Gleichnis, führt Gott alles in das Sein hinein, wenn er auch nicht die Möglichkeit der Dinge aus irgend etwas schöpft, das er nicht

sensibilibus formis sicut vitrificator igne, et agit natura uti spiritus vitrificatoris, et dirigitur natura a mente summi opificis sicut spiritus magistri a mente eius. Talia quaedam et alia multa elicere poteris.

C: Optime assimilasti genesim sensibilium et quasi in exemplato paradigmate intueor quomodo natura est principium motus, quomodo calor est instrumentum naturae, quomodo locus est ut fornax, quasi calor sit cultellus et locus vagina. Multa de natura, quae inest et in centro, ex hoc capio. Universaliorem, si potes, applica, quaeso, similitudinem.

N: Multa consideranti occurrere possunt satis apta paradigmata. Sed puto quod docere sit inter nobis notas operationes satis propinqua assimilatio universalis modi creationis. Hinc ipsam Moyses, David et ceteri prophetae tamquam propinque modum creationis figurantem assumpserunt.

Doctor enim ad finem, ut ad identitatem magisterii non doctum discipulum vocet, silentium ad vocem in similitudinem sui conceptus vocat et surgit silentium in assimilatione conceptus magistri. Quae quidem assimilatio est verbum intellectuale, quod in rationali et illud in sensibili figuratur. Unde sensibile quoad eius vocalitatem surgit de silentio per gradus de confuso sono in discretam articularem vocem. Docente enim magistro remotius distantes sonum quendam confusum audiunt. Sonus igitur possibilitas seu vocis propinqua materia exsistit. Quapropter, dum de silentio vocatur, primo oritur sonus quasi vocis possibilitas, ut sic possibilitas quae sonus nec sit silentium nec vox formata, sed formabilis. Deinde oriuntur elementa de confuso sono, post combinatio elementorum in syllabas, syllabarum in dictiones, dictionum in orationem. Et haec quidem eo ordine gradatim in vocatione silentii in verbum

geschaffen hat. Wenn du darauf achtest, wirst du bemerken, daß die Natur in den sinnlichen Gestalten die Wärme der Sonne ebenso benützt wie der Glasbläser das Feuer, und daß die Natur wie der Hauch des Glasbläsers wirkt und von dem Geisthauch des höchsten Werkmeisters wie der Geisthauch des Meisters von seinem Geist gelenkt wird. Dies und vieles andere kannst du herausfinden.

C: Sehr gut hast du die Genesis der Sinnendinge verähnlicht; und in einem gleichsam urbildhaften Beispiel sehe ich, wie die Natur der Ursprung der Bewegung ist und die Wärme das Werkzeug der Natur; wie der Ort und Raum dem Schmelzofen entspricht, wie die Wärme gleichsam das Schwert darstellt und der Ort die Scheide. Vieles begreife ich auf Grund des Gesagten von der Natur, die ebenfalls im Mittelpunkt steht. Ich bitte dich aber, daß du, wenn es möglich ist, ein noch allgemeineres Gleichnis anwendest.

N: Wenn man vieles bedenkt, können einem viele gut geeignete Beispiele einfallen. Aber ich glaube, daß unter den uns bekannten Handlungen das Lehren eine zur Genüge nahekommende Verähnlichung des allgemeinen Modus der Schöpfung darstellt. Darum nahmen Moses, David und die übrigen Propheten es als entsprechende Darstellung des Schöpfungsmodus.

Um einen nichtgelehrten Schüler zu einer gleichen Meisterschaft zu führen, ruft der Gelehrte das Schweigen zum Lautwerden in die Ähnlichkeit seines Begriffes und das Schweigen erhebt sich in der Verähnlichung mit dem Begriff des Meisters. Diese Verähnlichung ist das vernunfthafte Wort, das im verständigen und dieses wieder im sinnlichen Wort dargestellt wird. Darum erhebt sich das Sinnliche in bezug auf seine Lautlichkeit stufenweise vom Schweigen über verworrenen Klang zu unterschiedenem, artikuliertem Laut. Denn wenn der Meister lehrt, dann hören die entfernt Stehenden irgendeinen verworrenen Klang. Der Klang stellt also die Möglichkeit oder die nähere Materie der Stimme dar. Wenn darum aus dem Schweigen die Stimme ertönt, dann entsteht zuerst, gleichsam als Möglichkeit der Stimme, ein Klang, so daß diese Möglichkeit, der Klang, weder Schweigen noch gestaltete Stimme ist, sondern gestaltbare.

vocale exoriri constat, licet differentia prioritatis et posterioritatis non sane per auditum attingatur.

Est deinde verbum magistri sic prolatum in se tenens triplicem ordinem. Nam est ipsum tale verbum sensibile et sensibilibus tantum auribus attingitur per penitus vocabula ignorantes. Et hic modus est bestialitatis. Omnes enim bestiae cum homine ignorante vocabula non aliud quam vocem articulatam attingunt.

Est deinde verbum ipsum rationale, quia per scientes vocabula attingitur. Unde, cum sola ratio vocabula capiat, sic attingitur per hominem tantum sermo magistri et non per bestias. Sed quia potest grammaticus tantum attingere sermonem et non mentem magistri, qui in sermone conceptum mathematicum vel theologicum nititur explicare, habes verbum magistri in alio ordine rationale exsistere.

Deinde, quoniam mathematicus aut theologus mentem magistri in verbo eius intuetur, verbum intellectuale ex hoc elicis tertii ordinis, quod gerit proximam similitudinem mentis magistri.

Vides etiam quoad vocalitatem ipsius verbi quandam virtutem in magistro spirativam, ex qua varii motus linguae, labiorum et aliorum instrumentorum prodire necesse est, ut sit vocale verbum. Participant igitur motores, qui et Musae a poetis vocantur, arteriarum, linguae, labiorum, mandibulae varie spiritum proferentis, ut sint spiritus varie moventes instrumenta ad eandem intentionem proferentis.

Daraufhin entstehen aus dem verworrenen Klang die Elemente; dann die Verbindung der Elemente zu Silben, der Silben zu Worten und der Worte zur Rede. Und es steht fest, daß sich das geistige Wort in dieser Ordnung in der Verlautung des Schweigens stufenweise zum lautlichen Wort erhebt, wenn auch der Unterschied zwischen früher und später vom Gehör nicht richtig erfaßt wird.

Das so hervorgebrachte Wort des Meisters beinhaltet eine dreifache Ordnung. Denn ein solches Wort ist sinnlich und wird nur mit sinnlichen Ohren erfaßt, auch von denen, die das Wort überhaupt nicht kennen. Dies ist die Weise der Tierheit. Denn alle Tiere — zusammen mit dem der Worte nicht kundigen Menschen — erfassen nichts anderes als die artikulierte Stimme.

Ferner ist es ein verständiges Wort, weil es von jenen, die der Worte kundig sind, erfaßt wird. Da nur der Verstand die Worte erfaßt, wird die Rede des Meisters nur vom Menschen erreicht und nicht vom Tier. Weil aber der Grammatiker nur die Rede, nicht aber den Geist des Meisters, der in seiner Rede einen mathematischen oder theologischen Gedanken zu erklären versucht, erfassen kann, ergibt sich, daß das Wort des Meisters als verständiges Wort in einer anderen Ordnung Bestand hat.

Weil der Mathematiker oder Theologe den Geist des Meisters in seinem Worte erschaut, ergibt sich daraus das vernunfthafte Wort der dritten Ordnung, das die größte Ähnlichkeit mit dem Geist des Meisters hat.

Was die Lautlichkeit des Wortes betrifft, so siehst du im Meister eine gewisse Hauch-Kraft, aus der die verschiedenen Bewegungen der Zunge, der Lippen und der anderen Sprechwerkzeuge hervorgehen muß, damit ein lautliches Wort entsteht. Daran partizipieren die von den Dichtern Musen genannten Beweger der Luftröhre, Zunge, Lippen und des Kiefers, welche den Hauch in verschiedener Weise hervorbringen, so daß sie ein Geisthauch sind, der die Sprechwerkzeuge für dieselbe Absicht des Hervorbringers bewegt.

Sic propheta assimilat convenientissime creationem verbo et spiritu oris. Forte haec est ipsius sancti Moysi intentio, qui configurat similiter creationis modum verbali expressioni. Ait enim: Dixit Deus: fiat lux, ex facta est lux[1], ut facilitatem in creando compararet verbo dicto.

Et hinc maximi mysterii ineffabile Dei nomen, quod Graeci, quia quattuor Hebraicis characteribus scribitur, Tetragrammaton appellant et Iehova profertur, forte quoniam est complicatio omnis vocalitatis, ineffabile dicitur, tamquam fons omnis effabilis verbi quasi ineffabilis in omni verbo effabili ut causa resplendeat. Videtur enim maximi profectus studium posse venari in hac configuratione ad effluxum entium a primo circa omnia, quae passim se consideranda in distinctione, ordine, motibus et aliis cunctis offerunt otiose et diligenter attendenti, nisi tibi aliud occurrat.

C: Nescio cui aliud videri possit quam quod maxime refert attendere sanctorum prophetarum simplices fecundissimas traditiones et philosophorum argutias. Nam magna facilitate hoc compendio similitudinis eo ductus sum, ut rerum ordinem pulcherrimum intuear, scilicet quomodo corporalia sint ob sensibilem discretionem et sensibilis discretio ob rationalem, rationalis ob intellectualem, intellectualis ob veram causam, quae est universorum creatrix.

Video enim apertissime in praemisso paradigmate omnem naturam servire intellectuali sicut eius assimilationes, ut ipsa sit signaculum verae et absolutae causae atque ut sic omne ens eius medio attingat fontem sui esse.

---

[1] Gen. 1, 3.

So vergleicht der Prophet die Schöpfung sehr trefflich mit dem Wort und dem Hauch des Mundes. Vielleicht ist das auch die Absicht des Moses, der in ähnlicher Weise den Modus der Schöpfung mit dem des Wortausdruckes vergleicht. Um die Leichtigkeit der Schöpfung mit dem Aussprechen eines Wortes zu vergleichen, sagt er: „Gott sprach, es werde Licht und es ward Licht."

Und darum wird der unaussprechliche, zutiefst geheimnisvolle Name Gottes, den die Griechen, weil er mit vier hebräischen Zeichen geschrieben wird, das Tetragrammaton nennen, und der auch als Jehova ausgesprochen wird — wohl weil er die Einfaltung aller Lautlichkeit ist —, das Unaussprechliche genannt, da er als Quelle jedes aussprechbaren Wortes, als der unaussprechliche Grund, in jedem aussprechbaren Worte widerstrahlt. Es scheint, daß man in diesem Vergleichsbild eine erfolgreiche Suche nach dem Seienden, das dem Ersten entströmt, durchführen kann; und zwar für alles, was sich dem ruhig und eifrig auf alles Achtenden in Unterscheidung, Ordnung, Bewegung und allem anderen zur Betrachtung darbietet. Kommt es dir anders vor?

C: Ich weiß nicht, wer bezweifeln könnte, daß es von größtem Nutzen ist, die einfachen und fruchtbringenden Überlieferungen der Popheten und die scharfsinnigen Untersuchungen der Philosophen wohl zu beachten. Denn mit Hilfe dieses zusammenfassenden Gleichnisses bin ich mit größter Leichtigkeit dahin gelangt, die herrliche Odnung der Dinge zu schauen; nämlich zu erkennen, daß und wie das Körperliche der sinnlichen Unterscheidung wegen, diese wegen der verständigen, die verständige wegen der vernunfthaften und die vernunfthafte wegen des wahren Grundes da ist, der der Schöpfer des Gesamten ist.

In dem vorgebrachten Beispiel sehe ich ganz deutlich, daß jede Natur der vernunfthaften Natur als deren Veränlichung dient, so daß diese ein Zeichen des wahren und absoluten Grundes ist und daß so jedes Seiende durch ihre Vermittlung die Quelle seines Seins berührt.

Nam quid quaerit omnis sensibilis inquietatio nisi discretionem seu rationem? Quid quaerit omnis ratiocinatio nisi intellectum? Quid quaerit omnis intellectus nisi veram absolutam causam? Idem omnia quaerunt, quod est quid absolutum, cuius signaculum extra intellectualem regionem non reperitur. Non enim reperitur quidditas orationis docentis nisi in regione intellectuali, in qua causa vera resplendet. Dicente mathematico omnem triangulum habere tres angulos aequales duobus rectis, etiamsi quia — est discipulus capiat, quousque causam veram non concipit, non intelligit, patefacta causa quidditatem intellectus intuetur. Ita video in intellectu resplendere causam.

Solus igitur intellectus habet oculum ad intuendum quidditatem, quam intueri nequit nisi in causa vera, quae est fons omnis desiderii. Et cum omnia appetant esse, in omnibus est desiderium ab ipso fonte desiderii, in quo in idem coincidit esse et desiderium. Igitur omnium desiderium est secundum esse, ut rationabilia rationabiliter, sensibilia sensibiliter, et sic de aliis, esse appetant et hoc quidem optime. Omnia igitur optimum sed suo modo desiderant. Unum et idem est absolutum bonum, ad quod omnia vocata esse omnium desiderium ostendit.

Talia quidem laetanter te dicente hausi gaudens me hac aperta similitudine multa atque magna de genesi et natura elicere posse, sed quia non desunt sancti, qui mundum libro scripto configurant, oro, quid tibi videatur, exponas.

N: Nullum pictorem sperno, in quolibet idem intelligo. Mihi apta satis configuratio ad mundum scriptus liber videtur, cuius et lingua et characteres ignorantur, quasi Almano Graecus quidam Platonis liber praesentaretur, in quo Plato intellectus sui vires descripserit. Posset enim attente figuris incumbens Almanus ex differentia et concordantia cha-

Denn was sucht jede sinnliche Unruhe anderes als die Unterscheidung oder ·den Verstandessinn? Was sucht jede Verstandesbewegung anderes als die Vernunft? Was sucht jedes Vernunft-Denken anderes als den wahren, absoluten Grund? Alle suchen das Selbe, das ein absolutes Was ist, dessen Zeichen außerhalb des vernunfthaften Bereiches nicht gefunden wird. Die Washeit der Rede des Lehrenden wird nur im vernunfthaften Bereich gefunden, in dem der wahre Grund widerstrahlt. Wenn der Mathematiker sagt, daß jedes Dreieck drei Winkel hat, die zwei rechten gleichkommen, so versteht es der Schüler — auch wenn er das Daß-Ist begreift — so lange nicht, als er nicht den wahren Grund begreift. Wenn aber der Grund offenbart wurde, dann erblickt er die Washeit des Vernunft-Denkens. So sehe ich also im Vernunft-Denken den Grund widerstrahlen.

Nur das Vernunft-Denken hat also ein Auge, die Washeit zu erblicken, die es nur im wahren Grund, der Quelle alles Verlangens, erschauen kann. Und da alles das Sein erstrebt, ist in allem die Sehnsucht, die der Quelle der Sehnsucht entspringt, in der Sein und Sehnen im Selben koinzidieren. Folglich entspricht das Sehnen eines Jeden seinem Sein, so daß das Verständige das Sein verständig, das Sinnliche es sinnlich und alle anderen es gleichermaßen erstreben, und zwar in der besten Weise. Alles verlangt also nach dem Besten, jedoch auf seine Weise. Ein und das Selbe ist das absolute Gute, und die Sehnsucht aller zeigt, daß alle auf es hinberufen sind.

Dies habe ich voll Freude aus deiner Rede entnommen, und ich freue mich, daß ich durch dieses offen zugängliche Gleichnis Vieles und Großes über Genesis und Natur ermitteln kann. Weil es aber auch Heilige gibt, die die Welt mit einem geschriebenen Buch vergleichen, bitte ich dich, darzulegen, was du dazu meinst.

N: Ich verachte keinen Bildner, denn ich erkenne in jedem dasselbe. Mir scheint ein geschriebenes Buch, dessen Sprache und Schriftzeichen unbekannt sind — so als ob man einem Deutschen irgendein griechisches Buch Platons vorlegen würde, in dem Plato die Kräfte seines Geistes niedergelegt hat —, ein geeigneter Vergleich für die Welt zu sein. Wenn

racterum conicere aliqua elementa et ex combinationibus variis vocales, sed quidditatem ipsam in toto vel in parte nequaquam, nisi reveletur eidem.

Unde tale quid conicio mundum, ubi vis divina configurata latet. Cuius etsi diligenti investigatione per proportiones, differentias et concordantias et studiosum discursum ad quia — est elementorum et combinationum deveniri possit, nullum tamen nomen nec elementi nec vocalis nec combinationis proprium ex se inquisitor inveniet, sed inventis ratio discernens nomen appropriat. Quod Moyses pulchre exprimit, ubi Adam seu hominem nomina rebus imposuisse describit et in processu historiae causam nominum certam semper rationem insinuat.

Hinc etiam varia reperiuntur nomina rerum secundum variam rationem et varia nomina unius ex varia rationis coniectura. Solum hoc nobis revelat liber ille, quia magnus ex excelsus supra omne id, quod dici potest, ille, qui digito suo scripsit, atque quod magnitudinis, prudentiae et potentiae eius non est finis, quodque, nisi ipse revelet, nihil penitus sciri possit, atque quod, nisi intellectus conformetur ei, non intelliget, quia nisi idem absolutum videatur, non intelligentur configurationes similitudinis eius. Nemo potest imaginem Socratis cognoscere ex ea causam scientiae venando Socrate ignorato.

Dic, quaeso, si quis artis inventor alicuius, post quem nullus talis, puta pictoriae, cum non adsit cui tradat, relinquere artem velit et inconfigurabilem pingendi artem, quia melius relinqui nequit, in libro depingat, nonne videbis varias figuras in libro, ex quibus mirabilem et incognitam artificis

nämlich der Deutsche sich aufmerksam mit den Zeichen beschäftigt, dann könnte er aus der Verschiedenheit und Übereinstimmung der Buchstaben einige Elemente erahnen und in verschiedenen Verbindungen die Laute erstellen, auf keinen Fall aber die Washeit im Ganzen oder im Teil erkennen, wenn sie ihm nicht enthüllt würde.

Ich mutmaße daher die Welt als etwas, in dem die göttliche Kraft gleichnishaft verborgen ist. Obwohl man durch fleißiges Untersuchen, durch die Verhältnisse, Unterschiede und Übereinstimmungen und durch eifriges Forschen zu dem Daß-Ist der Elemente und Verbindungen gelangen kann, so wird der Forscher dennoch keinen einzigen eigentlichen Namen eines Elementes, eines Lautes oder einer Verbindung aus sich selbst finden, sondern der Verstand dessen, der die Dinge findet, wird sie unterscheiden und ihnen einen passenden Namen geben. Das drückt Moses dort sehr schön aus, wo er beschreibt, wie Adam, der Mensch, den Dingen die Namen gegeben hat, und im Fortlauf der Erzählung den stets gewissen Wesenssinn als Grund der Namen andeutet.

Daher findet man der Mannigfaltigkeit der Bestimmungsgründe entsprechend verschiedene Namen und auch verschiedene Namen desselben auf Grund der mannigfachen Mut-Maßungen des Verstandes. Das allein enthüllt uns dieses Buch; nämlich die Tatsache, daß der groß und über alles, was genannt werden kann, erhaben ist, dessen Finger dieses Buch geschrieben hat und daß es kein Ende seiner Größe, Weisheit und Macht gibt; und daß, wenn er es nicht selbst enthüllt, überhaupt nichts wirklich gewußt werden kann; und daß, wenn nicht das Vernunft-Denken ihm gleichgestaltet wird, es nichts versteht, da, wenn nicht das absolute Selbe gesehen wird, die Gleichnisse seiner Ähnlichkeit nicht verstanden werden. Niemand kann, indem er aus dem Abbild den Grund des Wissens gewinnt, ein Abbild des Sokrates erkennen, wenn er Sokrates nicht kennt.

Stelle dir den Erfinder irgendeiner Kunst vor, z. B. der Malerei. Nach ihm soll es nun niemand geben, dem er sie hinterlassen könnte. Er möchte seine Kunst aber überliefern und malt die nicht bildbare Malkunst, weil er sie nicht besser hinterlassen kann, in ein Buch. Wirst du in diesem Buch nicht

artem conicere poteris? Sed artem, quae est forma simplex omnium figurarum, quae ibi expressa est in omnibus et singulis, absoluta quidditas figurarum exsistens, quomodo attingere visu poteris, cum non sit visibilis sed solum intelligibilis? Quo quidem artis cares intellectu. Nonne Deus pater est fons artis identificandi, quae est ars omnis artis complicativa et absoluta formalis quidditas omnium formabilium, qui et filius, verbum, potentia aut sapientia patris et aliis multis nominibus dicitur? Quomodo igitur ars ipsa essendi in omnibus, quae sunt explicata, potest concipi per non habentem intellectum artis, cum solus intellectus Dei patris hanc habeat artem qui est ars ipsa?

Manifestum est igitur neque in parte neque in toto posse aliquid quidditatis per hominem attingi. Dum haec humana meditatio rimatur suas despicit venationes syllogisticas et ad revelatas propheticas illuminationes oboedienter se convertit et ita in cognitionem se despiciendo quasi penitus impotentem ad ea quae quaerit pergit. Sic cognitio ignorantiae humiliat et humiliando exaltat et doctum facit. Quod optime Moyses exprimit, ubi casum hominis in ignorantiam, quae est mors intellectus, describit evenisse, quia sua vi nisus fuit in scientia Deo coaequari. Haec forte te attendere utile erit.

C: Immo maxime, quia omnium summam hanc video. Et quia tot nunc tacta sunt, quae in prophetae verbis complicita me latebant, ne, quaeso, graveris his adicere, cur propheta dicat caelos verbo et virtutes spiritu formatos[1], cum sit idem absolutum, quod omnia identice agit.

---

[1] Ps. 32, 6.

verschiedene Figuren sehen, auf Grund deren du die wunderbare und unbekannte Kunst des Künstlers mut-maßen kannst? Wie aber kannst du die Kunst, die die einfache Gestalt aller Gestalten ist, die dort in allem und jedem einzelnen ausgedrückt ist, die als die absolute Washeit der Gestalt Bestand hat, mit dem Sehen erreichen, wenn sie nicht sichtbar, sondern nur vernüftig-verstehbar ist? Dir fehlt ja das Verstehen der Kunst. Ist nicht Gott, der Vater, die Quelle der Kunst des Selbig-Machens, jener Kunst, welche jede Kunst in sich einfaltet und der absoluten gestalthaften Washeit alles Gestaltbaren, die auch als Sohn, als das Wort, die Macht oder Weisheit des Vaters bezeichnet und mit vielen anderen Namen genannt wird? Wie also sollte die Kunst des Seins, die in allem, das ist, enfaltet ist, von einem erfaßt werden, dem das Verstehen dieser Kunst nicht eigen ist, da nur das Denken Gottes des Vaters, der die Kunst selbst ist, diese Kunst hat?

Es ist also offenbar, daß weder im Teil noch im Ganzen irgend etwas von der Washeit vom Menschen erfaßt werden kann. Wenn menschliche Überlegung dies erforscht, dann verachtet sie ihre syllogistischen Jagdzüge und wendet sich gehorsam den offenbarten, prophetischen Erleuchtungen zu und stößt durch diese Verachtung ihrer Unfähigkeit zur Erkenntnis vor und zu dem, was sie sucht. So demütigt die Erkenntnis der Unwissenheit und erhöht und macht wissend in dieser Demütigung. Das drückt Moses dort ausgezeichnet aus, wo er beschreibt, daß der Fall des Menschen in die Unwissenheit, die der Tod des Vernunft-Denkens ist, dadurch zustande gekommen ist, daß dieser durch eigene Kraft versuchte, Gott im Wissen gleichzukommen. Dies zu beachten, wird dir wohl nützlich sein.

C: Sogar sehr, denn ich sehe es als das Höchste von allem an. Und weil nun soviel angesprochen wurde, das mir, in den Worten der Propheten eingefaltet, stets verborgen war, so laß es dich bitte nicht verdrießen, noch hinzuzufügen, warum der Prophet sagt, „die Himmel seien durch das Wort und die Kräfte durch seinen Hauch gebildet", da es doch das absolute Selbe ist, das alles in Selbigkeit vollführt.

N: Experientia didici auctoritatem maxime studio conferre. Qui enim recipit dictum aliquod quasi divina revelatione propalatum et id quaerit omni conatu intellectualiter videre quod credit, qualecumque dictum illud fuerit, thesaurus undique latens se inapprehensibiliter ibi reperibilem ostendit. Hinc altissima fide ad altissima ducimur, ut alias in De Dei filiatione audisti[1].

Ita quidem propheticam hanc expressionem quasi propinque figurantem genesim rerum recipio per fidem et pergo ipsam per intellectum in similitudine videre, quae[2] tamen invisibilis exsistit. Ait propheta: „Verbo domini caeli firmati sunt et spiritu oris eius omnis virtus eorum." Et ubi nos domini habemus, habet lingua originalis Habraeica nomen Dei ineffabile, de quo pauca praemisi, quod Iehova pronuntiatur. Dicit igitur ex Iehova quasi ex patre verbi — cum sit omnis vocalitatis complicatio, sine quibus quidem vocalibus nullum verbum potest esse vocale — esse verbum, et ipsius et verbi esse spiritum, quia spiritus oris eius, quasi os sit coincidentia principii proferentis et verbi ab utroque procedentis spiritus.

Et haec ipsa trinitas in ipso idem est absoluto, sine qua idem non haberet identificare. Idem igitur absolutum est trinum et unum, quod experimur in eo, quod identificat. Ita omne agens naturam ipsam trinam et unam participat, sine qua non esset agens. De quo late in primo Doctae ignorantiae libello videre potuisti[3], ubi nostrum parvulum intellectum, Dei tamen donum optimum, explicuimus circa trinitatem,

---

[1] De Filiatione Dei, p. 609—643.
[2] Konjektur. Cod Cus.: qui.
[3] De docta ignorantia I, Schriften, Bd. I, p. 194—297.

N: Ich habe die Erfahrung gemacht und dadurch gelernt, daß die Autorität sehr viel zum Studium beiträgt. Wenn nämlich jemand ein Wort, das gleichsam durch göttliche Enthüllung geoffenbart ist, annimmt und, mit seinem ganzen Streben danach verlangt, vernünftig zu sehen, was er glaubt, was für ein Wort es auch immer gewesen sein mag, dann zeigt sich ein überall verborgener Schatz, der dort in Unerreichbarkeit zu finden ist. Darum werden wir durch den höchsten Glauben zum Höchsten geführt, wie du es andernorts im Buch über die Gotteskindschaft gehört hast.

Deshalb greife ich durch den Glauben diesen Ausdruck des Propheten als eine wohl entsprechende Darstellung der Genesis aller Dinge auf und strebe danach, jene durch das Vernunft-Denken in Ähnlichkeit zu sehen; dennoch bleibt sie unsichtbar. Der Prophet sagt: „Durch das Wort des Herrn sind die Himmel gefestigt und durch den Hauch seines Mundes all ihre Kraft." Wo wir den Ausdruck „des Herrn" haben, hat die hebräische Originalsprache den unaussprechlichen Namen Gottes, über den ich vorhin einiges gesagt habe und der als Jehova ausgesprochen wird. Er sagt, daß aus Jehova, gleichsam als aus dem Vater des Wortes — da es die Einfaltung aller Lautung ist, ohne die kein Wort lauten kann — das Wort kommt, und daß, weil es „der Hauch seines Mundes" heißt, von ihm und dem Wort der Hauch kommt; so als ob der Mund die Koinzidenz wäre vom hervorbringenden Ursprung, vom Wort und vom Hauch, der von beiden ausgeht.

Diese Dreieinigkeit ist im absoluten Selben. Ohne sie könnte das Selbe nicht Selbigkeit bewirken. Das absolute Selbe ist das drei-und-eine, das wir darin erfahren, daß es Selbiges bewirkt. Darum hat jedes Handelnde an der drei drei-und-einen Natur teil, ohne die es kein Handelndes gäbe. Darüber konntest du ausführlich im ersten Buch der Wissenden Unwissenheit lesen, wo wir unser armseliges Denken —

quam plerique alii assimilanter tractarunt et quisque modo suo excellenter.

Ad genesim autem redeuntes dicimus prophetam nobis insinuasse caelos et, quidquid caeli nomine, similitudine vel ratione venit in esse, prodiisse uti verbum domini et imperantis, quod in exsecutione non retardatur, cuius ratio est voluntas et voluntas ratio, quae dicit et facta sunt, mandat et creata sunt absque morae interventione. Deinde vocato caelo, ut sit, ei inspirat virtutem, ut extrinsecum omnis rei sit vocatio eius nihilo quasi caelum celans et claudens, et intrinsecum eius sit versio eius ad creatorem, quasi sit expressa creatura a Deo.

Unde in virtute rei relucet divina virtus quasi rei inspirata. Et secundum illam est expressio similitudinis creatoris virtuosior quam secundum eam extrinsecam habitudinem, qua de nihilo vocata exstitit, ut in animali plus virtutem vivificantem et sentientem a Deo spiratam est affirmandum quam caelum animae, hoc est corpus, de nihilo vocatum, ut sic in omni creato consideremus, cum sit assimilatio, extrinsecum, scilicet vocationem de nihilo, et intrinsecum, scilicet participationem veri esse, quasi in essentia omnis creaturae sint haec tria, possibilitas per vocationem de nihilo, actualitas per participationem divinae virtutis et nexus horum.

Quod et Moyses eleganter exprimens dicit: „Formavit igitur Deus hominem de limo terrae et inspiravit in faciem eius spiraculum vitae et factus est in animam viventem[1]", ut hominem terrenum, qui et Adam quasi terrenus dicitur,

---
[1] 1 Mos. 2, 7.

das aber dennoch das beste Geschenk Gottes ist — in Hinblick auf die Dreieinigkeit entfaltet haben; dies taten auch viele andere in verähnlichender Weise und jeder auf seine Art ausgezeichnet.

Wenn wir uns jetzt der Genesis wieder zuwenden, stellen wir fest, daß der Prophet uns andeutet, daß die Himmel und was immer mit dem Namen der Ähnlichkeit oder dem Wesenssinn des Himmels ins Sein kam, hervortraten wie das Wort eines Herrn und Herrschers, das in der Ausführung nicht verzögert wird; dessen Wesenssinn Wille ist und dessen Wille Wesenssinn ist; was er sprach, das geschah auch; er befahl und es wurde geschaffen, ohne daß dazwischen eine Verzögerung trat. Nachdem er den Himmel ins Sein gerufen hatte, haucht er ihm seine Kraft ein, so daß das Außen eines jeden Dinges seine Berufung aus dem Nichts ist, das den Himmel gleichsam in sich verbirgt und einschließt und sein Innen seine Hinkehr zum Schöpfer als ein von Gott ausgedrücktes Geschöpf.

Darum strahlt in der Kraft des Dinges die göttliche Kraft, dem Ding gleichsam eingehaucht, wider. Und in ihrer Entsprechung ist der Ausdruck der Ähnlichkeit mit dem Schöpfer stärker als in der Entsprechung des äußeren Befindens, durch das es als aus dem Nichts Gerufenes besteht, so daß man in einem Lebewesen die von Gott eingehauchte, lebendig machende und fühlende Kraft stärker hervorheben muß als den Seelenhimmel, d. h. den Körper, der aus dem Nichts gerufen ist. Auf diese Weise betrachten wir folglich in allem Geschaffenen, da es Verähnlichung ist, das Außen, nämlich die Berufung aus dem Nichts, und das Innen, d. h. die Teilhabe am wahren Sinn, so daß in der Seinsheit eines jeden Geschöpfes gleichsam diese drei Momente enthalten sind: Die Möglichkeit durch die Berufung aus dem Nichts, die Wirklichkeit durch die Teilhabe an der göttlichen Kraft und die Verknüpfung dieser.

Das drückt auch Moses trefflich aus, wenn er sagt: „Gott bildete den Menschen aus dem Lehm der Erde und hauchte in sein Gesicht den Lebenshauch und er wurde zur lebenden Seele", so daß er den irdischen Menschen, der ja auch Adam,

exprimeret his modis secundum extrinsecum corpus de limo terrae seu elementorum natura vocatum et secundum intrinsecum vitalem virtutem ex inspiratione divini spiritus seu participatione divinae virtutis esse, ut sic ex illis homo vivus sit unus verus homo.

Posset non absurde nomine caeli intelligi modus quidam specificus claudens participatae virtutis motum sicut virtus syllogistica rationis, quae inter certos modos reperitur specifice discurrendo contracta, ut prima figura sit quasi regio, sphaera vel caelum illius modi et in illo caelo quasi universali modo primae figurae sunt orbes specifice differentes, qui sunt modi contractiores.

Ita de aliis figuris, ut sic omnis species sit caelum intra ambitum suum continens invisibilem inspiratam sibi virtutem, quam caelum illud inhabitantes varie participant. Quae quidem participatio extra caelum suum esse nequit, sicut combinatio syllogismi ex tribus universalibus affirmativis non potest extra primam figuram esse. Hinc omnis creatura in caelo suo movetur et quiescit, ut de hoc alias audisti.

C: Audivi prius et modo id quod expressisti, sed non plane capio hoc ultimum. Nam quod nos homines ratiocinando modis necessario utimur, ut ais, evenit, quia hoc exigit syllogistica ratio. Hinc specifici modi sic eveniunt ex combinationibus, et ex nobis ipsis in lumine rationis videmus non posse syllogisticas combinationes aliter utiliter fieri. Secus in Deo, ubi voluntas est coincidens cum ratione, ut volitum sit rationale.

der Irdische heißt, auf diese Weise zum Ausdruck bringt; dem Außen entsprechend als Körper, der aus dem Lehm der Erde oder der Natur der Elemente berufen ist, und dem Innen entsprechend als die Lebenskraft, die auf Grund der Einhauchung des göttlichen Geistes oder der Teilhabe an der göttlichen Kraft zustande kommt, damit so der lebende Mensch auf Grund dieser Momente ein wahrer Mensch sei.

Nicht unrichtig kann mit dem Namen des Himmels eine bestimmte Art und Weise verstanden werden, welche die Bewegung der partizipierten Kraft einschließt; so wie die syllogistische Kraft des Verstandes, die unter bestimmten Modi gefunden wird, in ihrer Bewegung eigengestaltlich verschränkt ist, so daß die erste Figur gleichsam die Region, die Sphäre oder der Himmel von jenem Modus ist; und in diesem Himmel sind als in dem allgemeinen Modus der ersten Figur die eigengestaltlich unterschiedenen Kreise, welche stärker verschränkte Modi sind.

Ebenso steht es mit den anderen Figuren, so daß auf diese Weise jede Eigengestalt einen Himmel darstellt, der innerhalb seines Umkreises die ihm eingehauchte, unsichtbare Kraft enthält, an welcher die in diesem Himmel Wohnenden in verschiedener Weise teilhaben. Diese Teilhabe aber kann nicht außerhalb ihres Himmels stattfinden, so wie es die Kombination eines Syllogismus aus drei Affirmationen nur in der ersten Figur geben kann. Daher bewegt sich und findet jedes Geschöpf in seinem Himmel die Ruhe, wie du andernorts gehört hast.

C: Ich habe früher und auch vor kurzem das gehört, was du zum Ausdruck gebracht hast, aber dieses Letzte verstehe ich nicht deutlich. Denn daß wir Menschen beim Schlußfolgern notwendigerweise Modi verwenden, kommt, wie du sagst, daher, daß der syllogistische Verstandessinn dies fordert. Darum ergeben sich die eigengestaltlichen Modi so aus den Kombinationen, und im Lichte des Verstandes sehen wir auf Grund unserer selbst, daß die syllogistischen Kombinationen anders nicht brauchbar gemacht werden können. Anders ist es in Gott, wo der Wille mit dem Wesenssinn zusammenfällt, so daß das Gewollte das Wesensbestimmte ist.

N: Volui tibi dixisse hoc unum, scilicet caelum intelligi posse specificum, finitum, clausum aut celatum modum assimilationis ipsius idem. Adduxi non ineptum exemplum de syllogismi figuris. Replicas secus in syllogismi modis, qui in combinationibus certis sunt rationales, in aliis non, secus in Deo cuius voluntas ratio. Respondeo id ipsum me voluisse, scilicet eo ipso, quia specialis est modus assimilationis ex Deo, eo ipso rationalis.

Nam cum idem identificet, modi reperibiles, qui certis celari possunt habitudinibus, in sua assimilatione idem repraesentando dicuntur speciales quasi ad specificum repraesentationis modum perducti. Non enim potest idem extra assimilationem, dum indentificat, reperiri. Et hinc, sicut harmonia habet speciales proportionales modos, in quibus potest reperiri, qui possunt varie participari, extra quos modos consonantiae seu harmoniae sentimus dissonantiam, sic de idem uti consonantia seu harmonia est opinandum, cum idem non sit ab illis absonum seu alienum. Et sicut harmonia speciales proportiones requirit, extra quas nequit reperiri, ita universaliter de idem absoluto, ut sic coincidat voluntas ipsius idem, quae[1] non vult aliud, cum ratione ipsius, cum ratio ipsius idem aliud admittere nequeat.

Sic igitur coincidit ratio cum voluntate in idem absoluto, sicut in natura et ratione harmoniae figuratur, ut species rerum sint species tales ut sunt, quae aliter esse nequeunt. A quibus si receditur, monstrum seu dissonantia se ipsam prodit et speciem propriam efficere nequit. Exire enim speciem, quae est assimilatio ipsius idem modo tali, est

---

[1] Konjektur. Cod. Cus.: quia.

N: Ich wollte dir nur das eine sagen, nämlich daß der Himmel als eigengestaltliche, begrenzte, eingeschlossene und verborgene Weise der Verähnlichung des Selbst verstanden werden kann. Ich habe das nicht unpassende Beispiel von den Formen des Syllogismus herangezogen. In anderer Weise betrachtest du die Modi des Syllogismus, die in bestimmten Kombinationen verstandesmäßig sind, in andern nicht, und in anderer Weise Gott, dessen Wille Wesenssinn ist. Ich erwidere dir, daß ich dasselbe gewollt habe; dadurch nämlich, daß die eigengestaltliche Art der Verähnlichung aus Gott zugleich auch wesensbestimmt ist.

Denn da das Selbe Selbiges bewirkt, kann man Modi finden, die in bestimmten Verhaltensweisen verborgen werden können und in ihrer Verähnlichung — indem sie das Selbe vergegenwärtigen, gleichsam als zur eigengestaltlichen Weise des Vergegenwärtigens geführt — als eigengestaltliche bezeichnet werden. Denn das Selbe kann, da es Selbiges bewirkt, nicht außerhalb der Verähnlichung gefunden werden. Wie daher die Harmonie eigengestaltliche, verhältnisbezogene Weisen kennt, in denen sie gefunden werden kann, und die verschieden partizipiert werden können — außerhalb dieser Weisen der Übereinstimmung oder Harmonie empfinden wir Dissonanz —, so müssen wir auch über das Selbe wie über Einklang und Harmonie denken, da das Selbe Anderem gegenüber nicht mißtönig oder fremd ist. Und so wie die Harmonie eigengestaltliche Verhältnisse erfordert, außerhalb welcher sie nicht gefunden werden kann, so gilt es ganz allgemein vom absoluten Selben, damit auf diese Weise der Wille des Selben, der nichts Anderes will, mit seinem Wesenssinn koinzidiert, da der Wesenssinn des Selben nichts Anders zulassen kann.

So also koinzidiert im absoluten Selben der Wesenssinn mit dem Willen, wie es in der Natur und dem Wesenssinn der Harmonie dargestellt wird, so daß die Eigengestalten der Dinge solche sind, wie sie sind, weil sie nicht anders sein können. Wenn von ihnen abgewichen wird, dann entsteht ein Monstrum oder eine Dissonanz, und es kann die eigen-

formam relucentiae pulchram ipsius idem, quod est absolute omnis pulchritudinis et boni fons, declinare.

C: Nescio his in aliquo dissentire, quae me iudice rationabiliter sunt stabilita. Sed quia propheta noster David attribuit caelis virtutes et angelos, ait enim: „Laudate dominum de caelis, laudate eum in excelsis, laudate eum omnes angeli eius, laudate eum omnes virtutes eius[1]", verbum unum dicito, an his caelis nunc dictis praesint angeli. Tunc enim, cum profundior nox nos vocet ad requiem, ab inquietando cessabo.

N: Praeter institutum multa atque nunc ista introducis, quae altioris indaginis locum petunt. Ut autem absolvar, verbum unum dico, omnem scilicet omnium rationabilium specierum motum ad idem absolutum tendere. Spiritualem et rationalem quidem motum esse dicimus, quasi spiritus sit virtus spirata ex ore Dei, per quam identificalis ille motus ministratur indeficienter, qui est ipsa vis Dei sic participantia dirigens et movens ad idem.

Quando enim omnes leones, qui fuerunt et nunc sunt, leonizare videmus, sphaeram seu regionem aut caelum hanc specificam vim continenter ambiens et eam ab aliis specificantem et distinguentem concipimus atque caelestiali illi motui administratorium spiritum praeficimus, qui est quasi vis divina complicans omnem vim talem, quam explicat motus ille specificus, ut sic administratorius spiritus sit Dei creatoris minister et in regno huius notus superintendens tali legationis fungens rectoratu.

---

[1] Ps. 148, 1f.

tümliche Eigengestalt nicht gebildet werden. Die Eigengestalt, die eine solche Verähnlichung des Selben ist, zu verlassen, bedeutet von der schönen Gestalt des Widerscheins des Selben, das in absoluter Weise die Quelle aller Schönheit und alles Guten ist, abweichen.

C: Ich weiß nicht, ob es einen Widerspruch zu dem gibt, was meiner Ansicht nach vernünftig begründet ist. Weil aber unser Prophet David dem Himmel Kräfte und Engel beifügt — er sagt ja: „Lobet den Herrn vom Himmel her, lobt ihn in der Höhe, lobet ihn alle seine Engel, lobet ihn alle seine Kräfte" —, so sag noch ein Wort darüber, ob diesem jetzt genannten Himmel Engel vorstehen. Dann werde ich, da die schon fortgeschrittene Nacht uns zur Ruhe ruft, aufhören, dich zu belästigen.

N: Außer dem Thema, das wir uns vorgenommen haben, führst du Vieles und nun auch noch dieses an, das Raum für eine genauere Untersuchung fordert. Um dir aber Genüge zu tun, werde ich noch ein Wort dazu sagen, nämlich daß alle Bewegung aller verständigen Eigengestalten auf das absolute Selbe hinzielt. Wir sagen, daß es geistige und verständige Bewegung gibt, so als ob der Geist-Hauch die aus dem Munde Gottes ausgehauchte Kraft sei, durch die jene selbig-machende Bewegung, welche die Gotteskraft ist und so die Teilhabenden zum Selben bewegt und leitet, unaufhörlich gespendet wird.

Wenn wir sehen, daß alle Löwen, die waren und jetzt sind, löwenhaft sind, dann erfassen wir die Sphäre oder Region oder den Himmel, der diese eigengestaltliche Kraft ständig umfaßt und sie anderen gegenüber eigengestaltlich macht und unterscheidet; wir stellen jener himmlischen Bewegung einen waltenden Geist vor, der gleichsam eine göttliche Kraft ist, die all jene Kraft zusammenschließt, welche die eigengestaltliche Bewegung ausfaltet, so daß auf diese Weise jener waltende Geist der Diener Gottes des Schöpfers ist. Indem er im Bereich dieser Bewegung die Aufsicht führt, erfüllt er die Lenkeraufgabe dieser Sendung.

Quemadmodum doctor, qui et scholarum rector, per alium praeest submonitorem grammaticae scholae, per alium rhetoricae, per alium logicae, per alium mathematicae, ut sic grammatica sit specifici cuiusdam modi doctrinam doctoris, qui et rector omnium, participandi caelum, atque scholares grammatici sint ipsius caeli incolae rectoris omnium doctrinam secundum illum specificum modum incolatus sui, scilicet grammaticae, participantes et submonitoris intellectus rector et motor illius caeli et caelestialium in caelo.

Aut forte propinquiorem comparationem in te ipso reperies. Tuus etenim intellectus maxime est idem sibi ipsi, quia ipsius idem absoluti signaculum. Hic non nisi in ratione relucet. Variae enim rationes intellectum varie assimilant, aliae lucide et clare, quae ideo ostensivae seu demonstrativae dicuntur, aliae persuasive, debiliter et umbrose, quae rhetoricae sunt, aliae mediocriter. Dum igitur intellectus identificando ad se mundum sensibilem vocare contendit, ut in sui assimilatione surgat, per rationem ipsum attrahere nititur.

Et quia variae possunt esse specifice differentes discretiones seu rationes sensibilium, in quibus sensibilia ad assimilationem intellectus elevari possunt ut aut visibili modo vel audibili seu gustabili, odorabili vel tangibili, hinc caelum visus exsurgit et caelum auditus et idem de aliis, ut sensibilis mundus visibili modo discernatur, hoc est ad assimilationem intellectus assurgat, quod fit per discretionem in visu visive exsistentem. Igitur caelum visus virtute visiva refertum

Wenn z. B. ein Gelehrter, der der Vorstand einer Schule wäre, durch den einen Unterlehrer der Grammatikklasse vorsteht, durch einen anderen der Rhetorik, durch einen anderen der Logik, durch wieder einen anderen der Mathematik, dann wäre die Grammatikklasse der Himmel einer bestimmten Weise des Teilhabens an der Lehre des Gelehrten, der auch der Leiter aller ist, und die Grammatikschüler die Einwohner dieses Himmels, die an der Lehre des Meisters aller gemäß der eigengestaltlichen (d. h. der grammatischen Weise) des dort Wohnens teilhaben, und der Geist des Unterlehrers wäre der Leiter und Beweger dieses Himmels und der himmlischen Dinge in diesem Himmel.

Einen näherliegenderen Vergleich kannst du in dir selbst finden: Dein Vernunft-Denken ist sich selbst gegenüber ganz das Selbe, denn es ist das Zeichen des absoluten Lebens. Es strahlt nur im Wesenssinn wider. Mannigfache Wesensgründe verähnlichen nämlich das Vernunft-Denken; die einen leuchtend und klar — darum heißen sie die zeigenden oder beweisenden Wesensgründe; andere verähnlichen es überredend, schwächlich und verdunkelt —, es sind die rhetorischen Wesensgründe; andere tun es in mittlerer Weise. Wenn also das Verunft-Denken in Bewirkung des Selbigen bemüht ist, die sinnliche Welt zu sich zu rufen, auf daß sie sich in die Verähnlichung mit ihm erhebe, dann strebt es danach, sie durch den Wesenssinn an sich zu ziehen.

Und weil es verschiedene, eigengestaltlich unterschiedene Unterscheidungen oder Wesensgründe des Sinnlichen geben kann, in denen die sinnlichen Dinge zur Verähnlichung mit dem Vernunft-Denken erhoben werden können — dies sowohl in der Weise des Sehens, als auch Hörens, Schmeckens, Riechens oder Tastens —, entsteht ein Himmel des Sehens, ein Himmel des Hörens usw., so daß die sinnliche Welt auf sichtbare Weise unterschieden wird; d. h. sich zur Verähnlichung mit dem Vernunft-Denken erhebt. Dies geschieht durch die Unterscheidung, die im Sehen sichtbar besteht.

spiritu proprio rationali et discretivo regitur et movetur, ut per hoc, quod spiritus oculo intente adest, visiva discretione fruatur, in qua intellectum participando delectabiliter vivat. Idem de ceteris sensibus concipito.

Et quia haec materia et sufficientius explanari et aliud convenientius tempus exigit, hinc nunc satis sit de genesi sic interlocutum. Ad quietem nos dudum gallus vocavit. Vale[1].

---

[1] Cod. Cus.: Finitum anno 1447 secundo Martii Leodii quinta post Invocavit.

Also wird der Himmel des Sehens, der von der Sehkraft erfüllt ist, von seinem ihm eigentümlichen, wesensbestimmten und unterscheidenden Gott gelenkt und bewegt, um dadurch, daß er dem Auge aufmerksam beiwohnt, die sichtbare Unterscheidung zu genießen. In ihr hat er am Vernunft-Denken teil und lebt freudig. Die anderen Sinne mußt du ebenso auffassen.

Und weil dieser Stoff es erfordert, ausführlich erklärt zu werden, und eine andere, passendere Zeit benötigt, wollen wir es nun mit diesem Gespräch über die Genesis genug sein lassen. Längst schon hat uns der Hahn zur Ruhe gerufen. Lebewohl.

DE NON-ALIUD
DAS NICHTANDERE

[REVERENDISSIMI IN CHRISTO PATRIS ET DOMINI NICOLAI DE CUSA CARDINALIS SANCTI PETRI AD VINCULA LIBELLUS INCIPIT, QUI INSCRIBITUR DIRECTIO SPECULANTIS — INTERLOCUTORES SUNT CUM CARDINALE JOANNES ANDREAS VIGEVIUS ABBAS, PETRUS BALBUS PISANUS, FERDINANDUS MATIM PORTUGALLENSIS NATIONE[1].]

I.

Abbas : Tu nosti nos tres, qui studio dediti tecum colloqui admittimur, in altis versari; ego enim in Parmenide Procliqueque commentariis, Petrus vero in theologia Platonis eiusdem Procli, quam de graeca latinam facit, Ferdinandus autem Aristotelis perlustrat ingenium; tu vero, cum vacat, in Areopagita Dionysio theologo versaris. Gauderemus audire, an ne ad illa, quae per iam dictos tractantur, compendiosior tibi clariorque occurrat modus.

Nicolaus : Undique circa profunda mysteria occupamur, neque, ut credo, brevius quisquam faciliusque illa diceret, quam ii, quos lectitamus, licet mihi aliquando visum sit illud per nos neglegi, quod propinquius nos duceret ad quaesitum.

Petrus : Hoc aperiri deposcimus.

Ferdinandus : Ita omnes veritate afficimur, quod ipsam undique reperibilem scientes illum habere magistrum optamus, qui ipsam nostrae mentis oculis anteponat. Tu autem te infatigabilem ostendis in eo etiam tuo declinante senio, et quando pulsatus de ipsa loqueris, videris iuvenescere. Dicito igitur tu illud, quod prae nobis ipse considerasti.

N: Dicam et tecum, Ferdinande, hoc pacto colloquar, quod omnia, quae a me audies, nisi compellaris ratione, ut levia abicias.

---

[1] Cod. Mon. fol. 132r; auf der vorhergehenden Seite (fol. 131v) heißt es: Tetralogus Cusae de li non-aliud, cuius meminit in tractatu de venatione sapientiae campo tertio.

ANLEITUNG FÜR DEN BETRACHTENDEN, EINE SCHRIFT DES IN CHRISTUS VEREHRUNGSWÜRDIGEN VATERS UND HERRN NIKOLAUS VON KUES, KARDINAL VON ST. PETER IN KETTEN. DIE GESPRÄCHSTEILNEHMER MIT DEM KARDINAL SIND DER ABT JOHANNES ANDREAS VIGEVIUS, PETRUS BALBUS VON PISA UND DER PORTUGIESE FERDINAND MATIM.

I.

A b t : Du weißt, daß wir drei, die wir uns dem Studium gewidmet haben und denen du gestattest hast, mit dir zu reden, mit erhabenen Dingen beschäftigt sind. Ich befasse mich mit dem Parmenideskommentar des Proklos, Petrus hinwieder überträgt die Platonische Theologie eben desselben Proklos aus dem Griechischen ins Lateinische, und Ferdinand seinerseits erfroscht das Gedankengut des Aristoteles. Du jedoch widmest dich, wenn du Zeit hast, dem Theologen Dionysios Areopagita. Es würde uns nun freuen zu hören, ob sich nicht vielleicht dir ein kürzerer und deutlicherer Weg zu dem, was die genannten Schriftsteller behandeln, darbietet.

N i k o l a u s : Überall beschäftigen uns tiefe Geheimnisse. Und ich glaube nicht, daß jemand sie kürzer und einfacher zum Ausdruck gebracht hat als eben die Männer, deren Schriften wir immer wieder lesen, auch wenn mir manchmal schien, daß wir gerade das übersehen, was uns dem Gesuchten näherbringen könnte.

P e t r u s : Wir bitten dich dringend, uns dies darzulegen.

F e r d i n a n d : Uns allen liegt die Wahrheit so am Herzen, daß wir im Bewußtsein, sie überall finden zu können, uns danach sehnen, jenen zum Lehrmeister zu haben, der sie vor das Auge unseres Geistes stellt. Du aber erweist dich sogar in deinem sich bereits neigenden Alter unermüdlich darin, und wenn man dich auffordert, über sie zu sprechen, scheinst du wieder jung zu werden. Sprich mit uns also über das, was du vor uns überlegt hast.

N: Ich werde es tun und mit dir, Ferdinand, unter der Bedingung reden, daß du alles, was du von mir zu hören bekommst, als unbedeutend verwirfst, außer dein Verstand zwingt dich dazu, beizustimmen.

F: Sic philosophi, praeceptores mei, agendum esse docuerunt.

N: Abs te igitur in primis quaero: quid est quod nos apprime facit scire?

F: Definitio.

N: Recte respondes; nam oratio seu ratio est definitio. Sed unde dicitur definitio?

F: A definiendo, quia omnia definit.

N: Bene sane. Si igitur omnia definit definitio, et se ipsam igitur definit?

F: Utique, cum nihil excludat.

N: Vides igitur definitionem omnia definientem esse non aliud quam definitum?

F: Video, cum sui ipsius sit definitio. Sed quaenam sit illa, non video.

N: Clarissime tibi ipsam expressi. Et hoc est id, quod dixi nos negligere in venationis cursu quaesitum praetereuntes.

F: Quando expressisti?

N: Iam statim, quando dixi definitionem omnia definientem esse non aliud quam definitum.

F: Nondum te capio.

N: Pauca, quae dixi, facile rimantur, in quibus reperies non-aliud; quodsi toto nisu mentis aciem ad li non-aliud convertis, mecum ipsum definitionem se et omnia definientem videbis.

F: Instrue nos, quonam modo id fiat; nam magnum est quod affirmas et nondum credibile.

N: Responde igitur mihi: quid est non-aliud? Estne aliud quam non aliud?

F: Nequaquam aliud.

N: Igitur non-aliud.

F: Hoc certum est.

N: Definias igitur non-aliud!

F: Video equidem bene, quomodo non-aliud est non aliud quam non aliud. Et hoc negabit nemo.

N: Verum dicis. Nonne nunc certissime vides non-aliud se ipsum definire, cum per aliud definiri non possit?

F: Die Philosophen, meine Lehrer, lehrten mich so zu handeln.

N: Zuerst frage ich dich also: was ist es, das uns in erster Linie wissen läßt?

F: Die Definition.

N: Richtig; denn die Definition ist Aussage oder Wesenssinn. Aber woher stammt die Bezeichnung Definition?

F: Vom Definieren, da sie alles definiert.

N: Sehr vernünftig. Wenn nun eine Definition alles definiert und umgrenzt — definiert sie dann auch sich selbst?

F: Sicherlich; sie schließt ja nichts aus.

N: Du erkennst also, daß eine Definition, die alles definiert, nichts anderes ist als das Definierte?

F: Ja, da sie die Definition ihrer selbst ist. Aber welches diese Definition sein soll, sehe ich nicht.

N: Ich habe sie dir ganz deutlich zum Ausdruck gebracht; aber eben das ist es, von dem ich gesagt habe, daß wir es übersehen, wenn wir in der Eile unserer Jagd am Gesuchten vorbeilaufen.

F: Wann hast du sie zum Ausdruck gebracht?

N: Soeben, als ich sagte, die Definition, die alles definiere, sei nichts anderes als das Definierte.

F: Ich begreife dich noch nicht.

N: Das Wenige, das ich sprach, ist leicht nachzuprüfen. Darunter wirst du das „Nicht-Andere" finden. Und wenn du dich mit der ganzen Schärfe deiner Denkkraft dem Nicht-Anderen zuwendest, dann wirst du ebenso wie ich sehen, daß es die Definition ist, die sich und alles andere definiert.

F: Belehre uns, wie das geschieht, denn groß ist, was du hier behauptest, und kaum zu glauben.

N: Also antworte mir: Was ist das Nicht-Andere? Ist es etwas Anderes als nichts Anderes?

F: Keineswegs etwas Anderes.

N: Also das Nicht-Andere!

F: Ganz sicher.

N: Definiere also das Nicht-Andere.

F: Ich sehe wohl: das Nicht-Andere ist nichts anderes als das Nicht-Andere. Das kann niemand leugnen.

N: Du sagst etwas Wahres. Siehst du jetzt nicht auch ganz deutlich, daß das Nicht-Andere, da es von nichts Anderem definiert werden kann, sich selbst definiert?

F: Video certe, sed nondum constat ipsum omnia definire.

N: Nihil cognitu facilius. Quid enim responderes, si quis te quid est aliud interrogaret? Nonne diceres: non aliud quam aliud? Sic, quid caelum, responderes: non aliud quam caelum.

F: Utique veraciter sic respondere possem de omnibus, quae a me definiri expeterentur.

N: Cum igitur nihil maneat dubii, quin hic definiendi modus, quo non-aliud se et omnia definit, praecisissimus sit atque verissimus, non restat nisi circa ipsum attente immorari et quae humanitus sciri possunt reperire.

F: Mira dicis et promittis. Cuperem quidem in primis audire, si quis palam hoc expresserit ex omnibus contemplativis.

N: Licet nullum legerim, prae ceteris tamen Dionysius propinquius videtur accessisse. Nam in omnibus, quae varie exprimit, non-aliud ipse dilucidat. Quando vero ad finem Mysticae pervenit theologiae, creatorem affirmat neque quicquam nominabile, neque aliud quid esse[1]. Sic tamen hoc dicit, quod non videatur ibi magni aliquid propalare, quamvis intendenti nonaliud secretum expresserit undique per ipsum aliter explicatum.

II.

F: Cum cuncti primum principium Deum appellent, videris tu quidem ipsum per li non-aliud velle significari. Primum enim ipsum fateri oportet, quod et se ipsum et omnia definit; nam cum primo non sit prius, sitque ab omnibus posterioribus absolutum, utique non nisi per semet ipsum definitur. Principiatum vero cum a se nihil, sed, quidquid est, habeat a principio, profecto principium est ratio essendi eius seu definitio.

---

[1] Dionysius Areopagita, a. a. O., De myst. theol. V, p. 599 f.

F: Das sehe ich gewiß, doch es steht noch nicht fest, daß es alles definiert.

N: Nichts ist leichter zu erkennen als das. Wenn dich jemand fragte, „was ist das Andere", was anders würdest du ihm antworten als: „nichts anderes als das Andere." Ebenso würdest du auf die Frage: „was ist der Himmel", antworten: „nichts anderes als der Himmel."

F: Und so könnte ich wahrhaftig alles beantworten, das ich definieren soll.

N: Da also ohne jeden Zweifel diese Art der Definition, in der das Nicht-Andere sich und alles Andere definiert, die genaueste und wahrste ist, bleibt uns nichts anderes übrig, als aufmerksam bei ihm zu verharren und das zu finden, was menschlicherweise gewußt werden kann.

F: Wunderbares sagst und versprichst du. Zunächst wäre ich begierig zu hören, ob irgendeiner von allen Denkern dies offen ausgesprochen hat.

N: Ich habe es zwar bei keinem gelesen, aber es scheint mir, daß Dionysius ihm näher als alle anderen gekommen ist. Denn in allem, was er mannigfach zum Ausdruck bringt, durchleuchtet er das Nicht-Andere. Zum Ende der mystischen Theologie gelangt, versichert er, der Schöpfer sei weder etwas Nennbares noch etwas Anderes. Allerdings sagt er es so, daß er damit nichts Großes zu offenbaren scheint. Für einen aufmerksamen Leser indes verleiht er damit dem Geheimnis des Nicht-Anderen, das er vielerorts und auf mancherlei Weise dargestellt hat, Ausdruck.

II.

F: Während alle anderen den ersten Ursprung Gott nennen, scheinst du ihn als das Nicht-Andere bezeichnen zu wollen. Man muß mit Recht das als das Erste bezeichnen, was sich und alles andere definiert. Denn da es nichts Früheres gibt als das Erste und es von allem Späteren losgelöst ist, kann es durchaus nur durch sich selbst definiert werden. Da hingegen das Entsprungene alles, was es ist, nicht von sich, sondern vom Ersten hat, muß sein Ursprung in der Tat der Wesenssinn oder die Definition seines Seins sein.

N: Bene me capis, Ferdinande. Nam etsi primo principio multa attribuantur nomina, quorum nullum ei adaequatum esse potest, cum sit etiam nominum omnium sicut et rerum principium, et nihil principiati, [et][1] omnia antecedat, per unum tamen significandi modum mentis acie praecisius videtur, quam per alium. Neque hactenus equidem comperi quodcumque significatum humanum visum rectius in primum dirigere. Nam omne significatum, quod in aliquid aliud sive in aliud ipsum terminatur, quemadmodum alia omnia sunt ab ipso non-aliud, utique non dirigunt in principium.

F: Video quae dicis sane sic se habere. Nam aliud, terminus visionis, principium videntis esse non potest. Aliud enim cum sit non aliud quam aliud, utique non-aliud praesupponit, sine quo non foret aliud. Omne igitur significatum aliud a significato ipsius non-aliud in alio quam in principio terminatur; hoc certe verum perspicio.

N: Optime! Cum nos autem alter alteri suam non possumus revelare visionem nisi per vocabulorum significatum, praecisius utique li non-aliud non occurrit, licet non sit nomen Dei, quod est ante omne nomen in caelo et terra nominabile, sicut via peregrinantem ad civitatem dirigens non est nomen civitatis.

F: Sic est, ut dicis, et hoc clare conspicio, quando Deum esse non aliud quam Deum video et aliquid non aliud quam aliquid et nihil non aliud quam nihil et non-ens non aliud quam nonens et ita de omnibus, quae qualitercumque dici possunt. Per hoc enim video non-aliud talia omnia antecedere, quia ipsa definit, et ipsa alia esse, cum non-aliud antecedat.

N: Placet mihi mentis tuae promptitudo et vivacitas, quia et bene capis et cito quae volo. Ex his igitur nunc plane vides de li non-aliud significatum non solum ut viam nobis servire ad principium, sed innominabile nomen Dei propinquius figurare, ut in ipso tamquam in pretiosiori aenigmate relucescat inquirentibus.

---

[1] Konjektur.

N: Du verstehst mich sehr wohl, Ferdinand. Denn wenn auch dem ersten Ursprung viele Namen beigelegt werden, von denen ihm keiner angemessen sein kann, da er der Ursprung aller Namen und Dinge und nichts Entsprungenes ist und allem vorausgeht, so wird er dennoch von der Schärfe des Geistes durch die eine Art des Bezeichnens genauer gesehen als durch eine andere. Ich habe auch bis jetzt noch nicht erfahren, daß irgend etwas den Blick des Menschen besser auf das Erste gelenkt hätte. Denn sofern jedes Bezeichnete auf ein anderes Andere oder auf das Andere selbst hin bestimmt wird, und da alles Andere vom Nicht-Anderen stammt, führen sie eben nicht zum Ursprung.

F: Ich sehe, daß das, was du sagst, sich gewiß so verhält. Denn das Andere, das Ziel des Sehens, kann nicht der Ursprung des Sehenden sein. Denn da das Andere nichts anderes ist als das Andere, setzt es das Nicht-Andere, ohne das es kein Anderes wäre, durchaus voraus. Darum wird jede Bedeutung, die der Bedeutung des Nicht-Anderen gegenüber ein Anderes ist, in einem Anderen denn dem Ursprung beschlossen. Das erkenne ich gewiß als wahr.

N: Sehr gut! Da wir aber einander unsere Erkenntnisse nur durch die Bedeutung der Worte offenbar machen können, kommt uns nichts Genaueres entgegen als das Nicht-Andere, wenn es auch nicht der Name Gottes ist, der vor jedem nennbaren Namen im Himmel und auf Erden ist, so wie auch der Weg, der den Wanderer zur Stadt führt, nicht der Name der Stadt ist.

F: Es ist so, wie du sagst, und ich erkenne es deutlich, wenn ich sehe, daß Gott nichts anderes ist als Gott und daß das Andere nichts anderes ist als das Andere, das Nichts nichts anderes als das Nichts, das Nicht-Seiende nichts anderes als das Nicht-Seiende; und so verhält es sich mit allem, das irgendwie genannt werden kann. Dadurch erkenne ich, daß das Nicht-Andere alle dem vorangeht, weil es dieses definiert, und daß dieses das Andere ist, da ihm das Nicht-Andere vorangeht.

N: Mir gefällt die Gewandtheit und Lebendigkeit deines Geistes, da du sowohl gut wie auch rasch begreifst, was ich meine. In bezug auf das Nicht-Andere erkennst du nun auf Grund des Gesagten deutlich, daß uns seine Bedeutung nicht nur als Weg zum Ursprung dient, sondern daß es uns auch den unnennbaren Namen Gottes in größerer Nähe darstellt, so daß er in ihm wie in einem kostbaren Spiegel den Suchenden entgegenstrahlt.

III.

F: Quamvis appareat te per li non-aliud videre principium essendi et cognoscendi, tamen, nisi id ipsum mihi clarius ostendas, non percipio.

N: Dicunt theologi Deum nobis in lucis aenigmate clarius relucere[1], quia per sensibilia scandimus ad intelligibilia. Lux profecto ipsa, quae Deus, ante aliam est lucem qualitercumque nominabilem et ante aliud simpliciter. Id vero, quod ante aliud videtur, non est aliud. Lux igitur illa, cum sit ipsum non-aliud et non lux nominabilis, in sensibili lucet lumine. Sed sensibilis lux visui comparata sensibili ita sese habere aliqualiter concipitur, sicut lux, quae non-aliud, ad omnia quae mente videri queunt. Visum autem sensibilem absque luce sensibili nihil videre experimur et visibilem colorem non esse nisi sensibilis lucis terminationem sive definitionem, ut iris ostendit. Et ita sensibilis lux principium est essendi et visibile sensibile cognoscendi. Ita quidem conicimus principium essendi esse et principium cognoscendi.

F: Clara manuductio et grata! Nam sic se habet in auditu sensibili. Sonus enim est principium essendi audibilis et cognoscendi. Deus igitur per non-aliud significatus essendi [et] cognoscendi omnibus principium est. Quem si quis subtrahit, nihil manet neque in re, neque in cognitione. Quemadmodum luce subtracta iris aut visibile nec est nec videtur, et sublato sono nec est audibile nec auditur, sic subtracto non-aliud neque est nec cognoscitur quicquam. Ista mihi sic se habere certissime teneo.

N: Utique bene tenes, sed advertas, quaeso; dum aliquid vides, puta lapidem quemquiam, licet non consideres, non tamen nisi per lucem ipsum vides. Et ita dum aliquid audis, non nisi per sonum audis, quamvis non attendas. Prioriter igitur essendi cognoscendique principium sese offert tamquam sine quo frustra ad videndum intenderes seu audiendum. Ceterum quia ad aliud, quod videre cupis audireve, est intentio, in principii consideratione non defigeris, quamquam id principium, medium et finis est quaesiti. Eodem modo in non-aliud adverte. Nam cum omne,

---

[1] Dionysius, a. a. O., De div. nom. IV, p. 145; 162ff.

III.

F: Obwohl es offenkundig ist, daß du unter dem Nicht-Anderen den Ursprung von Sein und Erkennen verstehst, begreife ich es doch nicht, wenn du es mir nicht deutlicher zeigst.

N: Die Theologen sagen, daß Gott uns, da wir vermittels des Sinnlichen zum geistig Erkennbaren emporsteigen, im Bild des Lichtes deutlicher widerstrahle. In der Tat steht vor allem anderen wie immer benennbaren Licht und vor allem Anderen schlechthin, jenes Licht, das Gott ist. Was man aber vor dem Anderen sieht, ist nicht das Andere. Da also jenes Licht das Nicht-Andere selbst ist und kein nennbares Licht, strahlt es im sinnlichen Licht wider. Aber man begreift, daß das sinnliche Licht, verglichen mit der sinnlichen Wahrnehmung, sich so verhält wie das Licht des Nicht-Anderen zu allem, was vom Geiste erblickt werden kann. Wir wissen jedoch aus Erfahrung, daß das sinnliche Sehen ohne sinnliches Licht nichts sieht und daß die sichtbare Farbe, wie der Regenbogen zeigt, nichts anderes ist als die Begrenzung oder Definition des sinnlichen Lichtes. Und so ist das sinnliche Licht Ursprung des Seins und des Erkennens vom Sichtbar-Sinnlichen. Daher mut-maßen wir, daß das Nicht-Andere der Ursprung des Seins und Erkennens ist.

F: Eine klare und angenehme Handleitung! Denn genauso verhält es sich beim sinnlichen Hören! Der Ton ist der Ursprung des Seins und Erkennens des Hörbaren. Gott also, den wir als das Nicht-Andere bezeichnet haben, ist für alles der Ursprung von Sein und Erkennen. Wenn jemand ihn entfernt, so bleibt nichts, weder der Sache noch dem Erkennen nach. Wie nach Entfernung des Lichtes der Regenbogen weder sichtbar ist noch gesehen wird und nach Entfernung des Tones es weder etwas Hörbares gibt noch gehört wird, so gibt es, nimmt man das Nicht-Andere überhaupt weg, weder etwas noch wird etwas erkannt. Ich bin völlig überzeugt, daß sich das so verhält.

N: Mit Recht hast du diese Überzeugung, aber beachte, bitte, auch das: wenn du irgend etwas siehst, zum Beispiel einen Stein, so siehst du ihn nur, auch wenn du es nicht beachtest, mit Hilfe des Lichtes. Und wenn du etwas hörst, so hörst du es, auch wenn du nicht darauf achtest, nur mit Hilfe des Tones. Vorgängig bietet sich also der Ursprung des Seins und des Erkennens an, ohne den man sich vergeblich zu sehen und zu hören bemühte. Weil sich aber im übrigen deine Absicht auf ein Anderes richtet, das zu sehen und zu hören du begehrst, läßt du dich nicht bei

quod quidem est, sit non aliud quam id ipsum, hoc utique non habet aliunde; a non-alio igitur habet. Non igitur aut est aut cognoscitur esse id, quod est, nisi per non-aliud, quae quidem est eius causa, adaequatissima ratio scilicet sive definitio, quae sese prioriter offert, quia principium, medium et finis per mentem quaesiti; sed nequaquam iuxta esse consideratur, quando quidem id, quod quaeritur, quaeratur ut aliud. Nam proprie non quaeritur principium, quod quaesitum semper antecedit, et sine quo quaesitum minime quaeri potest. Quaerit autem omnis quaerens attrectare principium, si id, ut Paulus ait, valeret[1]. Quod quoniam fieri nequit, veluti in sese est, ante aliud quaerens ipsum, cum ipse sit aliud, ipsum sane quaerit in alio, sicut lux, quae in se est per hominis visum invisibilis, ut in solaris lucis exprimitur puritate, videri quaeritur in visibili. Neque enim opus est lucem quaeri, quae se ipsam [ostendit in visibili, cum sit][2] alioquin incomprehensibilis; oporteret enim lucem luce quaeri. Lux igitur in visibili, ubi percipiatur, exquiritur, ut sic saltem attrectabiliter videatur.

IV.

F: Circa non-aliud immorandum admonuisti; ob maxima igitur tua promissa abire nequaquam festinabo. Dic ergo: quid tu per non-aliud intelligis?

N: Id, quod ipsum intelligo, per alia aliter exprimi nequit; nam omnis post ipsum foret alia expositio et minus ipso profecto. Id enim, quod per ipsum mens conatur videre, cum omnia, quae aut dici aut cogitari possunt, antecedat, quonam modo aliter dicetur? Omnes enim theologi Deum viderunt quid maius esse quam concipi posset, et idcirco supersubstantialem[3], supra omne

---

[1] Vgl. Apg. 17, 27.
[2] Konjektur P. Wilpert in „Directio speculantis seu de non aliud", ed. Baur-Wilpert, Leipzig 1944, p. 8.
[3] Dionysius, a. a. O., De div. nom. I, p. 7 ὑπερούσιος und I, p. 36 ὑπερώνυμος, u. a.

der Betrachtung des Ursprunges aufhalten, obwohl er Anfang, Mitte und Ende des Gesuchten ist. In derselben Weise achte auf das Nicht-Andere. Denn da alles, was immer es auch sein mag, nichts anderes ist als es selbst, hat es dies nicht von woanders her; es hat es vom Nicht-Anderen. Es ist also weder noch wird das Sein, das es ist, erkannt außer durch das Nicht-Andere. Das nämlich ist seine Ursache, sein genauester Wesenssinn oder Definition, die sich vorgängig darbietet, weil sie Anfang, Mitte und Ende des vom Geiste Gesuchten ist. Aber es wird keineswegs nach Art des Seins betrachtet, sofern das, was gesucht wird, als etwas Anderes gesucht wird. Denn dann sucht man nicht eigentlich den Ursprung, der dem Gesuchten immer vorangeht und ohne den sich das Gesuchte nicht im geringsten suchen läßt. Jeder, der sucht, strebt aber danach, den Ursprung zu erreichen, sofern er es, wie Paulus sagt, vermag. Da dieser nicht, so wie er in sich ist, erreicht werden kann, sucht der ihn Suchende, der ja selbst ein Anderes ist, ihn vor dem Anderen im Anderen; ebenso wie das Licht, das in sich, wie es in der Reinheit des Sonnenlichtes ausgedrückt ist, für das menschliche Auge unsichtbar ist, im Sichtbaren zu sehen versucht wird. Es ist nämlich auch nicht nötig, das Licht zu suchen, das sich selbst im Sichtbaren zeigt, da es sonst unbegreiflich wäre; man müßte das Licht sonst mit dem Licht suchen. Das Licht wird also im Sichtbaren, wo man es erfaßt, erforscht und so wenigstens näherungsweise gesehen.

IV.

F: Du hast uns aufgefordert, bei dem Nicht-Anderen zu verweilen. Und da du so große Versprechungen gegeben hast, will ich dieses Thema auch keineswegs so schnell verlassen. Sag mir also: was verstehst du unter dem Nicht-Anderen?

N: Das, als was ich es verstehe, läßt sich nicht durch Anderes anders ausdrücken. Denn alles, was nach ihm ist, wäre eine andere Auslegung und ihm sicherlich weniger gemäß. Wie sollte das, was der Geist durch es zu sehen versucht, anders ausgedrückt werden, da es allem, was gedacht und ausgesagt werden kann, vorausgeht? Alle Theologen haben erkannt, daß Gott etwas Größeres

nomen et consimilia de ipso affirmarunt, neque aliud per super, aliud per sine, aliud per in, aliud per non et per ante nobis in Deo expresserunt; nam idem est ipsum esse substantiam super-substantialem, et substantiam sine substantia, et substantiam insubstantialem, et substantiam non-substantialem, et substantiam ante substantiam. Qualitercumque autem dixeris, cum id ipsum, quod dicis, non aliud sit quam idem ipsum, patet non-aliud simplicius et prius esse per aliudque ineloquibile atque inexpressibile.

F: Visne dicere non-aliud affirmationem esse vel negationem vel eius generis tale?

N: Nequaquam, sed ante omnia talia; et istud est, quod per oppositorum coincidentiam annis multis quaesivi, ut libelli multi, quos de hac speculatione conscripsi, ostendunt.

F: Ponitne non-aliud aliquid, aut aufert aliquid?

N: Videtur ante omnem positionem atque ablationem.

F: Neque igitur est substantia, neque ens, neque unum, neque aliud quodcumque.

N: Sic equidem video.

F: Eo pacto neque non-ens, nec nihil.

N: Et hoc utique sic video.

F: Sequor te, pater, quantum valeo, mihique videtur certissimum non-aliud nec affirmatione negationeve aut alio quolibet modo comprehendi, sed mirum in modum ad aeternum ipsum videtur aspirare[1].

N: Stabile, firmum, aeternum multum de non-aliud videntur participare, cum alteritatem aut mutationem non-aliud nequaquam possit accipere. Cum tamen aeternum sit non aliud quam aeternum, erit sane aeternum aliud quidem quam non-aliud, et ideo ipsum ante aeternum et ante saecula perspicio supra omnem esse comprehensionem.

F: Ita quidem necesse est omnem quemcumque tecum perspicientem dicere, quando ad omnium, quae dici possunt, intendit antecedens. Verum equidem miror, quomodo unum et ens et verum et bonum post ipsum existant.

---

[1] In der HS am Rand: accedere aliter aspirare.

sei, als daß er erfaßt werden könnte. Und darum haben sie ihn als übersubstantiell, über jeden Namen erhaben und ähnlich bezeichnet und mit ihrem Über, Ohne, Un, Nicht und Vor haben sie nicht jeweils etwas Anderes ausgedrückt. Denn es ist dasselbe zu sagen, er sei übersubstantielle Substanz, wie er sei Substanz ohne Substanz oder unsubstantielle Substanz, nicht substantielle Substanz, und Substanz vor der Substanz. Wie auch immer du es ausdrücken magst: da das, was du sagst, nichts anderes ist als das Selbe, ist offenkundig, daß das Nicht-Andere einfacher und früher ist und durch ein Anderes nicht ausgesagt und ausgedrückt werden kann.

F: Willst du sagen, das Nicht-Andere sei eine Affirmation oder eine Negation oder etwas derartiges?

N: Keineswegs. Es steht vielmehr vor allem derartigen und ist das, was ich während vieler Jahre vermittels der Koinzidenz der Gegensätze gesucht habe, wie das die vielen Bücher, die ich über diese Betrachtungen geschrieben habe, zeigen.

F: Setzt das Nicht-Andere etwas oder nimmt es etwas hinweg?

N: Es erscheint vor jeder Setzung und Wegnahme.

F: Es ist demnach weder Grundbestand noch Seiendes noch das Eine noch irgendein Anderes.

N: Genauso verstehe ich es.

F: So ist es also auch nicht ein Nicht-Seiendes und nicht Nichts.

N: Auch das verstehe ich genauso.

F: Ich folge dir, Vater, soweit ich kann. Es scheint mir das sicherste zu sein, daß das Nicht-Andere weder durch Affirmation noch durch Negation noch in irgendeiner anderen Weise verstanden werden kann; es scheint sich vielmehr in wunderbarer Weise dem Ewigen selbst zu nähern.

N: Das Beständige, Feste und Ewige scheinen am Nicht-Anderen großen Anteil zu haben, da das Nicht-Andere keine Andersheit und Wandlung annehmen kann. Da das Ewige aber nichts anderes ist als das Ewige, ist es sicherlich etwas Anderes als das Nicht-Andere. Und so sehe ich deutlich, daß das Nicht-Andere vor dem Ewigen und vor aller Zeit jenseits allen Begreifens ist.

F: Jeder, der die gleiche Erkenntnis hat wie du, muß so sprechen, sobald er sich dem zuwendet, das allem, was ausgesagt werden kann, vorausgeht. Aber ich wundere mich darüber, daß und wie das Eine, das Seiende, das Wahre und das Gute nach ihm sein sollen.

N: Quamvis unum propinquum admodum ad non-aliud videatur, quando quidem omne aut unum dicatur aut aliud, ita quod unum quasi non-aliud appareat; nihilominus tamen unum, cum nihil aliud quam unum sit, aliud est ab ipso non-aliud. Igitur non-aliud est simplicius uno, cum ab ipso non-aliud habeat, quod sit unum et non e converso. Enimvero quidam theologi unum pro non-aliud accipientes ipsum unum ante contradictionem perspexerunt, quemadmodum in Platonis Parmenide[1] legitur atque [in] Areopagita Dionysio[2]. Tamen, cum unum sit aliud a non uno, nequaquam dirigit in primum omnium principium, quod sive ab alio sive a nihilo aliud esse non potest, quod item nulli est contrarium, ut inferius videbis.

Eodem modo de ente considera. Nam etsi in ipso non-aliud clare videatur elucere, cum eorum, quae sunt, aliud ab aliquo minime videatur tamen ipsum non-aliud praecedit; sic de vero, quod quidem similiter de nullo ente negatur, et bono, licet nihil boni expers reperiatur. Sumuntur quoque ob id omnia haec pro apertis Dei nominibus, tametsi praecisionem non attingant. Non tamen proprie dicuntur illa post non-aliud esse; si enim forent post non-aliud, quomodo eorum quodlibet esset non aliud quam id, quod est? Sic igitur non-aliud ante ista videtur et alia, quod post ipsum non sunt, sed per ipsum. Recte igitur tu quidem miratus es de his, quae non-aliud antecedit, si post ipsum sunt, et quonam modo id possibile.

F: Si recte te capio, ita non-aliud videtur ante omnia, quod ex his, quae post ipsum videntur, nullis abesse possit, si quidem etiam sint contradictoria.

N: Ita utique verum perspicio.

V.

F: Oro te, pater, patere me loqui ea, quae equidem sic in non-aliud ductus intueor ut, si me errantem senseris, more corrigas tuo.

---

[1] Plato, Parmenides 137c—160b.
[2] Dionysius, a. a. O., De div. nom. XIII (= περὶ τελείου καὶ ἑνός) p. 540ff.

N: Obwohl das Eine, wenn man alles entweder als Eines oder als Anderes zu bezeichnen pflegt, dem Nicht-Anderen ziemlich nahe zu sein scheint, so daß es gleichsam als das Nicht-Andere erscheint, ist dennoch das Eine, da es nichts anderes ist als das Eine, nichtsdestoweniger ein Anderes, das vom Nicht-Andern stammt. Darum ist das Nicht-Andere einfacher als das Eine, das von dem Nicht-Andern hat, daß es Eines ist und nicht umgekehrt. Allerdings verstanden manche Theologen, die das Eine für das Nicht-Andere nahmen, dieses vor dem Widerspruch, wie man es in Platons Parmenides und bei Dionysios Areopagita findet. Da aber das Eine vom Nicht-Einen her ein Anderes ist, führt es doch nicht zum ersten Ursprung von allen, der weder ein Anderes vom Anderen noch vom Nichts sein kann, weil er, wie du später sehen wirst, zu nichts im Gegensatz steht.

Bedenke das Seiende genauso. Denn wenn man auch in ihm, da es in keiner Weise von dem, was ist, ein Anderes vom Andern zu sein scheint, das Nicht-Andere deutlich widerstrahlen sieht, geht ihm dennoch das Nicht-Andere voran. Ebenso verhält es sich mit dem Wahren, das ja in ähnlicher Weise von keinem Seienden geleugnet wird, und mit dem Guten, dessen nichts unteilhaftig ist. Deswegen werden alle diese Bezeichnungen als offenkundige Gottesnamen genommen, obwohl sie die Genauigkeit nicht erreichen. Trotzdem kann man nicht eigentlich sagen, sie stünden nach dem Nicht-Andern. Wenn das der Fall wäre, wie könnte dann jedes von ihnen nichts anderes sein als das, was es ist? So erscheint also das Nicht-Andere vor diesen und dem andern, das nicht nach ihm ist, sondern durch es. Du hast dich also mit Recht über das gewundert, dem das Nicht-Andere vorausgeht; wenn es nach diesem ist und wie das möglich sei.

F: Wenn ich dich richtig verstehe, so wird das Nicht-Andere in der Weise vor allem gesehen, daß es keinem der nach ihm erscheinenden Dinge fehlen kann, auch wenn sie einander kontradiktorisch entgegengesetzt sind.

N: Das erachte ich unbedingt für wahr.

V.

F: Ich bitte dich, Vater, mir zu gestatten, daß ich das, was ich in dieser Weise in das Nicht-Andere eingeführt, erblicke, auch ausspreche, auf daß du mich, wenn du merkst, daß ich irre, nach deiner Art auf den richtigen Weg weist.

N: Eloquere, Ferdinande.

F: Non-aliud seorsum ante omne aliud intuens ipsum sic video, quod in eo quidquid videri potest intueor. Nam neque esse nec cognosci extra ipsum quidquam possibile; aliud etiam ipsum ab esse et cognosci id nequit effugere. Esse enim intelligereve quippiam extra non-aliud ne[1] fingere quidem mihi est possibile; adeo ut, si ipsum quoque nihil et ignorare videre absque non-aliud coner, videre frustra et incassum coner. Quomodo enim nihil nihil visibile nisi per non-aliud, ut sit non aliud quam nihil? Pari modo de ignorare et ceteris omnibus. Omne enim, quod est, in tantum est, in quantum non-aliud est; et omne, quod intelligitur, in tantum intelligitur, in quantum non-aliud esse intelligitur; et omne, quod videtur verum, usque adeo videtur verum, in quantum non-aliud cernitur. Et summatim quidquid videtur aliud, in tantum aliud videtur, in quantum non aliud. Sicut igitur sublato non-aliud nec manet, nec cognoscitur quidquam sic in ipso quidem omnia et sunt et cognoscuntur et videntur. Ipsum enim non-aliud adaequatissima ratio est discretioque et mensura omnium, quae sunt, ut sint et quae non sunt, ut non sint; et quae possunt esse, ut esse possint; et quae sic sunt, ut sic sint et quae moventur, ut moveantur et quae stant, ut stent et quae vivunt, ut vivant et quae intelligunt, ut intelligant, et eiusmodi omnia. Ita enim necessarium esse video in eo, quod video ipsum non-aliud se definire ideoque et omnia, quae nominari possunt.

N: Recte in Deum aciem iecisti per non-aliud significatum, ut in principio, causa seu ratione, quae non est alia nec diversa, cuncta humaniter visibilia conspiceres, quantum tibi nunc quidem conceditur. Tantum autem conceditur, quantum ipsum non-aliud, scilicet rerum ratio, tuae se rationi seu menti revelat sive visibilem exhibet, sed hoc nunc medio per non-aliud, quia sese definit, revelavit clarius quam antea. Nam quo pacto mihi se visibilem praestiterit, in libellis pluribus legere potuisti; nunc autem in hoc aenigmate significati ipsius non-aliud per rationem potissimum illam, quia se definit, fecundius et clarius, adeo ut

---

[1] Cod. Mon.: sed ne.

N: Sprich nur frei heraus, Ferdinand!

F: Wenn ich das Nicht-Andere für sich vor allem anderen anschaue, dann sehe ich es so, daß ich in ihm alles betrachte, was nur gesehen werden kann. Denn außerhalb seiner kann weder etwas sein noch erkannt werden. Sogar das dem Sein und Erkanntwerden gegenüber Andere kann ihm nicht entfliehen. Irgendein Sein oder Verstehen außerhalb des Nicht-Anderen kann ich mir nicht einmal vorstellen. Es ist so sehr unmöglich, daß, versuchte ich auch das Nichts und das Nichtwissen ohne das Nicht-Andere zu denken, ich vergeblich und nutzlos zu sehen versuchte. Wie wäre denn das Nichts nichts Sichtbares außer durch das Nicht-Andere, durch das es nichts anderes ist als Nichts? Ebenso verhält es sich mit dem Nichtwissen und allem übrigen. Alles nämlich, was ist, ist nur insoweit, als das Nicht-Andere ist; und alles, was eingesehen wird, wird nur insoweit eingesehen, als man einsieht, daß das Nicht-Andere ist; und alles, was als wahr erkannt wird, wird nur insoweit als wahr erkannt, als man das Nicht-Andere erblickt. Und schließlich: was immer als Anderes erscheint, erscheint nur insoweit als Anderes, als das Nicht-Andere erscheint. So wie nach der Entfernung des Nicht-Anderen nichts bleibt noch etwas erkannt wird, so ist gewissermaßen alles in ihm und wird in ihm erkannt und gesehen. Denn das Nicht-Andere selbst ist so angeglichenster Wesenssinn und Scheidung und Maß von allem, das ist, daß es ist; und von allem, das nicht ist, daß es nicht ist; und von dem, das sein kann, daß es sein kann; und von dem, das so ist, daß es so ist; und von dem, das sich bewegt, daß es sich bewegt; und von dem, das steht, daß es steht; und von dem, das lebt, daß es lebt; und von dem, das versteht, daß es versteht; usw. Daß es notwendigerweise so ist, sehe ich darin, daß ich erkenne, daß das Nicht-Andere sich selbst und folglich auch alles, was benannt werden kann, definiert.

N: Richtig hast du dein Auge auf Gott, der mit dem Nicht-Andern bezeichnet ist, gerichtet, damit du im Ursprung, im Grund oder Wesenssinn, der kein anderer oder verschiedener ist, alles für den Menschen Sichtbare erblickst, soweit es dir jetzt zugestanden wird. Es wird dir aber so weit zugestanden, als sich das Nicht-Andere, d. h. der Wesenssinn der Dinge, deinem Sinn oder Geist enthüllt oder sichtbar darstellt. Durch dieses Mittel jedoch, durch das Nicht-Andere, hat er sich jetzt, da dieses sich definiert, deutlicher enthüllt als zuvor. Auf welche Weise er sich mir früher sichtbar darstellte, kannst du in vielen Büchern nach-

sperare queam ipsum Deum sese nobis aliquando sine aenigmate revelaturum.

F: Licet in praemissis, quaecumque videri per nos possunt, omnia complicentur, ut tamen acrius excitemur, certa dubia tangamus, ut per illorum evacuationem pronior fiat visio exercitata.

N: Placet, ut ita facias.

F: In primis quaerit scientiae avidus, ubi sumi debeat ratio, quod Deus trinus et unus est per li non-aliud significatus, cum non-aliud numerum omnem antecedat.

N: Ex his, quae dicta sunt, unica ratione omnia videntur, quam tu quidem vidisti esse, quia principium per non-aliud significatum se ipsum definit. In explicatam igitur eius definitionem intueamur, quod videlicet non-aliud est non aliud quam non-aliud; idem triniter repetitum si est primi definitio, ut vides, ipsum profecto est unitrinum et non alia ratione, quam quia se ipsum definit; non enim foret primum, si se ipsum minime definiret. Se autem quando definit, trinum ostendit. Ex perfectione igitur vides resultare trinitatem, quam tamen, quoniam ante aliud vides, nec numerare potes nec numerum esse affirmare, cum haec trinitas non sit aliud quam unitas, et unitas non sit aliud quam trinitas, quia tam trinitas quam unitas non sunt aliud quam simplex principium per non-aliud significatum.

F: Optime perfectionis primi necessitatem video, quia se definit, exigere, ut sit unitrinum ante aliud tamen et numerum, cum ea, quae ipsum primum praesupponunt, ad eius nihil conferant perfectionem. Sed cum alias et saepe hanc divinam fecunditatem nisus sis aliquo modo, maxime quidem in Docta ignorantia, explanare per alios terminos, satis erit, si istis nunc pauca addideris[1].

N: Trinitatis secretum, Dei utique dono fide receptum, quamvis omnem sensum longe exsuperet atque antecedat, hoc medio, quo

---

[1] De docta ignorantia I, 10; Schriften Bd. I, p. 222ff.

lesen. Nun aber zeigt er sich vor allem aus dem Grund, weil er sich selbst definiert, in diesem Spiegelbild von der Bedeutung des Nicht-Anderen fruchtbarer und klarer, und zwar so sehr, daß ich zu hoffen vermag, Gott werde sich uns einmal ohne Rätselbild offenbaren.

F: Obwohl in dem gerade Gesagten alles, was immer wir auch zu sehen vermögen, eingeschlossen ist, so wollen wir dennoch, um stärker angespornt zu werden, gewisse Zweifel anführen, damit durch ihre Entkräftung die Schau, um die wir uns ständig mühen, leichter werde.

N: Ich bin damit einverstanden, daß du so handelst.

F: Der Wissen Begehrende fragt vor allem, wo der Grund dafür zu finden ist, daß der dreieinige Gott durch das Nicht-Andere bezeichnet ist, obwohl doch das Nicht-Andere jeder Zahl vorausgeht.

N: Auf Grund des Gesagten scheint alles — da der Ursprung, durch das Nicht-Andere bezeichnet, sich selbst definiert — in einem einzigen Wesenssinn, den du ja auch gesehen hast, zu bestehen. Betrachten wir also seine entfaltete Definition: das Nicht-Andere ist nichts-anderes als das Nicht-Andere. Wenn also, dasselbe dreimal wiederholt, die Definition des Ersten ist, wie du siehst, dann ist dieses in der Tat dreieinig, und das aus keinem anderen Grund als dem, daß es sich selbst definiert. Es wäre nämlich nicht das Erste, wenn es sich nicht selbst definierte. Wenn es sich aber definiert, zeigt es sich als dreifaches. Du siehst also, daß die Dreiheit aus der Vollendung entspringt. Da du sie aber vor dem Anderen siehst, kannst du sie nicht zählen noch behaupten, daß sie eine Zahl ist, denn diese Dreiheit ist nichts anderes als Einheit und diese Einheit nichts anderes als Dreiheit, da Dreiheit wie Einheit nichts anderes sind als der einfache, durch das Nicht-Andere bezeichnete Ursprung.

F: Ich sehe sehr wohl, daß die Notwendigkeit der Vollendung des Ersten — da es sich selbst definiert — es erfordert, daß es dennoch vor dem Anderen und der Zahl dreieinig ist, weil das, was das Erste voraussetzt, nichts zu seiner Vollkommenheit beiträgt. Da du dich aber andernorts, vor allem in der Wissenden Unwissenheit, oft auf mancherlei Weise bemüht hast, diese göttliche Fruchtbarkeit mit anderen Ausdrücken zu erklären, wird es genug sein, wenn du jetzt nur Weniges hinzufügst.

N: Das Geheimnis der Dreifaltigkeit, nur im Glauben durch ein Geschenk Gottes empfangen, kann, obwohl es jeden Sinn weit

in praesentia Deum indagamus, non aliter nec praecisius quam superius audisti, declarari potest. Sed qui Patrem et Filium et Spiritum sanctum Trinitatem nominant, minus praecise quidem appropinquant, congrue tamen nominibus illis utuntur propter scripturarum convenientiam. Qui vero unitatem, aequalitatem et nexum Trinitatem nuncupant propius accederent, si termini illi sacris in litteris reperirentur inserti; sunt enim ii, in quibus non-aliud clare relucescit; nam in unitate, quae indistinctionem a se dicit et ab alio distinctionem, profecto non-aliud cernitur. Ita et in aequalitate sese manifestat et nexu consideranti. Adhuc simplicius ii termini, hoc, id et idem, lucidius praecisiusque non-aliud imitantur, sed minus sunt in usu. Sic itaque patet in non-aliud et non-aliud atque non-aliud, licet minime usitatum sit, unitrinum principium clarissime revelari supra omnem tamen nostram apprehensionem atque capacitatem. Quando enim primum principium ipsum se definit per non-aliud significatum, in eo definitivo motu de non-alio non-aliud oritur atque de non-alio et non-alio exorto in non-alio concluditur definitio, quae contemplans clarius, quam dici possit, intuebitur.

VI.

F: Haec de hoc quidem sufficiant. Nunc ut in alio non-aliud ostendas, porro perge.

N: Non-aliud neque est aliud, nec ab alio aliud, nec est in alio aliud non alia aliqua ratione, quam quia non-aliud quod nullo modo esse aliud potest, quasi sibi desit aliquid, sicut alii. Aliud enim, quia aliud est ab aliquo, eo caret, a quo aliud. Non-aliud autem, quia a nullo aliud est, non caret aliquo, nec extra ipsum quidam esse potest. Unde sicut non potest sine ipso neque dici quidquam nec cogitari, quod per ipsum non dicatur aut cogitetur, sine quo non esse, non discerni aliquid possibile est, cum talia omnia antecedat: tunc ipsum in se antecedenter et absolute non aliud quam ipsum videtur et in alio cernitur non aliud quam ipsum aliud. Puta si dixero Deum nihil visibilium esse

übersteigt und ihm vorausgeht, durch jene Mittel, mit denen wir in der Gegenwart Gottes erforschen, nicht anders und nicht genauer ausgedrückt werden, als du es oben gehört hast. Diejenigen jedoch, die die Dreieinigkeit als Vater, Sohn und Heiligen Geist bezeichnen, kommen zwar weniger genau heran, verwenden jedoch wegen der Entsprechung zur Schrift diese Namen zu Recht. Diejenigen aber, die die Dreieinigkeit Einheit, Gleichheit und Verknüpfung nennen, kämen näher, wenn sich diese Ausdrücke in der Heiligen Schrift eingeführt fänden. Diese sind es nämlich, in denen das Nicht-Andere deutlich widerstrahlt. Denn in der Einheit, die Unterschiedenheit von sich selbst und Unterschiedenheit von Anderem besagt, ist das Nicht-Andere sicherlich zu erkennen. Ebenso zeigt es sich dem Betrachter in der Gleichheit und in der Verknüpfung. Noch einfacher sind die Bezeichnungen: Dieses, Das und Dasselbe. Sie ahmen das Nicht-Andere noch deutlicher und genauer nach; sie sind aber weniger im Gebrauch. So ist also offenbar, daß sich im Nicht-Andern und Nicht-Andern und Nicht-Andern — mag dies auch sehr ungebräuchlich sein — der dreieinige Ursprung am klarsten enthüllt, jedoch jenseits von all unserem Begreifen und unserer Aufnahmsfähigkeit. Wenn nämlich der als das Nicht-Andere bezeichnete erste Ursprung sich selbst definiert, dann entsteht in der Bewegung des Definierens aus dem Nicht-Anderen das Nicht-Andere und aus dem Nicht-Anderen und dem entstandenen Nicht-Anderen wird die Definition im Nicht-Anderen beschlossen. Derjenige, welcher sie betrachtet, erhält einen deutlicheren Einblick in sie, als man es sagen kann.

VI.

F: Genug darüber. Fahre nun fort und zeige uns das Nicht-Andere im Anderen.

N: Das Nicht-Andere ist weder ein Anderes noch ein Anderes vom Andern noch ist es im Anderen ein Anderes; und das aus keinem anderen Grund als dem, daß das Nicht-Andere in keiner Weise ein Anderes sein kann; als würde ihm gleichsam so wie einem Anderen etwas fehlen. Das Andere nämlich, das in der Abhängigkeit von einem Andern ein Anderes ist, entbehrt gerade das, auf Grund dessen es ein Anderes ist. Das Nicht-Andere aber entbehrt, eben weil es keinem gegenüber ein Anderes ist, nichts noch kann außer ihm etwas sein. Wie daher ohne es weder etwas gesagt oder gedacht werden kann, das nicht durch es, ohne das es unmöglich ist, daß etwas ist oder erkannt wird, da

quoniam eorum causa est et creator, et dixero ipsum in caelo esse non aliud quam caelum. Quomodo enim caelum non aliud quam caelum foret, si non-aliud in ipso foret aliud quam caelum? Caelum autem cum an non-caelo aliud sit, idcirco aliud est; Deus vero, qui non-aliud est, non est caelum, quod aliud, licet nec in ipso sit aliud, nec ab ipso aliud, sicut lux non est color, quamvis nec in ipso nec ab ipso aliud sit. Oportet te attentum esse, quomodo omnia, quae dici aut cogitari possunt, ideo non sunt primum per non-aliud significatum, quia ea omnia a suis oppositis alia sunt. Deus autem, quia non aliud est ab alio, non est aliud, quamvis non aliud et aliud videantur opponi; sed non opponitur aliud ipsi, a quo habet quod est aliud, ut praediximus. Nunc vides, quomodo recte theologi affirmarunt Deum in omnibus omnia, licet omnium nihil[1].

F: Nemo est, qui quidem mentem applicans haec tecum non videat. Ex quo constat unicuique Deum innominabilem omnia nominare, infinitum omnia finire, interminum omnia terminare et de omnibus eodem modo.

N: Recte. Nam cum ipso non-aliud cessante omnia, quae sunt quaeque non sunt, necessario cessent, clare perspicitur, quomodo in ipso omnia anterioriter ipsum sunt et ipsum in omnibus omnia. Cum igitur in alio ipsum intueor aliudque in ipso ipsum prioriter quomodo per ipsum sine alio aliquo omnia id sunt, quod quidem sunt, video. Non enim creat caelum ex alio, sed per caelum, quod in ipso ipsum est; sicut si ipsum intellectualem spiritum diceremus seu lucem et in ipso intellectu rationem omnium esse ipsum consideraremus; tunc enim ratio, cur caelum caelum et non aliud, prioriter in ipso est, per quam constitutum est caelum, sive quae in caelo est caelum. Sensibile igitur caelum non est id, quod est, ab alio aut quid aliud a caelo, sed ab ipso non-aliud ab aliquo, quod vides ante nomen, quia omnia in omnibus est nominibus et omnium nullum. Nam eadem ratione, qua rationem illam caelum

---

[1] Dionysius, a. a. O., De div. nom. I, p. 405.

es allem diesen vorangeht, gesagt oder gedacht würde, so sieht man nun, daß das Selbe in sich vorgängig und absolut nichts anderes ist als das Selbe und erkennt im Andern, daß es nichts anderes ist als das Andere. Wenn ich z. B. sage, daß Gott nichts vom Sichtbaren ist, weil er dessen Grund und Schöpfer ist, so sage ich auch, daß er im Himmel nichts anderes ist als der Himmel — wie sollte nämlich der Himmel nichts anderes sein als der Himmel, wenn das Nicht-Andere in ihm etwas Anderes als der Himmel wäre? Da der Himmel aber dem Nicht-Himmel gegenüber etwas Anderes ist, ist er also etwas Anderes. Gott aber, der das Nicht-Andere ist, ist nicht der Himmel, der etwas Anderes ist, wenn er auch in diesem kein Anderes und auch kein ihm gegenüber Anderes ist; ebenso ist das Licht nicht Farbe, obwohl es weder ein Anderes in ihr noch von ihr ist. Du mußt genau darauf achten, daß alles, was gedacht oder gesagt werden kann, deshalb nicht das durch das Nicht-Andere genannte Erste sein kann, weil alles dies seinen Gegensätzen gegenüber ein Anderes ist. Gott aber ist das Nicht-Andere, da er dem Anderen gegenüber das Nicht-Andere ist, obwohl das Nicht-Andere und das Andere entgegengestellt zu werden scheinen. Das Andere wird jedoch nicht dem entgegengestellt, von dem es das hat — wie wir zuvor gesagt haben —, daß es ein Anderes ist. Du siehst nun, daß die Theologen mit Recht gesagt haben, daß Gott — wenn auch nichts von allem — alles in allem sei.

F: Es gibt niemanden, der dies, wenn er nachdächte, mit dir nicht einsähe. Daher steht es für jeden fest, daß der unnennbare Gott alles benennt, daß der unendliche alles beendet, der grenzenlose alles begrenzt usw.

N: Richtig. Denn da beim Zurückweichen des Nicht-Andern alles, was ist und nicht ist, notwendigerweise schwindet, erkennt man deutlich, daß in ihm alles vorgängig es selbst ist und es selbst in allem alles. Wenn ich es daher im Anderen erblicke und das Andere in ihm selbst als es selbst sehe, dann sehe ich vorgängig, wie durch es selbst alles ohne irgendein Anderes das ist, was es ist. Es schafft den Himmel nicht aus einem Anderen, sondern durch den Himmel, der in ihm es selbst ist. Ebenso ist es, wenn wir es erkennenden Geist oder Licht nennen und im Erkennen als den Wesenssinn allen Seins betrachten. Dann nämlich ist es der Wesenssinn — warum der Himmel Himmel und nicht etwas Anderes ist — durch den der Himmel gebildet ist und der im Himmel Himmel ist, vorgängig in ihm. Der sinnlich sichtbare Himmel ist also das, was er ist, nicht durch ein Ande-

nominarem, eadem ratione ipsam terram nominarem atque aquam et pari de singulis modo. Et si rationem caeli non video caelum nominandam, quasi causa causati non habeat nomen, sic ipsum eadem ratione nullo video nominabilem. Non video igitur innominabilem quasi nomine privatum, verum ante nomen.

VII.

F: Intelligo et ita etiam verum cerno. Si enim cessaret causa, cessaret effectus; et ideo cessante ipso non-aliud cessaret omne aliud et omne nominabile et ita etiam ipsum nihil, cum nihil nominetur; ostende mihi, quaeso, ut id ipsum perspiciam.

N: Certum est quod si cessaret frigus, cessaret et glacies, quae iam Romae videtur multiplicata; verum propterea aqua prior glacie non cessaret; cessante vero ente cessaret et glacies et aqua, ita quod actu non esset; et tamen materia seu possibilitas essendi aquam non cessaret. Quae quidem possibilitas essendi aquam una dici possibilitas potest. Cessante vero uno et glacies et aqua et essendi aquam cessaret possibilitas. At non cessaret omne intelligibile, quod posset ad essendi aquam possibilitatem necessitari per omnipotentiam, puta ipsum intelligibile nihil vel chaos non cessaret, quod quidem ab ab aqua distantius est, quam ipsa essendi aquam possibilitas, quae, quamvis remotissima confusissimaque, omnipotentiae tamen necessitatur oboedire. Vigor autem omnipotentiae in ipsum non cessaret per unius cessationem. Verum si ipsum non-aliud cessaret, statim omnia cessarent, quae ipsum non-aliud antecedit. Atque ita non entium solummodo actus cessaret ac potentia, sed et non-ens et nihil entium, quae non-aliud antecedit.

res oder etwas vom Himmel Verschiedenes, sondern er stammt von dem allem Andern gegenüber Nicht-Andern, das du vor dem Namen siehst, weil es in allen Namen alles ist und nichts von allen. Denn mit demselben Grund, mit dem ich jenen Wesenssinn Himmel nannte, könnte ich ihn Erde oder Wasser nennen Und in gleicher Weise gilt es von jedem einzelnen. Und wenn ich erkenne, daß man den Wesenssinn des Himmels nicht Himmel nennen darf, weil die Ursache nicht den Namen des Verursachten trägt, so sehe ich aus demselben Grund, daß er mit keinem Namen nennbar ist. Ich sehe ihn also nicht unnennbar so, als ob er jeden Namens beraubt wäre, sondern vor jedem Namen.

VII.

F: Ich verstehe das und erkenne auch, daß es wahr ist. Hörte die Ursache auf, würde auch die Wirkung nachlassen; und darum würde mit dem Verschwinden des Nicht-Andern alles Andere verschwinden und alles Nennbare und so auch das Nichts selbst, da das Nichts benannt wird. Zeige mir, bitte, einen Weg, damit ich das durchschaue.

N: Es ist sicher, daß, verschwände die Kälte, auch das Eis, das jetzt in Rom überall zu sehen ist, verschwinden würde. Aber deshalb würde das Wasser, das früher ist als das Eis, nicht verschwinden. Würde aber das Seiende verschwinden, so schwände sowohl das Eis wie das Wasser, so daß es dieses nicht tatsächlich gäbe. Und dennoch würde die Materie oder die Möglichkeit des Wasserseins nicht schwinden. Diese Möglichkeit des Wasserseins kann eine bestimmte Möglichkeit genannt werden. Verschwände aber das Eine, so würden das Eis und das Wasser und auch die Möglichkeit des Wasserseins schwinden. Aber dennoch würde nicht alles Geistig-Verstehbare schwinden, das von der Allmacht zu der Möglichkeit des Wasserseins genötigt werden könnte wie in dem Falle, daß das geistig verstehbare Nichts oder Chaos nicht verschwände. Dieses ist allerdings vom Wasser weiter entfernt als die Möglichkeit des Wasserseins selbst, welche, so fern und unbestimmt sie auch sein mag, der Allmacht dennoch zu gehorchen genötigt ist. Die Gewalt der Allmacht über jenes würde mit dem Verschwinden des Einen nicht verschwinden. Verschwände aber das Nicht-Andere, so würde im gleichen Augenblick alles verschwinden, dem das Nicht-Andere vorangeht. Und so würde nicht nur die Wirklichkeit und Möglichkeit des Seienden aufhören, sondern auch das Nicht-Seiende und das Nichts der Seienden, denen das Nicht-Andere vorangeht.

F: Satis dubio fecisti. Nunc nihil video, quod est non-aliud quam nihil non-aliud ante se habere, a quo distat ultra actu esse et esse potentia. Videtur enim mente quam confusissimum chaos, quod infinita dumtaxat virtute, quae non-aliud est, ut determinetur, potest astringi.

N: Dixisti virtutem actu infinitam esse non-aliud. Quomodo id vides?

F: Virtutem unitam et minus aliam video fortiorem. Quae igitur penitus non-aliud, illa erit infinita.

N: Optime et rationabiliter in primis dicis; rationabiliter inquam: sicut enim sensibilis visio quantumcumque acuta absque omni sensatione seu sensibili motu esse nequit, ita et mentalis non est absque omni ratione seu motu rationali. Et quamvis recto intuitu te videam uti, scire tamen opto, an ipsum non-aliud sic per mentem videatur in omnibus, quod non possit non videri.

F: Ad principium se et quae dici queunt omnia definiens recurro videoque, quomodo videre est non aliud quam videre, et video equidem, quod ipsum non-aliud tam per videre quam non videre conspicio. Si igitur mens sine ipso non-aliud nec videre potest nec non videre, non igitur ipsum non-aliud potest non videri, sicut non potest non sciri, quod per scientiam scitur atque ignorantiam. In alio ipsum non-aliud cernitur, quia, cum aliud videtur, aliud videtur et non aliud.

N: Bene ais. Sed quomodo vides aliud, si in alio non vides aut in non-alio?

F: Quoniam positio ipsius non-aliud omnium est positio et eius sublatio omnium sublatio, ideo aliud nec extra non-aliud est nec videtur.

N: Si in non-alio aliud vides, utique non vides ipsum ibi esse esse aliud, sed non-aliud, cum in non alio esse aliud sit impossibile.

F: Du hast meinem Zweifel Genüge geleistet. Nun sehe ich, daß das Nichts, das nichts anderes ist als das Nichts, das Nicht-Andere vor sich hat, von dem es weiter entfernt ist als von Wirklich-Sein und Möglich-Sein. Es erscheint nämlich dem Geist als das völlig zerfließende Chaos, das allerdings durch die unendliche Kraft, die das Nicht-Andere ist, festgehalten werden kann, um bestimmt zu werden.

N: Du hast gesagt, daß das Nicht-Andere die größte Kraft als Wirklichkeit sei. Wie siehst du das?

F: Ich sehe, daß eine geeinte und weniger andersgeartete Kraft stärker ist; also wird jene, die vollkommen nichts Anderes ist, unendlich sein.

N: Du sprichst sehr gut und außerordentlich vernünftig. Ich sage vernünftig. Denn so wie das sinnliche Sehen, wie scharf es auch sein mag, nicht ohne jede Sinnesempfindung oder sinnliche Bewegung sein kann, so kann auch das geistige nicht ohne jede Vernunft oder vernünftige Bewegung sein. Und obwohl ich sehe, daß du die richtige Einsicht benützt, so wünschte ich doch zu wissen, ob das Nicht-Andere in allem so gesehen wird, daß es nicht nicht gesehen werden kann.

F: Ich kehre zum Ursprung zurück, der sich und alles, das ausgesagt werden kann, definiert und sehe, daß das Sehen nichts anderes ist als das Sehen und sehe weiter, daß ich das Nicht-Andere selbst sowohl durch das Sehen als auch durch Nicht-Sehen erblicke. Wenn also der Geist ohne das Nicht-Andere weder sehen noch nicht sehen kann, so kann daher das Nicht-Andere selbst nicht nicht gesehen werden, ebenso wie es nicht nicht gewußt werden kann, weil es durch Wissen und Unwissenheit gewußt wird. Im Andern wird das Nicht-Andere selbst erkannt, weil man, sieht man das Andere, dieses sieht und das Nicht-Andere.

F: Das sagst du gut. Aber wie siehst du das Andere, wenn du es weder im Anderen noch im nicht Anderen siehst?

F: Weil die Setzung des Nicht-Andern die Setzung von allem ist und weil seine Wegnahme die Wegnahme von allem ist, so ist das Andere weder außerhalb des Nicht-Andern noch wird es dort gesehen.

N: Wenn du im Nicht-Anderen das Andere siehst, dann siehst du gewiß nicht, daß es dort ein anderes Sein ist, sondern das Nicht-Andere, da es unmöglich ist, daß im nicht Anderen das Andere ist.

F: Aliud in non-alio videre me idcirco aio, quia extra ipsum nequit videri. Sed si me quid sit aliud in non-alio interrogares, dicerem esse non-aliud.

N: Recte.

VIII.

F: De quidditate aliquid attingere expedit.

N: Attingam. Non haesitas, ut opinor, ipsius non-aliud quidditatem non-aliud ipsum esse; ideo Dei sive ipsius non-aliud quidditas ab aliqua quidditate non est alia, sed in omni alia quidditate ipsum non-aliud est ipsa non alia. Alia igitur a quidditate ipsius aliud idcirco accidunt ei, quia aliud, quod sine alio non-aliud foret. Alia igitur illa ad ipsius aliud quidditatem consequenter se habentia quidditatis ipsius [non][1]-aliud splendores sunt, qui in nihil umbra occumbunt. Quidditas igitur, quae non-aliud, quidditatis ipsius aliud quidditas est, quae quidem quidditatis est prioris relucentia. Suntque alia, quae illi accidunt, in quibus quidditas illa, cui accidunt, lucet.

Quidditas, quam mente ante quantitatem video, cum sine quanto imaginari non possit, in imaginatione varias recipit imagines, quae sine varia quantitate esse non queunt; et licet de quidditatis essentia quantitas non sit, quam mens quidem supra imaginationem contemplatur, cumque quidditas illa, quam mens videt, non alia a quidditate sit, quam imaginatio imaginatur, quantitas tamen sic est consequenter ad imaginis quidditatem, quod sine ipsa esse nequit imago. Sic de magnitudine dico, quae mente supra imaginationem videtur ante imaginariam quantitatem. Sed in imaginatione cernitur quantitas. Quanto est autem absolutior eius imaginatio a grossa et umbrosa quantitate subtiliorque atque simplicior, tanto in ea magnitudinis quidditas simplicius et certius et imaginaria verior relucescit. Non enim quantitas aliquid est ad magnitudinis quidditatem, quasi ex eo constituatur, necessarium, cum maxima simplicitas sive indivisibilitas magna sit absque quantitate. Sed si debet imaginari magnitudo sive imaginabiliter apparere, statim quantitas est necessaria, tamquam sine qua hoc non sit possibile.

---

[1] Konjektur.

F: Daß ich das Andere im Nicht-Anderen sehe, sage ich deshalb, weil es außerhalb von ihm nicht gesehen werden kann. Aber wenn du mich fragst, was das Andere im Nicht-Anderen sei, werde ich antworten das Nicht-Andere.

N: Richtig.

VIII.

F: Es wäre gut, einiges über die Washeit zu sagen.

N: Das werde ich tun. Wie ich meine, zögerst du nicht zu sagen, daß die Washeit des Nicht-Andern das Nicht-Andere selbst ist. Darum ist die Washeit Gottes oder des Nicht-Andern einer anderen Washeit gegenüber keine andere, sondern in jeder anderen Washeit ist das Nicht-Andere die nicht andere Washeit selbst. Die der Washeit des Andern gegenüber Anderen kommen zu diesem deshalb dazu, weil das Andere, das ohne das Andere ist, das Nicht-Andere wäre. Jene anderen, die sich in der Folge zur Washeit des Anderen verhalten, sind ein Abglanz der Washeit des Nicht-Anderen, der im Schatten des Nichts versinkt. Die Washeit aber, die das Nicht-Andere ist, ist die Washeit der Washeit jenes Andern, die ein Widerschein der ersten Washeit ist. Es gibt Anderes, das zu ihr hinzukommt. In diesem strahlt die Washeit, zu der es hinzukommt, wider.

Die Washeit, die ich im Geist vor der Quantität sehe, nimmt, da sie ohne Quantität nicht vorgestellt werden kann, in der Vorstellung verschiedene Bilder an, die nicht ohne verschiedene Quantität sein können. Und wenn auch die Quantität nicht aus der Seinsheit der Washeit stammt, die der Geist jenseits der Einbildung betrachtet, und jene Washeit, die der Geist sieht, der Washeit gegenüber, die die Einbildung ein-bildet, keine andere ist, so folgt die Quantität der Washeit des Bildes doch dergestalt, daß dieses nicht ohne sie sein kann. In gleicher Weise spreche ich von der Größe, die im Geist jenseits der Vorstellung vor der vorstellungshaften Quantität gesehen wird. In der Einbildung hingegen erkennt man die Quantität. Je losgelöster ihre Einbildung von der ungeschlachten und schattenhaften Quantität und je feiner und einfacher sie ist, desto einfacher und gewisser strahlt in ihr die Washeit der Größe wider und desto wahrer ist sie als die vorstellungshafte Größe. Denn die Quantität ist nichts, das für die Washeit der Größe, so als würde sie daraus gebildet, notwendig wäre, da die größte Einfachheit oder Unteilbarkeit groß ist ohne Quantität. Wenn die Größe jedoch vorgestellt oder wenn sie einbildungshaft erscheinen soll, ist die Quantität sofort notwendig, so als sei jene ohne diese nicht möglich.

Quantitas igitur est relucentia magnitudinis in sua imagine imaginabiliter, verum in intelligentia certius relucet. Magnum enim intellectum et scientiam magnam dicimus; ibi autem intellectualiter relucet magnitudo, separatim scilicet et absolute ante corpoream quantitatem. Sed supra omnem intellectum verissime cernitur, scilicet supra et ante omnem modum cognitivum. Et ita incomprehensibiliter comprehenditur, incognoscibiliterque cognoscitur, sicut invisibiliter videtur. Quae quoniam supra hominis cognitionem est cognitio, non nisi negative in humaniter cognitis attrectatur.

Nam non dubitamus, quin imaginabilis magnitudo non aliud quam imaginabilis sit, et sic intelligibilis non aliud quam intelligibilis, et ita magnitudinem illam videmus, quae in imaginabili imaginabilis et intelligibilis est in intelligibili, non illam, quae non-aliud ipsum [est][1] et ante aliud, qua non existente neque intelligibilis foret. Imaginabilis enim magnitudo magnitudinem praesupponit, quae est ante imaginabilem contractionem, et intelligibilis eam, quae ante contractionem intelligibilem, quae sic et sic relucet in speculo et aenigmate, ut, quae est ante aliud et modum et omne effabile et cognoscibile, cognoscatur, qualis est illa Dei, cuius non est ullus finis, magnitudo, quae nullis cognoscibilibus terminis comprehenditur. Ita universaliter quidditas, quae est ipsum non-aliud, sese et rerum omnes definit quidditates, sicut est dictum de magnitudinis quidditate. Quemadmodum igitur non-aliud non est multiplicabile, quia est ante numerum, eodem modo et quidditas, quae non-aliud, licet aliis in rebus aliisque in modis alia sit.

F: Aperuisti mihi oculos, ut videre incipiam, quomodo se habeat veritas quidditatis et in aenigmate quidditatis magnitudinis me ad gratissimam utique visionem perduxisti.

N: Bene nunc quidem clareque mente vides ipsum non-aliud in omni cognitione praesupponi et cognosci, neque quod cognoscitur ab ipso aliud esse, sed esse ipsum incognitum, quod in cognito cognite relucescit, sicut solis claritas sensibiliter invisibilis in iridis coloribus visibilibus visibiliter relucet varie in varia nube.

---

[1] Cod. Mon.: esse.

Die Quantität ist also bildhaft in ihrem Bild der Widerschein der Größe; doch strahlt sie in der Vernunft-Einsicht gewisser wider. Wir sprechen nämlich von großer Vernunft und von großem Wissen. Dort strahlt die Größe, getrennt und losgelöst von körperlicher Quantität, vernunfthaft wider. Ganz wahrhaft aber wird sie jenseits allen Vernunft-Denkens erkannt, d. h. jenseits und vor jedem erkenntnishaften Modus. Und so wird sie unbegreiflich begriffen und unerkennbar erkannt wie auch unsichtbar gesehen. Weil dies eine Erkenntnis jenseits jeder Erkenntnis des Menschen ist, wird sie in dem nach menschlicher Weise Erkannten nur negativ berührt.

Denn wir zweifeln nicht daran, daß die vorstellbare Größe nichts anderes als die vorstellbare, daß die verstehbare nichts anderes als die verstehbare ist und so sehen wir auch, daß die Größe, die im Vorstellbaren vorstellbar und denkbar im Denkbaren ist, nicht jene ist, die das Nicht-Andere selbst ist und vor dem Anderen steht und ohne deren Existenz auch die denkbare nicht wäre. Die vorstellbare Größe nämlich setzt die Größe voraus, die vor der vorstellbaren Verschränkung ist, und die denkbare Größe jene, die vor der denkbaren Verschränkung ist, die in dieser und jener Weise in Spiegel und Gleichnis widerstrahlt, so daß sie, die vor dem Anderen, dem Maß und allem Sagbaren und Erkennbaren ist, so als jene Größe Gottes erkannt wird, die kein Ende hat; eine Größe, die durch keine erkennbaren Ausdrücke begriffen werden kann. So definiert die Washeit, die das Nicht-Andere ist, in allgemeiner Weise sich und alle Washeiten der Dinge, so wie es von der Washeit der Größe gesagt wurde. So wie das Nicht-Andere nicht vervielfältigbar ist, weil es vor der Zahl ist, ist es auch die Washeit nicht, die das Nicht-Andere ist, auch wenn sie in anderen Dingen und anderen Weisen eine andere ist.

F: Du hast mir die Augen geöffnet, daß ich zu sehen beginne, wie es sich mit der Wahrheit der Washeit verhält. Und im Gleichnis von der Washeit der Größe hast du mich gewißlich zu einer überaus angenehmen Schau geführt.

N: Gut, und klaren Blicks siehst du nun, daß das Nicht-Andere in jeder Erkenntnis vorausgesetzt und erkannt wird und daß das, was erkannt wird, ihm gegenüber kein Anderes, sondern jenes Unerkannte ist, das im Erkannten in der Art des Erkannten widerstrahlt, so wie die Klarheit der Sonne, die sinnenhaft unsichtbar ist, verschieden in verschiedenen Wolken, in den sichtbaren Farben des Regenbogens sichtbar, widerstrahlt.

IX.

F: Dic, rogo te, aliqua de universo, ut te sequens ad Dei melius subintrem visionem.

N: Dicam. Dum corporeis caelum oculis video terramque et quae in iis sunt, et illa, quae vidi, ut universum imaginer, colligo, intellectualiter conspicio quodlibet universi suo in loco et congruenti ordine ac pace, pulchrum contemplor mudum et cum ratione omnia fabrefacta, quam in omnibus comperio relucere tam in iis, quae tantum sunt, quam in iis, quae sunt simul et vivunt, in iisque, quae pariter sunt, vivunt et intelligunt, in primis quidem obscurius, vivacius in secundis et clarius, in tertiis vero lucidissime et in singulis modis varie in variis. Deinde ad ipsam me rerum rationem converto, quae mundum praecedit et per quam mundum video constitutum, et illam incomprehensibilem invenio. Non enim haesito ipsam mundi rationem, per quam omnia rationabiliter facta sunt, omnem cognitionem praesupponere et in creatis ipsam omnibus elucere, cum nihil sit factum absque ratione; ipsam tamen minime comprehendo. Nam si ipsam comprehenderem, profecto cur mundus sic est et non aliter scirem, cur sol sol, luna luna, terra terra et quodvis id, quod est et nec aliud, nec maius, nec minus; quippe si statim haec scirem, non ego essem creatura et portio universi, quia ratio mea esset ars universi creativa ita et suiipsius creatrix. Quare ipsum non-aliud comprehendo, quando quidem universi rationem non esse comprehensibilem video, cum antecedat omne comprehensibile, ipsam igitur incomprehensibilem, quod in comprehensibilibus [in][1]comprehensibiliter relucet, perspicio.

F: Difficile comprehenditur, quod esse praecedit.

N: Forma dat esse et cognosci. Ideo quod non est formatum, quia praecedit aut sequitur, non comprehenditur, sicut Deus et et hyle et nihil et talia.

Quando illa visu mentis attingimus, supra vel citra comprehensionem attingimus; sed sine verbo visionem communicare non valentes sine li esse, quod non est, explicare non possumus, quia

---

[1] Konjektur.

IX.

F: Ich bitte dich, sage einiges über das Welt-Gesamt, damit ich, dir folgend, zu einer besseren Schau Gottes gelange.

N: Ich werde es tun. Wenn ich mit meinen körperlichen Augen den Himmel und die Erde und was in diesen ist sehe, und — um mir das Gesamt vorzustellen — das, was ich gesehen habe, sammle, erblicke ich jeden einzelnen Teil des Gesamt an seinem Platz und in entsprechender Ordnung und Frieden. Ich betrachte die schöne Welt und sehe, daß alles mit Vernunft gemacht worden ist. Ich erfahre, daß diese Vernunft in allem widerstrahlt, sowohl in dem, was nur ist, als auch in dem, was zugleich ist und lebt, als auch in dem, was gleicherweise ist, lebt und einsieht; und zwar im ersten mehr verdunkelt, im zweiten lebendiger und klarer, im dritten aber leuchtend und in den verschiedenen Arten verschieden im Verschiedenen. Dann wende ich mich zum Wesenssinn der Dinge selbst, welcher der Welt vorausgeht und durch den ich die Welt gebildet sehe, und entdecke, daß er unfaßbar ist. Ich zögere nicht zu sagen, daß jener Wesenssinn der Welt, durch den alles vernünftig gemacht worden ist, jeder Erkenntnis zugrunde liegt und daß er in allem Geschaffenen zum Vorschein kommt, da nichts ohne Wesensgrund geschaffen ist. Ihn selbst jedoch erfasse ich gar nicht. Denn wenn ich ihn erfassen würde, würde ich wahrhaftig wissen, warum die Welt so und nicht anders ist, warum die Sonne Sonne, der Mond Mond, die Erde Erde, und jedes Beliebige das ist, was es ist und nicht etwas Anderes; warum es nicht größer, nicht kleiner ist. Darum wäre ich, wenn ich das wüßte, nicht Geschöpf und Teil des Gesamt, da in diesem Fall mein Wesenssinn die schöpferische Kunst des Gesamt und sein eigener Schöpfer wäre. Aus diesem Grund erfasse ich das Nicht-Andere, wenn ich erkenne, daß der Wesenssinn des Gesamt nicht begreifbar ist, da er jedem Faßbaren vorausgeht. Ihn also erblicke ich als den Unfaßbaren selbst, da er im Erfaßbaren unfaßbar widerstrahlt.

F: Schwierig ist zu erfassen, was dem Sein vorausgeht.

N: Die Gestalt gibt Sein und Erkanntwerden. Daher wird das, was nicht gestaltet ist, weil es vorausgeht oder folgt, nicht begriffen; so wie Gott, der Stoff, das Nichts und derartiges.

Wenn wir solches in der Schau des Geistes berühren, so berühren wir es über oder jenseits des Begreifens. Weil wir jedoch die Schau nicht ohne Worte mitteilen können, können wir das,

aliter audientes non comprehenderent. Unde hae mentis visiones, sicut sunt supra comprehensionem, sic etiam supra expressionem. Et locutiones de ipsis sunt impropriae, praecisione carentes, sicut cum dicimus materiam esse materiam, hyle esse hyle, nihil esse nihil et huiusmodi. Oportet igitur speculantem facere, uti facit videns per vitrum rubeum nivem, qui nivem videt et apparentiam rubedinis non nivi, sed vitro attribuit, ita facit mens per formam videns informatum.

F: Quo pacto hoc verum videbo, quod theologi dicunt omnia Dei creata voluntate?

N: Voluntas Dei est non-aliud, nam velle determinat; quo autem voluntas perfectior, eo rationabilior atque ordinatior. Voluntas igitur, quae ante aliud non-aliud cernitur, non est alia a ratione, neque sapientia, nec alio quolibet nominabili. Si voluntatem igitur esse ipsum non-aliud vides, ipsam esse rationem, sapientiam, ordinem vides, a quibus non est aliud; et sic illa vides voluntate omnia determinari, causari, ordinari, firmari, stabiliri et conservari, et in universo relucere, sicut Traiani in sua columna, voluntatem, in qua sapientia est atque potentia. Nam cum posteris gloriam suam ostendere Traianus vellet, quae non nisi in aenigmate ostendi sensibili potuit sensibilibus, quibus gloriae suae praesentiam exhibere fuit impossibile, hoc fecit in columna, quae sua dicitur, quia sua voluntate id est columna quod est, et non est ipsa columna aliud ab eius voluntate, licet columna nequaquam sit voluntas, sed quidquid est columna, hoc habet ab ipsa voluntate, quae ipsam definit et terminat. Sed in voluntate sapientia cernitur ordoque, quae relucet in sculpturis rerum bellicarum peractis cum felicitate; in pretiositate quoque operis, quod ab impotente perfici non potuisset, Traiani potentia relucet.

Eo te iuvabis aenigmate, ut videas regem regum, qui per non-aliud significatur, ad gloriae suae ostensionem voluntate, in qua est sapientia et potentia, universum et quamlibet eius partem creasse, quae etiam triniter relucet in omnibus, essentialiter scilicet, intelligibiliter et desiderabiliter, ut in anima nostra experi-

was nicht ist, nicht ohne das Sein erklären, da anders die Hörenden nicht verstünden. Wie daher jene Schau des Geistes jenseits des Erfassens ist, so ist sie auch jenseits des Ausdruckes. Und alles Sprechen über sie ist uneigentlich und entbehrt der Genauigkeit; so wie wenn wir sagen, Materie sei Materie, Hyle Hyle, das Nichts Nichts u. ä. Deshalb muß der Betrachtende sich so verhalten wie jemand, der den Schnee durch ein rotes Glas sieht. Er sieht den Schnee und führt dessen rotes Aussehen nicht auf den Schnee, sondern auf das Glas zurück. Ebenso handelt der Geist, der durch die Gestalt das Ungestaltete sieht.

F: Wie kann ich das als wahr erkennen, was die Theologen sagen: alles sei durch den Willen Gottes geschaffen?

N: Der Wille Gottes ist das Nicht-Andere; denn das Wollen bestimmt. Je vollkommener aber der Wille ist, um so vernünftiger und geordneter ist er. Also ist der Wille, der vor dem Anderen als das Nicht-Andere erblickt wird, dem Verstand, der Weisheit oder irgendeinem anderen Benennbaren gegenüber kein anderer. Wenn man also sieht, daß der Wille das Nicht-Andere ist, dann wirst du auch sehen, daß er Verstand, Weisheit und Ordnung ist, denen gegenüber er kein anderes ist. Und so siehst du, daß durch den Willen alles bestimmt, begründet, geordnet, gefestigt, gestärkt und bewahrt wird und daß dieser Wille im Gesamt widerstrahlt; so wie der Wille des Trajan den Willen, in dem Weisheit und Macht ist, in seiner Säule widerstrahlen läßt. Denn da Trajan seinen Ruhm den späteren Geschlechtern zeigen wollte und die Gegenwart seines Glanzes sinnlichen Wesen vor Augen zu führen nur im sinnlichen Bild möglich war, tat er es durch die Säule, die nach ihm benannt ist; diese ist durch seinen Willen das, was sie ist. Und die Säule ist seinem Willen gegenüber kein Anderes, auch wenn die Säule keineswegs Wille ist. Das, was die Säule ist, hat sie vielmehr von dem Willen, der sie bestimmt und begrenzt. Aber in diesem Willen erblickt man Weisheit und Ordnung, welche in den figürlichen Darstellungen der glücklich vollendeten Kriege widerscheint; auch in der Kostbarkeit des Werkes, das kein Unfähiger hätte vollenden können, strahlt die Macht Trajans wider.

Mit diesem Bild magst du dir helfen, um zu sehen, daß der König der Könige, der mit dem Nicht-Andern bezeichnet wird, das Gesamt und alle seine Teile durch seinen weisen und mächtigen Willen geschaffen hat, um seine Herrlichkeit zu zeigen. Dieser Wille erstrahlt dreifach in allem, nämlich dem Sein, dem

mur. Nam ibi relucet ut principium essendi, a quo anima habet esse, et ut principium cognoscendi, a quo cognoscere, et ut principium desiderandi, a quo habet et velle, et suum unitrinum in his principium speculando ad eius ascenditur gloriam.

F: Optime ista sic esse contemplor et video voluntatem, quae non-aliud, creatricem ab omnibus desiderari et nominari bonitatem.

Nam quid desiderant omnia, quae sunt — non aliud utique quam esse; quid quae vivunt — non aliud quam vivere; et quae intelligunt — non aliud quam intelligere. Hoc igitur quodlibet desiderat. quod ab ipso est non-aliud. Non-aliud vero cum ab aliquo non sit aliud, ab omnibus summopere desideratur tamquam principium essendi, medium conservandi et quiescendi finis.

N: Recte in ipsum non-aliud intendis, in quo omnia elucescunt.

X.

F: Quidam theologorum creaturam aiebant non aliud quam Dei participationem[1]. Circa hoc te audire percupio.

N: Primum tu vides quidem ipsum non-aliud innominabile, quia nullum nomen ad ipsum attingit, cum omnia praecedat. Omne nomen tamen id est, quod est, ipsius participatione; nominatur igitur minime nominabile. Sic in omnibus imparticipabile participatur. Sunt sane quae obscure non-aliud participant, quia confuse atque generaliter; sunt quae magis specifice; sunt quae specialissime, sicut animae vitam aliqua membra obscure, aliqua clarius, aliqua vero specialissime participant. Potentiae item animae aliae clarius, aliae obscurius participant intelligentiam. Creaturae quoque, quae minus ab aliis aliae sunt, veluti purae intelligentiae, de ipso plus participant. At quae magis ab aliis aliae sunt, ut puta corporales, quae sese uno non compatiuntur loco, de natura eius, quae non aliud est ab aliquo, minus participant.

---

[1] Dionysius, a. a. O., De cael hier. IV, 802f. Vgl. auch De div. nom. V, 329ff.

Erkennen und dem Streben nach, wie wir in unserer eigenen Seele erfahren. Denn hier strahlt er wider als der Ursprung des Seins, von dem die Seele ihr Sein hat, als der Ursprung des Erkennens, aus dem ihr Erkennen stammt, und als der Ursprung des Strebens, von dem sie auch das Wollen hat. Und indem der Geist darin seinen dreieinigen Ursprung betrachtet, nähert er sich dessen Herrlichkeit.

F: Ich sehe sehr wohl, daß sich dies so verhält und erkenne, daß der Wille, der das Nicht-Andere ist, als schöpferische Güte von allem ersehnt und genannt wird.

Denn was ersehnen alle, die sind? Doch nichts anderes als zu sein; und die, die leben? Nichts anderes als zu leben; und jene, die erkennen? Nichts anderes als zu erkennen. Das also ersehnt alles, weil es vom Nicht-Anderen stammt. Da das Nicht-Andere aber nichts Anderes von irgend etwas ist, wird es von allem in höchstem Maße als der Ursprung des Seins, als das Mittel der Erhaltung und das Ziel der Ruhe ersehnt.

N: Auf der richtigen Bahn strebst du zu dem Nicht-Andern, in dem alles zum Vorschein kommt.

X.

F: Manche Theologen sagten, das Geschöpf sei nichts anderes als eine Teilhabe Gottes. Ich wünschte sehr, deine Meinung dazu zu hören.

N: Zunächst siehst du, daß das Nicht-Andere unnennbar ist, da kein Name zu ihm, das allem vorangeht, heranreicht. Dennoch ist jeder Name das, was er ist, durch die Teilhabe an ihm. Es wird also das in keiner Weise Nennbare genannt. Ebenso wird es als das Unpartizierbare in allem partizipiert. Es gibt Dinge, welche an dem Nicht-Anderen nur dunkel teilhaben, weil in verwirrter und gattungshaft allgemeiner Weise; es gibt solche, die mehr eigengestaltlich und manche, die völlig eigengestaltlich daran teilhaben; so wie am Leben der Seele manche Glieder dunkel, manche klarer, manche aber ganz besonders teilhaben. So haben auch von den Kräften der Seele die einen klarer, die andern verdunkelter Anteil an der Vernunft-Einsicht. Auch haben diejenigen Geschöpfe, die weniger Andere von Andern sind wie die reinen Vernunft-Einsichten, größeren Anteil an ihm; diejenigen hingegen, die stärker Andere von Anderen sind, wie z. B. die körperlichen Dinge, die nicht an einem Ort zusammen zu sein vermögen, haben an seiner Natur, die das Nicht-Andere vom Andern ist, weniger Anteil.

F: Video ita se habere quae dixisti. Sed adhuc, quaeso, adicere ne pigriteris, quonam id modo verum videtur, quod rerum essentiae incorruptibiles sunt.

N: Primum non haesitas tu quidem ipsum non-aliud esse incorruptibile. Si enim corrumperetur, in aliud corrumperetur; posito autem aliud et non-aliud ponitur; non est igitur corruptibile.

Deinde certum est ipsum non-aliud se et omnia definire. Omnes igitur rerum essentiae nisi ipsius non-aliud non sunt. Ex quo ipsum non-aliud igitur in ipsis est, ipsae essentiae quomodo non-aliud perdurante corrumperentur? Sicut enim ipsum non-aliud essentias praecedit et omne nominabile, ita mutabilitatem ac fluxibilitatem, quae in alterabili materia radicatur, praecedunt essentiae. Non-aliud quidem non est essentia, sed, quia in essentiis essentia, essentia dicitur essentiarum.

Dicebat Apostolus: Quae videntur, temporalia sunt, quae [non] videntur, aeterna[1]." Materialia enim sunt, quae sensu quocumque sentiuntur, et secundum materiae naturam fluxibilia atque instabilia. Quae vero non videntur sensibiliter et tamen sunt, temporaliter quidem esse non videntur, verum sunt aeterna. Dum essentiam in alio, ut in Socrate vides humanitatem, ipsam in alio aliam vides, ideoque propter hoc in Socrate corruptibili per accidens esse corruptibilem. Sin eam ab alio videas separatam et in non-alio, nempe secundum ipsius naturam, in quo illam vides, ipsam vides incorruptibilem.

F: Videris essentiam illam, quam non-aliud praecedit et aliud sequitur, ideam sive speciem dicere.

N: Sic rerum exemplaria ante res et post Deum vidit Plato[2]; namque rem ratio rei antecedit, cum per ipsam fiat. Varietas autem rerum varias dicit rationes, quas oportet post fontem esse, a quo secundum ipsum emanant. Sed quia non-aliud ante res est, quod adaequatissima causa est, cur quodlibet id est, quod est,

---

[1] 2 Kor. 4, 18.
[2] Vgl. Plato, Timaios 28a ff.

F: Ich sehe, daß es sich so verhält, wie du gesagt hast. Aber laß es dich bitte nicht verdrießen, noch hinzuzufügen, auf welche Weise es wahr ist, daß die Seinsheiten der Dinge unvergänglich sind.

N: Zunächst: du zögerst nicht, festzustellen, daß das Nicht-Andere unvergänglich ist; wenn es verginge, dann würde es in ein Anderes vergehen; sobald nämlich das Andere gesetzt ist, wird auch das Nicht-Andere gesetzt; darum ist es also nicht vergänglich.

Weiters: Es ist gewiß, daß das Nicht-Andere sich und alles definiert. Alle Wesenheiten der Dinge sind also nur als Wesenheiten des Nicht-Andern. Da also das Nicht-Andere in ihnen ist, wie sollten diese Seinsheiten vergehen, solange das Nicht-Andere besteht? So nämlich, wie das Nicht-Andere den Seinsheiten und allem Nennbaren vorangeht, so gehen die Seinsheiten der Wandelbarkeit und Veränderlichkeit voran, die in der wandelbaren Materie wurzeln. Das Nicht-Andere ist also keine Wesenheit, sondern, weil es in den Wesenheiten die Wesenheit ist, wird es die Wesenheit der Wesenheiten genannt.

Der Apostel sagte: Was man sieht, ist zeitlich, was man nicht sieht, ist ewig. Stofflicher ist das, was mit irgendeinem Sinn empfunden wird, und der Natur der Materie entsprechend, wandelbar und unbeständig ist. Was aber in sinnlicher Weise nicht gesehen wird und dennoch ist, von dem wird in zeitlicher Weise nicht erkannt, daß es ist. Es ist vielmehr ewig. Wenn du die Seinsheit in einem Anderen, wie z. B. die Menschheit in Sokrates, betrachtest, dann siehst du sie im Anderen als andere, und kommst zur Einsicht, daß sie im vergänglichen Sokrates nach Art des Hinzukommenden vergänglich ist. Wenn du sie aber vom Andern getrennt im Nicht-Anderen siehst, und zwar ihrer Natur entsprechend, in der du sie erblickst, erkennst du sie als unvergängliche.

F: Du scheinst jene Seinsheit, der das Nicht-Andere vorangeht und das Andere folgt, als Idee oder Eigengestalt zu bezeichnen.

N: So sah Platon die Urbilder der Dinge vor den Dingen und nach Gott. Denn dem Ding geht der Wesenssinn des Dinges voran, da es durch diesen wird. Die Verschiedenheit der Dinge aber verlangt verschiedene Wesenssinne, die der Quelle, welcher sie nach Platon entströmen, nachgeordnet sein müssen. Weil

non-aliud autem multiplicabile non est: idcirco rerum ratio, quae aliud praecedit, et numerum praecedit et pluralitatem et innumerabiliter secundum res ipsam participantes numeratur.

F: Videris dicere rerum essentias non esse, verum unam esse, quam rationem asseveras.

N: Nosti tu quidem unum, essentiam, ideam, formam, exemplar sive speciem non-aliud ista non attingere. Quando igitur in res intueor ipsarum essentias videns, cum res quidem per ipsas sint, per intellectum eas ipsas prioriter contemplando alias et alias assevero. Quando ipsas vero supra intellectum ante aliud video, non video alias aliasque essentias, sed non aliud [quam][1] essentiarum, [quas][2] in rebus contemplabar, simplicem rationem; et ipsam non-aliud aut essentiarum essentiam appello, cum sit quidquid omnibus in essentiis cernitur.

F: Essentiae igitur esse essentiam dicis, quod [eam] ob rem Aristoteles non admisit, ne in infinitum transitus fieret numquamque deveniretur ad primum et scientia omnis interiret.

N: Recte dicebat Aristoteles[3] in infinitum non posse pertransiri, prout quantitas mente concipitur, ideoque ipsum excludit. Sed uti est ante quantitatem atque omne aliud et in omnibus omnia, eiusmodi non refutavit infinitum, sed ad ipsum cuncta deduxit ut de primo motore, quem virtutis repperit infinitae; et hanc participari in omnibus virtutem vidit[4], quod equidem infinitum non-aliud dico. Unde non-aliud formarum est forma sive formae forma et speciei species et termini terminus et de omnibus eodem modo sine eo, quod sic ulterius in infinitum sit progressus, cum iam ad infinitum omnia definiens sit perventum.

---

[1] Cod. Mon.: nominis.
[2] Cod. Mon.: quam.
[3] Aristoteles, Analytica posteriora I, 22, 83b.
[4] Aristoteles, Metaphysic XII, 7—8, 1081a ff. u. a.

das Nicht-Andere, die völlig angemessene Ursache dafür, warum jedes das ist, was es ist, vor den Dingen ist, jedoch nicht vervielfältigt werden kann, darum ist es der Wesenssinn der Dinge, der dem Andern, der Zahl und der Vielheit vorausgeht und unzählbar, den Dinge, die an ihm teilhaben, entsprechend gezählt wird.

F: Du scheinst damit zu sagen, daß es keine Wesensheiten von Dingen gibt, sondern vielmehr nur eine einzige, welche du als Wesenssinn bezeichnest.

N: Du weißt, daß das Eine, die Wesenheit, die Idee, die Gestalt, das Urbild oder die Eigengestalt das Nicht-Andere nicht erreichen. Wenn ich also die Dinge betrachte, indem ich ihre Wesenheiten sehe, da die Dinge durch sie sind, dann behaupte ich, wenn ich sie vorgängig durch das Denken betrachte, daß sie immer wieder andere sind. Sehe ich sie aber jenseits des Vernunft-Denkens und vor dem Anderen, dann sehe ich nicht immer wieder andere Wesenheiten, sondern nichts anderes als den einfachen Wesenssinn der Wesenheiten, die ich in den Dingen betrachtete. Und ihn nenne ich das Nicht-Andere oder die Wesenheit der Wesenheiten, da er das ist, was in allen Wesenheiten wahrgenommen wird.

F: Du sagst also, daß die Wesenheiten eine einzige Wesenheit sind. Aristoteles wollte das deshalb nicht zulassen, damit sich nicht ein Übergang ins Unendliche ergäbe und man dann niemals zum ersten gelangen würde und alles Wissen zugrunde ginge.

N: Soweit die Quantität vom Geist erfaßt wird, sagte Aristoteles mit Recht, daß man nicht ins Unendliche übergehen könne. Also schloß er es aus. So wie das Unendliche aber vor der Quantität und allem andern und alles in allem ist, lehnte er es nicht ab, sondern führte alles, als vom ersten Beweger stammend, dem, wie er fand, unendliche Kraft eigen sei, darauf zurück. Und er sah, daß diese Kraft in allem partizipiert wird. Dieses Unendliche nun bezeichne ich als das Nicht-Andere. Das Nicht-Andere ist darum die Gestalt der Gestalten oder die Gestalt der Gestalt und die Eigengestalt der Eigengestalt und die Zielgrenze der Zielgrenze. So gilt es in derselben Weise von allem, ohne daß dadurch ein weiteres Fortschreiten ins Unendliche stattfände, da man ja schon zum alles definierenden Unendlichen gelangt ist.

XI.

F: Velis, optime pater, aliquo aenigmate me ducere ad dictorum visionem, ut melius quid velis intuear.

N: Perlibenter. Videsne hunc lapillum carbunculum, quem rustici rubinum nuncupant, hac ipsa tertia noctis hora, tempore et loco obscurissimo, nec opus candela esse, quia in eo lux est? Quae dum se ipsam vult exserere, medio lapilli hoc facit, quia in se esset sensui invisibilis. Non enim occurreret sensui ideoque nequaquam sentiretur, cum nisi obvium sibi sensus non cognoscat. Illa igitur lux, quae fulgescit in lapillo, ad lucem, quae in oculo est, id defert, quod de lapillo illo visibile est.

Considero autem quomodo carbunculorum alius plus, alius minus fulget, et perfectior is est, qui fulgidior et maior quantitate, minor autem fulgore ille quidem ignobilior; fulgoris igitur intensitatem eius pretiositatis mensuram perspicio non autem corporis molem, nisi secundum ipsam fulgoris etiam intensitas sit micantior. Non ergo molis quantitatem de carbunculi essentia video, quia et parvus lapillus carbunculus est, sicut et magnus. Ante magnum igitur corpus et parvum carbunculi substantiam cerno. Ita de colore, figura et ceteris eius accidentiis. Unde omnia, quae visu, tactu, imaginatione de carbunculo attingo, carbunculi non sunt essentia, sed quae ei accidunt cetera, in quibus, ut sensibilis sit, ipsa enitescit, quia sine illis nequit esse sensibilis.

Illa igitur, quae accidens praecedit, substantia ab accidentibus nihil habet. Sed accidentia habent ab ipsa omnia, quoniam eius sunt accidentia seu substantialis lucis eius umbra vel imago. Lux igitur illa substantialis carbunculi in clarioris fulgore splendentiae se clarius ostendit ut in similitudine propinquiori. Carbunculi autem hoc est rubini color, rubens scilicet, non nisi lucis terminus est substantialis, non autem substantia, sed est similitudo substantiae, quia extrinsecum est sive sensibilis. Lux igitur substantialis, quae praecedit colorem et omne accidens, quod quidem sensu et imaginatione potest apprehendi, intimior et penitior carbunculo est et sensui ipsi invisibilis, per intellectum autem, qui ipsam

XI.

F: Ich möchte gern, bester Vater, daß du mich vermittels irgendeines Gleichnisses zur Schau des Gesagten führst, damit ich das, was du willst, besser erkenne.

N: Sehr gerne. Siehst du diesen Karfunkelstein, den das Volk gemeinhin Rubin zu nennen pflegt? Du bemerkst, daß man jetzt in der dritten Stunde der Nacht, zu einer Zeit, da es kein Licht mehr gibt und an einem völlig dunklen Ort, keine Kerze braucht, weil in ihm Licht ist. Wenn dieses sich auszubreiten wünscht, dann tut es das mittels des Steines, weil es in sich für den Sinn unsichtbar ist. Es würde nämlich niemals auf den Sinn treffen und darum nie empfunden werden, denn der Sinn erkennt nur, was ihm entgegentritt. Jenes Licht also, das im Stein blitzt, überträgt zum Licht, das im Auge ist, das, was von jenem Stein sichtbar ist.

Ich bedenke aber, daß der eine Karfunkel mehr, der andere weniger leuchtet, und daß der vollkommener ist, der stärker leuchtet und daß ein Stein von größerer Quantität, aber geringerem Glanz wertloser ist. Ich erkenne also: das Maß seiner Kostbarkeit ist die Intensität des Glanzes, nicht die Masse des Körpers, außer sie bedingt eine Steigerung der Intensität des Glanzes. Ich sehe also nicht die Quantität als die Wesenheit des Karfunkels an, da ein kleiner Stein ebenso ein Karfunkel ist wie ein großer. Ich erkenne, daß der Grundbestand des Karfunkels vor dem großen oder kleinen Körper steht. Ebenso ist es mit der Farbe, der Figur und dem übrigen Hinzukommenden. Und darum ist alles, was ich durch Sehen, Berühren und Einbildung vom Karfunkel erfasse, nicht seine Wesenheit, sondern alles übrige, das zu ihr dazukommt, in dem sie, um sinnlich wahrnehmbar zu werden, hervorleuchtet, weil sie ohne dies nicht sinnlich sein kann.

Jener Grundbestand, der dem Hinzukommenden vorangeht, hat von den Akzidentien nichts, sondern diese haben vielmehr alles von ihm, weil sie seine Akzidentien oder Schatten und Abbild seines grundbestandlichen Lichtes sind. Jenes grundbestandliche Licht des Karfunkels zeigt sich — in größerer Ähnlichkeit — deutlicher im Leuchten eines helleren Glanzes. Die Farbe des Karfunkels bzw. Rubins, das Rot, ist nichts als die Grenze des grundbestandlichen Lichtes; sie ist nicht der Grundbestand selbst, sondern seine Ähnlichkeit, denn sie ist außerhalb oder sinnlich. Das grundbestandliche Licht, das der Farbe und allem Hinzukommenden, das in Sinn und Vorstel-

anterioriter separat, cernitur; ipse sane illam carbunculi substantiam videt non aliud quam carbunculi esse substantiam; et ideo ipsam etiam ab omni substantia non carbunculi aliam videt. Et hoc in aliis atque aliis operationibus experitur, quae substantiae carbunculi virtutem sequuntur et non alterius rei cuiuscumque. Quia igitur sic aliam substantialem invisibilem carbunculi lucem videt, aliam substantialem invisibilem magnetis substantiam, solis aliam, aliam leonis et ita de omnibus, substantialem lucem in visibilibus omnibus aliam et aliam videt, et ante omne sensibile intelligibilem, cum substantia, quae prior accidente videtur, non nisi intellectu videatur, qui solum videt intelligibile.

Acutius deinde mente introspiciens in universum ipsium et eius singulas partes is videt, quod sicut carbunculi substantia a sua quantitate non est alia colore, duritie et reliquis, quando quidem eius sunt accidentia et ipsa in ipsis est omnia quaecumque illa sunt, quamquam non est ipsa nec quantitas illa nec qualitas nec accidentium aliud, sed in ipsis ipsa, quae alia sunt atque alia, quoniam aliud accidens quantitas est, aliud qualitas et pari de omnibus modo (ita necessarium video, quod, cum alia carbunculi substantia sit, alia magnetis, alia hominis, alia solis, tunc in ipsis omnibus aliis aliisque substantiis non-aliud ipsum antecedere necesse est), quod quidem ab omnibus, quae sunt, non sit aliud, sed omnia in omnibus sit, omne id scilicet, quod in quocumque subsistit. Quemadmodum Ioannes Evangelista Deum lucem dicit ante aliud, scilicet tenebras, quia ipsum asserit lucem, in qua ullae non sunt tenebrae[1]. Si lucem igitur id, quod ipsum est non-aliud, dixeris, erunt creaturae tenebrae aliud. Sic mens cernit ultra intelligibilem substantialem lucem singulorum lucis principium non-aliud, quia non aliud a singulis est substantiis.

---

[1] 1 Joh. 1, 5.

lung erfaßbar ist, vorausgeht, ist innerlicher, steht dem Karfunkel näher und ist unsichtbar für die Sinnlichkeit. Durch die Vernunft aber, die es vorgängig sondert, wird es erkannt. Sie sieht durchaus, daß der Grundbestand des Karfunkels nichts anderes ist als der Grundbestand des Karfunkels und daß dieser darum auch allem gegenüber, das Grundbestand des Nicht-Karfunkels ist, ein anderer ist. Und das erfährt sie in immer anderen Wirkungen, die aus der Kraft des Grundbestandes des Karfunkels folgen und nicht aus dem irgendeiner anderen Sache. Weil die Vernunft also das unsichtbare grundbestandliche Licht des Karfunkels als ein anderes sieht, als ein anderes grundbestandliches unsichtbares Licht den Grundbestand des Magneten, als ein anderes das der Sonne, als ein anderes das des Löwen usw., so sieht sie, daß das grundbestandliche Licht in allen sichtbaren Dingen je ein andere ist, und sie erkennt, daß vor allem sinnlich Wahrnehmbaren das Vernünftig-Einsichtige steht, da der Grundbestand, den man vor dem Hinzukommenden sieht, nur vom Vernunft-Denken, das allein das Vernünftig-Einsichtige sieht, erfaßt wird.

Wenn man nun schärferen Geistes in das Gesamt und dessen Teile eindringt, so sieht man, daß, wie der Grundbestand des Karfunkels sich von seiner Quantität nicht durch Farbe, Härte u. a. unterscheidet — denn diese sind seine Akzidentien, und er ist in ihnen alles, was sie sind, obwohl er selbst weder jene Quantität noch jene Qualität ist noch irgendeines der Akzidentien —, sondern in ihnen, da ein anderes Akzidens die Quantität, ein anderes die Qualität ist, usw., welche anderen sie auch immer sind, er selbst ist — auf diese Weise sehe ich notwendigermaßen, daß das Nicht-Andere, da der Grundbestand des Karfunkels ein anderer ist, ein anderer der des Magneten, des Menschen, der Sonne, allen diesen jeweils verschiedenen Grundbeständen vorangeht. Dieses ist nun aber allem gegenüber, das ist, kein Anderes, sondern alles in allem; das nämlich, was in allem den Grundbestand bildet. So bezeichnet der Evangelist Johannes Gott als das Licht vor dem Anderen, nämlich der Dunkelheit, da er von ihm sagt, er sei das Licht, in dem es keine Dunkelheit gibt. Wenn du also Licht das nennst, was das Nicht-Andere ist, dann sind die Geschöpfe der Dunkelheit das Andere. So erblickt der Geist jenseits des verständigen, grundbestandlichen Lichtes der Einzeldinge den Ursprung des Lichtes als das Nicht-Andere, weil es den einzelnen Grundbeständen gegenüber nichts Anderes ist.

XII.

F: Intelligere te equidem videor mihi; ut tamen experiar, dicito: Nonne tu admittis parvum hunc carbunculum esse alium ab illo grandiori?

N: Cur non admittam?

F: At cum ambo sint carbunculi, substantia utique unius ab alterius substantia alia non videtur; unde sunt ergo ab invicem alia?

N: Tu quidem in substantiam absolutam intueris, quae in aliis alia esse non potest per ipsam substantificatis, at quae, ut sensibilis fiat substantia, materiam requirit substantificabilem, sine qua non posset substantificari. Quomodo enim substantificari posset absque sensibiliter essendi possibilitate? Idcirco cum ab illo alius sit iste carbunculus, ex essendi possibilitate, in uno alia quam in altero, hoc evenire necesse est. Cum igitur materia sensibilis ad sensibilem substantiam necessaria sit, erit substantialis materia in sensibilibus, ex quo secundum substantialem hanc materiam, quae alia in alio est carbunculo, substantialiter duo carbunculi differunt. At vero secundum intelligibilem substantiam, quae essendi forma possibilis sensibilisque substantiae intelligitur, alii et alii duo non sunt carbunculi.

F: Erit igitur carbuncularis id est rubinalis substantia non alia a qualibet cuiusvis carbunculi substantia, cuius quidem extrema ei accidentia, ut sensibilis et materialis est, ipsam consequuntur.

N: Optime intelligis. Nam in diversis carbunculis est substantia, quae non est alia a quacumque cuiuslibet carbunculi substantia, licet neutrius substantia sit ob substantialis possibilitatis ipsorum et accidentium consequenter advenientium varietatem. Prima igitur substantia, quam intellectus videt separatam, est substantia seu forma specifica. Alia vero, quae sensibilis dicitur, est per primam et materiam specificabilem specificata.

XII.

F: Es scheint mir, daß ich dich verstehe; um das aber zu erproben, sag mir bitte: Gibst du nicht zu, daß dieser kleine Karfunkel größeren gegenüber ein anderer ist?

N: Warum soll ich das nicht zugeben?

F: Da beide Karfunkel sind, scheint der Grundbestand des einen dem des anderen gegenüber kein anderer zu sein. Wieso sind sie also andere?

N: Du richtest deinen Blick auf den absoluten Grundbestand, der in den anderen Dingen, die von ihm Grundbestand erhalten haben, kein anderer sein kann. Um aber sinnlich wahrnehmbarer Grundbestand zu werden, benötigen jene Materie, die zum Grundbestand gemacht werden kann und ohne die sie nicht Grundbestand werden können. Denn wie könnte der Grundbestand gebildet werden ohne die Möglichkeit sinnlichen Seins? Da somit jener Karfunkel diesem gegenüber ein anderer ist, muß dies notwendig aus der in beiden jeweils verschiedenen Möglichkeit des Seins hervorgehen. Da also sinnliche Materie für den sinnlichen Grundbestand notwendig ist, wird in den Sinnendingen grundbestandliche Materie sein. Daraus folgt dieser in jedem Karfunkel anderen, grundbestandlichen Materie entsprechend der grundbestandliche Unterschied der beiden Karfunkel. Hinsichtlich des verstehbaren Grundbestandes aber, der als Seinsgestalt des möglichen und sinnlichen Grundbestandes verstanden wird, sind die beiden Karfunkel keine anderen.

F: Also ist der Grundbestand des Karfunkels bzw. des Rubins irgendeinem Grundbestand irgendeines Karfunkels gegenüber kein anderer, wenn ihm auch dessen äußere Akzidentien, da er sinnlich und materiell ist, folgen.

N: Du verstehst es sehr gut. In den verschiedenen Karfunkeln ist ein Grundbestand, der dem irgendeines Karfunkels gegenüber kein anderer ist, wenn er auch wegen der Verschiedenheit seiner grundbestandlichen Möglichkeit und der infolgedessen hinzukommenden Akzidentien trotzdem nicht der Grundbestand eines dieser Karfunkel ist. Der erste Grundbestand also, den das Vernunft-Denken getrennt erblickt, ist der eigengestaltliche Grundbestand oder die Gestalt. Der andere aber, den man den sinnlichen nennt, ist durch den ersten und die eigengestaltliche Materie gestaltet.

F: Clarissima haec sunt. Sed nonne sic ipsum non-aliud se habere ad alias et alias intelligibiles substantias vides?

N: Praecise.

F: Non erit igitur unum universum quasi unus iste carbunculus?

N: Quam ob rem hoc?

F: Quia eius substantia a qualibet ipsius partis substantia alia non foret, puta eius substantia non foret alia a carbunculi vel hominis substantia, sicut nec hominis substantia a substantia manus eius, licet non sit manus, quae alia est substantia.

N: Quid tum?

F: Absurdum profecto! Nam ipsum non-aliud substantia foret universi et ita ipsum universum foret, quod tamen video impossibile, quando ipsum ante universum et aliud conspicio. Universum vero illud utique aliud video.

N: Non aberras nec devias, Ferdinande. Nam cum omnia ad Deum seu non-aliud ordinentur et nequaquam ad aliud post ipsum, non est considerandum universum quasi finis universorum; tunc enim Deus esset universum. Sed cum ad suum sint principium ordinata universa — per ordinem enim a Deo universa esse se ostendunt — ad ipsum igitur ut ordinis in omnibus ordinem sunt ordinata. Omnia enim ordinat, ut ipsum non-aliud sive ordinis ordo in ordinatorum ad ipsum perfectione perfectius relucescat.

XIII.

F: Colligendo quae iam intellexi ita in pluribus carbunculis aliquid cernit intellectus, quod eiusdem ipsos speciei efficit; et licet ipsis hoc insit omnibus ut specificans, anterioriter tamen ipsum tale ante pluralitatem illam carbunculorum intuetur ipsius non-aliud similitudinem, quia carbunculum quemlibet esse carbunculum facit, et carbunculi cuiuslibet[1] est internum substantiale principium, quo subtracto carbunculus non manebit. Hoc igitur specificum principium specificat carbunculi possibilitatem essendi specificabilem ipsique possibilitati esse tribuit actuale, quando

---

[1] Cod. Clm. fügt hinzu: carbunculi.

F: Das ist völlig klar; aber siehst du nicht, daß sich das Nicht-Andere zu jeweils anderem, verstehbarem Grundbestand verhält?

N: Genau.

F: Wird also nicht das eine Gesamt so wie dieser eine Karfunkel sein?

N: Warum das?

F: Weil sein Grundbestand dem irgendeines seiner Teile gegenüber kein anderer wäre; z. B. wäre der seine dem des Karfunkels oder dem des Menschen gegenüber kein anderer; so wie auch der Grundbestand des Menschen dem Grundbestand seiner Hand gegenüber kein anderer ist, wenn er auch nicht Hand ist, welche für sich ein anderer Grundbestand ist.

N: Was folgt daraus?

F: In der Tat etwas Unmögliches! Denn das Nicht-Andere wäre der Grundbestand des Gesamt und damit das Gesamt selbst; das ist aber, wie ich sehe, unmöglich, da ich das Nicht-Andere vor dem Gesamt und dem Anderen erblicke. Jenes Gesamt dagegen sehe ich durchaus als etwas Anderes.

N: Du irrst und täuschst dich nicht, Ferdinand. Denn da alles zu Gott oder dem Nicht-Anderen hingeordnet ist und keineswegs zum Anderen, das nach ihm ist, ist das Gesamt nicht gleichsam als das Ziel des Gesamten zu betrachten; dann nämlich wäre Gott das Gesamt. Da jedoch sämtliche Dinge zu ihrem Ursprung hingeordnet sind — durch die Ordnung nämlich weist sich das Gesamte als von Gott stammend aus —, sind sie zu ihm als der Ordnung der Ordnung in allem hingeordnet. Er ordnet alles, damit das Nicht-Andere, die Ordnung der Ordnung in der Vollkommenheit der zu ihm hingeordneten Dinge vollkommener widerstrahle.

XIII.

F: Wenn ich das, was ich bereits begriffen habe, zusammenfasse, so erfaßt das Vernunft-Denken in der Vielheit der Karfunkelsteine irgend etwas, das ihre Zugehörigkeit zu der selben Eigengestalt bewirkt. Und wenn es auch in allen Karfunkeln als Eigengestaltendes enthalten ist, so erkennt man es dennoch als Ähnlichkeitsbild des Nicht-Anderen vor jener Vielzahl von Karfunkeln; es bewirkt ja, daß jeder Karfunkel ein Karfunkel ist; es ist der innere, grundbestandliche Ursprung jedes Karfunkels, ohne den dieser aufhören würde als solcher

quidem posse esse carbunculi facit actu suo actu esse carbunculum, quando confusam essendi possibilitatem per specificum actum determinatam et specificatam experimur. Et tunc illud, quod prius intellectualiter absolutum vidisti, in singulo carbunculo possibilitatis actum vides, quoniam actu est carbunculus, veluti si quis glaciem respiciens consideret fuisse prius fluidum rivulum, quem nunc concretam et stabilitam glaciem videt.

Ille causam inspiciens reperiet, quomodo frigus, quod intellectualiter separatum videt, essendi quaedam species est, quae in concretam et stabilem glaciem omnium rivulorum materiam crustavit et perstrinxit congelabilem, ut quilibet rivulus ob ipsius causae suae actualis praesentiam actu glacies sit, quamdiu per ipsam, quominus effluat, continetur. Et licet a frigidis non reperiatur frigus separatum, intuetur tamen intellectus ut frigidorum causam ipsum ante frigida et frigefactum actu per frigus frigidabile cernit in frigidis, indeque ita glaciem ortam aut inveniri aut pruinam aut grandinem aut secundum frigidabilium varietatem eius generis reliqua. Sed quoniam materia frigidabilis calefactibilis quoque est, ideo in sese frigus alioquin incorruptibile propter materiam, sine qua nequaquam actu reperitur, dum ipsa per caliditatem utpote calefactibilis alteratur, per accidens in corruptionem cadit. Sic mihi videris ipse dixisse.

Quomodo etiam consequenter se habent ad specificas substantias accidentia intelligo. Sicut alia sunt, quae unam quam aliam glaciem consequuntur, alia item, quae nivem, pruinam, grandinem, cristallum et alium quemvis lapidem. Satis et his naturae operibus apertis et patulis profundiora quoque reperio non aliter se habere, quam ipse breviter perstrinxisti, formas videlicet specificas et substantificas separatas per intellectum conspici ac in specificatis rebus substantificatisque modo praemisso attingi. De sensibilibus autem substantiis ad intelligibiles me per similitudinem erigo.

zu existieren. Dieser eigengestaltlich bestimmende Ursprung bestimmt die eigengestaltlich bestimmbare Seinsmöglichkeit des Karfunkels und gibt dieser Möglichkeit das tatsächliche Sein; dann, wenn er das Sein-Können des Karfunkels durch seine Wirklichkeit zum tatsächlichen Karfunkel macht; wenn wir die gestaltlose Seinsmöglichkeit als durch die eigengestaltbestimmende Wirkung begrenzt und eigengestaltlich bestimmt erfahren. Und dann siehst du das, was du vorhin geistig losgelöst gesehen hast, im einzelnen Karfunkel als Wirklichkeit der Möglichkeit, weil es tatsächlich ein Karfunkel ist. Genauso ist es, wenn jemand das Eis betrachtet und bedenkt, daß das, was er jetzt als starres und hartes Eis erblickt, vormals ein fließendes Bächlein war.

Wenn er die Ursache dafür anschaut, wird er finden, daß die Kälte, die er geistig abstrahiert sieht, eine Gestalt des Seins ist, welche die gefrierbare Materie jedes Bächleins zu hartem und starrem Eis verfestigt und bindet, so daß jeder Bach zufolge der Gegenwart dieser seiner wirkenden Ursache tatsächlich Eis ist, solange er von ihr daran gehindert wird, davonzufließen. Und wenn man auch getrennt vom Kalten keine Kälte findet, erschaut doch die Vernunft diese als Ursache des Kalten vor dem Kalten und erkennt, daß in ihm das Kühlbare durch die Kälte tatsächlich kalt gemacht wurde und daß in dieser Weise Eis, Reif, Hagel und andere der der Verschiedenheit des Kühlbaren entsprechende Erscheinungen entstehen und sich finden lassen. Weil aber kühlbare Materie auch erwärmbar ist, kann die ansonsten in sich unvergängliche Kälte wegen der Materie, ohne die sie sonst nicht tatsächlich gefunden wird, (da diese eben als erwärmbare durch die Wärme geändert wird), durch Hinzukommendes zugrunde gehen. So scheinst du mir selbst gesagt zu haben.

Ich verstehe auch, wie sich das Hinzukommende in der Folge zu den eigengestaltlichen Grundbeständen verhält. So wie es Hinzukommendes gibt, das dem einen wie dem anderen Eis folgt, so auch anderes, das dem Schnee, dem Reif, dem Hagel, dem Kristall und irgendeinem Stein folgt. Aus diesen weit und offen daliegenden Werken der Natur erkenne ich deutlich genug, daß sich auch das tiefer verborgene Hinzukommende nicht anders verhält, als du selbst es kurz zusammengefaßt hast; daß nämlich die eigengestaltlichen und Grundbestand gewordenen, getrennten Gestalten vom Vernunft-Denken erblickt und im Eigengestalt und Grundbestand Gewordenen in der vorhin genannten Art erfaßt werden. Vom sinnenhaften Grundbestand aber erhebe ich mich durch die Ähnlichkeit zum geistigen.

N: Video te meum quidem conceptum in exemplo naturae aptissimo dilucide explanasse et gaudeo; omnia enim eo pacto considerando perspicies. Nam quod parvo calore cristallum non dissolvatur, ut glacies, propter congelantis victoriam frigoris super aquae congelatae fluxibilitatem, plane ostendit, ubi materiae fluxibilitatem omnem forma in actu ponit, veluti in caelo, illius corruptionem non sequi. Ex quo impossibilem esse intelligentiis corruptionem, quae in sensibilibus est, patet, quod sunt a materia separatae, quae apta est alterari.

Unde cum in intelligente intellectum calor, ut calefiat, non immutet, sicut in sentiente, ubi sensum immutat, facit, evidens est intellectum materialem non esse aut alterabilem, quia sensibilia, quorum propria immutatio est, non sensibiliter in eo, sed intellectualiter sunt; dumque acriter attente intellectum ante sensum esse consideras et idcirco nullo attingibilem sensu, omnia quaecumque in sensu sunt anterioriter in intellectu reperies. Anterioriter autem, hoc est insensibiliter, dico; sicut in intellectu frigus est ac frigidum in sensu, frigus in intellectu ad sensibile frigus anterioriter est. Non enim sentitur, sed intelligitur frigus, cum frigidum ipsum sentiatur; sicut nec calor sentitur, sed calidum, ita nec aqua, sed aqueum, neque ignis, sed igneum in sensibilium regione reperitur. Quod similiter de compositis omnibus est dicendum, quoniam omne sensibilis mundi tale simplex, quod est de regione intelligibilium, antecedit. Aliaque et alia intelligibilia non-aliud ipsum, simplicium intelligibilium simplicitas, praecurrit; quam ob rem non aliud nequaquam in se, sed in simplici simpliciter, composite vero intelligitur in composito, quae quidem sunt, ut sic dixerim, non-aliata eius, et a quibus scilicet ipsum non-aliud aliud non est. Video igitur, quomodo eorum, quae in regione sensibilium reperiuntur, quicquam sentitur, simplex eius, quod quidem intelligitur, antecedit. Nec minus omnia, quae in intelligibilium reperiuntur regione, principium, quod non-aliud nominamus, antecurrit. Intellectuale quippe frigus eius praevenit causa, quae ipsum non aliud quam frigus esse definit.

N: Ich freue mich zu sehen, wie du meine Vorstellung mit Hilfe eines ausgezeichnet passenden Beispiels aus der Natur klar erläuterst; an Hand dieser Betrachtungsweise wirst du alles durchschauen. Die Tatsache, daß eine geringe Wärmemenge einen Kristall, wie das Eis, nicht auflöst, weil die frierenlassende Kälte die Flüssigkeit des gefrorenen Wassers überwindet, zeigt deutlich, daß, wo die Gestalt alle Veränderlichkeit der Materie in Wirklichkeit versetzt, wie im Himmel, die Vergänglichkeit dieser nicht folgt. Daraus ist offenbar, daß es die Vergänglichkeit, wie sie sich bei den sinnlichen Dingen findet, bei den Vernunft-Einsichten, die von der Materie, die zur Veränderung geeignet ist, getrennt sind, unmöglich gibt.

Weil nun im Vernünftig-Denkenden die Wärme das Denken nicht verändert, so daß es warm würde — so, wie im sinnlich Empfindenden, wo sie den Sinn verändert —, ist es evident, daß das Denken nicht von der Art der Materie oder änderbar ist, weil das Sinnliche, dessen Wesen Wandelbarkeit ist, in ihm nicht auf sinnliche, sondern auf geistig-vernünftige Weise ist. Wenn du aufmerksam und genau bedenkst, daß das Denken vor dem Sinnlichen und darum für keinen Sinn erreichbar ist, dann wirst du alles, was immer auch im Sinn enthalten ist, vorgängig im Denken finden. Ich sage aber vorgängig, d. h. nicht sinnlich. So wie die Kälte im Denken und das Kalte in der Sinnesempfindung ist, ist die Kälte im Denken vorgängig auf die sinnlich wahrnehmbare Kälte bezogen; denn Kälte wird nicht empfunden, sondern gedacht, während das Kalte empfunden wird. Ebenso wird nicht die Wärme, sondern das Warme, nicht das Wasser, sondern das Wäßrige, nicht das Feuer, sondern das Feurige im Bereich des Sinnlichen wahrgenommen. Das gilt in ähnlicher Weise für alles Zusammengesetzte, weil allem, das der sinnlichen Welt angehört, etwas derart Einfaches aus dem Bereich des Denkbaren vorangeht. Und all diesem verschiedenen Denkbaren geht das Nicht-Andere, die Einfachheit des Denkbar-Einfachen voraus. Aus diesem Grund erkennt man das Nicht-Andere niemals in sich, sondern einfach im Einfachen, zusammengesetzt hingegen im Zusammengesetzten. Dieses ist, wenn ich so sagen darf, das „Nicht-Geänderte" von ihm, demgegenüber das Nicht-Andere selbst nichts Anderes ist. Ich sehe, wie allem sinnlich Wahrgenommenen, das im Bereich des Sinnlichen zu finden ist, und allem, was immer empfunden wird, ein zu ihm gehöriges Einfaches, das gedacht wird, vorangeht. Aber nicht weniger läuft allem im Bereich des Geistigen der das Nicht-Andere genannte Ursprung voraus. Der gedachten Kälte geht ihr Grund voraus, der bestimmt, daß sie nichts anderes ist als Kälte.

Sicut ergo intellectus per intellectuale frigus omnia sensibiliter frigida intelligit sine mutatione sui sive frigefactione, ita ipsum non-aliud per se ipsum sive non-aliud omnia intellectualiter existentia facit non alia quam id esse, quod sunt, sine sui vel mutatione vel alteritate. Et sicut frigidum sensibile intellectuale non est frigus, licet aliud ab ipso frigus nequaquam sit, sic frigus intellectuale principium non est primum, etsi primum principium, quod est non-aliud, ab ipso non sit aliud.

XIV.

F: Prime equidem et clarissime ita haec esse perspicio, quemadmodum ais, elicioque in intellectualibus non-aliud valde relucere principium, quoniam, etsi ipsa non sunt sensibilia, tamen a sensibilibus non sunt alia. Frigus enim a frigido non est aliud, ut dixisti, quoniam summoto frigore nec frigidum erit, neque esse intelligetur; sic intellectus se habet ad sensum. Similiter ideo agens omne simile producere video, quia omne id, quod est, ab ipso non-aliud habet; quapropter calor calefacere et frigefacere frigus nititur, et de omnibus eodem modo. Sed haec nunc ita sufficiant. Quaeso vero, ut iuxta tua promissa ab hoc me principio in magnum illum theologum Dionysium aliosque quam brevissime introducas.

N: Obsequar tibi, quam fieri poterit brevissime, ut poscis. Dionysius, theologorum maximus, impossibile esse praesupponit ad spiritualium intelligentiam praeterquam sensibilium formarum ductu hominem ascendere, ut visibilem scilicet pulchritudinem invisibilis decoris imaginem putet. Hinc sensibilia intelligibilium similitudines seu imagines dicit, Deum autem principium asserit intelligibilia omnia praecedere, quem scire se dicit nihil omnium esse, quae sciri possunt aut concipi. Ideo hoc solum de ipso credit posse sciri, quem esse inquit omnium esse, quod scilicet omnem intellectum antecedit.

F: Dic eius, nisi tibi grave est, verba.
N: Alii aliter eius verba latine reddiderunt; ceterum ego ex fratris Ambrosii Camaldulensium generalis, novissimi interpretis,

So wie das Vernunft-Denken durch die gedachte Kälte alles sinnlich Kalte ohne Wandlung seiner selbst und ohne kalt zu werden erkennt, so bewirkt das Nicht-Andere durch sich selbst oder das Nicht-Andere, daß alles geistig Existierende nichts anderes ist als das, was es ist, ohne Wandlung oder Anders-Werden seiner selbst. Und wie das sinnlich Kalte keine gedachte Kälte ist, auch wenn es durchaus der Kälte gegenüber kein Anderes ist, so ist die gedachte Kälte nicht der erste Ursprung, auch wenn der erste Ursprung, das Nicht-Andere, ihr gegenüber nicht ein Anderes ist.

XIV.

F: Zunächst erkenne ich ganz klar, daß dies alles sich so verhält, wie du sagst, und ich finde ferner, daß im Geistigen das Nicht-Andere als Ursprung sehr deutlich widerstrahlt, weil dieses, wenn es auch selbst nicht sinnlich ist, so doch dem Sinnlichen gegenüber kein Anderes ist. Die Kälte ist, wie du gesagt hast, dem Kalten gegenüber kein Anderes. Wenn man nämlich die Kälte hinwegnehmen würde, so gäbe es kein Kaltes mehr und man könnte auch sein Sein nicht denken. Ebenso verhält sich das Denken zur Sinnlichkeit. In ähnlicher Weise bringt, wie ich sehe, alles Handelnde Ähnliches hervor, weil es alles, was es ist, von Nicht-Anderen hat. Darum bemüht sich die Wärme zu wärmen und die Kälte abzukühlen, und so verhält es sich mit allem. Soweit mag das für jetzt genügen! Aber ich bitte, daß du deinem Versprechen gemäß mir von diesem Ursprung her eine kurze Einführung in den großen Theologen Dionysius und in andere gibst.

N: Ich werde deinen Wunsch in so kurzer Form als möglich zu erfüllen suchen. Dionysius, ein Großer unter den Theologen, setzt voraus, daß es dem Menschen unmöglich ist, außer durch die Führung sinnlicher Gestalten, zur Vernunft-Einsicht des Geistigen aufzusteigen, weshalb er z. B. die sichtbare Schönheit für ein Abbild der unsichtbaren Herrlichkeit hält. Darum nennt er das Sinnliche Ähnlichkeit oder Abbild des Geistigen und sagt von Gott, daß er als der Ursprung allem Geistigen vorausgehe. Er wisse, daß Gott nichts von allen sei, das gewußt oder erfaßt werden kann. Darum, glaubt er, könne man von ihm, den er als das Sein von allem bezeichnet, nur wissen, daß er allem Vernunft-Denken vorausgehe.

F: Wenn es dir nicht beschwerlich fällt, sag mir seine Worte.

N: Die verschiedenen Übersetzer gaben seine Worte in lateinischer Sprache unterschiedlich wieder. Ich werde das, was, wie

translatione, quae mihi proposito videbuntur inservire, ex ordine
subiungam.

(a)

Ex capitulo primo Caelestis Hierarchiae: „Impossibile est hominem
ad intelligentiam spiritualium ascendere, nisi formis et similitudinibus sensibilium ducatur, ut scilicet visibilem pulchritudinem
invisibilis decoris imaginem putet."[1] Ex capitulo secundo: „Cum
simplex divinarum rerum substantia in se ipsa et incognita sit
nobis et intelligentiam fugiat nostram..."[2] Ex eodem: „Dum ipsam
esse aliquid negamus ex hiis, quae sunt, verum profecto loquimur,
etsi modum, quo illa indefinita est, quippe supersubstantialem et
incomprehensibilem atque ineffabilem prorsus ignoramus."[3] Caelestis hierarchiae capitulo quarto: „Igitur omnia quaeque subsistunt
providentiae ratione reguntur ex summa illa omnium auctore
deitate manantis. Alioquin essent profecto nulla, nisi substantiae
rerum atque principio communicarent. Itaque inanimata omnia
hoc ipsum quod sunt ab ipso suscipiunt, quippe esse omnium est
ipsa divinitas, quae modum totius essentiae superat."[4] Eodem
capitulo: „Secretum ipsum Dei (quodcumque tandem illud est)
nemo unquam vidit, neque videbit."[5] Eiusdem capitulo tertio
decimo: „Admonebatur ergo theologus ex his, quae cernebat, ut
secundum omnem substantialem eminentiam cunctis visibilibus
invisibilibusque virtutibus absque ulla comparatione Deus excelsior sit."[6]

---

[1] Dionysius, a. a. O., De cael. hier. I, p. 735f.
[2] Ibid. II, p. 745.
[3] Ibid. II, p. 758.
[4] Ibid. IV, p. 801.
[5] Ibid. IV, p. 809.
[6] Ibid. XIII, p. 962.

mir scheint, unserem Vorhaben dient, der Reihe nach und nach der neuesten Übersetzung des Bruders Ambrosius, des Generals der Camaldulenser, zitieren.

(a)

Aus dem ersten Kapitel der himmlischen Hierarchie: „Es ist unmöglich, daß sich der Mensch zur Erkenntnis der vernunfthaften geistigen Wesenheiten erhebt, wenn ihn nicht die Formen und Gleichnisse der Sinnenwelt führen und er darum so die sichtbare Schönheit für ein Abbild der unsichtbaren Herrlichkeit hält." Aus dem zweiten Kapitel: „Da die einfache Substanz der Dinge in sich selbst ist und sich unserer Erkenntnis entzieht..." Ebendort: „Wenn wir sagen, sie sei nichts von den Dingen, die sind, sagen wir sicherlich die Wahrheit, wenn uns auch die Maßweise ihres Unbestimmtseins, da sie übersubstantial, unfaßbar und unaussagbar ist, völlig unbekannt ist." Im vierten Kapitel der himmlischen Hierarchie: „Was immer also besteht, ist von der Vernunft der Vorsehung gelenkt, welche der erhabenen Gottheit dessen entströmt, der Urheber aller Dinge ist. Denn andernfalls, wenn die Dinge nicht dem Grundbestand und ihrem Ursprung verbunden wären, gäbe es sie gar nicht. Und alle unbelebten Dinge empfangen von ihm, was sie sind, da das Sein von allem die Gottheit selbst ist, welche das Maß jeder Seinsheit überragt." Ebendort: „Das Geheimnis Gottes — was immer es letztlich sein mag — hat niemand je gesehen, noch wird er es sehen." Im dreizehnten Kapitel: „Das, was er schaute, mahnte den Theologen, daß Gott gemäß aller grundbestandlichen Erhabenheit sämtliche sichtbare und unsichtbare Kräfte unvergleichlich weit überragt."

(b)

De ecclesiastica hierarchia capitulo primo: „Ut vere et proprie dixerim: unum quidem est, quod appetunt omnes, qui unius speciem praeferunt, sed non uno modo eius, quod idem atque unum est, participes fiunt, verum ut cuique pro merito sortem divina et aequissima libra distribuit."[1] Eodem capitulo: „Initium est fons vitae, bonitatis essentia, unica rerum omnium causa, beatissima Trinitas, ex qua sola bonitatis causa, quae sunt omnia, ut et essent et bene essent, acceperunt; hinc transcendenti omnia divinae beatitudini trinae atque uni, cui soli vere esse inest modo nobis quidem incognito, sed sibi plane perspecto et noto, voluntas quidem est rationalis salus humanae omnis caelestisque substantiae."[2]

(c)

De divinis nominibus capitulo primo: „Sicut enim spiritualia carnales percipere et inspicere nequeunt, et qui figmentis et figuris inhaerent ad simplicia figurisque vacua non aspirant, quique secundum corporum lineamenta formantur incorporearum rerum informitatem nec tactui nec figuris obnoxiam nequaquam attingunt, eadem ratione veritatis supereminet substantiis omnibus supersubstantialis infinitas, sensusque excellit omnes unitas sensu eminentior, ac mentibus omnibus inexcogitabile est unum illud mente superius, ineffabileque est verbis omnibus bonum, quod superat verbum."[3] Eodem: „Ipsa de se in sacris tradit litteris, quod sit omnium causa, initium et substantia et vita."[4] Eodem: „Invenies omnem, ferme dixerim, theologorum laudationem ad beneficos divinitatis progressus exponendos atque laudandos divina effingere nomina. Quocirca in omnibus ferme sanctis libris advertimus divinitatem sancte praedicari ut singularem quidem atque unicam ob simplicitatem atque unitatem excellentis illius individui, ex quo veluti unifica virtute in unum evadimus diviuisque nostris alteritatibus supra mundanum modum conglobatis in divinam monadem atque unionem Deum imitantem colligimur

---

[1] Dionysius, a. a. O., De eccl. hier. I, p. 1084f.
[2] Ibid. I, p. 1089f.
[3] Dionsius, a. a. O., De div. nom. I, p. 9ff.
[4] Ibid. I, p. 19.

(b)

Aus dem ersten Kapitel der kirchlichen Hierarchie: „Um es im wahren und eigentlichen Sinn zu sagen: das Eine ist es, nach dem alle streben, die die Gestalt des Einen vor sich tragen; aber nicht nach ein und derselben Weise werden sie des Einen und Selben teilhaftig, sondern so, wie die vollkommen gerechte göttliche Waage jedem sein Los zuteilt." Im selben Kapitel: „Der Anfang ist der Quell des Lebens, die Seinsheit der Güte, der eine Grund, die allerheiligste Dreifaltigkeit; aus diesem einen Grund des Guten empfingen alle Dinge, daß sie sind und daß sie gut sind. Darum hat diese alles übersteigende drei und eine göttliche Seligkeit, der allein das wahre Sein innewohnt, auf eine uns zwar unbekannte, ihr aber klar bewußte und bekannte Weise, den Willen zum verständigen Wohl aller menschlichen und himmlischen Substanz."

(c)

Im ersten Kapitel des Buches der göttlichen Namen: „Wie die fleischlichen Wesen die Geistigen nicht wahrzunehmen und zu betrachten vermögen, wie diejenigen, welche Bildern und Gestalten verhaftet sind, nicht zum Einfachen und von Gestalten Freien gelangen, wie diejenigen, welche nach den Linien der Körper gestaltet sind, die Gestaltlosigkeit der unkörperlichen Dinge, welche weder der Gestalt noch dem Tastsinn zugänglich sind, niemals erreichen, nach demselben Wahrheitssinn überragt die übersubstantiale Unendlichkeit alle Substanzen, übertrifft alle Sinne die über den Sinn erhabene Einheit, übersteigt das Denken jenes Eine, das für alles Denken unausdenkbar ist, und ist für alle Worte unaussprechbar das Gute, das das Wort übersteigt." Ebendort: „Sie selbst berichtet von sich in den heiligen Schriften, daß sie Ursache, Anfang, Grundbestand und Leben von allem sei. Du wirst finden, daß beinahe jeder Lobpreis der Theologen zur Darstellung und zum Lob des seligen Ineinanderwirkens der Gottheit göttliche Namen bildet. Daher finden wir in beinahe allen heiligen Büchern, daß die Gottheit in heiliger Weise als einzeln und einzigartig gepriesen wird, und dies wegen der Einfachheit und Einheit jenes erhabenen Wesens, aus dem wir mittels seiner einenden Kraft zur Einheit geführt werden; und nachdem unsere getrennten Andersheiten in überweltlicher Weise in eins gefaßt sind, werden wir zur göttlichen Monas und Gott nachahmenden Einung gesammelt." Ebendort:

etc."¹ Eodem: „In quo termini omnes omnium scientiarum plus quam ineffabiliter praesubsistunt, neque intelligere, neque eloqui possumus, neque omnino quomodolibet intueri, quod sit exceptus omnibus et excellenter ignotus."² Eodem: „Si enim scientiae omnes rerum substantium sunt atque in substantiis desinunt, quae substantiam excedit omnem, scientia quoque omni superior sit necesse est... Cum percipiat et comprehendat atque anticipet omnia, ipse tamen omnino incomprehensibilis manet."³ Eodem: „Ipsaque iuxta scripturae fidem sit omnia in omnibus; verissime laudatur ut substantiae indultrix et consummatrix continensque custodia et domicilium et ad se ipsam convertens atque ista coniuncte, incircumscripte, excellenter."⁴ Eodem libro capitulo secundo: „Ineffabile quoque multis vocibus praedicatur, ignoratio, quod per cuncta intelligitur, omnium positio, omnium ablatio, quod positionem omnem ablationemque transcendit. Divina sola participatione noscuntur."⁵ Eodem⁶: „Neque pars neque totum est, et pars est et totum, ut quae omne et partem et totum in se ipsa comprehenditur, et excellenter habeat, antequam habeat. Perfecta est quidem in imperfectis utpote perfectionis princeps; porro inter perfectos imperfecta est quippe perfectionem excellentia temporeque transcendens."⁷ In eodem: „Mensura est rerum et saeculum et supra saeculum et ante saeculum."⁸ In eodem: „Nec unum est neque unius particeps longeque ab his unum est super unum illud, quod in substantiis est."⁹ Eodem libro de divinis nominibus capitulo quarto: „Theologi peculiariter bonitatem summae deitati ex omni-

---

¹ Ibid. I, p. 22ff.
² Ibid. I, p. 33
³ Ibid. I, p. 34.
⁴ Ibid. I, p. 49f.
⁵ Ibid. II, p. 77ff.
⁶ Konjektur; Cod. Mon.: in Epistola Hierothei; sinngemäß ändern sich die beiden folgenden eodem.
⁷ Ibid. II, p. 106f.
⁸ Ibid. II, p. 108.
⁹ Ibid. II, p. 115.

„In ihm haben die Begrenzungen aller Wissenschaften mehr als unsagbar vorgängigen Grundbestand. Und wir können ihn weder einsehen, noch aussprechen, noch auf irgendeine Weise schauen, weil er aus allem herausgenommen und in überragender Weise unbekannt ist." Ebendort: „Wenn sich alle Wissenschaften mit den Substanzen der Dinge beschäftigen und in den Substanzen enden, dann muß derjenige, welcher alle Substanzen überschreitet, auch über alles Wissen erhaben sein. Obwohl er alles erfaßt, begreift und vorwegnimmt, bleibt er doch völlig unfaßbar." Ebendort: „Nach dem Zeugnis der Schrift ist sie selbst alles in allem. In voller Wahrheit wird sie gepriesen als Förderin, Vollenderin, bewahrende Wächterin und Heim des Grundbestandes, den sie ohne Unterbrechung, Beschränkung und überragend zu sich selbst hinwendet." Im zweiten Kapitel derselben Schrift: „Auch das Unsagbare wird mit vielen Worten bezeichnet; Unwissenheit; das, was durch alles erkannt wird; die Bejahung von allem, die Verneinung von allem; das, was alle Bejahung und Verneinung übersteigt; Göttliches wird allein durch Teilhabe erkannt." Im selben Kapitel: „Sie ist nicht Teil und nicht Ganzes und ist Teil und Ganzes, denn sie umfaßt alles, den Teil und das Ganze in sich selbst und hat es in überragender Weise, noch bevor sie es hat. Sie ist vollkommen im Unvollkommenen, da sie der Anfang der Vollkommenheit ist, aber auch unvollkommen im Vollkommenen, da sie die Vollkommenheit an Überlegenheit und Zeit überragt." Ebendort: „Sie ist das Maß der Dinge, sie ist die Zeit und über der Zeit und vor der Zeit." Ebendort: „Sie ist nicht Eines und hat nicht teil am Einen und ist weit über diese Begriffe hinaus Eines über jenem Einen, das in den Substanzen ist." In demselben Buch im vierten Kapitel: „Vor allem legen die Theologen der höchsten Gottheit die Güte bei und bezeichnen da-

bus applicant ipsam, ut reor, substantiam divinam appellantes."[1]
Eodem: „Unum quod est, inter ea, quae sunt, connumeratur. Porro numerus substantiae particeps est. Unum vero illud supersubstantiale et unum, quod est et omnem numerum determinat."[2] Eodem: „Cum neque augeri neque minui possit substantia, quae bonum etc."[3] Eodem: „Ex illo namque bono lux est et imago bonitatis. Idcirco lucis appellatione laudatur bonum veluti in imagine expressa primitiva forma."[4] Eodem: „Illuminat quae lucem admittunt omnia et creat atque vivificat continetque et perficit mensuraque substantium est et saeculum et numerus et ordo etc."[5] Nota exemplum de sole. Eodem: „Ut intelligibilis lux bonus ipse dicitur, qui omnem supercaelestem spiritum spirituali impleat luce omnemque ignorantiam pellat erroremque abigat ex animabus, quibus sese insinuaverit, omnibus etc."[6] Eodem: „Lux igitur intelligibilis dicitur bonum illud omnem superans lucem ut principalis radius et exuberans effusio luminis."[7] Eodem: „Bonum istud ut pulchrum quoque a theologis sanctis praedicatur."[8] Eodem: „Ut pulchri omnis principalem pulchritudinem excellentissime in se ipso ante tempora habens..."[9] Eodem: „Idem pulchrum esse quod bonum perspicuum est."[10] Eodem: „Neque est aliquid in substantiis rerum, quod pulchri et boni non sit aliquatenus particeps, et istud item dicere disserendo praesumimus id quoque, quod non est, pulchri et boni particeps esse. Tunc enim etc."[11] Eodem: „Ut perstringam breviter: omnia, quae sunt, ex pulchro et bono sunt; et quae non sunt, omnia supersubstantialiter in

---

[1] Ibid. IV, p. 145f.
[2] Ibid. IV, p. 149f.
[3] Ibid. IV, p. 159f.
[4] Ibid. IV, p. 162.
[5] Ibid. IV, p. 163.
[6] Ibid. IV, p. 172f.
[7] Ibid. IV, p. 174f.
[8] Ibid. IV, p. 178.
[9] Ibid. IV, p. 182f.
[10] Ibid. IV, p. 185.
[11] Ibid. IV, p. 185.

mit, wie ich meine, die göttliche Substanz selbst." Ebendort: Das Eine, das ist, wird den Dingen, die sind, zugezählt. Ferner partizipiert die Zahl an der Substanz. Jenes übersubstantiale Eine jedoch bestimmt sowohl das Eine, das ist, als auch jede Zahl. Ebendort: „Da die Substanz, welche die Güte ist, weder vergrößert noch verringert zu werden vermag..." Ebendort: „Das Licht stammt aus jenem Guten und ist sein Abbild. Darum wird in der Bezeichnung des Lichtes das Gute gepriesen, wie die ursprüngliche Form, die im Abbild dargestellt ist." Ebendort: „Es erleuchtet alle Dinge, die das Licht empfangen, es schafft, belebt, erhält und vollendet, es ist das Maß der Substanzen, die Zeit, die Zahl und die Ordnung, usw." Beachte das Beispiel von der Sonne." Ebendort: „Der Gute wird als vernünftig erkennbares Licht bezeichnet, da er jeden überhimmlischen Geist mit geistigem Licht erfüllt, jede Unwissenheit vertreibt und aus allen Seelen, in die er eingegangen ist, den Irrtum hinwegnimmt." Ebendort: „Jenes Gute, das als ursprungshafter Strahl und überreichströmendes Leuchten jedes Licht überragt, wird vernünftigerkennbares Licht genannt." Ebendort: „Dieses Gute wird von den heiligen Theologen auch als das Schöne bezeichnet." Ebendort: „Da es die ursprungshafte Schönheit alles Schönen vor aller Zeit hervorragend in sich selbst trägt." Ebendort: „Es ist ganz offensichtlich, daß das Schöne dasselbe ist wie das Gute." Ebendort: „Unter den Grundbeständen der Dinge gibt es keine, die nicht in irgendeiner Hinsicht am Schönen und Guten teilhätten, ja wir wagen sogar zu behaupten, daß auch das, was nicht ist, am Schönen und Guten teilhat. Dann nämlich..." Ebendort: „Um es kurz zusammenzufassen: Alles was ist, stammt vom Schönen und Guten her, und das, was nicht ist, ist übersubstantiell im Schönen und Guten enthalten; es ist der

pulchro sunt et bono, estque ipsum initium omnium et finis etc."¹ Eodem capitulo octavo: „Neque est, sed iis, quae sunt, esse ipse est, neque ea, quae sunt, solum, verum ipsum quoque eorum esse ex eo est, qui est ante saecula. Ipse enim est saeculum saeculorum, qui ante saecula est."² Eodem capitulo octavo: „Resumentes itaque dicamus: ut iis, quae sunt omnibus et saeculis esse ab eo est, qui ante est, et omne quidem saeculum et tempus ab eo est."³ Eodem: „Omnia ipsi participant et a nullo existente discedit."⁴ Eodem: „Si quid quomodolibet est, in ipso, qui ante est, et est et cogitatur atque servatur ceterisque ipsius participationibus praefertur."⁵ Eodem: „Deus ante habet, ut ante sit et eminentissime sit excellenterque ipsum esse habeat. Omnia ipsum in se ipso esse praestituit atque ipso esse omne quod quomodolibet est, ut subsisteret, fecit; denique et rerum principia omnia esse ipsius participatione et sunt et principia sunt et prius sunt, postea principia sunt. Et si velis vitam ipsam viventium ut viventium initium dicere et similium ut similium similitudinem etc."⁶ Eodem: „Haec esse ipsius invenies participare primum atque esse ipso primo manere, deinde huius aut illius esse principia essentiaeque participando et esse et participari. Si autem ista participatione essentiae sunt, multo magis, quae ipsorum participia sunt."⁷ Eodem: „Bonitas prima participationum celebratur."⁸ [Eodem]: „Neque in aliquo subsistentium est neque aliquid est horum."⁹ Eodem capitulo nono: „Ipsi nihil contrarium."¹⁰ Eodem capitulo decimo: „Qui invenitur ex omnibus, incomprehensibilem et investigabilem theologi dicunt."¹¹ Eodem capitulo: „Divina oportet non intelligamus humano more, sed toti integre a nobis ipsis excedentes atque prorsus in Deum transeuntes."¹² Eodem capitulo: „Non habet Deus peculiarem scientiam sui, aliam vero communem omnia comprehendentem. Ipsa enim se omnium causa cognoscens qua tandem ratione, quae ab se sunt et quorum est causa, ignorabit?"¹³ Eodem capitulo: „In omnibus Deus cognoscitur, et seorsum ab omnibus et per scien-

---

¹ Ibid. IV, p. 198.
² Ibid. V, p. 334f.
³ Ibid. V, p. 335.
⁴ Ibid. V, p. 336.
⁵ Ibid. V, p. 336f.
⁶ Ibid. V, p. 338ff.
⁷ Ibid. V, p. 341f.
⁸ Ibid. V, p. 342.
⁹ Ibid. V, p. 336.
¹⁰ Ibid. VI, p. 376f.
¹¹ Ibid. VII, p. 383.
¹² Ibid. VII, p. 385f.
¹³ Ibid. VII, p. 400f.

Anfang und das Ende von allem." Ebendort im achten Kapitel: „Er ist nicht. Aber für die Dinge, die sind, ist er das Sein selbst. Und nicht nur die Dinge, die sind, sondern auch ihr Sein selbst stammt aus dem, der vor aller Zeit ist. Er ist die Zeit der Zeiten, der vor aller Zeit ist." In demselben Kapitel: „Zusammenfassend können wir sagen: Alle Dinge, die sind, und alle Zeiten haben ihr Sein von ihm, der vorher ist; jede große und jede geringe Zeit ist von ihm." Ebendort: „Alles hat an ihm teil und kein Bestehendes verläßt er." Ebendort: „Wenn irgend etwas auf irgendeine Weise ist, dann ist es in ihm, der vorher ist, dann wird es gedacht und bewahrt, und dies geht allen anderen Teilhaben voraus." Ebendort: „Gott hat das Vorher. Darum ist er vorher und hat das Sein in vorzüglicher und hervorragender Weise. Allem gab er als in ihm selbst es selbst zuvor das Sein, und durch sein eigenes Sein gab er allem, auf welche Weise es auch ist, den Grundbestand. Durch die Teilhabe an ihm schließlich sind die Ursprünge aller Dinge, sind die Dinge aus dem Ursprung Entsprungene; zuerst sind sie, dann sind sie Entsprungene. Und wenn du das Leben als den Anfang der Lebenden bezeichnen willst und die Ähnlichkeit als Anfang der Ähnlichen, insoweit sie ähnlich sind..." Ebendort: „Du wirst finden, daß die Dinge zuerst an seinem Sein teilhaben und durch dieses Sein bestehen und dauern, und dann durch diese Partizipation Ursprünge und Seinsheiten von diesem oder jenem Sein sind und als solche partizipiert werden. Wenn diese aber durch die Teilhabe an der Seinsheit sind, dann gilt das um so mehr für diejenigen, welche an ihnen teilhaben." Ebendort: „Als die erste von allen Teilhaben wird die Güte gepriesen." Ebendort: „Er ist weder in einem der bestehenden Dinge noch ist er eines von ihnen." Ebendort im neunten Kapitel: „Ihm ist nichts entgegengesetzt." Ebendort im zehnten Kapitel: „Ihn, der in und aus allen Dingen herausgefunden werden kann, nennen die Theologen den Unfaßbaren und Unerforschlichen." Im selben Kapitel: „Die göttlichen Dinge dürfen wir nicht in menschlicher Weise verstehen wollen, sondern müssen gänzlich aus uns selbst heraustreten und in Gott übergehen." Im selben Kapitel: „Gott hat nicht einerseits eine besondere Erkenntnis seiner selbst, andererseits jedoch eine allgemeine, welche alles umfaßt. Denn weshalb sollte er, da er sich als Grund aller Dinge erkennt, diese Dinge, die von ihm stammen und deren Grund er ist, nicht kennen?" In demselben Kapitel: „Gott wird in allem und getrennt von allem erkannt, in Wissen und Unwissenheit." In dem-

tiam et ignorationem cognoscitur Deus."¹ Eodem capitulo: „In omnibus omnia est et in nihilo nihil."² Eodem capitulo undecimo: „Virtus est Deus et omnis virtutis autcor."³ Eodem capitulo: „Infinite potens divina distributio in omnia, quae sunt, se intendit, et nihil est in rebus, quod non sit virtuti alicui percipiendae idoneum."⁴ Eodem capitulo: „Quod enim omnino nulla virtute subnititur, neque est, neque aliquid est, neque est penitus ipsius ulla positio."⁵ Eodem capitulo: „Quique quae sunt omnia excellenter et ante tempora habeat supersubstantiali virtute sua, qui his, quae sunt omnibus, ut esse possint et hoc sint, excellentis virtutis copia et exuberanti profusione largitur."⁶ Eodem libro capitulo duodecimo: „Magnus quidem appellatur Deus iuxta propriam ipsius magnitudinem, quae magnis omnibus suimet consortium tradit et extrinsecus super omnem magnitudinem funditur et supra expanditur, omnem continens locum, omnem transcendens numerum, omnem transiliens infinitatem."⁷ Eodem: „Magnitudo haec et infinita est et quantitate caret et numero."⁸ Eodem: „Parvum vero sive tenue dicitur, quod molem omnem excedit atque distantiam, quod absque impedimento ad omnia pergit, quamquam certe omnium causa pusillum est: nusquam enim invenies pusilli speciem incommunicabilem⁹." Eodem: „Hoc pusillum quantitate caret et qualitate tenetur nulla, infinitum est et indeterminatum, comprehendens omnia et ipsum comprehensibile nulli¹⁰." Eodem: „Quod augeri minuique non possit...¹¹" Eodem: „Porro alterum dicitur, quia omnibus providentiae ratione Deus adest et omnia in omnibus pro omnium salute fit, in se ipso et sua identitate manens¹²." Eodem: „Divinae similitudinis virtus, per quam quae producuntur omnia ad auctorem convertuntur. Haec quidem Deo similia dicenda sunt et ad divinam imaginem et similitudinem ficta. Non autem illis similis dicendus est Deus, quia neque homo est suae imagini similis¹³." Eodem: „Ipsa theologia ipsum dissimilem praedicat et omnibus incompactum, ut ab omnibus alterum, et, quod est profecto mirabilius, nihil simile esse ait. Et certe non adversatur hoc divinae similitudini, quippe eadem Deo et similia et dissimilia sunt; similia, quia ipsum pro viribus imitantur, quem ad liquidum imitari possibile non est¹⁴." Eodem: „Hoc autem, quia causalia auctore suo multum inferiora sunt et infinitis inconfusisque mensuris ab eo absunt¹⁵." Eodem capitulo tertio decimo: „Ex se velut ex omnipotente radice cuncta

---

¹ Ibid. VII, p. 404.
² Ibid. VII, p. 405.
³ Ibid. VIII, p. 417f.
⁴ Ibid. VIII, p. 421.
⁵ Ibid. VIII, p. 428.
⁶ Ibid. VIII, p. 433.
⁷ Ibid. IX, p. 452.
⁸ Ibid. IX, p. 454.
⁹ Ibid. IX, p. 454f.
¹⁰ Ibid. IX, p. 456f.
¹¹ Ibid. IX, p. 458.
¹² Ibid. IX, p. 460f.
¹³ Ibid. IX, p. 468f.
¹⁴ Ibid. IX, p. 471f.
¹⁵ Ibid. IX, p. 472.

selben Kapitel: „In allem ist er alles und in nichts nichts." Im elften Kapitel: „Gott ist Kraft und der Urheber jeder Kraft." Im selben Kapitel: „In unendlicher Mächtigkeit erstreckt sich die Verteilung der göttlichen Kraft zu allem, das ist. Und unter allen Dingen gibt es keines, das nicht fähig wäre, irgendeine Kraft aufzunehmen." In demselben Kapitel: „Etwas, das sich auf überhaupt keine Kraft stützt, ist weder, noch ist es etwas, noch hat es irgendeine Stellung." In demselben Kapitel: „Alle Dinge, die bestehen, hat er überragend und vor aller Zeit in seiner übersubstantiellen Kraft und allen Dingen, die bestehen, schenkt er die Fülle und den quellenden Überfluß seiner überragenden Kraft, auf daß sie sein können und das sind, was sie sind." In demselben Buch im zwölften Kapitel: „Gott wird groß genannt wegen seiner ihm eigenen Kraft, die er allem Großen mitteilt; über jede Größe ist er ausgebreitet und erstreckt sich noch darüber hinaus; jeden Ort hält er in sich, jede Zahl überschreitet er, jede Unendlichkeit läßt er hinter sich." Ebendort: „Diese Größe ist unendlich, sie entbehrt der Quantität und Zahl." Ebendort: „Klein aber und zart wird er genannt, weil er jede Masse und Entfernung überschreitet, weil er ohne Hindernis zu allem vordringt, der Grund von allem jedoch winzig ist; nirgends findest du die nicht mitteilbare Gestalt dieser Winzigkeit." Ebendort: „Sie entbehrt der Quantität, keine Qualität hält sie, sie ist unendlich und unbegrenzt, sie umfaßt alles und ist für nichts faßbar." Ebendort: „Weil sie nicht vergrößert noch verkleinert werden kann..." Ebendort: „Sie wird das Andere genannt, weil Gott durch den Wesenssinn seiner voraussehenden Fürsorge allem beisteht und zum Heile aller alles in allem wird, indem er in sich selbst und seiner Selbigkeit bleibt!" Ebendort: „... die Kraft der göttlichen Ähnlichkeit, durch die alles, das geschaffen wird, auf seinen Urheber zurückgewendet wird; diese Dinge müssen wir gottähnlich nennen und nach Gottes Bild und Gleichnis geschaffen. Von Gott aber dürfen wir nicht sagen, daß er ihnen ähnlich ist, da ja auch der Mensch nicht seinem Bild oder Gleichnis ähnlich ist." Ebendort: „Die Theologie bezeichnet ihn als unähnlich und keinem von allem entsprechend, da er allem gegenüber ein Anderer ist. Was noch erstaunlicher ist: sie sagt, es gäbe nichts ihm Ähnliches. Das ist sicher kein Widerspruch zu der Ähnlichkeit mit Gott, denn für Gott ist dasselbe ähnlich und unähnlich. Ähnlich deshalb, weil es ihn nach Kräften nachahmt, den völlig nachzuahmen nicht möglich ist." Ebendort: „Die Tatsache, daß das Verursachte seinem Urheber weit unterlegen ist und in unendlichen und unvermischten Maßen von ihm getrennt ist." Ebendort im dreizehnten

producens...¹" Eodem: „Neque sinens ea ab se cadere...²" Eodem capitulo tertio decimo: „Ipse omnium et saeculum et tempus et ante dies et ante saeculum ac tempus, quamvis et tempus et diem et momentum et saeculum eum convenientissime appellare possimus, et qui per omnem motum incommutabilis atque immobilis sit, cumque semper moveatur, in se ipso manet ut saeculi et temporis et dierum auctor³." Eodem capitulo tertio decimo: „Vitam omnium quae vivunt et ipsius vitae causam ipsum esse ipsamque vitam et ipsam deitatem diximus principaliter quidem et divine et secundum causam unum principia cuncta excellens⁴." Eodem capitulo quinto decimo: „Omnem terminat infinitatem et supra omnem expanditur finem atque a nullo capitur seu comprehenditur; sed pertingit ad omnia simul⁵." Eodem: „Neque est unum illud, omnium causa, unum ex pluribus, sed ante unum etc⁶." Eodem: „Uniusque omnis ac multitudinis definitivum⁷." Eodem: „Si omnibus omnia coniuncta quis ponat, erunt omnia toto unum⁸." Eodem: „Est unum omnium veluti elementum⁹." Eodem: „Si unum tollas, neque totum erit, neque pars aliqua, neque aliud quidquam in rebus. Omnia enim in se ipso unum uniformiter antea cepit atque complecitur¹⁰." Eodem: „Unum ante finem atque infinitatem etc.¹¹." Eodem: „Omnia quae sunt ipsumque esse determinat¹²." Eodem: „Quod supra ipsum unum est, ipsum quod unum est determinat¹³."

(d)

Circa finem Mysticae theologiae: „Neque aliud aliquid ex iis, quae nobis aut alteri cuiquam in mundo est cognitum, neque aliquid eorum, quae non sunt, neque eorum, quae sunt, est¹⁴." In eadem: „Neque est ulla eius positio, neque ablatio¹⁵."

---

[1] Ibid. X, p. 483.
[2] Ibid. X, p. 484.
[3] Ibid. X, p. 485f.
[4] Ibid. XI, p. 520f.
[5] Ibid. XIII, p. 538f.
[6] Ibid. XIII, p. 541f.
[7] Ibid. XIII, p. 542.
[8] Ibid. XIII, p. 544.
[9] Ibid. XIII, p. 545.
[10] Ibid. XIII, p. 545.
[11] Ibid. XIII, p. 548f.
[12] Ibid. XIII, p. 549.
[13] Ibid. XIII, p. 549.
[14] Dionysius, a. a. O., De myst. theol. V, p. 599f.
[15] Ibid. V, p. 600f.

Kapitel: „Er bringt alles aus sich wie aus einer allmächtigen Wurzel hervor." Ebendort: „Er läßt nicht zu, daß es von ihm fällt . . ." Im dreizehnten Kapitel: „Er ist für alles Zeitdauer und Zeit und vor dem Tag und vor der Zeitdauer und vor der Zeit, obgleich wir ihn zutreffend Zeit und Tag und Augenblick und Zeitdauer nennen können; er, der durch jede Bewegung unveränderlich und unbeweglich bleibt und wiewohl er sich bewegt, in sich selbst verharrt als der Urheber von Zeit und Tagen." Aus dem dreizehnten Kapitel: „Das Leben aller die leben und der Grund des Lebens; das Sein, das Leben und die Gottheit selbst nannten wir ihn; ursprungshaft, göttlich; und seinem Grund gemäß das Eine, das alle Anfänge übertrifft." Im fünfzehnten Kapitel: „Alle Unendlichkeit begrenzt er, über alle Grenzen breitet er sich aus und von keinem wird er begriffen oder erfaßt; vielmehr erstreckt er sich zugleich zu allem hin." Ebendort: „Und dieses Eine, der Grund von allem ist nicht Eines aus Vielen, sondern vor dem Einen." Ebendort: „Es ist die Bestimmung des Einzelnen und der Vielheit." Ebendort: „Wenn jemand alles mit allem verbunden setzt, so werden alle im ganzen Eines sein." Ebendort: „Das Eine ist gleichsam das Element von allem." Ebendort: „Nimmt man das Eine hinweg, so wird weder das Ganze bestehen, noch ein Teil, noch irgend etwas in allen Dingen. Denn das Eine hat alles vorgängig in sich erfaßt und inbegriffen." Ebendort: „Das Eine ist vor Ende und Unendlichkeit." Ebendort: „Es bestimmt alles, was ist und auch das Sein selbst." Ebendort: „Was über dem Einen ist, bestimmt das, was das Eine ist." Ebendort: „Das Eine, das ist, wird unter die Dinge gezählt, die sind. Die Zahl hat nun aber Anteil an der Substanz. Jenes übersubstantielle Eine bestimmt also das Eine, das ist, und jede Zahl."

(d)

Gegen Ende der Mystischen Theologie: „Weder ist er etwas von dem, was uns oder einem anderen in der Welt bekannt ist, noch etwas von dem, das ist, noch etwas von dem, das nicht ist, noch von dem, das ist." Ebendort: „Für ihn gibt es keine Bejahung und keine Verneinung."

(e)

In epistola ad Gaium: „Si aliquis videns Deum intellexerit quod vidit, non ipsum vidit, sed aliquid; ... non cognosci, neque esse est supersubstantialiter, et super mentem cognoscitur. ... Perfecta ignorantia cognitio est eius, qui est super omnia, quae cognoscuntur[1]."

XV.

F: Haec theologi ponderosa et profunda esse dicta perspicio et talia, quae in ineffabilem divinitatem modo, quo quidem homini conceditur, visum dirigunt.

N: Advertistine, quomodo de ipso non-aliud loquitur?

F: Non adhuc clare percepi.

N: Tu saltem ipsum de prima causa loqui considerasti, quam in omnibus omnia nunc sic, nunc alio modo ostendit.

F: Sic videtur. Sed duc me, quaeso, ut id ipsum clarius tecum inspiciam.

N: Nonne, ubi ipsum principium unum nominat, considerasti quomodo post hoc dicit unum supersubstantiale unum quod est, et omnem numerum determinare[2]?

F: Consideravi et placuit.

N: Quare placuit?

F: Quia licet ipsum unum propinque ad ipsum non-aliud accedat, adhuc tamen fatetur ante unum esse supersubstantiale unum. Et hoc utique est unum ante ipsum unum, quod est unum. Et hoc tu quidem ipsum non-aliud vides.

N: Optime cepisti! Unde si A foret significatum de li non-aliud, tunc A id, de quo loquitur, foret. Si autem, ut ait, unum est ante finem et infinitatem omnem terminans infinitatem, ad omnia

---

[1] Dionysius, a. a. O., Ep. I ad C., p. 604ff. Cod. Mon.: explicunt allegationes, sequitur capitulum XV.

[2] Dionysius, a. a. O., De div. nom., XIII, p. 549f.

(e)

Im Brief an Gaius: „Wenn jemand Gott sieht und erkennt, was er sieht, dann sieht er nicht ihn, sondern irgend etwas; übersubstantiell wird er nicht erkannt und ist er nicht; über Denken und Geist wird er erkannt. Vollkommene Unkenntnis ist die Erkenntnis dessen, der über allem steht, das erkannt wird."

XV.

F: Ich erkenne, daß die Aussprüche des Theologen gewichtig und tiefgründig sind und zwar dergestalt, daß sie den Blick so, wie es dem Menschen zugestanden ist, auf die unsagbare Gottheit lenken.

N: Hast du bemerkt, wie er über das Nicht-Andere gesprochen hat?

F: Ich habe es noch nicht klar erfaßt.

N: Du hast sicher bedacht, wie er über den ersten Grund spricht, den er bald so, bald anders als alles in allem aufzeigt.

F: So scheint es. Aber gib mir bitte eine Anleitung, damit ich es mit deiner Hilfe besser einsehen kann.

N: Hast du nicht bedacht, daß er dort, wo er den Ursprung das Eine nennt, weiter sagt, daß das übersubstantiale Eine das Eine sei, das ist und das jede Zahl bestimmt?

F: Ich habe es bedacht und es hat mir gefallen.

N: Warum gefiel es dir?

F: Weil er, obwohl das Eine dem Nicht-Anderen nahekommt, dennoch dazu sagt, daß vor dem Einen das übersubstantiale Eine stehe; und das ist das Eine, das vor dem Einen steht, das eines ist. Und das erkennst du als das Nicht-Andere.

N: Das hast du sehr gut begriffen! Wenn A das Zeichen für das Nicht-Andere wäre, dann wäre A das, von dem gesprochen wird. Wenn aber, wie er sagt, das Eine vor dem Ende und der Unendlichkeit ist und alle Unendlichkeit begrenzt, sich zu allem zugleich beziehend und allem gegenüber unfaßbar bleibend, das

simul pertingens et ab omnibus incomprehensibile manens uniusque et omnis multitudinis definitivum, utique A ipsum unum definiens ipsum unum sane, quod est aliud, antecedit. Nam cum unum sit non aliud quam unum, tunc A subtracto unum desineret.

F: Recte! Nam cum dicat quomodo unum, quod supra unum est, ipsum, quod unum est, determinat[1], hoc utique unum supra unum prius dixit unum ante unum. Determinat igitur A unum et omnia, cum, ut dicit, ipsum unum omnis unius et multitudinis sit definitivum.

N: Potuisti etiam videre, quomodo theologus ad ipsum ante mentem convertit dicens Deum habere ante[2], ut ante sit et sit eminentissime, tamen A ante ante conspicitur, cum ante sit non aliud quam ante. Unde cum ante non nisi ante aliquid, quod praecedit, intelligatur, utique A est eminentissime ipsum ante, cum aliud omne praecedat. Ante autem dici de alio potest, ut aliud, quod praecedit, et aliud, quod sequitur, sit. Igitur si, ut theologus vult, in anteriori omnia eminenter sunt seu anterioriter quae reperiuntur in posteriori, in A utique eminentissime omnia cernimus, cum ante ipsum ante sit.

F: Optime rememoras. Adverti enim, quomodo dicit theologus ipsum, qui est ante saecula[3], esse saeculorum saeculum et ita ipsum de omnibus velle arbitror dicere. Per hoc igitur, quod Deum anterioriter ipsum A video, omnia in ipso ipsum video; per hoc vero, quod Deum posterioriter cerno in alio, ipsum in omnibus omnia esse cerno. Si ipsum ante saecula perspicio, in ipso saeculum Deum esse perspicio; nempe ante saeculum videtur saeculum in suo principio seu ratione. Si video ipsum in saeculo, ipsum saeculum video. Quod enim ante vidi Deum, post video saeculum; nam saeculum, quod in Deo Deum vidi, in saeculo saeculum intueor, quod quidem non est aliud, quam cum in ipso priori posterius ipsum videtur, tunc enim est ipsum prius; quodsi in ipso posteriori prius ipsum cernitur, tunc ipsum posterius est.

---

[1] Ibid. XIII, p. 541f.
[2] Ibid. V, p. 338f.
[3] Ibid. X, p. 485, 495.

Bestimmende für jedes Einzelne und jede Vielzahl, dann geht das A als das Eine, welches jenes Eine — das ein Anderes ist — definiert, diesem voraus. Denn da das Eine nichts anderes ist als das Eine, würde dieses mit der Tilgung von A zu bestehen aufhören.

F: Richtig. Denn wenn er sagt, daß das Eine, das über dem Einen ist, jenes, das eines ist, bestimmt, dann hat er das Eine über dem Einen zuvor als das Eine vor dem Einen bestimmt. Also bestimmt A das Eine und alles, da, wie er sagt, dieses Eine das Bestimmende für jedes Eine und jede Vielheit ist.

N: Du konntest auch bemerken, daß der Theologe den Geist auf dieses „Vor" hinlenkt, indem er sagt, Gott habe das „Vor" so daß er das „Vor" sei, und zwar in hervorragendster Weise. Dennoch sieht man das A vor dem „Vor", da das „Vor" nichts anderes ist als das „Vor". Da nun das „Vor" nur vor etwas, dem es vorausgeht, erkannt wird, ist das A das „Vor" in hervorragender Weise, da es allem anderen vorausgeht. „Vor" aber kann von einem Anderen gesagt werden, so daß es ein Anderes, das vorher geht, und ein Anderes, das folgt, ist. Wenn also nach der Meinung der Theologen im Vorgängigen alles, was sich im Späteren findet, hervorragend oder vorgängig ist, dann erblicken wir in A, da es vor dem „Vor" selbst ist, alles in hervorragender Weise.

F: Es ist gut, daß du das erwähnst. Es ist mir aufgefallen, wie der Theologe sagt, daß jener, der vor der Zeit ist, die Zeit der Zeiten sei. Und ich meine darum, daß er ihn in bezug auf alle Dinge so nennen möchte. Dadurch, daß ich Gott vorgängig als A sehe, sehe ich, daß alles in ihm er selbst ist; dadurch hingegen, daß ich Gott im nachhinein im Anderen erfasse, erfasse ich, daß er in allem alles ist. Wenn ich ihn vor der Zeit erkenne, erkenne ich den Zeitraum in ihm als Gott; denn vor der Zeit sieht man die Zeit in ihrem Ursprung oder Wesenssinn. Wenn ich ihn in der Zeit sehe, so sehe ich ihn als die Zeit. Denn was ich vorher als Gott sehe, sehe ich nachher als Zeit; die Zeit, die ich in Gott als Gott gesehen habe, schaue ich in der Zeit als Zeit; das ist aber nichts anderes, als wenn im Früheren das Spätere gesehen wird; dann nämlich ist es selbst das Frühere. Wenn aber im Späteren das Frühere gesehen wird, dann ist es selbst das Spätere.

N: Omnia penetras per ea, quae de ipso non-aliud concepisti, et, quantum tibi lucis ipsum A principium praestitit, intueris ad ea, quae tibi alioquin erant abscondita. Sed mihi adhuc unum dicito, quomodo apprehendis theologum asserere Deum convenientissime saeculum et tempus et diem et momentum posse nuncupari[1]?

XVI.

F: Intelligo iuxta theologi visionem. Vidit enim in tempore omnia temporalia temporaliter moveri, tempus tamen ipsum manere semper immutabile. Unde in tempore ipsum non-aliud valde intelligere elucescit. In hora enim est hora, dies in die, mensis in mense, in anno annus, et ut ante haec omnia cernitur, in ipso ipsum sunt sicut ipsum in omnibus omnia. Et quamvis ipsum in omnibus, quae tempore participant, omnia sit et ad omnia pergat et maneat cum omnibus inseparabiliter eaque definiat et terminet, non minus tamen apud se ipsum stabile manet et immobile neque augetur neque minuitur, licet maius esse tempus maiori induratione videatur, ut in mense maius quam die, quod non nisi ex alio venit, quod de ipso plus minusve participat. Aliter igitur et aliter eo manente imparticipabili varie participatur.

N: Ut equidem video, nihil te latet, sed ut ad cuncta theologi verba mentem applices opus est. Nihil enim frustra dicit. Momentum enim ipsum Deum convenientissime dici posse ait.

F: Utique sic dicit. Sed cur hoc attendendum acriter mones?

N: Momentum est temporis substantia. Nam eo sublato nihil temporis manet. Momentum igitur valde admodum de A participat ob suam simplicissimam indivisibilitatem et inalterabilitatem; videtur enim ipsa substantialitas, quae si duratio nominaretur, tunc facillime cerneretur quomodo in aeternitate aeternitas est, in tempore tempus, mensis in mense, in die dies, in hora hora, momentum in momento et de omnibus durationem participantibus eodem modo. Et non est aliud ab omnibus, quae durant, ipsa duratio et maxime quidem a momento sive nunc, quod stabiliter durat. Igitur duratio in omnibus est omnia, licet ante

---

[1] Ibid. X, p. 486.

N: Alles durchdringst du mit Hilfe dessen, was du vom Nicht-Andern begriffen hast. Und soweit der Ursprung A dir Licht gewährt, schaust du das, was dir sonst verborgen war. Aber sag mir noch eines: Wie verstehst du die Feststellung des Theologen, Gott könne völlig zutreffend Zeitraum, Zeit, Tag und Augenblick genannt werden?

XVI.

F: Ich verstehe es der Schau des Theologen entsprechend. Er sah nämlich, daß sich in der Zeit alles Zeitliche zeitlich bewegt, die Zeit selbst aber immer unveränderlich bleibt. Darum leuchtet in der Zeit das Nicht-Andere deutlich erkennbar. In der Stunde nämlich ist die Zeit Stunde, im Tag Tag, im Monat Monat, im Jahr Jahr, und wie sie vor alledem gesehen wird, so ist dieses in ihr sie selbst, wie sie selbst in allem alles ist. Obwohl sie in allem, das an der Zeit teilhat, alles ist und sich zu allem erstreckt und untrennbar bei ihm bleibt, es definiert und begrenzt, bleibt sie doch nicht weniger fest und unbeweglich bei sich selbst und wird weder vergrößert noch verkleinert, auch wenn die Zeit bei längerer Dauer größer zu sein scheint, in einem Monat z. B. länger als in einem Tag. Das kommt jedoch nur auf Grund des Andern zustande, das an ihr mehr oder weniger teilhat. Während sie selbst also unteilbar bleibt, haben die Dinge in immer anderer Weise an ihr teil.

N: Wie ich sehe, bleibt dir nichts verborgen; doch mußt du auf alle Worte des Theologen achten. Er sagt nämlich nichts umsonst. Er sagt, Gott könne zutreffend Augenblick genannt werden.

F: Ja, so sagt er. Aber warum mahnst du mich, darauf genau zu achten?

N: Der Augenblick ist der Grundbestand der Zeit; ohne ihn bliebe nichts von der Zeit. Der Augenblick hat also wegen seiner vollkommen einfachen Unteilbarkeit und Unveränderlichkeit noch größeren Anteil an A. Er scheint die Grundbestandlichkeit selbst zu sein. Würde diese Dauer genannt werden, so ließe sich leicht erkennen, daß er in der Ewigkeit Ewigkeit, in der Zeit Zeit, im Monat Monat, im Tag Tag, in der Stunde Stunde und im Augenblick Augenblick ist. Dasselbe gilt für alles, das an der Dauer teilhat. Und die Dauer ist keinem andern gegenüber, das dauert, ein Anderes. Am meisten gilt das für

omnia, quae ipsam participant. Unde quia alia sunt, quae ipsam participant, et a participantibus ipsa non est aliud: patet quomodo ipsum non-aliud per aeternitatem seu verius durationem et momentum participatur.

F: Puto te per momentum velle praesentiam dicere.

N: Idem esse nunc, momentum et praesentiam volo.

F: Clare iam video, quoniam praesentia est cognoscendi principium et essendi omnes temporum differentias atque varietates; per praesentiam enim praeterita cognosco et futura, et quidquid sunt per ipsam sunt, quippe praesentia in praeterito est praeterita in futuro autem est futura, in mense mensis, in die dies, et ita de omnibus. Et quamquam est omnia in omnibus et ad omnia pergens, est tamen omnibus incomprehensibilis stabiliter manens absque alteritate.

N: Perfecte subintrasti atque ideo etiam nequaquam te latet A praesentiam esse praesentiae. Nam ipsam antecedit praesentiam, cum praesentia, quae non aliud est quam praesentia, ipsum non-aliud, quod in ipso est ipsum, praesupponat. Et quia praesentia est temporis substantia, recte quidem ipsum A substantiae vides esse substantiam. Sublata enim praesentia non permanent tempora, sed sublato A nec praesentiam, nec tempora, nec aliud quidquam possibile est manere.

F: Bene admonuisti, pater, et iam equidem clare video cuncta ipsius theologi dicta per ipsum A illuminari. Placetque plurimum, quod Dionysius ipse affirmat theologos bonitatem ipsius Dei primam celebrare participationem, ex quo video, quod omnia nomina divina imparticipabilis participationem significant. Sed, cum omnia talia ipso A sublato cessent a significatione et participatione, quod A ipsum in omnibus participatur, habere me gaudeo et prioriter quidem secundum theologos in bonitate. Nam cum id, quod ab omnibus appetitur, sub boni ratione appetatur, recte A ipsum, sine quo omnia cessant, bonitas nominatur. Moyses creatorem ad omnia creandum motum inquit, quia ipsa vidit bona[1]. Si igitur rerum principium bonum est, omnia profecto in tantum sunt, in quantum bona sunt. Bonum sicut non est aliud

---

[1] 1. Mos. 1, 31.
[2] Dionysius, a. a. O., De div. nom. IV, pl. 185.

den Augenblick, das Jetzt, das beständig dauert. Also ist die Dauer in allem alles, wenn auch vor allem, das an ihr teilhat. Weil diese Dinge, die an ihr teilhaben, andere sind, sie selbst nichts Anderes von den Teilhabenden, so ist offenkundig, daß die Ewigkeit oder besser die Dauer und der Augenblick am Nicht-Anderen teilhaben.

F: Mit Augenblick, glaube ich, willst du Gegenwart sagen?

N: Jetzt, Augenblick und Gegenwart halte ich für dasselbe.

F: Ich sehe schon deutlich, daß die Gegenwart der Ursprung von Erkennen und Sein aller Unterschiedlichkeit und Verschiedenheit der Zeiten ist. Durch die Gegenwart erkenne ich das Vergangene und das Zukünftige. Und was dies ist, ist es durch sie, weil die Gegenwart im Vergangenen das Vergangene, in der Zukunft aber das Zukünftige ist, im Monat Monat, im Tag Tag usw. Und obwohl sie alles in allem ist und sich auf alles bezieht, kann sie von nichts erfaßt werden und bleibt beständig ohne Andersheit.

N: Du bist vollkommen eingedrungen und darum ist dir auch keineswegs verborgen, daß das A die Gegenwart der Gegenwart ist. Es geht der Gegenwart selbst voraus, weil die Gegenwart, die nichts anderes ist als die Gegenwart, das Nicht-Andere, das in ihr es selbst ist, voraussetzt. Und weil die Gegenwart der Grundbestand der Zeit ist, erkennst du richtig, daß A der Grundbestand des Grundbestandes ist. Wird die Gegenwart aufgehoben, so dauert die Zeit nicht mehr an. Wird aber A aufgehoben, so könnte weder Gegenwart noch Zeit noch sonst irgend etwas bestehen bleiben.

F: Es war gut, daß du mich darauf aufmerksam gemacht hast, Vater. Nun sehe ich deutlich, daß sämtliche Aussprüche dieses Theologen durch A erhellt werden. Außerdem gefällt es mir sehr, daß Dionysius versichert, die Theologen hätten die Güte als die erste Teilhabe Gottes gepriesen. Ich ersehe daraus, daß alle göttlichen Namen die Teilhabe am Nicht-Partizipierbaren bedeuten. Da aber mit der Aufhebung des A alle diese Namen ihre Bedeutung und Teilhabe verlören, da es in ihnen allen partizipiert wird, freue ich mich, den Ansichten der Theologen entsprechend, vorgängig in der Güte zu befinden. Denn da das, was alle erstreben, im Hinblick auf das Gute erstrebt wird, wird jenes A, durch das alles besteht, mit Recht die Güte genannt. Moses sagt, der Schöpfer sei dadurch be-

a pulchro, ut ait Dionysius[1], sic nec ab omni existenti; hoc autem habet ab ipso A. Idcirco in ipso optime relucescit. Si enim A ipsum optime splendescit in aliquo, id ipsum utique et est et dicitur bonum.

N: Perspicue cernis, quia medio ipsius A recte cuncta perlustras; numquid et id etiam considerasti, quomodo unum esse veluti omnium elementum theologus dicit, Deum tamen in Mystica theologia unum negat[2]?

XVII.

F: Consideravi, inquam, ipsum dixisse veluti ais, sed, quaeso, quid per hoc expresserit, dissere.

N: Dicere ipsum voluisse arbitror: sicut uno sublato cessant singula et quemadmodum elemento sublato desinunt elementata, ita ipso A summoto omnia pariter cessant. Habet enim se modo ad cuncta intimiore penitioreque, quam elementum ad elementata.

F: David igitur de Dynanto et philosophi illi, quos secutus is est, minime errarunt, qui quidem Deum hylen et noun et physin, et mundum visibilem Deum visibilem nuncuparunt[4].

N: David hylen corporum principium vocat, noun seu mentem principium animarum, physin vero seu naturam principium motuum et [illa][3] non vidit differre inter se ut in principio, quocirca sic dixit. Tu autem iam ipsum A haec ipsa vidisti definire ipsaque in ipsis esse, etsi ipsorum sit nullum. Ideo haec et huiusmodi nihil te moveant, quod scilicet theologus unum veluti elementum dicat, sed semper ad ipsum A et praemissa recurrens non errabis.

---

[1] Ibid. XIII, p. 545 und De myst. theol. V, p. 599.
[2] Vgl. Albertus Magnus, Kommentar zu De divinis nominibus; Cod. Cus. 96, fol. 88va; dazu: Ludwig Baur, Cusanus-Texte; III. Marginalien, Heidelberg 1941, p. 99.
[3] Cod. Mon.: illi.

wegt worden, alles zu erschaffen, weil er sah, daß es gut war. Wenn also der Ursprung der Dinge das Gute ist, dann besteht gewiß alles insoweit, als es gut ist. Wie aber das Gute dem Schönen gegenüber kein Anderes ist — so Dionysius —, so auch keinem bestehenden Ding gegenüber. Das aber hat es von A. Darum strahlt dieses in ihm sehr gut wider. Wenn nämlich jenes A in einem Ding aufs beste widerstrahlt, so ist dies in der Tat sowohl gut und wird auch so genannt.

N: Du erkennst alles ganz deutlich, weil du alles mit Hilfe von A richtig durchleuchtest. Aber hast du auch schon das bedacht: daß der Theologe zwar sagt, das Eine sei gleichsam das Element von allem, in der mystischen Theologie jedoch negiert, daß Gott das Eine sei?

XVII.

F: Ich habe wohl bedacht, daß er so spricht, wie du bemerkst. Aber erkläre mir bitte, was er damit ausdrücken will.

N: Ich glaube, er wollte folgendes sagen: So wie es bei der Wegnahme des Einen kein Einzelnes mehr gibt und bei der Aufhebung des Elements das verschwindet, was aus ihm hervorgeht, genauso würden mit Aufhebung von A alle Dinge verschwinden. Denn es ist mit allem in viel engerer und innerlicherer Beziehung verbunden als das Element mit dem aus ihm Hervorgegangenen.

F: Also irrten David von Dynant und jene Philosophen, denen er folgte, nicht, wenn sie Gott als Hyle, Nous und Physis und die sichtbare Welt als sichtbaren Gott bezeichneten?

N: David nennt die Hyle den Ursprung der Körper, den Nous oder Geist den der Seelen, die Physis aber oder die Natur den der Bewegung und lenkt seinen Blick darauf, daß sich jene, sofern sie im Ursprung sind, nicht voneinander unterscheiden; deshalb spricht er so. Du aber hast schon gesehen, daß das A diese definiert und in ihnen diese ist, auch wenn es nichts von ihnen ist. Laß dich darum durch diese und ähnliche Sätze nicht verwirren, auch wenn der Theologe das Eine gleichsam als Element bezeichnet. Wende dich vielmehr zum A zurück und zu dem, was wir oben gesagt haben; dann wirst du nicht irren.

F: Sancte me instruis informasque, idque etiam mihi admodum est gratum, quod ad Caium theologus scripsit. Est enim lucidum et ad ea, quae dixisti, conforme atque consentaneum.

N: Quidnam illud?

F: Quando aiebat theologus: „si quis Deum videns intellexerit quod vidit, non ipsum vidit, sed aliquid[1]." Unde si David de Dynanto Deum vidisset esse hylen aut noun aut physin, utique aliquid et non Deum vidisset.

N: Mirabilis es, Ferdinande; et mirabilior sane, si id in dictis etiam verbis, quod est altius, considerasti.

F: Quid istud est rogo.

N: Quando scilicet inquit: cum omnia, quae intelliguntur, sint aliquid, ideo non sunt Deus. Aliquid autem quid aliud est. Deus igitur, si intelligeretur, utique non esse aliud intelligeretur. Unde si non potest intelligi esse id, quod per aliud et aliquid significatur, nec aliquid intelligi potest, quod per aliquid non significetur: ideo Deus, si videretur, necesse est quod supra et ante quid aliud et supra intellectum videatur. Ast ante aliud nil nisi non-aliud videri potest. Habes igitur quononaliud in principium nos dirigit intellectum et aliud et aliquid et omne excellens et antecedens intelligibile. Haec ibidem theologus declarat, atque etiam, quomodo ipsius non-aliud cognitio perfecta dici potest ignorantia, quando quidem eius, qui est super omnia, quae cognoscuntur, est cognitio[2]. Haec nunc de nostro admirabili theologo sic dicta sint, sufficiunt enim proposito ad quaeque alia per ipsum taliter dicta.

XVIII.

F: Nunc si otium tibi est, maximi illius Peripatetici et argutissimi Aristotelis quaedam hoc nostro principio scripta forte non indigna subintremus. Et quoniam ignotus penitus nequa-

---

[1] Dionysius, a. a. O., Ep. I ad C., p. 606f.: ... οὐκ αὐτὸν ἑώρακεν, ἀλλά τι τῶν αὐτοῦ τῶν ὄντων καί γινωσκομένων.
[2] Ibid. 607.

F: Wunderbar belehrst und unterweist du mich. Auch das, was der Theologe an Gaius schrieb, ist mir in hohem Maße willkommen. Es ist lichtvoll, entspricht genau deinen Worten und stimmt mit ihnen überein.

N: Was ist es?

F: Wenn der Theologe sagt: „So jemand Gott schaut und glaubt erkannt zu haben, was er sieht, dann hat er nicht ihn, sondern irgend etwas Anderes gesehen." Wenn also David von Dynant gesehen hätte, daß Gott Hyle oder Nous oder Physis ist, dann hätte er irgend etwas Anderes, aber nicht Gott gesehen.

N: Du bist wunderbar, Ferdinand; noch wunderbarer aber, wenn du in den genannten Worten noch etwas Wichtigeres bedacht hast.

F: Bitte, was soll das sein?

N: Wenn er sagt: „Da alles, was erkannt und verstanden wird, etwas ist, ist es nicht Gott." Etwas ist ein anderes Was. Könnte man also Gott erkennen, dann würde man einsehen, daß er kein Anderes sei. Wenn er daher nicht als das verstanden werden kann, was durch das Andere und Etwas bezeichnet wird, und auch nichts erkannt werden kann, das nicht ein Etwas bezeichnet, so müßte Gott, wenn man ihn sähe, über und vor dem anderen Was und jenseits des Denkens gesehen werden. Vor dem Anderen jedoch kann nichts als das Nicht-Andere gesehen werden. Daraus folgt also, daß das Nicht-Andere uns zum Ursprung führt, während es das Denken, das Andere, das Etwas und alles übertrifft und dem Denkbaren vorangeht. Das erklärt der Theologe an dieser Stelle und auch, daß die Erkenntnis des Nicht-Anderen vollkommene Unwissenheit genannt werden kann, da sie die Erkenntnis dessen ist, das über allem steht, was erkannt wird. Das sind vorerst die Worte des bewundernswürdigen Theologen. Sie genügen für unser Vorhaben auch hinsichtlich des anderen, das von ihm in dieser Weise gesagt worden ist.

XVIII.

F: Wenn du jetzt Zeit hast, wollen wir vermittels unseres Prinzips an einige nicht unbedeutende Schriften des größten Peripatetikers, des scharfsinnigen Aristoteles, herangehen. Da er

quam tibi est, dic, quaeso, quid nobis voluit ostendere tantae sollicitudinis philosophus?

N: Ea sane arbitror, quae circa veri notitiam adinvenit.

F: Quid igitur invenit?

N: Equidem, ut ingenue fatear, nescio; sed quidditatem, obiectum intellectus, semper quaesitam, numquam repertam dicit[1]. Sic enim ait in prima philosophia: „Omnibus difficillimum est maximamque ambiguitatem habet, utrum unum et ens, ut Pythagorici et Plato dicebat, non est aliud quidquam sed entium substantia, an non; an aliud quidem subiectum, ut Empedocles amicitiam ait, alius ignem, alius aquam, alius aërem[2]." Et alibi idem in eodem libro: „Tam olim quam nunc et semper quaeritur semperque dubitatur, quidnam ipsum ens sit, hoc est quaenam substantia est. Hoc enim quidam unum aiunt esse, quidam plura[3]."

F: Verba haec magni philosophi utique sunt aestimanda. Fac igitur, ut acuto visu hos philosophi sermones subintremus.

N: Tentabo pro virili [parte][4]. Equidem considero quomodo quaerit. utrum unum et ens non est aliud quicquam, sed entium substantia, qualiter per ipsum non-aliud rerum substantiam quaesivit. Vidit enim rerum substantiam non esse aliud quidquam et ideo de ente et de uno et de amicitia, de aëre et aqua et omnibus dubitavit, an aliquid horum foret rerum substantia, quoniam illa omnia aliud aliquid esse perspiciebat. Esse igitur rerum substantiam praesupposuit et plures tales non esse. Dubitavit autem, sicut alii omnes, quaenam haec esset. Et cum omnibus quaerens concurrit, qui ipsam varie nominabant, sciscitans, an per aliquem esset bene nominata. Et demum illi visum est, quod illam bene nemo nominavit, quia, quicumque eam nominarunt, aliquid aliud sive quid aliud, non ipsam simplicissimam rerum nominarunt quidditatem, quam utique vidit non posse esse aliud aliquid. Et in hoc quidem non erravit, sed ibi, sicut alii homines, cessavit. Vidit

---

[1] Aristoteles, Metaphysic VII, 1, p. 1028b.
[2] Ibid. III, p. 996a.
[3] Ibid. VII, p. 1028b.
[4] Konjektur; vgl. L. Baur, a. a. O.

dir keineswegs völlig unbekannt ist, sag mir bitte, was uns der Philosoph, der von solchem Eifer erfüllt war, zeigen wollte.

N: Ich meine, sicherlich das, was er von der Erkenntnis des Wahren entdeckte.

F: Was fand er also?

N: Um es ehrlich zu gestehen, ich weiß es nicht. Er sagt aber, daß die Washeit, der Gegenstand des Denkens, stets gesucht und nie gefunden werde. Folgendermaßen spricht er in der ersten Philosophie: „Von allem am schwierigsten zu entscheiden und von größter Unsicherheit ist die Frage, ob das Eine und das Seiende, wie die Pythagoräer und Platon sagten, nicht irgend etwas Anderes ist, sondern der Grundbestand der Seienden oder nicht; oder ob dies irgendein anderes Zugrundeliegendes sei, für das Empedokles die Freundschaft nennt, ein anderer das Feuer, ein anderer das Wasser, ein anderer die Luft." Und an einer anderen Stelle im selben Buch: „Einst wie jetzt und immer wird gefragt und ständig in Zweifel gezogen, was das Seiende sei, d. h. was der Grundbestand ist." Diesen nämlich hielten manche für das Eine, andere für das Viele.

F: Diese Worte des großen Philosophen sind wohl zu beachten. Rüste uns also zu, daß wir scharfen Blicks in diese Ausführungen eindringen.

N: Ich werde es nach Kräften versuchen. Bei der Frage, ob das Eine und das Seiende nicht etwas Anderes, sondern der Grundbestand der Dinge ist, denke ich darüber nach, wie er durch das Nicht-Andere den Grundbestand der Dinge suchte. Er erkannte, daß der Grundbestand der Dinge nicht etwas Anderes ist und darum ließ er beim Seienden, beim Einen, bei der Freundschaft, der Luft, dem Wasser und allem den Zweifel laut werden, ob irgend etwas davon Grundbestand der Dinge sein könnte, da er wohl begriff, daß sie alle etwas Anderes sind. Er legte also zugrunde, daß es den Grundbestand der Dinge gäbe und daß er nicht vielfach sei. Wie alle anderen war er aber im Zweifel, welches dieser sei. Und mit allen, die ihn in verschiedener Weise benannt hatten, kam er darin überein, nachzuforschen, ob ihn irgend jemand gut benannt hätte. Und schließlich schien ihm, daß niemand ihn gut bezeichnet habe, da, wer

enim, quod omnis rationalis venandi modus ad capiendum ipsam
tantopere desideratam et sapidam scientiam minime sufficit.

F: Video philosopho id accidisse, quod praedixisti.

N: Quid illud?

F: Quia qui quaerit videre, quaenam visibilium sit substantia,
cum visu illam inter visibilia quaerat, lucem se anterioriter percipere non attendit, sine qua nec posset quaerere nec reperire
visibile. Quodsi ad illam attenderet, in aliquo alio quaerere desineret; nempe sic philosopho accidit, qui cum mente rerum quidditatem [quaereret][1], lumen, quod per non-aliud significatur, illi
sese obtulit, tamquam sine quo nequaquam reperiret. Ceterum
ipse lumen ipsum non-aliud a quaesito non esse aliud non attendit. Quia vero per non-aliud aliud quaesivit, non nisi aliud ab
aliis repperit, quocirca hinc quaerendo remotius nimis adinvenit.

N: Verum dicis. Nam si lumen ipsum, quod mente medium esse
vidit ad quaesitum perveniendi principium, etiam ac finem esse
attendisset, non deviasset profecto et tot labores abbreviasset.
Si enim dixisset: clarissime utique video rerum quidditatem quid
aliud esse non posse — quomodo enim foret rerum quidditas, si
aliud foret? Aliud enim se ipsum quaesitum negat. Quodsi non
aliud esse debet, ab omni sane alio non-aliud esse necesse est.
Sed hoc, quod ab omni alio aliud esse non debet, certe aliter
nominari non potest. Non-aliud igitur recte nominabitur. Esto
igitur quod A per non-aliud ipsum significetur, A profecto
quaesitum erit.

---

[1] Cod. Mon.: quaeretur.

auch immer ihm einen Namen gegeben hatte, ihn als irgend etwas Anderes oder ein anderes Was, nicht aber als die allereinfachste Washeit der Dinge, von der er durchaus erkannte, daß sie nicht irgend etwas Anderes sein könne, bezeichnet hatte. Und darin irrte er nicht; doch blieb er, wie die anderen Menschen, dabei stehen. Denn er sah, daß keine Art und Weise vernünftigen Jagens dazu ausreicht, dieses so ersehnte und nahrhafte Wissen zu begreifen.

F: Ich sehe, daß dem Philosophen das zugestoßen ist, was du vorher erwähntest.

N: Was denn?

F: Da der, welcher zu erkennen strebt, welches sichtbare Ding der Grundbestand sei und ihn mit seinem Auge unter den sichtbaren Dingen sucht, nicht beachtet, daß er zuvor das Licht aufnimmt, ohne das er Sichtbares weder suchen noch finden kann; er ließe davon ab, in irgendeinem Anderen zu suchen, wenn er das Licht beachtete; genauso geschah es auch dem Philosophen. Während er im Geist nach der Washeit der Dinge suchte, traf das Licht, das mit dem Nicht-Anderen bezeichnet wird, auf ihn als dasjenige, ohne das er nichts finden würde. Im übrigen beachtete er aber nicht, daß das Licht als das Nicht-Andere dem Gesuchten gegenüber kein Anderes sei. Weil er aber vermittels des Nicht-Anderen Anderes suchte, hat er nur Anderes vom Anderen gefunden, weshalb er mit seinem Suchen nur allzu Entferntes entdeckte.

N: Du sprichst wahr. Denn hätte er beachtet, daß dieses Licht, das er im Geist als Mittel erkannte, zu dem gesuchten Ursprung zu gelangen, auch das Ziel sei, so wäre er gewiß nicht vom Wege abgeirrt und hätte sich so viel Mühe erspart; wenn er gesagt hätte: ich erkenne deutlich, daß die Washeit der Dinge kein anderes Was sein kann — denn wie sollte sie sonst die Washeit der Dinge sein, wenn sie etwas Anderes wäre? Das Andere leugnet ja selbst, daß es das Gesuchte ist. Wenn es nämlich kein Anderes sein darf, dann muß es ohne Zweifel das Nicht-Andere von jedem Andern sein. Das aber, was jedem Anderen gegenüber kein Anderes sein darf, kann gewiß nicht in anderer Weise genannt werden. Es wird also mit Recht das Nicht-Andere genannt werden. Wenn das A nun als Nicht-Anderes bezeichnet werden soll, so ist A wahrhaft das Gesuchte.

XIX.

F: Utinam, ut dicis, attendisset! Magno quidem se et nos labore liberasset, nempe secretum hoc facillimis, clarissimis ac paucissimis verbis tradidisset. Neque enim laboriosa logica nec difficili definiendi arte opus habuisset, quae, cum vir ille maximo labore investigasset, ad perfectum tamen perducere non evaluit. Cessassent quoque omnes circa species et ideas difficultates ac opinionum diversitates humanamque scientiam gloriose consummasset.

N: Ostendis eximiam erga philosophum utique diligendum affectionem, qui quidem ratione lucidissima dotatus videtur fuisse. Verum idem fortasse de omnibus speculativis dici philosophis posset. Difficilium enim haec est facilitas, quae ad veritatem speculantes direxissset omni visui mentis indubitabilem, qua meo quidem iudicio brevior nulla et artior vel tradi vel apprehendi potest, quae sola perfecta est, cui nihil addi per hominem est possibile. Visum enim ad principium dirigit, ut ibidem contemplans delicietur assidueque pascatur et excrescat. Neque ulla alia reperibilis est perfecta, absoluta et completa traditio. Omnia enim, quae oculi mentis acie non videntur, sed ratione investigantur, tametsi verum admodum appropinquare videantur, nondum tamen ad ultimam certitudinem pervenerunt. Ultima autem et omni ex parte cumulata certitudo visio est.

F: Cuncta, quae dicis, sic profecto se habent. Videtur sane philosophus ille omni suo tempore viam seu venandi rerum substantiam artem ex ratione elicere studuisse ac nullam, quae sufficeret, adinvenisse. Nam nec ipsa etiam ratio ad id, quod rationem antecedit, pertingit, minusque omnes a ratione productae artes possunt viam praebere ad id, quod omni rationi est incognitum. Philosophus ille certissimum credidit negativae affirmativam contradicere, quodque simul de eodem utpote repugnantia dici non possent. Hoc autem dixit rationis via id ipsum sic verum concludentis. Quodsi quis ab eo quaesivisset, quid est aliud, utique vere respondere potuisset: non aliud quam aliud est. Et

XIX.

F: Wenn Aristoteles doch in der Weise achtgegeben hätte, wie du sagst! Er hätte dieses Geheimnis in kurzen, einfachen und klaren Worten überliefert und damit sich selbst und uns große Mühe erspart. Er hätte sich weder mühevoller Logik noch schwieriger Definitionskunst zu bedienen brauchen, die jener Mann, obwohl er sie mit größter Mühe erforschte, doch nicht zur Vollkommenheit zu führen vermochte. Auch hinsichtlich der Eigengestalten und Ideen wären alle Schwierigkeiten und Meinungsverschiedenheiten verschwunden und er hätte das Wissen des Menschen glorreich zur Vollendung gebracht.

N: Du zeigst eine außerordentliche Neigung zu dem gewiß schätzenswerten Philosophen, der ja mit erleuchtetem Verstand begabt gewesen zu sein scheint. Allerdings läßt sich dies vielleicht von allen spekulativen Philosophen sagen. Denn das ist der leichte Zugang zum Schwierigen, welcher die im Gleichnis Suchenden zu der für die geistige Schau unbezweifelbaren Wahrheit geführt hätte. Meiner Meinung nach kann kein kürzerer und knapperer Zugang als dieser dargestellt und begriffen werden; er ist allein vollkommen und kein Mensch kann ihm etwas hinzufügen. Er führt den Blick zum Ursprung, auf daß sich der Schauende dort erfreue, nähre und wachse. Auch ist keine andere Überlieferung zu finden, die vollkommen absolut und vollständig wäre. Alles nämlich, was der Blick des geistigen Auges nicht sieht, sondern der Verstand erforscht, das gelangt nicht, auch wenn es dem Wahren nahe zu kommen scheint, zur letzten Gewißheit. Die letzte und von allen Seiten geballte Gewißheit ist die Schau.

F: Sicherlich verhält sich alles, was du sagst, in dieser Weise. Jener Philosoph scheint sein Leben lang versucht zu haben, auf Grund des Verstandes den Weg oder die Kunst zu finden, um zum Grundbestand der Dinge zu gelangen, und keine befriedigende Lösung gefunden zu haben. Denn auch der Verstand kann nicht zu dem vordringen, was ihm vorausgeht; noch viel weniger sind die von ihm hervorgebrachten Künste dazu fähig, einen Weg zu dem zu gehen, was jedem Verstande unbekannt ist. Jener Philosoph hielt es für unbedingt sicher, daß jede bejahende Aussage einer verneinenden widerspreche und daß man von einem Ding nicht zugleich einander widersprechende Aussagen machen kann. Das sagte er vermittels des Verstandes, der das als wahr erschließt. Wenn ihn aber jemand gefragt hätte, was ist das Andere, so hätte er vollkommen richtig antworten können: es ist nichts anderes als das Andere. Und hätte man

consequenter si quaerens adiecisset: quare aliud est aliud? sane quidem, ut prius, dicere valuisset: quia non aliud quam aliud est; et ita non-aliud et aliud neque sibi ut repugnantia vidisset contradicere. Atque illud, quod primum principium nominat pro viae ostensione perspexisset non sufficere ad veritatem, quae supra rationem mente contemplatur.

N: Tua equidem dicta laudo addoque, quod alio etiam modo ad veritatem intuendam viam sibi ipse praeclusit; aiebat enim substantiae non esse substantiam nec principii principium, ut supra tetigimus; nam sic etiam contradicitonis negasset esse contradictionem. At si quispiam eum interrogasset, numquid in contradicentibus contradictionem vidisset, veraciter se videre respondisset. Deinde interrogatus, si id, quod in contradicentibus vidit, anterioriter sicut causam ante effectum videret, nonne tunc contradictionem videret absque contradictione, hoc certe sic se habere negare nequivisset. Sicut enim in contradicentibus contradictionem esse contradicentium contradictionem vidit, ita ante contradicentia contradictionem ante dictam vidisset contradictionem, sicut Dionysius theologus Deum oppositorum vidit oppositionem sine oppositione. Oppositioni enim ante opposita nihil opponitur. Verum etsi philosophus ille in prima seu mentali philosophia defecerit, multa tamen in rationali ac morali omni laude dignissima conscripsit. Quae quoniam praesentis speculationis non sunt, haec de Aristotele dixisse sufficiat.

XX.

Petrus Balbus Pisanus: Audivi te, pater, cum Ferdinando multa et mihi quidem gratissima contulisse, sed maxime ex Dionysii maximi theologi libellis recitata sum admiratus. Cum enim Proclum illum Platonicum in libro de Platonis divini theologia de Graeco verterem his diebus in Latinum, ea ipsa quasi eodem quoque expressionis tenore am modo repperi, quam ob rem de Platonica etiam te audire theologia aliquid cupio.

ihn konsequent weiter gefragt: warum ist das Andere ein Anderes, so hätte er ebenso wie früher sagen können: weil es nichts anderes ist als ein Anderes. Und daraus hätte er ersehen, daß das Andere und das Nicht-Andere sich nicht als Widersprüche widersprechen. Und er hätte erkannt, daß das, was er als das erste Prinzip für die Verdeutlichung des Weges bezeichnet, nicht für die Wahrheit ausreicht, welche vom Geist jenseits des Verstandes betrachtet wird.

N: Ich bin mit deinen Worten ganz einverstanden und füge hinzu, daß er sich noch in anderer Weise den Weg zur Schau der Wahrheit verschlossen hat. Er sagte nämlich, es gäbe keinen Grundbestand des Grundbestandes und keinen Ursprung des Ursprungs; wie wir es oben erwogen haben; ebenso würde er auch geleugnet haben, daß es den Widerspruch des Widerspruches gibt. Hätte ihn nun jemand gefragt, ob er in Widersprüchlichem den Widerspruch sehe, so hätte er das selbstverständlich bejaht. Hätte man ihn weiter gefragt, ob er nicht dann, wenn er das, was er im Widersprüchlichen sieht, vorgängig — so wie die Ursache vor der Wirkung — sähe, den Widerspruch ohne Widerspruch erkenne, so hätte er das sicherlich nicht leugnen können. Wie er nämlich gesehen hat, daß im Widersprüchlichen der Widerspruch der des Widersprüchlichen ist, so hätte er vor dem Widersprüchlichen den Widerspruch vor dem genannten Widerspruch gesehen, genauso wie der Theologe Dionysios Gott als den Gegensatz des Gegensätzlichen ohne Gegensatz erschaute. Dem Gegensatz vor dem Gegensätzlichen wird nichts entgegengesetzt. Wenngleich dieser Philosoph auch in der ersten oder Geist-Philosophie versagte, so hat er doch in der verständigen und moralischen Philosophie vieles geschrieben, das jedes Lobes würdig ist. Weil dies aber nicht zu unserer gegenwärtigen Betrachtung gehört, wollen wir es mit diesen Bemerkungen über Aristoteles genug sein lassen.

XX.

Petrus Balbus Pisanus: Ich habe zugehört, wie du, Vater, mit Ferdinand zusammen viele mir sehr willkommene Dinge ins Gespräch gebracht hast. Am meisten aber habe ich über die Zitate aus den Büchern des großen Theologen Dionysios gestaunt. Als ich nämlich während der letzten Tage den Platoniker Proklos in seinem Buch über die Theologie des göttlichen Platons aus dem Griechischen ins Lateinische übersetzte, fand ich dort dasselbe in fast denselben Worten und derselben Ausdrucksweise. Aus diesem Grund möchte ich gerne von dir auch etwas über die Platonische Theologie hören.

N: Proclum tuum, Petre, Dionysio Areopagita tempore posteriorem fuisse certum est. An autem Dionysii scripta viderit, est incertum. Sed tu particularius narrato, quo in dicto consentiant.

P: Sicut Dionysius inquit unum, quod est posterius uno simpliciter[1], ita et Proclus Platonem referens asserit.

N: Forte sapientes idem omnes dicere voluerunt de primo rerum principio, sed varie id ipsum varii expresserunt. Plato autem, quem tantopere Proclus extollit, tamquam Deus quidem fuerit humanatus, ad anterius semper respiciens conatus est rerum videre substantiam ante omne nominabile[2]. Unde cum rem corporalem divisibilemque ex se subsistere non posse perspiceret nec se ipsam propter debilitatem et fluxibilitatem suam conservare, ante illam animam, ante animam vero intellectum vidit atque ante intellectum unum.

Posterius autem prioris participatione subsistit. Primum igitur, cuius participatione omnia id sunt, quod sunt, ante intellectum videtur, cum omnia intellectu nequaquam participent. Intellectus igitur anterius sive senius se ipso, ut verbis eius utamur, non attingit. Ex quo Platonem reor rerum substantiam seu principium in mente sua revelationis via percepisse modo, quo apostolus ad Romanos dicit[3] Deum se illis revelasse, quam equidem revelationem in lucis similitudine capio, quae sese per semet ipsam visui ingerit. Et aliter non videtur, neque cognoscitur, quam ipsa se revelat, cum sit invisibilis, quia est ante et supra omne visibile. Haec Plato in epistolis sic se habere perbreviter exprimit Deum ipsum dicens vigilantissime et constanter quaerenti se Deum manifestare, quae Proclus quoque in Parmenidis commentariis resumit[4]. Cum haec igitur vera supponat, animam inquit, quae quidem omnia posteriora se ipsam contemplans in se animaliter complicat, ut vivo in speculo cuncta inspicere, quae eius participant vitam et per ipsam vivunt vitaliterque subsistunt. Et quia illa in ipsa sunt, ipsa in sui similitudine sursum ascendit ad priora, quemadmodum haec Proclus in eius recitat theologia.

---

[1] Dionysius, a. a. O., De div. nom. XIII, p. 541f.
[2] Vgl. Proclus, In Parm. I, ed. Cousin, p. ined. 617.
[3] Rom. 1, 19.
[4] Plato, 6. Brief, 323d, vgl. Proclus, a. a. O., IV, 924.

N: Es ist sicher, daß dein Proklos, Petrus, zeitlich später kommt als Dionysios Areopagita. Ob er aber dessen Schriften eingesehen hat, ist ungewiß. Berichte du indes genauer, in welchen Aussagen sie übereinstimmen.

P.: Wie Dionysios von dem Einen spricht, das später ist als das schlechthin Eine, so tut es auch Proklos, indem er sich auf Platon bezieht.

N: Vielleicht wollten alle Weisen über den ersten Ursprung der Dinge dasselbe sagen und drückten sich nur verschieden aus. Platon aber, den Proklos so sehr preist, so als wäre er ein Gott in Menschengestalt gewesen, hat versucht, den Grundbestand der Dinge vor jedem Benennbaren zu sehen, indem er stets auf das Vorgängige blickte. Als er daher sah, daß das körperliche und teilbare Ding nicht aus sich selbst bestehen kann und sich wegen seiner Vergänglichkeit und Wandelbarkeit auch nicht selbst erhalten kann, erblickte er vor ihm die Seele, vor dieser aber das Denken und davor das Eine.

Das Spätere besteht durch Teilhabe am Früheren. Das Erste also, durch dessen Teilhabe alles das ist, was es ist, erscheint vor dem Vernunft-Denken, da keineswegs alles an diesem teilhat. Darum erfaßt, um seine Worte zu gebrauchen, das Vernunft-Denken nicht das, was früher oder älter ist als es. Aus diesem Grund hat, wie ich glaube, Platon den Grundbestand oder den Ursprung der Dinge in seinem Geist durch eine Offenbarung in der Weise erfaßt, von der der Apostel im Römerbrief sagt: Gott hat sich ihnen geoffenbart. Diese Offenbarung erfasse ich im Ähnlichkeitsbild des Lichtes, das durch sich selbst ins Auge eindringt. Anders als daß es sich selbst enthüllt, kann es weder gesehen noch erkannt werden, da es — vor und über allem Sichtbaren — unsichtbar ist. Daß sich dies so verhält, stellt Platon in seinen Briefen in kurzer Form dar, wenn er sagt, Gott offenbare sich nur dem, der ihn wachsam und unablässig sucht. Das wiederholt auch Proklos im Parmenideskommentar. Indem er das als wahr annimmt, sagt er, daß die Seele, welche alles Spätere auf seelische Art einschließt, bei der Betrachtung ihrer selbst alles, das an ihrem Leben teilhat und durch sie lebt und lebendig besteht, wie in einem lebenden Spiegel einsehe. Und da diese Dinge in ihr sind, erhebt sie sich in ihrer Ähnlichkeit empor zum Früheren, wie dies Prokles in seiner Theologie darstellt.

P: Declara id, quaeso, quod dixisti, ipsum idem dicere scilicet, quod tu de non-aliud praemisisti.

N: Faciliter consideranti id ipsum clarescet. Namque, ut ipse ait, omnium causam ab omnibus oportet participari. Ideo ipsum unum, quod dicit esse ante unum, quod est unum, ab eo non est aliud, cum eius sit causa; quare causam ipsius unius, quod est, ideo unum nominat, ut non-aliud exprimat. Unde sicut nominat unius, quod est, causam unum, sic entis causam ens nuncupat et substantiae substantiam et de omnibus eodem modo. Per quod intelligi datur, omnia, quae sunt et nominantur, id, quod sunt et nominantur, habere ab omni[um][1] causa, quae in existentibus omnibus est id, quod sunt et nominantur, et non aliud. Vides igitur omnia nomina, quae nominatorum nomina dicit, antecedere, sicut unum ante unum, quod est et nominatur unum; ideo causae attribuit, ut causam a causato non esse aliud designetur. In omnibus igitur nominibus non-aliud est, quod significatur.

P: Video, pater, haec dubio carere; sed dum ad li non-aliud me converto, non possum equidem, quid sit, mente concipere.

N: Si quidem posses id concipere, haud utique [esset] omnium principium, quod in omnibus omnia significaret. Omnis enim humanus conceptus unius alicuius conceptus est. Verum ante conceptum non-aliud est, quando quidem conceptus non aliud quam conceptus est. Vocetur igitur ipsum non-aliud conceptus absolutus, qui videtur quidem mente, ceterum non concipitur.

P: Ipsum ergo non-aliud, cum ab aliquo non sit aliud, sed in omnibus omnia, nonne omni in conceptu omnia est?

N: Utique. Ideo cum omnis conceptus non aliud quam conceptus sit, in omni conceptu non-aliud est, quodcumque concipitur, manente sane conceptu, qui ipsum non-aliud est, inconceptibili.

---

[1] Konjektur.

P: Erkläre bitte, ob das, was du gesagt hast, d. h. was du über das Nicht-Andere ausgeführt hast, dasselbe besagt.

N: Dem, der darauf hinschaut, wird dies leicht verständlich. Wie er selbst sagte, muß alles an dem, was der Grund von allem ist, teilhaben. Darum ist also das Eine, das, wie er sagt, vor dem Einen ist, das ein eines ist, diesem gegenüber kein Anderes, da es dessen Grund ist. Deshalb bezeichnet er den Grund des Einen, das ist, als das Eine, um so das Nicht-Andere auszudrücken. Und so wie er den Grund des Einen, das ist, das Eine nennt, so den des Seienden das Seiende, den des Grundbestandes den Grundbestand. Und ebenso macht er es bei allem. Dadurch können wir verstehen, daß alles, was ist und benannt wird, das was es ist und benannt wird, jenem Grund von allem verdankt, der in allen existierenden Dingen das ist, was sie sind und heißen und nichts Anderes. Du erkennst, daß alle Namen, die er als Namen des Benannten bezeichnet, so vorausgehen wie das Eine, das vor dem Einen ist, das ist und eines genannt wird. Das Eine hat er darum dem Grund zugeteilt, damit hervorgehoben würde, daß der Grund dem Begründeten gegenüber nichts Anderes sei.

P: Ich sehe, Vater, daß daran nicht zu zweifeln ist. Während ich mich aber zum Nicht-Andern hinwende, kann ich im Geiste nicht begreifen, was es ist.

N: Wenn du es begreifen könntest, dann wäre es nicht der Ursprung aller Dinge, der in allem alles bedeuten würde. Jeder menschliche Begriff ist der Begriff von irgend etwas. Vor dem Begriff aber ist das Nicht-Andere, weil der Begriff nichts anderes als der Begriff ist. Man nennt darum das Nicht-Andere den absoluten Begriff, der wohl im Geist, sonst aber nicht erblickt wird.

P: Da also das Nicht-Andere keinem Gegenstand gegenüber ein Anderes ist, sondern in allem alles, ist es dann nicht in jedem Begriff alles?

N: Ja. Da folglich jeder Begriff nichts anderes ist als ein Begriff, ist in jedem Begriff, was immer auch begrifflich erfaßt wird, das Nicht-Andere, während allerdings der Begriff, der das Nicht-Andere ist, unbegreiflich bleibt.

XXI.

P: Me certe li quam turbat, quando ipse definiendo dicis: terra non est aliud quam terra. Id igitur, ut explanares, vellem.

N: Plane tu quidem vides veram esse hanc terrae definitionem, qua dicitur terra non aliud quam terra est, hanc vero falsam: terra est aliud quam terra.

P: Video.

N: Veritas definitionis igitur unde dependet?

P: Adverto plane, quomodo tam in vera quam falsa definitione est quam; ideo nequeo ab ipso quam dicere veritatem dependere, sed ab ipso non-aliud potius.

N: Optime. Quam igitur non definit; non ergo te perturbet.

P: Quam ob causam apponitur?

N: Quia dirigit visum. Nam cum non-aliud dico non aliud quam non aliud, li quam in non-aliud visum simpliciter dirigit, uti ante aliud est. Quando autem dico alud est non aliud quam aliud, visum dirigit in non-aliud, ut est in alio aliud. Et cum dico terra non aliud quam terra est, dirigit obtutum in non-aliud, ut est in terra terra, et pari de omnibus modo.

P: Optime sane. Nam nunc video ad quaestionem, quid est terra? responsum hoc: terram non aliud esse quam terram, mentis aciem explicare, qua mens quidem videt principium omnium per non-aliud significatum terram definire, quod est non-aliud in terra terram esse. Quodsi quaereretur, cur terra est terra? responderi debet, quia non aliud quam terra. Ideo enim terra est terra quia ipsius principium seu causa in ipsa ipsa est. Et sic si quaeratur: unde habet terra, quod terra est? dici sane debet: ab ipso suo principio seu non-aliud id habere. Ab eo enim, a quo habet, ut non aliud quam terra sit, habet, quod est terra. Quocirca si quaeratur: a quo habet bonum, quod est bonum? responderi potest a non alio a bono. Nam cum bonum ab alio a bono non

XXI.

P: Wenn du in einer Definition sagst, die Erde ist nichts anderes als die Erde, verwirrt mich doch wenigstens das „als". Ich möchte, daß du mir das erklärst.

N: Du siehst wohl deutlich, daß diese Definition der Erde, die lautet: die Erde ist nichts anderes als die Erde, wahr ist, jene aber, die besagt: die Erde ist anderes als die Erde, falsch ist.

P: Ich sehe es.

N: Wovon hängt also die Wahrheit der Definition ab?

P: Ich merke durchaus, daß sowohl in der wahren wie in der falschen Definition das „als" ist. Demzufolge kann ich nicht sagen, daß die Wahrheit von diesem „als" abhängt; eher von jenem „nichts anderes".

N: Sehr gut. Das „als" definiert also nicht. Es soll dich nicht verwirren.

P: Warum wird es also dazugeschrieben?

N: Weil es den Blick lenkt. Denn, wenn ich sage, das Nicht-Andere ist nichts anderes als das Nicht-Andere, so führt das „als" den Blick einfachhin auf das Nicht-Andere, wie es vor dem Anderen ist. Wenn ich aber sage: Das Andere ist nichts anderes als das Andere, dann lenkt es den Blick auf das Andere, wie es im Anderen das Andere ist. Und wenn ich sage: die Erde ist nichts anderes als die Erde, so lenkt es den Blick auf das Nicht-Andere, wie es in der Erde ist und ähnlich gilt es von allem.

P: Sehr gut! Nun erkenne ich, daß auf die Frage, was ist die Erde, die Antwort: die Erde ist nichts anderes als die Erde, den Blick des Geistes entfaltet. Durch diesen sieht der Geist, daß der als das Nicht-Andere bezeichnete Ursprung aller Dinge die Erde definiert, d. h., daß das Nicht-Andere in der Erde ist. Wenn gefragt würde, warum die Erde Erde ist, muß man antworten: weil sie nichts anderes ist als Erde. Die Erde ist ja darum Erde, weil ihr Ursprung oder Grund in ihr sie selbst ist. Und wenn so gefragt würde: woher hat es die Erde, daß sie Erde ist, müßte man vernünftigerweise erwidern: daß sie das ihrem Ursprung oder dem Nicht-Anderen verdankt. Dem nämlich, dem sie es verdankt, nichts anderes als Erde zu sein, verdankt sie auch, daß sie Erde ist. Auf die Frage, wemzufolge das Gute gut ist, kann man antworten: von dem, das dem Guten gegenüber nichts Anderes ist. Denn da das Gute dies nicht einem vom Guten Anderen verdankt, ist es unbedingt

habeat, quod sit bonum, necesse profecto est, quod id habeat a non alio a bono. Sic terra habet, quod est terra, a non alio a terra; et ita de singulis. Hoc modo prioriter omnia in principio, quod non-aliud, video. Et per non-aliud simplicissime et absolute significatur, quia A ab aliquo non est aliud. Ideo causa, exemplar, forma, idea, species et eiusmodi nomina ei per philosophos attribuuntur, quemadmodum ante me videre fecisti.

N: Subintrasti, Petre, videsque omnium principium per non-aliud significari, ideo non aliud ab aliquo atque in omnibus omnia. Sed tu nunc ad Platonem revertere, cuius utique erat intentio principium, quod omnia est, in omnibus intueri. Unde ille omnia, quae habere se aliter possunt, ut est figura, nomen, definitio ratioque et opinio et talia, quidditatem nequaquam videbat ostendere[1], cum rerum essentia et quidditas haec omnia praecedat. Anterioriter igitur vidit ad illa, quae alia, instabilia et variabilia, ipsum, quod quidem aliud praecedit, omnium substantiarum substantiam et quidditatum esse quidditatem, quae cum in omnibus omnia sit, illa ipsum est, quod per non-aliud significatur. Apud ipsum igitur primum ipsum omnia et ab ipso vidit omnia ut a fonte seu causa et eius gratia emanare.

P: Haec aperte de se ipso Plato in epistolis scribit, verum adicit illud, quo omnia prime apud regem primum sunt et apud secundum secunde, tertie vero apud tertium[2].

N: Diversos modos essendi rerum vidit. Nam omnia ante aliud ipsum principium intuitus est simplicissimum, in quo quodlibet, quod in alio aliter, in ipso quidem non-aliud cernitur. Quando enim de terra, quam rationis obtutu esse quid aliud a non terra video seu caelo sive igne, me ad intuendum ipsam in principio trasfero ibi ipsam a non-terra aliam non video, quia ipsam principium, quod ab aliquo non aliud est, video; non quod ipsam imperfectiori modo quam prius intuear, sed praecisissimo modo atque verissimo. Tunc enim quodlibet videtur praecisissime, quando non-aliud cernitur. Qui enim sic terram videt, quod non-aliud ipsam videt, praecisissime intuetur. Et hoc est quidditatis ipsius et omnium quidditatem cernere. Namque alia est terrae quidditatis visio, quae intellectu a quidditate aquae aut

---

[1] Plato, 7. Brief 342b.
[2] Plato, 2. Brief 312e, vgl. Proclus, In Parm. I, 626.

nötig, daß es dies von dem dem Guten gegenüber nicht Anderen hat. So verdankt die Erde ihr Erde-Sein dem Von-der-Erde-nicht-Anderen und dasselbe gilt für alle Dinge. Auf diese Weise sehe ich alles vorgängig im Ursprung, der das Nicht-Andere ist. Durch das Nicht-Andere wird er in einfachster und absolutester Weise dargestellt, weil das A keinem Anderen gegenüber ein Anderes ist. Deshalb werden ihm von den Philosophen die Namen Grund, Urbild, Gestalt, Idee, Eigengestalt und ähnliches, wie du mich vorhin sehen ließest, gegeben.

N: Du bist gut in die Überlegung eingedrungen, Petrus, und siehst, daß der Ursprung von allem durch das Nicht-Andere bezeichnet wird; folglich ist er kein Anderes vom Andern; er ist in allem alles. Kehre indes zu Platon zurück, dessen Absicht es war, den Ursprung, der alles ist, in allem zu schauen. Er erkannte, daß alles, das sich anders verhalten kann, wie Figur, Name, Definition, Verstandesbestimmung, Meinung und dergleichen, die Washeit keineswegs zeigt. Die Wesenheit und Washeit der Dinge geht allem diesem voraus. Er erkannte also vorgängig zu jenem, das Anderes, Unbeständiges und Veränderliches ist, daß das, was dem Anderen vorangeht, der Grundbestand aller Grundbestände und die Washeit aller Washeiten ist, die in allem alles ist. Sie ist das, was durch das Nicht-Andere bezeichnet wird. Bei diesem Ersten also sah er alles und erkannte, daß alles von ihm und auf seine Gnade hin wie von einer Quelle oder einem Grund ausströmt.

P: Das schreibt Platon in seinen Briefen ganz klar. Er fügt aber noch etwas hinzu, demzufolge alles zuerst bei dem ersten König, dann bei dem zweiten und zuletzt bei dem dritten sei.

N: Er hatte die verschiedenen Seinsweisen der Dinge im Blick. Vor allem Anderen betrachtete er den einfachsten Ursprung, in dem Jedes, das man im Andern anders sieht, als das Nicht-Andere erblickt wird. Mit dem Auge des Verstandes sehe ich die Erde als ein Anderes gegenüber der Nicht-Erde, dem Himmel und dem Feuer. Wenn ich mich aber davon zu der Erde hinwende, wie ich sie im Ursprung sehe, dann erkenne ich sie als das Nicht-Andere von der Nicht-Erde, denn ich sehe sie als den Ursprung, der nicht ein Anderes von einem Andern ist. Ich sehe sie indes nicht auf unvollkommenere Weise als vorher, sondern auf sehr genaue und wahre. Denn jedes Ding wird dann am genauesten erfaßt, wenn man es als das Nicht-Andere erblickt. Wer die Erde so sieht, daß er sie als das Nicht-Andere

ignis videtur esse alia, et illa non-aliud sequitur, quia ab aliis alia est, et hic essendi quidditatis secundus seu intellectualis est modus. At tertius essendi est modus, quemadmodum per animam hoc ab illo discernentem animaliter attingitur, prout res seu rei quidditas sentitur, quod quidem fortassis dicere voluit Plato aut altius quiddam. Suum enim hoc arcanum et secretum quam breviter et timide Plato patefecit et in paucis suis verbis acutissima multorum ingenia excitavit.

XXII.

Ioannes Andreas Abbas: Audivi te, pater, et antea saepe et nunc maxime mentis tuae visionem nobis referentem, quodque illam in ipsum primum, quod quidem omnia in omnibus est, dirigis, quo prius quidquam concipi non potest, quod non-aliud nominas; et tamen ipsum asseris primum videri ante omne nominabile; quae mihi profecto videntur esse contraria.

N: Pater abba, bene tenes audita; sed ipsum non-aliud non dico equidem illius nomen, cuius est super omne nomen nuncupatio. Sed de ipso primo conceptus mei nomen per ipsum non-aliud tibi patefacio. Neque mihi praecisius occurrit conceptum meum exprimens nomen de innominabili, quod quidem a nullo aliud est.

A: Equidem mirarer, quonam modo ipsum, quod tu vides ante et supra omne aliud, non sit aliud, cum aliud ipsi non-aliud videatur opponi, nisi paene idem Plato quoque diceret in Parmenide et commentator Proclus hoc dubium enodaret[1]. Etsi ibi de uno et altero tam Plato, quam Proclus disserant dicentes impossibile unum ab altero alterum esse, tu autem praecisiori expressione tui conceptus per ipsum non-aliud clare me facis intueri non-aliud ipsum ab alio aliud esse non posse quocumque nominabili aut innominabili, cum omnia ipsum non-aliud ita definiat, ut omnia in omnibus sit. Verum Dionysius ille Areo-

---

[1] Plato, Parm. 139b—140 und Proclus, ibid. 1172.

sieht, schaut sie am genauesten; und das bedeutet, ihre Washeit und die aller Dinge erblicken. Eine andere Weise des Sehens ist die Schau der Washeit der Erde, die vom Denken als von der Washeit des Wassers oder des Feuers andere erkannt wird; sie folgt dem Nicht-Anderen, denn sie ist dem Anderen gegenüber eine andere. Und dies ist der zweite oder vernunfthafte Modus der Seinsart der Washeit. Aber es gibt noch eine dritte Seinsart: nämlich wie die Washeit von der Seele, die eines vom anderen unterscheidet, in seelischer Weise erreicht wird, je nachdem ein Ding oder die Washeit eines Dinges empfunden wird. Das oder vielleicht noch etwas Höheres wollte uns Platon sagen. Dieses sein verborgenes Geheimnis hat Platon scheu und so kurz als möglich kundgetan und mit seinen wenigen Worten die gewaltige Geisteskraft vieler angeregt.

XXII.

Johannes Andreas: Ich habe dich, Vater, schon früher oftmals gehört und vernehme jetzt, wie du uns vor allem die Schau deines Geistes vorträgst und den Blick auf das Erste richtest, das alles in allem ist; vor dem man nichts erfassen kann und das du das Nicht-Andere nennst. Und doch behauptest du, man sehe es als das Erste vor allem Benennbaren. Das scheint mir wahrlich ein Widerspruch zu sein.

N: Du behältst das Gehörte wohl, Vater Abt. Aber ich sage nicht, daß das Nicht-Andere der Name dessen sei, dessen Bezeichnung über allen Namen steht. Mit dem Nicht-Anderen eröffne ich dir vielmehr den Namen meines Begriffes vom Ersten. Mir fällt kein genauerer Name ein für meinen Begriff vom Unnennbaren, das keinem gegenüber ein Anderes ist.

A: Ich würde mich wahrlich wundern, wie das, was du vor und über allem Anderen siehst, selbst kein Anderes ist, da das Andere dem Nicht-Anderen entgegengesetzt zu sein scheint, wenn nicht Platon im Parmenides beinahe dasselbe gesagt hätte und sein Kommentator Proklos diesen Zweifel geklärt hätte. Wenn auch Platon wie Proklos dort das Eine und Andere erörtern und feststellen, das Eine könne unmöglich ein Anderes vom Anderen sein, so läßt du mich doch durch genauere Darstellung deines Begriffes vermittels des Nicht-Andern deutlich ersehen, daß das Nicht-Andere keinem Anderen gegenüber ein

pagita dicebat etiam Deum alterum dici, quod quidem negatur in Parmenide[1].

N: Meministi, puto, Platonem negare quid rei definitionem[2] attingere, quia quidditati circumponitur, uti etiam Proclus explanat. Unde non fit ita, cum ipsum non-aliud se atque omnia definit. Non enim sic ipsum principium quidditativum definit, quasi qui lineis circumpositis triangularem determinat seu definit superficiem, sed quasi superficiem, quae trigonus dicitur, constituat. Sed quod Plato et Dionysius sibi non repugnent atque adversentur, ipse quidem ex hoc vides. Dionysius enim ipsum alterum asserit, veluti communiter dicimus: amicus alter ego, non sane propter separationem, sed agglutinationem et ad essentiam ut sic dixerim talem, quod in omnibus omnia sit, ut ipse declarat. Nec aliud intendit Plato.

A: Video certe hanc, quam asseris definitionem solum veram et quidditativam, non esse illam, quam Plato mancam et defectuosam dicit[3], et vehementer demiror, dum magis adverto, quomodo hic modus, quanto notior quidem clarior et facilior, tanto ab omni obscuritate ac dubio est remotior atque absolutior. Quocirca cum dubitare nemo queat, quin hae tuae definitiones adeo sint verae, quod veriores esse non possint, in ipsis utique rerum quidditas veraciter elucescit. Sed quid ad evangelium dices, ubi legitur Joannem Baptistam, quo inter natos mulierum nemo est maior, asserere, quod Deum nemo vidit umquam[4], quodque hoc filius Dei, qui veritas in eodem nominatur evangelio, revelavit.

N: Id ipsum sane aio, ipsum scilicet omni visionis modo invisibilem. Nam etsi quis assereret se ipsum vidisse, is utique nequiret exprimere, quid vidisset. Nam qui est ante visibile et invisibile, quo pacto est visibilis, nisi quia excellit omne visibile, quod sine

---

[1] Dionysius, a. a. O., De div. nom. IX, 469ff.
[2] Plato, 7. Brief 342b; vgl. Proclus, In Parm. VII, (ed. Klibansky), p. 46.
[3] Plato, Staat VI, 505a.
[4] Mt. 11, 11; Joh. 1, 18.

Anderes sein kann, sei dieses nennbar oder nicht nennbar, da das Nicht-Andere alles so definiert, daß es alles in allem ist. Dionysios Areopagita sagt allerdings, man nenne auch Gott den Anderen; was im Parmenides jedoch bestritten wird.

N: Du erinnerst dich daran, daß Platon es, wie ich meine, bestreitet, daß die Definition — da mit ihr die Washeit, wie dies auch Proklos erklärt, umkleidet werde — das Was eines Dinges erfasse. Das ist jedoch nicht der Fall, wenn das Nicht-Andere sich und alles definiert. Es definiert das washeitliche Prinzip nämlich nicht so, wie jemand, der Linien zusammensetzt und die Fläche des Dreiecks bezeichnet oder definiert, sondern es bildet gleichsam die Fläche, die Dreieck heißt. Daß aber die Ansichten Platons und Dionysios weder widersprüchlich noch gegensätzlich sind, erkennst du aus folgendem: Dionysius nennt Gott den Anderen — so wie wir allgemein einen Freund als ein anderes Ich bezeichnen — wahrlich nicht um damit eine Trennung aufzuzeigen, sondern vielmehr eine Vereinigung, und im Hinblick auf eine Wesenheit, die, wie er erklärt, sozusagen alles in allem ist. Auch Platon beabsichtigt nichts anderes.

A: Ich sehe nun mit Sicherheit, daß diese Definition, die du als allein wahr und wesenhaft bezeichnest, keineswegs jene ist, die Platon fehlerhaft und unvollständig nennt. Meine Bewunderung wächst immer mehr, je mehr ich erkenne, daß diese Weise der Betrachtung um so ferner und freier von Unklarheiten und Zweifeln ist, je bekannter, klarer und leichter sie ist. Aus diesem Grund ist es niemandem möglich, zu zweifeln, daß diese deine Definitionen so wahr sind, daß sie nicht wahrer sein können; in ihnen erstrahlt wahrhaft die Washeit der Dinge. Aber was sagst du zu der Stelle des Evangeliums, wo Johannes der Täufer, der Größte der vom Weibe Geborenen, versichert, daß niemand Gott jemals gesehen habe und daß dies der Sohn Gottes, der in demselben Evangelium die Wahrheit genannt wird, enthüllt hat?

N: Ich sage gewiß dasselbe; nämlich daß Gott für jede Art der Schau unsichtbar bleibt. Denn wenn jemand behaupten würde, er habe ihn gesehen, so könnte er doch nicht in Worten ausdrücken, was er gesehen hätte. Wie sollte der sichtbar sein, der

ipso nihil cernitur? Unde quando ipsum nec caelum, nec a caelo aliud esse video et universaliter nec esse aliud, nec ab alio aliud esse, non video ipsum quasi sciens, quid videam. Videre enim illud, quod equidem ad Deum refero, non est videre visibile, sed est videre in visibili invisibile. Sicut cum hoc esse verum video, quod nemo scilicet Deum vidit, tunc sane Deum video super omne visibile non-aliud ab omni visibili. Actualem autem illam infinitatem omnem excedentem visionem, omnium quidditatum quidditatem, nequaquam visibilem video, cum visibile quidem seu obiectum aliud sit a potentia, Deus autem, qui ab aliquo aliud esse non potest, omne obiectum excedat.

XXIII.

A: Non est mirandum Deum creatorem esse invisibilem, quippe cum mira intellectus opera in civitatum aedificiis, navibus, artibus, libris, picturis aliisque innumeris videamus, intellectum tamen sensu visus non attingimus. Deum itaque in creaturis suis cernimus, quamvis nobis maneat invisibilis. Sic quidem opera Dei sunt caeli et terra, quem nemo umquam vidit.

N: Visus se ipse non videt, licet in alio, quod videt, se videre attingat. Sed is visus, qui est visuum visus, suum cernere in alio non attingit, cum ante aliud sit. Cum igitur ante aliud cernat, in ipsa visione non est aliud videns, aliud visibile et aliud videre ab ipsis procedens. Quare patet Deum, qui theos quod est a theoro seu video dicitur, visionem illam ante aliud esse, quam non possimus perfectam nisi trinam videre, quodque ipsum videre infinitum et interminatum in alio est videre non-aliud ab aliquo. Se igitur et omnia unico et inenarrabili contuitu sapientes Deum videre aiunt, quia est visionum visio.

A: Quis non videret hoc verum, quod tu te iam videre ostendisti? Nemo profecto negat nisi mentis carens acumine Deum, qui principium ante aliud et omnia est, non esse privatum visu, qui

vor allem Sichtbaren und Unsichtbaren steht, außer in dem
Sinn, daß ohne ihn nichts gesehen wird, da er alles Sichtbare
überragt? Wenn ich also sehe, daß er nicht Himmel und kein
vom Himmel Anderes ist — und ganz allgemein —, weder ein
Anderes noch ein Anderes vom Andern ist, dann sehe ich ihn
nicht so, als ob ich gleichsam wüßte, was ich sehe. Jenes Sehen
nämlich, das ich auf Gott beziehe, ist nicht ein Sichtbares-Sehen,
sondern ein Im-Sichtbaren-Unsichtbares-Sehen. Sobald ich erkenne, daß es wahr ist, daß niemand Gott gesehen hat, sehe
ich Gott wahrhaft über allem Sichtbaren, als das Nicht-Andere
von allem Sichtbaren. Jene wirkliche Unendlichkeit hingegen,
welche jede Schau übersteigt, die Washeit aller Washeiten, sehe
ich keineswegs als sichtbare, da das Sichtbare oder der Gegenstand ein dem Vermögen gegenüber Anderes ist. Gott aber, der
vom Andern kein Anderes sein kann, übersteigt jeden Gegenstand.

XXIII.

A: Es ist nicht weiter verwunderlich, daß Gott der Schöpfer
unsichtbar ist. Denn da wir die wunderbaren Werke der Vernunft
an Städtebauten, Schiffen, Kunstwerken, Büchern, Gemälden
und dergleichen mehr sehen, und die Vernunft dennoch
nicht mit unserem Gesichtssinn erreichen können, so erkennen
wir Gott in seinen Geschöpfen, obgleich er selbst unsichtbar für
uns bleibt. So sind Himmel und Erde die Werke Gottes, den
niemals jemand erblickt hat.

N: Das Sehen sieht sich nicht selbst, wenngleich es sich im Andern, das es sieht, als Sehen erreicht. Jenes Sehen jedoch, das
das Sehen des Sehens ist, erreicht sein Erblicken im Andern
nicht, da es vor dem Andern ist. Da es also vor dem Andern
erkennt, ist in dieser Schau kein Anderes der Sehende, das Seh-
bare und das von beiden ausgehende Sehen. Daraus ergibt sich,
daß Gott, d. h. theos, der nach dem Wort theoro, d. h. ich
sehe, so genannt wird, diese Schau, die wir nur als drei-eine
vollkommen sehen können, vor dem Andern ist, und daß das
unendliche und unbegrenzte Sehen im Anderen das Sehen dessen ist, das jedem gegenüber das Nicht-Andere ist. So sagen also
die Weisen, daß Gott sich und alles in einem einzigen und unsagbaren Blick sieht, da er die Schau des Schauens ist.

A: Wer würde das nicht als wahr erkennen, von dem du gezeigt hast, daß du es siehst! Allein nur derjenige, dem der
Blick des Geistes fehlt, kann leugnen, daß Gott, der Ursprung,

quidem est ante privationem omnem; quodsi visu privatus non est, sed a visu theos nominatur, perfectissimam habet visionem Deus se ipsam et omnia perficientem seu definientem eo modo, quo tu proxime explicuisti. Quod autem Deus habet, hoc ante aliud est. Visus ergo, qui et theos unitrinus, non alia sane visione sese et alia alia videt, sed ea visione, qua se, simul et omnia intuetur. Hoc videre definire est. Neque enim videre ab alio motum habet, sicut in nobis obiectum potentiam movet, sed illius videre constituere est, quemadmodum inquit Moyses Deum vidisse lucem bonam et factam esse[1]. Lux igitur non aliud quam lux est, quae per visum, qui non-aliud est, lux visa est. Ex quo omnia una video ratione non aliud quam id, quod sunt, esse, quia scilicet visus, qui non-aliud est, non aliud a se ipso vidit. Sed reliquum est ut te de bono audiam, quod Moyses praemittit inquiens: Vidit Deus, quod esset bonum, et mox creavit[2].

N: Legisti tu quidem in Parmenidis commentariis Deum bonum dici similiter et unum[3], quae idem esse, quia illa omnia penetrant, probat. Ac si diceret quia Deus est omnia in omnibus, hoc ei est attribuendum nomen, quod quidem omnibus centraliter adesse cernimus. Bonum autem relucet in omnibus. Omnia suum esse diligunt, quia bonum, cum de se ipso amabile sit bonum atque diligibile. Quando igitur Moyses universi voluit describere constitutionem, in quo Deus se manifestaret, ad huius constitutionem singula creata bona dicit, ut universum esset gloriae et sapientiae Dei perfecta revelatio. Id igitur, quod ante aliud in se bonum vidit, in universi constitutionem, quia bonum, pervenit. Deus vero cum ante aliud videret bonum, ab illo utique aliud ipse non fuit. Quodsi quis bonum solum, ut est ipsum non-aliud, posset intueri ante omne aliud, profecto is intueretur, quod nemo bonus nisi solus Deus, qui est ante non-bonum. Omnia quippe

---

[1] 1. Mos. 1, 4.
[2] 1. Mos. 1, 10 u. a.
[3] Proclus, In Parm. (ed. Cousin op. ined. a. a. O.) VI, 1064f.

der vor dem Anderen und vor allem, und gewiß vor jedem Entzug steht, der Schau entzogen ist. Wenn er also der Schau nicht entzogen ist, sondern vielmehr nach ihr theos heißt, eignet ihm die vollkommenste Schau, welche sich und alles auf die Weise, die du vorhin erklärt hast, vollendet und bestimmt. Was aber Gott zu eigen ist, steht vor dem Anderen. Das Sehen, das zugleich der dreieinige Gott ist, schaut gewiß nicht in der einen Schau sich und in einer anderen das Andere, sondern mit der selben Schau, in der er sich erblickt, erblickt er zugleich auch alles. Dieses Sehen ist Definieren. Auch hat er seine Bewegung nicht von einem Anderen — so wie in uns der Gegenstand das Vermögen bewegt —; sein Sehen ist vielmehr Bilden. So sagt auch Moses: Gott sah, daß das Licht gut sei und es ist geworden. Das Licht ist also nichts anderes als das Licht, das durch das Sehen, das das Nicht-Andere ist, als Licht gesehen wird. Daraus erkenne ich, daß alles nur aus einem einzigen Grund nichts anderes als das ist, was es ist, und zwar deshalb, weil das Sehen, das das Nicht-Andere ist, sich selbst gegenüber nichts Anderes sieht. Es bleibt noch übrig, von dir etwas über das Gute zu hören, das Moses vorausschickt, wenn er sagt: Gott sah, daß es gut war und alsbald schuf er es.

N: Du hast im Parmenideskommentar gelesen, daß Gott in gleicher Weise das Eine wie das Gute genannt wird. Proklos begründet das damit, daß beide das Selbe seien, da sie alles durchdringen; so als hätte er sagen wollen: weil Gott alles in allem ist, müssen wir ihm diesen Namen geben, von dem wir erkennen, daß er allen Dingen im Innersten eigen ist. Das Gute aber widerstrahlt in allem. Alles liebt sein Sein, weil es gut ist und das Gute von sich aus liebenswert und schätzenswert ist. Als Moses die Erschaffung des Gesamt, in der Gott sich offenbaren würde, beschreiben wollte, da sagt er, daß die zu seiner Gestaltung geschaffenen Einzeldinge gut seien, damit das Gesamt eine vollkommene Offenbarung der Herrlichkeit und Weisheit Gottes wäre. Das also, was er vor dem Anderen in sich gut sah, das gelangte, weil es gut war, in die Bildung des Gesamt. Da nun aber Gott das Gute vor jedem Anderen sah, war er selbst diesem gegenüber kein Anderes. Könnte jemand das Gute allein, wie es das Nicht-Andere ist, vor allem Anderen schauen, so würde er gewiß erkennen, daß niemand gut ist als nur Gott allein, der vor dem Nicht-Guten steht.

alia, quia aliud esse aliter possent. Idcirco de ipsis bonum ipsum, quod quidem, quia non-aliud aliter esse nequit, minime verificatur. At vero attende, quomodo principio bonum convenit, quia non-bonum praecedit, et non-aliud praecedit aliud et principio convenit: et bonum, quod de principio dicitur, non-aliud est; praecisius tamen non-aliud, cum sese bonumque definiat.

A: Attende an ita sit, quod bonum non-bonum antecedit, cum secundum Platonem non-ens praecedat ens et affirmationem generaliter negativa[1].

N: Cum dicitur non-ens praecedere ens, hoc non-ens ente quidem melius est secundum ipsum Platonem[2]; ita etiam negativa, quae affirmativam praecedit. Ideo enim praecedit, quia melior. Verum non-bonum bono non est melius, quocirca secundum hoc bonum antecedit, et solus Deus bonum est, cum bono nihil sit melius. Bonum vero, quia aliud videtur a non-bono, non est praecisum nomen Dei. Et ideo negatur a Deo, sicut etiam alia omnia nomina, cum Deus nec a bono, nec a non-bono aliud sit, neque denique ab omni nominabili. Quare significatum li non-aliud praecisius in Deum quam bonum dirigit.

XXIV.

A: Video nunc planissime, cur magister veritatis aiebat solum Deum bonum[3]. Sed tu, pater, unum adhuc, quaeso, adice, quam ob causam idem magister Deum spiritum dicat, et tibi molesti esse desinemus[4].

N: Spiritum quidem esse Deum inquit, quia, sicuti corpus, loco non clauditur, cum incorporeus sit. Incorporeum enim ante corporeum, illocale ante locale, incompositum est ante compositum. Quid enim omni in composito nisi simplex dumtaxat cernitur seu incompositum? Compositum enim de se suum principium incom-

---
[1] Plato, Symp. 205b.
[2] Proclus, Theol. Plat. (ed. Aem. Portus), II, 4.
[3] Mt. 19, 17; Mk. 10, 18; Lk. 18, 19.
[4] Jh. 4, 24.

Alle Dinge sind Andere, weil sie in anderer Weise anders sein könnten. Darum läßt sich das Gute selbst, das als das Nicht-Andere nicht anders sein kann, an ihnen nicht bewahrheiten. Aber achte darauf, daß das Gute dem Ursprung zukommt, weil er dem Nicht-Guten vorausgeht und daß das Nicht-Andere dem Anderen vorausgeht und dem Ursprung zukommt. Und das Gute, das vom Ursprung ausgesagt wird, ist das Nicht-Andere. Dennoch wäre es genauer zu sagen, es ist das Nicht-Andere, da dieses sich selbst und das Gute zugleich definiert.

A: Beachte, ob es so ist, daß das Gute dem Nicht-Guten vorausgeht; denn nach Platon geht das Nicht-Seiende dem Seienden voraus; und ganz allgemein, die Negation der Affirmation.

N: Wenn man sagt, das Nicht-Seiende gehe dem Seienden voraus, dann ist — nach Platon — dieses Nicht-Seiende gewiß besser als das Seiende und ebenso die Verneinung, die der Affirmation vorausgeht. Folglich geht sie voraus, weil sie besser ist. Das Nicht-Gute ist nicht besser als das Gute. Aus diesem Grunde geht ihm also das Gute voran und ist nur Gott das Gute, da es nicht Besseres gibt als das Gute. Das Gute jedoch, das dem Nicht-Guten gegenüber als Anderes erscheint, ist kein genauer Name Gottes. Und darum wird er ebenso wie alle anderen Namen für Gott abgelehnt, denn Gott ist weder dem Guten noch dem Nicht-Guten noch irgendeinem anderen Benennbaren gegenüber ein Anderes. Aus diesem Grunde leitet die Bezeichnung das Nicht-Andere genauer hin auf Gott als der Name das Gute.

XXIV.

A: Nun verstehe ich deutlich, warum der Lehrer der Wahrheit sagte, nur Gott sei gut. Eine Erklärung aber füge noch hinzu, Vater; dann werden wir dir nicht weiter lästig fallen: aus welchen Grund nennt unser Meister Gott Geist?

N: Geist nennt er ihn deshalb, weil er, da er unkörperlich ist, nicht wie ein Körper von Raum eingeschlossen ist. Das Unkörperliche steht nämlich vor dem Körperlichen, das Unräumliche vor dem Räumlichen, das Unzusammengesetzte vor dem Zusammengesetzten. Was also findet man im Zusammengesetz-

positum dicit. Nam si in composito compositum videretur et in illo composito item compositum, unum utique magis compositum esse et aliud minus oporteret. Ad incompositum tandem deveniretur cum ante compositum sit componens. Nihil enim compositum se ipsum composuit. Erit ergo componens incompositum quod ante partem et ante totum est et ante universum et ante omne, in quo anterioriter seu incomposite omnia sunt. Non igitur in composits nisi incompositum dumtaxat videtur.

Sic mens ante compositam lineam incompositum punctum contemplatur. Punctus enim signum est, linea vero signatum. Quid autem videtur in signato nisi signum, quippe signum est signati signum? Ideo principium, medium et finis signati est signum, seu lineae est punctus, seu motus est quies, sive temporis est momentum et universaliter divisibilis indivisibile. Non video autem indivisibile in divisibili quasi eius partem, quia pars totius pars est, sed ipsum indivisibile ante partem et totum video in divisibili et ipsum non aliud ab ipso video. Si enim ipsum non cernerem, nihil penitus cernerem. Ultra ergo cum aliud in ipso video, non nisi non-aliud video. Deus igitur est spirituum spiritus, qui per ipsum non-aliud cernitur ante omnem spiritum. Quo sublato nec spiritus, nec corpus, nec quidquam potest manere nominabile. Sicut frigiditas propter suam invisibilitatem activitatemque, quae in frigido seu glacie sentitur, dici spiritus potest, qua sublata esse glacies desinit (subtracto enim spiritu congelante seu glaciente cessat et glacies) sic cessante spiritu connectente in compositis compositum cessat, et cessante spiritu essentiante cessat ens, et cessante spiritu discernente sive discretiante aut, ut praecisius exprimam, non-aliante omnia pariter cessant.

Spiritus enim, qui omnia in omnibus operatur, per quem quodlibet est non aliud quam est, per non-aliud nominatur. Ille spirituum spiritus est, cum omnis spiritus non-aliud

ten anderes außer dem Einfachen und Unzusammengesetzten? Das Zusammengesetzte weist doch von selbst auf seinen unzusammengesetzten Ursprung hin. Denn wenn man im Zusammengesetzten Zusammengesetztes sähe und darin wieder Zusammengesetztes, dann müßte unbedingt das eine mehr zusammengesetzt sein und das andere weniger. Und zuletzt käme man zum Unzusammengesetzten, da vor dem Zusammengesetzten das Zusammensetzende steht. Es hat sich ja kein Zusammengesetztes selbst zusammengesetzt. Darum muß also das Zusammensetzende, das vor dem Teil und dem Ganzen, vor dem Gesamt und allem ist, in dem alles vorgängig und unzusammengesetzt enthalten ist, unzusammengesetzt sein. Also ist im Zusammengesetzten nur das Unzusammengesetzte zu sehen.

So betrachtet der Geist vor der zusammengesetzten Linie den unzusammengesetzten Punkt. Der Punkt ist ein Zeichen, die Linie hingegen ein Bezeichnetes. Was aber findet sich im Bezeichneten anderes als das Zeichen, das ja das Zeichen des Bezeichneten ist? So ist das Zeichen Anfang, Mitte und Ende des Bezeichneten, bzw. für die Linie der Punkt, für die Bewegung die Ruhe, für die Zeit der Augenblick und ganz im allgemein, für das Teilbare das Unteilbare. Aber ich sehe das Unteilbare im Teilbaren nicht als einen Teil desselben, da der Teil ein Teil des Ganzen ist. Ich sehe vielmehr das Unteilbare vor dem Teil und dem Ganzen im Teilbaren und erkenne, daß es ihm gegenüber kein Anderes ist. Würde ich dieses nicht schauen, so würde ich überhaupt nichts sehen. Und darüber hinaus: wenn ich in ihm das Andere schaue, sehe ich nichts anderes als das Nicht-Andere. Gott ist also der Geist der Geister, der vermittels des Nicht-Anderen vor jedem Geist gesehen wird. Hebt man es auf, so kann weder Geist noch Körper noch irgend etwas Nennbares bestehen bleiben. So wie bei der Kälte, die man wegen ihrer Unsichtbarkeit und ihrer Tätigkeit, die im Kalten oder dem Eis zu finden ist, als Geist bezeichnen kann, das Eis schwindet, so man sie aufhebt —, entzieht man nämlich den Geist, der das Zusammenfrieren und das Entstehen des Eises bewirkt, so verschwindet auch das Eis — so weicht auch das Zusammengesetzte im Zusammengesetzten, wenn der verknüpfende Geist schwindet; und ebenso das Seiende, wenn sich der seiende Geist zurückzieht. Gleicherweise schwindet alles, wenn der Geist, der unterscheidet und trennt oder, wenn ich mich genauer ausdrücke, nicht-ändert, vergeht.

Der Geist, der alles in allem bewirkt, durch den jegliches Ding nichts anderes ist als es selbst, wird von mir das Nicht-Andere genannt. Er ist der Geist der Geister, da jeder Geist nichts

quam spiritus sit; ille spiritus non nisi in spiritu seu mente in veritate conspicitur. Solus enim ille rationalis creaturae spiritus, quae mens dicitur, veritatem potest intueri. In ipsa autem veritate videt spiritum, qui est spiritus veritatis, qui quidem omnia veraciter efficit id esse, quod sunt. Et sicut ipsum videt, ita etiam ipsum adorat, in spiritu scilicet et veritate.

A: Duxisti me, pater, in spiritum, quem omnium creatorem video, ut propheta vidit, qui ad creatorem dixit: Emitte spiritum tuum et creabuntur[1], ac si desiderans glaciem emitti spiritum peteret spirantem glaciationem, ita ultra de omni desiderato; atque ut mentem spiritum videam illius imaginem spiritus. Etenim spiritus ille, qui de sua virtute ad omnia pergit, omnia scrutatur et creat omnium notiones atque similitudines. Creat, inquam, quoniam rerum similitudines notionales ex alio aliquo non facit, sicut nec spiritus, qui Deus, rerum quidditates facit ex alio, sed ex se aut non-alio. Ideo sicut ab aliquo creabili non est aliud, ita nec mens est aliud ab aliquo per ipsam intelligibili. Bene etiam in una video mente a corpore magis absoluta perfectius spiritum relucescere creatorem et praecisiores creare notiones. Sed quoniam tui propositi non est nisi nos tecum rapere et ducere ad visionis primi viam, quod omnia in omnibus est, quia in via alius alio citius currit, ut comprehendat, idcirco te deinceps sinam amplius conquiescere. Sufficit enim nobis directio tua, qua nos nisus es dirigere ad ipsum principium, quod sese et omnia definit, hactenus ab omnibus quaesitum semperque quaerendum in posterum; contentamur sane de via, quam tu nobis per ipsum non-aliud revelasti. Et ego tibi pro omnibus immortales gratias ago agemusque semper, quod usque facie ad faciem Deum deorum in Sion semper bendictum videbimus[2].

---

[1] Ps. 104, 30.
[2] Cod. Mon.: Finis. Laus Deo.

anderes ist als Geist; und er kann nur im Geiste oder im geistigen Denken in Wahrheit geschaut werden. Allein der Geist des vernunfthaften Geschöpfes, der „mens" (Geist) genannt wird, vermag die Wahrheit zu schauen. In der Wahrheit selbst aber schaut er den Geist, der der Geist der Wahrheit ist, der wahrhaft bewirkt, daß alles das ist, was es ist. Und so wie er ihn sieht, betet er ihn auch an, d. h. im Geist und in der Wahrheit.

A: Du hast mich, Vater, zum Geist geführt, den ich als den Schöpfer aller Dinge erkenne, so wie ihn der Prophet erkannte, der zum Schöpfer sagte: Sende deinen Geist aus und es wird geschaffen werden; so wie wenn jener, der sich Eis wünschte, um die Aussendung eines Geist-Hauches bitten würde, der die Erstarrung bewirkt; und so bei allem Ersehnten. Du hast mich auch sehen lassen, daß der vernünftige Geist, ein Abbild jenes Geistes ist. Und jener Geist, der aus seiner eigenen Kraft zu allem vordringt, durchforscht alles und bildet sich Begriffe und Ähnlichkeitsbilder von allem. Ich sage, er schafft, da er die begrifflichen Ähnlichkeiten der Dinge nicht aus irgendeinem Anderen macht, sondern — so wie der Geist, der Gott ist, die Washeiten der Dinge auch nicht aus Anderem macht — aus sich oder dem Nicht-Anderen. Wie darum Gott keinem Schaffbaren gegenüber etwas Anderes ist, so ist auch der vernünftige Geist nicht irgendeinem von ihm Verstehbaren gegenüber ein Anderer. Ich sehe auch gut, daß in einem Vernunft-Geist, der stärker vom Körper losgelöst ist, der Schöpfer-Geist vollkommener widerstrahlt und genauere Begriffe schafft. Weil aber deine Absicht nur darin besteht, uns mit dir fortzureißen und uns zum Weg der Schau des Ersten, das alles in allem ist, zu führen, will ich dich nun, da der eine auf diesem Weg schneller zu Erkenntnissen gelangt als der andere, endlich in Ruhe lassen. Es genügt uns nämlich deine Wegweisung, durch welche du versucht hast, uns zum eigentlichen Ursprung, der sich und alles definiert, und der darum von allen gesucht wurde und immer, für alle Zeit, gesucht werden muß, hinzuführen. Wir sind zufrieden mit dem Weg, den du uns im Nicht-Andern erschlossen hast. Im Namen aller sage ich dir immerwährenden Dank, heute und immer, bis wir in Zion von Angesicht zu Angesicht, den stets gepriesenen Gott der Götter schauen.

PROPOSITIONES
EIUSDEM REVERENDISSIMI PATRIS DOMINI NICOLAI CARDINALIS DE VIRTUTE IPSIUS NON-ALIUD

I.: Definitio, quae se et omnia definit, ea est, quae per omnem mentem quaeritur.

II.: Quisquis videt verissimum esse, quod definitio est non aliud quam definitio, is etiam videt ipsum non-aliud definitionis esse definitionem.

III.: Qui videt, quod non-aliud est non aliud quam non-aliud, videt non-aliud definitionis esse definitionem.

IV.: Qui videt ipsum non-aliud definire se et definitionem omnia definientem, is ipsum non-aliud videt non esse aliud ab omni definitione et ab omni definito.

V.: Qui videt ipsum non-aliud principium definire, cum principium sit non aliud quam principium, ipsum non-aliud videt principium esse principii, sic ipsum quoque videt medium medii et finem finis et nomen nominis et ens entis et non-ens non-entis atque ita de omnibus ac singulis, quae dici possunt aut cogitari.

VI.: Qui videt, quomodo ex eo, quod non-aliud se ipsum definit, ipsum non-aliud est non aliud ipsius non-aliud, et quomodo ex eo etiam, quod omnia definit et singula, est in omnibus omnia et in singulis singula, ille quidem videt ipsum non-aliud esse aliud ipsius aliud et videt non-aliud ipsi aliud non opponi, quod est secretum, cuius non est simile.

VII.: Qui videt, quomodo subtracto ipso non-aliud non remanet nec aliud, nec nihil, cum non aliud sit nihil ipsius nihil; ille sane videt ipsum non-aliud in omnibus omnia esse et nihil in nihilo.

VIII.: Non est possibile quidquam in hominis cogitationem posse venire absque ipso non-aliud, cum sit cogitationum cogitatio. Et licet ipsum non-aliud non sit aliud a cogitatione de se ipso cogitante, non est tamen ipsa cogitatio, cum cogitatio non sit non-aliud simpliciter, sed non aliud quam cogitatio; neque ipsum non-aliud aliter se habet in omnibus, quae dici possunt.

GRUNDSÄTZE DES VEREHRUNGSWÜRDIGEN VATERS, DES KARDINALS NIKOLAUS, ÜBER DIE SINNKRAFT DES NICHT-ANDEREN

I. Die Definition, die sich und alles definiert, ist die, welche von jedem vernünftigen Geist gesucht wird.

II. Wer sieht, daß es völlig wahr ist, daß die Definition nichts anderes ist als die Definition, der sieht auch, daß das Nicht-Andere die Definition der Definition ist.

III. Wer sieht, daß das Nicht-Andere nichts anderes ist als das Nicht-Andere, der sieht, daß das Nicht-Andere die Definition der Definition ist.

IV. Wer sieht, daß das Nicht-Andere sich und die alles definierende Definition definiert, der sieht, daß das Nicht-Andere jeder Definition und jedem Definierten gegenüber nicht ein Anderes ist.

V. Wer sieht, daß das Nicht-Andere den Ursprung definiert, da der Ursprung eben nichts anderes ist als der Ursprung, der erkennt das Nicht-Andere als den Ursprung des Ursprungs; so erkennt er es auch als die Mitte der Mitte, das Ende des Endes, den Namen des Namens, das Seiende des Seienden, das Nicht-Seiende des Nicht-Seienden; und so von allem und jedem, das gesagt oder gedacht werden kann.

VI. Wer sieht, daß auf Grund dessen, daß das Nicht-Andere sich selbst definiert, das Nicht-Andere nichts anderes ist als das Nicht-Andere, und auf Grund dessen, daß es alles und jedes definiert, es in allem alles und im einzelnen das einzelne ist, der sieht, daß das Nicht-Andere das Andere des Anderen ist und daß es dem Anderen nicht entgegengesetzt ist. Das ist ein Geheimnis ohnegleichen.

VII. Wer sieht, daß mit der Aufhebung des Nicht-Anderen weder das Andere noch das Nichts bleiben, da das Nicht-Andere das Nichts des Nichts ist, der sieht fürwahr, daß das Nicht-Andere in allem alles und in nichts nichts ist.

VIII. Es ist unmöglich, daß irgend etwas ohne das Nicht-Andere, in die Gedanken des Menschen kommt, da es das Denken des Denkens ist. Und obwohl das Nicht-Andere nichts Anderes ist gegenüber dem Denken, das über sich selbst nachdenkt, so ist es dennoch nicht das Denken selbst, da dieses nicht das einfache Nicht-Andere ist, sondern nichts anderes als das Denken. Nicht anders verhält sich das Nicht-Andere zu allem, das sich sagen läßt.

IX.: Quidquid mens videt sine ipso non-aliud non videt. Non enim videret aliud, si non-aliud non foret ipsius aliud aliud. Sic nec ens cerneret, si non-aliud non foret ipsius entis ens et ita de omnibus, quae dici queunt. Ita videt mens omne aliud per aliud, quod non-aliud, quare sic etiam alia omnia. Aliam enim videt veritatem per veritatem, quae non-aliud; aliam rationem per rationem, quae non-aliud. Igitur quodlibet aliud prioriter non-aliud videt. Et eodem modo videt omnia et nomen et quidditatem et alia quaecumque habent ab ipso non-aliud habere.

X.: Qui videt finitum non aliud quam finitum, et infinitum non aliud quam infinitum, pari modo de visibili et invisibili, de numerabili quoque et innumerabili, mensurabili et immensurabili, conceptibili et inconceptibili, imaginabili et inimaginabili, intelligibili et inintelligibili et ceteris talibus: ille videt Deum per non-aliud significatum nec finito nec infinito finibilem, nec mensura mensurabili nec immensurabili mensurabilem, nec numero numerabili nec innumerabili numerabilem, ita nec conceptibilem, nec imaginabilem, nec intelligibilem, nec nominabilem nomine nominabili nec nomine innominabili, licet a nullo omnium illorum et aliorum, quae dici possunt, nec in ipsis aliud sit.

XI.: Qui videt, quomodo ipsum non-aliud se definiendo omnia definit, ille videt, quoniam ipsum est omnium adaequatissima mensura, maiorum maior, minorum minor, aequalium aequalis, pulchrorum pulchra, verorum vera et vivorum viva mensura, et de omnibus eodem modo.

XII.: Qui videt, quoniam ipsum non-aliud sui et omnium est definitio et definitum, ille in omnibus, quae videt, non nisi non-aliud videt se ipsum definiens. Nam quid videt in aliud nisi non-aliud sese definiens? Quid aliud in caelo quam non-aliud se ipsum definiens? Et de omnibus eodum modo. Creatura igitur est ipsius creatoris sese definientis seu lucis, quae Deus est, se ipsam manifestantis ostensio, quasi mentis se ipsam definientis propalatio, qua praesentibus fit per vivam orationem et remotis per nuntium aut scripturam. In quibus ostensionibus mentis non est aliud nisi

IX. Was der Geist sieht, sieht er nicht ohne das Nicht-Andere. Denn er würde das Andere nicht sehen, wenn nicht das Nicht-Andere des Anderen wäre. Ebenso könnte er kein Seiendes erkennen, wenn nicht das Nicht-Andere das Seiende des Seienden wäre, und so verhält es sich mit allem, das man sagen kann. So sieht der Geist jedes Andere durch jenes Andere, das das Nicht-Andere ist; darum also auch alles andere. Er sieht z. B. die andere Wahrheit durch die Wahrheit, die das Nicht-Andere ist; den anderen Wesenssinn durch den Wesenssinn, der das Nicht-Andere ist. Jegliches Andere sieht er also vorgängig als das Nicht-Andere. Und in derselben Weise erkennt er, daß alles seinen Namen, seine Washeit und was immer es sonst noch besitzt, von dem Nicht-Anderen hat.

X. Wer sieht, daß das Begrenzte nichts anderes ist als das Begrenzte, das Unbegrenzte nichts anderes als das Unbegrenzte und daß es sich ebenso verhält mit dem Sichtbaren und Unsichtbaren, mit dem Zählbaren und Unzählbaren, dem Meßbaren und Unermeßlichen, mit dem Begreiflichen und Unbegreiflichen, dem Vorstellbaren und Unvorstellbaren, dem Denkbaren und Undenkbaren und allem dergleichen, der sieht, daß Gott, der mit dem Nicht-Anderen bezeichnet ist, weder durch Begrenztes, noch durch Unbegrenztes begrenzbar, weder durch das Maß des Meßbaren, noch durch das des Unmeßbaren meßbar ist, weder durch eine zählbare, noch durch eine unzählbare Zahl zählbar, nicht begreiflich, nicht vorstellbar, nicht denkbar ist und weder mit nennbarem, noch mit unnennbarem Namen nennbar, wenn er auch weder von allen diesen, noch in allen diesen oder anderen, die genannt werden können, ein Anderes ist.

XI. Wer sieht, daß das Nicht-Andere sich selbst definierend alles definiert, der sieht, daß es das angeglichenste Maß von allem ist, das Größere des Größeren, das Kleinere des Kleineren, das Gleiche des Gleichen, das Schöne des Schönen, das Wahre des Wahren und das lebendige Maß des Lebendigen, usw.

XII. Wer sieht, daß das Nicht-Andere seiner und aller Dinge Definition und das Definierte ist, der sieht in allem, das er sieht, nur das sich selbst definierende Nicht-Andere. Denn was sieht er im Anderen außer dem sich selbst definierenden Nicht-Anderen? Was anderes im Himmel als das sich selbst definierende Nicht-Andere? Und so verhält es sich mit allem. Die Schöpfung ist also die Offenbarung des sich selbst definierenden Schöpfers oder des sich selbst zeigenden Lichtes, das Gott ist; gleichsam die Verkündigung des sich selbst definierenden Geistes,

mens sese definiens, se clarissime et vivaciter per propriam orationem audientibus manifestants, remotis per legatam orationem, remotissimis per scripturam. Ita ipsum non-aliud mens mentis se in primis quidem creaturis clarius, in aliis vero occultius ostendit.

XIII.: Qui videt, quomodo li non-aliud, quod est ipsius non-aliud non aliud, relucet in aeterno, ubi est aeternae aeternitatis aeternitas, et in vero, ubi verae veritatis est veritas, et in bono, ubi bonae bonitatis est bonitas, et ita in reliquis, ille in omnibus Deum videt se ipsum definientem unitriniter relucere. Nam unitrinum non-aliud in uno est unius unitatis unitas et in ente entis entitatis entitas et in magnitudine magnae magnitudinis magnitudo et in quanto quantae quantitatis quantitas et ita de ceteris.

XIV.: Qui videt in alio non-aliud aliud, is videt in affirmatione negationem affimari. Et qui Deum videt ante affirmationem et negationem, ille Deum videt in affirmationibus, quae de ipso per nos fiunt, non esse negativam, quae affirmatur, sed affirmationis affirmationem.

XV.: Qui videt in alio non-aliud aliud, ille videt in calefacto non-calefactum calefactum et in frigefacto non-frigefactum frigefactum factum et in formato non-formatum formatum et in facto non-factum et in divisibili indivisibile divisibile et in composito incompositum compositum et generaliter in affimato non-affirmatum affirmatum, et videt negativam tale principium affirmationis, quod ea sublata, sublata est affirmatio. Negationes igitur dirigunt visum mentis in quid, affimationes autem in tale quid.

XVI.: Qui videt, quomodo negationes, quae mentis visum in quidditatem dirigunt, sunt priores affirmationibus, ille videt omne nomen significare tale quid. Nam corpus non significat quidditatem, quae incorporalis est, sed talem scilicet corpoream; sic terra terrestrem et sol solarem et ita de omnibus. Nomina igitur omnia ex aliquo sensibili signo impositionem habent significativam, quae signa sequuntur rerum quidditatem. Non igitur ipsam, sed talem

der den Gegenwärtigen durch die lebendige Rede, den Entfernten durch einen Boten oder die Schrift offenbar wird. In diesen Äußerungen des Geistes ist nichts anderes als nur der sich selbst definierende Geist, der sich am deutlichsten und lebendigsten durch die eigene Rede den Zuhörern zeigt, den Entfernten durch die Rede des Boten und den ganz Entfernten durch die Schrift. So zeigt sich das Nicht-Andere, der Geist des Geistes, in den früheren Geschöpfen klarer, in den späteren dunkler.

XIII. Wer sieht, daß das Nicht-Andere, welches das Nicht-Andere des Nicht-Anderen ist, im Ewigen, wo es die Ewigkeit der ewigen Ewigkeit ist, widerstrahlt und ebenso im Wahren, wo es die Wahrheit der wahren Wahrheit ist, und im Guten, wo es die Gutheit der guten Gutheit ist, usw., der sieht, daß Gott, der sich selbst definiert, in allem dreieinig widerstrahlt. Denn das dreieinige Nicht-Andere ist im Einen die Einheit der einen Einheit, im Seienden die Seiendheit der seienden Seiendheit, im Großen die Größe der großen Größe, im Quantum die Quantität der quantitativen Quantität, usw.

XIV. Wer sieht, daß im Anderen das Nicht-Andere das Andere ist, der sieht, daß in der Affirmation die Negation bejaht wird. Und wer Gott vor der Affirmation und Negation sieht, der sieht, daß Gott in den Affirmationen, die wir von ihm aussagen, nicht eine negative Aussage ist, die bejaht wird, sondern die Bejahung der Bejahung.

XV. Wer im Anderen das Nicht-Andere als das Andere sieht, der sieht im Erwärmten das Nicht-Erwärmte als Erwärmtes, im Kaltgemachten das Nicht-Kaltgemachte als Kaltgemachtes, im Geformten das Nicht-Geformte als Geformtes, im Gemachten das Nicht-Gemachte als Gemachtes, im Teilbaren das Unteilbare als Teilbares, im Zusammengesetzten das Unzusammengesetzte als Zusammengesetztes und ganz allgemein im Bejahten das Nicht-Bejahte als Bejahtes. Und er sieht die verneinte Aussage als ein solches Prinzip der Bejahung, daß sie, ist sie aufgehobene, eine Bejahung ist. Negationen leiten also das Sehen des Geistes auf das Was, Affirmationen hingegen auf das so-beschaffene Was.

XVI. Wer sieht, daß die Negationen, die das Sehen des Geistes zur Washeit führen, früher sind als die Affirmationen, der sieht, daß jeder Name ein so-beschaffenes Was bezeichnet. Denn Körper bezeichnet nicht eine Wesenheit, die unkörperlich ist, sondern eine so-beschaffene, d. h. körperliche; ebenso bezeichnet Erde eine erdhafte, Sonne eine sonnenhafte, usw. Alle Namen haben eingesetzte Zeichenhaftigkeit auf Grund irgendeines sinn-

significant. Mens autem ipsam anterioriter contemplans vocabulum negat esse proprium ipsius, quam videt quidditatem.

XVII.: Videt mens, quomodo ipsum non-aliud est actus ipsius actus et ipsius maximi maximum et ipsius minimi minimum. Et ideo videt actum purum, qui purior esse non potest, numquam fuisse in potentia; nam per puriorem actum in actum devenisset. Quare videt omnia, quae alia esse possent, semper posse alia esse et ideo in recipientibus magis seu maius numquam deveniri ad actu maximum, quo maius esse nequit, et quae aliud esse possunt, quia numquam ad ipsum non-aliud attingunt, semper possunt esse aliud.

XVIII.: Qui videt, quomodo non-aliud, quod est aliud ipsius aliud, non est ipsum aliud, ille videt aliud ipsius aliud, quod est aliud aliorum. Sic aequalis videt aequale, quod aequalium est aequale et bonum ipsius boni, quod est bonum bonorum et ita de omnibus. Ille sane videt, quomodo non-aliud, quod est aliud ipsius aliud, non participatur per ipsum aliud, quia ab ipso non est aliud, sed in ipso ipsum, sed aliud ab aliis participatur. Sic de aequali et bono et ceteris. Bonum igitur, a quo non-aliud non est aliud, ab omnibus aliis bonis participatur et in aliis aliter. Numquam igitur erunt duo aeque bona aut aeque aequalia, quae meliora esse non possint aut aequaliora; de similibus eodem modo. Oportet enim omne aliud ab alio esse aliud, cum solum non-aliud sit non aliud ab omni alio.

XIX.: Qui videt Deum non esse aliud nec ab omni eo, quod intelligit, nec ab omni eo, quod intelligitur, ille videt Deum dare intellectui quod est non aliud quam intellectus intelligens et intelligibili, quod est non aliud quam intelligibile ab intellectu, et quod intellectus intelligens non sit aliud ab intellecto. Ipsum igitur non-aliud clarius relucet in intellectu, qui non aliud est ab intellecto, sicut scientia non aliud a scito, quam in sensibus. Visus enim non sic clare non aliud est a viso et auditus ab audito. Intelligentiae autem, in quibus clarius ipsum non-aliud relucet, citius et clarius intelligibilia, a quibus minus sunt alia, intelligunt. Hoc est enim intelligere, scilicet intelligibilia a se non alia facere,

lichen Zeichens, welche Zeichen der Washeit der Dinge folgen. Sie bezeichnen darum nicht diese, sondern eine so-beschaffene. Der Geist aber, der sie vorgängig betrachtet, verneint, daß ihr Name dieser von ihm geschauten Washeit eignet.

XVII. Der Geist sieht, daß das Nicht-Andere die Wirklichkeit der Wirklichkeit, das Größte des Größten und das Kleinste des Kleinsten ist. Und folglich sieht er, daß die reine Wirklichkeit, die nicht reiner sein kann, niemals in der Möglichkeit gewesen ist, den sonst wäre sie von einer noch reineren Wirklichkeit zur Wirklichkeit gelangt. Aus diesem Grund erkennt er, daß alles, was Anderes sein kann, immer Anderes sein kann und daß man darum in dem, was ein mehr oder weniger aufnehmen kann, niemals zu einem tatsächlich Größten zu gelangen vermag, demgegenüber nichts mehr größer sein kann; und daß das, was ein Anderes sein kann, immer Anderes sein kann, da es niemals an das Nicht-Andere heranreicht.

XVIII. Wer sieht, daß das Nicht-Andere, welches das Andere des Anderen ist, nicht dieses Andere ist, der sieht das Andere des Anderen, das das Andere der anderen Dinge ist; ebenso sieht er das Gleiche des Gleichen, das das Gleiche der gleichen Dinge ist und das Gute des Guten, das das Gute der guten Dinge ist, usw. Jener sieht fürwahr, daß das Nicht-Andere, welches das Andere des Anderen ist, vom Andern nicht partizipiert wird, weil es kein von ihm Anderes ist, sondern in ihm es selbst; hingegen wird das Andere vom Anderen partizipiert. Ebenso verhält es sich mit dem Gleichen, dem Guten, usw. Das Gute also, zudem das Nicht-Andere kein Anderes ist, wird von allem andern Guten partizipiert, und zwar immer anders. Es werden also niemals zwei gleich gute oder gleich gleiche Dinge existieren, die nicht besser oder gleicher sein könnten. Mit allem Ähnlichen ist es ebenso. Notwendigerweise muß alles Andere dem Anderen gegenüber ein Anderes sein, da nur das Nicht-Andere ein nicht Anderes von allem Anderen ist.

XIX. Wer sieht, daß Gott weder gegenüber dem, der erkennt noch gegenüber dem, das erkannt wird, ein Anderes ist, der sieht, daß Gott es dem Denken verleiht, nichts anderes zu sein als denkendes Denken, und dem Denkbaren, nichts anderes zu sein als das Denkbare vom Denken und daß das denkende Denken vom Gedachten kein Anderes ist. Das Nicht-Andere strahlt also klarer im Denken wider, das dem Gedachten gegenüber kein Anderes ist —, ebenso wie das Wissen kein Anderes dem Gewußten gegenüber ist —, als in den Sinnen. Das Sehen nämlich ist nicht in dieser Deutlichkeit ein Nicht-Anderes vom Gesehenen und das Hören vom Gehörten. Die Vernunft-

sicut lumen illuminabilia citius non alia a se facit, quando est intensius. Relucere autem videtur ipsum non-aliud in omnibus, quando constat, quod omnia se in omnibus nituntur definire. Sicut calor omnia nititur calida talia facere, ut ipse sit non aliud ab ipsis et se in omnibus definiat, sic intellectus, ut omnia sint intellectus et se in omnibus definiat; ita et imaginatio et omnia cetera.

XX.: Quando mens considerat non-calidum calefieri et frigidum calefieri, per intellectum attingit non-calidum, per sensum frigidum, et videt non esse idem, quando per diversas potentias attingit. Et dum considerat non-frigidum per mentem videri, sicut non-calidum, ac quod non-calidum potest calefieri et non-frigidum frigefieri, et quod frigidum potest calefieri et calidum frigefieri, videt quomodo idem est non-calidum et non-frigidum. Et dicitur non-calidum, quia, licet non sit actu calidum, potest tamen calefieri; et sic dicitur non-frigidum, quia, licet non actu frigidum, potest tamen frigefieri. Ideo cum actu est calidum, adhuc manet potentia frigidum, et cum actu est frigidum, manet potentia calidum. Potentia autem non quiescit, nisi sit actu, cum sit finis et perfectio eius, alias frustra foret potentia. Ideo non foret potentia, cum nihil sit frustra. Quia autem potentia se ipsam non producit in actum — hoc enim repugnat —, ideo est motor necessarius, qui potentiam ad actum moveat. Ita videt mens naturam et naturalem motum et ipsum non-aliud naturae naturam in se ipsa relucentem[1].

---

[1] Cod. Mon.: Finis propositionum. Laus Deo optimo!

Einsichten aber, in denen das Nicht-Andere noch klarer widerstrahlt, erkennen das Vernünftig-Einsichtige, dem gegenüber sie noch weniger anders sind, schneller und klarer. Vernünftig-Einsehen heißt nämlich, das Vernünftig-Einsichtige zudem von sich nicht Anderen machen; so wie das Licht das Erhellbare um so schneller zu einem von sich nicht Anderen macht, je stärker es ist. Man sieht das Nicht-Andere in allem widerstrahlen, da feststeht, daß alles danach strebt, sich in allem zu definieren. So wie die Wärme versucht, alles zu einem so-beschaffenen Warmen zu machen, damit sie selbst dem gegenüber kein Anderes sei und sie sich in allem definiere, will das Denken, daß alles Denken sei und es sich in allem definiere. Ebenso gilt es von der Einbildung und allem übrigen.

XX. Wenn der denkende Geist betrachtet, daß das Nicht-Warme und das Kalte warm werden, dann erfaßt er durch das Denken das Nicht-Warme, durch den Sinn das Kalte, und er sieht, daß es sich nicht um dasselbe handelt, da er es durch verschiedene Vermögen erfaßt. Wenn er weiter bedenkt, daß das Nicht-Kalte sowie das Nicht-Warme durch den Geist erfaßt werden und daß das Nicht-Warme warm werden und das Nicht-Kalte kalt, das Kalte hingegen warm und das Warme kalt werden kann, dann sieht er, daß das Nicht-Warme und das Nicht-Kalte das Selbe sind. Man sagt „das Nicht-Warme", weil es, obwohl nicht tatsächlich warm, doch warm werden kann und ebenso „das Nicht-Kalte", weil es, obwohl nicht tatsächlich kalt, doch kalt werden kann. Also bleibt, wenn es tatsächlich Warmes ist, die Möglichkeit zum Kalten und wenn es tatsächlich Kaltes ist, die Möglichkeit zum Warmen. Die Möglichkeit aber kommt nicht zur Ruhe, außer sie ist in der Wirklichkeit, ihrem Ziel und ihrer Vollendung, sonst wäre sie vergebens Möglichkeit. Darum gäbe es auch keine Möglichkeit, da nichts vergebens ist. Da die Möglichkeit aber nicht sich selbst in die Wirklichkeit überführt — das wäre ein Widerspruch —, bedarf es eines Bewegers, der die Möglichkeit zur Wirklichkeit bewegt. So sieht der Geist die Natur und die natürliche Bewegung und das Nicht-Andere als die in sich selbst wiederstrahlende Natur der Natur.

DE QUAERENDO DEUM

DAS GOTT-SUCHEN

[1]Desiderio tuo possetenus satisfacturus, frater in Christo merito venerande, nunc id, quod vulgo in Epiphaniis nisus sum explanare[2] circa nominis Dei rationem, breviter clare in scriptis repetere attemptabo, ut meditatio utriusque nostrum incitetur, et intellectuali ascensu sensim de luce in lucem transformetur interior homo, quousque in agnitionem claram per lumen gloriae intret in gaudium Domini sui.

I.

Primo quidem, frater optime, bene nosti Paulum[3], qui ad tertium caelum usque ad arcanorum conspectionem se raptum fatetur, dum his viris, qui Athenis tunc in nominatissimo studio philosophiae vacabant, veritatem praedicaret in Areopago, in themate praemisisse deum ignotum, cui aram gentiles ipsi consecraverant, velle ipsis evangelizare. Et dum ad huius rei explicationem pergeret, praemisit quomodo Deus in uno homine omnes creasset et definitum tempus in hoc mundo [essendi][4] indulsisset, ut Deum quaererent, si forte ipsum possent attrectare et invenire, adiciens, quamvis non longe absit a quoquam, quoniam in ipso sumus, vivimus et movemur[5]. Deinde redarguens idolatriam subiungit in cogitatione hominis nihil simile [divino][6] esse posse.

Admiror ego, quotiens Actus Apostolorum lego, hunc processum. Voluit enim patefacere Paulus philosophis ignotum deum, quem postea nullo intellectu humano concipi posse affirmat. In hoc igitur patefit Deus, quia scitur ipsum omnem intellectum ad ipsius figurationem et conceptum minorem. Sed ipsum nominat Deum seu theon graece.

---

[1] Cod. Cus.: schließt an den Titel an: 1445 Moguntiae N. de Cusa.
[2] Vgl. Sermo 39; J. Koch, Cusanus-Texte, I. Predigten, Heidelberg 1942, p. 71.
[3] II. Kor. 12, 2.
[4] Fehlt in Cod. Cus.
[5] Vgl. Apg. 17, 18 ff.
[6] Fehlt in Cod. Cus.

Deinem Verlangen, ehrwürdiger Bruder in Christo, will ich, so gut ich es vermag, Genüge tun, und versuchen, das, was ich am Erscheinungsfest dem gläubigen Volk über den Sinn des Namens Gottes darzulegen mich bemühte, kurz und klar schriftlich zu wiederholen. Mögen wir beide dadurch in unserer Betrachtung angeregt werden und möge der innere Mensch in geistigem Aufstieg von Licht immer weiter zu Licht verwandelt werden, bis er durch das Licht der Herrlichkeit zur klaren Erkenntnis gelangt und eintritt in die Freude seines Herrn.

I.

Zunächst, lieber Bruder: du weißt wohl, daß Paulus, der von sich berichtet, er sei bis in den Dritten Himmel zur Schau tiefer Geheimnisse entrückt worden, den Männern, die sich damals in Athen dem hochgerühmten Studium der Philosophie widmeten, auf dem Areopag die Wahrheit verkündete. Als Einleitung zu seinem Thema schickte er voraus, er wolle ihnen die Frohbotschaft von jenem unbekannten Gott bringen, dem die Heiden dort einen Altar geweiht hatten. Und als er nun daranging, dies zu erklären, begann er damit, daß Gott in einem Menschen alle geschaffen habe; er habe ihnen eine bestimmte Zeit gewährt, in dieser Welt zu sein, Gott zu suchen und danach zu streben, ob sie ihn erreichen und finden könnten. Er fügte hinzu, daß er von keinem weit entfernt sei, da wir ja in ihm sind, leben und uns bewegen. Darauf verwarf der Apostel den Götzendienst und sagte dazu, daß im Denken des Menschen nichts sein kann, das dem Göttlichen gleich wäre.

Sooft ich die Apostelgeschichte lese, bewundere ich diesen Gedankengang. Paulus wollte doch den Philosophen den unbekannten Gott offenbar machen und sagt dann von ihm, daß keine menschliche Vernunft ihn begreifen kann. Also wird Gott darin offenbar, daß man weiß, daß jede Vernunft zu gering ist, sich ein Bild oder einen Begriff von ihm zu machen. Nun nennt er ihn Gott, oder griechisch: theos.

Si igitur homo ad hoc ingressus est hunc mundum, ut Deum quaerat et invento adhaereat et adhaerendo quiescat, et cum quaerere ipsum non possit homo et attrectare in hoc mundo sensibili et corporali, cum Deus potius spiritus sit quam corpus et non possit in abstractione intellectuali attingi, cum nihil simile Deo concipere queat, ut ait, quomodo igitur quaeri potest, ut inveniatur? Certe nisi hic mundus serviret quaerenti, in vanum missus esset homo ad mundum ob finem quaerendi eundem. Oportet igitur hunc mundum praestare adminiculum quaerenti et oportet scire quaerentem quod nec in mundo nec in omni eo, quod homo concipit, est quid simile ei.

Nunc videamus, an nobis nomen theos seu deus adminiculum praestet ad ista. Non est enim nomen ipsum theos nomen Dei, qui excellit omnem conceptum. Id enim, quod concipi nequit, ineffabile remanet. Effari enim est conceptum intrinsecum ad extra fari vocalibus aut aliis figuralibus signis. Cuius igitur similitudo non concipitur, nomen ignoratur. Non est igitur theos nomen Dei, nisi ut quaeritur ab homine in hoc mundo. Quaerens igitur Deum attente consideret, quomodo in hoc nomine theos via quaedam quaerendi complicetur, in qua Deus invenitur, ut possit attrectari. Theos dicitur a theoro, quod est video et curro[1]. Currere igitur debet quaerens per visum, ut ad omnia videntem theon pertingere possit. Gerit igitur visio similitudinem viae, per quam quaerens incedere debet. Oportet igitur, ut naturam sensibilis visionis ante oculum visionis intellectualis dilatemus et scalam ascensus ex ea fabricemus.

Visio nostra ex quodam spiritu lucido et claro de summitate cerebri in organum oculi descendente et obiecto colorato

---

[1] Vgl. Scotus Eriugena De divisione naturae I; Cusanus bemerkt am Rande von Cod. Addit. 11035 (vgl. Mitteilungen und Forschungsbeiträge der Cusanusgesellschaft, 3, 1963, p. 84 ff) fol. 19ᵛ: quomodo dicitur deus currens.

Wenn also der Mensch in die Welt gekommen ist, Gott zu suchen und ihm, wenn er ihn gefunden hat, anzuhangen und darin Ruhe zu finden — er ihn in dieser sinnlichen und körperlichen Welt jedoch nicht suchen und berühren kann, da Gott eher Geist ist als Körper und auch in vernunfthafter Loslösung nicht erreichbar ist, da man etwas ihm Ähnliches seinen Worten zufolge begrifflich nicht zu fassen vermag —, wie kann man ihn also suchen, um ihn auch zu finden? Eines ist sicher: wenn diese Welt dem Suchenden dabei nicht behilflich wäre, wäre der Mensch vergebens in die Welt gesandt, ihn zu suchen. Also muß sie ihm Hilfe leisten, und er muß auch wissen, daß weder in der Welt noch in allem, was der Mensch begreift, etwas Gott Ähnliches ist.

Wir wollen nun sehen, ob uns der Name theos oder deus dazu eine Hilfe bietet. Wohl ist theos nicht der Name Gottes, der alles Begreifen übersteigt; was nicht begriffen werden kann, bleibt unaussprechbar. Aussprechen bedeutet ja einen inneren Begriff durch lautliche oder andere figürliche Zeichen nach außen hin auszusagen. Wenn man von einem Ding kein Bild begreift, dann bleibt sein Name unbekannt. Theos ist also der Name Gottes nur insofern, als er vom Menschen in dieser Welt gesucht wird. Der Gott Suchende möge daher aufmerksam bedenken, daß in diesem Namen theos gleichsam ein Weg eingefaltet ist, auf dem Gott gefunden wird, damit man ihn erreichen kann. Theos kommt von theoro, das heiß „ich sehe" und „ich laufe". Laufen muß der Suchende mittels des Sehens, um zu dem alles sehenden Gott vordringen zu können. Die Schau trägt ein Bild des Weges in sich, auf dem der Suchende voranschreiten soll. Wir müssen also die Natur der sinnlichen Schau vor dem Auge der vernunfthaften Schau ausbreiten und uns daraus eine Leiter für den Aufstieg bilden.

Unser Schauen entsteht dadurch, daß ein lichthafter, klarer Geist oben aus dem Gehirn in das Augenorgan herabsteigt

in ipsum species similitudinis eius multiplicante concurrente luce extrinseca generatur. In regione igitur visibilium non nisi color reperitur. Visus autem de regione visibilium non est, sed supra omnia visibilia constitutus. Non habet igitur visus colorem, quia non est de regione colorum, et ut possit videre omnem colorem, non est contractus ad aliquem et, ut iudicium suum sit verum et liberum, non plus habet de uno colore quam de alio et, ut potentia sua sit ad omnes colores, per nullum colorem est restrictus. Impermixtus est visus per colores, ut vera sit visio eius.

Experimento comprobamus per medium coloratum, vitrum aut lapidem transparentem aut aliud, visum decipi. Adeo igitur visus est purus absque omni macula visibilium, quod omnia visibilia in eius comparatione tenebra quaedam sunt et corporalis quodammodo spissitudo in comparatione ad spiritum visionis.

Sed dum visibilium mundum intuemur per intellectum et quaesiverimus, an notitia visus in eo reperiatur, omnis ille coloris mundus visum ignorabit, cum nihil non-coloratum attingat. Et si dixerimus visum esse et non esse coloratum, dum de hoc mundus visibilium figuram similitudinis facere voluerit, non reperiet in omni conceptu suo simile visui, cum suus conceptus sine colore esse non possit. Et cum infra ambitum regionis suae ipsum non reperiat neque simile et configurabile ei, non potest attingere ipsum, immo nec potest attingere visum esse aliquid, cum extra colorem non attingat aliquid, sed iudicet omne non coloratum non esse aliquid.

Nullum igitur nomen omnium nominum, quae nominari possunt in ea regione, visui convenit, nec enim albedinis nomen nec nigredinis nec omnium mixtorum colorum, quoniam nec albedinis et non-albedinis copulative nec nigredinis et non-nigredinis copulative. Sive igitur omnia nomina

und sobald das äußere Licht hinzutritt, ein farbiger Gegenstand das Bild seiner Eigengestalt in ihm wiederholt. Im Bereich des Sichtbaren findet sich nichts als Farbe. Das Sehen aber stammt nicht aus dem Bereich des Sichtbaren, es hat seinen Platz über allem Sichtbaren; da es nicht der Region der Farben angehört, hat es keine Farbe, und, um alle Farben sehen zu können, ist es nicht zu irgendeiner verschränkt, damit sein Urteil frei und wahr ist; auch hat es nicht mehr von der einen Farbe als von der anderen, und ist durch keine Farbe beschränkt, damit seine Fähigkeit sich auf alle Farben beziehe. Das Sehen ist nicht mit den Farben vermischt, damit seine Schau wahr sei.

Durch ein Experiment beweisen wir, daß das Sehen durch einen farbigen Gegenstand, durch Glas oder einen durchscheinenden Stein, getäuscht wird. So rein und frei von jedem Makel des Sichtbaren ist das Sehen, daß im Vergleich mit ihm alles Sichtbare Dunkelheit ist und körperliche Dichte im Vergleich zum Seh-Geist.

Wenn wir aber die Welt des Sichtbaren mit der Vernunft betrachten und fragen, ob sich in ihr die Kenntnis vom Sehen findet, dann wird sich herausstellen, daß diese ganze Welt der Farbe es nicht kennt, weil sie kein Nicht-Farbiges erfaßt. Erklärten wir dann, es gäbe wohl das Sehen, doch sei es nichts Farbiges, dann wird diese Welt des Sichtbaren ein Vorstellungsbild davon machen wollen, indes in all ihren Begriffen nichts dem Sehen Ähnliches finden, da ihr Begriff ohne Farbe unmöglich ist. Und wenn sie innerhalb des Umkreises ihrer Region weder das Sehen noch etwas Ähnliches oder der Gestalt nach Entsprechendes findet, kann sie das Sehen nicht erfassen; ja sie vermag nicht einmal zu erfassen, daß es überhaupt irgend etwas ist. Denn außerhalb der Farbe erfaßt sie nichts, sondern urteilt vielmehr, daß alles Nicht-Farbige nichts ist.

Demnach kommt von allen Namen, die in dieser Region genannt werden können, kein Name dem Sehen zu; weder der Name des Weiß-Seins noch des Schwarz-Seins noch der aller gemischter Farben; denn es ist weder weiß zusammen mit nicht-weiß noch schwarz zusammen mit nicht-schwarz.

regionis singulariter notet disiunctive sive contrariorum colorum nomina copulative sive omnium nominum nominabilium copulationem respiciat, nihil attingit de nomine et essentia visus.

Quod si dixerit quis, cum color non sit discretus et cognitus a se, sed a causa altiori, scilicet visu, et rogaverit omnia visibilia, an hoc verum sit et quomodo concipiant causam illam, respondebunt praepositum illum, qui dedit eis nomen, uti est visus, esse quid optimum atque pulcherrimum secundum omne id quod concipi potest. Et dum ad conceptum se parant eius optimi atque pulcherrimi, ad colorem redeunt, sine quo conceptum fabricare nequeunt. Quare dicunt ipsum pulchriorem esse quam colorem album quemcumque, quia non sit color albus in regione coloris adeo pulcher, quin possit esse pulchrior, et adeo lucidus et resplendens, quin possit esse lucidior. Unde visibilia omnia non assererent regem eorum aliquem colorem regionis, qui actu est inter visibilia regionis, sed dicerent ipsum esse ultimum potentiae pulchritudinis lucidissimi et perfectissimi coloris.

Talia, frater, atque plura similia verissima conspicis. Ascende igitur de visu ad auditum per consimilem habitudinem et ad gustum, odoratum atque tactum, deinde ad sensum communem, qui est positus super omnem sensum, sicut auditus super audibilia, gustus super gustabilia, olfactus odorabilia, tactus tangibilia.

Deinde altius ad intellectum perge, qui est super omnia intelligibilia, quae sunt super omnia rationabilia. Rationabilia enim per intellectum apprehenduntur, sed non reperitur in regione rationabilium intellectus, cum intellectus sit ut oculus et rationabilia ut colores. Et si vis, exende te in tua con-

Nennt die Welt des Sichtbaren auch alle Namen einzeln und getrennt, betrachtet sie die Namen der entgegengesetzten Farben miteinander oder die Verbindung aller nennbaren Namen, so erreicht sie doch nichts von Namen und Wesenheit des Sehens.

Erklärt nun jemand, die Farbe würde nicht von sich selbst unterschieden und wahrgenommen, sondern aus einer höheren Ursache, d. h. vom Sehen, und fragt er dann alles Sichtbare, ob dies wahr sei und wie es diese Ursache verstehe, dann wird es ihm antworten: jenes Vorausgesetzte, das ihm seinen Namen gegeben hat, sei — wie eben das Sehen — entsprechend dem, was erfaßt werden kann, das Beste und Schönste. Wenn es sich aber anschickt, für dieses Beste und Schönste einen Begriff zu bilden, dann kehrt es zur Farbe zurück, ohne die ihm eine Begriffsbildung unmöglich ist. Aus diesem Grund sagt es, es sei schöner als jegliche weiße Farbe, denn im Bereich der Farbe ist die weiße Farbe nicht so schön, daß sie nicht noch schöner sein könnte, und nicht so leuchtend und strahlend, daß sie nicht noch leuchtender sein könnte. Darum würden alle sichtbaren Dinge nicht irgendeine Farbe, die ihrer Region angehört und sich als Wirkliches unter den sichtbaren Dingen dieser Region befindet, zu ihrem König erklären, sondern sie würden sagen, er sei die höchste mögliche Schönheit der leuchtendsten und vollkommensten Farbe.

Solches und Ähnliches mehr, lieber Bruder, siehst du und erkennst es als wahr. Gehe also nun vom Sehen in gleicher Weise weiter zum Hören, weiter zu Geschmack, Geruch und Tastsinn, darauf zum Allgemeinsinn, der über jedem anderen Sinn steht, wie das Hören über dem Hörbaren, der Geschmack über dem Schmeckbaren, der Geruch über dem Riechbaren, und der Tastsinn über dem Tastbaren.

Von dort erhebe dich noch höher zur Vernunft. Sie steht über allem vernünftig Erkennbaren, das verstandesmäßig ist. Denn das Verstandesmäßige wird zwar von der Vernunft erfaßt, sie selbst aber findet sich nicht im Bereich des Verstandesmäßigen; sie verhält sich zum Verstandesmäßigen

sideratione, ut bene apprehendas quomodo intellectus est ut visus liber, scilicet iudex verus et simplex omnium rationum, in quo non est permixtio specierum rationum, ut sit clarum iudicium intuitivum rationum in varietate regionis rationum. Iudicat enim intellectus hanc rationem necessariam, hanc possibilem, hanc contingentem, hanc impossibilem, hanc demonstrativam, hanc sophisticam et apparentem, hanc topicam, et ita de reliquis, ut visus iudicat hunc colorem album, hunc non album sed nigrum, hunc plus album quam nigrum, et ita de ceteris.

Non attingitur in omni regione rationum intellectus, sed dum ipsum suum regem praepositum et iudicem voluerit figurare mundus seu universitas rationum ipsum terminum seu ultimitatem perfectionis dicit esse. Sed intellectuales naturae pariformiter non possunt negare regem sibi praeponi. Et uti visibiles naturae hunc regem sibi praepositum asserunt ultimitatem omnis visibilis perfectionis, sic intellectuales naturae, quae sunt naturae intuitivae veri, affirmant regem eorum esse ultimitatem omnis perfectionis intuitivae omnium et hunc nominant theon seu deum quasi speculationem seu intuitionem ipsam in suo complemento perfectionis omnia videndi.

Nihil tamen tota in regione intellectualium virtutum reperitur, cui similis sit rex ipse, neque cadit in omni regione intellectuali conceptus similitudinis eius, sed est supra omne, quod concipitur et intelligitur, cuius nomen non est intelligibile, licet sit nomen omnia intelligibilia nominans et discernens. Et eius natura est intellectualem omnem sapientiam per infinitum altitudine, simplicitate, virtute, potentia, pulchritudine et bonitate antecedens, cum omne intellectualem naturam inhabitans sit eius comparatione umbra et vacuitas potentiae, grossities et parvitas sapientiae, et sic de infinitis similibus modis.

wie das Auge zu den Farben. Wenn du willst, erweitere deine Betrachtung; so wirst du erfassen, daß die Vernunft gleichsam ein freies Sehen ist, ein wahrer und einfacher Richter alles Verstandesdenkens, in dem keine Vermischung mit den Eigengestalten des Verstandes ist. Darum steht ihr Urteil über dem Verstandesdenken und ist in der Verschiedenheit seines Bereiches klar und einsichtig. Hinsichtlich der Verstandeserkenntnisse urteilt die Vernunft, daß die einen notwendig, die andern möglich, diese zutreffend, jene unmöglich, diese hinweisend, jene sophistisch und scheinbar, diese Gemeinplätze usw. sind; so wie das Sehen diese Farbe als weiß, jene als nicht-weiß, sondern schwarz, diese als mehr weiß denn schwarz usw. bezeichnet.

Nirgends im ganzen Bereich des Verstandes erreicht man die Vernunft. Wollte jedoch diese Welt oder die Gesamtheit ihren König, Vorgesetzten und Richter darstellen, dann würde sie sagen, er sei die Grenze und letzte Vollendung des Verstandes. Aber auch die vernunfthaften Naturen können nicht leugnen, daß ihnen ein König vorgesetzt ist. Und genauso, wie die sichtbaren Naturen von dem ihnen vorgesetzten König versichern, er sei die Vollendung alles Sichtbaren, so erklären auch die Verstandesnaturen, welche das Wahre einsehend schauen, ihr König sei die letzte mögliche Vollendung der Schau aller Dinge. Sie nennen ihn Theos oder Gott, die Betrachtung gleichsam oder die Schau in der Zusammenfassung ihrer alles sehenden Vollkommenheit.

Dennoch findet sich im Gesamtbereich aller Vernunftkräfte nichts, dem der König gleichkäme, noch gibt es im ganzen Vernunftbereich ein Begriff, der ihm ähnlich ist. Er steht über allem, das begriffen und vernünftig erkannt wird; sein Name, obwohl er alles Erkennbare nennt und unterscheidet, ist nicht erkennbar. Seine Natur übertrifft an Erhabenheit, Einfachheit, Kraft, Macht, Schönheit und Gutheit unendlich weit alle Vernunft-Weisheit; alles, was der Vernunft-Natur innewohnt, ist mit ihm verglichen, Schwäche, Ohnmacht und Unvermögen, Grobheit und geringe Weisheit; solche Vergleiche könnte man endlos weiterführen.

Poteris itaque currere in hac via, per quam invenitur Deus super omnem visum, auditum, gustum, tactum, odoratum, affatum, sensum, rationem et intellectum. Invenitur quidem nullum horum, sed super omnia ipsum Deum deorum esse et regem regum omnium. Rex enim mundi intellectualis est rex regum et dominus dominantium in universo. Nam est rex intellectualis naturae, quae est regnum habens in rationali. Quae quidem rationalis regnat in sensuali, et sensualis in mundo sensibilium, cui reges praesunt visus, auditus, gustus, tactus, odoratus. Omnes isti reges sunt discernentes, speculantes seu theorizantes usque ad regem regum et dominum dominantium, qui est ipsa speculatio et ipse theos seu Deus in sua potestate omnes reges habens, a quo habent omnes reges id quod habent, potentatum, pulchritudinem, entitatem, amoenitatem, laetitiam, vitam et omne bonum.

Unde in regno summi atque maximi regis omnis decor visibilium formarum, varietas colorum, proportio grata, resplendentia carbuncularis, graminea viriditas, fulgur auri et quidquid visum delectat, et in quo visus quasi in thesauro regni sui quiescendo delectatur, in curia magni regis pro nihilo habentur, cum sint de infimis stramentis curiae. Sic quidem vocum omnium concordans resonantia atque dulcis illa harmonia in regno auditus, omnium instrumentorum inenarrabilis varietas, melodiae illae aureorum organorum, sirenici philomenicique cantus et aliae omnes exquisitae divitiae regis regni auditus faeces quaedam sunt pavimento adhaerentes in curia maximi atque optimi regis regum. Sic quidem omne dulce et stipticum et gustui gratum tantorum paradisiacorum pomorum et fructuum saporosissimorum et uvarum Engaddi, vini Cyprici, mellis Attici, frumenti et olei et omne, quod India et cunctus hic mundus, nemora et aquae, refectioni praestant et gustui offerunt, parvi momenti sunt in aula illius potentissimi principis orbis. Neque odores unguentorum, thuris et myrrhae et musci et omne redolens regnum odoratus inhabitans pretiosi aliquod habet in ipso magno regis altissimi palatio, minus adhuc omne id, quod

Du vermagst also auf diesem Weg fortzuschreiten, auf dem Gott über allem Sehen, Hören, Schmecken, Tasten, Riechen, Reden und über allem Sinn, Verstand und aller Vernunft gefunden wird; gefunden aber als nichts von all diesem, sondern als Gott der Götter und König aller Könige. Der König über die Welt der Vernunft ist der König der Könige und Herr der Herren im Gesamt; er ist der König der vernunfthaften Natur; diese hat die Herrschaft über die Verstandesnatur; diese wieder herrscht in der sinnlichen, und die sinnliche herrscht in der Welt der Sinnen-Dinge, welcher Sehen, Hören, Schmecken, Fühlen, Riechen als Könige vorstehen. All diese Könige unterscheiden, betrachten und schauen hinauf bis zu dem König der Könige und Herrn der Herrscher, der die Betrachtung, der Gott und theos selber ist, in dessen Macht alle Könige stehen und von dem alle Könige das haben, was ihnen eigen ist: Herrschermacht, Schönheit, Seiendheit, Lieblichkeit, Freude, Leben und alles Gute.

Daher kommt es, daß im Reich des größten und höchsten Königs aller Liebreiz sichtbarer Gestalten, die Buntheit der Farben, die liebliche Ordnung, das Funkeln der Edelsteine, das Grün der Wiesen, der Glanz des Goldes und was immer das Auge erfreut, bei dem es gleichsam als beim Schatz seines Reiches verweilt und sich ergötzt, nichts gilt, weil es zu der niedrigsten Streu des Hofes gehört. Genauso sind auch der einstimmige Widerhall aller Stimmen und jene süße Harmonie, die unsagbare Vielfalt aller Instrumente, die Melodien der goldenen Orgeln, die Lieder der Nachtigallen und Sirenen und all die anderen ausgesuchten Kostbarkeiten des Königs aus dem Reiche des Hörens im Hofe des größten und besten Königs der Könige gleichsam Hefe, die am Boden haftet. Ebenso ist alles Süße und Saure, Herbe und Wohlschmeckende der Paradiesesäpfel, der köstlichsten Früchte, der Trauben von Engaddi, des Weinens von Cypern, des Honigs von Attika, sind Getreide und Öl, das Indien und die Wälder und Wasser der ganzen Welt gewähren und dem Wohlgeschmack darbieten, im Königssaale jenes mächtigsten Herrschers der Welt nur gering geachtet. Wohlgeruch der Salben, Weihrauch und Myrrhe,

lenitate sua tactum delectat. Regis enim tactus latum videtur atque per orbem extensum regnum, sed vix punctus quidem paene insensibilis est respectu regni principantis universo.

Magnus videtur rex ipse, qui his iam dictis regibus imperat et cuius ipsi vasalli sunt, qui est sensus communis in potentatu suo omnem iam dictorum complicans potestatem, sed est servus empticius et infimus quidam minister in regno regis omnia videntis et continentis.

Per incomparabilem altitudinem intellectualis natura regnum supra omnia iam dicta sortita est, a cuius virtute dependent regna omnia praenominata et praenarrata et quibus dominanter praeest.

Sed intellectualis naturae reges de familia sunt maximi ducis et gaudent ascribi militiae eius neque aliud optant quam posse adipisci gradum quemcumque in aula dominatoris, in quo possint intuitione intellectuali refici ab eo, qui theos dicitur. Et omnia, quae in universis praenarratis regnis sunt, nihili curant, sicuti et nihil sunt in comparatione boni, quod cognoscunt in principe suo, in quo omnia sunt in complemento et in se divine [et] superoptime, quae in aliis regibus non solum imperfecte et extra se et in umbra seu imagine, sed distantia incomparabili et improportionali contracta reperiuntur.

Color igitur, qui in visibili regno per visum sentitur, non videt, sed tantum est visibilis. Non habet vitam et motum vitalem neque perfectionem habet [scilicet][1] stirpeae vegetationis aut subsistentis formae. Sed sensus, qui sunt in regno sensus communis, uti sunt sensus particulares, habent naturam intra se sensibilis mundi formam complicandi in vitali-

---

[1] Cod. Cus.: sed.

Moschus und alles Duftende, das dem Reich des Riechens angehört — dies alles wird im Palast des größten Königs nicht für etwas Kostbares erachtet. Und noch weniger das, was durch seine Weichheit das Tastgefühl erfreut. Scheint auch das Königreich des Tastsinns über die Erde ausgebreitet, so ist es doch kaum ein Punkt im Vergleich zu dem Reich, das dem Herrscher des Gesamt eignet, beinahe nicht wahrzunehmen.

Groß scheint jener König, der diesen Königen befiehlt, dessen Vasallen sie sind; er ist der Allgemeinsinn, der in seiner Herrschergewalt alle Macht der Genannten umschließt. Und doch ist er ein gekaufter Sklave und der geringste Diener im Reich des alles sehenden und allumfassenden Königs.

In unvergleichlicher Erhabenheit über all das Genannte hat die Vernunft-Natur ihr Königreich erlangt. Von ihrer Kraft und Macht sind alle vorher genannten und vorher beschriebenen abhängig; beherrschend steht sie ihnen vor.

Die Könige der Vernunft-Natur aber sind von der Familie des höchsten Feldherrn, und sie freuen sich, seiner Kriegsschar zugezählt zu werden. Nichts anderes ist ihr Wunsch als im Hofe des Herrschers die Stelle irgendeines Dienenden zu erlangen, auf daß er, der theos genannt wird, sie in steter vernunfthafter Schau erquicke. Alles, was den vorher genannten Königreichen angehört, kümmert sie nicht, denn es ist nichts im Vergleich zu dem Gut, das sie in ihrem Herrscher erkennen; in ihm ist alles in Fülle, in sich göttlich und überaus herrlich, alles das, was sich in den anderen Königen nicht nur unvollkommen, außerhalb ihrer und in Schatten und Abbild findet, sondern auch in einem Abstand, der weder Vergleich noch Verhältnis zuläßt.

Die Farbe, die im Reich des Sichtbaren vom Sehen wahrgenommen wird, sieht nicht, sondern ist nur sichtbar. Ihr fehlt Leben, Lebensbewegung und Vollendung, wie dies ein Pflanzensproß oder jene Gestalten haben, die eigenen Bestand haben. Aber den Sinnen, welche sich im Reich des Allgemeinsinns befinden, den Einzelsinnen, ist eine Natur

tate et cognitione sensibilis spiritus. Non est igitur minus in regno sensuum quam in regno sensibilium.

Sed id omne, quod est in regno sensibilium explicate, est vigorosiori modo complicite et vitaliter atque perfectiori modo in regno sensuum. Quiescit enim sensibilium regnum in ipsis. Sic ea, quae de regno sensus sunt, multo clariori atque perfectiori modo sunt in regno, ubi sunt intellectualiter. Color enim in esse intellectuali regni intellectualis incorruptibilem naturam habens differt perfectione a colore sensibilis mundi, sicut perpetuum a corruptibili et vita intellectualis a morte et lux ab umbra.

Sed in regno cunctipotentis, ubi regnum est rex, ubi omnia, quae in omnibus regnis, rex ipse, ubi color non est color sensibilis aut intellectualis, sed divinalis, immo Deus ipse, ubi omnia motu et vita carentia in sensibili mundo et omnia vitam vegetativam, sensitivam, rationalem aut intellectualem habentia sunt ipsa divina vita, quae est ipsa immortalitas, quam solus inhabitat Deus, et in ipso omnia ipse, ibi est laetitia omnium gaudiorum, quae oculis, auribus, gustu, tactu, odoratu, sensu, vita, motu, ratione et intelligentia hauriuntur; laetitia infinita, divina et inexpressibilis, et quies omnis laetitiae et delectationis, quia ipse est theos Deus, speculatio et cursus, qui omnia videt, in omnibus est, per omnia discurrit. Ad ipsum omnia respiciunt ut ad regem. Ad iussum suum omnia moventur et discurrunt, et omnis cursus ad finem quietis est ad ipsum. Igitur omne theos, qui est principium effluxus, medium in quo movemur et finis refluxus[1].

Hac igitur via, frater mi, stude diligentissima speculatione quaerere Deum, quoniam non potest non reperiri, si recte quaeritur, qui ubique est. Et tunc recte quaeritur secundum

---

[1] Vgl. Scotus Eringena, a. a. O., De divisione naturae.

eigen, die in der Lebendigkeit und Erkenntnis des sinnlichen Geistes die Gestalt der Sinnenwelt in sich einfaltet. Im Reich der Sinne ist also nicht weniger enthalten als im Reich des Sinnlichen.

Alles aber, was im Reich des Sinnlichen ausgefaltet ist, ist im Reich der Sinne in einer kraftvolleren und vollkommeneren Weise eingefaltet und lebendig. Denn das Reich des Sinnlichen ruht in ihnen. Ebenso findet sich das dem Reich des Sinnes Zugehörige, in weit klarerer und vollkommenerer Weise in jenem Reich, in dem es vernunfthaft ist. Im vernunfthaften Sein des vernunfthaften Reiches hat die Farbe eine unvergleichliche Natur und unterscheidet sich durch ihre Vollkommenheit von der Farbe der sinnlichen Welt so, wie das Ewige vom Vergänglichen, das Leben der Vernunft vom Tode und das Licht vom Schatten.

Aber im Königreich des Allmächtigen, wo das Reich der König ist; wo alles, das in allen Reichen ist, der König selbst ist; wo die Farbe nicht sinnliche oder vernunfthafte, sondern göttliche Farbe, ja Gott selber ist; wo alles, was in der sinnlichen Welt der Bewegung und des Lebens entbehrt und alles, was pflanzliches, sinnliches, verstandesmäßiges und vernunfthaftes Leben hat, das göttliche Leben ist, die Unsterblichkeit, in der allein Gott wohnt und wo in ihm alles er selber ist; dort ist das Frohlocken aller Freuden, die wir durch Augen, Ohren, Geschmack, Berührung, Geruch, Sinn, Leben, Bewegung, Verstand und Vernunfterkenntnis schöpfen, die göttliche, unendliche und unaussagbare Freude und die Ruhe aller Freude und alles Entzückens; denn Gott ist der theos, ist Schau und Lauf, der alles sieht, in allem ist, alles durchläuft. Auf ihn blickt alles als auf seinen König; auf seinen Befehl bewegt sich alles, und jeder Lauf zum Ziel der Ruhe ist ein Lauf zu ihm. Alles ist darum theos, der Ursprung, aus dem alles entströmt, die Mitte, in der wir uns bewegen und das Ziel, zu dem alles zurückfließt.

Auf diesem Weg, mein Bruder, bemühe dich in gründlicher und tiefer Betrachtung, Gott zu suchen. Wenn er nur in rechter Weise gesucht wird, ist es unmöglich, ihn, der überall ist,

nomen suum in finem, ut secundum nomen suum sit et laus sua usque ad fines potentiae terreae naturae nostrae.

II.

Sed iam amplius ad secundam quaestionis particulam nos convertentes videamus, quonam modo ducemur ad scalarem ascensum theoriae dictae, cum ad ignotum penitus non moveamur. Et ut id ipsum inquiramus, ad visum respiciamus.

Primo quidem ad hoc, ut visus deprehendat visibile discrete, lumen duplex concurrit. Nam non est spiritus visionis, qui nomen imponit coloribus, sed spiritus patris eius, qui in eo est. Spiritus enim, qui per opticas venas in oculum a cerebro descendit, offenditur obviatione speciei obiecti et confusa sensatio exoritur. Admiratur virtus animalis de sensatione et intendit, ut discernat. Non igitur discernit spiritus, qui in oculo est, sed in ipso spiritus altior operatur discretionem. Hoc quidem in nobis quotidiano experimento verum comperimur. Praetereuntes enim, quorum species in oculum multiplicatae sunt, saepe non deprehendimus, dum attenti ad alia non advertimus, et pluribus loquentibus nobis illum tantum intelligimus, ubi nostra est attentio.

Hoc quidem nobis id verum ostendit quoniam lumine altiori, ipsius scilicet rationis, spiritus, qui in sensu est, attingit activitatis suae operationem. Cum igitur oculus dicit hoc esse rubeum, hoc esse blavium, non loquitur oculus, sed in ipso loquitur spiritus patris sui, hic scilicet spiritus animalis, cuius est hic oculus.

nicht zu finden. Er wird dann richtig und seinem Namen entsprechend gesucht, wenn er zu dem Zweck gesucht wird, daß sein Lobpreis seinem Namen gemäß unsere irdische Natur bis an die Grenzen ihrer Mächtigkeit erfülle.

II.

Nun wollen wir uns dem zweiten Teil unserer Untersuchung zuwenden und sehen, in welcher Weise wir zum stufenhaften Aufstieg, der zur genannten Schau führt, geleitet werden — zu etwas völlig Unbekanntem können wir ja nicht hingelangen. Um dies zu erforschen, wollen wir uns wiederum dem Sehen zuwenden.

Zunächst stellen wir fest: ein zweifaches Licht trifft zusammen, damit der Blick das Sichtbare unterscheidet und erfaßt. Denn es ist nicht der Geist des Sehens, welcher den Farben ihre Namen gibt, sondern der Geist seines Urhebers, der in ihm ist. Der Geist, der durch die Sehnerven vom Gehirn in das Auge herabsteigt, empfängt dadurch, daß ihm das Bild eines Gegenstandes entgegentritt, einen Eindruck und es entsteht eine verwirrte Sinnesempfindung. Über diese Empfindung gerät die lebendige Kraft in Verwunderung und strebt danach, sie unterscheidend zu bestimmen. Also bewirkt diese Unterscheidung nicht der Geist, der im Auge ist, sondern ein höherer Geist in ihm. Das können wir durch ein alltägliches Experiment an uns selbst als wahr erweisen. Oft erkennen wir Vorübergehende nicht — obzwar ihr Bild im Auge wiederholt wird —, da wir sie, wenn wir auf anderes achten, nicht wahrnehmen; und wenn verschiedene Menschen sprechen, so verstehen wir nur den, welchem wir unsere Aufmerksamkeit zugewandt haben.

Dies beweist uns, daß der Geist, der im Sinn ist, durch ein höheres Licht, das Licht des Verstandes die Vollzugshandlung seiner Tätigkeit erreicht. Wenn also das Auge sagt, dies sei rot und dies blau, dann spricht nicht das Auge, sondern in ihm spricht der Geist seines Vaters; dieser lebendige Geist, dem das Auge eigen ist.

Neque adhuc propterea color visibilis est, etiam si assit attentio videre volentis; oportet enim quod alio lumine ipsum visibile illuminantis visibile fiat. In umbra enim et tenebris visibile non habet aptitudinem, ut videatur. Adaptatio eius fit per lumen, quod ipsum illuminat. Sicut igitur visibile non est aptum ut videatur nisi in lumine, quoniam per se non potest se ingerere in oculum, hinc opus habet, ut illuminetur, quoniam lumen illius est naturae, quod per se ingeritur in oculum. Tunc igitur visibile se ingerere potest in oculum, quando est in lumine, cuius vis est se ipsum ingerendi. Color autem in lumine non est ut in alio, sed ut in principio suo, quoniam non est color nisi terminus lucis in diaphano, ut in iride experimur. Secundum enim quod radius solis in nube aquosa aliter et aliter terminatur, alius et alius generatur color.

Unde manifestum est colorem in suo principio, scilicet in luce, visibilem, quoniam lux extrinseca et spiritus visivus in claritate communicant. Hinc lux illa, quae illuminat visibile, ad comparem lucem se ingerit et adducit coloris speciem visui obiectam.

Ex his, frater, para tibi cursum quaerendi quomodo ignotus Deus praestat omne id, per quod ad ipsum movemur. Nam etsi iam clare tibi constet spiritum animalis in spiritu oculi discernere et lumen facere visibile aptum, ut videatur, non tamen visus vel spiritum ipsum vel lumen deprehendit. Lumen enim non est de regione colorum, cum non sit coloratum. In omni igitur regione, ubi oculus principatur, non reperitur. Ignotum est igitur lumen oculo et tamen est delectabile visui.

Sicut igitur ratio discretiva est, quae in oculo discernit visibilia, ita intellectualis spiritus est, qui in ratione intelligit, et divinus spiritus est, qui illuminat intellectum. Lumen autem discretivum animale in oculo, aure, lingua, naribus et

Aber auch wenn die Aufmerksamkeit dessen, der sehen will, vorhanden ist, ist die Farbe darum doch noch nicht sichtbar; dazu ist es notwendig, daß das Sichtbare von dem andern Licht eines Erleuchtenden sichtbar gemacht wird. In Schatten und Dunkelheit ist das Sichtbare nicht fähig und geeignet, sichtbar zu werden. Dazu wird es erst durch das Licht befähigt, das es erleuchtet. So ist das Sichtbare, weil es nicht von selbst in das Auge einzudringen vermag, nur im Licht dazu geeignet, gesehen zu werden, und aus diesem Grund ist es erforderlich, daß es erleuchtet wird; denn es ist die Natur des Lichtes, von selbst in das Auge einzudringen. Dann also, wenn das Sichtbare im Licht ist, das die Kraft hat, von selbst ins Auge einzudringen, kann es in dieses eindringen. Die Farbe aber ist im Licht nicht in einem Anderen, sondern in ihrem Ursprung, denn Farbe ist nichts anderes als die Begrenzung des Lichtes in einem Durchscheinenden, wie wir es beim Regenbogen erfahren. Je nachdem, wie der Sonnenstrahl in einer Wasserwolke je anders begrenzt wird, entsteht jeweils eine andere Farbe.

Offenbar ist die Farbe in ihrem Ursprung, dem Licht, deshalb sichtbar, weil das äußere Licht und der Sehgeist sich in ihrer Klarheit verbinden. Das Licht, welches das Sichtbare erleuchtet, dringt zu einem gleichartigen Licht ein und fügt das dem Auge entgegentretende Farbbild bei.

Auf Grund dieser Überlegung, Bruder, bereite dir einen Weg, dem folgend du erforschen kannst, wie der unbekannte Gott all dem vorsteht, durch das wir uns auf ihn hin bewegen. Wenn es auch für dich bereits sicher feststeht, daß ein lebendig-beseelter Geist im Geist des Auges unterscheidet, und das Licht das Sichtbare fähigmacht, gesehen zu werden, so erfaßt doch das Sehen weder den Geist selbst noch das Licht. Denn das Licht ist nicht gefärbt, gehört darum nicht dem Bereich der Farben an, und ist infolgedessen im ganzen vom Auge beherrschenden Bereich nicht zu finden. Es ist dem Auge unbekannt und doch für das Sehen erfreulich.

Wie also der Verstand, der in dem Auge das Sichtbare unterscheidet, ein unterscheidender ist, so ist es ein vernunfthafter Geist, welcher im Verstand vernunfthaft erkennt und ein göttlicher Geist, der die Vernunft erleuchtet. Das unter-

nervo, in quo tactus viget, est lumen unum varie receptum in variis organis, ut secundum varietatem organorum varie discernat ea, quae sunt sensibilis mundi. Et lumen ipsum est principium, medium et finis sensuum, quoniam non sunt sensus nisi ad finem discretionis sensibilium neque sunt ab alio quam ab illo spiritu neque in alio moventur. In ipso etiam vivunt sensus omnes. Vita enim visus est videre et auris vita est audire, et quanto haec vita est perfectior, tanto est discretior. Visus enim, qui perfectius discernit visibile, perfectior est, ita de auditu.

Vita igitur et perfectio, laetitia et quies et quidquid desiderant omnes sensus, in spiritu discretivo est, et ab ipso habent omne id quod habent, et dum inficiuntur organa, et deficit in ipsis vita in activitate, non deficit in spiritu discretivo, a quo eandem vitam sublata macula aut infirmitate recipiunt.

Pari quidem modo de intellectu id ipsum concipe, qui lumen est rationis discretivae, et ab illo te eleva in Deum, qui lumen est intellectus. Et dum sic curris per id, quod in visu compertum est, comperies quomodo Deus noster in saecula bendictus ita est omne id, quod est in quolibet quod est, sicut lumen discretivum in sensibus et intellectuale in rationibus ac quod ipse est, a quo creatura habet id quod est et vitam et motum, et in lumine ipsius est omnis cognitio nostra, ut nos non simus illi, qui cognoscimus, sed potius ipse in nobis. Et cum ad cognitionem ipsius ascendimus, quamquam ipse sit ignotus nobis, tamen non nisi in lumine suo, quod se ingerit in spiritum nostrum, movemur, ut in lumine suo ad ipsum pergamus. Sicut igitur ab ipso dependet esse, ita et cognosci. Quemadmodum a luce corporea dependet esse coloris, ita et ab ipsa luce dependet cognitio coloris, ut praemisimus.

scheidende Licht der Seele in Auge, Ohr, Zunge, Nase und in dem Nerv, der den Tastsinn lenkt, ist ein und dasselbe Licht; es wird in verschiedenen Organen verschieden empfangen, um entsprechend dieser Verschiedenheit der Organe die der sinnlichen Welt angehörenden Dinge verschieden zu unterscheiden. Und das Licht selbst ist Ursprung, Mitte und Ziel der Sinne. Denn die Sinne sind allein dazu bestimmt, das Sinnliche zu unterscheiden; sie stammen nur von jenem Geist und bewegen sich in keinem anderen; in ihm leben alle Sinne. Das Leben des Sehens ist Sehen, das Leben des Hörens Hören, und je vollkommener dieses Leben ist, um so unterschiedener ist es. Das Sehen, das das Sichtbare vollkommener unterscheidet, ist vollkommener, und dasselbe gilt für das Hören.

Leben und Vollendung, Freude und Ruhe und was immer alle Sinne ersehnen, liegt im unterscheidenden Geist; von ihm haben sie alles, was sie haben. Sogar wenn die Organe an Kraft verlieren und das tätige Leben in ihnen abnimmt, nimmt es nicht im unterscheidenden Geist ab, von dem sie es zurückerhalten, wenn der Fehler oder die Krankheit schwindet.

In der entsprechenden Weise denke das gleiche von der Vernunft. Sie ist das Licht des unterscheidenden Verstandes; von ihr erhebe dich zu Gott, der das Licht der Vernunft ist. Wenn du durch das, was du beim Sehen erfahren hast, so weiterschreitest, wirst du erfahren, daß unser Gott, gepriesen sei er in Ewigkeit, alles ist, das in jedem beliebigen Seienden ist, so wie das unterscheidende Licht in den Sinnen und das vernunfthafte in den Verstandesgedanken; daß er selbst es ist, von dem das Geschöpf das, was es ist, hat, von dem es Leben und Bewegung hat, und daß all unsere Erkenntnis in seinem Lichte ist, so daß nicht wir es sind, die erkennen, sondern eher er in uns. Und wenn wir zur Erkenntnis seiner selbst emporsteigen, so bewegen wir uns, wiewohl er uns unbekannt ist, in nichts anderem, als in seinem Licht; es dringt in unseren Geist ein und wir gehen in seinem Licht auf ihn zu. Wie das Sein von ihm abhängt, so auch das Erkanntwerden. So, wie das Sein der Farbe vom körperlichen Licht abhängt, so hängt von diesem Licht die Erkenntnis der Farbe ab; das haben wir ja oben schon gesagt.

Advertendum igitur, quoniam mirabilis Deus in operibus suis creavit[1] lucem, quae simplicitate sua excellit cetera corporalia, ut sit medium inter spiritualem naturam et corporalem, per quam corporalis hic mundus tamquam per suum simplex ascendat in spiritualem mundum. Defert enim figuras in visum, ut sic ad rationem et intellectum forma sensibilis mundi ascendat et per intellectum in Deo finem attingat. Ita quidem et in esse prodiit mundus ipse, ut corporalis hic mundus participatione lucis hoc sit quod est, et tanto res corporales in genere corporeo perfectiores censeantur, quanto plus lucis participant, ut gradatim in elementis experimur. Sic quidem creatura, quae spiritum vitae habet, tanto est perfectior, quanto plus luminis vitae participat. Sic creatura vitae intellectualis tanto perfectior, quanto plus intellectualis luminis vitae participat.

Deus autem est imparticipabilis et infinita lux lucens in omnibus, uti lux descretiva in sensibus. Varia autem imparticipabilis et impermiscibilis lucis terminatio variam ostendit creaturam, uti lucis corporalis terminatio varia in diaphano varium ostendit colorem, licet impermiscibilis remaneat lux ipsa.

III.

Ex his, frater, non ambigo clare pergere potes, ut apprehendas quod, sicut color non est visibilis nisi medio luminis, hoc est quidem dicere quod, sicut color non potest ascendere ad quietem et ad finem suum nisi in lumine principii sui, ita quidem nostra natura intellectualis non potest ad felicitatem quietis attingere nisi in lumine principii sui intellectualis. Et sicut visus non discernit, sed in eo discernit spiritus discretivus, ita in nostro intellectu illuminato divino lumine

---

[1] Cod. Cus.: schließt Deus an.

Wir müssen darauf achten, daß der wunderbare Gott unter seinen Werken das Licht erschuf. In seiner Einfachheit überragt es alle übrigen körperhaften Dinge, so daß es die vermittelnde Mitte zwischen geistiger und der körperlichen Natur darstellt und diese körperliche Welt gleichsam durch ihr Einfachstes in die geistige Welt emporsteigt. Es bringt die Gestalten so in das Sehen, daß die der sinnlichen Welt angehörige Gestalt zu Verstand und Vernunft emporsteigt, und durch die Vernunft ihr Ziel in Gott erreicht. So ging auch die Welt selbst in das Sein ein, so daß diese körperliche Welt durch Teilhabe am Licht das ist, was sie ist; und die körperlichen Dinge hält man in körperlicher Art für um so vollkommener, je mehr sie am Licht teilhaben, wie wir es stufenweise bei den Elementen erfahren. Auch ein Geschöpf, das den Geist des Lebens hat, ist um so vollkommener, je mehr es am Licht des Lebens teilhat. So ist ein Geschöpf des vernunfthaften Lebens um so vollkommener, je größer sein Anteil am Leben des vernunfthaften Lichtes ist.

Gott aber kann nicht partizipiert werden; er ist das unendliche Licht, das in allem leuchtet, so wie das unterscheidende Licht in den Sinnen. Die verschiedene Begrenzung dieses Lichtes, an dem nichts teilhaben und das nicht vermischt werden kann, zeigt jeweils verschiedene Geschöpfe, so wie die Begrenzung des körperlichen Lichtes in einem durchscheinenden Körper verschiedene Farben zeigt, obwohl das Licht selbst unvermischbar bleibt.

III.

Ich zweifle nicht, Bruder, daß du es vermagst aus diesen Darlegungen in Klarheit weiterzuschreiten und folgendes zu erfassen: Wie die Farbe nur durch die Vermittlung des Lichtes sichtbar ist, das heißt, wie die Farbe nur im Licht ihres Ursprungs zur Ruhe und zu ihrem Ziel aufsteigen kann, so kann auch unsere vernunfthafte Natur das Glück der Ruhe nur im Licht ihres vernunfthaften Ursprungs erreichen. Nicht das Sehen unterscheidet, sondern der unterscheidende Geist

principii sui pro aptitudine, ut intrare possit, non nos intelligemus aut vita intellectuali vivemus per nos, sed in nobis vivet Deus vita infinita. Et haec est illa felicitas aeterna, ubi in unitate strictissima ita in nobis vivit aeterna intellectualis vita omnem conceptum creaturarum viventium inexpressibili laetitia praecellens, sicut in sensibus nostris perfectissimis vivit ratio discretiva et in ratione clarissima vivit intellectus.

Iam palam nobis est, quod ad ignotum Deum attrahimur per motum luminis gratiae eius, qui aliter deprehendi nequit, nisi se ipsum ostendit. Et quaeri vult. Vult et quaerentibus lumen dare, sine quo ipsum quaerere nequeunt. Vult quaeri, vult et apprehendi, quia vult quaerentibus aperire et se ipsum manifestare. Quaeritur igitur cum desiderio apprehendendi et tunc quaeritur theorice cum cursu ducente currentem ad quietem motus, quando cum maximo desiderio quaeritur. Unde non aliter recte ambulatur ad sapientiam attingendam, nisi per desiderium maximum quaeratur. Et dum sic quaeritur, per rectam viam quaeritur, ubi indubie invenietur per ostensionem sui ipsius. Neque est alia via ulla data nobis quam illa neque alia in omni doctrina sanctorum, qui sapientiam attingerunt, nobis relicta est.

Propterea illi, qui superbi, qui praesumptuosi, qui sibi ipsi sunt sapientes, qui fuerunt in suo ingenio confidentes, qui se similes putabant esse altissimo in ascensu superbo, qui se erexerunt ad scientiam deorum, hi omnes erraverunt, quoniam hi tales praecluserunt sibi viam ad sapientiam, quando non putabant aliam esse quam illam, quam suo intellectu mensurabant, et defecerunt in vanitatibus suis et lignum scientiae amplexi sunt et lignum vitae non apprehenderunt. Non igitur fuit philosophorum finis, qui Deum non honoraverunt, alius quam perire in vanitatibus suis.

in ihm; so werden auch in unserer Vernunft, die entsprechend ihrer Fähigkeit, das göttliche Licht eindringen zu lassen, von diesem erleuchtet wird, nicht wir erkennen oder wir durch uns selbst in vernunfthaftem Leben leben, sondern Gott wird in uns in unendlichem Leben leben. Das ist die ewige Glückseligkeit, da das ewige vernünftige Leben, das alles Begreifen der lebenden Geschöpfe in unaussprechlicher Freude übertrifft, in vollkommenster Einheit in uns ebenso lebt, wie der unterscheidende Verstand in den vollendeten Sinnen und die Vernunft im klarsten Verstande.

Es ist uns bereits offenbar, daß wir durch die Bewegung, die vom Licht seiner Gnade ausgeht, zu dem unbekannten Gott hingezogen werden; zu ihm, der nicht anders erfaßt werden kann, als wenn er selbst sich zeigt; der gesucht werden will und den Suchenden das Licht schenken will, ohne das sie ihn nicht suchen können. Er will gesucht werden und will auch erfaßt werden, denn er will sich den Suchenden darstellen und offenbaren. Die Suche ist also verbunden mit dem Wunsch ihn zu erfassen. Und nur dann geschieht sie nach der Art des theos — mit dem Lauf, der den Laufenden zur Ruhe der Bewegung führt —, wenn man ihn in tiefster Sehnsucht sucht. Daher ist das der allein richtige Weg, die Weisheit zu erlangen, daß man sie in tiefstem Sehnen sucht. Suchen wir sie so, dann suchen wir sie auf dem rechten Weg und werden sie ohne Zweifel dadurch finden, daß sie sich selbst zeigt. Kein anderer Weg ist uns gegeben als dieser, und in allen Lehren der Heiligen, welche die Weisheit erfaßten, ist uns keine andere hinterlassen.

Darum irrten sie alle, die Stolzen, die Hochmütigen, die sich selbst für weise hielten, die auf ihre eigene Begabung vertrauten, die sich in stolzem Übermut dem Höchsten ähnlich dünkten, die sich das Wissen von Göttern anmaßten; sie versperrten sich den Weg zur Weisheit, weil sie glaubten, sie sei keine andere als die, welche sie mit ihrer eigenen Vernunft maßen; sie schwanden in ihren Eitelkeiten dahin, sie umfaßten das Holz des Wissens und erfaßten nicht das Holz des Lebens. Darum war den Philosophen, welche Gott nicht ehrten, keine anderes Ende beschieden, als daß sie in ihrer Eitelkeit zugrunde gingen.

Sed illi, qui dixerunt[1] non posse attingere sapientiam et vitam intellectualem perennem, nisi daretur dono gratiae, ac quod tanta foret bonitas Dei cunctipotentis, quod exaudiret invocantes nomen eius, et salvi facti sunt[2], facti sunt igitur humiles se confitentes ignorantes et vitam suam ut desiderantes sapientiam aeternam instituerunt. Et haec est vita virtuosorum in desiderio alterius vitae pergentium, quae a sanctis commendatur.

Neque alia est sanctorum prophetarum aut eorum, qui gratiam luminis divini in hac vita sortiti sunt, traditio, quam quod accedere volens ad vitam intellectualem et divinam sapientiam immortalem, primum credere habet, quoniam Deus est et ipse dator omnium optimorum, in cuius timore est vivendum et amore pergendum, a quo cum omni humiliatione est vita ipsa immortalis petenda et omnia, quae ad ipsam ordinantur, ut assequi valeat, cum summa religione et sincerissimo cultu amplectenda.

Vides nunc, frater, quamcumque virtutem non iustificare nos, ut merito hoc excellentissimum donum assequamur, neque cultum neque legem neque disciplinam. Sed virtuositas vitae, observantia mandatorum, devotio sensibilis, mortificatio carnis, contemptus mundi et cetera huiusmodi concomitantur recte quaerentem divinam vitam et aeternam sapientiam. Quae si non adsint quaerenti, non eum esse in via sed extra ipsam manifestum est.

Signa autem, quibus quem non in devio, sed in via esse, ex operibus concomitantibus recte pergentem haurire possumus. Qui enim summo desiderio appetit aeternam sapientiam apprehendere, nihil ei praeponit in amore, illam offendere timet, omnia eius comparatione nihil esse affirmat et ea ut nihil habet et spernit et, ut placeat sapientiae amatae, omne

---

[1] Die anderen Codd.: viderunt.
[2] Ps. 21, 6.

Jene aber, die sahen, daß man die Weisheit und das ewige Leben der Vernunfterkenntnis nicht erreichen kann, wenn es nicht durch das Geschenk der Gnade gewährt wird, und daß die Güte des allmächtigen Gottes so groß ist, daß er die, welche seinen Namen anrufen, erhört, und sie das Heil gewinnen, wurden demütig; sie bekannten, daß sie unwissend seien und richteten ihr Leben als das Leben solcher ein, die sich nach der ewigen Weisheit sehnen. Das ist das Leben der Tugendhaften, welche in Sehnsucht nach dem anderen Leben wandeln, das von den Heiligen empfohlen wird.

Keine andere Überlieferung gibt es von den heiligen Propheten und den anderen, welche die Gnade des göttlichen Lichtes in diesem Leben erlangten, als daß jeder, der zum Leben der Vernunft und zu der unsterblichen göttlichen Weisheit zu gelangen wünscht, zuerst glauben muß, daß Gott ist; daß Gott der Geber aller Güter ist; daß man in seiner Furcht leben und in seiner Liebe wandeln muß; daß man in aller Demut von ihm das unsterbliche Leben erflehen und alles, was auf dieses Leben hingeordnet ist, in tiefster Frömmigkeit und aufrichtigster Verehrung umfassen muß.

Du siehst nur, Bruder, daß nicht irgendeine Tugend noch auch Gottesdienst, Gesetz oder Lehre uns gerecht machen, so daß wir verdienen, dieses höchste Geschenk zu erlangen. Ein tugendhaftes Leben, Beobachtung der Gebote, sinnenfällige Hingabe, Abtötung des Fleisches, Verachtung der Welt und alles übrige derartige, begleiten jeden, der in rechter Art das göttliche Leben und die ewige Weisheit sucht. Finden sie sich nicht bei ihm, dann ist offenbar, daß er sich nicht auf dem Weg, sondern außerhalb desselben befindet.

Die Anzeichen dafür, daß sich jemand nicht auf Abwegen, sondern auf dem rechten Weg befindet, können wir aus den Werken gewinnen, die den richtig Wandelnden begleiten. Wer in höchster Sehnsucht danach strebt, die ewige Weisheit zu erlangen, stellt ihr in seiner Liebe nichts anderes voran; hütet sich, sie zu beleidigen; erklärt, daß im Vergleich zu

studium suum adaptat sciens non posse placere ei, si alteri corruptibili prudentiae mundi aut sensibili delectationi inhaeserit. Hinc omnia linquens expedite in fervore amoris festinat. Sicut cervus fontem aquarum desiderat, ita anima illa Deum[1]. Tunc quidem non ex operibus, quae fecerimus, meremur incomparabilem thesaurum gloriae, sed diligentes se diligit, quia caritas et amor est et donat se ipsum animae, ut eo optimo bono in aevum fruatur[2].

Vides nunc, frater, ad quid in hunc mundum intrasti, ut in exordio praemisimus, scilicet ut Deum quaeras. Vides quod theos dicitur quaerentibus, quomodo ipsum quaerere potes via quadam. Quae per te ipsum si calcata fuerit, tua erit via tibique notior, in qua delectaberis ob suam amoenitatem et fecunditatem fructuum, qui circa ipsam reperientur. Exerceas te igitur multiplicatis actibus et theoricis ascensionibus et pascua invenies adaugentia et confortantia te in itinere et te dietim plus in desiderio inflammantia.

Nam noster spiritus intellectualis virtutem ignis in se habet. Missus est a Deo in terram non ob aliud, nisi ut ardeat et crescat in flammam. Tunc crescit, quando excitatur admiratione, quasi uti ventus insufflans in igne excitat potentiam ad actum, ut quidem apprehensione operum Dei admiramur de aeterna sapientia incitamurque vento extrinseco operum et creaturarum tam variarum virtutum et operationum, ut desiderium nostrum crescat in amorem creatoris et ad intuitionem sapientiae illius, quae omnia mirabiliter ordinavit.

---

[1] Ps. 41, 2.
[2] Vgl. die Liturgie der Fußwaschung am Gründonnerstag.

ihr alles andere nichts sei; hält es auch dafür und verachtet es. Der geliebten Weisheit zu gefallen, darauf richtet er sein ganzes Streben und weiß wohl, daß er ihr nicht gefallen kann, wenn er der anderen, der vergänglichen Klugheit der Welt oder sinnlichem Genuß anhangt. Darum läßt er alles zurück und eilt unbeschwert und frei in der Glut seiner Liebe dahin. Wie der Hirsch nach der Wasserquelle, so sehnt sich eine solche Seele nach Gott. So verdienen wir den unvergleichlichen Schatz der Herrlichkeit nicht durch Werke, die wir vollbringen, sondern Gott liebt, die ihn lieben; denn er ist Gnade und Liebe, und schenkt sich selbst der Seele, auf daß sie dieses höchste Gut in Ewigkeit genieße.

Du siehst nun, Bruder, wozu du in die Welt gekommen bist; wir haben es schon in der Einleitung vorausgeschickt: um Gott zu suchen. Du siehst, daß theos für den Suchenden so viel bedeutet, als daß man ihn auf einem bestimmten Weg suchen kann. Wenn du diesen beschreitest, dann wird es dein Weg sein und er wird dir wohl bekannt sein; du wirst dich an ihm erfreuen um seiner Lieblichkeit und des Reichtums der Früchte willen, die man rings um ihn findet. Übe dich also, indem du dein Tun vervielfältigst und dich in der Schau erhebst und du wirst Weiden finden, die dich wachsen lassen und kräftigen auf deinem Weg und die dich von Tag zu Tag mehr in der Sehnsucht entflammen.

Denn unser vernunfthafter Geist birgt die Kraft des Feuers in sich; zu nichts anderem ist er von Gott auf die Erde gesandt, als daß er glühe und zur Flamme wachse. Wenn staunende Bewunderung ihn weckt und emporjagt, dann wächst er so, wie wenn der Wind in ein Feuer hineinfährt und seine Möglichkeit zur Wirklichkeit entfacht. Wenn wir die Werke Gottes erfassen, staunen wir über die ewige Weisheit. Und durch den äußeren Sturmwind, der von den Werken und Geschöpfen ausgeht, denen so vielfältige Kraft und Wirkung eigen ist, werden wir angetrieben, daß unser Sehnen in die Liebe des Schöpfers hineinwachse und zur Schau und Betrachtung seiner Weisheit gelange, die alles wunderbar geordnet hat.

Dum enim advertimus ad granum minimum sinapis et eius virtutem et potentiam eius oculo intellectus intuemur, vestigium reperimus, ut excitemur in admirationem Dei nostri[1]. Nam cum tam parvum sit corpore, vis tamen eius est sine termino. In eo granulo est arbor magna cum foliis et ramusculis et alia grana multa, in quibus similiter eadem est virtus supra omnem numerum. Ita quidem video in intellectu virtutem grani sinapis; si explicari actu deberet, non sufficere hunc sensibilem mundum, immo nec decem, immo nec mille, immo nec tot mundos, quot numerari possent.

Quis non admirabitur haec revolvens, dum addit intellectum hominis omnem hanc potestatem grani ambire et apprehendere hoc verum atque sic excellere in sua apprehensione capacitatem omnem omnis sensibilis mundi et non huius unius, sed infinitorum mundorum? Et ita ambit vis nostra intellectiva omnem naturam corporalem et mensurabilem.

Quanta est igitur magnitudo in intellectu nostro! Si igitur punctalis magnitudo intellectualis spiritus ambit per infinitum capacior omnem possibilem magnitudinem sensibilem et corporalem, quam magnus est tunc dominus et quam laudabilis, cuius magnitudo per infinitum excellentior est magnitudine intellectuali! Et ob hoc, cum tantus sit, omnia comparatione eius nihil sunt et in ipso nihil possunt aliud esse quam ipse Deus in saecula bendictus. Deinde quidem per similes ascensus de virtute grani milii ascendere poteris pariformiter de virtute omnium seminum vegetabilium et animalium, et nullius seminis virtus minor est virtute seminis sinapis, et infinita sunt semina talia. O quantus est Deus noster, qui est actus omnis potentiae, quoniam est finis omnis potentiae, non potentiae contractae ad granum sinapis aut milii aut grani frumenti aut Adae patris nostri aut aliorum et ita in infinitum!

---

[1] Vgl. Matth. 13, 31—22; Mark. 4, 30—32; Luk. 13, 18—19.

Wenden wir unseren Blick auf das winzige Senfkorn, und betrachten wir mit dem Auge der Vernunft seine Kraft und Macht, dann finden wir eine Spur, die uns zur Bewunderung unseres Gottes führt. Obwohl sein Körper so klein ist, ist seine Kraft doch ohne Grenzen. In diesem Körnchen ist ein großer·Baum mit Blättern und Zweiglein und vielen anderen Samen, denen gleicherweise dieselbe Kraft innewohnt, über jede Zahl hinaus. So sehe ich in der Vernunft die Kraft des Senfkorns; sollte sie als Wirklichkeit entfaltet werden, so würde diese sinnlich sichtbare Welt dazu nicht ausreichen; auch nicht zehn oder tausend, ja auch nicht so viele Welten, wie man nur zählen könnte.

Wer wird nicht von Staunen ergriffen, wenn er solches erwägt? Besonders aber, wenn man bedenkt, daß die Vernunft des Menschen diese Macht des Samenkorns umfaßt, wenn sie das als wahr erkennt und damit in ihrer Fassungskraft die gesamte Fassungskraft der ganzen sinnlichen Welt — und nicht nur dieser einen, sondern unendlich vieler Welten überschreitet. Und so umfaßt die Kraft unserer Vernunft jede körperliche und meßbare Natur.

Welche Größe liegt in unserer Vernunft! Wenn also die nur punktgleiche Größe des vernünftigen Geistes mit unendlich größerer Fassungskraft jede mögliche sinnliche und körperliche Größe umfaßt, wie groß ist dann der Herr! Und wie lobwürdig ist er, dessen Größe die Größe der Vernunft noch unendlich weit überragt! Und eben darum, weil er so groß ist, ist im Vergleich zu ihm alles nichts und kann in ihm nichts anderes sein als Gott selbst. Gepriesen sei er in Ewigkeit! Auch von der Kraft eines Hirsekornes könntest du in ähnlicher Weise ausgehen, ebenso von der Kraft alles pflanzlichen und tierischen Samens; kein Samen hat geringere Kraft als das Senfkorn. Und es gibt unendlich viele derartige Samen. Wie groß ist unser Gott! Er ist die Wirklichkeit jener Möglichkeit, denn er ist das Ziel jeder Möglichkeit; nicht nur der Möglichkeit, die zu einem Senfkorn oder Hirsekorn oder Getreidekorn oder zu dem Samen unseres Vaters Adam oder einem anderen usw. verschränkt ist.

Sed quia in ipsis omnibus est virtus et potentia immensurabilis secundum genus suum contracta, tunc in Deo absque contractione est potentia absoluta, quae est et actus infinitus. Quis non duceretur in stuporem admirationis Dei virtutem sic quaerens? Quis non inflammaretur in ardorem maximum timendi et amandi cunctipotentem? Quis est, qui, si ad minimae scintillae ignis potentiam respicit, de Deo non admiretur super omne quod dici potest. Si potentia scintillae est tanta quod, cum sit in actu — quia educta est scintilla in potentia motu ferri de pyrice, ut sit actu —, et in eius potentia est omnia resolvere in suam naturam et ignem in potentia, ubicumque ille est in hoc mundo, etsi essent infiniti mundi, in actu ponere, o quanta est potentia Dei nostri, qui est ignis ignem consumens[1]! Et dum, frater, ad naturam et conditiones ignis, quae sunt viginti quattuor, advertis, quemadmodum ille divinorum altissimus contemplator Dionysius in Angelica fecit hierarchia[2], mirabilem viam habes Deum quaerendi et inveniendi. Ibi vide et miraberis.

IV.

Deinde si ad sapientiam magistri nostri adhunc viam aliam quaeris, adverte. Nam oculo intellectus apprehendis in ligno parvo atque in hoc lapide minutissimo sive in aere aut auri massa vel grano sinapis aut milii omnes artificiales corporeas formas in potentia esse. In quolibet enim non dubitas circulum, triangulum, tetragonum, sphaeram, cubum et quidquid geometria nominat, inexsistere formasque esse omnium animalium, omnium fructuum, omnium florum, frondium, arborum et formarum omnium similitudinem, quae in hoc mundo sunt et in infinitis mundis esse possent.

---

[1] 5 Mo. 4, 24.
[2] Vgl. Dionysius, a. a. O., De cael. hierarchia XV, 992ff.

Weil aber in diesen allen unermeßliche Macht und Kraft ihrer Art gemäß verschränkt ist, darum ist ohne diese Verschränkung in Gott absolute Macht und Möglichkeit, die zugleich auch absolute Wirklichkeit ist. Welcher Mensch würde nicht in Staunen über die Macht Gottes geraten, wenn er so forscht? Wer würde nicht zu höchster Glut und Ehrfurcht und Liebe zum Allmächtigen entflammt? Wer kann die Macht eines winzigen Funkens betrachten ohne von unsagbarer Bewunderung für Gott erfüllt zu werden? Wenn die Macht eines Funkens, sobald er nur als Wirklichkeit ist — denn um das zu sein, ist der Funke aus der Möglichkeit mittels der Bewegung und dem Schlag des Eisens gegen den Feuerstein gewonnen —, so groß ist, daß es in seiner Macht liegt, alles in seine Natur aufzulösen und alles Feuer in der Möglichkeit, in Wirklichkeit zu setzen, wo immer es auch in dieser Welt ist, auch wenn es unendlich viele Welten gäbe, oh, wie groß ist dann die Macht unseres Gottes, der ein Feuer ist, das das Feuer verzehrt! Und wenn du dich, Bruder, der Natur und Zustandsformen des Feuers zuwendest (es gibt deren 24, wie der erhabene Betrachter göttlicher Dinge, Dionysius, in der Hierarchie der Engel darlegt), dann hast du einen wunderbaren Weg, Gott zu suchen und zu finden. Dort sieh nach und du wirst staunen!

IV.

Suchst du aber noch nach einem anderen Weg, der zur Weisheit unseres Meisters führt, so gib nun acht. Mit dem Auge der Vernunft erfaßt du, daß in einem kleinen Stück Holz, in diesem winzigen Stein, in einem Stück Erz oder Gold, in einem Senfkorn oder Hirsekorn alle künstlerischen körperlichen Formen der Möglichkeit nach enthalten sind. Du zweifelst ja nicht, daß in jedem von ihnen Kreis, Dreieck, Viereck, Kugel, Kubus und was immer die Geometrie sonst noch kennt, inbegriffen ist; damit auch die Formen aller Tiere, Früchte, Blüten, Blätter, Bäume; überhaupt die Ähnlichkeitsbilder aller Gestalten, welche in dieser Welt sind und in unzähligen Welten sein könnten.

Si igitur artifex ille magnus esset, qui sciret educere de ligno parvo faciem aliquam aut regis aut reginae aut formicam vel camelum, quanti magisterii est, qui omne id efficere potest actu, quod est in omni potentia? Deus igitur, qui potest omnia efficere in similitudine formarum omnium, quae in hoc mundo et in infinitis mundis esse possent, de quolibet minutissimo corpusculo, mirabilis subtilitatis exsistit.

Sed adhuc mirabilioris potentiae et scientiae est, qui ipsum granum milii creavit et in ipso hanc virtutem collocavit. Et stupendi magisterii est illa sapientia, quae omnes formas possibiles in grano non in similitudine accidentali sed in veritate essentiali scit excitare; et adhuc supra omnem intellectum inenarrabilis stupor est quod non solum scit de lapidibus excitare vivos homines, sed et de nihilo homines et vocare ea ad esse quae non sunt tamquam quae sunt. Et cum certum sit omnes artes creatas non attingere nisi aliquid in aliquo, aliquid scilicet similitudinis non absque defectu, in aliquo scilicet creato, ut in materia aeris statuam similem aliqualiter homini, quis est hic magister, qui non similitudinem cum defectu, sed essentiam veram sine aliqua materia ex qua in esse producit?

Talibus quidem itineribus pergitur ad Deum cum admiratione vehementi, et ardebit tunc spiritus desiderio inveniendi indeficienter et amore languebit, quousque salutare ultimum sibi ostendatur.

V.

Est denique adhuc via intra te quaerendi Deum, quae est ablationis terminatorum. Nam cum artifex quaerit in massa ligni faciem regis, abicit omnia aliter terminata quam facies

Wenn schon jener ein großer Künstler ist, der aus einem kleinen Stück Holz das Antlitz eines Königs oder einer Königin, eine Ameise oder ein Kamel zu bilden weiß, welche Meisterschaft eignet dann erst dem, der alles, was in der gesamten Möglichkeit liegt, aus dieser heraus als Wirklichkeit gestalten kann! Darum ist Gott, der fähig ist, aus einem winzigen Stückchen Stoff die Abbilder aller Gestalten hervorzubringen, die in dieser und in unendlich vielen anderen Welten sein können, von wunderbarer Geschicklichkeit.

Noch wunderbarer aber ist die Macht und das Wissen dessen, der das Senfkorn selbst geschaffen und diese Kraft in es hineingelegt hat. Und wahrhaft staunenswert ist die Meisterschaft der Weisheit, die aus dem Samenkorn alle möglichen Gestalten nicht in zufälliger Ähnlichkeit, sondern in wesensursprünglicher Wahrheit zu erwecken weiß. Über alles Erkennen der Vernunft hinaus geht jedoch das unsagbare Staunen darüber, daß sie nicht nur aus den Steinen lebendige Menschen zu erwecken vermag, sondern auch aus dem Nichts, und daß er, ebenso das, was ist, zum Sein rufen kann, wie auch das, was nicht ist. Und da es sicher ist, daß alle geschaffenen Künste nur etwas erreichen können, das ein Etwas in einem Etwas ist, d. h. etwas Abbildhaftes, das im Geschaffenen nicht ohne Fehler ist — zum Beispiel im Stoff Eisen ein Statue, die einem Menschen irgendwie ähnlich ist —, wer ist dann dieser Meister, der statt einem fehlerhaften Ähnlichkeitsbild die wahre Wesenheit hervorbringt — und zwar ohne irgendeine Materie, aus der sie gebildet würde?

Auf solchen Wegen dringen wir zu Gott in leidenschaftlicher Bewunderung vor, und dann glüht der Geist vor Sehnsucht, ihn gänzlich und unverlierbar zu finden, und er verzehrt sich in liebendem Verlangen, daß ihm das ewige Heil geoffenbart werde.

V.

Schließlich gibt es noch einen Weg, Gott zu suchen: in dir selbst. Und dies bedeutet, daß du dich von allen Begrenzungen frei machst. Wenn ein Künster in einem Stück Holz das

ipsa. Videt enim in ligno per fidei conceptum faciem, quam quaerit oculo praesentialiter intueri. Est enim oculo facies futura, quae menti in conceptu intellectuali per fidem praesens existit.

Dum igitur Deum concipis esse melius quam concipi possit, omnia abicis, quae terminantur et contracta sunt. Abicis corpus dicens Deum non esse corpus, scilicet terminatum quantitate, loco, figura, situ. Abicis sensus, qui terminati sunt, non vides per montem, non in terra abscondita, non in solarem claritatem, et ita de auditu et ceteris sensibus. Omnes enim illi terminati sunt in potentia et virtute. Non sunt igitur Deus. Abicis sensum communem, phantasiam et imaginationem, nam non excedunt naturam corporalem. Non enim imaginatio attingit non-corporeum. Abicis rationem, nam ipsa saepe deficit, non omnia attingit. Velles scire, cur hoc est homo, cur illud lapis, et omnium operum Dei nullam rationem attingis. Parva est igitur virtus rationis, hinc Deus non est ratio. Abicis intellectum, nam et ipse intellectus terminatus est in virtute, licet omnia ambiat. Quidditatem tamen in sua puritate rei cuiuscumque non potest perfecte attingere et, quidquid attingit, videt perfectiori modo attingibile. Non est igitur Deus intellectus.

Sed dum quaeris ultra, non reperis in te quidquam Deo simile, sed affirmas Deum supra haec omnia ut causam, principium atque lumen vitae animae tuae intellectivae.

Gaudebis cum repperisse ultra omnem tui intimitatem tamquam fontem boni, a quo tibi effluit omne id, quod habes. Ad ipsum te convertis intra te dietim profundius intrando,

Gesicht des Königs sucht, dann verwirft er alle anderen Begrenzungen außer diesem Gesicht selbst. Durch das Begreifen seines Glaubens sieht er in dem Holz das Antlitz, das er dem Auge gegenwärtig sichtbar zu machen sucht. Denn für das Auge ist das Angesicht noch zukünftig, für den Geist hingegen besteht es durch den Glauben bereits gegenwärtig im Vernunftbegriff.

Wenn du also begreifst, daß Gott erhabener ist, als daß man ihn begreifen könnte, dann verwirfst du alles, das begrenzt und verschränkt ist; du verwirfst den Körper, indem du sagst, daß Gott nicht Körper, also nicht durch Quantität, Ort, Gestalt oder Lage begrenzt ist; du verwirfst die Sinne, denn auch diese sind begrenzt: du siehst ja nicht durch einen Berg, siehst nicht in die verborgenen Tiefen der Erde, nicht in das blendende Licht der Sonne; für das Gehör und die übrigen Sinne gilt das selbe. Sie alle sind in Möglichkeit und Wirkkraft begrenzt: also sind sie nicht Gott. Du verwirfst den Allgemeinsinn, die Phantasie und die Einbildungskraft, denn sie überschreiten die körperliche Natur nicht; auch die Einbildungskraft erreicht ja nicht das Unkörperliche. Du verwirfst den Verstand, denn er versagt oftmals und erfaßt nicht alles. Willst du wissen, warum dies ein Mensch, jenes ein Stein ist, so erfaßt du bei allen Werken Gottes nicht den Wesenssinn. Die Kraft des Verstandes ist gering, also ist Gott nicht Verstand. Du verwirfst auch die Vernunft, denn selbst die Vernunft, wiewohl sie alles umfaßt, ist begrenzt in ihrer Kraft. Sie vermag die Washeit eines Dinges in ihrer Reinheit nicht in vollkommener Weise zu erfassen und bei allem, was sie erreicht, sieht sie, daß es in noch vollkommenerer Weise erreichbar wäre. Gott ist also auch nicht Vernunft.

Forschst du aber weiter, dann findest du in dir nichts, das Gott ähnlich wäre. Du versicherst vielmehr, daß Gott über all diesem als Grund, Ursprung und Lebenslicht deiner vernunfthaften Seele steht.

Du wirst dich freuen, ihn über allem, das deinem Inneren angehört, als eine Quelle des Guten, gefunden zu haben, aus der dir alles entströmt, was dein eigen ist. Ihm wendest

linquendo omnia, quae sunt ad extra, ut inveniaris in via illa, qua reperitur Deus, ut eum post haec in veritate apprehendere queas. Quod tibi et mihi ipse concedat, qui se ipsum diligentibus eum largiter donat in saecula benedictus. Amen.

du dich zu, von Tag zu Tag dringst du tiefer in ihn ein, du verläßt alles, was dem Äußerlichen zugewandt ist, auf daß man dich auf jenem Weg finde, auf dem Gott gefunden wird, damit du ihn nach diesem Leben in Wahrheit zu erfassen vermagst. Dies möge er dir und mir gewähren; er, der sich überreich denen schenkt, die ihn lieben. Gepriesen sei er in Ewigkeit.

DE FILIATIONE DEI

DIE GOTTESKINDSCHAFT

CONFRATI CONRADO DE WARTBERG CANONICO MONASTERII MEINFELT DEVOTO SACERDOTI ETC. NICOLAUS DE CUSA PRAEPOSITUS IBIDEM

Tandem me compulit studii tui ferventia, ut crebris monitis tuis aliquando respondeam. Sane a me flagitare videris, quid ego de filiatione Dei coniciam, quae per ipsum altissimum Iohannem theologum a radio aeterno nobis dari publicatur, cum dicit: „Quotquot autem receperunt eum, dedit eis potestatem filios Dei fieri, his qui credunt in nomine eius[1]." Confrater merito colende, recipe eo pacto id quod occurrit, ut non putes me quidquam his adicere, quae in praeteritis meis legisti conceptibus. Nihil enim in intimis etiam remansit praecordiis, quod non illis ipsis mandaverim litteris meas generales qualescumque exprimentibus coniecturas. Forte tu id ipsum in dicendis experieris.

I.

Ego autem, ut in summa dicam, non aliud filiationem Dei quam deificationem, quae et theosis graece dicitur, aestimandum iudico. Theosim vero tu ipse nosti ultimitatem perfectionis exsistere, quae et notitia Dei et verbi seu visio intuitiva vocatur. Hanc enim ego theologi Iohannis sententiam esse arbitror quomodo logos seu ratio aeterna, quae fuit in principio Deus apud Deum, lumen homini dedit rationale, cum ei spiritum tradidit ad sui similitudinem. Deinde declaravit variis admonitionibus videntium prophetarum atque ultimo per verbum, quod in mundo apparuit, lumen ipsum rationis esse vitam spiritus atque quod in ipso nostro spiritu rationali, si receperimus verbum ipsum divinum, oritur filiationis potestas in credentibus.

Haec est superadmiranda divinae virtutis participatio, ut rationalis noster spiritus in sua vi intellectuali hanc habeat potestatem, quasi semen divinum sit intellectus ipse, cuius virtus in credente in tantum ascendere possit, ut pertingat ad theosim ipsam, ad ultimam scilicet intellectus perfectionem, hoc est ad ipsam ap-

---

[1] Joh. 1, 12.

DEM FROMMEN PRIESTER UND MITBRUDER KONRAD
VON WARTBERG, KANONIKUS VON MÜNSTERMAIFELD
GEWIDMET N. C.

Der Eifer deines Studiums hat mich endlich dazu bestimmt, deinen häufigen Mahnungen einmal Antwort zu geben. Du scheinst also zu fordern, daß ich dir meine Ansichten über die Gotteskindschaft mitteile, von der der erhabene Theologe Johannes sagt, daß sie uns vom ewigen Licht verliehen wird; er sagt ja: „Allen aber, die ihn aufnahmen, gab er Macht, Kinder Gottes zu werden, denen, die in seinem Namen glauben." Nimm darum, mein wahrhaft verehrungswürdiger Mitbruder, diese meine Gedanken an, aber unter der Bedingung, daß du nicht meinst, ich wolle damit etwas zu dem hinzufügen, was du schon in meinen früheren Abhandlungen gelesen hast. Denn in meinem Inneren blieb nichts zurück, das ich nicht jenen Schriften anvertraut hätte, die meine allgemeinen Erwägungen ausdrükken. Wahrscheinlich wirst du es in dem, was ich sagen will, selbst erfahren.

I.

Um es in einem Wort zusammengefaßt zu sagen: Ich meine, daß unter Gotteskindschaft nichts anderes zu verstehen ist als Gott-Werden, griechisch Theosis. Die Theosis, die auch Kenntnis Gottes und des Wortes oder innere Schau genannt zu werden pflegt, stellt, das weißt du selbst, die äußerste Vollendung dar. Der Satz des Theologen Johannes scheint mir nämlich dies zu besagen: der Logos oder die ewige Vernunft, die im Anfang Gott bei Gott war, hat dem Menschen das Licht der Vernunft gegeben, als sie ihm den Geist verlieh, der ihn zur Ähnlichkeit mit ihr führen sollte. Späterhin erklärte sie durch verschiedene Ermahnungen der Propheten und zuletzt durch das Wort, das in der Welt erschien, daß das Licht der Vernunft das Leben des Geistes sei und daß in diesem unserem vernunfthaften Geist, wenn wir das göttliche Wort aufgenommen haben, die Macht der Gotteskindschaft in den Gläubigen entsteht.

Daß unser vernünftiger Geist in seinem Vernunft-Leben diese Macht hat, bedeutet die überaus wunderbare Teilhabe an der göttlichen Kraft; es ist so, als ob die Vernunft ein göttlicher Same wäre, dessen Kraft im Glaubenden so hoch emporzusteigen vermag, daß er die Theosis erreicht, d. h. zur letzten Vollendung

prehensionem veritatis, non uti ipsa veritas est obumbrata in figura et aenigmate et varia alteritate in hoc sensibili mundo, sed ut in se ipsa intellectualiter visibilis. Et haec est sufficientia ipsa, quam ex Deo habet virtus nostra intellectualis, quae ponitur per excitationem divini verbi in actu apud credentes. Quis enim non credit, nequaquam ascendet, sed se ipsum iudicavit ascendere non posse sibi ipsi viam praecludendo; nihil enim sine fide attingitur, quae primo in intinere viatorem collocat. In tantum igitur nostra vis animae potest sursum ad perfectionem intellectus scandere, quantum ipsa credit. Non est igitur usque ad Dei filiationem ascensus prohibitus, si fides adest.

Et cum filiatio ipsa sit ultimum omnis potentiae, non est vis nostra intellectualis citra ipsam theosim exhauribilis neque id ullo gradu attingit, quod est ultima perfectio eius, citra quietem illam filiationis lucis perpetuae ac vitae gaudii sempiterni. Arbitror autem hanc deificationem omnem exire modum intuitionis. Nam cum nihil in hoc mundo in cor hominis, mentem aut intellectum quantumcumque altum et elevatum intrare queat, quin intra modum contractum maneat, ut nec conceptus quisquam gaudii, laetitiae, veritatis, essentiae, virtutis, sui ipsius intuitionis aut alius quicumque modo restrictivo carere possit; qui quidem modus in unoquoque varius secundum huius mundi condicionem ad phantasmata retractus erit. Cum de hoc mundo absoluti fuerimus, ab his etiam obumbrantibus modis relevatus; sic scilicet ut felicitatem suam intellectus noster, ab his modis subtrahentibus liberatus, sua intellectuali luce divinam vitam nanciscatur, in qua, licet absque sensibilis mundi contractis aenigmatibus, ad intuitionem veritatis elevetur.

Non erit tamen haec ipsa intuitio sine modo illius mundi. Nam ait theologus quomodo rationis lumen potestatem ipsam habet in omnibus recipientibus verbum et credentibus ad filiationem Dei pertingendi. Igitur filiatio ipsa in multis filiis erit, a quibus variis participabitur modis. Multitudo enim unitatem varie participat in varia alteritate, cum omne exsistens in alio aliter esse necesse sit. Non igitur erit filiatio multorum sine modo, qui

der Vernunft gelangt, zur Erfassung der Wahrheit; einer Wahrheit, die nicht wie in dieser sinnlichen Welt durch Figur und Gleichnis und verschiedene Andersheit verdunkelt ist, sondern so wie in sich selbst vernunfthaft sichtbar ist. Das ist das Genügen und die Erfüllung, welche unsere Vernunft-Kraft, die bei den Glaubenden durch die Wirksamkeit des göttlichen Wortes verwirklicht wird, aus Gott hat. Wer nicht glaubt, steigt nicht empor, sondern verurteilt sich selbst dazu, nicht emporsteigen zu können, indem er sich den Weg dazu versperrt; nichts erreicht man ohne den Glauben; er ist es, der ganz zu Anfang den Wanderer auf seinen Weg stellt. Unsere Seelenkraft vermag also nur insoweit zur Vollendung der Vernunft zu gelangen, als sie glaubt. Darum ist der Aufstieg zur Gotteskindschaft keinem verwehrt, wenn er den Glauben hat.

Da die Kindschaft das letzte jedes Vermögens darstellt, kann unsere vernunfthafte Kraft auch nicht diesseits der Theosis erschöpft werden, noch erreicht sie das, was ihre höchste Vollendung ist auf irgendeiner Stufe diesseits der Kindschaft des ewigen Lichtes und des Lebens der immerwährenden Freude. Ich glaube aber, daß dieses Gott-Werden über jede mögliche Weise der Schau hinausgeht. Innerhalb dieser Welt vermag ja nichts, sei es auch noch so hoch und erhaben, in das Herz des Menschen, seinen Geist oder seine Vernunft einzutreten, ohne daß es innerhalb der Weise der Verschränkung bliebe; so kann kein Begriff der Freude, der Fröhlichkeit, der Wahrheit, Seinsheit, Kraft, Selbsterkenntnis oder ein anderer von dieser Eingrenzung frei bleiben; und diese ist in jedem einzelnen verschieden und gemäß der Verfassung dieser Welt zu Vorstellungsbildern eingeschränkt. Sind wir indes von dieser Welt losgelöst, dann werden wir auch von diesen verdunkelnden Weisen gelöst, dann wird auch unsere Verunft von diesen hindernden Grenzen befreit und erlangt in ihrem vernunfthaften Licht das göttliche Leben, in dem sie ohne die verschränkten Gleichnisse der Sinnenwelt zur Schau der Wahrheit erhoben wird.

Dennoch wird diese Schau nicht ohne das Maß dieser Welt sein. Der Theologe sagt ja, das Licht des Wesensgrundes habe die Macht, für alle, die das Wort aufnehmen und glauben, die Gotteskindschaft zu erlangen. So wird die Kindschaft in vielen Kindern sein, die an ihr in je verschiedener Weise teilhaben. Denn da notwendigerweise jedes Bestehende in einem anderen anders sein muß, hat die Vielheit an der Einheit in verschiedener Andersheit teil. Die Kindschaft der Vielen wird also nicht ohne bestimmtes Maß sein; und diese Art und Weise der Annahme

quidem modus adoptionis participatio forte dici poterit. Sed ipsa unigeniti filiatio sine modo in identitate naturae patris exsistens est ipsa superabsoluta filiatio, in qua et per quam omnes adoptionis filii filiationem adipiscentur.

II.

Nunc id optare videris, ut de qualicumque modo eo ducam, ubi videre queas, quid sit illud ineffabile gaudium filiationis. Quamvis non exspectes ipsum posse sufficienter exprimi, quod omnem mentem exsurperat, maxime cum coniecturis incumbentes aenigmatum modos transilire non valeamus, vereor praesumptuosa audacia notari peccator homo officium purgatissimarum mentium subeundo. Non tamen me sinit silere magnus tibi complacendi affectus. Accipe igitur brevissime, quid nunc conicio.

Non arbitror nos fieri sic filios Dei, quod aliquid aliud tunc simus quam modo. Sed modo alio id tunc erimus, quod nunc suo modo sumus. Vis enim intellectualis, quae recipit lumen actuale divinum, per quod vivificata est, per fidem attrahit continuam influentiam eius, ut crescat in virum perfectum. Virilitas autem non est de mundo pueritiae, ubi adhuc homo crescit, sed de mundo perfectionis. Idem est puer qui et vir. Sed non apparet in puero, qui servis connumeratur, ipsa filiatio, sed in adulta aetate, ubi conregnat patri. Idem est ille, qui nunc in scholis est, ut proficiat, et ille, qui post hoc magisterium adipiscitur. Hic quidem studemus, ibi magistramur.

Studemus autem eo modo, ut ait theologus[1], quia recipimus verbum rationis a magistro cui credimus, quia verax est magister et recte nos docet, confidimusque posse proficere et, quia recipimus verbum eius et credimus, docibiles Deo erimus. Per hoc in nobis potestas exoritur posse ad ipsum magisterium pertingere quod est filiatio.

---

[1] Joh. 8, 31.

an Kindes Statt kann vielleicht Teilhabe genannt werden. Die Kindschaft des eingeborenen Sohnes hingegen besteht ohne bestimmtes Maß in der Selbigkeit mit der Natur des Vaters; sie ist die ganz unbedingte Kindschaft, in der und durch die alle Kinder der Adoption die Kindschaft erlangen.

II.

Nun scheinst du zu wünschen, daß ich dich auf irgendeine Weise dahinführe, wo du sehen kannst, was jene unsagbare Freude der Kindschaft ist. Wohl erwartest du nicht, daß das, was allen Geist überragt, in genügender Weise ausgedrückt werden könne, zumal, da wir, die wir uns mit Mut-Maßungen beschäftigen müssen, Art und Maß des Gleichnisses nicht zu überspringen vermögen. Trotzdem fürchte ich, daß es als vermessene Kühnheit getadelt werden wird, wenn ich als sündiger Mensch die Aufgabe der reinsten Geister auf mich nehme. Der innige Wunsch, dir zu Gefallen zu sein, läßt mich aber nicht schweigen. Darum empfange kurz, was ich nun mut-maße.

Ich glaube nicht, daß wir dergestalt Kinder Gottes werden, daß wir dann etwas anderes sind als jetzt. Wir werden vielmehr auf andere Weise das sein, was wir jetz auf diese Weise sind. Die vernunfthafte Kraft, die das wirkliche göttliche Licht aufnimmt und durch dieses lebendig ist, zieht durch den Glauben sein ständiges Einströmen an, so daß sie zu einem vollkommenen erwachsenen Mann heranreift. Die Männlichkeit gehört aber nicht zur Welt der Kindlichkeit, wo der Mensch noch wächst, sondern zur Welt der Vollkommenheit. Der Knabe und der Mann sind derselbe. Aber die Kindschaft erscheint nicht in dem Knaben, der den Knechten zugezählt wird, sondern im Erwachsenenalter, wenn er gemeinsam mit dem Vater herrscht. Derselbe ist es, der jetzt in der Schule ist, um zu lernen und der danach die Meisterschaft erlangt. Hier lernen wir, dort sind wir Meister.

Wir lernen aber, wie der Theologe sagt, in der Weise, daß wir das Wort des Wesenssinnes vom Meister empfangen, dem wir glauben, weil er der wahrhafte Meister ist und uns richtig lehrt; wir vertrauen, daß wir daraus Nutzen gewinnen können; und weil wir sein Wort empfangen und glauben, kann Gott uns lehren. Und dadurch entsteht in uns die Fähigkeit, jene Meisterschaft zu erlangen, welche die Kindschaft ist.

Docet pictor scholarem particulares plures formas stilo exarare, tunc demum transfertur de schola ad magisterium. Est autem magisterium transsumptio scientiae particularium in universalem artem, inter quae nulla cadit proportio. In hoc mundo studemus per medium sensuum, qui particularia tantum attingunt. Transferimur de mundo sensibili particularium ad universalem artem, quae est in mundo intellectuali. Universale enim est in intellectu et de regione intellectuali. In hoc mundo in variis particularibus obiectis ut in variis libris versatur studium nostrum. In mundo intellectuali non est nisi obiectum unum intellectus, scilicet veritas ipsa, in quo habet magisterium universale. Nam nihil in variis obiectis particularibus quaesivit medio sensuum intellectus in hoc mundo nisi vitam suam et cibum vitae scilicet veritatem, quae est vita intellectus.

Et hoc est magisterium, quod in studio huius mundi quaerit, scilicet intelligere veritatem, immo habere magisterium veritatis, immo esse magister veritatis, immo esse ars ipsa veritatis, sed non reperit artem ipsam sed ea particularia, quae artis opera exsistunt. Transfertur autem de schola huius mundi ad regionem magisterii et efficitur magister seu ars operum huius mundi.

Quietatur igitur studium vitae et perfectionis atque omnis motus intellectus, quando se comperit in ea regione esse, ubi est magister omnium operum operabilium, scilicet filius Dei, verbum illud, per quod caeli formati sunt et omnis creatura, et se similem illi. Est enim tunc in ipso ipsa Dei filiatio, quando in eo est ars illa; immo ipse est ars illa divina, in qua et per quam sunt omnia; immo ipse est Deus et omnia modo illo, quo magisterium adeptus est. Quod attenta mediatione advertas.

Scientia namque universali sua acceptione omnia scibilia, Deum scilicet et quidquid est, ambit. Doctus autem scriba, qui est magisterium universalis scientiae adeptus, habet thesaurum, de quo proferre potest nova et vetera. Intellectus igitur illius secundum modum magisterii ambit Deum et omnia ita, ut nihil eum aufugiat aux extra ipsum sit, ut in ipso omnia sint ipse intellectus. Ita quidem in alio docto scriba est hoc ipsum suo modo atque ita in

Zuerst lehrt ein Maler den Schüler mit seinem Griffel viele Figuren einzuzeichnen, und dann erst wird er fort von der Schule hinüber zur Meisterschaft genommen. Die Meisterschaft ist die Hinübernahme des Einzelwissens in die universale Kunst, und zwischen beiden gibt es kein Verhältnis. In dieser Welt lernen und streben wir mit Hilfe der Sinne, die nur Einzelnes erreichen, dann aber werden wir von der sinnlichen Welt der Einzeldinge zu der universalen Kunst hinübergenommen, welche in der vernunfthaften Welt ihre Stätte hat. Das Universale ist in der Vernunft und gehört dem Vernunftbereich an. In dieser Welt beschäftigt sich unser Suchen und Streben mit den verschiedenen Einzelgegenständen wie mit verschiedenen Büchern; in der vernunfthaften Welt hingegen gibt es für die Vernunft nur einen Gegenstand: die Wahrheit, in der sie universale Meisterschaft besitzt. Nichts anderes sucht die Vernunft in dieser Welt mittels der Sinne in den verschiedenen Einzelgegenständen als ihr Leben und ihren Lebensunterhalt, nämlich die Wahrheit, die das Leben der Vernunft ist.

Das ist die Meisterschaft, die sie im Lernen und Streben dieser Welt sucht: die Wahrheit zu erkennen, ja die Meisterschaft der Wahrheit zu haben; mehr noch: ein Meister der Wahrheit zu sein; ja noch mehr: die Kunst der Wahrheit selbst zu sein. Aber sie findet nicht die Kunst selbst, sondern jene Einzeldinge, welche Werke der Kunst darstellen. Sie wird indes von der Schule dieser Welt in die Region der Meisterschaft gebracht und zum Meister und zur Kunst der Werke dieser Welt gemacht.

Das Streben nach Leben und Vollkommenheit und jede Bewegung der Vernunft wird zur Ruhe kommen, wenn sie erfährt, daß sie in jener Region weilt, wo der Meister aller wirkbaren Werke ist, der Sohn Gottes, jenes Wort, durch das die Himmel gestaltet sind und jedes Geschöpf, und wenn sie erfährt, daß sie ihm ähnlich ist. Dann, wenn in ihr jene Kunst ist, ist in ihr die Gotteskindschaft. Sie selbst ist jene göttliche Kunst, in der und durch die alles ist, ja sie selbst ist Gott und alles, nach der Weise, in der sie die Meisterschaft errungen hat. Das wirst du durch aufmerksame Betrachtung erkennen.

Das Wissen umgreift in seiner universalen Empfänglichkeit alles Wißbare, das heißt Gott und alles, was ist. Ein Gelehrter, der die Meisterschaft des allgemeinen Wissens erlangt hat, nennt einen Schatz sein eigen, aus dem er Neues und Altes hervorholen kann. Seine Vernunft umfaßt nach dem Maße ihrer Meisterschaft Gott und alles so, daß ihr nichts entgeht oder außerhalb ihrer ist, so daß in ihr alles diese Vernunft selbst ist. So

cunctis. Quapropter, quanto in hac schola huius sensibilis mundi diligentior quis fuerit in exercitatione intellectualis studii in lumine verbi magistri divini, tanto perfectius magisterium assequetur.

Unde, cum magisterium, quod quaerimus et in quo est vitae intellectualis felicitas, sit verorum et aeternorum, si spiritus noster intellectualis evadere debet in perfectum magistrum, ut in se ipso aeternaliter possideat delectabilissimam vitam intellectualem, oportet, ut studium eius non adhaereat umbris temporalibus sensibilis mundi, sed illis perfunctorie pro studio intellectuali utatur, prout pueri in scholis utuntur materialibus et sensibilibus scripturis. Nam in ipsis materialibus litterarum figuris non est studium eorum sed in ipso rationali eorum significatu.

Ita quidem vocalibus sermonibus quibus instruuntur ipsi intellectualiter, non sensibiliter utuntur, ut per signa vocalia ad mentem magistri pertingant. Sed si qui in signis potius delectantur, ad magisterium philosophiae non pertingent, sed ut ignorantes in scriptores, pictores, prolocutores, cantores vel citharoedas degenerabunt.

Tali quadam similitudine admonemur nos, qui ad filiationem Dei aspiramus, non inhaerere sensibilibus, quae sunt aenigmatica signa veri, sed ipsis ob infirmitatem nostram absque adhaesione coinquinationis ita uti, quasi per ipsa nobis loquatur magister veritatis et libri sint mentis eius expressionem continentes. Et tunc in sensibilibus contemplabimur intellectualia et ascendemus quadam improportionali comparatione de transitoriis et fluidis temporalibus, quorum esse est in instabili fluxu, ad aeterna, ubi rapta est omnis successio in fixam quietis permanentiam, et vacabimus circa speculationem verae, iustae et gaudiosae vitae separantes nos ab omni inquinamento deorsum se trahente, ut possimus cum ardenti desiderio studii circa ipsum eam ipsam vitam magistrali adeptione hinc absoluti introire.

Hoc est gaudium domini, quod nemo tollere poterit, quando intellectuali gustu vitam incorruptibilem nos attigisse comprehendimus. Et haec est quidem ipsa summa delectatio, quasi dum

gilt in einem anderen Gelehrten dasselbe auf seine Weise, usw. Je eifriger darum jemand in der Schule dieser Sinnenwelt bei der Übung des vernunfthaften Strebens im Licht des Wortes des göttlichen Meisters gewesen ist, um so vollkommenere Meisterschaft wird er erreichen.

Wenn also die Meisterschaft, die wir suchen und in der das Glück unseres vernunfthaften Lebens liegt, sich mit dem Wahren und Ewigen beschäftigt und unser vernunfthafter Geist zu vollkommener Meisterschaft gelangen soll, um das beglückende vernunfthafte Leben in sich selbst ewig zu besitzen, dann darf sein Streben nicht an den zeitlichen Schatten der Sinnenwelt haften; er darf sie nur flüchtig für sein Streben gebrauchen, so wie die Knaben in den Schulen die stoffliche und sinnenhafte Schrift benützen. Denn nicht mit den stofflichen Gestalten der Buchstaben beschäftigt sich ihr Lernen, sondern mit ihrer verständigen Bedeutung.

Ebenso benützen sie auch die lautliche Rede, in der sie unterrichtet werden, vernunfthaft und nicht sinnlich, so daß sie durch die lautlichen Zeichen zum Geist des Meisters vordringen. Diejenigen aber, die sich eher an den Zeichen erfreuen, gelangen nicht zur Meisterschaft in der Philosophie, sondern sinken als Unwissende herab zu Schreibern, Malern, Rednern, Sängern oder Musikanten.

Durch ein derartiges Beispiel werden wir, die wir uns nach der Gotteskindschaft sehnen, ermahnt, nicht den Sinnendingen anzuhängen, die nur gleichnishafte Zeichen des Wahren sind, sondern sie wegen unserer Schwachheit, ohne daß Flecken an uns haftenbleiben, so zu gebrauchen, als ob durch sie der Meister der Wahrheit spräche und sie Bücher seien, die den Ausdruck seines Geistes enthalten. Dann werden wir im Sinnlichen das Vernunfthafte betrachten und in einem unvergleichbaren Vergleich vom Vergänglichen und flüchtigen Zeitlichen, dessen Sein in unbeständigem Flusse ist, zum Ewigen emporsteigen, wo alle Abfolge im festen Beharren der Ruhe aufgehoben ist; wir werden frei sein zur Betrachtung des wahren, gerechten und freudevollen Lebens. Von jeder erniedrigenden Befleckung trennen wir uns, auf daß wir in brennendem Sehnen und Streben nach ihm die Meisterschaft erlangen und, vom Irdischen befreit, in jenes Leben eingehen können.

Das ist die Freude des Herrn, die niemand hinwegnehmen kann, wenn wir durch geistigen Wohlgeschmack erfahren, daß wir das unvergängliche Leben erreicht haben. Das ist jenes höchste Ent-

gustamus sanissimo sensu cibum vitae, quem famelice appetimus. Comedit enim infecto palato infirmus saporissimos cibos, sed quia vivacitas sensus non sentit suavitatem saporis, vivit in aerumna cum fatiga, tristitia et labore, et est illi poena cibum masticare. Qui vero purgato et sano palato esurit, delectabiliter et gaudiose cibatur. Tali quadam licet remotissima similitudine gaudium est filiis Dei absque intermissione, quando non solum intellectualis vita non corrumpitur annihilatione ob suam incorruptibilem naturam, sed et vivit intellectuali gustu, quo se vivere sentit vita vera intellectuali, quem pura veritas sempiterne reficit.

III.

Forte te pulsat saepe auditum Deum incomprehensibilem ac quod filiatio, quae est apprehensio veritatis, quae Deus est, attingi nequeat.

Arbitror te satis intellexisse veritatem in alio non nisi aliter posse comprehendi. Sed cum illi modi theophanici sint intellectuales, tunc Deus, etsi non uti ipse est attingitur, intuebitur tamen sine omni aenigmatico phantasmate in puritate spiritus intellectualis, et haec ipsi intellectui clara est atque facialis visio. Hic quidem absolutae veritatis apparitionis modus cum sit ultima vitalis felicitas intellectus sic veritate fruentis, Deus est, sine quo intellectus felix esse nequit. Volo quidem, ut attendas quomodo quietatio omnis intellectualis motus est veritas obiectalis, extra quam quidem regionem veritatis nullum intellectuale vestigium reperitur, neque iudicio ipsius intellectus quidquam esse potest extra caelum veritatis. Sed si, uti in aliis nostris libellis enodavimus, subtilissime advertis, tunc veritas ipsa non est Deus, ut in se triumphat, sed est modus quidem Dei, quo intellectui in aeterna vita communicabilis exsistit. Nam Deus in se triumphans nec est intelligibilis aut scibilis, nec est veritas nec vita, nec est,

zücken, wenn wir mit vollkommenstem Empfinden die Speise des Lebens kosten, nach der wir hungernd verlangen. Ein Kranker, der an einer Erkrankung des Mundes leidet, ißt die schmackhaftesten Speisen; da jedoch die Lebenskraft seines Geschmacksinns die Köstlichkeit des Wohlgeschmackes nicht empfindet, lebt er in Trübsal, Müdigkeit, Trauer und Mühe und es ist eine Strafe für ihn, Speisen zu sich zu nehmen. Wer aber mit reinem und gesundem Gaumen nach Essen verlangt, der speist mit Freude und Vergnügen. Mit diesem, wenn auch nicht sehr genauen Vergleich kann man die ununterbrochene Freude der Kinder Gottes darstellen, weil das geistige Leben infolge seiner unvergänglichen Natur nicht nur nicht der Vernichtung verfällt, sondern in vernunfthaft-geistigem Wohlgeschmack lebt; durch ihn empfindet der Mensch, den die reine Wahrheit ewig erquickt, daß er in wahrem geistigen Leben lebt.

III.

Vielleicht beunruhigt dich, was du oft gehört hast: Gott ist unbegreiflich, und man kann die Kindschaft, welche das Erfassen der Wahrheit, die Gott ist, bedeutet, nicht erreichen.

Ich meine, du hast genugsam verstanden, daß die Wahrheit in einem Anderen nur in je anderer Weise erfaßt werden kann. Da aber jene Weisen der Gottesschau vernunfthaft-geistig sind, wird Gott — obgleich er nicht so erreicht wird, wie er ist — dennoch ohne jedes gleichnishafte Vorstellungsbild in der Reinheit des vernunfthaften Geistes geschaut; das ist für die Vernunft eine klare und unmittelbare Schau. Diese Erscheinungsweise der absoluten Wahrheit ist — weil sie das letzte lebensspendende Glück der so die Wahrheit genießenden Vernunft darstellt — Gott selbst, ohne den die Vernunft nicht glücklich zu sein vermag. Ich möchte, daß du beachtest, wie das zur Ruhekommen aller vernunfthaften Bewegung die ihr entgegentretende Wahrheit ist; außerhalb dieses Bereiches der Wahrheit findet sich keine vernunfthafte Spur, und auch nach dem Urteil der Vernunft kann nichts außerhalb des Himmels der Wahrheit sein. Wenn du jedoch, wie wir es in unseren anderen Büchern entwickelt haben, ganz genau hinhörst, dann ist die Wahrheit nicht Gott in seiner eigenen Herrlichkeit, sondern eine Weise Gottes, durch die er sich im ewigen Leben der Vernunft mitteilen kann. Denn Gott in seiner eigenen Herrlichkeit kann nicht verstanden oder gewußt werden, ist weder Wahrheit noch Leben und „ist" auch nicht; er geht vielmehr allem Erkennbaren als der eine ein-

sed omne intelligibile antecedit ut unum simplicissimum principium. Unde, cum omnem intellectum sic exsuperet, non reperitur sic in regione seu caelo intellectus nec potest per intellectum attingi extra ipsum caelum esse. Hinc Deus cum non possit nisi negative extra intellectualem regionem attingi, tunc via fruitionis in veritate esse et vitae in caelo ipso empyreo, scilicet altissimi raptus nostri spiritus, attingitur cum pace et quiete, quando satiatur spiritus in hac apparitione gloriae Dei.

Et in hoc est gaudium altissimum intellectuale, quando suum principium, medium et finem omnem altitudinem apprehensionis excellere cognoscens in proprio obiecto, scilicet in pura veritate, intuetur. Et hoc quidem est se ipsum in veritate apprehendere in tali quidem excellentia gloriae, ut nihil extra se esse posse intelligat sed omnia in ipso ipse.

Ut autem similitudine ducaris: te nequaquam ignorare scio formas aequales in rectis speculis, minores in curvis apparere. Sit igitur altissima resplendentia principii nostri Dei gloriosi, in qua appareat Deus ipse, quae sit veritatis speculum sine macula rectissimum atque interminum perfectissimumque, sintque omnes creaturae specula contractiora et differenter curva, intra quae intellectuales naturae sint viva, clariora atque rectiora specula, ac talia, cum sint viva et intellectualia atque libera, concipito, quod possint se ipsa incurvare, rectificare et mundare.

Dico igitur: claritas una specularis varie in istis universis resplendet specularibus reflexionibus et in prima rectissima speculari claritate omnia specula uti sunt resplendent, uti in materialibus speculis in circulo anteriori ad se versis videri potest. In omnibus autem aliis contractis et curvis omnia non uti ipsa sunt apparent, sed secundum recipientis speculi conditionem, scilicet cum diminutione ob recessum recipientis speculi a rectitudine.

Quando igitur aliquod intellectuale vivum speculum translatum fuerit ad speculum primum veritatis rectum, in quo veraciter omnia uti sunt absque defectu resplendent, tunc speculum ipsum veritatis cum omni receptione omnium speculorum se transfundit in intellectuale vivum speculum, et ipsum tale intellectuale in se recipit specularem illum radium speculi veritatis in se habentis

fachste Ursprung voraus. Da er jede Vernunft so übersteigt, ist er im Bereich und Umkreis der Vernunft nicht zu finden, noch kann er von ihr erreicht werden, da er sich außerhalb ihres Umkreises befindet. Weil Gott damit außerhalb der Vernunftregion nur negativ erfaßt werden kann, erreichen wir ihn auf dem Wege beglückenden Genusses in der Wahrheit des Seins und Lebens, im Empyreum, in höchster Entrückung unseres Geistes, in Frieden und Ruhe, wenn der Geist in der Erscheinung der Herrlichkeit Gottes gesättigt wird.

Darin liegt die höchste geistige Freude: zu erkennen, daß sein Ursprung, seine Mitte und sein Ende alle Höhe des Erfassens überragt, und ihn in seinem eigentlichen Gegenüber-Sein, der reinen Wahrheit zu schauen. Und dies bedeutet, daß man ihn selbst in der Wahrheit in so übergroßer Herrlichkeit erblickt, daß man begreift, daß nichts außer ihm sein kann, sondern alles in ihm er selbst.

Ein Gleichnis soll dir helfen. Ohne Zweifel ist dir nicht unbekannt, daß die Formen in geraden Spiegeln in gleicher Größe, in gekrümmten kleiner erscheinen. Stellen wir uns nun eine vollkommene Spiegelung unseres Ursprunges vor, des glorreichen Gottes, in der Gott selbst erscheint! Es sei der Spiegel der Wahrheit, ohne Flecken, ganz gerade, unbegrenzt und vollkommen; alle Geschöpfe hingegen seinen verschränkte und verschieden gekrümmte Spiegel. Unter ihnen sind die vernunfthaften Naturen die lebendigen, klaren und geraden Spiegel. Von diesen nimm an, da sie lebendig und vernunfthaft und frei sind, daß sie sich selbst krümmen, begradigen und reinigen können.

Ich sage also: der eine Spiegelglanz strahlt in diesen sämtlichen Spiegel-Reflexionen wider, und in der ersten ganz geraden Spiegelklarheit strahlen alle Spiegel so wider wie sie sind. Das kann man bei stofflichen Spiegeln sehen, deren Vorderseiten im Kreis einander zugekehrt sind. In allen anderen, den verschränkten und gekrümmten, erscheinen sie nicht so, wie sie sind, sondern entsprechen der Verfassung des empfangenden Spiegels, d. h. beeinträchtigt und verringert, weil der sie empfangende Spiegel von der Geradheit abweicht.

Hat man also irgendeinen vernunfthaften, lebendigen Spiegel zum ersten Spiegel der Wahrheit übertragen, in dem alles, so wie es ist, wahrhaft ohne Fehler widerstrahlt, dann strömt dieser Spiegel der Wahrheit mit allen Spiegeln, die er aufgenommen hat, in den vernunfthaften, lebendigen Spiegel über, und dieser empfängt jenen Spiegelstrahl des Spiegels der Wahr-

omnium speculorum veritatem. Recipit autem suo modo in eodem vero momento aeternitatis vivum illud speculum quasi oculus vivus, cum receptione luminis resplendentiae primi speculi in eodem veritatis speculo se uti est intuetur et in se omnia suo quidem modo. Quando enim simplicius, absolutius, clarius, mundius, rectius, iustius et verius fuerit, tanto in se gloriam Dei atque omnia limpidius, gaudiosius veriusque intuebitur.

In speculo igitur illo primo veritatis, quod et verbum, logos seu filius Dei dici potest, adipiscitur intellectuale speculum filiationem, ut sit omnia in omnibus et omnia in ipso, et regnum eius possessio Dei et omnium in vita gloriosa.

Tolle itaque, frater, contractiones quantificativas sensibilium speculorum et a loco et tempore et cunctis sensibilibus conceptum absolvas elevando te ipsum ad rationales speculares claritates, ubi in ratione clara mens nostra veritatem speculatur; inquirimus enim dubiorum latebras in claritate rationalis speculi et id verum scimus, quod ratio nobis ostendit.

Transfer igitur praemissum paradigma in regionem intellectualem, ut propinquius te tali quali manuductione ad speculationem filiationis Dei queas elevare. Poteris enim quadam intuitione occulta praegustare nihil aliud filiationem esse quam translationem illam de umbrosis vestigiis simulacrorum ad unionem cum ipsa infinita ratione, in qua et per quam spiritus vivit et se vivere intelligit, ita quidem, ut nihil extra ipsum vivere conspiciat atque solum ea omnia vivant, quae in ipso sunt ipse, tantaeque exuberantiae se vitam habere sciat, ut omnia in ipso aeternaliter vivant, ita quidem, ut non sint sibi vitam praestantia alia quaecumque sed ipse vita viventium.

Non enim erit Deus alius ei ab eomet spiritu neque diversus neque distinctus neque alia divina ratio seu aliud Dei verbum neque alius Dei spiritus. Omnis enim alteritas et diversitas longe inferior est ipsa filiatione. Purissimus enim intellectus omne intelligibile intellectum esse facit, cum omne intelligibile in ipso intellectu sit intellectus ipse. Omne igitur verum per veritatem ipsam verum et intelligibile est. Veritas igitur sola est intelligibilitas

heit, der die Wahrheit aller Spiegel in sich birgt. Er empfängt in dem einen wahren Augenblick der Ewigkeit jenen lebenden Spiegel, einem lebendigen Auge gleich, welches das widerscheinende Licht des ersten Spiegels empfängt und sich darum in demselben Spiegel der Wahrheit so erschaut, wie es ist, und in sich alles in seiner bestimmten Weise sieht. Je einfacher, absoluter, klarer, reiner, gerader, gerechter und wahrer er gewesen ist, um so lauterer, freudiger und wahrer wird er in sich die Herrlichkeit Gottes und alles schauen.

In jenem ersten Spiegel der Wahrheit also, der auch Wort, Logos oder Sohn Gottes genannt werden kann, erlangt der vernunfthafte Spiegel die Kindschaft, auf daß er alles in allem und alles in ihm ist und sein Königtum der Besitz von Gott und allem in einem Leben der Herrlichkeit sei!

Nimm also, Bruder, die durch die Quantität bedingten Verschränkungen der sinnlichen Spiegel hinweg und löse deinen Begriff von der Zeit und dem Ort und allem Sinnlichen, indem du dich zu den verständigen Spiegelklarheiten erhebst, wo unser Geist in der Klarheit des Verstandes die Wahrheit betrachtet. Wir erforschen ja die Dunkelheiten der Zweifel in der Klarheit des Verstandesspiegels und wissen das als wahr, was der Verstand uns zeigt.

Nun übertrage das eben dargestellte Beispiel auf den Bereich der Vernunft, damit du dich durch ein derartiges Hilfsmittel näher zur Betrachtung der Gotteskindschaft erheben kannst. Denn in einem geheimnisvollen Einblick vermagst du im Voraus zu kosten, daß die Kindschaft nichts anderes ist als jene Übertragung aus den schattenhaften Spuren der Bilder zur Einung mit dem unendlichen Wesensgrund, in dem und durch den der Geist lebt und einsieht, daß er lebt; und zwar so, daß er sieht, daß nichts außerhalb Gottes lebt und daß allein alles das lebt, was in ihm er selbst ist. Und er weiß, daß Gott eine solche Überfülle des Lebens hat, daß alles in ihm ewig lebt; nämlich so, daß nicht irgend etwas ihm das Leben verleiht, sondern er selbst das Leben der Lebendigen ist.

Gott wird seinem Geist gegenüber für ihn kein anderer sein, kein verschiedener oder getrennter; auch der göttliche Verstand wird kein anderer sein und das Wort Gottes und der Geist Gottes nichts anderes; denn jede Andersheit und Verschiedenheit ist weit geringer als die Kindschaft. Die ganz reine Vernunft macht alles Vernunfthaft-Einsichtige zur Vernunft, da alles Vernunfthaft-Einsichtige in der Vernunft sie selbst ist.

omnis intelligibilis. Abstractus igitur atque mundissimus intellectus veritatem omnis intelligibilis intellectum esse facit, ut vita vivat intellectuali, quae est intelligere. Erit igitur intellectus, quando in eo veritas ipsa est intellectus, semper intelligens et vivens, neque aliud intelligit tunc a se, quando veritatem intelligit, quae in ipso est ipse. Extra enim intelligibile nihil intelligitur. Omne autem intelligibile in ipso intellectu intellectus est. Nihil igitur remanebit nisi ipse intellectus purus secundum ipsum, qui extra intelligibile nihil potest intelligere esse posse.

Cum igitur hoc ita sit, non intelligit intellectus ille aliud intelligibile neque erit eius intelligere aliquid aliud, sed in unitate essentiae est ipse intelligens et id quod intelligitur atque actus ipse qui est intelligere. Non erit veritas aliud aliquid ab intellectu, neque vita qua vivit alia erit ab ipso vivente intellectu secundum omnem vim et naturam intellectualis vigoris, quae omnia secundum se ambit et omnia se facit, quando omnia in ipso ipse.

Filiatio igitur est ablatio omnis alteritatis et diversitatis et resolutio omnium in unum, quae est et transfusio unius in omnia. Et haec theosis ipsa. Nam, cum Deus sit unum, in quo omnia uniter, qui est et transfusio unius in omnia, ut omnia id sint quod sunt, et in intellectuali intuitione coincidit esse unum in quo omnia et esse omnia in quo unum, tunc recte deificamur, quando ad hoc exaltamur, ut in uno simus ipsum in quo omnia et in omnibus unum. Neque putes has locutiones praecisas, quoniam ineffabilia locutionibus non attinguntur.

Hinc profunda meditatione super omnes contrarietates, figuras, loca, tempora, imagines et contractiones, super alteritates, disiunctiones, coniunctiones, affirmationes et negationes opus est ut eleveris, quando per transcensum omnium proportionum, comparationum et ratiocinationum ad puram intellectualem vitam tu, filius vitae, in vitam transformaberis. Et hoc sit huius temporis de theosi qualiscumque, licet remota valde, coniectura, in qua, quae esse possit altissimae profunditatis eius descriptio,

Alles Wahre ist durch die Wahrheit wahr und vernünftig. Die Wahrheit allein ist also die vernunfthafte Einsichtigkeit alles Einsichtigen. Die ganz losgelöste und reine Vernunft macht daher die Wahrheit alles Vernunfthaft-Einsichtigen zur Vernunft, auf daß es in vernunfthaftem Leben lebe; das bedeutet ja Einsehen. Es wird also die Vernunft, wenn in ihr die Wahrheit selbst Vernunft ist, immer einsehen und leben. Und weil sie die Wahrheit einsieht, die in ihr sie selbst ist, wird sie nichts einsehen, das ihr gegenüber anders ist. Außerhalb des Einsehbaren wird nichts eingesehen. Indes ist jedes Einsichtige in der Vernunft diese selbst; es bleibt also nichts außer der reinen Verunft, die sich selbst entspricht und die nicht einzusehen vermag, daß außer dem Einsehbaren noch etwas sein kann.

Weil es sich so verhält, sieht die Vernunft weder jenes andere Einsehbare, noch wird ihr Einsehen etwas Anderes sein; vielmehr stehen das Einsehende und das, was eingesehen wird, und die Wirklichkeit selbst, die das Einsehen ist, in der Einheit der Seinsheit. Darum wird die Wahrheit nicht irgend etwas anderes sein als die Vernunft und das Leben, in dem sie lebt, nichts anderes als die lebende Vernunft gemäß aller Macht der Natur der vernunfthaften Kraft, die sich selbst entsprechend alles umfaßt und alles zu sich selbst macht, weil alles in ihr sie selbst ist.

Kindschaft ist also die Loslösung von aller Andersheit und Verschiedenheit und die Auflösung aller in Eines, und damit zugleich Überströmen des Einen in Alles; das ist die Theosis selbst. Da Gott das Eine ist, in dem Alles einheitlich ist — und damit zugleich das Überströmen des Einen in Alles, so daß alles das ist, was es ist — und da in vernunfthafter Schau das Eines-Sein, in dem Alles ist, und das Alles-Sein, in dem Eines ist, koinzidieren, werden wir wahrhaftig Gott ähnlich, weil wir dazu emporgehoben werden, in dem Einen, in dem Alles ist, und in Allem, in dem Eines ist, er selbst zu sein. Glaube aber nicht, daß diese Worte genau zutreffen. Denn das Unaussprechliche erreichen Worte nicht.

Darum muß du dich in tiefer Versenkung über alle Gegensätzlichkeiten, Trennungen, Verbindungen, Bejahungen und Verneinungen erheben, weil du, durch den Übergang aller Verhältnisse, Vergleiche und Schlußfolgerungen zum reinen, vernunfthaften Leben, als Sohn des Lebens, in das Leben verwandelt wirst. Das sind für den Augenblick meine Mut-Maßungen über die Theosis; allerdings sind sie ganz unzureichend. Mögest du nach deinen Fähigkeiten selbst Mut-Maßungen darüber an-

super rationem omnem ascendendum esse ad altius aliquid supra id, quod signis quibuscumque explicabile est, in puritate simplici, ut potes, conicias. Haec sic de hoc dicta sint.

IV.

Quoniam autem te maxime optare non haesito, ut tibi conceptum viae pandam, qua in huius temporis fluxu ad studium ipsum filiationis pergendum esse conicio, hinc adhuc, prout occurrit, id ipsum explicare conabor. Dico autem resolutorias scholas de varia involutione nos relevare, si ad unum et modos unius respexerimus, non quidem quod unum ab omnibus considerationibus absolutum, quod est omnium principium, medium et finis, immo in omnibus omnia, in nihilo nihil, sit entibus intelligibilibus, rationalibus, sensibilibus quovismodo coordinatum, ut alias in De docta ignorantia explicavi[1], cum in ascensu vel descensu rerum ad maximum simpliciter deveniri nequeat, sed remanet super omnem ordinem et gradum superexaltatum, nihilominus tamen illud ipsum unum, etsi inattingibile remaneat, est id ipsum unum, quod in omnibus attingibilibus attingitur.

Unum igitur erit quod et omnia, simul id ipsum inattingibile unum in omnibus attingitur, quasi si quis diceret monadem innumerabilem, quae tamen est omnis numerus, et in omni numero numeratur innumerabilis ipsa monas. Non enim aliud esse potest omnis numerus quam monas. Habet enim denarius omne id quod est a monade, sine qua nec denarius unus quidem numerus nec denarius foret. Quod enim est denarius, penitus ex monade habet neque est quid aliud a monade neque est quidquam recipiens a monade, quasi sibi praeter monadem esse aliquod convenire possit, sed omne id quod est monas est. Nec tamen denarius numerus monadem numerat, sed remanet denario innumerabilis sicut et cuilibet numero, cum super omnem numerum exaltetur innumerabilis ipsa monas. Et quia senarius non est septenarius, erunt hi duo numeri diversi, licet non sit alia monas senarii et alia monas septenarii. Non enim in ipsis nisi monas una in varietate reperitur.

Monas igitur, quae est numeri principium, non est in numero reperibilis, sed in numero numeraliter est ipsa unitas et in

---

[1] De docta ignorantia, I, 2, Schriften Bd. I, p. 198ff.

stellen, wie man ihre große Tiefe beschreiben kann und daß man über jeden Verstand hinaus in einfacher Reinheit zu etwas aufsteigen muß, das über alles, was mit irgendwelchen Zeichen erklärt werden kann, hoch erhaben ist. Das sei damit genug.

IV.

Nun ist es sicherlich dein Wunsch, daß ich dir einen Begriff von dem Weg vermittle, auf dem man im Fluß dieser Zeit zum Streben nach der Kindschaft vordringen soll; darum werde ich, so wie es mir einfällt, dies zu erklären versuchen. Ich bin der Meinung, daß uns die auflösend-rückführende Methode von verschiedenen Umwegen bei der Betrachtung und der Beschäftigung mit dem Einen und den Weisen des Einen befreit. Allerdings ist das von allen Betrachtungen losgelöste Eine, das Ursprung, Mitte und Ende von allem ist, ja in allem alles und in nichts nichts ist, den vernunfthaften, verstandesmäßigen und sinnlichen Seienden nicht in irgendeiner Weise zugeordnet, wie ich es andernorts in der Wissenden Unwissenheit dargelegt habe; denn weder im Aufstieg noch im Abstieg der Dinge vermag man jemals zum schlechthin Größten zu gelangen. Stets bleibt es über jede Ordnung und jeden Grad erhaben. Dennoch, wenn es auch unerreichbar bleibt, ist es das Eine, das in allem Erreichbaren erreicht wird.

Es ist dies zugleich das Eine, das Alles ist, und das unerreichbare Eine, das in allem Erreichbaren erreicht wird; so wie wenn jemand die Monas unzählbar nennt, die dennoch jede Zahl ist und als die unzählbare Monas in jeder Zahl gezählt wird. Jede Zahl kann nichts anderes sein als die Monas. Der Zehner hat alles, was er ist, zur Gänze von der Monas. Ohne sie wäre er keine Zahl und nicht der Zehner. Daß er Zehner ist, hat er gänzlich von der Monas her. Er ist nichts anderes als sie und er ist nichts, das von ihr irgend etwas empfängt, so als ob ihm außer der Monas noch irgendein Sein zukommen könnte. Alles, was er ist, ist Monas. Trotzdem zählt die Zehnerzahl die Monas nicht; sie bleibt unzählbar für den Zehner wie auch für jede andere Zahl, denn die unzählbare Monas ist über jede andere Zahl hocherhaben. Die Sechs ist nicht die Sieben und so werden diese zwei Zahlen verschieden sein, wenn auch die Monas der Sechs und die Monas der Sieben keine andere ist. In ihnen findet sich nichts als die eine Monas in Verschiedenheit. So läßt sich die Monas, die der Ursprung der Zahl ist, nicht in der Zahl finden; vielmehr ist die Einheit in der Zahl zahlen-

monade innumerabiliter. Nulla est coordinatio seu proportio numeralis ad innumerabile, absoluti ad modaliter contractum.

Sic conicere te convenit unum illud, quod est omnium principium, ineffabile esse, cum sit omnium effabilium principium. Omnia igitur, quae effari possunt ineffabile non exprimunt, sed omnis elocutio ineffabile fatur. Est enim ipsum unum, pater seu genitor verbi, id omne, quod in omni verbo verbatur, sic in omni signo signatur, et sic de reliquis.

Atque ut alio quodam te ducam exemplo: intellectus magistri per omnia inattingibilis est in regione rationali et sensibili. Hic intellectus ex plenitudine magisterii et virtutis seu bonitatis movetur, ut ad similitudinem sui uniat alios. Verbum mentale de se generat, quod quidem est simplex et perfectum magisterii verbum seu ars ipsa perfecta magistri. Hanc artem inspirare vult mentibus discipulorum. Quoniam autem non potest nisi per sensibilia signa intrare in mentem, attrahit aërem et ex eo vocem format, quam varie informat et exprimit, ut sic mentes discipulorum elevat ad magisterii aequalitatem. Omnia autem verba magistri auctorem verborum, intellectum scilicet, nequaquam ostendere queunt nisi per mentalem conceptum seu verbum ipsum intellectuale, quod est imago intellectus.

In tali quidem expressione doctrinae magistri resplendet affectus magistri, qui relucet in pronuntiatione, et varie quidem secundum varios exprimendi modos. Ut verbum fructificet, resplendet affectus magistri conceptus in verborum significatione, resplendet et ipsum magisterium, unde emanat tam fecundus atque tam magistralis. Neque omnes modi pronuntiationis attingunt affectum, cum tantus sit, quod sufficienter pronuntiari non possit; neque omnes modi orationum attingunt conceptum, qui est inexpressibilis fecunditatis, cum sit ars magisterii; neque oratio et pronuntiatio cum omnibus modis possibilibus exprimere possunt magisterium ipsum intellectuale, quamquam non aliud in omni oratione exsistat aut significetur quam sui ipsius manifestatio ad finem transformationis in simile magisterium.

haft und in der Monas nicht zahlenhaft. Es gibt keine Zuordnung und kein Verhältnisbezug des Zählbaren zum Unzählbaren, des Absoluten zu dem nach einer bestimmten Weise Verschränkten.

So ist es gut, wenn du annimmst, daß jenes Eine, der Ursprung von allem, obwohl es der Ursprung alles Aussagbaren ist, unaussagbar bleibt. Alles, was ausgesagt werden kann, drückt nicht das Unaussagbare aus, und doch sagt jedes Reden das Unaussagbare. Denn es ist das Eine selbst, der Vater und Erzeuger des Wortes; alles das, was in jedem Wort Wort, in jedem Zeichen Zeichen ist, usw.

Um dich mit einem weiteren Beispiel anzuleiten: die Vernunft des Meisters ist durch nichts, das dem verstandesmäßigen und sinnlichen Bereich angehört, erreichbar. Diese Vernunft wird aus der Fülle der Meisterschaft, der Kraft und der Güte bewegt, um andere zur Ähnlichkeit mit sich selbst zu einen. Sie zeugt aus sich das geistige Wort, welches das einfache und vollkommene Wort des Meisters oder die vollkommene Kunst des Meisters selbst ist. Diese Kunst will er dem Geist seiner Schüler einhauchen. Sie vermag indes nur durch sinnliche Zeichen in den Geist einzudringen. Darum atmet er Luft ein und bildet aus ihr die Stimme, die er verschieden formt und ausspricht, um so den Geist der Schüler zur Gleichgestaltigkeit mit dem Geist des Meisters zu erheben. Kein Wort des Meisters aber vermag es, den Urheber der Worte, die Vernunft zu zeigen, es sei denn durch den geistigen Begriff oder das vernunfthafte Wort selbst, das ein Bild der Vernunft ist.

In einer solchen Äußerung der Lehre des Meisters strahlt seine Liebe wider, die in seinem Vortrag den verschiedenen Ausdrucksweisen gemäß verschieden aufleuchtet. Damit das Wort Frucht trage, erscheint die Liebe des Meisters in der Bedeutung der Worte als Gedanke, widerstrahlt auch die Meisterschaft selbst, aus welcher der Gedanke fruchtbar und meisterhaft entströmt. Aber sämtliche Arten des Vortrages erreichen die Liebe nicht, denn sie ist so groß, daß sie nicht genugsam ausgesprochen werden kann; und sämtliche Arten der Reden erreichen den Gedanken nicht; er ist von unausdrückbarer Fruchtbarkeit, da er die Kunst der Meisterschaft darstellt. Weder Rede noch Aussprechen mit allen möglichen Weisen vermögen die vernunfthafte Meisterschaft auszudrücken, obwohl sich in jeder Rede nichts anderes darstellt oder nichts anderes bezeichnet wird als ihre eigene Offenbarung mit dem Ziel, den Hörer zu gleicher Meisterschaft zu wandeln.

Tali quadam similitudine principium nostrum unitrinum bonitate sua creavit sensibilem mundum istum ad finem intellectualium spirituum, materiam eius quasi vocem, in qua mentale verbum varie fecit resplendere, ut omnia sensibilia sint elocutionum variarum orationes a Deo patre per filium verbum in spiritu universorum explicatae in finem, ut per sensibilia signa doctrina summi magisterii in humanas mentes se transfundat et ad simile magisterium perficienter transformet, ut sit totus iste sensibilis mundus sic ob intellectualem et homo finis sensibilium creaturarum et Deus gloriosus principium, medium et finis omnis operationis suae.

Est igitur hoc studium ad filiationem Dei tendentium, ut omne effabile ab ineffabili incoordinato et superexaltato cognoscat atque id ipsum ineffabile super omne intellectuale esse collocatum esseque ipsum principium, medium et finem omnis intelligibilis atque ipsum unum imparticipabiliter esse entitatis intelligibilis fontem et omne id quod est, sicut mentale verbum est fons vocalis et id omne quod est et significatur verbo vocali absque immixtione et partitione sui, cum mens per vocale verbum participari aut quovis modo attingi nequeat.

Verbum autem intellectuale est ineffabilis verbi intellectualis receptio. Omne igitur verbum absolutum ab omni contractione sensibili intellectuale remanet. Intellectuale autem intellectualiter de ineffabili id habet quod est. Ineffabile autem per intellectum si nominatur, absoluto modo id fit, cum intellectualis modus absolutus sit in ordine ad sensibiles contractiones.

Ineffabilis igitur nec nominari nec attingi quovis modo potest. Nomen igitur absolutum sive entitas sive deitas sive bonitas sive veritas sive etiam virtus aut aliud quodcumque nequaquam Deum nominat innominabilem, sed innominabilem ipsum Deum variis intellectualibus modis exprimit. Hoc autem modo ineffabilis est effabilis, imparticipabilis participabilis, supra omnem modum modificabilis.

Deus igitur est principium supra unum et modum, qui in uno et modo unius se participabilem exhibet. Quapropter conicio studium, quo in hoc mundo ascendere conamur ad filiationis adep-

In einer solchen Ähnlichkeit erschuf unser dreieiniger Ursprung in seiner Güte diese sinnliche Welt, um der vernunfthaften Geister willen; ihre Materie machte er zu einer Stimme, in der er das geistige Wort mannigfach widerstrahlen ließ, so daß alles Sinnliche Aussprüche verschiedener Äußerungen sind, von Gott dem Vater durch seinen Sohn, das Wort, im Geist des Gesamt entfaltet, damit durch sinnliche Zeichen die Lehre der höchsten Meisterschaft sich in die Menschengeister ergieße und sie zu ähnlicher Meisterschaft verwandle und vollende. Diese ganze sinnliche Welt soll um der vernunfthaften willen bestehen, der Mensch soll das Ziel aller sinnlichen Geschöpfe sein, und der ruhmreiche Gott Ursprung, Mitte und Ende alles seines Tuns.

Das Streben derjenigen, die nach der Kindschaft trachten, richtet sich darauf, zu erkennen, daß alles Aussagbare vom Unaussagbaren, nicht Gleichgeordneten und Übererhabenen stammt; daß dieses Unaussagbare über allem Vernunfthaften seinen Platz hat, und Ursprung, Mitte und Ende alles Vernunfthaft-Einsichtigen ist und daß das Eine in nicht mitteilbarer Weise die Quelle der vernunfthaften Seinsheit ist und alles das, was diese ist; genauso wie das geistige Wort ohne Vermischung und Teilung seiner selbst die Quelle des lautlichen Wortes ist und alles dessen, was ein lautliches Wort ist und was mit ihm bezeichnet wird. Denn der Geist kann nicht durch ein lautliches Wort partizipiert oder in irgendeiner Weise erreicht werden.

Das vernunfthafte Wort aber ist die vernunfthafte Aufnahme des unsagbaren Wortes. Jedes Wort also, das von aller sinnlichen Verschränkung losgelöst ist, bleibt vernunfthaft; das Vernunfthafte aber hat in vernunfthafter Weise vom Unsagbaren das, was es ist. Wird jedoch das Unsagbare durch die Vernunft benannt, so geschieht das in absoluter Weise, da ja die Weise der Vernunft in bezug auf die sinnlichen Verschränkungen absolut ist.

Der Unsagbare kann also in keiner Weise genannt oder erreicht werden. Weder der Name, das Absolute, noch die Seinsheit, Gottheit, Güte, Wahrheit, Kraft oder sonst irgend etwas benennt also Gott, den Unnennbaren; sie nennen vielmehr den unnennbaren Gott in mannigfachen vernunfthaften Weisen. In dieser Art ist der Unsagbare sagbar, der nicht Mitteilbare mitteilbar, der über jedes Maß hinausgehende meßbar.

Gott ist also der Ursprung über dem Einen und seinem Maß. Im Einen und im Maß des Einen stellt er sich als mitteilbar dar. Darum mut-maße ich, daß das Streben, mit dem wir in dieser

tionem, in alio fortassis esse posse, ut in uno et modo unius nostra versetur speculatio.

V.

Atque ut contractius loquendo in exemplo quid velim degustes, applica unum et modum ad aliquid, quod in omnibus esse et vigere experieris. Experimur autem vim quandam omnibus inesse. Virtus igitur absolvatur per intellectum, ut vim consideres modo absoluto. Erit igitur vis absoluta coordinata quaedam maximitas in se habens omnes virtutis gradus et modos in altitudine universali et intellectualis simplicitatis unitate et modus quidem altissimus, quo superexcellens ipsa ineffabilis atque penitus inattingibilis causa omnis virtutis intellectualiter attingitur. Non est enim Deus virtus sed dominus virtutum.

Deinde attendendum Deum supra omne absolutum et contractum existentem per quamcumque altissimam absolutionem non attingi uti est, sed cum ipso modo absoluto. Eo quidem modo absoluto intellectuales naturae imparticipabilem intellectualiter participant, ut sint virtutes elevatae super omnem contractionem virtutis, prout ipsa virtus in sensibili mundo obumbratur.

Absolutio autem virtutis modos habet. Sine modo enim non est absolutio ipsa participabilis. Absolutio itaque virtutis in modorum varietate varias participantes ostendit virtutes. Varii igitur sunt spiritus intellectuales in absolutionum variis modis virtutem participantes, ut omnes absoluti spiritus virtutem unam varie participantes non aliud sint quam virtus absoluta variis modis participata.

Iam conspicis, quanta est potentia spiritus, quoniam est virtus supra omnem vim sensibilis mundi exaltata. In potentia igitur virtutis eius complicatur omnis virtus caelorum atque eorum, quae sub ipso sunt, ut omnis vis, quae in ipsis est, sit quaedam explicatio virtutis intellectualis spiritus. Participat autem sensibilis hic mundus unam ipsam virtutem sensibiliter, quam intellectualis intellectualiter, in varietate modorum. Contrahitur itaque ipsa absoluta virtus intellectualis mundi in sensibili in variis partici-

Welt zur Kindschaft aufzusteigen versuchen, vielleicht auch in etwas Anderem bestehen kann: daß unsere Betrachtung sich mit dem Einen und der Weise des Einen beschäftigt.

V.

Damit du meine Absichten durch konkrete Darstellung in einem Beispiel begreifst, wende das Eine und seine Maßbestimmung auf etwas an, von dem du erfahren hast, daß es in allem ist und Geltung hat. Wir machen die Erfahrung, daß allen Dingen eine gewisse Kraft innewohnt. Löse sie mittels der Vernunft heraus, damit du ihre Macht in absoluter Weise betrachtest. Die absolute Kraft wird also allem eine zugeordnete höchste Größe sein, die alle Stufungen und Weisen der Kraft in allgemeiner Höhe und in der Einheit der vernunfthaften Einfachheit in sich birgt und die höchsten Weisen, in welcher der hocherhabene, unsagbare und völlig unerreichbare Grund aller Kraft vernunfthaft erreicht wird, in sich schließt. Denn Gott ist nicht die Kraft, sondern der Herr der Kräfte.

Weiters ist zu beachten, daß Gott, der über allem Absoluten und Verschränkten besteht, durch keine, auch nicht die höchste Loslösung so erreicht wird, wie er ist, sondern nur im Modus der Loslösung. Auf diese Weise haben die Vernunftnaturen an dem Nicht-Partizipierbaren in vernunfthafter Weise teil; so sind sie Kräfte, die über jede Verschränkung emporgehoben sind, welche die Kraft in der Umschattung der sinnlichen Welt erfährt.

Aber diese Loslösung der Kräfte besitzt bestimmte Modi; denn ohne Modus ist sie nicht partizipierbar; die Loslösung der Kraft in der Verschiedenheit der Modi zeigt darum verschiedene teilhabende Kräfte. Es gibt also verschiedene vernunfthafte Geister, die in verschiedenen Weisen der Loslösung an der Kraft teilhaben, so daß alle absoluten Geister, welche die eine Kraft verschieden partizipieren, nichts anderes sind, als die in verschiedenen Weisen partizipierte absolute Kraft.

Schon siehst du, wie groß die Mächtigkeit des Geistes ist; denn er ist eine Kraft, die über alle Kraft der Sinnenwelt erhaben ist. In der Mächtigkeit seiner Kraft wird alle Kraft der Himmel und alle Kraft der Dinge, die unter ihm sind, eingefaltet; darum ist jede Kraft, die in den Dingen ist, Ausfaltung der Kraft des vernunfthaften Geistes. In der Verschiedenheit der Modi hat diese Sinnenwelt in sinnlicher Weise teil an jener einen Kraft, an welcher die Vernunftwelt vernunfthaft partizipiert.

pandi modis, caelestialiter in caelo, animaliter in animalibus, vitaliter in viventibus, vegetabiliter in vegetabilibus, mineraliter in mineralibus, et ita quidem de reliquis.

In omnibus igitur, si attendis, vim et eius reperis modum. Unum est igitur, quod in omnibus est omnia, quae id ipsum modo suo participant. Ita quidem de entitate, bonitate et veritate uti de virtute conicias. Nam entitas est hoc ipsum unum, quod omnia participant quae sunt, sic et bonitas et veritas. Unde legislator prudentissimus Moyses ait Deum creasse universa et formasse hominem, quasi Deus sit virtus creativa seu formativa, licet super ista sit omnia. Sed insinuare nititur quomodo participatione virtutis eius modo, quo particibilis est varie, cuncta in esse prodiere. Ita quidem ait Deum vidisse omnia fuisse bona ostendens Deum fontem bonitatis, a quo modo, quo participabilis est varie, varia bona exoriuntur. Non est igitur nisi unum, quod sine modo participari nequit.

Atque ut sufficientius id ipsum, quod conicio tibi pandam: unum est, quod omnes theologizantes aut philosophantes in varietate modorum exprimere conantur. Unum est regnum caelorum, cuius et una est similitudo, quae non nisi in varietate modorum explicari potest, ut magister veritatis ostendit. Neque est aliud quod Zeno, aliud quod Parmenides aut Plato aut alii quicumque de veritate tradiderunt, sed unum omnes respicientes variis modis id ipsum expresserunt. Quamvis enim modi dicendi sint adversi et incompatibiles videantur, non tamen nisi id ipsum unum super omnem contrarietatem inattingibiliter collocatum modo quisque suo hic affirmative, hic negative, hic dubie nisi sunt explicare.

Una est enim theologia affirmativa omnia de uno affirmans et negativa omnia de eodem negans et dubia neque negans neque affirmans et disiunctiva alterum affirmans alterum negans et copulativa opposita affirmative connectens aut negative ipsa opposita copulative penitus abiciens. Ita quidem omnes possibiles dicendi modi sub ipsa sunt theologia id ipsum ineffabile qualitercumque exprimere conantes.

Die absolute Kraft der Vernunftwelt wird in der Sinnenwelt in verschiedenen Weisen der Teilhabe verschränkt: himmlisch im Himmel, seelisch in den Seelen, lebendig im Lebendigen, pflanzlich in den Pflanzen, mineralisch in den Mineralien, usw.

Wenn du acht gibst, wirst du also in allem die Kraft und ihre Wirkweise finden. Es ist Eines, das in allen, die an ihm auf ihre Weise teilhaben, alles ist. Die gleichen Mut-maßungen, wie über die Kraft kannst du über die Seiendheit, Gutheit, und Wahrheit anstellen. Die Seiendheit z. B. ist jenes Eine, an dem alles teilhat, das ist. Entsprechend verhält es sich mit Gutheit und Wahrheit. Darum sagt der kluge Gesetzgeber Moses, Gott habe das All geschaffen und den Menschen gebildet; so als ob Gott die schaffende oder gestaltende Kraft sei, auch wenn er über allen diesem ist. Aber er bemüht sich anzudeuten, daß durch die Teilhabe an seiner Kraft — in der Art und Weise, wie man verschiedentlich an ihr teilhaben kann — alles in das Sein eintritt. Ebenso sagt er: Gott habe gesehen, daß alles gut sei. Damit zeigt er, daß Gott die Quelle der Gutheit ist, aus der nach der Weise, in der man verschiedentlich an ihr teilhaben kann, das verschiedene Gute entsteht. Es gibt also nichts als das Eine, an dem man nicht ohne Modus teilzuhaben vermag.

Um dir meine Mut-maßungen hinlänglich darzulegen; das Eine ist es, das alle Theologen und Philosophen in mannigfachen Weisen auszudrücken bemüht waren. Das Eine ist das Reich der Himmel; von ihm gibt es ein Abbild, das nur in der Verschiedenheit der Weisen entfaltet werden kann, wie der Meister der Wahrheit gezeigt hat. Was Zeno, was Parmenides, was Platon und welche anderen auch immer über die Wahrheit gesagt haben, ist nicht jeweils ein Anderes; sie alle blickten auf das Eine und drückten es in verschiedenen Weisen aus; und wenn auch diese Ausdrucksweisen gegensätzlich und miteinander unverträglich erscheinen, erstreben sie doch nichts anderes als auf ihre je eigene Weise — der eine affirmativ, der andere negativ, noch andere zweifelnd — das Eine, das unerreichbar über Gegensätzlichkeit steht, zu entfalten.

Die eine Weise ist die bejahende, die alles von dem Einen bejaht; die verneinende ist jene, welche alles von dem Einen verneint; die zweifelnde, die weder verneint noch bejaht; die trennende, die das Eine bejaht, das Andere verneint und die verbindende, welche die Gegensätze bejahend verknüpft oder sie verneinend verbindend verwirft. So stehen unter der einen Theologie alle möglichen Aussageweisen, im Bemühen, das Unsagbare irgendwie auszudrücken.

Haec est igitur via studii eorum, quid ad theosim tendunt, in modorum quorumcumque diversitate ad unum ipsum advertere. Quando enim quicumque studiosus subtiliter considerando attendit quomodo ipsum unum omnium causa non potest non exprimi in omni expressione, sicut verbum non potest non eloqui in omni loquente, sive se dicat loqui sive se dicat non loqui, tunc sibi manifestum est virtutem ineffabilis omne dicibile ambire et nihil dici posse, in quo modo suo causa omnis dicentis et dicti non resplendeat.

Nihil itaque reperiet vere theologizans scholaris, quod ipsum perturbet in omni varietate coniecturarum. Nec minus apud ipsum hic dicit, qui ait nihil penitus esse, quam ille qui ait omnia esse quae videntur. Nec verius hic dicit, qui ait Deum omnia esse, quam ille, qui ipsum ait nihil esse aut non esse, cum sciat Deum super omnem affirmationem et negationem ineffabilem, quidquid quisque dicat, et hoc ipsum, quod quisque de ipso dicit, non aliud esse quam modum quendam, quo de ineffabili loquens loquitur — sicut hae duae species, homo et asinus, genus animalitatis vario modo exprimunt, humana etenim species rationaliter, asinina irrationaliter. Secundum expressionem humanae speciei tunc rationabilitas convenire videtur animalitati, secundum expressionem asininae irrationabilitas.

Quis autem ad genus ipsum intuetur, quomodo est ita supra istas differentias exaltatum, et quod sibi eapropter nulla convenit differentiarum, advertit expressionem speciei esse modum quendam differentialem generis supra differentias exaltati; ita quidem de asinina. Unde contrariae illae expressiones contrariorum modorum differentialum non impediunt intuentem ad unum genus superexaltatum.

Oportet deinde studentem non negligere quomodo in hac schola sensibilis mundi in modorum varietate quaeritur unum quod omnia, sed adepto magisterio in caelo intelligentiae purae in uno omnia sciuntur. Quomodo autem id ipsum fiat, ex praehabitis conicias.

Nam nullo tunc ratiocinativo discursu ex sensibiliter receptis mens ipsa ad apprehensionem movetur, sed cum mens ipsa vir-

Das ist der Weg des Strebens jener, die nach der Theosis trachten: sich in der Verschiedenheit aller möglichen Weisen zu dem Einen selbst hinzuwenden. Sobald nämlich jeder, der nach ihm strebt, genau nachdenkt und darauf achtet, daß dieses Eine, der Grund von allem, in jedem Ausdruck unbedingt ausgedrückt werden muß, so wie das Wort in jedem Sprechenden ausgedrückt werden muß, ob er jetzt sagt, er rede oder ob er es nicht sagt, dann ist ihm offenbar, daß die Kraft des Unsagbaren alles Aussagbare umfaßt, und daß nichts gesagt werden kann, in dem es nicht auf seine Weise als Grund jedes Sagenden und Gesagten widerstrahlt.

Also wird ein wahrhaft mit der Theologie Beschäftigter in aller Verschiedenheit der Mut-Maßungen nichts finden, das ihn verwirrt. Für ihn sagt der, welcher meint, es gäbe überhaupt nichts, nicht weniger als der, welcher meint, alles, was man sehe, sei; und nicht wahrer spricht der, welcher sagt, Gott sei alles, als der welcher sagt, er sei nichts oder nicht. Denn er weiß, daß Gott über alle Bejahung und Verneinung hinaus unsagbar ist, was immer jemand sagt und auch, daß das, was jeder von ihm sagt, nichts anderes ist, als eine Weise, in der jemand über das Unaussprechliche spricht; so wie die beiden Eigengestalten Mensch und Esel die Gattung Lebewesen in verschiedener Weise ausdrücken —, die menschliche verstandesmäßig, die des Esels nicht-verstandesmäßig. Dem Ausdruck der menschlichen Eigengestalt entsprechend scheint dem Lebendigsein die Verständigkeit zuzukommen, gemäß der des Esels die Unverständigkeit.

Wer indes auf die Gattung als solche hinblickt und sieht, wie sie über diese Unterscheidungen erhaben ist, und daß ihr darum keine von ihnen zukommt, der bemerkt, daß der Ausdruck der menschlichen Eigengestalt eine unterschiedliche Weise der über Unterscheidungen erhabenen Gattung darstellt. Dasselbe gilt für die Eigengestalt des Esels. Daher bilden diese gegensätzlichen Ausdrücke der sich gegensätzlich unterscheidenden Weisen kein Hindernis für denjenigen, welcher die darüber erhabene Gattung betrachtet.

Wer nach der Gotteskindschaft strebt, darf ferner nicht übersehen, daß in dieser Schule der Sinnenwelt in der Verschiedenheit der Weisen das Eine gesucht wird, das alles ist; ist aber die Meisterschaft erlangt, dann wird im Himmel der reinen Vernunfterkenntnis in dem Einen alles gewußt. Wie dies geschieht, sollst du aus dem Vorangegangenen mut-maßen.

Dann wird der Geist nicht mehr auf dem Wege verstandesmäßiger Überlegung von dem durch die Sinne Aufgenommenen

tutem absolutam intellectualiter participet, ita quidem aut secundum naturae suae exuberantem virtutem notio quaedam sit omnium intelligibilium, quam quidem virtutis potentiam in actum per sensibilia incitamenta in hoc mundo studuit elevare. Dum post haec vis ipsa sit actuata ratiocinatione et a vivificatione corporis, cui se ipsam participabilem fecit, liberata, in se vivaci intellectu unitive redit, se comperit virtutem, quae et actualis rerum notio exsistit.

Sicut enim Deus ipse est actualis rerum omnium essentia, ita et intellectus separatus et in se vivaciter et conversive unitus viva est Dei similitudo. Unde, uti Deus est ipsa rerum omnium essentia, ita et intellectus, Dei similitudo, rerum omnium similitudo. Cognitio autem per similitudinem est. Intellectus autem cum sit intellectualis viva Dei similitudo, omnia in se uno cognoscit, dum se cognoscit. Tunc autem se cognoscit, quando se in ipso Deo uti est intuetur; hoc autem tunc est, quando Deus in ipso ipse.

Nihil igitur aliud est omnia cognoscere quam se similitudinem Dei videre, quae est filiatio. Una igitur simplici intuitione cognitiva omnia intuetur. Hic autem in varietate modorum unum ipsum inquirit. Quapropter vis ipsa intellectualis, quae se pro sua venatione in hoc mundo rationabiliter atque sensibiliter expandit, dum se transfert de hoc mundo, recolligit. Redibunt enim vires intellectuales participatae in organis sensuum et ratiocinationum ad centrum suum intellectuale, ut vivant vita intellectuali in unitate sui effluxus.

Iam tibi satis patere potest, quomodo quidem secundum meam qualemcumque coniecturam intellectualis natura est rerum universitas intellectuali modo et, dum in scholis huius mundi versatur, quaerit potentiam ipsam in actu ponere et se particularibus formis assimilat. Tunc enim de virtute sua, qua rerum universitatem intellectualiter in potentia gerit, exserit huius et huius rei intellectum, quando se actu rei intellectae assimilat. Transfertur deinde haec potentia assimilativa sic in particularibus in actu posita penitus in actum et artem perfectam magisterii, quando in intelligibili caelo se scit omnium similitudinem, ut tunc sit actu

zum Erkennen gebracht, sondern vernunfthaft; denn er hat an der absoluten Kraft teil und zwar so, daß er, der überströmenden Kraft seiner Natur entsprechend, eine Art Inbegriff alles Vernunfthaften ist. In dieser Welt strebt er danach, die Mächtigkeit dieser Kraft durch sinnlichen Anreiz zur Wirklichkeit zu erheben. Wenn jedoch später diese Kraft durch Verstandesdenken verwirklicht und davon befreit ist, den Körper, dem sie sich mitteilt, am Leben erhalten zu müssen, dann kehrt sie einend, in lebendiger Vernunft, in sich selbst zurück und erfährt sich als die Kraft, welche als das wirkliche Erkennen der Dinge besteht.

So wie Gott die wirkliche Wesenheit aller Dinge ist, so ist die gesonderte, in sich lebendige und zurückkehrend geeinte Vernunft ein lebendes Ähnlichkeitsbild Gottes. Wie Gott selbst darum die Wesenheit aller Dinge ist, so ist die Vernunft Gottes Ähnlichkeitsbild, das Ähnlichkeitsbild aller Dinge. Erkenntnis aber vollzieht sich durch Ähnlichkeit. Da die Vernunft ein vernunfthaftes, lebendiges Bild Gottes ist, erkennt sie, wenn sie sich erkennt, alles in sich als der einen. Sich selbst aber erkennt sie dann, wenn sie sich in Gott so betrachtet, wie sie ist; das ist dann der Fall, wenn Gott in ihr sie selbst ist.

Alles zu erkennen bedeutet nichts anderes, als sich als Ähnlichkeitsbild Gottes zu sehen; und das ist die Kindschaft. In einer einfachen erkennenden Schau wird alles geschaut. Hier jedoch sucht sie den Einen in der Vielfalt der Weisen. Darum ist es auch so, daß die Kraft der Vernunft, die sich um ihrer Jagd willen in dieser Welt verstandesmäßig und sinnlich ausbreitet, sich wieder sammelt, sobald sie sich von der Welt hinweghebt. Vernunftkräfte, die in den Sinnes- und Denkorganen partizipiert werden, kehren zu ihrem Zentrum zurück, um in vernunfthaftem Leben in der Einheit zu leben, aus der sie ausgeströmt sind.

Zur Genüge kann dir nun offenbar sein, wie gemäß meinen Mut-Maßungen die Vernunftnatur auf vernunfthafte Weise die Gesamtheit der Dinge ist. Während sie in den Schulen dieser Welt weilt, sucht sie ihre Mächtigkeit und Möglichkeit in Wirklichkeit zu setzen und gleicht sich Einzelformen an. Aus ihrer Kraft, mit der sie die Gesamtheit der Dinge der Möglichkeit nach vernunfthaft in sich trägt, läßt sie die Erkenntnis dieser oder jener Sache erwachsen, indem sie sich als Wirklichkeit dem erkannten Ding angleicht. Später jedoch wird diese Möglichkeit der Angleichung, welche hier nur in Einzeldingen verwirklicht

ipse intellectus intellectualis rerum omnium universitas, quando est discretiva omnium notio.

Nec tamen intuetur tunc ipse intellectus quidquam extra intelligibile caelum quietis et vitae eius. Non enim temporalia temporaliter in instabili successione, sed in indivisibili intuetur praesentia. Nam praesentia seu nunc ipsum omnis temporis complicativum non est de hoc sensibili mundo, cum per sensum attingi nequeat, sed de intellectuali. Sic quidem quanta nequaquam in extensa divisibili corporalitate intuetur, sed in indivisibili puncto, in quo est intellectualis omnis quantitatis continuae complicatio. Nec rerum alteritates in varietate numerorum intuetur sed in ipsa monade simplici intellectualiter omnem numerum complicanti.

Percipit igitur intellectus intellectualiter omnia supra omnem sensibilem, distrahentem et obumbrantem modum. Mundum quidem totum sensibilem non modo sensibili, sed veriori, intellectuali scilicet, intuetur modo. Dicitur enim haec cognitio perfecta eapropter intuitio, quia ea paene est differentia inter eam ipsam illius mundi cognitionem et istius sensibilis, quae est inter notitiam, quae per visum et eam, quae per auditum recipitur. Quanto igitur illa, quae per visum generatur, certior et clarior est illa, quae de eadem re per auditum efficitur, tanto et amplius multum intuitiva cognotio alterius mundi eam excellit quae est huius sicut scire propter quid potest intuitiva dici cognitio, cum in rationem rei sciens respiciat, et quia est ex auditu.

Haec sic cursim de quaesito, ut tempus concessit, defectibiliter dicta grate, quaeso, recipias. Alio tempore, si quid excellentius Deus ministraverit, non te latebit. Vale nunc, confrater praeamande, et tuis me fac orationibus participem, ut hinc translati filiationem Dei adipiscamur in filio unigenito Iesu Christo semper benedicto. Amen.

wurde, völlig in Wirklichkeit übergeführt, in die vollkommene Kunst der Meisterschaft; wenn sie sich im Himmel der Vernunft als das Ähnlichkeitsbild aller Dinge weiß. Dann ist die Vernunft als Wirklichkeit die vernunfthafte Gesamtheit aller Dinge, weil sie das unterscheidende Erkennen von allem ist.

Trotz allem aber erschaut dann die Vernunft nicht irgend etwas außerhalb ihres vernunfthaften Himmelskreises, in dem sie ruht und lebt. Das Zeitliche schaut sie nicht zeitlich in unbeständiger Abfolge, sondern in unteilbarer Gegenwart. Denn die Gegenwart oder das Jetzt, das alle Zeit entfaltet, ist nicht von dieser sinnlichen Welt, sondern von der Welt der Vernunft; der Sinn vermag es ja nicht zu erreichen. So schaut die Vernunft auch die Quantität keineswegs in der ausgedehnten teilbaren Körperlichkeit, sondern in dem unteilbaren Punkt, in dem sich die vernunfthafte Einfaltung aller zusammenhängenden Quantität darstellt. Gleicherweise schaut sie die Andersheit der Dinge nicht in der Verschiedenheit der Zahlen, sondern in der einfachen Monas, die jede Zahl vernunfthaft einfaltet.

Die Vernunft erfaßt also alles vernunfthaft jenseits jeder sinnlichen, ablenkenden und verschattenden Weise. Die ganze sinnliche Welt schaut sie nicht in sinnlicher, sondern in wahrer, nämlich vernunfthafter Weise. Darum wird diese Erkenntnis vollkommene Schau genannt; denn zwischen der Erkenntnis jener Welt und dieser Sinneswelt besteht beinahe derselbe Unterschied wie zwischen der Kenntnis, die man durch Sehen und jener, die man durch Hören erlangt. Und wieviel jene Erkenntnis, welche das Sehen vermittelt, sicherer und klarer ist als die, welche von der selben Sache durch das Hören bewirkt wird, um so viel und noch mehr übertrifft die schauende Erkenntnis der anderen Welt die, welche dieser Welt angehört; so kann das Wissen des Warum die schauende Erkenntnis genannt werden, da der Wissende in den Bestimmungsgrund der Sache hineinblickt, und das Wissen des Daß die aus dem Hören gewonnene Erkenntnis.

Nimm also, so bitte ich dich, das, was ich auf deine Frage hin soweit es mir die Zeit gestattet hat, hier eilends und unzulänglich niedergeschrieben habe, wohlwollend an. Wird mir Gott zu anderer Zeit etwas Besseres gewähren, soll es dir nicht verborgen bleiben. Lebe nun wohl, mein vielgeliebter Mitbruder, und laß mich an deinen Gebeten teilhaben, auf daß wir, von hier hinwegkommen, die Kindschaft Gottes erlangen in seinem eingeborenen Sohn, Jesus Christus, der allzeit gepriesen sei.

DE DATO PATRIS LUMINUM
DIE GABE VOM VATER DES LICHTES

NICOLAUS DE CUSA AD REVERENDUM PATREM GERARDUM EPISCOPUM SOLONENSEM

Etsi iam ante paternitati vestrae nota sit ingenii mei obscuritas, tamen exquirere in eo lumen faceta indagatione temptastis. Dum enim inter herbarum collectionem in mentem veniret apostolica lectio, qua Iacobus omne datum optimum et omne donum perfectum desursum esse a patre luminum insinuat[1], efflagitastis circa lectionis intellectum meam ut scriberem coniecturam. Scio, pater, id, quod a doctissimis theologis memoriae traditum est, vos fixe tenere, me autem perparum scripturarum lectitasse. Hinc recte erubescerem, si sinceritatem mentis vestrae ignorarem. Legite itaque accepta interpretatione quae sentio.

I.

Fuit, ut opinor, beatissimi apostoli intentio nos facili via ad omne desideratum perducere. Omnis enim intellectualis spiritus scire appetit. Nam intelligere vita est intellectus, atque hoc ipsum est esse eius desideratum. Non potest autem ad apprehensionem sapientiae ascendere ignorans suo lumine. Qui enim indigens est, eo indiget quo caret. Oportet igitur, ut indigens se indigentem cognoscat atque ut ad eum, a quo indigentia suppleri valeat, avide recurrat. Si enim sapientiam indigens ab eo postulaverit, cuius thesauri sunt plenitudo sapientiae et qui eos evacuando adauget cuiusque tenacitas est effusio largissima, non poterit sapientiam, quae se ipsam quaerentium mentibus infundit, non attingere. Hoc est enim sapientissimi Philonis altissimum documentum, qui dum sapientiam laudare niteretur, ipsam mentibus quaerentium illabi ostendit[2].

---

[1] Jak. 1, 17: πᾶσα δόσις ἀγαθὴ καὶ πᾶν δώρημα τέλειον ἄνωθέν ἐστιν καταβαῖνον ἀπὸ τοῦ πατρὸς τῶν φώτων παρ' ᾧ οὐκ ἔνι παραλλαγὴ ἢ τροπῆς ἀποσκίασμα.
[2] Vgl. Sap. 6, 13.

NIKOLAUS VON KUES AN DEN EHRWÜRDIGEN VATER GERHARD, BISCHOF VON SALONA

Obwohl Euch, Vater, die Dunkelheit meiner Begabung schon von früher bekannt ist, so habt Ihr doch versucht, durch geschicktes Forschen Licht in ihr zufinden. Als Euch nämlich beim Sammeln von Kräutern die Worte des Apostels Jakobus — „alle gute Gabe und jedes vollkommene Geschenk komme von oben, vom Vater des Lichtes" — in den Sinn kamen, da habt Ihr mich aufgefordert, meine Mutmaßungen zum Verständnis des Textes niederzuschreiben. Ich weiß, Vater, daß Ihr das, was von den gelehrtesten Theologen überliefert wurde, fest im Gedächtnis habt, während ich nur wenige dieser Schriften öfters gelesen habe. Daher müßte ich mich recht schämen, wenn ich die Lauterkeit Eures Geistes nicht kennen würde. Empfangt und lest also meine Erklärungen und Meinungen.

I.

Es war, wie ich glaube, die Absicht des heiligen Apostels, uns auf zugänglichem Wege zu allem Ersehnten hinzuführen. Jeder denkende Geist strebt danach, zu wissen. Denn Einzusehen ist das Leben des Vernunft-Denkens und sein ersehntes Sein. Derjenige aber, der sein Licht nicht kennt, vermag nicht zum Begreifen der Weisheit aufzusteigen. Wer nämlich etwas bedarf, bedarf dessen, das er entbehrt. Also muß der Bedürftige sich als Bedürftigen erkennen und zu dem, von dem seine Bedürftigkeit erfüllt werden kann, voll Eifer hineilen. Wenn darum derjenige, welcher der Weisheit bedarf, sie von dem verlangt, dessen Schätze die Fülle der Weisheit sind und der sie, indem er sie leert noch vermehrt — dessen Sparsamkeit reichlichstes Ausströmen bedeutet —, dann kann er die Weisheit, die sich selbst in den Geist der Suchenden ergießt, unmöglich nicht erlangen. Das ist das erhabene Zeugnis des weisen Philo, der bei seinem Bemühen, die Weisheit zu loben, zeigt, daß sie sich selbst dem Geist des Suchenden vereint.

Postulare autem est intenta fide quaerere spe indubia adipiscendi. Qui enim ardenti cursu pergit ad ipsam quam ignorant, ei ut mater honorificata obviabit. A quo autem peti debeat sapientia, quae est lumen semitis et lucerna pedibus, ratio et vita animae, apostolus omnem errorem excludere volens ostendit dicens: Omne datum optimum et omne donum perfectum desursum est. Nam si omne id quod est in tantum se bonum esse aestimat, ut non aliud quam id ipsum semper esse meliori quidem modo, quo hoc suae naturae patitur condicio, exoptet, tunc omnis vis illa, quae se esse cognoscit ab optimo, optime esse cognoscit. Cognoscit igitur esse suum, cuius nullam umquam ullo tempore vellet corruptionem aut mutationem in aliud esse extra speciem propriam, sibi datum non quidem ab alio aliquo, quod non est desursum super omnia in altitudine omnis optimitatis.

Nam non credit intellectus humanus naturam suam sibi potuisse dari ab aliquo, cuius bonitas non sit altissima desursum super omne bonum, neque quiesceret aliquod ens in data natura, si a diminuto et creato bono data foret. Sed quia ab optimo maximo magistro, cui nemo altior, sortitum est esse suum, omne id, quod est, quiescit in specifica natura sua ut in optima ab optimo. Datum igitur naturale qualecumque in omni eo quod est, est optimum iudicio omnium, quae sunt et quae in esse suo uti optimo quietantur. Desursum igitur est ab omnipotentia infinita, quae habet artem atque sapientiam talem, ut sit sufficientissima virtus formativa omnium.

Quoniam autem non omnis natura deta gradum possibilis perfectionis speciei suae actu attingit, sed quaelibet individualis contractio speciei ab ultima perfectione activitatis potentiae — praeterquam in uno domino nostro Iesu Christo — abesse dinoscitur, tunc opus habet intellectus, cuius

Verlangen aber bedeutet mit bestimmtem Glauben in unbezweifelter Hoffnung auf das Erlangen suchen. Wer in eifrigem Lauf zur Weisheit, die er nicht kennt, vordringt, dem tritt sie wie eine geehrte Mutter entgegen. Von wem aber die Weisheit, das Licht für die Pfade und die Leuchte unserer Füße, der Wesensgrund und das Leben der Seele, erbeten werden soll, das zeigt der Apostel, der allen Irrtum ausschließen will, indem er sagt: Alle gute Gabe und alles vollkommene Geschenk ist von oben. Denn wenn alles das, was ist, sich insoweit für gut hält, daß es nichts anderes zu sein wünscht als es selbst, und zwar auf die bestmögliche Weise, zu der seine Natur die Voraussetzungen in sich birgt, dann erkennt jene ganze Kraft, die sich selbst als vom Besten stammend erkennt, daß sie auf beste Weise existiert. Sie erkennt also, daß ihr Sein, dessen Vergehen oder Wandlung zu einem anderen Sein außerhalb ihrer Eigengestalt sie zu keiner Zeit will, ihr nicht von irgendeinem Anderen, das nicht hocherhaben über alles in der Höhe aller Vorzüglichkeit ist, gegeben ist.

Denn das menschliche Denken glaubt nicht, daß seine Natur ihm von irgend etwas gegeben werden konnte, dessen Güte nicht die höchste ist, erhaben über alles Gute; auch würde kein Seiendes in seiner ihm gegebenen Natur zur Ruhe kommen, wenn diese ihm von einem verminderten und geschaffenen Guten gegeben worden wäre. Weil es aber sein Sein vom besten und größten Meister — es gibt keinen besseren als ihn — erhalten hat, findet alles seine Ruhe in seiner eigengestaltlichen Natur als in der besten, vom Besten gegeben. Jedes beliebige natürliche Geschenk ist in seinem gesamten Sein nach dem Urteil aller, die sind und die in ihrem Sein als in dem besten ruhen, das beste. Es kommt also von oben, von der unendlichen Allmacht, die solche Kunst und Weisheit besitzt, daß sie die vollkommen genügende Gestaltkraft von allem ist.

Weil aber nicht jede gegebene Natur den Grad möglicher Vollendung für ihre Eigengestalt tatsächlich erreicht, sondern man vielmehr erkennt, daß jede individuelle Verschränkung der Eigengestalt — außer in dem einen, unserem Herrn Jesus Christus — von der äußersten Vollendung der

potentia ambit omne, quod non est creator eius, ad hoc, ut ad apprehensionem actuetur, dono gratiae creantis. Rationalis enim creatura discretivum in se habet rationis lumen; sed est ut oculus nocticoracis debile multum atque multis umbris obtenebratum in hoc sensibili corpore. Actuatur igitur afflatione spiritus divini verbi, et tenebrae eius illuminantur. Verbo enim doctoris illuminatur discipulus, quando vis ipsa rationalis discipuli dono illuminatae rationis magistri se per verbalem spiritum ingerentis ad actum passim educitur.

Sed haec omnis actuans illuminatio, quae donum est desursum, descendit a patre omnium donorum, quae dona sunt lumina seu theophaniae. Salomon enim secundum naturam animae datum a Deo optimum fuit consecutus[1]. Non tamen erat anima eius secundum hoc datum melior anima hominis alterius, sed secundum donum illuminationis est sortitus animam, cuius vis intellectualis ad actualem apprehensionem super omnes Iudaeorum reges, qui eum praecesserant, ascenderat. Hoc autem donum sapientiae postulando desursum a patre luminum in ipsum descendit.

Videmus quidem virtutem seminis datam a patre luminum, scilicet sole, non poni in actum, nisi donetur ab eodem. Non enim educitur de potentia seminis arbor nisi sole donante, cuius etiam est datum, ut vis illa semini insit. Excludere itaque apostolus errores voluit tam eorum, qui Deum causam mali affirmarunt, quam eorum, qui sua praesumptione se erexerunt, quasi aliquis homo et se possit etiam pervenire ad apprehensionem sapientiae sine dono gratiae seu attractione patris. Quale fuit peccatum praesumptuosissimum rationalis separati spiritus Luciferi, qui sua vi

---

[1] III. Kg. 3, 11—12.

Verwirklichung der Möglichkeit entfernt ist, bedarf das Vernunft-Denken, dessen Vermögen alles umfaßt, das nicht sein Schöpfer ist, dafür, daß es zur Erkenntnis in der Wirklichkeit versetzt werde, das Gnadengeschenk dessen, der es geschaffen hat. Das vernunfthafte Geschöpf hat in sich das unterscheidende Licht des Verstandessinnes; doch ist es wie das Auge der Nachteule, schwach und von vielen Schatten in diesem sinnlichen Körper verdunkelt. In die Wirklichkeit versetzt wird es durch den Anhauch vom Geist des göttlichen Wortes, und seine Dunkelheiten werden erleuchtet. Durch das Wort des Lehrers wird der Schüler erleuchtet, wenn die vernunfthafte Kraft des Schülers selbst durch die Gabe des erleuchteten Verstandes des Meisters, der durch den Wort-Geist eindringt, schrittweise zur Wirklichkeit geführt wird.

Aber diese ganze in die Wirklichkeit überführende Erleuchtung, die ein Geschenk von oben ist, senkt sich vom Vater aller Gaben herab; diese Gaben sind Lichter oder Theophanien. Salomon hatte der Natur seiner Seele entsprechend von Gott die beste Gabe erlangt. Dennoch war seine Seele dieses Geschenkes wegen nicht besser als die Seele eines anderen Menschen, sondern er bekam dem Geschenk der Erleuchtung entsprechend diese Seele, deren vernunfthafte Kraft für die in Wirklichkeit gesetzte Erkenntnis sich über die aller jüdischen Könige erhob, die ihm vorangegangen waren. Indem er dieses Geschenk der Weisheit von oben, vom Vater des Lichtes, erbat, stieg es in ihn herab.

Wir sehen, daß die Kraft des Samens, die vom Vater des Lichtes, der Sonne, gegeben ist, nicht zur Wirklichkeit gebracht wird, wenn dies nicht von ihm gewährt wird. Denn aus der Möglichkeit des Samens erwächst kein Baum, wenn dies die Sonne, deren Geschenk es ist, daß diese Kraft dem Samen innewohnt, nicht gibt. Der Apostel wollte also die Irrlehren sowohl derer ausschließen, die behaupten, Gott sei der Grund des Bösen, als auch derer, die sich in ihrem Hochmut dazu verstiegen, anzunehmen, der Mensch könne aus sich selbst, ohne das Geschenk der Gnade oder die Mit-

ascendere nisus est ad similitudinem altissimi, atque rationalis incorporati spiritus parentum, qui fomento sensibilis esus ligni ad perfectionem scientiae deorum pervenire sperabant. Nam hic docemur neque hanc actualitatem a nobis neque ab inferiori sensibili vegetatione advenire posse ut apprehendamus sapientiam, quae est lux viva et gloriosa quies desiderii nostri spiritus, sed a patre atque datore formarum, cuius solum est perficere.

Aliorum etiam errores enervat, qui postposito patre luminum subsidia postularunt a Minerva, Apolline, Iove et ceteris diis, quoniam, cum omnium gentilium positio assereret non esse creatorem nisi unum Deum deorum interminum, ab ipso solo ostendit omne perfectivum donum postulandum, non ab his diis quamvis ob suas virtutes deificatis. Nam eorum, qui nihil a se habent, quod non receperunt ab omnium patre, non esset donandi facultas, cum nihil quod suum sit habeant. Omne enim donum, cuiuscumque ministerio participetur, patris est, cuius est omne quod est, a quo descendere necesse est. Postulant igitur omnes nostri intercessores, qui possessionem sapientiae adepti sunt, ut lumen donetur a patre luminum. Non donant ipsi, sed ille tantum qui est dator et donum. Hoc quidem videtur apostolus velle, qui ad assiduam orationem cum fide firmissima absque omni haesitatione nos allicit certitudine assequendi sperata, quoniam pater noster dat affluenter et non improperat[1]. Haec sic dicta sint de apostoli sententia.

---

[1] Jak. 1, 5.

wirkung des Vaters, dazu kommen, die Weisheit zu begreifen. Von dieser Art war die Sünde allerärgsten Hochmutes, die Luzifer, der vernunfthaft selbständige Geist, beging. Er versuchte aus eigener Kraft zur Ähnlichkeit mit dem Höchsten aufzusteigen. Und ebenso war es die Sünde des in den Körper gebundenen vernunfthaften Geistes der Eltern, welche mittels der Nährkraft der sinnlichen Baumesfrucht zu der Vollkommenheit des Wissens der Götter zu gelangen hofften. Unter solchen Umständen werden wir gelehrt, daß diese Verwirklichung — daß wir die Weisheit, das lebendige Licht und die glorreiche Ruhe unseres Geistes, erfassen — weder von uns noch von der niedrigeren, sinnlichen Lebensform kommen kann; sie kommt vielmehr vom Vater und Geber der Gestalt, der allein vollendet.

Auch entkräftete er die Irrtümer der anderen, welche den Vater des Lichtes zurücksetzten und Hilfe erbaten von Minerva, Apollon, Jupiter und den übrigen Götter, indem er dadurch, daß der Standpunkt aller Heiden sicher bezeugt, daß es keinen anderen Schöpfer gibt als den einen unendlichen Gott der Götter, zeigt, daß von ihm allein alle zur Vollkommenheit führende Gabe erbeten werden muß, und nicht von jenen Göttergestalten, die um seiner Macht willen vergöttlicht wurden. Denen, welche nichts von sich haben, das sie nicht vom Vater aller empfangen haben, kommt jene Fähigkeit, zu schenken, nicht zu, da sie nichts besitzen, das ihr eigen ist. Denn jedes Geschenk, durch wessen Hilfe auch immer es partizipiert wird, ist Geschenk des Vaters, dem alles gehört, was ist und von dem es notwendigerweise kommen muß. Alle unsere Fürsprecher, welche den Besitz der Weisheit erlangt haben, bitten also, daß das Licht vom Vater des Lichtes geschenkt werde. Nicht sie schenken, sondern er allein, welcher Schenkender und Geschenk ist. Das scheint der Apostel zu wollen, der uns zu beständigem Gebet in festem Glauben ohne jedes Zaudern und in der erhofften Gewißheit des Erlangens aufruft, denn unser Vater gibt im Überfluß und ohne Zögern. Soviel über das Apostelwort.

II.

Nunc amplius admiremur mirabile lumen, quod latet in apostoli verbis et, ut id ipsum qualitercumque patescat, enucleare temptabo pro modulo verborum proprietatem. Ait enim: Omne datum optimum et reliqua. Videtur enim ex hoc omnem creaturam quodammodo Deum esse. Solus enim Deus est maxime bonus seu optimus. Datum igitur optimum si est creatura, quoniam omnis creatura est bona valde, videtur Deus datus esse. Nihil enim dare potest, quod potentiae suae non subicitur. Oportet enim in potentia datoris id esse quod datur. In potentia autem boni bonum est. Sed optimum non est nisi unum, simplex, impartibile, quia optimum. Non potest igitur dare nisi se ipsum.

Optimum est sui ipsius diffusivum, sed non partialiter, cum optimum non possit esse nisi optimum. Est enim omne id, quod esse potest; quare suum esse est sua optimitas ac aeternitas. Communicat igitur se indiminute. Videtur igitur quod idem ipsum sit Deus et creatura, secundum modum datoris Deus, secundum modum dati creatura. Non erit igitur nisi unum, quod secundum modi diversitatem varia sortitur nomina. Erit igitur id ipsum aeternum secundum modum datoris et temporale secundum modum dati eritque id ipsum factor et factum, et ita de reliquis.

Indubie hic dicendi modus praecisione caret, sed intelligentiam veritatis inquiramus. Aiunt philosophi[1] formam esse, quae dat esse rei. Hoc dictum praecisione caret. Nam non est res, cui forma det esse, cum nihil sit nisi per formam. Non est igitur res a forma esse capiens. Esset enim, antequam esset. Sed forma dat esse rei, hoc est: forma est ipsum esse in omni re, quae est, ut esse datum rei sit forma ipsa dans esse. Deus autem est absoluta essendi forma, et hoc est apostolicum documentum hoc loco, quoniam omne esse omnium est datum a patre.

---

[1] Vgl. Thomas, De ente et essentia u. a.

II.

Nun wollen wir das wunderbare Licht, das in den Worten des Apostels verborgen liegt, weiter bewundern, und ich werde, wie es sich darbietet, versuchen, die eigentümliche Bedeutung der Worte herauszuschälen. Er sagt: „Alle gute Gabe" usw. Jedes Geschöpf scheint auf irgendeine Weise Gott zu sein. Gott allein ist nämlich der am meisten gute oder der beste. Wenn nun das Geschöpf die beste Gabe ist, scheint jedes Geschöpf, da es sehr gut ist, ein geschenkter Gott zu sein. Nichts kann ja gegeben werden, das nicht seiner Mächtigkeit unterworfen ist. Es muß nämlich in der Macht des Gebers das sein, was gegeben wird. In der Macht des Guten ist das Gute. Das Beste aber ist nichts anderes als das Eine, Einfache, Unteilbare, weil es eben das Beste ist. Es kann also nichts anderes geben als sich selbst.

Das Beste ist das Verströmen seiner selbst, aber nicht in Teilen, weil eben das Beste nur das Beste sein kann. Denn es ist alles das, was es sein kann. Sein Sein ist darum sein Bestes-Sein und seine Ewigkeit. Es teilt sich also ohne Verminderung mit. Es scheint demnach, daß Gott und das Geschöpf dasselbe sind, d. h. der Weise des Gebers entsprechend Gott, der Weise der Gabe entsprechend Geschöpf. Es kann also nur Eines geben, das der Verschiedenheit der Modi gemäß verschiedene Namen erlangt. Eben dieses Selbe wird ewig sein nach der Weise des Gebers und zeitlich nach der Weise der Gabe und es wird Schöpfer und Geschaffenes sein usw.

Ohne Zweifel entbehrt diese Aussageweise der Genauigkeit, doch suchen wir das Verständnis der Wahrheit. Die Philosophen sagen, es sei die Gestalt, die dem Ding das Sein verleihe. Dieser Aussage fehlt die Genauigkeit. Es ist nicht das Ding, dem die Gestalt das Sein gäbe, weil dann nichts wäre außer durch die Gestalt. Das Ding erhält also das Sein nicht durch die Gestalt. Denn dann wäre es, bevor es wäre. Dennoch gibt die Gestalt dem Ding das Sein, d. h. die Gestalt ist das Sein selbst in jedem Ding, das ist, so daß das dem Ding gegebene Sein die Gestalt ist, die das Sein gibt. Gott aber ist die absolute Gestalt des Seins. Das ist das apostolische Zeugnis bei dieser Stelle, da alles Sein von allem vom Vater gegeben ist.

Forma autem dat esse. Deus igitur est universalis essendi forma, qui dat omnibus esse. Sed quia forma dat esse rei cuicumque particulari, hoc est dicere, forma est ipsum esse rei, hinc Deus, qui dat ipsum esse, recte dator formarum a plerisque nominatur. Non est igitur Deus forma terrae, aquae, aëris aut aetheris aut alterius cuiuscumque, sed formae terrae aut aëris forma absoluta. Non est igitur terra Deus aut aliquid aliud, sed terra est terra, et aër est aër, et aether aether, et homo homo, quodlibet per formam suam. Nam forma cuislibet est descensus a forma universali, ut forma terrae sit forma sua et non alterius, et ita de reliquis.

Mirabili subtilitate hoc nobis apostolus exprimit per hoc, quod ait, datum optimum descendere, quasi diceret, dator formarum non aliud a se ipso donat, sed donum suum est optimum atque est ipsa sua optimitas absoluta atque universaliter maxima, sed non potest recipi ut datur, quia receptio dati fit descensive. Recipitur igitur infinitum finite et universale particulariter et absolutum contracte. Talis autem receptio, cum sit cadens a veritate se communicantis, ad similitudinem et imaginem vergit, ut non sit veritas datoris sed similitudo. Nam non potest in alio nisi aliter recipi.

Facies enim tua aequalitatem superficialis dispositionis de se multiplicans recipitur in speculo varie, secundum quod speculum, quod est receptio, varium fuerit, in uno quidem clarius, quia specularis receptio clarior, in alio abscurius, sed in nullo umquam uti est facies ipsa. In alio enim aliter recipi necesse erit.

Solum est speculum unum sine macula, scillicet Deus ipse, in quo recipitur uti est, quia non est illud speculum aliud

Die Gestalt gibt das Sein. Gott aber ist die universale Gestalt des Seins, weil er allem das Sein gibt. Weil jedoch die Gestalt jedem einzelnen Ding das Sein gibt, das will sagen, daß die Gestalt das Sein des Dinges selbst ist, wird Gott, der dieses Sein gibt, von vielen mit Recht Geber der Gestalten genannt. Demnach ist Gott nicht die Gestalt der Erde, des Wassers, der Luft oder des Äthers oder sonst irgendeiner Sache, sondern er ist die absolute Gestalt von der Gestalt der Erde oder der Luft. Nicht also ist die Erde Gott oder irgend etwas anders, sondern sie ist Erde, und die Luft ist Luft, und der Äther Äther und der Mensch Mensch, jedes durch seine Gestalt. Denn die Gestalt eines jeden ist ein Abstieg von der universalen Gestalt, so daß die Gestalt der Erde die ihre ist und nicht die von etwas anderem usw.

Mit bewundernswürdiger Feinheit drückt uns das der Apostel in folgenden Worten aus: „Das beste Geschenk steigt herab", so als ob er sagte: der Geber der Gestalten gibt ihm gegenüber kein Anderes, sondern sein Geschenk ist das beste und ist sein absolutes und allgemein größtes Bestes-Sein. Es kann jedoch nicht so aufgenommen werden, wie es gegeben wird, da die Aufnahme des Gegebenen im Abstieg erfolgt. Das Unendliche wird also endlich aufgenommen, das Allgemeine im Besonderen und das Absolute verschränkt. Da dieses Empfangen aber von der Wahrheit des sich Mitteilenden abfällt, nähert es sich der Ähnlichkeit und dem Abbild, so daß es nicht die Wahrheit, sondern die Ähnlichkeit des Gebers ist. Denn im Anderen kann sie nur anders empfangen werden.

Dein Gesicht, das die Gleichheit seines flächenhaften Beschaffenseins vervielfältigt, wird mannigfach im Spiegel aufgenommen, gemäß der Verschiedenheit des Spiegels, der dieses Aufnehmen ist; in dem einen klarer, weil das Empfangen des Spiegels klarer ist, im anderen verdunkelter; aber in keinem jemals so, wie das Gesicht selbst ist. Denn es muß in einem Anderen anders empfangen werden. Nur ein Spiegel ist ohne Flecken, nämlich Gott selbst.

In ihm wird es so aufgenommen, wie es ist, da dieser Spiegel kein Anderes von irgendeinem bedeutet, das ist, son-

ab aliquo, quod est, sed est id ipsum, quod est in omni eo quod est, quia est universalis forma essendi.

Varia paradigmata nos ad huius iam dicti apprehensionem adiuvant. Nam lumen est forma quaedam universalis omnis esse visibilis, scilicet omnis coloris. Color enim est contracta receptio lucis, et non permiscetur lux rebus, sed recipitur descensive secundum gradum aliquem descensionis. Terminatio lucis in perspicuo est color, secundum unum modum rubeus, secundum alium blavius, et omne esse coloris datur per lucem descendentem, ut lux sit omne id quod est in omnibus coloribus, cuius natura est si ipsam puriter diffundere ex bonitate sua. Et quamvis se ipsam puriter communicando donet, tamen ex varia receptione descensiva eius varietas colorum exurgit. Nec est color lux, sed est lux sic recepta contracta tali quadam similitudine, ut se habet forma lucis ad formam colorum.

Deus sic, lux infinita, ut forma universalis essendi se habet ad formas creaturarum. Sic forma substantialis Socratis est forma una, simplex, impartibilis, tota in toto et qualibet parte, per quam est Socrates et omne quod est Socratis. Quod enim manus Socratis est ipsius Socratis et non alterius, a forma habet Socrates. Sed quia manus ipsa recipit formam Socratis non in ea simplicitate, quae est forma Socratis, sed in descensu particulari, scilicet ut membrum tale, non est manus Socratis Socrates. Ita de ceteris membris.

Anima nostra est vis discretiva universalis ad discernendum et est una et simplex, tota in toto et in omnibus organis, ut omnis vis discretiva in oculo sit data anima, quae se ipsam visui donat. Sed oculus non recipit animam nisi cum descensu, quia non recipit ipsam ut virtutem universalem discretivam. Propter hoc non discernit inter audibilia et gustabilia oculus, sed recipit contracte vim universalem, ut

dern das Selbe, das in allem das ist, was es ist, weil er die universale Gestalt des Seins ist.

Viele Beispiele verhelfen uns zum Verständnis des eben Gesagten. Das Licht ist gewissermaßen eine universale Gestalt alles sichtbaren Seins, d. h. jeder Farbe. Die Farbe ist nämlich ein verschränktes Aufnehmen des Lichtes, und das Licht vermischt sich nicht mit den Dingen, sondern es wird in der Weise des Abstiegs gemäß dem Grad des Abstiegs aufgenommen. Die Begrenzung des Lichtes im Leuchtenden ist die Farbe, die nach der einen Weise rot, nach der anderen blau ist. Und alles Sein der Farbe wird durch das herabsteigende Licht gegeben, so daß das Licht alles das ist, was es in allen Farben gibt; seine Natur ist es, sich rein aus seiner Güte zu ergießen. Und obwohl es sich selbst gibt, indem es sich rein mitteilt, entsteht doch aus seiner verschiedenen, absteigenden Aufnahme die Mannigfaltigkeit der Farben. Auch ist die Farbe nicht das Licht, sondern das in dergestaltiger verschränkter Ähnlichkeit empfangene Licht, das sich so wie die Gestalt des Lichtes zur Gestalt der Farbe verhält.

So verhält sich Gott, das unendliche Licht, als die universale Gestalt des Seins zu den Gestalten der Geschöpfe. So ist die grundbestandliche Gestalt des Sokrates eine eine, einfache und unteilbare Gestalt, ganz im Ganzen und in jedem Teil; durch sie ist Sokrates und alles, was des Sokrates ist. Daß nämlich die Hand des Sokrates die seine und nicht die eines anderen ist, das hat sie von der Gestalt des Sokrates. Weil aber die Hand die Gestalt des Sokrates nicht mit der Einfachheit und Allgemeinheit aufnimmt, welche die Gestalt des Sokrates ist, sondern vielmehr in sonderndem Abstieg, eben als ein solches Glied, ist die Hand des Sokrates nicht Sokrates. Dasselbe gilt auch für die übrigen Gliedmaßen.

Unsere Seele ist die allgemein sondernde Kraft zum Unterscheiden; sie ist eine und einfach, ganz im Ganzen und in allen Organen, so daß die ganze unterscheidende Kraft im Auge von der Seele gegeben ist, die sich selbst dem Sehen hingibt. Aber das Auge nimmt die Seele nur im Abstieg auf, weil es sie nicht als die allgemein unterscheidende Kraft aufnimmt. Darum unterscheidet das Auge nicht zwischen dem

visibilia discernat. Non est oculus videns seu discernens anima, licet omne id, quod in ipso discernit, sit datum animae. Ita de auditu et ceteris.

Forma substantialis universaliter dat esse substantiale. Hoc esse descensive recipitur, scilicet quantificative, qualificative, respective, active, passive, situaliter, habitualiter, localiter et temporaliter. Unitas enim simplex novem modis recipitur, ut sic denario omnia numerentur. Sed quia per quantitatem non pure substantialiter sed descensive et contractione tali recipitur, non est quantitas substantia, licet omne esse quantitatis sit datum a substantia, ut omne id, quod est in quantitate, non sit aliud a substantia, et quantitas sit substantiae quantitas. Ita de ceteris accidentibus.

Ex his se noster poterit iuvare intellectus et apostolicam lectionem subintrare aliquantulum, ut videre queat quomodo Deus est universalis essendi forma omnium formarum, quam formae specificae in descensu non universaliter et absolute, uti ipsa est et se dat, recipiunt sed contractione specifica. Angeleitas enim secundum descensum illum, qui angeleitas dicitur, universalem essendi formam recipit. Humanitas secundum illum descensum, qui humanitas dicitur, universalem essendi formam contrahit. Leoninitas secundum illum descensum absolutam formam participat. Et quamvis sic Deus sit omnia in omnibus, non est tamen humanitas Deus, licet posset sano intellectu Hermetis Trismegisti dictum[1] admitti Deum omnium rerum nominibus et res omnes Dei nomine nominari, sic quod homo nominari possit deus humanatus, et hic mundus deus sensibilis, ut et Plato voluit[2]. Et quoniam ipse est finis operis sui, qui propter semet ipsum omnia operatus est, se dedit mundum sensi-

---

[1] Thomas, Apulei Opera III, Asclepius XX, p. 56, 2ff.
[2] Vgl. Platon, Timaios 92 c.

Hörbaren und Schmeckbaren, sondern nimmt nur die allgemeine Kraft verschränkt auf, um das Sichtbare zu unterscheiden. Das Auge ist nicht die sehende oder unterscheidende Seele, wenn auch alles, was in ihm unterscheidet, Gabe der Seele ist. Ebenso ist es mit dem Gehör und den übrigen Sinnen.

Die grundbestandliche Gestalt gibt in allgemeiner Weise das grundbestandliche Sein. Dieses Sein wird abstiegsweise aufgenommen, d. h. quantitativ, qualitativ, respektiv, aktiv, passiv, der Lage nach, der Befindlichkeit nach und nach Ort und Zeit. Die einfache Einheit wird in neun Weisen aufgenommen, so daß auf diese Weise im Zehner alles gezählt wird. Weil sie aber durch die Quantität nicht rein und grundbestandlich, sondern abstiegsweise und in solcher Verschränkung empfangen wird, ist die Quantität nicht der Grundbestand, wenn auch alles Sein der Quantität vom Grundbestand gegeben ist, so daß alles, was in der Quantität ist, kein Anderes vom Grundbestand ist, und diese die des Grundbestandes ist. Und ebenso ist es mit dem übrigen Hinzukommenden.

Auf Grund dessen kann sich unser Vernunft-Denken helfen und in etwa in die apostolische Lesung eindringen, auf daß es zu sehen vermag, wie Gott die universale Seinsgestalt aller Gestalten ist; diese nehmen die eigengestaltlichen Gestalten im Abstieg nicht allgemein und absolut auf, so wie sie ist und sich gibt, sondern in eigengestaltlicher Verschränkung. Die Engelheit empfängt die universale Seinsgestalt jenem Abstieg entsprechend, der Engelheit genannt wird; die Menschheit verschränkt die universale Seinsgestalt jenem Abstieg gemäß, der Menschheit genannt wird. Die Löwenheit hat gemäß jenem Abstieg an der absoluten Gestalt teil. Und obwohl Gott so alles in allem ist, ist die Menschheit dennoch nicht Gott, wenn man auch den Ausspruch des Hermes Trismegistos, sofern er nur richtig verstanden wird, akzeptieren kann: daß Gott mit dem Namen aller Dinge und alle Dinge mit dem Namen Gottes genannt werden; so daß der Mensch ein menschgewordener Gott und diese

bilem, ut sensibilis mundus sit propter ipsum, ut receptio ipsius descensiva, qua in sensibilem gradum divergit, bonitatem ipsius sensibiliter attangat, et luceat lux infinita sensibilibus sensibiliter, sic viventibus vitaliter, rationabilibus rationabiliter, intelligentibus intellectualiter. Et haec sic de hoc dicta sint.

III.

Amplius adverto, quam caute apostolus exprimit omnem creaturam in datore aeternam atque ipsam aeternitatem esse. Omnipotentia enim datoris coincidit cum ipsa aeternitate, semper enim omnipotens potuit dare. Fuit igitur omne datum in aeternitate apud patrem, a quo, dum recipitur, descendit. Semper enim et aeternaliter dator dedit, sed non recipiebatur nisi in descensu ab aeternitate. Descensus autem talis est contractio aeternitatis in durationem initium habentem.

Hoc facile capitur, si consideratur quomodo ab aeterna ratione descendit pluralitas rerum. Sed pluralitas numerus est. Et hoc ipsum est creatoris creare, quod est rationis ratiocinari seu numerare. Numerus vero a ratione descendens principium habet, scilicet unitatem. Sed non habet finem, cum non sit dabilis numerus, ultra quem alius dabilis non exsistat.

Numerus igitur est aternitas principiata, et absoluta ratio aeternitas absoluta. Ratio enim causa est, et absoluta ratio se negat principiatam seu causatam, cum sit causa absoluta. Descendit igitur creatura de aeternitate, in qua semper fuit.

Sed quia data aeternitas non fuit nisi contracte recepta, hinc aeternitas sine principio principiative recepta exsistit. Mun-

Welt, wie es Plato wollte, ein sinnlicher Gott genannt werden kann. Und weil er selbst, der seinetwegen alles getan hat, das Ziel seines Werkes ist, verschenkte er sich als sinnliche Welt, so daß diese als seine absteigende Empfängnis, die sich zur sinnlichen Stufe herabsenkt, seinetwegen da ist und seine Gutheit sinnlich erreicht und das unendliche Licht dem Sinnlichen sinnlich leuchtet — ebenso wie es dem Lebendigen lebendig, dem Verständigen verständig und dem Vernünftigen vernünftig leuchtet. Soweit dies.

III.

Weiters bemerke ich, wie vorsichtig es der Apostel ausdrückt, daß jedes Geschöpf im Geber ewig und die Ewigkeit selbst ist. Denn die Allmächtigkeit des Gebers koinzidiert mit der Ewigkeit selbst; immer nämlich konnte der Allmächtige geben. Folglich war jede Gabe in Ewigkeit beim Vater, von dem sie, wenn sie aufgenommen wird, herabsteigt. Immer und ewig gab der Geber, aber es wurde stets nur im Abstieg von der Ewigkeit empfangen. Ein solcher Abstieg aber ist die Verschränkung der Ewigkeit zur Dauer, die einen Anfang hat.

Dies begreift man leicht, wenn man bedenkt, wie vom ewigen Bestimmungsgrund die Vielheit der Dinge herabsteigt. Die Vielheit ist die Zahl. Und dasselbe ist für den Schöpfer das Schaffen, was das Folgern oder Rechnen für den Verstandessinn ist. Die Zahl, die vom Wesenssinn abstammt, hat einen Ursprung, nämlich die Einheit. Aber sie hat kein Ende, da es nicht möglich ist, eine Zahl zu geben, über die hinaus keine andere gegeben werden kann.

Die Zahl ist also die begonnene Ewigkeit und der absolute Wesenssinn die absolute Ewigkeit. Der Wesenssinn ist nämlich Grund, und der absolute Wesenssinn leugnet es, begonnen oder begründet zu sein, da er der absolute Grund ist. Das Geschöpf steigt also von der Ewigkeit herab, in der es immer gewesen ist.

Weil aber die gegebene Ewigkeit nur verschränkt aufgenommen wurde, besteht die Ewigkeit ohne Ursprung als in der

dus igitur non habet principium, ut in ipso aeternitas est omne esse eius. Sed quia non est recepta aeternitas nisi principiative in descensu mundi, tunc mundus non est aeternitas absoluta sed aeternitas principative contracta.

Aeternitas igitur mundi principiata est et aeternus mundus factus est; neque est alius mundus, qui apud patrem est aeternus, et alius, qui per descensum a patre est factus, sed idem ipse mundus sine principio et principiative per descensum in esse proprio suo receptus, qui et apud patrem non est transmutabilis, sed perpetua stabilitate atque in summa claritate absque omni vicissitudine obumbrationis idem ipse qui et pater persistens. Sed ut in descensu a patre in esse proprio receptus est, transmutabilis est in vicissitudine obumbrationis instabiliter fluctuans, quasi mundus sit Deus transmutabilis in vicissitudine obumbrationis, et mundus intransmutabilis et absque omni vicissitudine obumbrationis sit Deus aeternus.

Hae sunt intelligibiles locutiones absque omnimoda praecisione, licet in modo communicandi intelligentiam, qua de Deo et mundo concipitur, sint ad praecisionem accedentes. Praecisius tamen loquitur de ineffabili Deo, qui ipsum super omnem affirmationem et negationem, super omnem positionem et abnegationem, super omnem oppositionem, transmutationem et intransmutationem inaccessibilem lucem intelligentiae inhabitare affirmat, ut de hoc alibi diffusius.

Et quoniam sic loqui de Deo ineffabili est loqui loquela, quae est super omnem loquelam et silentium, ubi silere est loqui, non est haec loquela de hoc mundo, sed est regni aeterni. Hinc ut in hoc mundo intelligentias communicamus, tunc apostolus Deo patri convenire negat transmutationem et vicissitudinem obumbrationis, quia est aeternum lumen, in quo non sunt tenebrae ullae.

Weise des Begonnenen aufgenommene. Die Welt hat also keinen Anfang, sofern die Ewigkeit in ihr ihr ganzes Sein ist. Weil aber die Ewigkeit im Abstieg der Welt nur nach der Weise des Begonnenen aufgenommen ist, ist die Welt nicht die absolute Ewigkeit, sondern die in der Weise des Begonnenen verschränkte Ewigkeit.

Die Ewigkeit der Welt ist also begonnene und die ewige Welt ist gemacht. Auch ist die Welt, die beim Vater ewig ist und jene, welche durch den Abstieg vom Vater gemacht wurde, keine andere, sondern es ist dieselbe Welt, die ohne Ursprung ist und die in der Weise des Begonnenen durch den Abstieg im eigenen Sein empfangen ist. In dauernder Beständigkeit, in höchster Klarheit, ohne wechselnde Schatten ist sie beim Vater und nicht veränderlich. Aber wie sie im Abstieg vom Vater in ihrem eigenen Sein empfangen ist, so ist sie im Wechsel der Verdunkelung wandelbar und unbeständig fließend, so als ob die Welt im Wechsel der Verdunklung ein wandelbarer Gott wäre, während die unwandelbare ohne wechselnde Verdunklung bestehende Welt der ewige Gott wäre.

Das sind verständliche Redeweisen, ohne jede Genauigkeit, auch wenn sie sich am mitteilenden Modus der Vernunft-Einsicht, mit der man Gott und die Welt begreift, der Genauigkeit nähern. Genauer aber spricht der über den unsagbaren Gott, welcher von ihm sagt, daß er über aller Bejahung und Verneinung, über jeder Setzung und jedem Leugnen, über jeder Gegensätzlichkeit, Veränderlichkeit und Unveränderlichkeit das für das Verstehen unerreichbare Licht bewohnt. Darüber habe ich andernorts ausführlicher gesprochen.

Und weil in dieser Weise über den unsagbaren Gott reden, bedeutet, sich einer Rede zu bedienen, die über allem Reden und Schweigen ist, dort, wo Schweigen Reden ist, ist eine solche Rede nicht von dieser Welt, sondern gehört dem ewigen Reich an. Genauso, wie wir in dieser Welt unsere Einsichten mitteilen, sagt der Apostel, daß Gott dem Vater, Wandlung und wechselnder Schatten nicht zukomme, denn er ist das ewige Licht, in dem kein Dunkel ist.

IV.

Nunc restat, ut ponderemus apostolicum dictum, ubi inquit Deum esse patrem luminum. Non ait ipsum lumen esse, sed patrem luminum nec dicit ipsum tenebram esse, quem patrem luminum affirmat. Sed ipse est fons luminum. Nos ea, quae ad nostram notitiam perveniunt, esse affirmamus; qua vero nullo modo nobis apparent, ea esse non apprehendimus. Sunt igitur omnia apparitiones sive lumina quadam. Sed quia unus est pater et fons luminum, tunc omnia sunt apparitiones unius Dei, qui, etsi sit unus, non potest tamen nisi in varietate apparere. Quomodo enim infinita virtus aliter quam in varietate apparere posset?

Habet doctor intellectum adeptum potentem et practicum, non potest ille apparere nisi in varietate multarum rationum. Descendunt igitur varia lumina rationalia syllogistica ab intellectu tali, qui est pater luminum, ut sic se manifestet. Est unitas, simplex principium numeri, maximae et incomprehensibilis virtutis, cuius virtutis apparitio non nisi in varietate numerorum [ab ea virtute descendentium ostenditur. Est puncti simplicissimi][1] virtus incomprehensibilis, quae solum in quantitatibus ab ipso simplicissimo puncto descendentibus quasi luminibus variis notificatur. Est praesentialitas simplicissima virtus incomprehensibilis, quae solum in temporali successione deprehendi potest.

Omnia autem secundum numerum in unitate, omnia secundum quantitatem in puncto, omnia secundum temporalem successionem in nunc praesentiae, et omnia secundum omne id, quod sunt aut erant aut esse possunt, in infinita virtute omnipotentiae. Absolute enim Deus noster est infinita virtus penitus in actu, quae dum ex natura bonitatis se vult manifestare, facit a se varia lumina, quae theophaniae dicuntur,

---

[1] Fehlt in Cod. Cus.

IV.

Nun bleibt uns noch die Aufgabe, jene Stelle zu erwägen, wo der Apostel sagt, Gott sei der Vater des Lichtes. Er sagt nicht, daß er das Licht sei, sondern der Vater des Lichtes. Und er sagt nicht, daß derjenige Dunkelheit sei, den er als Vater des Lichtes bezeugt. Dieser ist vielmehr die Quelle des Lichtes. Wir behaupten, daß es das, was zu unserer Kenntnis gelangt, gibt. Was uns aber in keiner Weise erscheint, von dem begreifen wir nicht, daß es ist. Alle Dinge sind Erscheinungen oder irgendwelche Lichter. Weil aber der Vater und die Quelle des Lichtes einer ist, sind alle Dinge Erscheinungen des einen Gottes, der, wenn er auch einer ist, doch nur in der Verschiedenheit erscheinen kann. Denn wie könnte die unendliche Kraft anders als in Mannigfaltigkeit erscheinen?

Hat ein Gelehrter ein freies, mächtiges und tätiges Denken, so kann es doch nur in der Verschiedenheit vieler Schlüsse erscheinen. Es steigen also die verschiedenen, verständigen und syllogistischen Lichter von einem derartigen Denken, dem Vater dieser Lichter, herab, auf daß es sich so offenbare. Die Einheit, der einfache Ursprung der Zahl, ist von größter und unbegreiflicher Kraft, und die Erscheinung dieser Kraft zeigt sich nur in der Verschiedenheit der von dieser Kraft absteigenden Zahlen. Die Kraft des einfachen Punktes ist unbegreiflich; sie wird nur in den vom ganz einfachen Punkt absteigenden Quantitäten wie in verschiedenen Lichtern bemerkt. Die einfachste Kraft der Gegenwart ist unbegreiflich; sie kann nur in zeitlicher Abfolge erfaßt werden.

Alles ist der Zahl entsprechend in der Einheit, der Quantität entsprechend im Punkt, der zeitlichen Abfolge gemäß im Jetzt der Gegenwart; und alles ist entsprechend allem, was es ist oder war oder sein kann in der unendlichen Kraft der Allmacht. In absoluter Weise ist unser Gott die unendliche Kraft, die vollkommen in der Wirklichkeit ist; wenn sie sich auf Grund der Natur der Gutheit offenbaren will,

descendere. In quibus omnibus luminibus notas facit divitias luminis gloriae eius.

Sed haec generatio, quae sic voluntarie fit non habens causam nisi bonitatis eius, fit verbo veritatis[1]. Verbum veritatis ratio seu ars est absoluta seu ratio, quae lumen dici potest omnis rationis. In hoc lumine, quod et verbum et filius primogenitus et suprema apparitio patris, omnes apparitiones descendentes pater luminum voluntarie genuit, ut in summa virtute et unitionis fortitudine apparitionum complicarentur omnia apparentialia lumina, quasi in abstracta filiatione omnis filiatio qualitercumque explicabilis et in universalissima arte omne per artem quantumcumque explicabile et in absoluta ratione seu discretione omne lumen qualitercumque discernens.

Genuit autem nos in verbo illo aeternae artis et apparitionis, ut, dum lumen ostensionis eius, quod est verbum infinitum, in descensu recipimus, modo quo huiusmodi in descensu a nobis recipi potest, simus initium aliquod creaturae eius. Receptio igitur ostensionis patris in verbo in descensu praestat initium creaturae. Per hoc enim sumus initium aliquod creaturae eius, quia verbum veritatis, in quo nos genuit, nostro modo recipimus.

Satis supra ostensum est receptionem in descensu facere, ut aeternale lumen atque universale fiat initium creaturae particularis, ut sic oriatur creatura habens primitiale aliquod initium in verbo veritatis. Sumus igitur nos genus Dei, quia ipse nos genuit. Sed in uno filio, qui est verbum veritatis, nos omnes genuit, in quo nos fecit initium aliquod habere creaturae eius.

Sicut in humanitatis verbo seu ratione aut arte omnes homines sic generati sunt, ut recipiant per generationem humani-

---

[1] Jak. 1, 18.

läßt sie verschiedene Lichter, welche Theophanien genannt werden, aus sich herabsteigen. In allen diesen Lichtern macht sie die Reichtümer seiner Herrlichkeit bekannt.

Aber diese Zeugung, die willentlich geschieht, da sie keinen andern Grund als den ihrer Gutheit hat, geschieht im Wort der Wahrheit. Das Wort der Wahrheit ist der absolute Wesenssinn oder die Kunst oder der Verstandessinn, welcher das Licht allen Verstandessinnens genannt werden kann. In diesem Licht, welches auch das Wort und der erstgeborene Sohn und die höchste Erscheinung des Vaters ist, hat der Vater des Lichtes alle absteigenden Erscheinungen dem Willen nach gezeugt, auf daß so in der höchsten Kraft und Einungsstärke der Erscheinungen alle Erscheinungslichter eingefaltet würden; gleichsam wie in einer freien Kindschaft jedwede entfaltbare Kindschaft und wie in der ganz allgemeinen Kunst alles durch Kunst irgendwie Entfaltbare und im absoluten Wesenssinn oder der absoluten Sonderung alles irgendwie unterscheidende Licht ist.

Er zeugte uns in jenem Wort der ewigen Kunst und Erscheinung, auf daß wir, wenn wir das Licht seines Sich-Zeigens, das unendliche Wort, im Abstieg empfangen, in der es von uns im Abstieg empfangen werden kann, ein Anfang seiner Schöpfung seien. Die im Abstieg stattfindende Empfängnis des Sichzeigens des Vaters im Wort gibt den Anfang der Schöpfung. Dadurch sind wir ein Anfang seiner Schöpfung, weil wir das Wort der Wahrheit, in dem er uns gezeugt hat, in unserer Weise aufnehmen.

Oben ist zur Genüge gezeigt worden, daß das Aufnehmen im Abstieg bewirkt, daß das ewige und allgemeine Licht den Anfang des Einzelgeschöpfes bewirkt, so daß in dieser Weise ein Geschöpf entsteht, das seinen ersten Anfang im Wort der Wahrheit hat. Wir sind also das Geschlecht Gottes, da er uns gezeugt hat. Doch zeugte er uns alle in dem einen Sohn, der das Wort der Wahrheit ist; in ihm ließ er uns einen gewissen Anfang seiner Schöpfung haben.

So wie im Wort, dem Sinn oder der Kunst der Menschheit alle Menschen so gezeugt sind, daß sie durch die Zeugung

tatis quod sint initium aliquod essendi homines particulares, sic in generatione universalis veritatis omne id quod vere est ita genitum est, ut sit initium aliquod creaturae generantis.

Unde omnia, quaecumque sunt, in tantum sunt, in quantum vera sunt. Falsum enim non est. Quare in aeterna generatione veritatis ipsa aeternaliter genita sunt et ut sic sunt ipsa aeterna virtus veritatis. A qua ipsa recipiunt, dum apparent in successione temporali, quod sit initium aliquod creaturae generantis patris; ut arboris ramus, quem nunc initium cepisse video in arbore, prioriter fuit in semine genitus non ramus sed semen. In veritate enim rationis seminis fuit veritas rami. Veritas igitur seminis est veritas rami. Veritas igitur virtutis initium capit essendi aliquod, puta ramum, qui est quasi creatura seminis, ex cuius virtute prodit. Veritas igitur rami, quae in veritate seminis semper cum semine fuit genita, nunc apparet ostendens sua apparitione virtutem seminis patris sui.

Sic plane videmus quomodo filius in divinis est ostensio vera patris secundum omnipotentiam absolutam et lumen infinitum. Sed omnis creatura est ostensio patris participans ostensionem filii varie et contracte; et aliae creaturae obscurius, aliae clarius ostendunt eum secundum varietatem theophaniarum seu apparitionum Dei.

V.

Adhuc unum non omittendum subiungam de ipsis illuminationum donis. Nam dona ipsa varia sunt unius divini perficientis spiritus. Deus enim, qui est ipse purissimus actus, est et infinita perfectio. Non capitur in descensu uti est, sed potentialiter. Non enim capitur in descensu generationis perfectio hominis a patre, sed homo in potentia in semine

der Menschheit empfangen haben, ein Anfang des Einzelmenschenseins zu sein, so ist in der Zeugung der allgemeinen Wahrheit, alles, was wahrhaft ist, so gezeugt, daß es ein Anfang der zeugenden Schöpfung ist.

Darum ist alles, was ist, nur insoweit, als es wahr ist; das Falsche ist nicht. Darum ist es in der ewigen Zeugung der Wahrheit selbst ewig gezeugt, und als solches ist es die ewige Kraft der Wahrheit. Von ihr empfängt es, daß es, wenn es in der Abfolge der Zeit erscheint, ein gewisser Anfang der Schöpfung des zeugenden Vaters ist; so wie der Zweig des Baumes, der, wie ich jetzt sehe, am Baum zu wachsen beginnt, vorgängig im Samen gezeugt, nicht Zweig, sondern Samen war. In der Wahrheit des Wesenssinnes des Samens war nämlich die Wahrheit des Zweiges. Die Wahrheit des Samens ist also die Wahrheit des Zweiges. Die Wahrheit der Kraft beginnt irgendein Sein zu sein, z. B. ein Zweig, der gleichsam ein Geschöpf des Samens ist, aus dessen Kraft er hervorgeht. Die Wahrheit des Zweiges, die in der Wahrheit des Samens immer mit dem Samen gezeugt war, erscheint nun und zeigt durch ihr Erscheinen die Kraft des Samens ihres Vaters.

So sehen wir deutlich, daß gemäß der absoluten Allmacht und dem unendlichen Licht der Sohn im Göttlichen das wahre Sich-Zeigen des Vaters ist. Aber jedes Geschöpf ist ein Sich-Zeigen des Vaters, da es am Sich-Zeigen des Sohnes mannigfach und verschränkt teilhat; die einen Geschöpfe zeigen ihn der Verschiedenheit der Theophanien oder Erscheinungen Gottes entsprechend verdunkelter, die anderen klarer.

V.

Nun will ich noch etwas über die Gaben der Erleuchtungen hinzufügen, das wir nicht übersehen dürfen. Die Gaben des einen, vollendenden göttlichen Geistes sind verschieden. Gott nämlich, welcher die allerreinste Wirklichkeit ist, ist auch die unendliche Vollkommenheit. Im Abstieg wird er nicht so wie er ist, sondern in der Weise der Möglichkeit erfaßt.

patris, neque arbor recipitur in fructu descendente ab ea, sed arbor in potentia in semine.

Sicut igitur pater in verbo veritatis generat omnia, ita in spiritu procedente a patre et filio perficiuntur cuncta. Replet enim spiritus, hoc est ad perfectum deducit orbem terrarum et omnia, etiam quae vocis scientiam habent[1]. Omnia sunt in patre paternaliter, in filio omnia filialiter, in spiritu sancto omnia perfectionaliter. In patre habent omnia essentiam, in filio potentiam, in spiritu sancto operationem. Deus pater est omnia in omnibus, Deus filius potest omnia in omnibus, Deus spiritus operatur omnia in omnibus.

Ab esse autem et posse procedit operari. Operatur autem spiritus perfectionem ipsius esse in entibus, perfectionem vitae in veventibus, perfectionem notitae in intelligentibus. Haec omnia operatur unus spiritus, qui est Deus benedictus, ut omnis creatura per perfectionem propinquius ascendat, quantum naturae suae partitur conditio, ad deificationem, hoc est ad quietis terminum. Quietatur autem esse umbrosum et corporeum in vitali, vitale in intellectuali, intellectuale in veritate, quae Deus est, ut sic omnia entia corporea per medium eorum, quae vivunt, et illa per intellectualia refluant ad principium.

Intellectualia autem sunt, per quae inferiora fluunt a Deo et refluunt ad ipsum. Unde est natura ipsa intellectualis secundum receptionem in descensu varie graduata, sicut in numero ipse simplex numeralis descensus denario completur. Denarius autem descensus est initium compositi numeri et finis simplicis et est altera unitas. Decem igitur sunt gradus intellectualis naturae, et primus abstractior atque clarior multum in actu apprehendendi Deum, ultimus immersus

---

[1] Sap. 1, 7.

Im Abstieg der Zeugung wird die Vollkommenheit des Menschen nicht vom Vater erlangt, sondern der Mensch ist in der Möglichkeit im Samen des Vaters; und auch der Baum wird nicht in der Frucht, die von ihm herkommt, empfangen, sondern ist im Samen Baum in der Möglichkeit.

Wie also der Vater alles im Wort der Wahrheit zeugt, so wird im Geist, der von Vater und Sohn ausgeht, alles vollendet. Denn der Geist erfüllt, d. h. er führt den Erdkreis und alles, was das Wissen des Wortes hat, zur Vollendung. Alle sind im Vater in der Art des Vaters, im Sohn in der Art des Sohnes, im Heiligen Geist in der Art der Vollendung. Im Vater haben alle die Seinsheit, im Sohn die Mächtigkeit, im Heiligen Geist die Tätigkeit. Gott, der Vater, ist alles in allem, Gott, der Sohn, vermag alles in allem, Gott, der Geist, wirkt alles in allem.

Aus Sein und Können geht das Wirken hervor. Es wirkt aber der Geist die Vollendung des Seins im Seienden, die Vollendung des Lebens im Lebendigen und die Vollendung der Erkenntnis im Denkenden. Dies alles wirkt der eine Geist, welcher Gott ist, gepriesen sei er, auf daß jedes Geschöpf, soweit es die Verfassung seiner Natur gestattet, durch die Vollendung näher zur Vergöttlichung, d. h. zur Zielgrenze seiner Ruhe emporsteigt. Das schattenhafte und körperlichen Sein findet seine Ruhe im lebenden, das lebende im vernunfthaft-denkenden, das denkende in der Wahrheit, die Gott ist, damit auf diese Weise alles körperlich Seiende durch das Mittel dessen, das lebt und dieses durch das Vernunfthaft-Denkende zum Ursprung zurückströme.

Das denkende Sein aber ist das, durch welches das Niedrigere aus Gott entströmt und zu Gott zurückströmt. Darum ist die vernunfthafte Natur, der Aufnahme im Abstieg entsprechend verschieden gestuft, so wie in der Zahl der einfache zahlenmäßige Abstieg im Zehner enthalten ist. Der zehnfache Abstieg aber ist der Anfang der zusammengesetzten und das Ende der einfachen Zahl und auch eine andere Einheit. Es gibt also zehn Stufen der vernunfthaften Natur;

umbrae corporae, qui et humanus dicitur, minime in actu sed in virtuali potentia multum.

Et quoniam intellectualis noster spiritus non attingit quietem, nisi eum sua intellectuali natura apprehendat, ad quem apprehendendum esse recepit intellectuale, tunc ut de virtute potentiae suae ad actum pergere queat, spiritus perficiens sibi multa lumina praestat.

Omnia enim quaecumque creata sunt, lumina quaedam sunt ad actuandum virtutem intellectualem, ut in lumine sic sibi donato ad fontem luminum pergat. Videt homo varias creaturas esse, et in ipsa varietate illuminatur, ut ad essentiale lumen creaturarum pergat. Nam dum videt aliam creaturam sine vitali motu esse, aliam vivere, aliam ratiocinari, statim illuminatur essentiam absolutam creaturarum non sic esse aut vivere aut ratiocinari. Si enim vita foret de essentia creaturae, non vivens creatura non esset. Si ratiocinari foret de essentia creaturae, lapis aut arbor creatura non foret.

Nihil igitur omnium, quae apprehenduntur in varietate creaturarum, de essentia esse intelligit. Cum igitur omnis creatura sit aliquid contracte, essentia omnium non est aliquid, sed nihil omnium incontracte. Sic vides varietatem formarum. Essentia igitur nihil talium est.

Aliquae sunt creaturae magnae, aliae parvae, aliae superius, aliae inferius, alique fuerunt, aliquae erunt, aliquae hic, aliquae alibi, et ita de omni nominabili varietate. Non est igitur essentia aut quanta aut magna aut parva aut in loco superius vel inferius aut in tempore praeterito vel futuro. Et ita de reliquis.

die erste ist freier und deutlicher, und stärker im tatsächlichen Erfassen Gottes, die letzte, die auch die erdig-feuchte genannt wird, ist eingetaucht in körperliches Dunkel; sie ist am wenigsten in der Wirklichkeit und stärker in möglicher Mächtigkeit.

Da unser vernunfthafter Geist die Ruhe nur erreicht, wenn er sie mit seiner vernunfthaften Natur begreift — diese zu erreichen hat er ja das vernunfthafte Sein erhalten —, verleiht ihm der vollendende Geist viele Lichter, damit er von der Kraft seiner Möglichkeit zur Wirklichkeit gelangen kann.

Was auch immer geschaffen ist, sind Lichter, um die vernunfthafte Kraft in die Wirklichkeit zu versetzen, auf daß sie in dem ihr so gegebenen Licht zur Quelle der Lichter vordringe. Der Mensch sieht, daß es verschiedene Geschöpfe gibt, und in dieser Verschiedenheit wird er so erleuchtet, daß er zum seinshaften Licht der Geschöpfe vordringt. Denn wenn er sieht, daß ein Geschöpf ohne lebendige Bewegung ist, ein anderes lebt, ein anderes Schlüsse zieht, so wird er sofort erleuchtet und erkennt, daß die absolute Seinsheit der Geschöpfe nicht so ist, lebt oder denkt. Wenn nämlich das Leben der Seinsheit der Geschöpfe angehörte, dann wäre das nichtlebende Geschöpf nicht. Wenn das Denken der Seinsheit der Geschöpfe angehörte, dann wäre ein Stein oder ein Baum kein Geschöpf.

Er sieht also ein, daß nichts von allem, das in der Verschiedenheit der Geschöpfe erfaßt wird, der Seinsheit zugehört. Da also jedes Geschöpf etwas in Verschränkung ist, ist die Seinsheit von allem nicht Etwas, sondern nichts von allem in unverschränkter Weise. So siehst du die Verschiedenheit der Gestalten. Die Seinsheit aber ist nichts dergleichen.

Die einen Geschöpfe sind groß, die anderen klein, andere höher, andere niedriger, die einen waren, die anderen werden sein, die einen hier, die anderen dort, und so ist es mit aller nennbaren Verschiedenheit. Die Seinsheit ist also nicht ausgedehnt oder groß oder klein oder in einem höheren oder niedrigeren Ort oder in einer vergangenen oder zukünftigen Zeit, usw.

Vides res multas in elementativo genere, multas in vegetativo, multas in sensitivo genere convenire, et genera illa esse varia. Non est igitur essentia aliquid eorum. Multas vides species diversas sub generibus, ut in genere animalitatis speciem humanam, leoninam, equinam, et ita de ceteris. Non est igitur essentia generis animalitatis aliqua species omnium, sed nulla species eorum.

Vides homines varios, alium fuisse, alium fieri, alium iuvenem, alium senem, alium Almanum, alium Gallicum, alium masculum, alium femellam, alium magnum, alium parvum, alium caecum, alium videntem, alium album, alium nigrum, et ita de omnibus aliis, quia in omnibus, quae sub consideratione cadere possunt, est varietas. Non est igitur omne sensibile, visibile, tangibile, et sic de aliis, de essentia hominis.

Humanitas igitur nihil eorum est, quae in quocumque homine possunt apprehendi. Sed humanitas est essentia simplicissima, quae genericam essentiam specifice recipit, in qua sunt ut in simplici virtute omnia illa, quae in varietate hominum individualiter participantur. Humanitas igitur pater luminum hominum variorum est, et eadem essentia Platonis in humanitate est super omnem sensibilem et temporalem habitudinem et in Platone in habitudine sensibili et temporali. Et ita quidem de omnibus.

Unde essentiae sensibilium sunt insensibiliter in speciebus, et essentiae specificae absque specificatione sunt in generibus, et essentiae genericae absque generalitate sunt in absoluta essentia, quae est Deus benedictus.

Sunt et alia lumina, quae infunduntur per divinam illuminationem, quae ducunt intellectualem potentiam ad perfectionem, sicut est lumen fidei, per quod illuminatur intellectus, ut super rationem ascendat ad apprehensionem veritatis. Et quia hoc lumine ducitur, ut credat se posse attingere veritatem, quam tamen adiutorio rationis, quae est

Du siehst, daß viele Dinge in der elementaren Gattung, viele in der vegetativen, viele in der sensitiven Gattung zusammenkommen und daß diese Gattungen verschieden sind. Die Seinsheit ist also nichts von ihnen. Du siehst, daß es unterhalb der Gattungen viele verschiedene Eigengestalten gibt, so z. B. in der des Lebendigen die des Menschen, des Löwen, des Pferdes, usw. Die Seinsheit der Gattung des Lebendigen ist also nicht irgendeine Eigengestalt von allem, sondern keine.

Du siehst, daß es verschiedene Menschen gibt; daß der eine war, der andere sein wird, daß der eine jung, der andere alt ist, daß der eine Deutscher, Franzose, Mann, Frau, groß, klein, blind und sehend, weiß und schwarz ist; und so ist es mit allem, da in allem, das man betrachten kann, Verschiedenheit ist. Alles Sinnliche, Sichtbare, Berührbare, usw. ist also nicht von der Seinsheit des Menschen.

Die Menschheit ist nichts von dem, was in jedem nur möglichen Menschen erfaßt werden kann; sie ist vielmehr einfachste Seinsheit, welche die gattungshafte Seinsheit eigengestaltlich aufnimmt; in ihr ist als in der einfachsten Kraft alles das, was in der Verschiedenheit der Menschen individuell partizipiert wird. Die Menschheit ist also der Vater der Lichter der verschiedenen Menschen; eben dieselbe Seinsheit Platons ist in der Menschheit jenseits aller sinnlichen und zeitlichen Befindlichkeit und in Plato in sinnlicher und zeitlicher Befindlichkeit. Und so verhält es sich mit allen.

Darum sind die Seinsheiten des Sinnlichen unsinnlich in den Eigengestalten, und die eigengestaltlichen Seinsheiten ohne Eigengestaltsbestimmung in den Gattungen und die Seinsheiten der Gattungen ohne Gattungshaftigkeit in der absoluten Seinsheit, die Gott, gepriesen sei er, ist.

Es gibt auch andere Lichter, die durch göttliche Erleuchtung eingegossen werden. Sie führen die vernunfthafte Möglichkeit zur Vollkommenheit; so daß das Licht des Glaubens, durch das das Vernunft-Denken erleuchtet wird, so daß es über den Verstand hinaus zum Erfassen der Wahrheit aufsteigt. Und weil es durch dieses Licht dazu geführt wird,

quasi instrumentum eius, attingere nequit, et sic infirmitatem seu caecitatem, ob quam baculo rationis innitebatur, quodam conatu sibi divinitus indito linquit et per se incedere posse in verbo fidei fortificatus ducitur indubia spe assequendi promissum ex stabili fide, quod amoroso cursu festinanter apprehendit. Et haec est illuminatio apostoli, qui absque haesitatione credentem et postulantem sapientiam consecuturum annuntiat.

Habet quidem virtus nostra intellectualis lucis divitias ineffabiles in potentia, quas nos habere, cum sint in potentia, ignoramus, quousque per lumen intellectuale in actu exsistens nobis pandantur, et modus eliciendi in actum ostendatur.

Sicut in agello pauperis sunt divitiae multae in potentia, quas si sciverit ibi esse et modo debito quaesiverit, reperiet. Nam ibi est lana et panis et vinum et carnes et cetera, quae optat et non videt oculo. Sed ipsa ratio sibi lumen revelationis praebet, ut sciat illa ibi esse et quod per oviculam lanam, per vaccam lac, per vitem vinum, per frumentum panem eliciat. Et varii experti agricolae sibi lumen doctrinae ad bene excolendum agrum manifestant. In quorum lumine pergit fide et consequitur fructum vitae sensibilis.

Tali similitudine in potentia intellectualis agri sunt cuncta, quae vitam praestant intellectualem, dummodo recte colatur; et virtutes eius debitis exercitiis et modis exprimantur, et pro eius cultura variae nobis illuminationes traditae reperiuntur per eos, qui huic intellectuali culturae diligenter invigenter invigilarunt, sicut viri virtutibus dediti umbras mundi huius linquentes et mentali luci incumbentes, per quos dator luminum nobis revelavit thesaurum absconditum et modum custodiendi agrum et leges et praecepta atque

daß es glaubt, die Wahrheit erreichen zu können — die es daher dennoch nicht ohne den Beistand des Verstandes, der gleichsam sein Instrument ist, zu erreichen vermag — und so seine Schwachheit oder Blindheit, um derentwillen es sich auf den Stab des Verstandes zu stützen pflegte, in einem ihm von Gott eingegebenen Versuch verläßt und im Wort des Glaubens gestärkt, allein gehen kann, wird es in unbezweifelter Hoffnung, aus festem Glauben, das Versprochene zu erreichen, dazugeführt, daß es sie im liebenden Lauf eilend erreicht. Und das ist die Erleuchtung des Apostels, der ohne Zögern verkündet, daß der, welcher glaubt und bittet, die Weisheit erlangen wird.

Unsere vernunfthafte Kraft besitzt die unsagbaren Reichtümer des Lichtes in der Möglichkeit. Aber da sie in der Möglichkeit sind, wissen wir so lange nicht, daß wir sie besitzen, bis sie uns durch das in Wirklichkeit bestehende, vernunfthafte Licht geoffenbart werden und die Weise, sie in die Wirklichkeit hineinzuführen, gezeigt wird.

So sind im kleinen Anwesen des Armen viele Reichtümer in der Möglichkeit, die er, wenn er weiß, daß sie dort sind und sie in der entsprechenden Weise sucht, finden wird. Denn dort ist Wolle und Brot und Wein und Fleisch, usw., das er wünscht und mit dem Auge nicht sieht. Der Verstand verleiht ihm das Licht der Enthüllung, so daß er weiß, daß sie dort sind, und daß er vom Schäfchen Wolle, von der Kuh Milch, vom Weinstock Wein und vom Getreide das Brot gewinnt. Und die verschiedenen, erfahrenen Bauern zeigen das ihnen zur guten Bebauung des Ackers gegebene Licht des Wissens. In diesem Licht schreitet der Bauer im Glauben fort und gewinnt die Frucht des sinnlichen Lebens.

In ähnlicher Weise stehen alle Dinge des vernunfthaften Ackers in der Möglichkeit. Diese gewähren das denkende Leben, sofern es richtig gepflegt wird und seine Kräfte durch die notwendigen Übungen und Weisen ausgedrückt werden. Und für seine Pflege werden verschiedene uns überlieferte Erleuchtungen von denen gefunden, die sich mit dieser vernunftbezogenen Pflege eifrig beschäftigen; wie z. B. die Männer, die, den Tugenden hingegeben, die Schatten dieser Welt verlassen und sich dem geistigen Licht widmen; durch

exstirpandi herbas noxias non facientes fructum vitae sed impedientes et mortificantes fecunditatem et excolendi atque plantandi arborem vitae in ipso, uti Moyses, prophetae, philosophi et viri apostolici.

Sed verbum omnium illorum lumen est receptum in descensu verbi absoluti et non fuit ipsum verbum, quod est ipsum lumen infinitum patris, quousque verbum ipsum absque contractione se sensibiliter in domino nostro Iesu Christo ostenderet. In hoc enim verbo veritatis geniti sumus filii lucis, quoniam divitias gloriae regni aeterni in nobis ac intra nos esse revelavit et intellectualem immortalitatem assequi docuit per mortificationem mundi sensibilis et se ipsum nobis manifestum fecit, ut in suo lumine, qui verbum caro factum est, paternum lumen vitae nostrae apprehendamus; quoniam ipse est paternum lumen illuminans omnem hominem et adimplens lumine suo id, quod nobis deest ad assequendum quietis vitam delectabilissimam in ipso et per ipsum, qui est in saecula benedictus. Deo gratias.

sie hat uns der Geber der Lichter einen verborgenen Schatz enthüllt, die Weise kundgetan, den Acker zu behüten, wie auch die Gesetze und Gebote bekanntgegeben, die schädlichen Gewächse auszureißen, die nicht Frucht tragen, sondern die Fruchtbarkeit hindern und zerstören; wie er uns auch lehrte, den Baum des Lebens zu pflanzen und zu pflegen. Solche Männer waren Moses, die Propheten, Philosophen und die Apostel.

Aber das Wort, das Licht aller dieser, ist empfangen worden im Abstieg des absoluten Wortes und war nicht selbst das Wort, welches das unendliche Licht des Vaters ist, soweit sich dieses Wort ohne Verschränkung in sinnlicher Weise in unserem Herrn Jesus Christus zeigte. In diesem Wort der Wahrheit gezeugt, sind wir Söhne des Lichtes, da er kundtat, daß die Güter der Herrlichkeit des ewigen Reiches in uns sind, und da er uns lehrte, daß wir die geistige Unsterblichkeit durch die Verachtung der sinnlichen Welt gewinnen, und da er sich uns offenbar machte, damit wir in seinem Licht, dem Licht des fleischgewordenen Wortes, das väterliche Licht unseres Lebens erfassen. Denn er selbst ist das väterliche Licht, das jeden Menschen erleuchtet und mit seinem Licht das ergänzend erfüllt, was uns fehlt, um in ihm und durch ihn, der in Ewigkeit gepriesen ist, das beglückende Leben der Ruhe zu erreichen.

COMPENDIUM

KOMPENDIUM

I.

Accipe breve compendium continens circa quae consideratio tua versari debeat.

Si proficere cupis primo firma id verum, quod sana mens omnium hominum attestatur. Puta singulare non est plurale, nec unum multa. Ideo unum in multis non potest esse singulariter seu uti in se est, sed modo multis communicabili. Deinde negari nequit quin prius natura res sit quam sit cognoscibilis. Igitur essendi modum neque sensus neque imaginatio neque intellectus attingit, cum haec omnia praecedat. Sed omnia quae attinguntur quocumque cognoscendi modo illum priorem essendi modum tantum significant. Et hinc non sunt ipsa res, sed similitudines species aut signa eius. Igitur de essendi modo non est scientia licet modum talem esse certissime videatur.

Habemus igitur visum mentalem intuentem in id quod est prius omni cognitione. Quare qui id, quod sic videt in cognitione reperiri satagit, se frustra fatigat, sicut qui colorem solum visibilem etiam manu tangere niteretur. Habet se igitur visus mentis ad illum essendi modum quasi ut visus sensibilis ad lucem quam certissime esse videt et non cognoscit. Praecedit enim omnia quae visu tali cognosci possunt. Illa etiam quae per ipsum cognoscuntur signa sunt ipsius lucis. Colores enim, qui visu cognoscuntur, sunt signa et termini lucis in diaphano. Ponas igitur solem patrem esse sensibilis lucis et in eius similitudine concipe Deum patrem rerum lucem omni cognitione inaccessibilem, res autem omnes illius lucis splendores ad quos se habet visus mentis sicut visus sensus ad lucem solis. Et ibi sistas considerationem circa essendi modum omni cognitioni suprapositum.

II.

Res igitur ut cadit in notitia in signis deprehenditur. Oportet igitur ut varios cognoscendi modos in variis signis quaeras.

Nam cum nullum signum adeo sufficienter modum essendi designet sicut designari potest, si meliori modo quo fieri potest ad

I.

Empfange ein kurzes Kompendium dessen, worauf sich dein Überlegen einlassen muß.

Wenn du weiterkommen willst, halte zunächst das als wahr fest, was der gesunde Geist aller Menschen bezeugt: daß das Einzelne nicht Mehreres und daß das Eine nicht das Viele ist. Folglich kann das Eine im Vielen nicht vereinzelt sein oder so, wie es in sich ist, sondern nur in der Weise der Mitteilbarkeit für das Viele. Demnach kann nicht geleugnet werden, daß das Ding der Natur nach früher ist, als es erkennbar ist. Folglich erfassen weder Sinn noch Einbildung noch Vernunft-Denken die Weise des Seins, da es all dem vorausgeht. Vielmehr bezeichnet nur alles, was durch irgendeine Weise des Erkennens erfaßt wird, diesen vorgängigen Modus des Seins. Und darum ist dies nicht das Ding, sondern seine Ähnlichkeit, Eigengestalt oder sein Zeichen. Also gibt es vom Modus des Seins keine Wissenschaft, auch wenn man einsieht, daß dieser Modus ganz gewiß ist.

Wir haben ein geistiges Sehen, welches in das schaut, was früher ist als alles Erkennen. Wer darum bestrebt ist, das, was er solcherart schaut, in der Erkenntnis zu finden, der müht sich vergebens ab — so wie einer, der die Farbe, die nur sichtbar ist, mit der Hand zu berühren versucht. Das Sehen des Geistes verhält sich also zu jener Seinsweise wie das sinnliche Sehen zum Licht, das es zwar als ganz gewiß Vorhandenes sieht, aber nicht erkennt. Das Licht geht ja allem, was durch ein derartiges Sehen erkannt werden kann, voraus. Ebenso ist auch das, was mit seiner Hilfe erkannt werden kann, Zeichen des Lichtes. Die Farben, die durch das Sehen erkannt werden, sind Zeichen und Begrenzungen des Lichtes im Widerschein. Nimm also die Sonne als Vater des sinnlichen Lichtes und fasse nach diesem Beispiel Gott, den Vater aller Dinge, als das Licht, das allem Erkennen unzugänglich ist; alle Dinge aber als den Glanz dieses Lichtes, zu dem sich das Sehen des Geistes wie das sinnliche Sehen zum Licht der Sonne verhält. Und hier verhalte mit der Betrachtung über jene Seinsweise, welche jeder Erkenntnis übergeordnet ist.

II.

Soll ein Ding bemerkt werden, so muß es in Zeichen aufgenommen werden. Daher ist es nötig, daß du die verschiedenen Weisen der Erkenntnis in verschiedenen Zeichen suchst.

Da kein Zeichen die Seinsweise so ausreichend bezeichnet, wie sie bezeichnet werden kann, wenn man in der bestmöglichen Weise

cognitionem perveniri debet per varia signa hoc fieri necesse est ut ex illis melius notitia haberi queat, sicut melius ex quinque sensibilibus signis sensibilis res cognoscitur quam ex uno aut duobus.

Requirit autem perfectum esse alicuius rei ut cognoscere possit. Puta cum perfectum animal sine nutrimento vivere nequeat necesse est quod cibum suum cognoscat. Qui cum non reperiatur in omni loco habebit animal necessario modum se movendi de loco ad locum et quaerendi. Ad quae sequitur, quod habeat sensus omnes ut convenientem cibum visu, auditu, odoratu, gustu, tactuque attingat. Et quoniam animalia eiusdem speciei se mutuo fovent et iuvant ut melius vivant, oportet, ut speciem suam cognoscant et se mutuo quantum perfectio speciei deposcit audiant et intelligant. Gallus enim alia voce convocat gallinas dum invenit pastum et alia de milvo quem ex umbra praesentem percipit, eas avisat, ut fugiant.

Et quia nobiliori animali est maior cognitio necessaria ut bene sit, hinc hominem inter cuncta maximam notitiam habere oportet. Nam sine artibus mechanicis et liberalibus atque moralibus scientiis virtutibusque theologicis bene et feliciter non subsistit. Cum igitur homini cognitio plus ceteris sit necessaria, hinc omnes homines natura scire desiderant[1]. Quibus traditio doctrinae convenit, ut indoctus [et nesciens] a doctiori informetur.

Quae cum non nisi per signa fieri possit, ad cognitionem signorum descendamus. Signa omnia sensibilia sunt et aut naturaliter res designant aut ex instituto. Naturaliter uti signa per quae in sensu designatur obiectum. Ex instituto vero ut vocabula et scripturae et omnia quae aut auditu aut visu capiuntur, et res prout institutum est designant. Naturalia signa naturaliter nota sunt sine omni alio doctore, sicut signum designans colorem omnibus videntibus notum est, et designans vocem omnibus audientibus. Ita de aliis sensibus. Et vox laetitiae ut risus et tristitiae ut gemitus et talia.

---

[1] Aristi. Met. I, 1.

zur Erkenntnis gelangen soll, muß dies durch verschiedene Zeichen geschehen, damit man aus diesen eine bessere Kenntnis gewinnen kann; so wie man aus fünf sichtbaren Zeichen ein sinnlich-sichtbares Ding besser erkennt als aus einem oder zwei.

Das vollständige Sein eines Dinges erfordert aber, daß es erkennen kann. Da zum Beispiel ein vollständiges Lebewesen nicht ohne Nahrung zu leben vermag, ist es erforderlich, daß es seine Nahrung erkennt. Da diese sich nicht an jedem Ort findet, muß das Lebewesen solcherart sein, daß es sich von Ort zu Ort bewegen und die Nahrung suchen kann. Daraus folgt, daß es alle Sinne hat, um die ihm zukommende Nahrung durch Sehen, Hören, Geruch, Geschmack und Berührung zu erfassen. Weil sich die Tiere derselben Eigengestalt, um besser leben zu können, gegenseitig unterstützen und helfen, müssen sie diese ihre Eigengestalt erkennen und sich je nach dem, wie es deren Vollendung erfordert, gegenseitig hören und verstehen. Mit einem bestimmten Ruf ruft der Hahn die Hennen, wenn er Futter gefunden hat, und mit einem anderen warnt er sie, daß sie vor dem Falken, den er im Schatten lauern sah, fliehen.

Und da, je edler das Tier ist, eine um so größere Erkenntnis dazu erforderlich ist, daß es sich wohlbefinde, muß der Mensch die größte Kenntnis von allen haben. Denn ohne die Technik, die freien Künste, die Ethik und die theologischen Tugenden hat er keinen Bestand in Glück und Wohlbefinden. Da also die Erkenntnis für den Menschen notwendiger ist als für alle übrigen Lebewesen, verlangen alle Menschen von Natur aus zu wissen. Dabei kommt ihnen die Überlieferung des Wissens zu Hilfe, so daß der Ungelehrte und Nichtwissende vom Gelehrten belehrt wird.

Da dies nun nicht ohne Zeichen geschehen kann, wenden wir uns der Erkenntnis der Zeichen zu. Alle Zeichen sind sinnlich und bezeichnen die Dinge entweder von Natur aus oder auf Grund einer Festsetzung. Sie sind natürlich wie die Zeichen, durch die ein Gegenstand im Sinn abgezeichnet wird. Sie bestehen auf Grund einer Festsetzung, wie Wort und Schriftzeichen und alle Zeichen, die von Hören und Sehen wahrgenommen werden, und die die Dinge je nachdem, wie es eben festgesetzt worden ist, bezeichnen. Natürliche Zeichen sind von Natur aus, ohne irgendwelchen Lehrmeister, bekannt, z. B. ein Zeichen, das eine Farbe bezeichnet und jedem Sehenden bekannt ist; und ein Zeichen, das einen Ton bezeichnet, allen Hörenden bekannt ist. Das gilt auch für die anderen Sinne. Es gibt einen Ton der Freude, wie Lachen, einen Ton der Trauer, wie Seufzen, usw. bekannt.

Alia vero signa quae ad designandum ad placitum sunt instituta, quibus institutio non est nota, non innotescunt nisi arte aut doctrina. Et quoniam necesse est signa omnia per quae tradi debet notitia nota esse magistro et discipulo, erit prima doctrina circa talium signorum notitiam. Quae ideo prima, quia sine ipsa nihil tradi potest. Et in eius perfectione omne quod tradi potest includitur.

III.

Oportet autem ut primos nostros parentes, qui perfecte creati fuerunt, non solum a Deo perfectionem naturae sed et scientiae signorum talium habuisse per quae sibi mutuo conceptus suos panderent et quam scientiam filiis et posteris tradere possent.
Unde pueros, quam cito fari possunt, artis dicendi capaces videmus, quia prima et magis necessaria ad bene essendum scientia. Nec absurdum videtur, si creditur primam humanam dicendi artem adeo fuisse copiosam ex multis synonymis, quod linguae omnes postea divisae in ipsa continebantur. Omnes enim linguae humanae sunt ex prima illa parentis nostri Adae scilicet hominis lingua.

Et sicut non est lingua quam homo non intelligat, ita et Adam, qui idem quod homo, nullam si audiret ignoraret. Ipse enim vocabula legitur imposuisse. Ideo nullum cuiusque linguae vocabulum ab alio fuit originaliter institutum. Nec de Adam mirandum, cum certum sit dono Dei multos linguarum omnium peritiam subito habuisse. Nulla etiam naturalior ars faciliorque est homini quam dicendi, cum illa nullus perfectus homo careat. Necque haesitandum primos parentes etiam artem scribendi vocabula seu designandi habuisse, cum illa humano generi multa conferat adiumenta. Per eam enim praeterita et absentia praesentia fiunt.

Unde sicut prima scientia est designandi res in vocabulis, quae aure percipiuntur, ita est secunda scientia in vocabulorum visibilibus signis, quae oculis obiiciuntur. Et haec remotior est a

Andere Zeichen hingegen, welche zur Bezeichnung willkürlich festgesetzt sind, werden denen, welchen diese Festsetzung unbekannt ist, nur durch Kunst oder Wissenschaft bekannt. Und weil alle Zeichen, durch welche Kenntnis überliefert werden soll, dem Lehrer und dem Schüler bekannt sein müssen, muß der erste Teil der Wissenschaft um die Kenntnis solcher Zeichen kreisen. Diese ist deshalb der erste Teil, weil ohne sie nichts überliefert werden kann und weil in ihrer Vollendung alles, was überliefert werden kann, eingeschlossen ist.

III.

Unsere ersten Eltern aber, die vollkommen geschaffen worden waren, müssen von Gott nicht nur die Vollendung der Natur, sondern auch des Wissens um diese Zeichen gehabt haben, um sich dadurch gegenseitig ihre Gedanken kundzutun und dieses Wissen ihren Kindern und Nachkommen überliefern zu können. Daher sehen wir, daß Kinder, sobald sie sprechen können, der Redekunst fähig sind, da diese die erste und überaus notwendige Kunst für ein gutes Dasein ist. Es scheint auch nicht unvernünftig, zu glauben, daß die erste menschliche Sprache so reich an Synonymen war, daß alle später getrennten Sprachen in ihr enthalten waren. Denn alle menschlichen Sprachen stammen ja von jener ersten Sprache unseres Vaters Adam, d. h. des Menschen.

Und wie es keine Sprache gibt, die der Mensch nicht versteht, so würde auch Adam — der dasselbe bedeutet wie der Mensch — keine Sprache, wenn er sie hörte, nicht verstehen. Man liest ja, daß er selbst den Dingen ihre Namen gegeben habe. Darum ist kein Wort irgendeiner Sprache anfänglich von einem anderen eingesetzt. Auch müssen wir uns über Adam gar nicht wundern, da es feststeht, daß er durch ein Geschenk Gottes plötzlich die Kenntnis aller Sprachen erlangte. Für den Menschen gibt es keine natürlichere und einfachere Fähigkeit als die des Sprechens, da kein vollständiger Mensch ihrer entbehrt. Wir können auch nicht daran zweifeln, daß unsere ersten Eltern die Fähigkeit beherrschten, Worte zu schreiben oder aufzuzeichnen, da diese Kunst dem Menschengeschlecht eine große Hilfe bedeutet. Durch sie wird Vergangenes und Abwesendes anwesend.

Wie darum die erste Wissenschaft darin besteht, Dinge mit Lauten zu bezeichnen, welche das Ohr wahrnimmt, so die zweite Wissenschaft in den sichtbaren Zeichen der Worte, welche den

natura quam tardius pueri assenquuntur et non nisi intellectus in ipsis vigere incipiat. Plus igitur habet de intellectu quam prima. Inter naturam igitur et intellectum qui est creator artium hae artes cadunt. Quarum prima propinquior naturae, secunda propinquior intellectui.

Facit autem intellectus in homine in signo sensibili auditus scilicet sono artem primam, quia animal suas affectiones in illo signo naturaliter pandere nititur. Unde confusum signum ars dearticulat et variat, ut melius varia desideria communicet. Ita adiuvat naturam. Et quoniam signum illud, in quo haec ars ponitur [cum] prolatione, cessat a memoriaque labitur et ad remotos non attingit. Remedia intellectus alia arte scilicet scribendi addidit et illam in signo sensibili ipsius visus collocavit.

IV.

Considerans autem signa sensibilia quomodo ab obiecto ad sensum perveniunt, reperiet res corporales splendescere actu aut habitu, actu ut lucida, potentia ut colorata. Neque aliqua res corporalis penitus est expers lucis aut coloris qui ex luce est. Non tamen color nisi luce iuvetur splendorem per visum nostrum perceptibilem de se mittit. Splendor autem subito et a remotis valde per rectam lineam proicitur. Ad cuius perceptionem sensus visus naturaliter est adaptatus. Sonus vero a remotis orbiculariter se diffundit; ad cuius sensationem sensus auditus creatus est. Vapor vero se minus remote diffundit et odoratu percipitur. Tactu vero tangibilia propinquiora. Et gustu interior sapor. Haec mirabili providentia naturae ad bene esse animalium sic ordinata sunt. Nam cum nulla res uti in se est sit multiplicabilis et ad bonum ipsius esse expediat, rerum notitiam haberi [consentaneum fuit] quod res quae per se in notitiam alterius intrare nequeunt, per suas designationes intrent.

Augen entgegentreten. Dieses Wissen ist von Natur aus fernliegend; die Knaben lernen es langsamer und auch nur dann, wenn das Denken in ihnen stark zu werden beginnt. Sie hat daher größeren Anteil an der Vernunft als die erste. Zwischen die Natur also und das Vernunft-Denken, das der Schöpfer der Künste ist, fallen diese beiden Künste, von denen die eine der Natur, die andere dem Denken näher steht.

Die Vernunft bildet aber beim Menschen diese erste Kunst in sinnlich hörbaren Zeichen, d. h. im Ton, weil sich ein Lebewesen von Natur aus bemüht, seine Gefühle in diesem Zeichen kundzutun. Daher artikuliert die Kunst das gestaltlose Zeichen und wandelt es ab, um die verschiedenen Anliegen besser mitzuteilen. So kommt sie der Natur zu Hilfe. Und weil jenes Zeichen, in dem diese Kunst niedergelegt ist, nach seinem Hervorgang schwindet und der Erinnerung entgleitet und nicht in die Ferne reicht, fügte die Vernunft in einer anderen Kunst ein Schutzmittel hinzu, nämlich in der Kunst des Schreibens, und legte sie in dem dem Auge sichtbaren Zeichen nieder.

IV.

Wenn jemand darüber nachdenkt, wie sinnliche Zeichen vom Gegenstand zum Sinn gelangen, dann wird er finden, daß die körperlichen Dinge tatsächlich oder der Möglichkeit nach leuchten; tatsächlich wie die leuchtenden, der Möglichkeit nach wie die farbigen Dinge. Auch ist kein körperliches Ding gänzlich ohne Anteil am Licht oder an der Farbe, die aus dem Licht stammt. Dennoch vermag die Farbe, wenn das Licht nicht hilft, keinen Glanz von sich aus zu spenden, den unser Auge wahrnehmen kann. Ein Lichtstrahl verbreitet sich plötzlich und geradlinig aus großer Ferne. Ihn aufzunehmen ist der Gesichtssinn von Natur aus geeignet. Ein Ton hingegen breitet sich aus der Ferne kreisförmig aus. Zu seiner Aufnahme ist der Gehörsinn geschaffen. Der Duft verbreitet sich in geringere Entfernung und wird von dem Geruchssinn wahrgenommen. Durch den Tastsinn wird das noch viel nähere Berührbare und vom Geschmacksinn der innere Geschmack erfaßt. Dies ist von der wunderbaren Vorsehung der Natur der Lebewesen zum Wohlbefinden zugeordnet. Denn da kein Ding, wie es in sich ist, vervielfältigt werden kann und doch sein Wohlbefinden die Kenntnis der Dinge erfordert, müssen die Dinge, die nicht von selbst in die Kenntnis des anderen treten, durch ihre Bezeichnungen eindringen.

Quare oporet inter sensibile obiectum et sensum esse medium, per quod obiectum speciem seu signum sui multiplicare possit. Et quoniam haec non nisi praesente obiecto fiunt nisi haec signa sic possent annotari quod etiam recendente obiecto remaneant signata, non maneret rerum notitia. In istis igitur signorum designationibus in interiori phantastica virtute manent res designatae, uti vocabula manent in charta scripta prolatione cessante. Quae remanentia memoria potest appellari.

Sunt igitur signa rerum in phantasia, signa signorum in sensibus. Nihil enim est in phantasia, quod prius non fuit in sensu. Ideo caecus a nativitate non habet phantasmata coloris et imaginari nequit colorem. Signa igitur sensibilia licet abstractiora sint quam materialia sensibilia non tamen penitus separata. Ideo et visus aliquantulum coloratus est, sed imaginatio coloris penitus colore caret. Quare signa rerum in imaginatione seu phantastica remotiora sunt a materia et magis formalia. Hinc quoad sensibilia minus perfecta et quoad intelligibilia perfectiora.

Non tamen sunt penitus abstracta. Nam imaginatio c[o][1]loris licet nihil habeat qualitatis c[o][1]loris tamen non caret omni connotatione quae sentitur. Nihil enim potest imaginari quod neque moveatur neque quiescat et quod non sit quantum scilicet aut magnum aut parvum, licet sit sine terminatione tali, quae in sensibilibus reperitur. Nihil enim adeo parvum esse potest, cuius medietatem imaginatio non attingat, aut adeo magnum, cuius duplum non imaginetur.

In omnibus autem perfectis animalibus ad signa illa phantastica quae sunt signa signorum sensuum pervenitur, uti notitia non careat sibi opportuna. Solus vero homo signum quaerit ab omni materiali connotatione absolutum penitusque formale, simplicem formam rei, quae dat esse repraesentans. Quod quidem signum sicut est remotissimum quoad res sensibiles est tamen propinquissimum quoad intellectuales.

---

[1] Cod. Cus.: caloris.

Aus diesem Grund muß es zwischen dem sinnlichen Gegenstand und dem Sinn ein Mittel geben, durch das der Gegenstand seine Eigengestalt oder sein Zeichen vervielfältigen kann. Und da dies nur durch den gegenwärtigen Gegenstand geschieht, können diese Zeichen nur so festgehalten werden, daß, würden auch die Gegenstände entfernt, das Bezeichnete bliebe. Sonst bliebe die Kenntnis der Dinge nicht bestehen. Durch diese Bezeichnungen der Zeichen bleiben die Dinge in der inneren Vorstellungskraft bezeichnet, so wie Worte auf einem Papier aufgezeichnet bleiben, auch wenn ihr Verlauten verschwindet. Dieses Verbleibende kann Erinnerung genannt werden.

Die Zeichen der Dinge in der Phantasie sind also Zeichen der Zeichen in den Dingen. Denn nichts ist in der Phantasievorstellung, das nicht vorher im Sinn gewesen ist. Darum hat jemand, der von Geburt an blind ist, keine Vorstellung von der Farbe und vermag sie sich nicht vorzustellen. Wenn die sinnlichen Zeichen auch losgelöster sind als die sinnlichen Stoffe, so sind sie dennoch nicht gänzlich abgetrennt. Daher ist auch das Sehen irgendwie farbig. Die Vorstellung der Farbe jedoch hat überhaupt keine Farbe. Darum sind die Zeichen der Dinge in der Phantasie und Vorstellung weiter vom Stoff entfernt und formhafter; in bezug auf das Sinnliche weniger vollkommen, in bezug auf das Vernunfthafte hingegen vollkommener.

Sie sind aber nicht völlig abstrakt; denn wenn auch die Vorstellung von der Farbe nichts von der Qualität der Farbe an sich hat, so entbehrt das, was wahrgenommen wird, dennoch nicht der Zusammengehörigkeit mit ihr. Man kann sich nämlich nichts vorstellen, das sich weder bewegte noch ruhte und keine Ausdehnung hätte, d. h. groß oder klein wäre, auch wenn es nicht von jener Begrenzung ist, die sich im Sinnlichen findet. Nichts kann so klein sein, daß die Vorstellung es nicht vermöchte, sich seine Hälfte vorzustellen, oder so groß, daß man sich nicht die doppelte Größe einbilden könnte.

In allen vollständigen Lebewesen gelangt man zu jenen Phantasie-Zeichen, welche die Zeichen der Zeichen der Sinne sind, so daß dem Erkennen die für es geeigneten Anhaltspunkte nicht fehlen. Nur der Mensch sucht ein Zeichen, das von jeder stofflichen Zusammengehörigkeit frei, zur Gänze formal ist und das die einfache Gestalt der Sache, die ihr das Sein gibt, darstellt. Und wiewohl dieses Zeichen entfernt ist in bezug auf die sinnlichen Dinge, so ist es gleichwohl sehr nahe in bezug auf die vernunfthaften.

V.

Oportet autem ut advertas, quomodo signum sensibile est prius confusum et genericum quam proprium et specificum. Sicut signum verbi est prius signum soni dum vox a remotis auditur, deinde dum propinquius auditur fit signum soni articulati quod vox dicitur. Post adhuc propinquius fit signum vocis alicuius linguae. Ultimo fit signum specialis verbi. Sic de omnibus.

Et licet intervalla temporis saepe non sentiantur propter miram celeritatem, non tamen potest signum perfectum esse nisi de confuso ad specialem perveniat. Unius igitur et eiusdem immultiplicabilis rei notae et signa sunt varia per quae innotescit, scilicet generica atque specifica. Inter quae media alia magis generica et alia magis specifica cadunt.

Cum autem perfectio signorum recipiat magis et minus, nullum signum umquam erit ita perfectum et speciale quin possit esse perfectius. Singularitatis igitur quae non recipit magis et minus nullum est dabile signum. Et ideo tale non est per se cognoscibile sed per accidens. Puta Plato qui non recipit magis et minus non videtur nisi per accidens in signis visibilibus, quae ei accidunt.

Omne igitur quod sensu aut imaginatione attingitur cum non nisi in signis, quae magis et minus recipiunt, cognoscatur, sine signis quantitatis non attingitur. Signa igitur qualitatis, quae ad sensum perveniunt, sine signis quantitatis esse nequeunt. Sed signa quantitatis non sunt per se in sensibilibus, sed per accidens, cum qualitas sine quantitate non possit esse. Signa vero quantitatis non requirunt signa qualitatis; ideo sine ipse esse possunt. Quare res quanta signo quantitatis in notitiam devenit. Et sic per se incognoscibile per accidens innotescit.

Magnitudine igitur et multitudine sublata nulla res cognoscitur. Hoc etiam repetere utile videtur, scilicet quod nec huius singu-

V.

Du mußt darauf achten, daß das sinnliche Zeichen zuerst eher verschwommen und gattungshaft-allgemein ist als eigentümlich und eigengestaltlich. So ist das Zeichen für ein Wort zuerst nur das Zeichen für einen Ton, wenn man ein Wort von fern hört; dann, wenn man es näher hört, wird es Zeichen eines artikulierten Tones, den man Wort nennt; kommt es noch näher, wird es das Zeichen des Wortes einer bestimmten Sprache; und zuletzt wird es das Zeichen eines bestimmten Wortes. Und das gilt für alles.

Wenn man auch oft die Zwischenräume der Zeit wegen der erstaunlichen Schnelligkeit nicht empfindet, so kann das Zeichen doch nicht vollständig sein, wenn es nicht vom Gestaltlosen zum Eigengestaltlichen gelangt. Für eine und dieselbe nicht vervielfältigbare Sache gibt es also mannigfache Zeichen, d. h. gattungshafte und eigengestaltliche, mit denen sie bezeichnet wird, und unter diesen solche, die eher gattungshaft und solche, die eher eigengestaltlich sind.

Da aber die Vollkommenheit der Zeichen mehr oder weniger aufnimmt, wird kein Zeichen jemals so vollkommen und eigengestaltlich sein, daß es nicht vollkommener sein könnte. Daher ist es nicht möglich, ein Zeichen für die Einzigkeit zu geben, die kein mehr oder weniger aufnimmt. Und darum ist derartiges nicht durch sich selbst erkennbar, sondern nur durch das Hinzukommende, wie z. B. Platon, der nicht mehr oder weniger annimmt, nur durch das Hinzukommende in sinnlich-sichtbaren Zeichen, die zu ihm hinzutreten, erkannt wird.

Da also alles, das von Sinn oder Vorstellung erreicht wird, nur im Zeichen, das mehr oder weniger annimmt, erkannt wird, wird es nicht ohne quantitative Zeichen erreicht. Die Zeichen der Qualität, die zum Sinn gelangen, können nicht ohne Zeichen der Quantität sein. Diese aber sind nicht durch sich selbst in den sinnlichen Dingen, sondern durch das Hinzutretende, da die Qualität nicht ohne die Quantität sein kann. Die Zeichen der Quantität hingegen erfordern keine Zeichen der Qualität; also können sie ohne sie sein. Darum gelangt eine quantitative Sache durch das Zeichen der Quantität in das Erkennen; und so wird das durch sich selbst Unerkennbare durch das Hinzugekommene bekannt.

Wenn man also Größe und Vielheit hinwegnimmt, dann wird kein Ding erkannt. Das zu wiederholen scheint nützlich: daß

laris quantitatis signum seu species naturalis potest esse singularis, cum nullum singulare sit plurificabile aut multiplicabile sive sit substantia, aut quantitas, aut qualitas. Licet igitur quantitatis sit species et signum non tamen ut huius quantitatis.

Sigulariter igitur quanta signo generalis quantitatis notantur et cognoscuntur. Ita singulariter rubra signo universalis rubedinis. Unde cum nulla res sit eiusdem quantiatis aut qualitatis cum alia et cuislibet rei singularis sit quantitas singularis, non est quantitas aliquid generale in re, sed in cognitione seu specie et signo. Parvum igitur et magnum species habent licet non hoc parvum et hoc magnum, quae sunt singulares quantitates, sed per speciem seu signum magni hoc magnum et parvi hoc parvum cognoscitur.

Signa igitur naturalia species sunt singularium signatorum. Nam species istae non sunt formae formantes, sed formae informantes. Informati vero uti tales recipiunt magis et minus. Unus enim plus est informatus quam alius. Et idem nunc minus, postea plus. Tales igitur formae possunt esse in pluribus, cum non requiratur, quod eodem essendi modo ipsis insint. Qui modus non est multiplicabilis sed variis varie, uti una ars scribendi varie variis inest scriptoribus.

Patet etiam ex his, quod numerus determinatus, puta ternarius, denarius et tales, cum non recipiant magis et minus ob suam singularem determinationem non habent nisi indeterminatas species. Sicut specie multitudinis indeterminatae, quae numeratio dici potest, determinata multitudo cognoscitur. Et speciebus magnitudinis et multitudinis cognoscitur magnus determinatus numerus. Et sic parvus numerus speciebus multitudinis et parvitatis. Et similes colores speciebus similitudinis et coloris[1]. Et dissimiles speciebus dissimilitudinis et coloris. Et concordantes voces speciebus concordantiae et vocis. Et discondantes speciebus discordantiae et vocis. Et taliter de omnibus.

---

[1] Offenbar auf Grund eines Schreibfehlers folgt in Cod. Cus.: Et dissimiles speciebus similitudinis et coloris.

das Zeichen oder die natürliche Eigengestalt der einen einzigen Quantität nicht einzig sein kann, da nichts Einzelnes vervielfältigt oder vermehrt werden kann, sei es nun Substanz, Quantität oder Qualität. Denn wenn es auch die Eigengestalt und das Zeichen der Quantität ist, so doch nicht für diese Quantität.

Das als Einzelnes Große wird also mit einem Zeichen allgemeiner Quantität bezeichnet und erkannt, das einzelne Rote mit dem Zeichen allgemeiner Röte. Da also kein Ding die gleiche Quantität und Qualität hat wie ein anderes, und jedes einzelne Ding eine einzelne Quantität hat, ist die Quantität nichts Allgemeines im Ding, sondern in der Erkenntnis oder Eigengestalt und im Zeichen. Das Kleine und das Große haben Eigengestalten, wenn auch nicht dieses Kleine oder dieses Große, welche einzelne Quantitäten sind. Aber durch die Eigengestalt oder das Zeichen des Großen wird dieses Große und durch die des Kleinen dieses Kleine erkannt.

Die natürlichen Zeichen sind Eigengestalten der einzelnen Bezeichneten. Diese Eigengestalten sind keine gestaltenden Gestalten, sondern ein-gestaltende. Die Ein-Gestalteten als solche nehmen mehr und weniger an. Der eine ist besser ein-gestaltet als der andere, und derselbe jetzt weniger und dann mehr. Derartige Gestalten können in vielen sein, da es nicht erforderlich ist, daß sie in ihnen in derselben Seinsweise sind. Denn die Seinsweise kann nicht vervielfältigt werden, sondern ist im Verschiedenen verschieden, so wie die eine Kunst des Schreibens bei den verschiedenen Schreibern verschieden ist.

Daraus geht hervor, daß eine bestimmte Zahl, z. B. drei, zehn u. a., nur unbestimmte Eigengestalten haben, da sie wegen ihrer einzelhaften Bestimmung kein mehr oder weniger aufnehmen. Ebenso kann durch die Eigengestalt der unbestimmten Vielheit, die Zählung genannt werden kann, eine bestimmte Menge erkannt werden. Und in den Eigengestalten der Größe und Vielheit wird eine große, bestimmte Zahl erkannt; ebenso eine kleine Zahl durch die Eigengestalten der Vielheit und Kleinheit; und ähnliche Farben werden durch die Eigengestalten der Ähnlichkeit und der Farbe, unähnliche Farben durch die Eigengestalten der Unähnlichkeit und der Farbe erkannt; und wohl zusammenklingende Töne werden durch die Eigengestalten der Zusammenstimmung und des Tones, und mißtönende durch die Eigengestalten des Mißklanges und des Tones erkannt, usw.

Cum autem sic ex signis et speciebus notionalibus formetur in nobis notitia rei, non potest res, quae sic innotescit, distincte cognosci ab alia nisi distinctis notis et speciebus formetur notitia. Unde ut quaelibet res est singularis, ita et eius notitia aliquid habet quod in alterius notitia non reperitur, quemadmodum si unum vocabulum est sex litterarum [et alterum similiter sex litterarum], oportet quod, licet in numero concordent, non tamen in figura et situ, ut sint diversa sicut res sunt diversae quarum sunt vocabula ac diversitas specierum notionalium nos ducit in notitiam diversitatis rerum. Et licet duo individua videantur in pluribus speciebus convenire non tamen est possibile quin in aliquibus etiam discrepent.

VI.

Consequenter attendas oportet, quomodo non est opus talpam habere visum, quia cognitione signorum visibilium non indiget, cum in umbra terrae reperiat quod quaerit. Ita de omnibus similiter dicendum, scilicet quod omnia viventia tot species ex sensibilibus hauriunt, quot sunt eis ad bene esse necessariae. Quare non omnia perfecta animalia, licet in numero sensuum conveniant, etiam in numero specierum et signorum conveniunt. Alias haurit formica species, alias leo, alias aranea, alias vacca. Sicut diversae arbores ex eadem terra diversa hauriunt alimenta, quaelibet suae naturae [convenientia][1]. Et vis phantastica unius animalis ex speciebus per sensus receptis aliam facit imaginationem quam aliud, et aliam aestimationem amicitiae aut inimicitiae convenientis aut disconvenientis quam aliud.

Hinc homo haurit ex sensibilibus signis species suae naturae convenientes. Qui cum sit rationalis naturae, species illi suae naturae convenientes haurit, ut per illas bene possit ratiocinari et reperire conveniens alimentum, tam corporale corpori quam spirituale spiritui seu intellectui. Sicut sunt differentes species

---

[1] Cod. Cus.: conveniens.

Da die Kenntnis einer Sache in uns dergestalt aus Zeichen und erkennbaren Eigengestalten gestaltet wird, kann ein Ding, das so bekannt wird, nur dann von einem anderen deutlich abgehoben werden, wenn die Kenntnis durch deutlich unterschiedene Begriffe und Eigengestalten gebildet wird. Wie jedes Ding einzig ist, so hat auch sein Erkenntnis-Begriff etwas, das sich in dem eines anderen nicht findet. Hat man darum ein Wort mit sechs Buchstaben und ein anderes ebenfalls mit sechs Buchstaben, so müssen sie notwendigerweise, auch wenn sie der Zahl nach übereinstimmen, in Figur und Lage nicht übereinstimmen, so daß sie verschieden sind, so wie die Dinge, deren Worte sie sind. Die Verschiedenheit der erkenntnishaften Eigengestalten führt uns zur Erkenntnis der Verschiedenheit' der Dinge. Und wenn auch zwei Individuen in vielen Eigengestalten übereinzustimmen scheinen, so müssen sie doch in einigen auch nicht übereinstimmen.

VI.

Folglich mußt du darauf achten, daß es nicht erforderlich ist, daß ein Maulwurf das Sehvermögen besitzt; da er in der dunklen Erde findet, was er sucht, braucht er nicht die Kenntnis der sichtbaren Zeichen. Gleiches kann man von allem aussagen: nämlich daß alle Lebewesen aus den sinnlichen Dingen so viele Eigengestalten aufnehmen, wie zu einem guten Leben für sie notwendig sind. Darum stimmen nicht alle vollständigen Lebewesen, auch wenn sie in der Zahl der Sinne übereinstimmen, in der Zahl der Eigengestalten und der Zeichen überein. Andere Eigengestalten nimmt die Ameise auf, andere der Löwe, andere die Spinne, andere die Kuh; so wie die verschiedenen Bäume aus eben derselben Erde verschiedene Nahrung aufnehmen, jeder die seiner Natur entsprechende. Die Einbildungskraft eines jeden Lebewesen bildet aus den durch die Sinne wahrgenommenen Eigengestalten ein anderes Vorstellungsbild als ein anderes Lebewesen und gibt eine andere Beurteilung von Freundschaft und Feindschaft, von Zuträglichem und Unzuträglichem als ein anderes.

Darum nimmt der Mensch aus den sinnlichen Zeichen jene Eigengestalten wahr, die seiner Natur entsprechen; da diese eine verstandesmäßige Natur ist, nimmt er die dieser Natur entsprechenden Eigengestalten auf, um mit ihrer Hilfe wohl denken zu können und um entsprechende Nahrung zu finden, so-

decem praedicamentorum, quinque universalium, quattuor virtutum cardinalium et talium multorum, quae homini ratione vigenti conveniunt.

Plures etiam species per visum homo haurit quam brutum animal, puta principaliter, quia sensus visus colorum species, per quas coloratorum ut coloratorum differentias attingit et consequenter quia sensus magnitudinis, longitudinis et latitudinis, figurationis, motus, quietis, numeri, temporis et loci [horum] etiam species. Tot species solus homo ratione utens per visum haurit. Ita per auditum species differentium sonorum, gravium, acutorum, mediorum, cantuum, notarum et talium sonorum atque novem alias species communis sensus praemissas. Ita de aliis sensibus.

Trahitque ultra ex omnibus istis sensibilibus speciebus vis ratiocinativa species variarum artium, per quas supplet defectus sensuum, membrorum, infirmitatum. Atque se iuvat ad resistendum corporalibus nocumentis et ad expellendum ignorantiam et hebetudinem mentis et confortandum ipsam ut proficiat et fiat homo speculator divinorum. Habetque cognatas species insensibilis virtutis iusti et aequi, ut noscat quid iustum, quid rectum, quid laudabile, quid pulchrum, quid delectabile et bonum et illorum contraria. Et eligat bona et fiat bonus, virtuosus, prudens, castus, fortis et iustus.

Quae omnia consideranti ea, quae in mechanicis et liberalibus artibus atque moralibus scientiis per hominem reperta sunt, patescunt. Nam solus homo repperit qualiter defectum lucis ardenti candela suppleat ut videat. Et deficientem visum beryllis iuvet et arte perspectiva errorem circa visum corrigat, cruditatem cibi decoctione gustui aptet, foetores fumis odoriferis pellat, frigori vestibus et igne atque domo, tarditati vecturis et navibus, defensioni armis, memoriae scriptura arteque memorandi succurrat.

wohl die körperliche für den Körper als auch die geistige für den Geist oder die Vernunft. Diese sind die verschiedenen Eigengestalten der zehn Kategorien, der fünf Universalien, der vier Kardinaltugenden und vieles derartigem, das einem wirklich verständigenden Menschen zukommt.

Mehr Eigengestalten nimmt der Mensch durch das Sehen auf als ein unvernünftiges Tier. Ursprünglich z. B. deshalb, weil der Gesichtssinn die Eigengestalten der Farben aufnimmt, durch die er Unterschiede des Farbigen als Farbigen erreicht; in der Folge deshalb, weil der Sinn die Eigengestalten der Größe, Länge, Breite, Gestaltung, Bewegung, Ruhe, Zahl, Zeit und des Ortes aufnimmt. So viele Eigengestalten nimmt nur der Mensch, der den Verstand gebraucht, durch das Sehen auf. Ebenso nimmt er durch das Hören die Eigengestalten der verschiedenen Töne auf, der tiefen, hohen, mittleren, des Gesanges, der Noten und so weiter, wie auch die der neun anderen Eigengestalten des Gemeinsinnes, die wir schon genannt haben. Dasselbe gilt auch für die anderen Sinne.

Die Kraft des verstandesmäßigen Denkens gewinnt aus allen diesen sinnlichen Eigengestalten außerdem noch die Eigengestalten der verschiedenen Künste, mittels derer es die Unzulänglichkeit der Sinne, Glieder und der körperlichen Schwäche ausgleicht. Auch hilft es sich damit, körperliche Schädigungen abzuwehren, die Unwissenheit und die Trägheit des Geistes abzulegen und den Geist zu stärken, auf daß der Mensch sich dadurch vollende und ein Betrachter der göttlichen Dinge werde. Er besitzt auch angeborene Eigengestalten der nichtsinnlichen Kraft, Gerechtigkeit und Gleichheit, so daß er weiß, was gerecht, richtig, lobenswert, schön, erfreulich und gut ist und was deren Gegenteil bedeutet; und er wählt das Gute und wird gut, stark, klug, keusch, tapfer und gerecht.

Jemandem, der dies alles betrachtet, wird offenbar, was in den mechanischen und freien Künsten und in der Ethik vom Menschen entdeckt wurde. Denn allein der Mensch hat entdeckt, wie eine brennende Kerze das Fehlen des Lichtes ausgleicht, so daß er sieht, und wie man bei schlechtem Sehen durch eine Brille abhilft, wie man optische Täuschungen durch die Kunst der Perspektive korrigiert, wie man rohe Speise dem Geschmack durch das Kochen anpaßt, üble Gerüche durch duftendes Räucherwerk vertreibt, die Kälte durch Kleider, Feuer und ein Haus, die Langsamkeit durch Fahrzeuge und Schiffe, die Verteidigung durch Waffen, das Gedächtnis durch Schriften und die Kunst der Erinnerung unterstützt.

Quae omnia et plura talia animal brutum ignorat. Habet se enim homo ut homo ad brutum ut doctus homo ad indoctum. Doctus enim litteras alphabeti videt et similiter indoctus, sed doctus ex varia illarum combinatione syllabas atque ex syllabis dictiones et de illis orationes componit. Quod indoctus facere nequit ob defectum artis, quae ab exercitato intellectu acquisita docto inest. Componere igitur et dividere species naturales et ex illis facere intellectuales et artificiales species et signa notionalia homo ex vi intellectuali habet, qua bruta excellit et doctus homo indoctum, quia habet exercitatum et reformatum intellectum.

VII.

Non mirum hominem aliquem adeo profecisse aut proficere posse longo tali exercitio, quod speciem aliquam eliciat ex varia combinatione, quae sit multarum artium complexiva, per quam multa simul comprehendat et intelligat. Puta varietatem naturalium per speciem, quam motum appellet, quando sine motu nihil fieri atque naturalem motum a violento distingui videret. Ideo motum naturae non esse a principio extrinseco sicut in violento, sed intrinseco rei. Ita de aliis.

Alius vero adhuc praecisiorem speciem magisque fecundam reperire posset, uti ille[1] qui ex novem speciebus principiorum speciem unam artis generalis omnium scibilium nisus est extrahere. Sed super omnes qui unica specie quam verbum appallavit omne intelligibile complexus est, praecississime punctum tetigit. Est enim species artis omnia formantis.

---

[1] Vgl. Raymundus Lullus „Ars magna". Dazu: E. W. Platzek, Von der Lullschen zur Cusanischen Denkform, MFCG 1964, p. 145—163.

Von alledem und noch viel mehr hat das unvernünftige Tier keine Ahnung. Der Mensch verhält sich als Mensch zum Tier wie ein gelehrter Mensch zu einem ungelehrten. Die Buchstaben des Alphabetes sehen ein Gelehrter und ein Ungelehrter. Aber der Gelehrte setzt aus ihren verschiedenen Kombinationen Silben, aus den Silben Worte und aus den Worten Sätze zusammen, während der Ungebildete nicht fähig ist, das zu tun, weil ihm die Kunst fehlt, welche der Gelehrte sich durch Übung des Verstandes erworben hat und die ihm innewohnt. Aus der Kraft der Vernunft hat der Mensch die Fähigkeit, die natürlichen Eigengestalten zusammenzusetzen und zu trennen und aus ihnen vernunfthafte und künstliche Eigengestalten und Erkenntnis-Zeichen zu machen. Darin übertrifft er die Tiere; und ein gelehrter Mann übertrifft einen ungelehrten, da seine Vernunft geübt und gebildet ist.

VII.

Es ist nicht zu verwundern, daß ein Mensch durch eine entsprechend lange Übung so viel gewonnen haben oder gewinnen kann, daß er aus verschiedenen Verbindungen eine Eigengestalt auswählt, die viele Künste in sich einfaltet, durch die er vieles zugleich erfaßt und einsieht; z. B. die Verschiedenheit der natürlichen Dinge durch die Eigengestalt, die er Bewegung nennt, wenn er sieht, daß ohne Bewegung nichts wird und daß sich die natürliche Bewegung von einer gewaltsamen unterscheidet und daß darum die Bewegung der Natur nicht wie bei der gewaltsamen von einem äußeren Ursprung, sondern aus dem Inneren der Seele kommt. Und das gilt auch für anderes.

Ein anderer könnte eine noch genauere und fruchtbarere Eigengestalt finden, so wie jener, der sich bemüht hat, aus den neun Eigengestalten der Prinzipien eine einzige Eigengestalt der allgemeinen Kunst alles Wißbaren zu gewinnen. Über alle anderen hinaus hat jedoch der, welcher mit einer einzigen Eigengestalt, die er das Wort nannte, alles Vernünftig-Erkennbare umfaßt hat, genau den Punkt erreicht. Es ist nämlich jene Eigengestalt der Kunst, die alles gestaltet.

Quid enim extra hanc speciem concipi, eloqui aut scribi potest? Est enim verbum sine quo nihil factum[1] est aut fieri potest, quoniam est expressio exprimentis et expressi, sicut loquentis locutio et quod loquitur verbum est. Et concipientis conceptio et quod concipit verbum est. Et scribentis scriptio et quod scribit verbum est. Et creantis creatio et quod creat, verbum est. Et formantis formatio et quod format, verbum est. Et generaliter facientis factio et factum verbum est. Verbum enim sensibile se et omnia sensibilia facit. Ideo et lux dicitur quae se et omnia visibilia facit. Dicitur et aequalitas. Aeque enim se ad omnia habet, cum non sit unum plus quam aliud, dans omnibus aequaliter ut id sint, quod sunt, nec plus, nec minus.

Cum igitur scientis scientia et scitum verbum sit, qui ad verbum se convertit, quae scire cupit citius invenit. Si igitur vis speciem haurire modi, quo modo omnia fiunt, respice quomodo fit vocale verbum.

Primo quomodo sine aere nequaquam fieri potest audibile. Aer autem ut aer nullo sensu attingitur. Visus enim non videt aerem, sed aerem coloratum uti experimur radio solis coloratum vitrum penetrante aerem coloratum videri. Nec auditus aerem attingit nisi sonantem. Nec odoratus nisi olentem. Nec gustus nisi sapidum, ut dum est ex contritione absynthii fortiter amaricatus in gustu sentitur. Nec tactus nisi calidum aut frigidum aut alias sensum immutantem. Aer igitur ut aer nullo sensu attingitur, sed per accidens venit in notitiam sensitivam. Adeo tamen est necessarius auditui, quod sine ipso nihil audibile fieri potest.

Oportet igitur ut similiter considers omne quod actu esse debet sive sensibile, sive intelligibile, praesupponere aliquid, sine quo non est, quod per se nec est sensibile nec intelligibile. Et quia illud forma sensibili aut intelligibili caret, nosci nequit nisi formetur. Et non habet nomen. Dicitur tamen hyle, materia, chaos, possibilitas sive posse fieri seu subiectum et aliis nominibus. Deinde attendendum, quod licet sine aere non fiat sensibilis sonus, non tamen est aer de natura soni; sic nec hyle de natura est cuiuscumque formae, nec est principium eius, sed principium eius formator existit.

---

[1] Jh. 1, 3.

Was läßt sich außerhalb dieser Eigengestalt erfassen, aussprechen oder schreiben? Das Wort ist es, ohne das nichts gemacht worden ist oder gemacht werden kann, da es der Ausdruck des Ausdrückenden und des Ausgedrückten ist. So wie das Sprechen und das Gesprochene des Sprechenden Wort ist, ist auch das Denken und das Gedachte des Denkenden, das Schreiben und das Geschriebene des Schreibenden, das Schaffen und das Geschaffene des Schaffenden, das Gestalten und das Gestaltete des Gestaltenden und ganz allgemein das Machen und das Gemachte des Machenden Wort. Das sinnliche Wort macht sich und alles Sinnliche. Es wird auch das Licht genannt, das sich und alles Sinnlich-Sichtbare macht. Es wird auch Gleichheit genannt. Es verhält sich nämlich zu allem gleich, da es das eine nicht mehr ist als ein anderes, wenn es allem in gleicher Weise verleiht, daß es das ist, was es ist und nicht mehr und nicht weniger.

Da also Wissen und Gewußtes des Wissenden das Wort ist, findet der, welcher sich an das Wort wendet, schnell, was er zu wissen begehrt. Wenn du also die Eigengestalt der Art und Weise gewinnen möchtest, nach der alles geschieht, dann betrachte, wie ein lautliches Wort entsteht.

Zuerst betrachte, wie es ohne Luft nicht hörbar werden kann. Die Luft als solche aber erfaßt kein Sinn. Das Sehen sieht nicht die Luft, sondern die farbige Luft; wir erfahren es, wenn ein Sonnenstrahl ein gefärbtes Glas durchdringt und wir farbige Luft sehen. So erfaßt auch das Hören nur tönende Luft, das Riechen nur duftende, der Geschmack nur schmeckende — wie z. B. wenn man Wermut zerreibt und man infolgedessen die stark bittere Luft schmeckt —, der Tastsinn nur warme oder kalte oder in anderer Weise die Sinnesempfindung verändernde. Die Luft als Luft erreicht also kein Sinn, sie gelangt nur durch das Hinzukommende zur Kenntnis der Sinne. Dennoch ist sie überaus notwendig für das Hören, da ohne sie nichts hörbar werden kann.

Daher ist notwendig, daß du in ähnlicher Weise bedenkst, daß alles, was als Wirklichkeit sein soll, sei es nun sinnlich oder vernunfthaft, etwas voraussetzt, ohne das es nicht ist, da es durch sich selbst weder wahrnehmbar, noch vorstellbar ist. Und weil ihm die sinnlich-wahrnehmbare oder verstehbare Gestalt fehlt, hat es keinen Namen, und man kann es nicht erkennen, wenn es nicht gestaltet wird. Dennoch wird es Hyle, Materie, Chaos, Möglichkeit, Werdenkönnen oder Zugrundeliegendes oder mit anderen Namen genannt. Ebenso ist die Hyle nicht von der Natur irgendeiner Gestalt und auch nicht deren Ursprung; diesen stellt vielmehr der Gestalter dar.

Quamvis igitur sonus sine aere fieri nequeat non est propterea de natura aeris. Pisces enim et homines extra aerem in aqua sonum percipiunt, quod non esset si de natura aeris foret.

Post advertendum, hominem vocalis verbi formatorem, quomodo non format verbum ut animal brutum, sed ut habens mentem, qua bruta carent. Mens igitur formator verbi cum non formet verbum nisi ut se manifestet, tunc verbum non est nisi mentis ostensio. Nec varietas verborum aliud est quam unius mentis varia ostensio.

Conceptio autem, qua mens se ipsam concipit, est verbum a mente genitum, scilicet sui ipsius cognitio. Verbum autem vocale est illius verbi ostensio. Omne autem quod dici potest, non est nisi verbum. Ita de formatore omnium conceptum facito ut de mente quodque ipse de verbo de se genito se cognoscit, in creatura, quae est increati verbi signum, se ostendit in variis signis varie. Et nihil esse potest quod non sit signum ostensionis geniti verbi.

Et sicut mens nolens se amplius ostendere a verbi vocalis prolatione cessat et nisi indesinenter proferat, existere nequit [vocale verbum]. Sic se habet creatura ad creatorem. Cuncta autem alia, sine quibus vocale verbum bene fieri nequit, quae Musae dicuntur[1], ad finem vocalis verbi ordinata, mentis manifestationi serviunt. Pariformiter sunt creaturae, quae sunt notae et ostensiones interni verbi. Et sunt creaturae illis ad finem servientes.

VIII.

Est igitur animal perfectum, in quo sensus et intellectus considerandum, ut homo cosmographus habens civitatem quinque portarum, quinque sensuum, per quas intrant nuntii ex toto mundo, denuntiantes omnem mundi dispositionem hoc ordine, quod qui de luce et colore eius nova portant per portam visus intrent, qui de sono et voce per portam auditus, qui de odoribus per portam

---

[1] Vgl. Cicero, Tusc. V, 66.

Obwohl der Ton ohne Luft nicht zu entstehen vermag, ist er darum doch nicht von der Natur der Luft. Fische und Menschen können, auch wenn sie nicht in der Luft sind, im Wasser einen Ton wahrnehmen. Das wäre nicht der Fall, wenn er von der Natur der Luft wäre.

Ferner ist festzuhalten, daß der Mensch der Bildner des lautlichen Wortes ist, daß er aber das Wort nicht bildet wie ein dummes Tier, sondern als einer, der Geist besitzt, welcher dem Tier fehlt. Da also der Geist, der Bildner des Wortes, dieses nur bildet, um sich zu offenbaren, ist das Wort nichts anderes als das Sich-Zeigen des Geistes. Ebenso ist auch die Mannigfaltigkeit der Worte nichts anderes als das mannigfache Sich-Zeigen des einen Geistes.

Der Gedanke aber, mit dem der Geist sich selbst denkt, ist das vom Geist gezeugte Wort, d. h. die Erkenntnis seiner selbst. Das lautliche Wort indes ist die Erscheinung dieses Wortes. Alles aber, was gesagt werden kann, ist nichts als das Wort. Vom Bildner aller Dinge mache dir in derselben Weise einen Gedanken-Entwurf wie vom Geist: nämlich, daß er sich in dem von ihm erzeugten Wort erkennt und sich in dem Geschöpf, das ein Zeichen des ungeschaffenen Wortes ist, mannigfach in verschiedenen Zeichen zeigt und nichts sein kann, das nicht ein Zeichen der Erscheinung des gezeugten Wortes wäre.

Und so wie der Geist, der sich nicht weiter zeigen will, mit der lautlichen Hervorbringung des Wortes aufhört, und dieses, wenn er es nicht unablässig hervorbringt, nicht bestehen kann, so verhält es sich mit Geschöpf und Schöpfer. Alles andere aber, ohne das ein lautliches Wort nicht gut werden kann und das man die Musen nennt, ist auf das lautliche Wort hingeordnet und dient der Offenbarung des Geistes. Gleichermaßen sind sie Geschöpfe, welche Begriffe und Erscheinungen des inneren Wortes sind; sie sind Geschöpfe, die jenen zu ihrem Ziel dienen.

VIII.

Ein vollständiges Lebewesen, dem Sinn und Vernunft innewohnen, kann man als einen Kosmographen betrachten, dem eine Stadt mit den fünf Toren der Sinne eigen ist. Durch diese treten die Boten aus der ganzen Welt ein und geben Kunde von der gesamten Lage der Welt in folgender Ordnung: diejenigen, welche vom Licht und ihrer Farbe etwas Neues berichten, treten durch das

odoratus, qui de saporibus per portam gustus, et qui de calore, frigore et aliis tangibilibus per portam tactus. Sedeatque cosmographus et cuncta relata notet, ut totius sensibilis mundi descriptionem in sua civitate habeat designatam. Verum si porta aliqua civitatis suae semper clausa remansit, puta visus, tunc quia nuntii visibilium non habuerunt introitum, defectus erit in descriptione mundi. Non enim faciet descriptio mentionem de sole, stellis, luce, coloribus, figuris hominum, bestiarum, arborum, civitatum et maiori parte pulchritudinis mundi. Sic si porta auditus clausa mansit de loquelis, cantibus, melodiis et talibus nihil descriptio contineret. Ita de reliquis.

Studet igitur omni conatu omnes portas habere apertas et continue audire novorum semper nuntiorum relationes et descriptionem suam semper veriorem facere. Demum quando in sua civitate omnem sensibilis mundi fecit designationem, ne perdat eam in mappam redigit bene ordinatam et porportionabiliter mensuratam, convertitque se ad ipsam. Nuntiosque amplius licentiat, clauditque portas et ad conditorem mundi internum transfert intuitum, qui nihil eorum est omnium, quae a nuntiis intellexit et notavit. Sed omnium est artifex et causa, quem cogitat sic se habere ad universum mundum anterioriter, sicut ipse ut cosmographus ad mappam.

Atque ex habitudine mappae ad verum mundum speculatur in se ipso, ut cosmographo mundi creatorem in imagine veritatem in signo signatum mente contemplando. In qua speculatione advertit, nullum brutum animal licet similem videatur habere civitatem, portas et nuntios, mappam talem facere potuisse. Et hinc in se reperit primum et propinquius signum conditoris, in quo vis creativa plus quam in aliquo alio noto animali relucet.

Intellectuale enim signum primum et perfectissimum est omnium conditoris, sensibile vero ultimum. Retrahit igitur se quantum potest ab omnibus sensibilibus signis ad intelligibilia simpliciaque atque formalia signa. Et quomodo in illis splendet lux aeterna

Tor des Sehens ein; die von Ton und Geräusch erzählen, durch das Tor des Gehörs; die von den Düften reden, durch das Tor des Geruchs; die von dem Wohlgeschmack sprechen, durch das Tor des Geschmackes; und die von Wärme, Kälte und anderem Spürbaren berichten, durch das Tor des Tastgefühls. Und der Kosmograph thront darinnen und schreibt alles nieder, das ihm berichtet worden ist, so daß er in seiner Stadt die Beschreibung der gesamten sinnlichen Welt aufgezeichnet hat. Wenn aber nun irgendein Tor dieser seiner Stadt ständig geschlossen bleibt, z. B. das des Sehens, dann wird, weil es keinen Einlaß gibt für den Boten des Sichtbaren, die Beschreibung der Welt mangelhaft sein. Denn die Beschreibung wird keine Erwähnung tun von Sonne, Sternen, Licht, Farben, Gestalten der Menschen, der Tiere, der Bäume, Städte und des größeren Teiles der Schönheit der Welt. Ebenso wird die Beschreibung, wenn das Tor des Gehörs geschlossen bleibt, nichts von Gespräch, Gesang, Melodien und ähnlichem enthalten. Dasselbe gilt von den übrigen Sinnen.

Der Kosmograph strebt also mit allen Mitteln danach, alle Tore offen zu haben und ständig die Berichte neuer Boten zu vernehmen und seine Beschreibung immer wahrer zu machen. Wenn er schließlich in seiner Stadt die ganze Beschreibung der sinnlichen Welt fertig hat, dann legt er sie wohlgeordnet und im Verhältnis abgemessen auf einer Karte nieder und wendet sich ihr zu. Die Boten entläßt er. Er schließt die Tore und wendet sich nun mit seinem inneren Schauen dem Gründer der Welt zu, der nichts von alledem ist, was er über die Boten verstanden und festgehalten hat, sondern der der Künstler und der Grund aller dieser Dinge ist. Von ihm denkt er, daß er sich zu dem Weltgesamt vorgängig so verhält, wie er selbst als der Kosmograph sich zur Karte verhält.

Auf Grund des Verhältnisses der Karte zu der wirklichen Welt erblickt er in sich selbst als dem Kosmograph den Schöpfer der Welt im Gleichnis, da er die Wahrheit im Bild, im Zeichen das Bezeichnete, durch den Geist betrachtet. Bei dieser Betrachtung stellt er fest, daß kein geistloses Tier, wenn es auch eine ähnliche Stadt, Boten und Tore zu besitzen scheint, eine solche Karte herzustellen vermöchte. Und so findet er in sich selbst das erste und nächste Zeichen des Schöpfers, in dem seine Schöpferkraft mehr als in irgendeinem anderen bekannten Lebewesen widerstrahlt.

Das vernunfthafte Zeichen ist nämlich das erste und vollkommenste des All-Gründers, das sinnliche hingegen das letzte. Er zieht sich also, soweit er kann, von allen sinnlichen Zeichen zurück und wendet sich den verstehbaren, einfachen und gestalt-

et inaccessibilis omni acumine mentalis visus attentissime advertit, ut videat incomprehensibilem aliter quam incomprehensibili essendi modo videri non posse atque ipsum, qui est omni modo comprehensibili incomprehensibilis omnium, quae sunt[1], essendi formam, quae in omnibus, quae sunt, manens incomprehensibilis in intellectualibus signis ut lux in tenebris lucet[2]. A quibus nequaquam comprehenditur, quasi una facies in diversis politis speculis varie apparens nullo speculo quantumcumque polito inspeculatur incorporatur seu immateriatur ut ex ipsa facie et speculo aliquod unum compositum ex utroque fiat, cuius forma sit facies et speculum materia.

Sed in se manens una varie se ostendit, ut hominis intellectus in suis variis artibus et ex variis artium productis in se unus et invisibilis manens varie se visibiliter manifestat, licet in omnibus illis maneat omni sensui penitus incognitus. Hac speculatione dulcissime pergit contemplator ad sui et omnium causam, principium et finem, ut feliciter concludat.

IX.

Sunt igitur haec pauca facilia et sufficientia speculationi tuae, cum sis simplex. Quomodo si subtiliora indagare proponis de elementis ad partes soni respice et litteras illas partes designantes, quarum aliae sunt vocales, aliae mutae, aliae semivocales aliae liquidae, et quomodo ex illis fit syllabarum et dictionum combinatio, ex quibus oratio ac quod oratio est intentum. Ita quae a natura sunt procedunt ab elementis ad intentum naturae. Oratio enim est rei designatio seu definitio. Hoc quaternario ab imperfecto ad perfectum pervenitur. Et quae de hoc philosophice tractari possunt, sufficienter in progressu artis huius venari poterunt. Nam in natura reperiuntur combinationes pulchrae et ornatae et hominibus gratae, sic et [in] dicendi arte et vocum concordantia; quaedam contrario se habent modo in utraque.

---

[1] Cod. Cus. schließt esse an.
[2] Jh. 1, 5.

haften Zeichen zu. Und wie in ihnen das ewige und für alle Schärfe geistiger Schau unerreichbare Licht widerstrahlt, darauf wendet er seine ganze Aufmerksamkeit, so daß er sieht, daß der Unbegreifliche anders als in unbegreiflicher Seinsweise nicht gesehen werden kann und daß er, der für jedes Begreifen Unbegreifliche, die Seinsgestalt aller Dinge, die sind, ist, welche in allem, das ist, in vernunfthaften Zeichen unbegreiflich bleibt und wie das Licht in der Finsternis leuchtet. Von dieser wird es keineswegs begriffen; so wie wenn ein Gesicht in verschiedenen geschliffenen Spiegeln verschieden erscheint, jedoch, mag man es auch in einem noch so sehr geschliffenen Spiegel betrachten, inkorporiert oder verstofflicht wird, so daß aus dem Gesicht und dem Spiegel ein aus beiden Zusammengesetztes würde, dessen Form das Gesicht und dessen Materie der Spiegel wäre.

In sich verbleibend zeigt sich das eine Licht vielmehr mannigfach so wie die Vernunft des Menschen sich in seinen verschiedenen Künsten und den Produkten dieser verschiedenen Künste zwar sichtbar in verschiedener Weise offenbart, aber unsichtbar in sich selbst bleibt, auch wenn sie in alledem für jeden Sinn vollkommen unbekannt bleibt. Durch diese Betrachtung gelangt der Betrachtende in angenehmster Weise zum Grund, Ursprung und Ziel seiner selbst und aller Dinge, so daß er seinen Weg glücklich beschließt.

IX.

Diese wenigen Worte sind für deine Betrachtung leicht verständlich und hinreichend, da du selbst einfach bist. Wenn du dem genauer nachspüren möchtest, dann blicke von den Elementen auf die Teile des Tones zurück und auf die Buchstaben, welche diese Teile bezeichnen, von denen die einen Vokale, die anderen Konsonanten — noch andere Halbvokale und Liquiden sind. Beachte ferner, wie aus diesen die Verbindung von Silben und Wörtern entsteht, daraus die Rede und daß schließlich die Rede das Beabsichtigte ist. Was also von Natur ist, schreitet von den Elementen zu dem von der Natur Beabsichtigten fort. Die Rede ist die Bezeichnung oder Begriffsbestimmung der Sache. Durch diesen Quaternar gelangt man vom Unvollkommenen zum Vollkommenen. Was man darüber philosophisch abhandeln kann, läßt sich zur Genüge im Fortschritt dieser Kunst erjagen. Denn in der Natur finden sich schöne, anmutige und dem Menschen angenehme Verbindungen; ebenso in der Redekunst und dem Zusammenklang der Worte. Manche verhalten sich in beiden in gegensätzlicher Weise.

Facit igitur homo suas considerationes circa talia et scientiam rerum facit ex signis et vocabulis, sicut Deus mundum ex rebus. Et ultra de ornatu et concordantia et pulchritudine atque vigorositate et virtute orationis artes addit vocabulis naturam imitando. Ita grammaticae addit rhetoricam, poesim, musicam, logicam et alias artes, quae omnes artes signa sunt naturae.

Sicut enim mens sonum in natura repperit et artem addidit ut omnia signa rerum in sono poneret, ita concordantiae quam in natura repperit in sonis artem addidit musicae omnes concordantias designandi. Et ita de reliquis.

Considerationes enim quas otiosi sapientes in natura esse reppererunt conati sunt per aequalitatem rationis in communem artem producere, ut quando experti sunt certarum notarum concordantias ex habitudine illarum ad pondera malleorum concordantes notas in incude facientium [ad artis notitiam] pervenerunt. Et demum in organis et chordis proportionabiliter magnis et parvis idem invenerunt. Et concordantis atque discordantis in natura in artem deduxerunt. Et hinc haec ars cum apertius naturam imitetur, gratior est et conatum naturae concitat et adiuvat in motu vitali, qui est concordantiae seu complacentiae motus, qui laetitia dicitur. Fundatur igitur omnis ars in consideratione per sapientem in natura reperta, quam praesupponit, quia causam eius propter quid ignorat seu invento addit artem per speciem similitudinis dilatando, quae est ratio artis naturam imitantis.

X.

Nunc elicias. Si quam artem invenisti et illam in scriptis tradere conaris, opus habes, ut verba proposito apta praemittas et significata erorum iuxta tuam mentem declares. Hoc quidem est principale.

Der Mensch stellt seine Betrachtungen über dergleichen an und bildet sich, so wie Gott die Welt aus den Dingen bildet, aus den Zeichen und Worten seine Wissenschaft von den Dingen; darüber hinaus fügt er Schmuck und Übereinstimmung, Schönheit, Kraft und Tugend der Kunst der Rede zu den Worten hinzu, indem er die Natur nachahmt. Ebenso fügt er der Grammatik die Rhetorik bei, die Dichtkunst, Musik, Logik und die anderen Künste, welche Künste alle Zeichen der Natur sind.

Denn so wie der Geist den Ton in der Natur vorfindet und die Kunst hinzufügt, um alle Zeichen der Dinge in Tönen niederzulegen, so fügt er dem Zusammenklang, den er in der Natur vorfindet, in den Tönen die Kunst der Musik hinzu, um alle Harmonien zu bezeichnen. So ist es mit allem.

Die Überlegungen, welche die betrachtenden Weisen in Verbindung mit der Natur darin gewonnen haben, haben sie mittels der Gleichheit des Wesenssinnes in die allgemeine Kunst hinüberzuführen versucht; so wie wenn sie auf Grund der Gewohnheit die Erfahrung gemacht haben, daß die Harmonien bestimmter Noten den Tönen entsprechen, welche die Schmiede erzeugen, sobald sie mit den Hämmern auf den Amboß schlagen. Daraufhin fanden sie auf Orgeln und Saiten, auf großen und kleinen, dasselbe in der Weise des Verhältnisbezuges und führten die Harmonien und Disharmonien der Natur in die Kunst über. Darum ist diese Kunst, weil sie die Natur offenbar nachahmt, angenehmer. Sie regt den Trieb der Natur an und hilft bei der lebendigen Bewegung, welche die von Übereinstimmung und Wohlbehagen ist, die man Freude nennt. Jede Kunst gründet also in den Betrachtungsergebnissen, welche der Weise im Anschluß an die Natur, welche er voraussetzt, da er den Grund, um dessentwillen sie ist, nicht kennt, in dieser gefunden hat. Zum Gefundenen indes fügt er die Kunst hinzu, indem er sie durch die Eigengestalt des Ähnlichkeitsbildes erweitert, welche der Wesenssinn der Kunst ist, die die Natur nachahmt.

X.

Forsche hier weiter: Wenn du irgendeine Kunst gefunden hast und sie schriftlich zu überliefern trachtest, mußt du darauf sehen, dem Vorhaben entsprechende Worte vorauszuschicken und ihre Bedeutung deinem Geist gemäß zu erklären. Das ist das Erste und die Grundbedingung.

Et quoniam verbum in illis vocabulis signatum ars est quam enodare proponis, totum studium versabitur, ut per ipsa vocabula quanto praecisius potes doceas, quae mente concepisti. Definitio enim, quae scire facit, est explicatio eius, quod in vocabulo complicatur.

Et ad hoc in omni studio librorum principalem operam adhibeas, ut interpretationem vocabulorum iuxta mentem scribentis attingas et cuncta facile apprehendes scripturasque concordabis, quas sibi contradicere putabas.

Hinc distinctiones termınorum multum conferunt ad variarum scripturarum concordiam, si distinguens non errat. Et tunc minus deviat, quando ad aequalitatem reducere satagit.

Adiiciam tibi unam quam habui considerationem circa speciem notitiae principii. Hoc enim oportet esse pricipium, quo nihil prius nec potentius. Sola potentia, quae praecisam sui aequalitatem generat, maior esse nequit. Haec enim omnia in se unit.

Capio igitur terminos quattuor, puta posse, aequale, unum et simile. Posse dico quo nihil potentius; aequale quod eiusdem naturae; unum ab ipsis procedens; et simile quod est principii sui repraesentativum.

Ipso posse nihil prius esse potest. Quid enim posse anteiret si anteire non posset? Posse igitur quo nihil potentius aut prius esse potest utique est principium omnipotens. Est enim ante esse et non esse. Nihil enim est nisi esse possit. Nec non est si non esse non potest. Atque praecedit facere et fieri. Nihil enim facit, quod facere non potest, aut fit, quod fieri non potest. Sic vides posse ante esse et non esse, ante facere et fieri. Et ita de omnibus.

Nullum autem omnium, quae hoc ipsum posse non sunt, sine ipso nec esse potest nec cognosci. Quaecumque igitur aut esse aut cognosci possunt, in ipso posse complicantur et eius sunt.

Und weil das in diesen Wörtern bezeichnete Wort die Kunst ist, die du entwickeln möchtest, wird dein ganzes Streben darauf hinausgehen, daß du, so genau es dir nur möglich ist, durch die Wörter lehrst, was du im Geist begriffen hast. Die Definition nämlich, die das Wissen bewirkt, ist die Entfaltung dessen, was im Wort eingefaltet ist.

Folglich wende bei jedem Studium der Bücher dein Hauptaugenmerk darauf, die Interpretation der Worte dem Geist des Schreibenden gemäß zu erreichen. Dann wirst du alles leicht erfassen und die Schriften, von denen du gemeint hast, daß sie einander widersprächen, zur Übereinstimmung bringen.

Daher trägt eine unterscheidende Bestimmung der Wortbegriffe viel zur Übereinstimmung der verschiedenen Schriften bei, sofern der Unterscheidende nicht irrt. Und er wird dann am wenigsten in die Irre gehen, wenn er sich bemüht, diese zur Gleichheit zurückzuführen.

Ich will das Ergebnis einer Betrachtung hinzufügen, welche ich bezüglich der Eigengestalt der Ursprungserkenntnis gemacht habe. Der Ursprung muß das sein, demgegenüber es nichts Früheres und nichts Mächtigeres gibt. Nur die Mächtigkeit, die ihre genaue Gleichheit zeugt, kann nicht größer sein, denn sie eint alles in sich.

Ich nehme also vier Wortbegriffe: Können, Gleiches, Eines und Ähnliches. Können nenne ich das, demgegenüber nichts Mächtiger ist. Gleiches ist das, was von derselben Natur ist; Eines das, was von ihnen ausgeht. Ähnliches ist das, was seinen Ursprung darstellt.

Nichts kann früher sein als das Können. Denn was könnte vorangehen, wenn es nicht vorangehen könnte? Das Können also, demgegenüber nichts mächtiger oder früher sein kann, ist der allmächtige Ursprung. Es ist vor dem Sein und dem Nicht-Sein. Denn es gibt nichts, wenn es nicht sein könnte, und es gibt nicht nichts, wenn es nicht nicht sein könnte. Es geht dem Machen und dem Gemacht-Werden voran. Denn nichts macht, das nicht machen kann und nichts wird gemacht, das nicht gemacht werden kann. So siehst du das Können vor dem Sein und Nicht-Sein, vor dem Machen und Werden, usw.

Nichts von allem, das nicht das Können selbst ist, kann ohne es sein oder erkannt werden. Also ist alles, was auch immer sein oder erkannt werden kann, im Können eingefaltet und sein eigen.

Aequale autem, cum non possit esse nisi sit ipsius posse, erit prius omnibus, sicut posse cuius est aequale. In aequalitate sua ostendit se posse potentissimum. Nam de se sui ipsius posse aequalitatem generare supremum potentiae est. Posse igitur quod se aequaliter ad contradictoria habet ut non possit plus unum quam aliud per aequalitatem suam se aequaliter habet.

Procedit autem ex posse et aequalitate eius unio potentissima. Potentia enim seu virtus unita fortior est. Unio igtur ipsius quo nihil potentius et eius aequalitatis non est minor ipsis a [quibus] procedit. Et ita videt mens posse eius aequalitatem et utriusque unionem esse unicum principium potentissimum, aequalissimum et unissimum. Patet satis, quod posse aequaliter unit omnia, complicat et explicat. Quicquid igitur facit, per aequalitatem facit. Et si creat, per ipsam creat, et si [se] ostendit, per ipsam se ostendit. Non facit autem posse ipsum per aequalitatem se ipsum, cum non sit prius se ipso, nec facit per aequalitatem dissimile. Non enim aequalitas forma est dissimilitudinis et inaequalis.

Id igitur, quod facit, simile est. Quicquid igitur est et non est ipsum principium, necesse est, quod sit ipsius similitudo, cum aequalitas, quae non recipit magis et minus, non sit multiplicabilis seu variabilis sive alterabilis sicut nec singulare. Non enim est singularitas aliud quam aequalitas. Obiectum igitur omnis potentiae cognitivae non potest esse nisi ipsa aequalitas, quae se in sua similitudine ostendere potest.

Unde obiectum sensitivae cognitionis non est nisi aequalitas. Sic et imaginative atque etiam intellectivae. Naturaliter potentia suum cognoscit obiectum. Cognitio vero fit per similitudinem. Hinc omnium potentiarum cognitivarum aequalitas obiectum est, cuius similitudo ponit omnes potentias cognitivas in actu. Naturaliter enim intellectu vigentes aequalitatem esse vident, cuius similitudo est in intellectu, sicut visus coloratum cuius similitudo seu species est in visu. Similitudo autem omnis est aequalitatis species seu signum. Aequalitas visui obiicitur, quae in specie coloris videtur. Ita de reliquis.

Das Gleiche, das nur sein kann, wenn es dem Können angehört, muß wie das Können, dem es gleich ist, früher als alle Dinge sein. In seiner Gleichheit zeigt es sich als das allermächtigste Können. Denn aus sich selbst die Gleichheit seiner selbst zeugen zu können, ist die höchste Macht. Das Können also, das sich in gleicher Weise zum Kontradiktorischen verhält, so daß es eines nicht mehr kann als ein anderes, verhält sich durch seine Gleichheit gleich.

Aus dem Können und seiner Gleichheit geht die mächtigste Einung hervor. Denn die geeinte Mächtigkeit oder Kraft ist stärker. Die Einung des Mächtigsten und seiner Gleichheit ist also nicht schwächer als das, aus dem sie hervorgeht. Und so sieht der Geist, daß das Können, seine Gleichheit und die Einung beider der einzige, mächtigste, gleichste und geeinteste Ursprung ist. Daraus geht genugsam hervor, daß das Können in gleicher Weise alles eint, einfaltet und ausfaltet. Was immer es macht, macht es durch die Gleichheit, und wenn es schafft, dann schafft es durch sie, und wenn es sich zeigt, dann zeigt es sich durch sie. Sich selber aber schafft das Können nicht durch die Gleichheit, da diese nicht früher ist als es selbst. Auch schafft es nicht Ungleiches durch die Gleichheit. Denn die Gleichheit ist nicht die Gestalt der Unähnlichkeit und des Ungleichen.

Das also, was es macht, ist Ähnliches. Alles also, was ist und nicht der Ursprung selbst ist, muß notwendig dessen Ähnlichkeit sein, weil die Gleichheit, die kein Mehr und Weniger annimmt, nicht vervielfältigt oder abgewandelt oder verändert werden kann; ebensowenig wie das Einzelne. Die Einzigkeit ist ja nichts anderes als die Gleichheit. Der Gegenstand aller erkennenden Kraft kann also nichts anderes sein als die Gleichheit selbst, die sich in ihrer Ähnlichkeit zeigen kann.

Darum ist der Gegenstand der sinnenhaften Erkenntnis nichts anderes als die Gleichheit, ebenso der der einbildungshaften und der vernunfthaften. Von Natur aus erkennt das Erkenntnisvermögen seinen Gegenstand. Erkenntnis jedoch vollzieht sich durch Ähnlichkeit. Daher ist die Gleichheit, deren Ähnlichkeit alle Erkenntniskräfte zur Wirklichkeit bringt, der Gegenstand aller Erkenntniskräfte. Von Natur aus sehen die mit Vernunft Begabten, daß es die Gleichheit gibt, deren Ähnlichkeit in der Vernunft ist; so wie das Farbige-Sehen, dessen Ähnlichkeit oder Eigengestalt im Sehen ist. Jede Ähnlichkeit aber ist die Eigengestalt oder das Zeichen der Gleichheit. Die Gleichheit tritt dem Sehen entgegen; sie wird in der Eigengestalt der Farbe gesehen usw.

Propinquius tamen in imaginatione, quia non in specie qualitatis sed quantitatis aequalitas imiginabilis est. Et haec species propinquiorem habet aequalitatis similitudinem. In intellectu vero non per similitudinem speciebus qualitatis aut quantitatis involutam, sed simplicem et puram intelligibilem speciem seu nudam similitudinem aequalitas attingitur. Et videtur aequalitas ipsa una, quae est omnium rerum essendi et cognoscendi forma in varia similitudine varie apparens. Et eius singularem apparitionem, quam rem singularem appellamus, in eius splendore humana mens naturaliter in se ipsa intuetur tamquam viva et intelligens eius apparitio.

Non est enim humana mens nisi signum coaequalitatis illius quasi prima apparitio cognitionis, quam propheta lumen vultus Dei super nos signatum appellat[1]. Hinc homo naturaliter bonum, aequum, iustum et recturm, quia splendores aequalitatis, cognoscit, legem illam, quod tibi vis fieri alteri fac, laudat, quia est splendor aequalitatis. Cibus enim vitae intellectualis ex talibus est virtutibus, quia non ignorat ipsam pastus sui refectionem. Sicut visus sensibilis ad sensibilem lucem se habet, ita visus mentis ad hanc intelligibilem lucem. Nam lux sensibilis illius intelligibilis imago, similitudinem aequalitatis habet, cum nihil inaequale in ipsa luce videatur.

Hoc certum, quod sicut visus sensibilis nihil sentit nisi lucem et lucis apparentiam in signis suis, neque quicquam aliud esse iudicat, quin immo constanter affirmat sublata luce nil penitus manere, pascitur enim videre ex illis, ita et mentis visus nihil sentit quam intelligibilem lucem sive aequalitatem et eius apparitionem in signis suis atque verissime profitetur, quod hac luce sublata nihil nec esse nec intelligi potest. Quomodo enim sublata aequalitate staret intellectus, cuius intelligere in adaequatione consistit, quae utique desineret aequalitate sublata? Nonne veritas sublata foret quae est adaequatio rei et intellectus? Nihil igitur in veritate maneret aequalitate sublata, cum in veritate ipsa nihil reperiatur quam aequalitas.

---

[1] Ps. 4, 7.

Näher aber ist die Gleichheit in der Einbildung, weil sie nicht in der Eigengestalt der Qualität, sondern der Quantität einbildbar ist. Und diese Eigengestalt hat eine der Gleichheit näherkommende Ähnlichkeit. In der Vernunft aber wird die Gleichheit nicht mittels der in die Eigengestalten von Quantität und Qualität verwickelten Ähnlichkeit, sondern mittels der einfachen und reinen vernunfthaften Eigengestalt oder reinen Ähnlichkeit erreicht. Und die Gleichheit erscheint als eine, welche die Gestalt des Seins und Erkennens aller Dinge ist, die in mannigfacher Ähnlichkeit mannigfach erscheint. Und ihre einzelne Erscheinung, die wir das Einzelding nennen, schaut in ihrem Glanz der menschliche Geist von Natur aus in sich selbst — gleichsam als ihre lebendige und vernünftig-verstehende Erscheinung.

Der menschliche Geist ist ja nichts anderes als das Zeichen der Gleichheit mit ihm, gleichsam das erste Erscheinen der Erkenntnis, das der Prophet das Angesicht Gottes nennt, welches in uns eingeprägt ist. Daher erkennt der Mensch von Natur aus das Gute, Gleiche, Gerechte und Richtige, weil dies der Glanz der Gleichheit ist. Darum lobt er jenes Gesetz: was du willst, daß es dir geschehe, das tue dem anderen, weil er der Lichtglanz der Gleichheit ist. Die Speise des vernunfthaften Lebens nämlich besteht aus solchen Tugenden. Darum ist ihm nicht unbekannt, daß jene die Erquickung bei seinem Nahrungssuchen darstellt. Wie das sinnliche Sehen zu dem sinnlichen Licht, so verhält sich das Sehen des Geistes zu diesem vernunfthaften Licht. Denn das sinnliche Licht, Abbild jenes Vernunfthaften, trägt die Ähnlichkeit der Gleichheit, da nichts Ungleiches im Licht gesehen wird.

Es ist gewiß, daß, wie das sinnliche Sehen nichts empfindet als das Licht und das Erscheinen des Lichtes in seinen Zeichen und sich das Urteil bildet, daß es nichts anderes gibt, ja sogar beständig behauptet, daß nichts übrigbliebe, wenn man das Licht hinwegnähme — sein Sehen nährt sich ja davon —, auch das Sehen des Geistes nichts anderes als das vernunfthafte Licht oder die Gleichheit und ihr Erscheinen in seinen Zeichen wahrnimmt und mit größter Wahrheit versichert, daß ohne dieses Licht nichts sein und erkannt werden kann. Denn wie sollte das Vernunft-Denken, dessen Verstehen in Angleichung besteht, die durch Hinwegnahme der Gleichheit gänzlich zu sein aufhörte, weiter fortdauern, wenn die Gleichheit entfernt wäre? Würde damit nicht die Wahrheit hinweggenommen, welche die Angleichung der Sache an das Vernunft-Denken oder die Angleichung der Sache und des Vernunft-Denkens ist? Nichts bliebe in der Wahrheit, wenn die Gleichheit hinweggenommen wäre, da in der Wahrheit selbst nichts anderes zu finden ist als Gleichheit.

XI.

Et ut videas animam sensitivam non esse intellectum, sed eius similitudinem seu imaginem, attende, quomodo in vidente duplex est forma. Una informans, quae est similitudo obiecti, alia est formans, quae est similitudo intelligentiae. Formare et informare agere quoddam est. Cum autem nihil fiat sine ratione, intellectus est principium actionum, quae sunt ad finem.

Facit autem omnia aut per se aut per naturam. Ideo opus naturae est opus intelligentiae. Hinc quando obiectum per suam similitudinem informat, hoc naturaliter fit, scilicet per intelligentiam medio naturae. Quando vero intelligentia format, hoc facit per propriam suam similitudinem.

In vidente igitur duae sunt similitudines, alia obiecti, alia intelligentiae, sine quibus non fit visio. Similitudo obiecti est superficialis et extrinseca, similitudo intelligentiae centralis et intrinseca. Similitudo obiecti est instrumentum similitudinis intelligentiae. Similitudo igitur intelligentiae mediante similitudine obiecti sentit seu cognoscit.

Sentire igitur animam sensitivam, quae similitudo est intelligentiae et speciem obiecti, quae est similitudo obiecti, requirit. Quare anima sensitiva non est intellectus, cum non sentiat sine similitudine obiecti. Intellectus enim non dependet ab aliquo, ut intelligibilia intelligat et nullo alio a se ipso indiget instrumento, cum sit suarum actionum principium. Intelligit enim hoc complexum quodlibet est vel non est, sine aliquo instrumento seu medio, sic et cuncta intelligibilia.

Sensibilia non intelligit, quia sensibilia et non intelligibilia. Quare oportet, ut intelligibilia prius fiant antequam intelligantur, sicut nihil sentitur nisi sensibile fiat.

XI.

Damit du siehst, daß die sinnenhafte Seele nicht das Vernunft-Denken ist, sondern seine Ähnlichkeit oder sein Abbild, achte darauf, daß und wie in einem Sehenden die Gestalt zweifach ist. Die eine ist die ein-gestaltende Gestalt, welche die Ähnlichkeit des Gegenstandes ist, und die andere die gestaltende, welche die Ähnlichkeit der Vernunft-Einsicht ist. Gestalten und Ein-Gestalten ist eine Art von Tun. Da aber nichts ohne Bestimmungsgrund geschieht, ist das Vernunft-Denken der Ursprung der Handlungen, die auf ein Ziel gerichtet sind.

Es geschieht aber alles entweder durch sich selbst oder von Natur aus. Darum ist das Werk der Natur das Werk der Vernunft-Einsicht. Wenn also ein Gegenstand vermittels seiner Ähnlichkeit ein-gestaltet, dann geschieht das natürlich, d. h. durch die Vernunft-Einsicht mittels der Natur. Wenn aber die Vernunft-Einsicht gestaltet, dann macht sie das durch ihre eigene Ähnlichkeit.

Im Sehenden sind also zwei Ähnlichkeiten: die eine ist die des Gegenstandes, die andere die der Vernunft-Einsicht; ohne diese beiden kommt keine Schau zustande. Die Ähnlichkeit des Gegenstandes ist oberflächlich und äußerlich, die Ähnlichkeit der Vernunft-Erkenntnis zentral und innerlich. Die Ähnlichkeit des Gegenstandes ist das Werkzeug der Ähnlichkeit der Vernunft-Erkenntnis. Die Ähnlichkeit der Vernunft-Erkenntnis also nimmt wahr bzw. erkennt mittels der Ähnlichkeit des Gegenstandes.

Sinnliches Empfinden erfordert also die sinnenhafte Seele, welche die Ähnlichkeit der Vernunft-Einsicht ist, und die Eigengestalt des Gegenstandes, welche die Ähnlichkeit des Gegenstandes ist. Darum ist die sinnenhafte Seele nicht das Vernunft-Denken, da sie nicht ohne die Ähnlichkeit des Gegenstandes empfindet. Das Vernunft-Denken ist nämlich nicht von irgend etwas abhängig, um das Vernünftig-Einsichtige zu erkennen, und bedarf keines — ihm gegenüber anderen — als Werkzeug, da es der Ursprung seiner Tätigkeiten ist. Es erkennt diesen Zusammenhang: „Etwas ist oder ist nicht" ohne irgendein Werkzeug oder Mittel; ebenso alles übrige Vernünftig-Erkennbare.

Das Sinnliche erkennt es nicht, weil es sinnlich und nicht vernunfthaft ist. Darum müssen die vernünftig-erkennbaren Dinge zuerst werden, bevor sie eingesehen werden; so wie auch nichts sinnlich empfunden wird, wenn nicht das Sinnliche wird.

XII.

Adhuc ut in sensibilibus consideres aequalitatem nonne alia superficies plana, alia rotunda, alia media? Etsi aut planam aut rotundam mente conspicis utique nihil non aequale habent. Planities quod aliud quam aequalitas? Sic et rotunditas aequalitas est. Aequaliter enim a centro se habet rotundi superficies et necessario undique aequalis, nullibi se aliter habens. Planities eodem se habet modo undique. Quoniam si ad illam respicis planitiem, qua nulla dari potest aequalior, utique cum omnis plana superficies splendeat, maxime illa splendebit. Sic et rotunda splendebit et movebitur, ut in libello De globo[1] patet.

Mediae vero superficies non possunt penitus ab omni aequalitate esse alienae, cum cadant inter planam et rotundam. Sic nec inter rectam lineam et circularem, quarum quaelibet aequalis est, nulla cadere potest linea aequalitatis expers. Ita de numero, quorum nullus est aequalitatis expers, quoniam in ipsis non nisi unitatis progressio reperitur, et nullus est, qui sit variabilis aut minus plusque capiat.

Hoc certe non aliunde quam ab aequalitate sic esse oportet. Deinde nonne nihil [aliud] in sanitate aut vita aut talibus quibuscumque veraciter quam aequalitas reperitur, qua sublata nec sensus nec imaginatio nec comparatio nec proportio nec intellectus remanebit? Sic nec amor nec concordia nec iustitia nec pax erunt, nec durare quicquam poterit.

XIII.

Post primi principii considerationem adhuc ex dictis aliquid de anima inferam.

Elicias ex praemissis, quomodo aer nullo sensu nostro attingitur nisi qualificatus. Ex quo constat, quod si aer viveret vita sensitiva in se sentiret species qualitatum. Aer autem aut subtilis est aut grossus aut medio modo se habet. Subtilis aether est. Oportet igitur animam sensitivam aerem vivificare sibi coniunctum, ut in

---

[1] Vgl. Nicolaus Cusanus, De ludo globi, 1462/63, Schriften Bd. III.

XII.

Um im Sinnlichen die Gleichheit zu betrachten: ist nicht die eine Fläche gerade, die andere rund, eine dritte von mittlerer Art? Wenn du entweder die gerade oder die runde im Geist betrachtest, dann haben sie nichts, das nicht gleich wäre. Was ist die Ebene anderes als die Gleichheit? Ebenso ist auch die Rundheit die Gleichheit. Denn eine runde Fläche verhält sich vom Mittelpunkt aus gleich und ist notwendig überall gleich und verhält sich nirgends anders. Genauso verhält sich die Ebene von überall gleich. Wenn du zu jener Ebene blickst, der gegenüber keine gleichere gegeben werden kann, dann wird diese gewiß am meisten glänzen, sofern jede ebene Fläche glänzt. So wird auch die runde glänzen und sich bewegen, wie es im Buch über das Kugelspiel offenkundig ist.

Die mittleren Flächen aber können nicht jeder Gleichheit fremd sein, da sie zwischen die ebene und die runde Fläche fallen. Ebenso kann zwischen die gerade Linie und die Kreislinie, von denen jede gleich ist, keine Linie fallen, die der Gleichheit unteilhaftig ist. Genauso steht es mit der Zahl; keine ist der Gleichheit unteilhaftig, weil sich in ihnen nur die Progression der Einheit findet, und es keine gibt, die veränderlich wäre oder größer oder kleiner werden könnte.

Dies kann sich nur von der Gleichheit her so verhalten. Weiters: findet sich nicht in Gesundheit oder Leben und derartigem wirklich nichts anderes als die Gleichheit? Nimmt man sie hinweg, so bleibt weder Sinn noch Vorstellung, weder Vergleich noch Verhältnis oder Vernunft. Ebensowenig bleiben Liebe, Eintracht, Gerechtigkeit und Frieden, noch wird irgend etwas weiter andauern können.

XIII.

Nach der Betrachtung des ersten Ursprungs will ich auf Grund des bisher Gesagten noch etwas über die Seele hinzufügen.

Aus dem Bisherigen vermagst du zu erfassen, daß die Luft nur, sofern sie qualitativ ist, von unserem Sinn erreicht wird. Daher steht fest, daß die Luft, wenn sie ein sinnenhaftes Leben leben würde, in sich die Eigengestalten der Qualitäten empfände. Die Luft ist entweder fein oder dicht oder sie verhält sich in mittle-

vivificato aere sentire possit species obiectorum. Puta in aere vivo diaphano et subtili speciem visibilis. In communi speciem soni, in ingrossato et immutato species aliorum sensum.

Non est igitur anima sensitiva nec terra nec aequa nec aer nec aether sive ignis, sed est spiritus vivificans aerem modo praemisso. Ex coniunctum ex spiritu et aere per sensibilem speciem in actu positum sentit. Aer igitur corpus vitae spiritus nostri sensitivi existit, quo mediante vivificat totum corpus et sentit obiecta. Et non est naturae alicuius obiecti sensibilis, sed simplicioris et altioris virtutis.

Sentire quoddam pati est. Agit igitur species in corpus organicum iam dictum. Hinc species non est corporalis cum agat in corpus, sed est in respectu ad corpus illud organicum spiritus formans. Et quia sentitur erit corpus illud vivum et purum omni specie carens.

Anima autem, quae est vivificans ipsum et cuius est sentire penitus omni corpore et specie simplicior et abstractior non cognoscit nisi attendat. Est igitur virtutis semper vivificativae et cognotivae, qua utitur, quando movetur, ut attendat. Est igitur in ipsa anima sensitiva ultra virtutem vivificativam quaedam potentia cognitiva quasi imago sit intelligentiae, quae in nobis ipsis intelligentiae iungitur.

Vides radium solis penetrare vitrum coloratum et in aere speciem coloris apparere. Splendore enim illo, qui est splendor coloris vitri vides aerem coloratum in similitudine vitri. Habet se tamen color vitri ut corpus et color aeris ut intentio et spiritus ad illum. Huius autem intentionis species adhuc subtilior et spiritualior quia est splendor eius. [Et] sentitur in visu scilicet in diaphano aerio vivo oculi.

rer Weise. Feine Luft ist Äther. Die sinnenhafte Seele muß also die ihr verbundene Luft beleben, um in der belebten Luft die Eigengestalten der Gegenstände sinnlich wahrnehmen zu können; z. B. in der lebendigen Luft, die durchscheinend und fein ist, die Eigengestalt des Sichtbaren; in der gewöhnlichen die Eigengestalt des Tones; in der verdichteten und veränderten die Eigengestalten der anderen Sinne.

Die sinnenhafte Seele ist also weder Erde, noch Wasser, Luft, Äther oder Feuer, sondern der Geist, der die Luft in der besprochenen Weise belebt, und das aus Geist und Luft Verbundene, das durch die sinnliche Eigengestalt in Wirklichkeit gesetzt worden ist, sinnlich wahrnimmt. Die Luft stellt den Körper des Lebens unseres sinnenhaften Geistes dar, mit dessen Hilfe er den ganzen Körper belebt und die Gegenstände wahrnimmt; er ist nicht von der Natur irgendeines sinnlichen Gegenstandes, sondern von einfacherer und höherer Kraft.

Empfinden ist eine Art von Erleiden. Die Eigengestalt wird also auf den genannten, organischen Körper hin tätig. Daher ist die Eigengestalt, obwohl sie im Körper handelt, nicht körperlich, sondern ist im Hinblick auf jenen organischen Körper der gestaltende Geist. Und weil sie empfunden wird, muß jener lebendige Körper rein und von jeder Eigengestalt frei sein.

Die Seele aber, die ihn belebt und der das Empfinden eigen ist, und die gänzlich einfacher und abstrakter ist als Körper und Eigengestalt, erkennt nicht, außer wenn sie darauf achtgibt. Sie hat eine immer belebende und erkennende Kraft, deren sie sich bedient, sobald sie sich bewegt, um zu erkennen. In der sinnenhaften Seele befindet sich also noch über die lebendigmachende Kraft hinaus eine erkennende Kraft, gleichsam als Abbild der Vernunfterkenntnis, welche in uns mit dieser verbunden ist.

Du siehst, wie ein Sonnenstrahl ein farbiges Glas durchdringt, und daraufhin in der Luft die Eigengestalt der Farbe erscheint. Denn in jenem Glanz, der der Glanz der Farbe des Glases ist, siehst du die farbige Luft in Ähnlichkeit mit dem Glas; doch die Farbe des Glases verhält sich wie der Körper und die Farbe der Luft wie das Hingerichtetsein und wie der Geist zu ihm. Diese Eigengestalt, die ganz hauchfein ist — eben weil sie sein Glanz ist —, wird im Sehen wahrgenommen, d. h. im lebendigen Widerschein des Sehens wahrgenommen, d. h. im lebendigen Widerschein des Auges.

Anima igitur sensitiva quae vivificat diaphanum est adeo spritualis, quod splendorem splendoris sentit in suo diaphano purissimo. Sentit enim diaphani eius superficiem penitus incoloratam in similitudine tangi. Et se convertens ad obiectum unde splendor venit medio illius splendoris quem in superficie corporis sui diaphani sentit obiectum cognoscit.

Unde cum non fiat visio nisi videns attendat ad splendorem seu intentionem, praetereuntes enim si non sumus attenti non videmus, patet quod visio ex intentione coloris et attentione videntis oritur. Et si bene consideras in aere illo colorato similitudinem hominis reperies. Nam est corpus anima et spiritus. Corpus ut aer est, anima ut species coloris per omnia aerem penetrantis, formantis et colorantis. Spiritus vero ut radius lucis colorem illuminantis.

Nam rationalis nostra anima nisi in se haberet spiritum discretionis, quae in ea lucet, homines non essemus, nec clare prae ceteris animalibus sentiremus. Lux autem illa, quae in nobis lucet, desuper datur[1] et non commiscetur corpori. Lucem autem esse discretivam experimur, ideo omnem discretionem et illuminationem atque perfectionem animalitatis nostrae ab illa insensibili luce nos habere certissime scimus. Quae si non luceret in nobis penitus deficeremus, quemadmodum cessante radio solis penetrare vitrum coloratum nihil de colorato aere visibile manet.

Caelum autem ut vitrum est in se zodiacum seu circulum vitae continens. Virtus vero omnia creantis est ut radius. Ex his paucis materiam speculandi sumito, quam ut volueris poteris ampliare. Superest de fide nostra dulcissima consideratio, quae omnia sua certitudine superat et sola est felicitans; circa quam solide et crebriter verseris.

---

[1] Jak. 1, 17.

Die sinnenhafte Seele, die den Widerschein belebt, ist so sehr geistig, daß sie den Glanz des Glanzes in ihrem allerreinsten Durch-Scheinen wahrnimmt. Sie stellt fest, daß die gänzlich farblose Oberfläche des Durchscheinenden in der Ähnlichkeit gefärbt wird, und indem sie sich dem Gegenstand zuwendet, von dem der Glanz herkommt, nimmt sie mittels jenes Glanzes, den sie in der Oberfläche des Körpers ihrer Durchsichtigkeit empfindet, den Gegenstand wahr.

Da keine Schau zustande kommt, wenn der Sehende nicht auf den auf ihn hingerichteten Glanz achtet — denn Vorübergehende nehmen wir nicht wahr, wenn wir nicht aufmerksam sind —, ist offenbar, daß die Schau aus der Hinkehr der Farbe und der Zukehr des Schauenden entsteht. Wenn du es gut bedenkst, wirst du im Beispiel dieser gefärbten Luft ein Ähnlichkeitsbild für den Menschen finden. Er ist Körper, Seele und Geist. Der Körper ist wie die Luft; die Seele wie die Eigengestalt der Farbe, die die Luft ganz durchdringt, gestaltet und färbt; der Geist aber ist wie der Lichtstrahl, der die Farbe erleuchtet.

Denn wenn unsere verständige Seele nicht den Geist der Unterscheidung in sich hätte, der in ihr leuchtet, dann wären wir nicht Menschen und würden nicht klar vor allen anderen Tieren wahrnehmen. Jenes Licht, das in uns leuchtet, ist uns von oben gegeben und vermischt sich nicht mit dem Körper. Daß das Licht jedoch unterscheidungsbewirkend ist, erfahren wir. Darum wissen wir ganz sicher, daß wir alle Unterscheidungsgabe, Erleuchtung und Vollkommenheit unserer Lebendigkeit von jenem unsichtbaren Lichte haben. Wenn es nicht in uns leuchtete, müßten wir gänzlich vergehen; genauso wie wenn der Sonnenstrahl aufhört, das farbige Glas zu durchdringen, nichts von der farbigen Luft sichtbar bleibt.

Der Himmel aber ist wie ein Glas, das in sich den Zodiacus oder den Lebenskreis enthält; die Kraft des Alles-Schaffenden aber ist wie der Strahl. Aus diesen wenigen Worten nimm dir Stoff für deine Betrachtungen, die du, wenn du willst, erweitern kannst. Darüber hinaus bleibt uns noch die Betrachtung unseres geliebten Glaubens, der durch seine Gewißheit alles überragt und allein beglückt; mit ihm beschäftige dich häufig und tief.

Conclusio

Habes quae nos in his alias latius sensimus in multis et variis opusculis, quae post istud compendium legere poteris. Et reperies primum principium undique idem, varie nobis apparuisse et nos ostensionem eius variam varie depinxisse.

Epilogus

Tendit tota directio ad unitatem obiecti, ad quam Philippus Apostulus per Christum, qui verbum Dei, ductus dicebat: „Domine ostende nobis patrem et sufficit nobis"[1]. Patrem verbi ac aequalitatis quia omnipotens posse supra nominamus; unum est obiectum visus mentis et visus sensus. Visus mentis uti est in se, visus sensus uti est in signis. Et est ipsum posse, quo nihil potentius. Hoc cum sit omne, quod esse potest, tunc et omnia, quae esse possunt ipsum est sine sui variatione, augmento, sive diminutione. Res igitur omnes cum non sint nisi quod esse possunt et posse, quo nihil potentius, sit omne posse esse, nec est alia omnium, quae sunt causa nisi ipsum posse esse. Est enim res, quia ipsum posse esse est. Et est hoc et non aliud, quia summa aequalitas est. Et est una, quia summa unio est.

Hinc nihil se offert visui mentis in omnibus et per omnia nisi quo nihil potentius. Non enim ille visus res appetit multas et varias, quoniam ad multa et varia non inclinatur. Sed naturaliter ad id fertur quo nihil potentius, in cuius visione vivit et quiescit. Et quoniam potentia qua nihil potentius est virtus maxime unita, hinc unitatem ipsam nominat, qua nihil potentius. Res vero quae esse possunt numeros appellat.

Obiectum vero visus mentis est unitas omnipotens, invariabilis et immultiplicabilis. Non numerus, cum in numero nihil sit quod videre cupiat nisi ipsa unitas, quae est omne id, quod omnis

---

[1] Joh. 14, 8.

Zusammenfassung

Was ich zu dieser Darlegung sonst noch ausführlicher meine, findest du in vielen verschiedenen Werkchen, die du nach diesem Kompendium lesen kannst. Du wirst dabei finden, daß mir derselbe erste Ursprung überall verschiedenartig erschienen ist und daß ich seine mannigfache Offenbarung mannigfach dargestellt habe.

Schlußwort

Die gesamte Anleitung strebt auf die Einheit des Gegenstandes; zu ihr hat der Apostel Philippus, von Christus, dem Wort Gottes geführt, gesagt: Herr, zeige uns den Vater, und das genügt uns. Den Vater des Wortes und der Gleichheit haben wir oben das Können genannt, weil er allmächtig ist. Eines ist der Gegenstand der Schau des Geistes und des Sehens der Sinne; der geistigen Schau, wie er in sich ist, der sinnlichen Schau, wie er in den Zeichen ist; und er ist das Können, demgegenüber es nichts Mächtigeres gibt. Da dies alles ist, was es sein kann, ist es auch alle Dinge, die sein können; ist es selbst ohne Veränderung, Verringerung oder Vergrößerung. Da alle Dinge nichts anderes sind als das, was sie sein können und das Können, demgegenüber nichts mächtiger ist, alles Können-Sein ist, gibt es für alles, was ist, keinen Grund außer diesem Können-Sein. Das Ding ist nämlich, weil das Können Sein ist. Und es ist das und nichts anderes, weil die höchste Gleichheit ist. Und es ist eines, weil die höchste Einung ist.

Darum tritt der Schau des Geistes in allem und durch alles nichts anderes entgegen als das, demgegenüber es nichts Mächtigeres gibt. Denn diese Schau strebt nicht nach vielen und verschiedenen Dingen, weil sie sich nicht zum Vielen und Verschiedenen neigt, sondern von Natur dorthin gezogen wird, wo das Mächtigste ist, in dessen Anschauung sie lebt und Ruhe findet. Weil die Mächtigkeit, der gegenüber nichts mächtiger sein kann, die am meisten geeinte Kraft ist, nennt sie diese Einheit, der gegenüber nichts mächtiger ist. Die Dinge aber, die sein können, nennt sie Zahlen.

Der Gegenstand der Schau des Geistes ist die allmächtige, unveränderliche und unvermehrbare Einheit, nicht die Zahl. Da in der Zahl außer der Einheit, die alles das ist, was jede Zahl ist, sein

numerus est et esse aut explicare potest. Respicit enim quid in omni numero numeratur et non ad numerum.

Nihil autem in quocumque et qualiterqumque magno aut parvo, pari aut impari numero esse potest, quam virtus illa qua nihil potentius, quae unitas dicitur. Non est igitur obiectum visus mentis aliud quam posse, quo nihil potentius, cum illud sine sui mutatione solum possit esse omnia et sit etiam sine quo nihil esse potest. Quomodo enim quicquam esset sine ipso posse, quando esse non posset? Et si sine ipso aliquid esse posset, utique sine ipso posse posset.

Obiectum autem sensus visus res aliqua est sensibilis, quae cum non sit nisi ipsum quod esse potest, non est nisi idem obiectum visus mentis. Non ut in se quemadmodum se menti, sed ut in signo sensibili quemadmodum se sensibili visui obiicit. Quia igitur ipsum posse, quo nihil potentius, vult posse videri, hinc ob hoc [sunt] omnia.

Et haec est causa causarum et finalis cur omnia. Ad quam omnes rerum causae in esse et nosci ordinantur. Et sic claudo brevissimam compendiosissimamque directionem, quam mundiores acutiorisque visus subtilius contemplantes clarius dilatabunt ad laudem cunctipotentis semper benedicti. Amen.

oder entfalten kann, nichts ist, das er zu sehen sich sehnt, blickt er auf das, was in jeder Zahl gezählt wird und nicht zur Zahl.

Nichts vermag in jeder großen oder kleinen, geraden oder ungeraden Zahl zu sein als jene mächtigste Kraft, welche Einheit genannt wird. Der Gegenstand der Schau des Geistes ist also nichts anderes als das Können, demgegenüber es nichts Mächtigeres gibt, da dies allein ohne Veränderung alles sein kann und auch das ist, ohne das nichts sein kann. Wie sollte etwas sein ohne das Können, da es ja nicht sein könnte? Wenn ohne es etwas sein könnte, dann könnte es ohne das Können.

Der Gegenstand der Schau des Sinnes ist irgendein sinnliches Ding, welches, da es nur das ist, was es sein kann, nichts ist als derselbe Gegenstand der Schau des Geistes. Er ist jedoch nicht so, wie er in sich dem Geist entgegentritt, sondern wie er sich in einem sinnlichen Zeichen dem sinnlichen Sehen darstellt. Weil das Können, das Mächtigste, das es gibt, gesehen werden will, verhält sich dies alles auf solche Weise.

Das ist der Grund aller Gründe und das Ziel, um dessentwillen alles besteht und auf das hin die Gründe aller Dinge in Sein und Erkanntwerden geordnet sind. So schließe ich diese kurze und gedrängte Anleitung; Menschen mit reinerem Herzen und schärfer und genauer blickendem Auge werden sie klarer und weiter ausführen zum Lobe des Allmächtigen, der stets gepriesen sei.

NIKOLAUS VON KUES

PHILOSOPHISCH-THEOLOGISCHE SCHRIFTEN

LATEINISCH—DEUTSCH

III. Band

De Beryllo	Der Beryll
De visione Dei	Die Gottes-Schau
De ludo globi	Das Kugel-Spiel
De aequalitate	Die Gleichheit
Idiota de sapientia	Der Laie und die Weisheit
Idiota de mente	Der Laie und der Geist
Idiota de staticis experimentis	Der Laie und die Experimente
Complementum theologicum	Theologische Ergänzungen
De pace fidei	Der Friede im Glauben
De cribratione Alchorani	Sichtung des Korans
Gesamtregister	
Literaturverzeichnis	

NIKOLAUS VON KUES
corrigenda Bd. II

p. XIX Z(eile) 5 v(on) u(nten): mythologisches oder ausschließlich (statt mythisches oder bestenfalls)
p. XX Z. 15 v.o.: 1460 (statt 140)
p. XXV Z. 17 v.u.: besessene (statt bessere)
p. XXV Z. 1 v.u.: begründend (statt begründen)
p. 21 Z. 18 v.o.: unzulänglich (statt nichtig)
p. 37 Z. 17 v.o.: Theologen (statt Theologien)
p. 37 Z. 8 v.u.: sein (statt ihr); die Gottheit (statt Gott)
p. 41 Z. 3 v.o.: Es (statt Er)
p. 53 Z. 14 v.o.: wenn (statt und daß)
p. 59 Z. 12 v.o.: er (statt sie)
p. 63 Z. 17 v.o.: mußte sie mittels der Koinzidenz partizipiert werden (statt wird sie ... partizipiert)
p. 67 Z. 14 v.u.: den Enkeln (statt der E.)
p. 72 Z. 15 v.u.: necessario (statt unecessario)
p. 75 Z. 5 v.u.: angewendet (statt angewendent)
p. 105 Z. 19 v.o.: in (statt ist)
p. 169 Z. 8 v.u.: unbekömmlicher (statt untergeordneter)
p. 199 Z. 1 v.o.: seiner (statt ihrer)
p. 203 Z. 8 v.o.: Und die geistige Liebe setzt das Vernunft-Denken und seine Einsicht voraus (statt Es legt ... zugrunde)
p. 247 Z. 5 v.o.: sie im Einen betrachtet (statt das Eine betrachtet)
p. 264 Z. 10 v.o.: benedictus (statt bendictus)
p. 276 Z. 4 v.u.: puta (statt pura)
p. 318 Z. 18 v.u.: duo et duo (statt duo)
p. 353 Z. 2 v.o.: daß er beschaffen sei ohne Beschaffenheit, und so weiter (statt und so ohne So-Sein)
p. 354 Z. 3 v.o.: temporalia (statt temporalis)
p. 368 Z. 3 v.u.: Eriugena (statt Eringena)
p. 374 Z. 15 v.o.: sufficientius (statt suffientius)
p. 381 Z. 21 v.o.: im (statt in)
p. 406 Z. 11 v.u.: mundi (statt munde)
p. 431 Z. 9 v.u.: Sein (statt Sinn)
p. 465 Z. 2 v.o.: jetzt Gott (statt in der Gegenwart Gottes)
p. 489 Z. 15 v.o.: anderes (statt andere)
p. 539 Z. 18 u. 12 v.u.: Erde Erde (statt Erde)
p. 562 Z. 4 v.u.: ist Zeile 5 v.u. und Z. 5 ist 4 v.u.
p. 648 Z. 5 v.u.: data (statt deta)
p. 685 Z. 9 v.o.: Ferner (statt Dennoch)

p. 693 Z. 13 v.o.: Sinnen (statt Dingen)
p. 695 Z. 4 v.o.: Wortzeichen (statt Zeichen für ein Wort)
p. 699 Z. 2 v.o.: begrifflichen (statt erkennbaren)
p. 706 Z. 12 v.u.: sic (statt . Sie)
p. 707 Z. 10 v.u.: Ähnlich verhalten sich die (statt Gleichermaßen sind sie)
p. 711 Z. 7 v.o.: das ist, unbegreiflich bleibt, (und) in vernunfthaften Zeichen (statt das ist, in vernunfthaften Zeichen unbegreiflich bleibt und)
p. 712 Z. 8 v.u.: sed (statt seu)
p. 715 Z. 18 v.o.: des Ursprungsgedankens (statt der Ursprungserkenntnis)
p. 718 Z. 9 v.o.: . In (statt in)
p. 718 Z. 13 v.o.: rectum (statt recturm)
p. 719 Z. 20 v.o.: es (statt er)
p. 725 Z. 19 v.o.: wenn sie auf den Körper einwirkt (statt obwohl sie im Körper handelt)
p. 725 Z. 3 v.u.: d.h. im lebendigen Widerschein des Sehens wahrgenommen — verfällt.